ରାଷ୍ଟ୍ରପତି ଦ୍ରୌପଦୀ ମୁର୍ମୁ

ରାଇରଙ୍ଗପୁରରୁ ରାୟସୀନା ହିଲ୍ସ ପର୍ଯ୍ୟନ୍ତ

ଗୋପାଲ ଶର୍ମା

ଓଡ଼ିଆ ଅନୁବାଦ
ଶୁଭେନ୍ଦୁ ଶେଖର ନାୟକ

ଡାଇମଣ୍ଡ ବୁକ୍

www.diamondbook.in

(‘ଥ୍ୱାନ୍ ଇଣ୍ଡିଆ’ ନାମକ ଏକ ୱେବ୍‌ସାଇଟ୍‌ କେବଳ ତାଙ୍କ ଜନ୍ମସ୍ଥାନ, ବୈଦାପୋଷି ଗ୍ରାମ, ମୟୂରଭଞ୍ଜ, ଓଡ଼ିଶା ନୁହେଁ ବରଂ ତାଙ୍କର ସମ୍ପୂର୍ଣ୍ଣ ଠିକଣା, ମୋବାଇଲ ନମ୍ବର ଏବଂ ଇ-ମେଲ୍‌ ମଧ୍ୟ ଦେଇଛି। ତାଙ୍କର ସ୍ଥାୟୀ ଠିକଣା ହେଉଛି - ବୈଦାପୋଷି, ୱାର୍ଡ ନଂ-୨, ପୋ.ଅ. - ରାଇରଙ୍ଗପୁର, ଜିଲ୍ଲା - ମୟୂରଭଞ୍ଜ, ପିନ୍ - ୭୫୭୦୪୩୧। ତାଙ୍କର ଯୋଗାଯୋଗ ନମ୍ବର : +୯୧ ୨୫୧୨୨ ୮୩୪୬୯ ଏବଂ ଇ-ମେଲ ହେଉଛି : jhrgov@jhr.nic.post, ମୁଁ ନିଶ୍ଚିତ ଯଦି ଆପଣ ଏହି ସୂଚନା ବ୍ୟବହାର କରନ୍ତି ତେବେ ଆପଣ ଆପଣଙ୍କର ବିବେକ ଏବଂ ସାଧାରଣ ଜ୍ଞାନ ବ୍ୟବହାର କରିବେ। ଇଣ୍ଡିଆ ଟୁଡେ ରିପୋର୍ଟ ଅନୁଯାୟୀ ‘ଦ୍ରୌପଦୀ ମୁର୍ମୁଙ୍କ ବଡ଼ ଝିଅର ମୃତ୍ୟୁ ପରେ ମୁର୍ମୁ ୨୦ ଦଶକ ପୂର୍ବରୁ ରାଇରଙ୍ଗପୁର ଆସିଥିଲେ। ତାଙ୍କ ସ୍ୱାମୀ ଶ୍ୟାମ ଚରଣ ମୁର୍ମୁ ବ୍ୟାଙ୍କ ଅଫ୍‌ ଇଣ୍ଡିଆରେ କାମ କରୁଥିଲେ ଏବଂ ଦୁହେଁ ରାଇରଙ୍ଗପୁର ଘରେ ଏକାଠି ରହୁଥିଲେ। ପରେ ମୁର୍ମୁ ଏକ ଘରୋଇ ଶିକ୍ଷକ ଭାବେ କାର୍ଯ୍ୟ କଲେ। ତାଙ୍କ ଆଉ ୨ଟି ପୁଅ ଥିଲେ, ଯିଏ ଅଳ୍ପ ବୟସରେ ମରିଗଲେ। ଏବେ କେବଳ ତାଙ୍କର ଗୋଟିଏ ଝିଅ ଅଛନ୍ତି ଯାହାଙ୍କ ନାମ ଇତିଶ୍ରୀ ଅଟେ।

ବର୍ତ୍ତମାନ ମୁର୍ମୁ ଦିଦି (ତାଙ୍କର ସମ୍ପର୍କୀୟମାନେ ତାଙ୍କୁ ଦିଦି କହି ସମ୍ବୋଧିତ କରନ୍ତି) ରାଇରଙ୍ଗପୁରର ମହୁଦିହା ଗାଁରେ ରହନ୍ତି। ଏକ ସାମାନ୍ୟ ୨ ତାଲା ଘରରେ ଦେଖିବା ପାଇଁ ସେମିତି କିଛି ବିଶିଷ୍ଟ ଜିନିଷ ନାହିଁ। ପ୍ରଥମ ତାଲାଟି ଓଡ଼ିଶାର ଗ୍ରାମ୍ୟ ବ୍ୟାଙ୍କୁ ଭଡ଼ାରେ ଦିଆ ଯାଇଛି ଏବଂ ତାଙ୍କର ଛୋଟ ଭାଇ ତାରିଣୀ ଟୁଡୁ ଏବଂ ତାଙ୍କର ପରିବାର ସେହି ତାଲାରେ ବାସ କରନ୍ତି। ସିଏ ମଧ୍ୟ ସେହିଠାରେ ରହନ୍ତି। ଆପଣ ମୁର୍ମୁଙ୍କର ୨ ତାଲା ଘରେ ଅତିଥି କକ୍ଷରେ ଯଦି ନଜର ଦେବେ ତେବେ ଗୋଟିଏ ନଜରରେ ଚହିଁ ରହିଥିବେ। କାନ୍ଥଗୁଡ଼ିକରେ ଦୁଇ ଫ୍ରେମ୍‌ଯୁକ୍ତ ଛବିଗୁଡ଼ିକରେ - ପୂର୍ବ ରାଷ୍ଟ୍ରପତି ରାମନାଥ କୋବିନ୍ଦ ଏବଂ ପ୍ରଧାନ ମନ୍ତ୍ରୀ ନରେନ୍ଦ୍ର ମୋଦୀଙ୍କ ସାଥିରେ ଅନେକ ସୁନ୍ଦର ଭାବରେ ଶ୍ରୀମତୀ ମୁର୍ମୁ ଗର୍ବର ସହିତ ଛିଡ଼ା ହୋଇଛନ୍ତି। ନେତ୍ରାଭିରାମ ଚିତ୍ର ଅଟେ। ଆମେ ବି ତ ରାଷ୍ଟ୍ରପତି ସହିତ ଛିଡ଼ା ହୋଇ ଫଟୋ ଉଠାଇବାକୁ ଚାହିଁ। ଆପଣ ବି ନିଶ୍ଚୟ ଏହି ଇଚ୍ଛା ରଖୁଥିବେ ?

କିନ୍ତୁ ଯେତେବେଳେ ସେ ଜନ୍ମ ହୋଇ ପାଲିତ ହେଲେ ଗାଁର ଅବସ୍ଥା ଠିକ୍‌ ନଥିଲା। ଜୀବନର ମୌଳିକ ଜିନିଷ ମଧ୍ୟ ସେମାନଙ୍କୁ ମିଳୁନଥିଲା। ଲୋକମାନେ ବହୁତ ଗରିବ ଥିଲେ ଓ ବହୁତ କଷ୍ଟରେ ଋଷ କାମ କରି ପ୍ରତିଦିନ ୨ ଓଳିର ଖାଦ୍ୟ ଖାଉଥିଲେ। ଦ୍ରୌପଦୀଙ୍କ ପିତାମାତା ମଧ୍ୟ ସେମାନଙ୍କ ପିଲାମାନଙ୍କୁ ଜୀବନର ସମସ୍ତ ଆବଶ୍ୟକୀୟ ସୁବିଧା ସୁଯୋଗ ଯୋଗାଇବା ପାଇଁ ପର୍ଯ୍ୟାପ୍ତ ଧନୀ ନଥିଲେ। କିନ୍ତୁ ସେମାନେ ସମସ୍ତେ ଖୁସି ଏବଂ ସନ୍ତୁଷ୍ଟ ଥିଲେ। ସେ ଖୁସିର ଦିନଗୁଡ଼ିକର ସ୍ୱପ୍ନ ଦେଖିଲେ ଓ ଜୀବନରେ ଆଗକୁ ଆସିବା ପାଇଁ କଠିନ

ଠିକ୍ କରାଗଲା । ଦ୍ରୌପଦୀଙ୍କ ପରିବାରର ଲୋକମାନେ ଏଥିରେ ଖୁସି ହୋଇଗଲେ । ଏହିପରି ଭାବରେ ଦ୍ରୌପଦୀ ଏବଂ ଶ୍ୟାମଙ୍କ ବିବାହ ୧ ୯ ୮ ୦ ମସିହାରେ ସମ୍ପନ୍ନ ହେଲା ।

ପାହାଡ଼ପୁର ଗାଁର ଯେଉଁ ଘରକୁ ସେ ବଧୂ ହୋଇ ଆସିଥିଲେ ସେଠାରେ ଏବେ ଏକ ଆଦିବାସୀ ବିଦ୍ୟାଳୟ ସ୍ଥାପନା କରାଯାଇଛି । ଏହି ଗାଁରେ ପ୍ରାୟତଃ ୧ ୦ ୦ରୁ ୧ ୨ ୫ଟି ଘର ଅଛି । ହୋ, ମୁଣ୍ଡା ଏବଂ ସାନ୍ତାଲ ତିନୋଟି ଆଦିବାସୀ ସମ୍ପ୍ରଦାୟର ଲୋକମାନେ ଏହି ଗାଁରେ ରୁହନ୍ତି । ନିଜର ସ୍ୱାମୀ ଏବଂ ପୁତ୍ରର ସ୍ମୃତିରେ ତିଆରି ହୋଇଥିବା ଏହି ବିଦ୍ୟାଳୟ ସହ ମୁର୍ମୁଙ୍କ ଅନେକ ସ୍ମୃତି ଜଡ଼ିତ ।

ତାଙ୍କ ଶ୍ୱଶୁର ଘର ଲୋକମାନେ ତାଙ୍କ କାମକୁ ପସନ୍ଦ କରୁନଥିଲେ । ଧୀରେ ଧୀରେ ଯେତେବେଳେ ପରିବାର ବଢ଼ିଲା ଏବଂ ଛୁଆମାନେ ଜନ୍ମ ହେଲେ ସେମାନେ ଭାବୁଥିଲେ ଯେ ମୁର୍ମୁ ପିଲାମାନଙ୍କର ଯତ୍ନ ଠିକ୍ ଭାବରେ ନିଅନ୍ତୁ ଏବଂ ଘରର କାର୍ଯ୍ୟଗୁଡ଼ିକୁ ସଠିକ୍ ଭାବରେ କରନ୍ତୁ । ସେମାନେ ଭାବୁଥିଲେ ଯେ ସ୍ୱାମୀ ଓ ସ୍ତ୍ରୀ ଉଭୟଙ୍କର କାର୍ଯ୍ୟରେ ଲାଗିବା ପରିବାର ଏବଂ ପିଲାମାନଙ୍କ ପ୍ରତି ଠିକ୍ ନୁହେଁ ।

କାର୍ଯ୍ୟ ଏବଂ ଜନସେବା

ସ୍ନାତକ ପରେ ସେ ଭୁବନେଶ୍ୱରରେ ଓଡ଼ିଶା ସରକାରଙ୍କ ସଚିବାଳୟରେ କିରାଣୀ ପଦରେ କାର୍ଯ୍ୟ କଲେ । ସେ ୧ ୯ ୭ ୯ରୁ ୧ ୯ ୮ ୩ ମସିହା ପର୍ଯ୍ୟନ୍ତ ଜଳସେଚନ ଏବଂ ବିଦ୍ୟୁତ୍ ବିଭାଗରେ ଜଣେ କନିଷ୍ଠ ସହାୟକ ରୂପେ କାର୍ଯ୍ୟ କଲେ । ଏହି ସମୟ ସୁଦ୍ଧା ସେ ଶ୍ୟାମଚରଣ ମୁର୍ମୁଙ୍କ ସହିତ ବିବାହ କରି ସାରିଥିଲେ ଯିଏ ରାଇରଙ୍ଗପୁରରେ ଥିବା ଭାରତୀୟ ଷ୍ଟେଟ୍ ବ୍ୟାଙ୍କର ଏକ ଶାଖାରେ କାର୍ଯ୍ୟ କରୁଥିଲେ । ଭୁବନେଶ୍ୱରରୁ ୩ ୫ ୦ କିଲୋମିଟର ଦୂରରେ ଥିବା ରାଇରଙ୍ଗପୁରରେ ନିଜର ସ୍ୱାମୀ ଓ ପିଲାକୁ ଛାଡ଼ି ଆସି ଭୁବନେଶ୍ୱରରେ ରହିବା ଏକ ବଡ଼ କଥା ଥିଲା । ତାଙ୍କୁ ଶ୍ୱଶୁର ଘର ଲୋକମାନେ ବାରମ୍ବାର ଚକିରୀ ଛାଡ଼ିଦେବା ପାଇଁ କହୁଥିଲେ । ତେଣୁ ଦ୍ରୌପଦୀଙ୍କୁ ଏପରି କରିବାକୁ ପଡ଼ିଲା । କାରଣ ସେ ମଧ୍ୟ ବୁଝି ଯାଇଥିଲେ ଯେ ପିଲା ଓ ସ୍ୱାମୀଙ୍କୁ ଛାଡ଼ି ପରିବାରରେ କୌଣସି କାର୍ଯ୍ୟ ଠିକ୍ ଭାବରେ ହୋଇ ପାରିବ ନାହିଁ । ପରିବାରରେ ତାଙ୍କର ଯୋଗଦାନ ରହିବା ଆବଶ୍ୟକ ଅଟେ । ଯେତେବେଳେ ଶ୍ୟାମଚରଣ ମୁର୍ମୁଙ୍କୁ ରାଇରଙ୍ଗପୁର ପାଖରେ ଥିବା ବ୍ୟାଙ୍କରେ ଏକ ଶାଖାରେ ସ୍ଥାନାନ୍ତରିତ କରି ଦିଆଗଲା ସେତେବେଳେ ଦ୍ରୌପଦୀ ମୁର୍ମୁ ନିଜ ଚକିରୀ ଛାଡ଼ି ଦେଲେ । ନିଜର ତିନିଜଣ ସନ୍ତାନଙ୍କ ସହ ଆସି ରାଇରଙ୍ଗପୁରରେ ରହିଲେ । ସେ କେବେ ହେଲେ ଖାଲି ବସି ରହିବା ପାଇଁ ଚାହୁଁନଥିଲେ । ତେଣୁ ସେ ସେଠାରେ ଏକ ବିଦ୍ୟାଳୟ (ଶ୍ରୀ ଅରବିନ୍ଦ ଶିକ୍ଷା କେନ୍ଦ୍ର)ରେ

ଆର୍.ଏସ୍.ଏସ୍.ଙ୍କ ସହ ସମ୍ବନ୍ଧିତ ଛାତ୍ର ସଂଗଠନ ଅଟେ। ତାହାର ଅଂଶ ନଥିଲେ କିନ୍ତୁ ୧୯୯୬ ମସିହାରେ ଭା.ଜ.ପା.ରେ ସାମିଲ ହେବା ପରେ ସେ ସଂଘ ପରିବାରର ବରିଷ୍ଠ ପଦାଧିକାରୀଙ୍କ ସମ୍ପର୍କରେ ଆସିଲେ।

ମୁଁ ଏଠାରେ କହିବା ପାଇଁ ରୁହିଁବି ଯେ ସେ ସମୟରେ ତାଙ୍କ ପାଖରେ ସବୁଠାରୁ ଉଲ୍ଲେଖନୀୟ ସମ୍ପତ୍ତି ଥିଲା ଯେ ସେହି ଛାତ୍ର ଛାତ୍ରୀମାନଙ୍କର ପିତାମାତାଙ୍କ ସହଯୋଗ ଯାହାଙ୍କ ସହିତ ତାଙ୍କର ଘନିଷ୍ଠ ସମ୍ବନ୍ଧ ଥିଲା ଯେଉଁମାନଙ୍କୁ ସିଏ ପାଠ ପଢ଼ାଉଥିଲେ। ସେମାନେ ହିଁ ତାଙ୍କର ଦୂରତ ଏବଂ ପ୍ରଚାରକ ହେଲେ। ତାଙ୍କର ସାଧାରଣ ପୃଷ୍ଠଭୂମି ତାଙ୍କୁ ସହଜ ଭାବରେ ଗରୀବ ଲୋକମାନଙ୍କ ସହ ସହାନୁଭୂତିଶୀଳ ହେବା ପାଇଁ ସହାୟକ ପ୍ରଦାନ କଲା। ସେ ନିଜର ମତଦାତାମାନଙ୍କ ସହ ସଂଯୁକ୍ତ ହେବା ପାଇଁ ନିଜ ଉପରେ ଅଧିକ ଚାପ ପ୍ରୟୋଗ ମଧ୍ୟ କରିବାକୁ ପଡ଼ିଲା ନାହିଁ। କାରଣ ସିଏ ସେମାନଙ୍କ ସହିତ ପୂର୍ବରୁ ହିଁ ଜଡ଼ିତ ଥିଲେ। ନିର୍ବାଚନ କ୍ଷେତ୍ର ଅନ୍ୟ ମତଦାତାମାନେ ତାଙ୍କ ବିନମ୍ରତା ଏବଂ ମାନବୀୟ ସ୍ୱଭାବ ବାବଦରେ ଜାଣିବା ପରେ ତାଙ୍କ ସହ ସଂଯୁକ୍ତ ହେଲେ। କାରଣ ବହୁ ପୂର୍ବରୁ ଅନେକ ଛାତ୍ରଛାତ୍ରୀଙ୍କ ପିତାମାତା ତାଙ୍କ ସହ ଜଡ଼ିତ ହୋଇଥିଲେ ଏବଂ ତାଙ୍କର ପ୍ରଶଂସକ ମଧ୍ୟ ଥିଲେ।

୧୯୯୬ ମସିହାରେ ସେ ନିଜର ରାଜନୈତିକ ଜୀବନର କାମ ଆରମ୍ଭ କଲେ। ସେ ୧୯୯୭ରେ ରାୟରଙ୍ଗପୁର ଜିଲ୍ଲା ବୋର୍ଡର କାଉନ୍ସିଲର ଭାବରେ ଚୟନିତ ହେଲେ। ମୁର୍ମୁ କାଉନ୍ସିଲର ନିର୍ବାଚନ ଲଢ଼ିଲେ ଏବଂ ସେଠାରେ ବିଜୟ ହେଲେ। ତାଙ୍କୁ ସ୍ୱଚ୍ଛତା କାର୍ଯ୍ୟର ପ୍ରଭାରୀ କରାଗଲା। ଏହା ସବୁଠାରୁ ଜରୁରୀ ସେବାଗୁଡ଼ିକ ମଧ୍ୟରୁ ଅନ୍ୟତମ ଥିଲା। କିନ୍ତୁ ଅତ୍ୟଧିକ ଉପେକ୍ଷିତ ଥିଲା। କାରଣ ଅନେକ ଲୋକ ଏହି କାର୍ଯ୍ୟର ଦାୟିତ୍ୱ ନେବାକୁ ରୁହୁଁ ନଥିଲା। କିନ୍ତୁ ଦ୍ରୌପଦୀ ମୁର୍ମୁ ଏହାକୁ ଏକ ଆହ୍ୱାନ ଭାବରେ ସ୍ୱୀକାର କଲେ। ସେ ନିଜର ମାରୁତି ୮୦୦ ଗାଡ଼ିରେ ଯାଉଥିଲେ ଏବଂ କାରକୁ ଦୂରବର୍ତ୍ତୀ କଲୋନୀରେ ପାର୍କ କରି ସ୍ୱଚ୍ଛତା କାର୍ଯ୍ୟକ୍ରମର ଦେଖାରେଖା କରୁଥିଲେ। ଲୋକମାନଙ୍କୁ ତାଙ୍କର କାର୍ଯ୍ୟ ମଧ୍ୟ ଭଲ ଲାଗିଲା ଏବଂ ସେମାନେ ପ୍ରଶଂସା ମଧ୍ୟ କରିବାକୁ ଲାଗିଲେ। ଏହା ଲାଗିଲା ଯଦି ସିଏ ନିର୍ବାଚନ ଲଢ଼ିବେ ତେବେ ସେ ନିଶ୍ଚିତ ଭାବରେ ଜିତିବେ। ଏପରିକି ଦିନେ ସେ ମନ୍ତ୍ରୀ ମଧ୍ୟ ହୋଇ ପାରିବେ। ନଗର ପରିଷଦ କାର୍ଯ୍ୟାଳୟରେ ଆଜି ମଧ୍ୟ ତାଙ୍କର ଚୌକି ସୁରକ୍ଷିତ ଭାବରେ ରଖା ଯାଇଛି। ଅଞ୍ଚଳର ଲୋକମାନେ ଆଜି ମଧ୍ୟ ତାଙ୍କୁ ସବୁଠାରୁ ଭଲ ଜନପ୍ରତିନିଧି ଭାବରେ ବିବେଚନା କରିଥାଆନ୍ତି।

ସେ ଓଡ଼ିଶାରେ ଦୁଇ ଦୁଇଥର ବିଧାୟକ ହେଲେ ଏବଂ ମୟୂରଭଞ୍ଜ ୨୦୦୦ ଏବଂ ୨୦୦୬ ମସିହାରେ ରାଇରଙ୍ଗପୁରରୁ ବିଜେପି ଟିକେଟରେ ଦୁଇଥର ବିଧାୟକ ହେଲେ। ଯେତେବେଳେ ନବୀନ ପଟ୍ଟନାୟକ ରାଜନୈତିକ ପୃଷ୍ଠଭୂମିକୁ ଆସିଲେ ତାଙ୍କ ସହ ତାଙ୍କ

ପୁଅ ଏବଂ ସ୍ୱାମୀଙ୍କ କଥା ମନେ ପଡୁଥିଲା ଯେଉଁମାନେ ଏ ଦୁନିଆ ଛାଡ଼ି ଚାଲି ଯାଇଥିଲେ ଏବଂ ତାଙ୍କର ଜୀବନରେ ଏକ ଖାଲି ସ୍ଥାନ ଛାଡ଼ି ଯାଇଥିଲେ ଯାହାକୁ କେବେ ପୂରଣ କରା ଯାଇ ପାରିବ ନାହିଁ । ଏହା ତାଙ୍କ ପାଇଁ ଏକ ତୀବ୍ର ଆଘାତ ଥିଲା ଯାହାକୁ ସହିବା ଖୁବ କଷ୍ଟକର ଥିଲା । 'ଟାଇମ୍ସ ଅଫ୍ ଇଣ୍ଡିଆ' ଅନୁସାରେ "ମୁର୍ମୁଙ୍କ ଜୀବନରେ ଅନେକ ବ୍ୟକ୍ତିଗତ ଦୁଃଖ-କଷ୍ଟ ଭରି ରହିଛି । ଯେତେବେଳେ କି ତାଙ୍କର ଗୋଟିଏ ପୁଅର ମୃତ୍ୟୁ ୨ ୫ ଅକ୍ଟୋବର ୨୦୦ ୯ରେ ରହସ୍ୟମୟ ଭାବରେ ହୋଇଥିଲା । ତାଙ୍କର ଅନ୍ୟ ଏକ ପୁଅର ମୃତ୍ୟୁ ୨୦୧୩ ମସିହା ଜାନୁଆରୀ ୨ ତାରିଖରେ ସଡକ ଦୁର୍ଘଟଣାରେ ହୋଇଗଲା । ତାଙ୍କର ସ୍ୱାମୀ ଶ୍ୟାମଚରଣ ମୁର୍ମୁଙ୍କ ହୃଦ୍‌ଘାତରେ ମୃତ୍ୟୁ ହୋଇଗଲା । ତାଙ୍କର ଏବେ ଗୋଟିଏ ଝିଅ ରହିଛି ଯାହାର ବିବାହ ହୋଇ ଯାଇଛି ଏବଂ ଭୁବନେଶ୍ୱରରେ ବାସବାସ କରୁଛି ।"

୨୦୦୯ ମସିହାରେ ଯେତେବେଳେ ତାଙ୍କର ୨୫ ବର୍ଷର ବଡ଼ ପୁଅ ଦୁନିଆ ଛାଡ଼ି ଚାଲିଗଲା ସେତେବେଳେ ସତେ ଯେପରି ଆକାଶ ତାଙ୍କ ଉପରେ ଛିଡ଼ି ପଡ଼ିଲା ଏବଂ ମାନସିକ ଭାବରେ ଦ୍ରୌପଦୀ ଖୁବ ଭାଙ୍ଗି ପଡ଼ିଲେ । ଏହା ନିଶ୍ଚିତ ରୂପରେ ତାଙ୍କ ପାଇଁ ଏକ ଗୁରୁତର ଆଘାତ ଥିଲା । କେବଳ ଭଗବାନଙ୍କର ଆଶ୍ରା ତାଙ୍କୁ କିଛି ସ୍ୱାନ୍ତନା ଦେବାକୁ ସକ୍ଷମ ଥିଲା । ସେହି ସମୟରେ ସିଏ ଭଗବାନ ଶିବଙ୍କ ଆରାଧନାରେ ନିଜକୁ ବ୍ୟସ୍ତ ରଖିଲେ ଏବଂ ସମ୍ପୂର୍ଣ୍ଣ ଶ୍ରଦ୍ଧା ଏବଂ ଭକ୍ତି ସହିତ ଆଧ୍ୟାତ୍ମିକତା ଦିଗକୁ ଆଗେଇ ଚାଲିଲେ । ଅବଶ୍ୟ ସବୁବେଳେ ତାଙ୍କ ଜୀବନରେ ଆଧ୍ୟାତ୍ମିକତା ଭରି ରହିଥିଲା । କିନ୍ତୁ ଏହି ସମୟରେ ଏହାର ଆବଶ୍ୟକତା ଜୀବନ ପାଇଁ ବହୁତ ଥିଲା । ଏଭଳି ଦୁଃଖଦାୟକ କ୍ଷତି ତାଙ୍କୁ ଅନ୍ତର୍ମୁଖୀ କରାଇଲା ଏବଂ ତାଙ୍କୁ ଈଶ୍ୱର ଅଭିମୁଖୀ କରାଇଲା । ସିଏ ଧୀରେ ଧୀରେ ମାନସିକ ଭାବରେ ସ୍ଥିର ହେବାକୁ ଲାଗିଲେ ଏବଂ ପୁଣି ଥରେ ଜୀବନ ରାସ୍ତାରେ ଚାଲିବାକୁ ଲାଗିଲେ ।

ପ୍ରଥମ ସନ୍ତାନ ଝିଅ ୧ ୯ ୮ ୪ ମସିହାରେ ନିଧନ ସମୟରେ ତାଙ୍କର ବୟସ ଥିଲା ୩ ବର୍ଷ, ୨ ୫ ଅକ୍ଟୋବର ୨୦୦ ୯ରେ ବଡ଼ ପୁଅ ଲକ୍ଷ୍ମଣ ମୁର୍ମୁଙ୍କ ନିଧନ ସମୟରେ ତାଙ୍କର ବୟସ ଥିଲା ୨ ୫ ବର୍ଷ, ୨୦୧୩ ମସିହା ୨ ଜାନୁଆରୀରେ ଛୋଟ ପୁଅ ବିରଞ୍ଚି (ସିପୁନ)ଙ୍କ ମୃତ୍ୟୁ ସମୟରେ ତାହାର ବୟସ ଥିଲା ୨ ୮ ବର୍ଷ ଏବଂ ସ୍ୱାମୀ ଶ୍ୟାମାଚରଣ ମୁର୍ମୁଙ୍କ ମୃତ୍ୟୁ ୧ ଅକ୍ଟୋବର ୨୦୧୪ ମସିହାରେ ତାଙ୍କର ବୟସ ଥିଲା ୫ ୫ ବର୍ଷ ।

ଏହି ସୂଚନା 'ଦୈନିକ ଭାସ୍କର'ର ସଞ୍ଜୟ ତ୍ରିବେଦୀଙ୍କ ଦ୍ୱାରା ସଂଗ୍ରହ କରାଯାଇଛି । ତାଙ୍କୁ ମୋର କୃତଜ୍ଞତା ଏବଂ ଶୁଭକାମନା ।

(ଉପରଲିଖିତ ତାରିଖଗୁଡ଼ିକ ନିମନ୍ତେ ମୁଁ ଅନେକ ଚେଷ୍ଟା କରିଛି ଯେ ଏଗୁଡ଼ିକ ଠିକ ହେଉ ବୋଲି । କିନ୍ତୁ ହୁଏତ ସଠିକ୍ ତାରିଖ ନ ହୋଇପାରେ । ତେଣୁ ଯଦି କେହି ମୋତେ ଏ ବାବଦରେ ଅବଗତ କରାଇବ ତେବେ ଏହା ଦ୍ୱାରା ସମସ୍ତେ ସଠିକ୍ ତାରିଖ ଜାଣି ପାରିବେ ।)

ଆଦିବାସୀ ଉତ୍‍ଥାନର ସ୍ୱପ୍ନ ଏବଂ ଯଥାର୍ଥତା

ଆମ ଜାତିର ପିତା ମହାତ୍ମା ଗାନ୍ଧୀ ମଧ୍ୟ କେବେ ଭାବି ନଥିବେ ଯେ ଦିନେ ଭାରତର ଲୋକମାନେ ସ୍ୱାଧୀନତାର ୭୫ ତମ ବର୍ଷ ପାଳନ କରିବେ ଏବଂ ଏହି ସମୟରେ ଭାରତର ତତ୍‍କାଳୀନ ପ୍ରଧାନମନ୍ତ୍ରୀ ଏହା ଘୋଷଣା କରିବେ । ରାଇରଙ୍ଗପୁରରୁ ରାଇସିନା ପାହାଡ଼ ପର୍ଯ୍ୟନ୍ତ ଶ୍ରୀମତୀ ମୁର୍ମୁଙ୍କ ଯାତ୍ରା ଅବିଶ୍ୱସନୀୟ ଅଟେ । ସେ ଆଦିବାସୀ ଲୋକମାନଙ୍କର ସଂଘର୍ଷର ପ୍ରତୀକ ଅଟନ୍ତି । ସିଏ ବିଜୟର ସୂଚକ ଭାବେ ପରିଚିତ ହୋଇଛନ୍ତି । ବର୍ତ୍ତମାନ ଯାହା କିଛି ହେଇଛି ତାହା ଅଭୁତ ଅଟେ । ଅଭୁତ କ'ଣ ଏହା ପାଇଁ ତ ଅପ୍ରତ୍ୟାଶିତ ଶବ୍ଦ ମଧ୍ୟ ଛୋଟ ଅଟେ । ସମସ୍ତଙ୍କର ଅନୁମାନ ଯାହାକୁ ତାହା ରହିଗଲା ।

ପ୍ରଧାନମନ୍ତ୍ରୀ ନରେନ୍ଦ୍ର ମୋଦୀ ଏପରି କାର୍ଯ୍ୟ କଲେ ଯାହା କେହି ଭାବିନଥିଲେ । ଜଣେ ଆଦିବାସୀ ସମାଜର ଝିଅ ଦିନେ ଦେଶର ସର୍ବୋଚ୍ଚ ପଦରେ ଆସୀନ ହେବ, ରାଷ୍ଟ୍ରପତି ହେବ ଏବଂ ତିନୋଟି ସେନାର ମୁଖ୍ୟ ହେବ ! ପ୍ରଧାନମନ୍ତ୍ରୀ ପରମ୍ପରାକୁ ବଦଳାଇ ଦେଲେ । ଏହା ଏକ ଚମତ୍କାର ହୋଇଛି । ପୂର୍ବରୁ ଏହା ହେଉଥିଲା ଯେ ଗୋଟିଏ ବଡ଼ ପରିବାରରେ ଜନ୍ମ ହୋଇଥିବା, ଉଚ୍ଚ ପରିଷ୍କୃତ ସମ୍ଭ୍ରାନ୍ତ କୂଳର ଭୂଷଣ, ବିଦେଶରୁ ଶିକ୍ଷିତ ଏବଂ ପ୍ରତିଷ୍ଠିତ ବ୍ୟକ୍ତି ରାଷ୍ଟ୍ରପତି ପଦରେ ସୁଶୋଭିତ ହେଉଥିଲେ । ଡକ୍ଟର ସର୍ବପଲ୍ଲୀ ରାଧାକୃଷ୍ଣନଙ୍କ ପରି ବିଦ୍ୱାନ ଓ ରାଜେନ୍ଦ୍ର ପ୍ରସାଦଙ୍କ ଭଳି ସ୍ୱାଧୀନତା ସୈନିକ ଏହି ପଦବୀରେ ସୁଶୋଭିତ ହୋଇଥିଲେ । ଆଜି ଏକ ଗରୀବ ପରିବାରରେ ଜନ୍ମ ହୋଇଥିବା ସାଧାରଣ ମହିଳା ରାଷ୍ଟ୍ରପତି ହୋଇଛି । ପ୍ରଥମେ କ'ଣ କେହି ତିଲକା ମାଝିଙ୍କ ଜାଣିଥିଲେ ? କ'ଣ ବିରୁ ଶ୍ୟାମଙ୍କୁ କେହି ଜାଣିଥିଲେ ? ଆଦିବାସୀ କଳା ଓ କଳାକାର, ସେମାନଙ୍କର ସାହିତ୍ୟ ଓ ସାହିତ୍ୟକାର, ନୃତ୍ୟ ଏବଂ ନର୍ତ୍ତକ– ନର୍ତ୍ତକୀ ଇତ୍ୟାଦି ଆମର ଜିଜ୍ଞାସା, କୌତୂହଲ ଓ ଆଶ୍ଚର୍ଯ୍ୟର ବିଷୟ ଥିଲା । ସେମାନଙ୍କ ମଧ୍ୟରେ କେତେ ପ୍ରତିଭା ଅଛି ତାହା ଜଣା ପଡ଼ିଥିଲା କି ? ତାହା ନିଷ୍କ୍ରିୟ ଏବଂ ବେକାର ହୋଇ ରହିଥିଲା । ଆମର ଆଦିବାସୀ ସମାଜରେ ଥିବା ଲୋକମାନେ ବର୍ତ୍ତମାନ ସମାନ ଯୋଗ୍ୟତା ଓ କ୍ଷମତା ପାଇବେ । ଆମର ପ୍ରଧାନମନ୍ତ୍ରୀ ନରେନ୍ଦ୍ର ମୋଦୀ ଗୋଟି ଗୋଟି କରି ସମସ୍ତଙ୍କୁ ସମ୍ମାନ ଦେବେ । ପ୍ରଶାସନ, ସରକାର ଏବଂ ସମସ୍ତେ ସେମାନଙ୍କୁ ସେମାନଙ୍କର ଯୋଗ୍ୟତା ଅନୁସାରେ କାର୍ଯ୍ୟ ଦେଉଛନ୍ତି । ସମାଜ ଏବଂ ରାଷ୍ଟ୍ର ସେମାନଙ୍କୁ ସେମାନଙ୍କର ଭାଗ ଦେଉଛନ୍ତି । ସେମାନେ ଏହାକୁ ନେବାର ଯୋଗ୍ୟ ଅଟନ୍ତି । କହିବା ଦରକାର ନାହିଁ ଯେ ମୁର୍ମୁ ରାଷ୍ଟ୍ରପତି ହେବା ଫଳରେ ସମାଜର ସମସ୍ତ ଲୋକ ଖୁସି ହୋଇଥିଲେ । ଆଦିବାସୀ ସମାଜର ଲୋକମାନେ ଆଜି ତାଙ୍କ ପାଇଁ ଗର୍ବିତ ଅଟନ୍ତି ।

ମୁଁ ଏହି କଥାର ଘୋଷଣାଟି ପୂର୍ବରୁ କରି ଆସିଛି । ବର୍ତ୍ତମାନ ମୁଁ ଆପଣଙ୍କୁ ଜଣାଇବାକୁ

୧୯୧୦) ଜଣେ ଭାରତୀୟ ରାଜନୀତିଜ୍ଞ, ଲେଖକ ଏବଂ ଖେଳାଳୀ ଥିଲେ। ସିଏ ସମ୍ବିଧାନ ସଭାର ସଦସ୍ୟ ଥିଲେ ଯିଏ ଭାରତୀୟ ସଂଘରେ ଯୋଗଦାନ କରି ସମ୍ବିଧାନ ନିର୍ମାଣରେ ଅଂଶଗ୍ରହଣ କରିଥିଲେ। ସିଏ ୧୯୨୮ର ଗ୍ରୀଷ୍ମକାଳୀନ ଅଲିମ୍ପିକ୍‌ରେ ସ୍ୱର୍ଣ୍ଣପଦକ ଜିତିଥିଲେ। ସିଏ ଭାରତୀୟ ହକି ଟିମ୍‌କୁ ପ୍ରତିନିଧିତ୍ୱ କରୁଥିଲେ। ସିଏ ଜଣେ ପ୍ରତିଭାଶାଳୀ ବକ୍ତା ଥିଲେ ଏବଂ ସମ୍ବିଧାନ ସଭାରେ ସମସ୍ତ ଆଦିବାସୀମାନଙ୍କ ପାଇଁ ପ୍ରତିନିଧିତ୍ୱ କରୁଥିଲେ। ୧୯ ଡିସେମ୍ବର ୧୯୪୬ରେ ସିଏ ଗୋଟିଏ ପ୍ରସିଦ୍ଧ ଭାଷଣ ଦେଇଥିଲେ। ଯାହାର କିଛି ଅଂଶକୁ ମୁଁ ନିମ୍ନରେ ବର୍ଣ୍ଣନା କରୁଛି। ଏଠାରେ ସିଏ ଉଦ୍ଦେଶ୍ୟ ପ୍ରସ୍ତାବକୁ ସ୍ୱାଗତ କରିଥିଲେ ଏବଂ ଏହା ସହ ଭବିଷ୍ୟତରେ ଭାରତୀୟ ଆଦିବାସୀ ସମୁଦାୟରେ ଆସୁଥିବା ସମସ୍ୟାଗୁଡ଼ିକୁ କହିଥିଲେ।

“ଜଣେ ଆଦିବାସୀ ରୂପରେ ମୁଁ ସଂକଳ୍ପ କରିଛି ଯେ ମୋତେ ସରକାରୀ ଜଟିଳ କଥାଗୁଡ଼ିକ ବୁଝି ଆସେନାହିଁ। କିନ୍ତୁ ମୋର ସାମାନ୍ୟ ଜ୍ଞାନ ମୋତେ କୁହେ ଯେ ଆମ୍ଭେ ପ୍ରତ୍ୟେକକୁ ସ୍ୱତନ୍ତ୍ରତାର ରାସ୍ତାରେ ଚଳିବା ଦରକାର ଏବଂ ମିଶିକରି ଲଢ଼ିବା ଦରକାର। ମହୋଦୟ ଯଦି ଭାରତୀୟ ଲୋକମାନଙ୍କ ମଧ୍ୟରୁ କୌଣସି ସମୁଦାୟ ସହ ଦୁର୍ବ୍ୟବହାର କରାଯାଇଛି ସେ ସମୁଦାୟଟି ହେଉଛି ମୋର। ପୂର୍ବ ୬ ହଜାର ବର୍ଷରୁ ସେମାନଙ୍କ ସହ ଅପମାନଜନକ ବ୍ୟବହାର କରାଯାଉଛି। ସେମାନଙ୍କର ଉପହାସ କରାଯାଉଛି। ସିନ୍ଧୁ ସଭ୍ୟତା ଠାରୁ ଆରମ୍ଭ କରି ଭାରତର ପୁରା ଇତିହାସ ଆଦିବାସୀମାନଙ୍କର ବିଦ୍ରୋହ ଦ୍ୱାରା ରକ୍ତ ରଞ୍ଜିତ ହୋଇଛି। ତଥାପି ମୁଁ ପଣ୍ଡିତ ଜବାହରଲାଲ ନେହେରୁଙ୍କ କଥାକୁ ବିଶ୍ୱାସ କରେ। ମୁଁ ଆପଣମାନଙ୍କର ବଚନକୁ ପ୍ରମାଣ ମାନି ଏକ ନୂତନ ଅଧ୍ୟାୟ ଆରମ୍ଭ କରିବାକୁ ଚାହେଁ। ସ୍ୱାଧୀନ ଭାରତର ଏକ ନୂତନ ଅଧ୍ୟାୟ ଯେଉଁଠାରେ ସମାନତାର ଅଧିକାର ରହିବ, ଯେଉଁଠାରେ କାହାର ଉପହାସ କରାଯିବନାହିଁ।”

ସିଏ ନିଜର ବକ୍ତବ୍ୟକୁ ଚାଲୁ ରଖିଲେ।

“ଏହା କେବଳ ରାଜନୈତିକ ପ୍ରଦର୍ଶନ ଥିଲା ଯେ ସ୍ୱାଧୀନ ସଭାରେ ଛ’ଜଣ ଆଦିବାସୀ ସଦସ୍ୟ ଥିଲେ। ଏହା କିପରି ଅଟେ ? କ’ଣ ଏପରି କିଛି ନିୟମ ନାହିଁ ଯେଉଁଠାରେ ଅଧିକ ଆଦିବାସୀମାନେ ସଭାରେ ଯୋଗ ଦେଇପାରିବେ ଏବଂ ଆଦିବାସୀ କହିଲେ କେବଳ ପୁରୁଷ ନୁହେଁ ମହିଲାମାନେ ମଧ୍ୟ କ’ଣ ଯୋଗ ଦେଇ ପାରିବେ ? ପୂର୍ବରୁ ଅନେକ ପୁରୁଷ ଅଛନ୍ତି। ବର୍ତ୍ତମାନ ମହିଲାମାନଙ୍କର ଆବଶ୍ୟକତା ଅଛି।”

ଜୟପାଲ ମୁଣ୍ଡାଙ୍କର ଗୋଟିଏ ଇଚ୍ଛା ଆଜି ପୂର୍ଣ୍ଣ ହୋଇଛି। ଶ୍ରୀମତୀ ମୁର୍ମୁ ଜଣେ ଆଦିବାସୀ ମହିଲା ଭାବରେ ପ୍ରତିନିଧିତ୍ୱ କରୁଛନ୍ତି। ଆଜି ସ୍ୱର୍ଗରେ ଗାନ୍ଧୀ ଏବଂ ମୁଣ୍ଡା ନିଜ ବିଜୟର ଉତ୍ସବ ପାଳନ କରୁଥିବେ। ଗାରୋ ଜନଜାତିର ଜଣେ ଆଦିବାସୀ ବ୍ୟକ୍ତି ପି.ଏ. ସାଙ୍ଗମା ୨୦୧୨ରେ ରାଷ୍ଟ୍ରପତି ନିର୍ବାଚନରେ ପରାସ୍ତ ହୋଇଥିଲେ। କିନ୍ତୁ ସେ ଚେଷ୍ଟା କରିବାକୁ

ରଖ୍ୟ ପ୍ରସ୍ତୁତି କରିଥାଆନ୍ତି । ତାଙ୍କର ପଦକ୍ଷେପର ଭବିଷ୍ୟବାଣୀ କରିବା ଅତ୍ୟନ୍ତ କଠିନ ଅଟେ । ତାଙ୍କ ପରି ଭା.ଜ.ପା.ର ସମର୍ଥକ ରାଷ୍ଟ୍ରୀୟ ସ୍ୱୟଂସେବକ ସଂଘର ବରିଷ୍ଠ ନେତାଗଣ ଏବଂ କିଛି ନିଷ୍ଠାପର ପ୍ରଚାରକ ବିଭିନ୍ନ ରାଜ୍ୟ, ଗ୍ରାମୀଣ ବନନିବାସ କ୍ଷେତ୍ର ଏବଂ ପୂର୍ବୋଉର ରାଜ୍ୟଗୁଡ଼ିକରେ ଲୋକମାନଙ୍କ ମଧ୍ୟରେ ସକ୍ରିୟ ସେବା ଅଭିଯାନରେ ନିଯୋଜିତ ଅଛନ୍ତି । ଏକପ୍ରକାର ସେମାନେ ନୀରବ ଭାବରେ ଭା.ଜ.ପା.ର ରାଜନୀତିକ ସଫଳତା ପାଇଁ କ୍ଷେତ, ଖତ, ପାଣି ଏବଂ ଆଲୋକର ବ୍ୟବସ୍ଥା କରିବାରେ ଲାଗି ରହିଛନ୍ତି । ନିଜର ବିଜୟ ରଥକୁ ଓଡ଼ିଶା, ତେଲେଙ୍ଗାନା, ଆନ୍ଧ୍ର, କେରଳ ଏବଂ ତାମିଲନାଡୁ ଭଳି ଅଣ ଭା.ଜ.ପା. ଶାସିତ ରାଜ୍ୟଗୁଡ଼ିକ ପର୍ଯ୍ୟନ୍ତ ନେଇଯିବାରେ ମୋଦୀଙ୍କ ପ୍ରୟାସ ନୂଆ ବୁଝାମଣା ଏବଂ ରାଜନୈତିକ, ସାମାଜିକ ଏବଂ ଆର୍ଥିକ ହିତର ପୂର୍ତ୍ତି ପାଇଁ ଅନ୍ତରାଷ୍ଟ୍ରୀୟ ସ୍ତରରେ ମଧ୍ୟ ଭାରତର ଏକ ଶକ୍ତିଶାଳୀ ଛବି ବନାଇବା ଅଟେ । ଏହି ପ୍ରକାର ସଫଳତା ତାଙ୍କର ମାର୍ଗ ପ୍ରଶସ୍ତ କରୁଛି ।

ମୁର୍ମୁଙ୍କ ନାମାଙ୍କନ ଏନ୍‌ଡିଏ ଦ୍ୱାରା ଏବ ସୁଚିନ୍ତିତ ଏବଂ ସୁନିଯୋଜିତ ଯୋଜନା ଅଟେ । ଯେଉଁଥିରେ ପ୍ରଦର୍ଶିତ କରା ଯାଇଥିଲା ଯେ କିଭଳି ଭାବରେ ପ୍ରଧାନମନ୍ତ୍ରୀ ନରେନ୍ଦ୍ର ମୋଦୀଙ୍କ ସରକାର ସମାଜର ଅବହେଳିତ ବର୍ଗର ପ୍ରତିନିଧିତ୍ୱ ଦେବା ପାଇଁ ନିଜର ଧ୍ୟାନ କେନ୍ଦ୍ରିତ କରିଛି । ପୂର୍ବର ରାଷ୍ଟ୍ରପତି ନାମନାଥ କୋବିନ୍ଦ ଦଳିତ ସମୁଦାୟ ମଧ୍ୟରୁ ଆସିଥିଲେ । କୋବିନ୍ଦ ଉତ୍ତର ପ୍ରଦେଶର ଏକ ଛୋଟ କୁଲି ସମୁଦାୟ ମଧ୍ୟରୁ ଆସିଛନ୍ତି । ଜଣେ କୃଷକର ମାଟିଘରେ ସେ ଜନ୍ମ ହୋଇଥିଲେ ଏବଂ ଭାରତର ଦ୍ୱିତୀୟ ଦଳିତ ରାଷ୍ଟ୍ରପତି ହେଲେ । ୨୦୧୭ରେ ଉତ୍ତର ପ୍ରଦେଶର ଏକ ଦଳିତ କୋରିକୋଲି ଉପଜାତି କିମ୍ବା ବୁନାଲି ନେତା ରାମନାଥ କୋବିନ୍ଦ ଭାରତର ରାଷ୍ଟ୍ରପତି ହେଲେ ସି.ଏସ୍.ଡି.ଏସ୍. ଲୋକନୀତିର ନିର୍ବାଚନ କରିବାର ସର୍ବେକ୍ଷଣ ଅନୁସାରେ ଭା.ଜ.ପା.ର ନେତୃତ୍ୱ ନେଉଥିବା ଗଠବନ୍ଧନ ପାଇଁ ଜାଟଙ୍କ ସଂଖ୍ୟା ୨୦୧୭ରେ ୮ ପ୍ରତିଶତରୁ ବଢ଼ି ୨୦୧୬ରେ ୨୧ ପ୍ରତିଶତ ହୋଇଗଲା ଏବଂ ଅଣଜାଟଙ୍କ ସଂଖ୍ୟା ଏହି ଅବଧି ପାଇଁ ୩୭ ପ୍ରତିଶତରୁ ୪୧ ପ୍ରତିଶତ ହୋଇଗଲା । ଏହା ଏକ ମହତ୍ତ୍ୱପୂର୍ଣ୍ଣ ଲାଭ ଥିଲା ଏବଂ କିଛି ଶ୍ରେୟ କ୍ଷମତାଶାଳୀ ପାର୍ଟି ଦ୍ୱାରା ତାଙ୍କର ବିଚାରଶୀଳ ନାମାଙ୍କନକୁ ଯିବା ଉଚିତ୍ । ଯେତେବେଲେ ଥରେ ହୃଦୟଙ୍ଗମ କରାଗଲା ଯେ ଶାସନରେ ଅନେକ ଉଠାଣି ଏବଂ ଗଡ଼ାଣି ଭରା ପ୍ରସଙ୍ଗ ସତ୍ତ୍ୱେ ଭା.ଜ.ପା.ର ଭୋଟ ଗଣନାକୁ ଭଙ୍ଗ କରା ଯାଇପାରିବ ନାହିଁ । ସେତେବେଲେ ଏହି ଭାବରେଆଗକୁ ବଢ଼ିବା ସ୍ୱାଭାବିକ ଥିଲା ।

ଦେଶର ସର୍ବୋଚ୍ଚ ସାଂବିଧାନିକ ପଦରେ ଜଣେ ଦଳିତ ପରେ ଜାଣି ଆଦିବାସୀ ମହିଳା ଭାରତୀୟ ଲୋକତନ୍ତ୍ରରେ ବିସ୍ତାରିତ ଆଧାରରେ ଏକ ଉତ୍କର୍ଷ ପ୍ରଦର୍ଶନ ଅଟନ୍ତି । ଦ୍ରୌପଦୀ ମୁର୍ମୁ ଅବହେଳିତ ସମ୍ପ୍ରଦାୟର ଲୋକମାନଙ୍କର ଉଚିତ ପ୍ରତିନିଧିତ୍ୱ ଦେବା ବାବଦରେ ସରକାରର ପ୍ରାଥମିକତା ଉପରେ ଆଲୋକପାତ ହେଲା । ଜଣେ ଦଳିତ ନେତା ରାଷ୍ଟ୍ରପତି

ଆଦରଣୀୟ ଶ୍ରୀମତୀ ମୁର୍ମୁଙ୍କୁ ପ୍ରାର୍ଥୀତ୍ୱ ସବୁ ଭାରତୀୟଙ୍କୁ ଏହି ବାବଦରେ ଗୌରବାନ୍ବିତ କରିଛି ଏବଂ ଏହି ଦେଶର ସର୍ବୋଚ୍ଚ ପଦରେ ବିପରୀତ ପରିସ୍ଥିତିରେ ମଧ ନିଜର ଶକ୍ତିରେ ଆଗକୁ ବଢ଼ି ସମାଜ ପାଇଁ ଏକ ଆଦର୍ଶ ପ୍ରସ୍ତୁତ କରୁଥିବା ଏକ ମହିଳା ଆସୀନ ହେବେ ଯିଏ ଆଦିବାସୀ ସମୁଦାୟ ମଧରୁ ଆସିଛନ୍ତି । ଯିଏ ଦେଶର କୋଟୀ କୋଟୀ ମହିଳାମାନଙ୍କ ପାଇଁ ପ୍ରେରଣାର ଅସୀମ ସ୍ରୋତ ଅଟନ୍ତି । ବଡ଼ ସ୍ତରରେ ତାଙ୍କର ପ୍ରାର୍ଥୀତ୍ୱ ନୂଆ ଭାରତ ବା ନିଉ ଇଣ୍ଡିଆ ଭାବନାକୁ ସମାହିତ କରୁଛି । ଯଶସ୍ୱୀ ପ୍ରଧାନ ମନ୍ତ୍ରୀ ଶ୍ରୀ ନରେନ୍ଦ୍ର ମୋଦୀଙ୍କ ନେତୃତ୍ୱାଧୀନ ଭା.ଜ.ପା. ସରକାରଙ୍କ ସବୁଠାରୁ ଅଧିକ ନିର୍ଣ୍ଣାୟକ ବିଶେଷତା ଏହା ଯେ ଆଧାରିକ ସ୍ତରରେ ଲୋକମାନଙ୍କୁ ସଶକ୍ତ ବନାଇବା ପାଇଁ ଦଶନ୍ଧି ଦଶନ୍ଧି ଧରି ଶାସନରେ ଥିବା କିଛି ଲୋକଙ୍କର ଏକାଧିକାର ଭାଙ୍ଗିବାର ଯଥାସମ୍ଭବ ପ୍ରୟାସ ବିଗତ ଆଠ ବର୍ଷ ମଧରେ କରା ଯାଇଛି । ବାସ୍ତବରେ ପ୍ରଧାନମନ୍ତ୍ରୀ ନରେନ୍ଦ୍ର ମୋଦୀଜୀ କେବିନେଟ୍‌ରେ ନିଜେ ୨୭ଜଣ ଓ.ବି.ସି., ୧୨ଜଣ ଏନ୍.ସି. ଏବଂ ୮ଜଣ ଏସ୍.ଟି. ସମୁଦାୟରୁ ଆସିଥିବା ଜନପ୍ରତିନିଧିମାନଙ୍କୁ ସାଦରରେ ଐତିହାସିକ ପ୍ରତିନିଧିତ୍ୱ ଦେଇଛନ୍ତି । ଯେଉଁମାନଙ୍କର ସଂଖ୍ୟା ସମୁଦାୟ ୬୦ ପ୍ରତିଶତରୁ ମଧ ଅଧିକ ଅଟେ । ୨୦୧୯ରେ ଭାଜପାର ଐତିହାସିକ ସଫଳତା ଲୋକସଭାରେ ସବୁଠାରୁ ଅଧିକ ମହିଳା ପ୍ରତିନିଧିତ୍ୱ ସହିତ ଆସିଲା । ନରେନ୍ଦ୍ର ମୋଦୀ ସରକାର ଆର୍ଥିକ ରୂପରେ ପଛୁଆ ଲୋକମାନଙ୍କ ପାଇଁ ଆରକ୍ଷଣ ସୁନିର୍ଣ୍ଣିତ କରିଛନ୍ତି । ଆଜି ସମାଜରେ ଏହି ଭାବରେ ଜାଗ୍ରତ ହୋଇଛି ଯେ ଜଣେ ଅତ୍ୟନ୍ତ ଗରୀବ ପୃଷ୍ଠଭୂମିରେ ଆସୁଥିବା ବ୍ୟକ୍ତି ମଧ ସାମାଜିକ ଆର୍ଥିକ ପରିସ୍ଥିତିରୁ ଉତ୍ପନ୍ନ ସମସ୍ତ ଆହ୍ୱାନକୁ ପାର କରି ଭାରତର ପ୍ରଧାନମନ୍ତ୍ରୀ ହୋଇ ପାରିବ ଏବଂ ଦେଶକୁ ଏକ ନୂତନ ଉଚ୍ଚତାକୁ ନେଇ ଯାଇ ପାରିବ । ଶ୍ରୀମତୀ ମୁର୍ମୁଙ୍କ ନିର୍ବାଚନ ଜନମାନସରେ ଏହି ଭାବନା ଆହୁରି ମଧ ପ୍ରବଳ ହେବ । ଯେପରି ଉଲ୍ଲେଖ କରାଯାଇଛି, ପ୍ରଥମ ଆଦିବାସୀ ରାଷ୍ଟ୍ରପତି, ପ୍ରଥମ ଆଦିବାସୀ ମହିଳା ରାଷ୍ଟ୍ରପତି, ପ୍ରଥମ ଓଡ଼ିଆ ରାଷ୍ଟ୍ରପତି ଭାବରେ ତାଙ୍କର ନିର୍ବାଚନ ତାଙ୍କର ଚୟନ ସମାଜରେ ଚାଲି ଆସୁଥିବା ଅନେକ ପ୍ରତିବନ୍ଧକକୁ ସମାପ୍ତ କରିବ ଯାହାକୁ ଦଶନ୍ଧି ଦଶନ୍ଧି ପୂର୍ବରୁ ଧ୍ୱସ୍ତ କରିଦେବା ଉଚିତ୍ ଥିଲା । ରାଷ୍ଟ୍ରପତି ପଦ ପାଇଁ ଏନ୍.ଡି.ଏର ପୂର୍ବ ଦୁଇଜଣ ପ୍ରାର୍ଥୀ ଡକ୍ତର ଏପିଜେ ଅବଦୁଲ କାଲାମ ଏବଂ ରାମନାଥ କୋବିନ୍ଦ ଏହି ଦେଶକୁ ପ୍ରେରଣାଦାୟକ ଏବଂ ପରିପକ୍ୱ ନେତୃତ୍ୱ ପ୍ରଦାନ କରିଛନ୍ତି । ସେମାନଙ୍କର ନେତୃତ୍ୱ ଦ୍ୱାରା ଭାରତ ବିଶ୍ୱପଟଳରେ ଏକ ନୂଆ ରୂପରେ ସ୍ଥାପିତ ହୋଇଛି । ଦ୍ରୌପଦୀ ମୁର୍ମୁଙ୍କର ପ୍ରାର୍ଥୀତ୍ୱ ସେହି ଲୋକମାନଙ୍କ ଶବ୍ଦ ଦେଲା ଭଳି କଥା ଏବଂ ଇତିହାସକୁ ପୁଣିଥରେ ଲେଖିବା ପାଇଁ ପ୍ରସ୍ତୁତି ଅଟେ ।

କରୁଛନ୍ତି ଯେ ଦ୍ରୌପଦୀ ମୁର୍ମୁଙ୍କ ପ୍ରାର୍ଥୀତ୍ୱ ଦ୍ୱାରା ଭାଜପାକୁ ପଞ୍ଚମ ଏବଂ ଷଷ୍ଠ ଅନୁସୂଚୀରେ ଥିବା ରାଜ୍ୟମାନଙ୍କରେ ଜନଜାତୀୟ ଭୋଟ୍ ପ୍ରାପ୍ତ କରିବାରେ ସହାୟତା ମିଳିବ। ଷଷ୍ଠ ଅନୁସୂଚୀରେ ଥିବା ରାଜ୍ୟମାନଙ୍କ ମଧ୍ୟରୁ ଆସାମ, ମେଘାଳୟ, ତ୍ରିପୁରା, ମିଜୋରାମରେ ଜନଜାତୀୟ ସମାଜର ଲୋକମାନଙ୍କର ସଂଖ୍ୟା ବହୁତ ଅଧିକ ରହିଛି। ଆସାମରେ ୧୨ ପ୍ରତିଶତ, ତ୍ରିପୁରାରେ ୩୧ ପ୍ରତିଶତ, ମେଘାଳୟରେ ୪୬ ପ୍ରତିଶତ ଏବଂ ମିଜୋରାମରେ ୯୫ ପ୍ରତିଶତ ଠାରୁ ଅଧିକ ଏହି ସମୁଦାୟର ଲୋକମାନେ ରହିଛନ୍ତି।

ଏହା ସହିତ ପଞ୍ଚମ ଅନୁସୂଚୀରେ ଥିବା ରାଜ୍ୟମାନଙ୍କ ମଧ୍ୟରୁ ଝାଡ଼ଖଣ୍ଡରେ ପ୍ରାୟ ୨୭ ପ୍ରତିଶତ ଆଦିବାସୀ ରହିଛନ୍ତି। ଛତିଶଗଡ଼ରେ ୨୦, ମଧ୍ୟପ୍ରଦେଶରେ ୨୧, ଓଡ଼ିଶାରେ ୨୨.୮୫, ରାଜସ୍ଥାନରେ ୧୩.୪୮, ଗୁଜରାଟରେ ୮, ପଶ୍ଚିମବଙ୍ଗରେ ୫.୮, ହିମାଚଳ ପ୍ରଦେଶରେ ୫.୭ ପ୍ରତିଶତ ସଂଖ୍ୟା ରହିଛନ୍ତି। ଭା.ଜ.ପା.ର ନଜର ଓଡ଼ିଶା, ରାଜସ୍ଥାନ, ଝାଡ଼ଖଣ୍ଡ ଏବଂ ଛତିଶଗଡ଼ ଉପରେ ରହିଛି। ଭା.ଜ.ପା.କୁ ଦେଶର ପଞ୍ଚମ ଏବଂ ଷଷ୍ଠ ଅନୁସୂଚୀରେ ଥିବା ରାଜ୍ୟଗୁଡ଼ିକରେ କ୍ଷେତ୍ରୀୟ ଦଳ ପ୍ରତିଦ୍ୱନ୍ଦିତା କରୁଛନ୍ତି। ଆନ୍ଧ୍ରପ୍ରଦେଶରେ ୱାଇଏସଆରସୀଡୀ, ଝାଡ଼ଖଣ୍ଡରେ ଝା.ମୁ.ମୋ., ଓଡ଼ିଶାରେ ବିଜୁ ଜନତା ଦଳ, ପଶ୍ଚିମବଙ୍ଗରେ ତୃଣମୂଳ କଂଗ୍ରେସକୁ ପରାସ୍ତ କରିବା ପାଇଁ ଭାଜପା ଆଦିବାସୀ ସମାଜକୁ ତାହା ସହିତ ଯୋଡ଼ିବା ପାଇଁ ଇଚ୍ଛୁକ ଅଟେ। ଜଳ-ଜଙ୍ଗଲ ଏବଂ ଭୂମି ଉପରେ ଜନଜାତିମାନଙ୍କର ଅଧିକାରକୁ ସୁନିର୍ଦ୍ଦିଷ୍ଟ କରିବା ପାଇଁ 'ପେସା' କାନୁନ ଲାଗୁ କରା ଯାଇଥିଲା। କିନ୍ତୁ ଏହାଦ୍ୱାରା ଆଦିବାସୀମାନଙ୍କୁ ବିଶେଷ ଲାଭ ମିଳିନାହିଁ। ୮୯ତମ ସମ୍ବିଧାନର ସଂଶୋଧନ ଅଧିନିୟମ ୨୦୦୩ ଜରିଆରେ ବାଜପେୟୀ ସରକାର ଆଦିବାସୀମାନଙ୍କ ପାଇଁ ଏକ ଭିନ୍ନ ରାଷ୍ଟ୍ରୀୟ ଆୟୋଗ ଗଠିତ କରିଛନ୍ତି। ମୋଦୀ ସରକାରରେ ଆଦିବାସୀ ସମୁଦାୟକୁ ସଂଗଠିତ କରିବା ପାଇଁ ଏବଂ ଅଧିକ ବ୍ୟବସ୍ଥିତ ପ୍ରଣାଳୀରେ ପ୍ରୟାସ ଆରମ୍ଭ ହୋଇ ସାରିଛି। ପ୍ରଧାନମନ୍ତ୍ରୀ ବନ-ଧନ ଯୋଜନା ଏହାର ପ୍ରମାଣ ଅଟେ।

ସରନା ଧର୍ମ ଏବଂ ସରନା ଧର୍ମ କୋଡ୍

ଝାଡ଼ଖଣ୍ଡର ଆଦିବାସୀ ସମୁଦାୟ ନିଜର ଅଲଗା ଧର୍ମର ଦାବିକୁ ନେଇ କେନ୍ଦ୍ରୀୟ ସରକାରଙ୍କ ଠାରେ ଗୁହାରି ଲଗାଉଛନ୍ତି। ସେମାନେ ଦାବି କରୁଛନ୍ତି ଯେ ଜନଗଣନାରେ ସେମାନଙ୍କ ଆଗରେ ହିନ୍ଦୁ ଲେଖା ନ ଯାଉ। ହିନ୍ଦୁ ଧର୍ମ ସହିତ ସେମାନଙ୍କର କୌଣସି ସମ୍ବନ୍ଧ ନାହିଁ ଏବଂ ସେମାନଙ୍କର ଧର୍ମ ହେଉଛି ସରଣା। ଏହି ସମୁଦାୟର ଲୋକମାନେ ଛୋଟନାଗପୁର ଅଞ୍ଚଲରେ ରହନ୍ତି। ଝାଡ଼ଖଣ୍ଡର ମୁଖ୍ୟମନ୍ତ୍ରୀ ହେମନ୍ତ ସୋରେନ ମଧ୍ୟ ସରନା ସମୁଦାୟରୁ ଆସିଛନ୍ତି। ସେମାନେ ପ୍ରକୃତିକୁ ଉପାସନା କରନ୍ତି ଏବଂ ସେମାନଙ୍କର ବିଶ୍ୱାସ ଜଳ-ଜଙ୍ଗଲ ଏବଂ ଭୂମି ଉପରେ ରହିଛି। ସେମାନେ ବନ କ୍ଷେତ୍ରର ରକ୍ଷା କରିବାରେ ବିଶ୍ୱାସ କରି ବୃକ୍ଷ ଏବଂ ପାହାଡ଼ ପର୍ବତର

ଉପସମୂହର ଏକ ଅଂଶ । ଦୀର୍ଘ ସମୟ ପର୍ଯ୍ୟନ୍ତ ରୋମାନ, ବଙ୍ଗାଲୀ, ଓଡ଼ିଆ, ଦେବନାଗରୀ, ଆସାମୀ ଏବଂ ନେପାଲୀ ଲିପି ଦ୍ୱାରା ଲେଖାଯିବା ପରେ ସାନ୍ତାଲୀ ଭାଷାକୁ ନିଜର ସ୍ୱଦେଶୀ ଲିପି ମିଲିଲା । ଯେତେବେଳେ ରଘୁନାଥ ମୁର୍ମୁ ଓଲଚିକି ('ଓଲ-ଲେଖନ' ଏବଂ 'ଚିକି-ଶିଖା') ଭାଷାର ବିକଶିତ କଲେ । ଯାହାର ସ୍ଥିପ୍ତର ଆରମ୍ଭ ୧ ୯ ୨ ୫ ମସିହାରେ ହେଲା । ଅବଶ୍ୟ ଏହା ପ୍ରଥମଥର ୧ ୯ ୩ ୬ ମସିହାରେ ମୟୁରଭଞ୍ଜରେ ପ୍ରକାଶିତ କରା ଯାଇଥିବା ଓଲଚିକି ଭାଷାର ପ୍ରଥମ ପୁସ୍ତକ 'ହୋର ସେରେଙ୍' ଆସିଲା । ଓଲଚିକି ଲିପିରେ ଲେଖାଯାଇଥିବା ସାନ୍ତାଲୀ ସମ୍ବିଧାନକୁ ଅଷ୍ଟମ ଅନୁସୂଚୀରେ ଅନୁସୂଚିତ ଭାଷା ମଧରୁ ଗୋଟିଏ ରୂପରେ ମାନ୍ୟତା ପ୍ରାପ୍ତ କରାଗଲା । ଭାଷାକୁ ଆଧିକାରିକ ମାନ୍ୟତା ଦେବାର ଦାବି ନେଇ ସାନ୍ତାଲ ନେତାମାନେ ଅନେକ ଦଶକ ଧରି ସଂଗ୍ରାମ ଲଢ଼ିଲେ । ଏହି ସଂଘର୍ଷ ୨ ୨ ଡିସେମ୍ବର ୨ ୦ ୦ ୩କୁ ସଫଲ ହେଲା ଯେତେବେଳେ ଭାଷାକୁ ଭାରତୀୟ ସମ୍ବିଧାନର ଅଷ୍ଟମ ଅନୁସୂଚୀରେ ସାମିଲ କରାଗଲା ଏବଂ ଏହା ଦେଶର ଏକ ଆଧିକାରିକ ଭାଷା ହେଲା । ୨ ୦ ୧ ୩ରେ ବିଶ୍ୱବିଦ୍ୟାଲୟ ଅନୁଦାନ ଆୟୋଗ ସାନ୍ତାଲୀ ଭାଷାକୁ ରାଷ୍ଟ୍ରୀୟ ପାତ୍ରତା ପରୀକ୍ଷାରେ ସାମିଲ କଲା । ଯେଉଁଥିରେ ବାଖ୍ୟାତମାନେ କଲେଜ ଏବଂ ବିଶ୍ୱବିଦ୍ୟାଲୟରେ ଭାଷାର ଉପଯୋଗ କରିବା ପାଇଁ ଅନୁମତି ମିଲିଲା । ଏହା ଦେଶର ପ୍ରଥମ ଜନଜାତୀୟ ଭାଷା ଅଟେ ଯାହାର ନିଜର ଉଇ ଉିକିପିଡ଼ିଆ ସଂସ୍କରଣ ରହିଛି । ୨ ଅଗଷ୍ଟ ୨ ୦ ୧ ୮ରେ ସାନ୍ତାଲୀ ନିଜର ଉିକିପିଡ଼ିଆ ସଂସ୍କରଣ ପ୍ରାପ୍ତ କରିଥିବା ଭାରତର ପ୍ରଥମ ଆଦିବାସୀ ଭାଷା ହେଲା । ୨ ୦ ୧ ୮ରେ ସାନ୍ତାଲୀକୁ ପ୍ରଥମଥର ପଶ୍ଚିମବଙ୍ଗର ମାଧ୍ୟମିକ ବୋର୍ଡ ପରୀକ୍ଷାରେ ଏକ ମାଧ୍ୟମ ଭାବରେ ବ୍ୟବହାର କରାଗଲା ।

ଭାରତର ପ୍ରଥମ ନାଗରିକ ରୂପରେ ଦ୍ରୌପଦୀ ମୁର୍ମୁଙ୍କ ଚୟନ ସାନ୍ତାଲ ଭାଷା କହିବା ଏବଂ ବ୍ୟବହାର କରିବା ଲୋକମାନଙ୍କର ବିଜୟ ଭାବରେ ଦେଖାଯିବ । ପୁରୁଲିଆ(ପଶ୍ଚିମବଙ୍ଗ)ର ସିଧୁ କାହୁ ବିରସା ବିଦ୍ୟାଲୟର ସାନ୍ତାଲୀ ବିଭାଗର ଜଣେ ସହାୟକ ପ୍ରଫେସର ଡକ୍ତର ପଲଟନ ମୁର୍ମୁ କହନ୍ତି, "ଯଦି ତାଙ୍କର ଚୟନ ହୁଏ ତେବେ ଆମର ପ୍ରାଚୀନ ଭାଷାକୁ ମୁଖ୍ୟ ରୂପରେ ଆର୍ଯ୍ୟ ଏବଂ ଦ୍ରାବିଡ଼ ଦୁଇଟି ପ୍ରାଥମିକ ଭାଷା ସମୂହରେ ବିଭାଜିତ ଭାରତୀୟ ଭାଷାରୁ ବାହାରକୁ ଅଣାଯାଇ ନିଜର ସ୍ୱତନ୍ତ୍ର ପରିଚୟ ରଖିବାରେ ସୁଯୋଗ ମିଲିବ ।"

ମୁର୍ମୁ ଆଦିବାସୀ ଭାଷା ଏବଂ ସଂସ୍କୃତିରେ ପ୍ରକାଶିତ ସାହିତ୍ୟରେ ଅନୁବାଦ କରିବାର ଆହ୍ୱାନ ମଧ୍ୟ କରିଛନ୍ତି । ଲୋକ ବୋଦରା ଏବଂ ରଘୁନାଥ ମୁର୍ମୁଙ୍କ ଭଲି ମହାନଭୁବକ ଯୋଗଦାନ ପ୍ରଶଂସା କରିଛନ୍ତି । ଏହା ମଧ୍ୟ କହିଛନ୍ତି ଯେ 'ହୋ' ଜନଜାତିର 'ବରାନଚିତି ଲିପି' ଏବଂ ସାନ୍ତାଲୀଙ୍କ 'ଓଲଚିକି'ର ନିୟମକରଗୁଡ଼ିକୁ ସମୁଚିତ ଆଦର କରାଯିବା ଉଚିତ୍ । ତାଙ୍କ ବିଚ୍ଛରେ ଆଦିବାସୀମାନଙ୍କର ଇତିହାସକୁ ସଠିକ୍ ଭାବରେ ପ୍ରସ୍ତୁତ କରାଯାଇନାହିଁ ଏବଂ ଏହାକୁ ପୁନଃସ୍ଥାପିତ ଏବଂ ଏହାର ପୁନର୍ଲିଖନ କରିବାର ଆବଶ୍ୟକତା ରହିଛି ।

ପ୍ରାର୍ଥୀ ବାହାରିଗଲେ । ପରେ ନିର୍ଦ୍ଦଳୀୟ ପ୍ରାର୍ଥୀ ଭି.ଭି. ଗିରିଙ୍କୁ ବିଜେତା ଘୋଷିତ କରାଗଲା । ଷଷ୍ଠ ରାଷ୍ଟ୍ରପତି ନିର୍ବାଚନ ୧୯୬୯ ମସିହାରେ ହେଲା । ଏଥର ସମୁଦାୟ ପ୍ରାର୍ଥୀ ଥିଲେ ୧୫ । କାରଣ ଅନେକ ନନ୍‌ସିରିଆସ୍‌ ପ୍ରାର୍ଥୀ ଆସିବା କାରଣରୁ ୧୦ ଭୋଟରଙ୍କୁ ପ୍ରସ୍ତାବକ ଏବଂ ୧୦ ଭୋଟରଙ୍କୁ ଅନୁମୋଦକ ହେବାର ସର୍ତ୍ତ ଯୋଡ଼ି ଦିଆଗଲା । ସିକ୍ୟୁରିଟି ଡିପୋଜିଟ୍‌କୁ ବି ବଢ଼ାଇ ଅଢ଼େଇ ହଜାର କରି ଦିଆଗଲା । ଏହି ନିର୍ବାଚନରେ ଦ୍ୱିତୀୟ ସ୍ଥାନରେ ରହିଲେ ତ୍ରିଦେବ ଚୌଧୁରୀ ଏବଂ ବିଜୟୀ ଫକିରୁଦ୍ଦିନ ଅଲି ଅହମଦ୍‌ । ସପ୍ତମ ରାଷ୍ଟ୍ରପତି ନିର୍ବାଚନ ୧୯୭୭ ମସିହାରେ ହେଲା । ଏଥିରେ ୩୬ଜଣ ପ୍ରାର୍ଥୀଙ୍କ ନାମାଙ୍କନ ରିଟର୍ନିଙ୍ଗ୍‌ ଅଫିସରଙ୍କ ଦ୍ୱାରା ଖାରଜ ହୋଇଗଲା । ନିର୍ବାଚନର ଆବଶ୍ୟକତା ପଡ଼ିଲା ନାହିଁ । ନୀଲମ ସଞ୍ଜୀବ ରେଡ୍ଡି ନିର୍ବିରୋଧ ବିଜେତା ଭାବରେ ଘୋଷିତ ହେଲେ । ନୀଲମ ସଞ୍ଜୀବ ରେଡ୍ଡି ଏକମାତ୍ର ରାଷ୍ଟ୍ରପତି ହେଲେ ଯାହାଙ୍କୁ ନିର୍ବିରୋଧରେ ଚୟନ କରାଗଲା । ନୀଲମ ସଞ୍ଜୀବ ରେଡ୍ଡି ୧୯୭୭ ମସିହାରେ ଦେଶର ସପ୍ତମ ରାଷ୍ଟ୍ରପତି ଭାବରେ ନିର୍ବାଚିତ ହେଲେ । ତାଙ୍କ ନାମରେ ମଧ ଦେଶରେ ସବୁଠାରୁ କମ୍‌ ବୟସରେ ରାଷ୍ଟ୍ରପତି ହେବାର ରେକର୍ଡ ରହିଛି । ସେ ଦେଶର ପ୍ରଥମ ରାଷ୍ଟ୍ରପତି ଅଟନ୍ତି ସେ ଲୋକସଭାର ଅଧ୍ୟକ୍ଷ ଏବଂ ମୁଖ୍ୟମନ୍ତ୍ରୀ ପଦରେ ମଧ ରହିଥିଲେ । ନୀଲମ ସଞ୍ଜୀବ ରେଡ୍ଡିଙ୍କ ବ୍ୟତୀତ ଡକ୍ଟର ରାଜେନ୍ଦ୍ର ପ୍ରସାଦ, ଡକ୍ଟର ରାଧାକୃଷ୍ଣାନ ଅଥବା ଡକ୍ଟର ଜାକିର ହୋସେନଙ୍କ ସହିତ କୌଣସି ବି ନେତା ରାଷ୍ଟ୍ରପତି ହେବା ପାଇଁ କୌଣସି ପ୍ରୟାସ କଲେ ନାହିଁ । କିନ୍ତୁ ତାଙ୍କ ପରେ ଚୟନ କରା ଯାଇଥିବା ନେତାମାନଙ୍କ ମଧରୁ କେହିବି ଭାବିନଥିଲେ ଯେ ସେମାନେ ଦେଶର ସର୍ବୋଚ୍ଚ ପଦରେ ଆସୀନ ହୋଇ ପାରିବେ ।

ଅଷ୍ଟମ ରାଷ୍ଟ୍ରପତି ନିର୍ବାଚନ ୧୯୮୨ରେ ହୋଇଥିଲା । ଜ୍ଞାନୀ ଜୈଲ ସିଂ ଏର୍‌.ଆର୍‌. ଖାନ୍ନାଙ୍କୁ ହରାଇ ରାଷ୍ଟ୍ରପତି ହେଲେ । ସିଏ ଥିଲେ ପ୍ରଥମ ସିଖ୍‌ ଯିଏକି ରାଷ୍ଟ୍ରପତି ହୋଇଥିଲେ । ଆର୍‌.ଭେଙ୍କଟ ରମନ ୧୯୮୭ରୁ ୧୯୯୨ରେ ସୁପ୍ରୀମ୍‌ କୋର୍ଟରେ ପୂର୍ବଜଜ୍‌ ଥିଲେ ଏବଂ ସେ ବି.ଆର୍‌. କୃଷ୍ଣ ଆଇୟାରଙ୍କୁ ହରାଇ ରାଷ୍ଟ୍ରପତି ହେଲେ । ଜୈଲ ସିଂଙ୍କ କାର୍ଯ୍ୟକାଳ ୧୯୮୨ରୁ ୧୯୮୭ ମଧ୍ୟରେ ଉପରାଷ୍ଟ୍ରପତି ଥିବା ଭେଙ୍କଟ ରମନ ଦେଶର ଜଣେ ପ୍ରତିଷ୍ଠିତ ଉକିଲ ଥିଲେ । ବିଧାୟକ, ସାଂସଦ, କେନ୍ଦ୍ରୀୟ ମନ୍ତ୍ରୀ, ମୁଖ୍ୟମନ୍ତ୍ରୀ, ପାର୍ଟିର ରାଷ୍ଟ୍ରୀୟ ଅଧ୍ୟକ୍ଷ, ରାଜ୍ୟପାଳ, ଉପ ରାଷ୍ଟ୍ରପତି ଏବଂ ପରେ ରାଷ୍ଟ୍ରପତି ହୋଇଥିବା ଡକ୍ଟର ଶଙ୍କରଦୟାଲ ଶର୍ମା ଦେଶର ନବମ ରାଷ୍ଟ୍ରପତି ହେଲେ । ଯିଏ ୧୯୯୭ ପର୍ଯ୍ୟନ୍ତ ନିଜର ପଦବୀରେ ରହିଲେ । ଦେଶର ପ୍ରଥମ ଦଳିତ ରାଷ୍ଟ୍ରପତି କେ.ଆର୍‌. ନାରାୟନ କେରଳରୁ ଲଗାତାର ତିନିଥର ସାଂସଦରେ ରହିଥିଲେ । ରାଜୀବ ଗାନ୍ଧୀଙ୍କ ସରକାରରେ ସେ କେବିନେଟ୍‌ ମନ୍ତ୍ରୀ ଥିଲେ । ପରେ ଉପରାଷ୍ଟ୍ରପତି ହେଲେ । ଏହାପରେ ୧୯୯୭ ମସିହାରେ ଦେଶର ପ୍ରଥମ ଦଳିତ ରାଷ୍ଟ୍ରପତି ହେଲେ । ପଦ୍ମଶ୍ରୀ କ୍ୟାପ୍ଟେନ ଡକ୍ଟର ଲକ୍ଷ୍ମୀ ସହଗଲ ୨୦୦୦ ମସିହାରେ ହୋଇଥିବା ରାଷ୍ଟ୍ରପତି ନିର୍ବାଚନରେ ପୂର୍ବ ରାଷ୍ଟ୍ରପତି ଡକ୍ଟର ଅବଦୁଲ କଲାମଙ୍କ ବିରୋଧରେ ନିର୍ବାଚନ ଲଢ଼ିଥିଲେ । ଏଥରେ ଜୟଯୁକ୍ତ ହୋଇଥିଲେ ଡକ୍ଟର ଏ.ପି.ଜେ. ଅବଦୁଲ କାଲାମ୍‌ । ସେ

ନିର୍ବାଚନ ପ୍ରକ୍ରିୟା-୨୦୨୨

ନିର୍ବାଚନ କାର୍ଯ୍ୟକ୍ରମ ଅନୁସାରେ ରାଷ୍ଟ୍ରପତି ନିର୍ବଚନର ଅଭିସୂଚନା ୧୫ଜୁନ ୨୦୨୨ରେ ଜାରି କରାଗଲା। ରାଷ୍ଟ୍ରପତି ନିର୍ବାଚନ ପାଇଁ ନାମାଙ୍କନ ଦାଖଲ କରିବାର ଶେଷ ତିଥି ୨୯ଜୁନ୍ ଥିଲା। ନାମାଙ୍କନ ପତ୍ରର ଯାଞ୍ଚ ୩୦ ଜୁନ୍‌ରେ ହେଲା ଏବଂ ନାମାଙ୍କନ ପତ୍ର ଫେରସ୍ତ ନେବାର ଶେଷ ତାରିଖ ହେଲା ୨ ଜୁଲାଇ। ରାଷ୍ଟ୍ରପତି ପଦ ପାଇଁ ନିର୍ବାଚନ ୧୮ ଜୁଲାଇରେ ହେଲା ଏବଂ ଭୋଟ୍ ଗଣତି ୨୧ ଜୁଲାଇ ୨୦୨୨ରେ ହେଲା। ନୂତନ ରାଷ୍ଟ୍ରପତି ୨୫ ଜୁଲାଇ ୨୦୨୨ରେ ନିଜ ପଦର ଶପଥ ନେଲେ। ରାଷ୍ଟ୍ରପତି ପଦ ପାଇଁ ଇଲେକ୍‌ଟୋରାଲ କଲେଜ ସାଂସଦ ବିଧାୟକମାନଙ୍କର ନାମାଙ୍କନକୁ କମ୍ କରି ଏହାଙ୍କର ଭୋଟ୍ ମୂଲ୍ୟ ୧୦,୮୬,୪୩୧ ଅଟେ। ଯେଉଁଥିରେ ୫,୪୩,୨୧୫ ଭୋଟ୍ ହେଉଛି ଏହାର ଅଧା। ଇଲେକ୍‌ଟୋରାଲ କଲେଜରେ ୭୭୬ ସାଂସଦ (ଭୋଟ ମୂଲ୍ୟ ୫,୪୩,୨୦୦) ଏବଂ ୪,୦୩୩ ବିଧାୟକ (ଭୋଟ ମୂଲ୍ୟ ୫,୪୩,୨୩୧) ସାମିଲ ଅଛି। ଜମ୍ମୁ କାଶ୍ମୀରରେ ବିଧାନସଭାର ଅନୁପସ୍ଥିତି କାରଣରୁ ପ୍ରତ୍ୟେକ ସାଂସଦର ଭୋଟ୍ ମୂଲ୍ୟ ୨୦୧୭ ନିର୍ବାଚନ ତୁଲନାରେ ୭୦୮ କମି ଏବେ ୭୦୦ ହୋଇ ଯାଇଥିଲା। ସମୁଦାୟ ସାଂସଦଙ୍କ ସଂଖ୍ୟା ସହିତ ବିଧାୟକମାନଙ୍କ ଭୋଟର ମୂଲ୍ୟ ବିଭାଜିତ କରିବା ପରେ ଏମ୍.ପି. ଭୋଟର ସାମର୍ଥ ଗଣନା କରାଯାଏ। ମତର ମୂଲ୍ୟ ୧୯୭୧ ଜନଗଣନା ଅନୁସାରେ ପ୍ରତ୍ୟେକ ରାଜ୍ୟର ଜନସଂଖ୍ୟା ଦ୍ୱାରା ନିର୍ଦ୍ଧାରିତ କରାଯାଏ। ପ୍ରତ୍ୟେକ ବିଧାୟକଙ୍କ ଭୋଟ୍ ମୂଲ୍ୟ ଉତ୍ତର ପ୍ରଦେଶରେ ୨୦୮ ଉଚ୍ଚସ୍ତରରେ ଥିବାବେଳେ ସିକିମ୍‌ରେ ୭ ଭାଗରେ ନିମ୍ନ ସ୍ତରରେ ରହିଥାଏ। ଏହାର ଅର୍ଥ ହେଉଛି ୟୁ.ପି.ରେ ୪୦୩ଜଣ ବିଧାୟକଙ୍କର ନିର୍ବାଚନ ପୁଲରେ ୨୦୮ ଗୁଣନ ୪୦୩ = ୮୩,୮୨୪ ଭୋଟ୍ ଯୋଗଦାନ କରିଥାଆନ୍ତି। ଯେତେବେଲେ କି ସିକିମ୍‌ରେ ୩୨ ବିଧାୟକ ୩୨ ଗୁଣନ ୭= ୨୨୪ ଭୋଟରେ ଯୋଗଦାନ କରିଥାଆନ୍ତି। ସମସ୍ତ ବିଧାନସଭାଗୁଡ଼ିକରେ ଭୋଟର ଯୋଗଫଳ ହେଉଛି ୫.୪୩ ଲକ୍ଷ। ପ୍ରକ୍ରିୟା ଅନୁସାରେ ୭୭୬ ସାଂସଦ ଲୋକସଭାର ୫୪୩ ଏବଂ ରାଜ୍ୟସଭାରେ ୨୩୩ଙ୍କୁ ବିଧାୟକମାନଙ୍କର ସମାନ ସମାନ ଭୋଟ୍ ସଂଖ୍ୟା ରହିଛି। ଏହି ପ୍ରକାର ପ୍ରତ୍ୟେକ ସାଂସଦଙ୍କର ଭୋଟ ମୂଲ୍ୟ ୫.୪୩ ଲକ୍ଷ ଅଟେ। ଯେଉଁମାନେ ୭୭୬ରେ ବିଭାଜିତ ଅଟନ୍ତି। ଏଥିରୁ ୭୦୦ ପର୍ଯ୍ୟନ୍ତ ପୂର୍ଣ୍ଣାଙ୍କିତ କରା ଯାଇଥାଏ। ବିଧାନସଭାଗୁଡ଼ିକ ଏବଂ ସାଂସଦର ସଂଯୁକ୍ତ ନିର୍ବାଚନ ପୁଲ ଏହି ଭାବରେ ୧୦.୮୬ ଲକ୍ଷ ପର୍ଯ୍ୟନ୍ତ ମତ ସଂଖ୍ୟା ହୋଇଯାଇଥାଏ।

ନିର୍ବାଚନ ପ୍ରକ୍ରିୟର-୨୦୨୨

ମୁଁ ଏହି ଖଣ୍ଡର ଆରମ୍ଭରେ ଏକ ଘଟଣା ବାବଦରେ କହିବାକୁ ଯାଉଛି। ୧୯୬୬ରେ ଜାକିର ହୋସେନ ଶାସନାଧୀନ କଂଗ୍ରେସ ପାର୍ଟିର ରାଷ୍ଟ୍ରପତି ପଦର ପ୍ରାର୍ଥୀ ଥିଲେ। ସଂଯୁକ୍ତ

ଏନଡିଏ ଏବଂ ସମର୍ଥକ ଦଳଗୁଡ଼ିକ ତରଫରୁ ଯେତେବେଳେ ମୋତେ ରାଷ୍ଟ୍ରପତି ପଦର ପ୍ରତ୍ୟାଶୀ କରାଗଲା ସେତେବେଳେ ମୁଁ ଏହା ପଛରେ ଥିବା ଚିନ୍ତାଧାରାର କାରଣ ବୁଝିଲି । କାରଣ ମୋର ମାନନୀୟ ପ୍ରଧାନମନ୍ତ୍ରୀ ନରେନ୍ଦ୍ର ମୋଦୀଙ୍କ ସମ୍ବେଦନଶୀଳ ଚେତନା ଏବଂ ଦୂରଦର୍ଶୀ ଭାବନାର ସାକ୍ଷାତକାର କଲି । ସେ ମରୁଭୂମିର ମାଆ ଏବଂ ଝିଅମାନଙ୍କ ହାତରେ ବହି ଆଉ କଲମ ରଖିବାକୁ ଚୁହାଁନ୍ତି ଏବଂ ବନଭୂମିର ମାଆ ଝିଅକୁ ମୁଖ୍ୟଧାରାକୁ ଆଣିବା ପାଇଁ ପ୍ରତିବଦ୍ଧ ଅଟନ୍ତି । ମୋତେ ଏହି କଥାରେ ଅଧିକ ପ୍ରସନ୍ନତା ରହିଛି ଯେ ମୋଦୀ ସରକାରଙ୍କ ଶାସନରେ ନାରୀ ଶକ୍ତି ଭଳି ଘର ଘରକୁ ନଳ ଦ୍ୱାରା ଜଳ ପହଞ୍ଚ ପାରୁଛି । ଏହା ସହିତ ଜନଜାତି ସମାଜର ଝିଅମାନଙ୍କୁ ଶିକ୍ଷା ସହିତ ଯୋଗ କରି ସେମାନଙ୍କୁ ସ୍ୱପ୍ନ ଦେଖିବାର ସ୍ୱତନ୍ତ୍ରତାର ଅଧିକାର ମଧ୍ୟ ପ୍ରଦାନ କରାଯାଉଛି ।

ଓଡ଼ିଶାରେ ଛୋଟ ଛୋଟ ସ୍ୱପ୍ନ ସହିତ ବଢ଼ିଥିବା ଜନଜାତି ସମାଜର ଏକ ଝିଅକୁ ରାଷ୍ଟ୍ରପତି ଭବନ ପର୍ଯ୍ୟନ୍ତ ଯିବାର ରାସ୍ତା ପ୍ରଦାନ କରାଗଲା । ଏହା ଏକ ଲୋକତାନ୍ତ୍ରିକ ସ୍ୱପ୍ନ, ଏହାହିଁ ହେଉଛି ଅନ୍ତ୍ୟୋଦୟ । ଏହା ଗାଁ, ଗରୀବ ଏବଂ ଜଙ୍ଗଲର ଝିଅ ଉପରେ ବିଶ୍ୱାସକୁ ଦର୍ଶାଇଥାଏ । ଏଥାରୁ ଉପସ୍ଥିତ ସାଂସଦ ଏବଂ ବିଧାୟକମାନଙ୍କ ମାଧମରେ ମୁଁ ରାଜସ୍ଥାନର ଦେବତୁଲ୍ୟ ଜନତାଙ୍କର ସମର୍ଥନ ମାଗୁଛି । ମୁଁ କେବେବି ରାଷ୍ଟ୍ରପତି ହେବା ବାବଦରେ ଭାବିବି ନଥିଲି । କିନ୍ତୁ ପ୍ରଧାନମନ୍ତ୍ରୀ ନରେନ୍ଦ୍ର ମୋଦୀଙ୍କ ନେତୃତ୍ୱରେ ଏନଡିଏ ଅନେକ ଦୂରରେ ରହିଥିବା ଗାଁଗୁଡ଼ିକୁ ସେଠାକାର ଲୋକମାନଙ୍କୁ ମୁଖ୍ୟଧାରା ସହିତ ଯୋଡ଼ିବା ପାଇଁ ମୋତେ ଏକ ମାଧମ କରିଛନ୍ତି । ଅବହେଳିତ, ବଞ୍ଚିତ, ଆଦିବାସୀ ଏବଂ ଶୋଷିତମାନଙ୍କୁ ମୁଁ ମଧ୍ୟ ସେମାନଙ୍କୁ ନିଜ ଆଖିରେ ଦେଖି ପାରିବି । ଆମ ମତରେ ନା କୌଣସି ପ୍ରଭେଦ ଅଛି ନା ମତଭେଦ । ମୁଁ ବା ଆମ୍ଭେମାନେ ନୂଆ ଭାରତର ନିର୍ମାଣ ପାଇଁ ଆଶାନ୍ୱିତ ଅଛନ୍ତି, ଅଗ୍ରସର ଏବଂ ଆଶ୍ୱସ୍ତ ଅଟନ୍ତି ।

ରାଷ୍ଟ୍ରପତି ନିର୍ବାଚନ ମତଦାନ-୨୦୨୨

ରାଷ୍ଟ୍ରପତି ନିର୍ବାଚନ ୨୦୨୨ ପାଇଁ ମତଦାନ ୧୮ ଜୁଲାଇ ସକାଳ ୧୦ଘଟିକାରୁ ଆରମ୍ଭ କରି ସନ୍ଧ୍ୟା ୫ଘଟିକା ମଧରେ ୩୧୧ଟି ସ୍ଥାନରେ ହୋଇଥିଲା । ଭାରତର ନିର୍ବାଚନ ଆୟୋଗ (ଇସିଆଇ)ଙ୍କ ଅନୁସାରେ ସମୁଦାୟ ୪୭୯୬ ମତଦାତାଙ୍କଠାରୁ ୯.୯ ପ୍ରତିଶତ ଠାରୁ ଅଧିକ ଲୋକ ରାଷ୍ଟ୍ରପତି ନିର୍ବାଚନରେ ନିଜର ଭୋଟ ପ୍ରଦାନ କରିଥିଲେ । ଯେତେବେଳେ ଦଶଟି ରାଜ୍ୟ ଏବଂ କେନ୍ଦ୍ରଶାସିତ ପ୍ରଦେଶ ପୁଡୁଚେରୀ ସହିତ ଶହେ ପ୍ରତିଶତ ମତଦାନ ହେଲା । ଭୋଦ ଦେବା ପାଇଁ ଯୋଗ୍ୟ ସଂସଦମାନଙ୍କ ମଧ୍ୟରୁ ସମୁଦାୟ ୭୭୧ ଜଣଙ୍କ ମଧ୍ୟରୁ ୫ ରିକ୍ତ ଏବଂ ଏଭଳି ଭୋଟର ହକଦାର ବିଧାନସଭାର ସମଗ୍ର ସମୁଦାୟ ୪୦୨୫ ସଦସ୍ୟ (୬ ରିକ୍ତ ଏବଂ ୨ ଅଯୋଗ୍ୟ)ଙ୍କ ମଧ୍ୟରୁ ୯.୯% ଠାରୁ ଅଧିକ ଲୋକ ଭୋଟ ପ୍ରଦାନ କଲେ । ଅବଶ୍ୟ ଛତିଶଗଡ଼, ଗୋଆ, ଗୁଜରାଟ, ହିମାଚଳ ପ୍ରଦେଶ, କେରଳ, କର୍ଣ୍ଣାଟକ, ମଧ୍ୟପ୍ରଦେଶ, ମଣିପୁର, ମିଜୋରାମ, ପଣ୍ଡିଚେରୀ, ସିକିମ ଏବଂ ତାମିଲନାଡୁରେ ବିଧାୟକମାନଙ୍କ ଦ୍ୱାରା ଶହେ ପ୍ରତିଶତ ମତଦାନର ସୂଚନା ମିଳିଛି ।

ନିର୍ବାଚନ ପରିଣାମ

ଦ୍ରୌପଦୀ ମୁର୍ମୁଙ୍କ ବିଜୟ ବାବଦରେ କୌଣସି ସନ୍ଦେହ ନଥିଲା। ଯେଭଳି ଏହା ପୂର୍ବ ନିର୍ଧାରିତ ଥିଲା ଓ ପୂର୍ବ ନିଯୋଜିତ ଥିଲା। ସତେ ଯେପରି ରାଇସିନା ହିଲ୍‌ସ ନିଜର ଆଖି ଅପଲକ ନୟନରେ ତାଙ୍କୁ ପ୍ରତୀକ୍ଷା କରି ରହିଛି। ମିଡ଼ିଆଗୁଡ଼ିକରେ ଅଭୁତ ଅଟକଳ ସତ୍ତ୍ୱେ ରାଷ୍ଟ୍ରପତି ଭବନର ଦୌଡ଼ରେ ପ୍ରତ୍ୟାଶୀ ଶାସନରେ ଥିବା ପାର୍ଟି ଏବଂ ସମର୍ଥକମାନଙ୍କର ପରିଶ୍ରମ ଦ୍ୱାରା ଐତିହାସିକ ଉଦାହରଣ ପାଲଟିଲା। ଅବଶ୍ୟ ସର୍ବଦା ଶାସନାଧୀନ ସରକାରଙ୍କର ପ୍ରାର୍ଥୀ ବିଜୟୀ ହୋଇଥାଆନ୍ତି। ୧୯୬୯ରେ ଏକମାତ୍ର ଅପବାଦ ରହିଛି ଯେତେବେଳେ ଇନ୍ଦିରା ଗାନ୍ଧୀ କଂଗ୍ରେସର ପୁରୁଣା ନେତାମାନଙ୍କୁ ଶିକ୍ଷା ପ୍ରଦାନ କରିବା ପାଇଁ ରାଷ୍ଟ୍ରପତି ନିର୍ବାଚନର ପ୍ରୟୋଗ କରିଥିଲେ। ଭି.ଭି. ଗିରିଙ୍କୁ ସେତେବେଳେ ସାଧାରଣ ସଂଖ୍ୟାରେ ବିଜୟ ମିଳିଥିଲା ଏବଂ ନୀଲମ ସଞ୍ଜୀବ ରେଡ୍ଡିଙ୍କ ପରାଜୟ କେବଳ ଏକ ଉଦାହରଣ ଥିଲା। ଅନ୍ୟଥା ସର୍ବଦା ବିଜୟ ସରକାରଙ୍କର ଦ୍ୱାରା ଘୋଷିତ ପ୍ରାର୍ଥୀଙ୍କର ହିଁ ହୋଇଥାଏ। ଏଥର ମଧ୍ୟ ବିରୋଧୀମାନେ ଏକଜୁଟ୍ ହୋଇ ରହି ପାରିଲେ ନାହିଁ ଏବଂ ହାରିଗଲେ।

ଏନଡିଏ ରାଷ୍ଟ୍ରପତି ପଦର ପ୍ରାର୍ଥୀ ଦ୍ରୌପଦୀ ମୁର୍ମୁଙ୍କୁ ଔପଚାରିକ ଭାବରେ ୨୧ ଜୁଲାଇ ୨୦୨୨ରେ ଭୋଟ୍‌ଗୁଡ଼ିକର ଗଣତି ସମାପନ ପରେ ଦେଶର ୧୫ତମ ରାଷ୍ଟ୍ରପତି ଭାବରେ ଘୋଷଣା କରାଗଲା। ମୁର୍ମୁଙ୍କୁ ୬,୭୬,୮୦୩ ମୂଲ୍ୟ ସହିତ ୧,୮୨୪ ଭୋଟ୍ ମିଳିଥିଲା। ଯେତେବେଳେ କି ତାଙ୍କର ପ୍ରତିଦ୍ୱନ୍ଦୀ ଯଶବନ୍ତ ସିନ୍‌ହାଙ୍କୁ ୧,୮୭୭ଟି ଭୋଟ୍ ମିଳିଥିଲା ଯାହାର ମୂଲ୍ୟ ଥିଲା ୩,୮୦,୧୭୭। ୧୮ ଜୁଲାଇରେ ହୋଇଥିବା ମତଦାନରେ ସମୁଦାୟ ୪,୮୦୯ ସାଂସଦ ଏବଂ ବିଧାୟକମାନେ ଭୋଟ୍ ଦେଇଥିଲେ। ରାଷ୍ଟ୍ରପତି ନିର୍ବାଚନର ପରିଣାମ ଘୋଷଣା ସହିତ ସମ୍ପନ୍ନ ହେଲା। ୪୭୫୪ ଭୋଟ୍ ପଡ଼ିଲା ଯେଉଁଥିରୁ ୪୭୦୧ ଭୋଟ୍ ବୈଧ ଥିଲା। ରାଷ୍ଟ୍ରପତି ଭାବରେ ଜିତିବା ପାଇଁ ପ୍ରାର୍ଥୀଙ୍କ ନିମନ୍ତେ କୋଟା ଥିଲା ୫,୨୮,୪୯୧। ଦ୍ରୌପଦୀ ମୁର୍ମୁଙ୍କୁ ପ୍ରଥମ ସଂଖ୍ୟା ଗରିଷ୍ଟା ଭାବରେ ୨୮୭୪ ଭୋଟ୍ ମିଳିଲା ଯାହାର ମୂଲ ଥିଲା ୬,୭୬,୮୦୩। ଯଶବନ୍ତ ସିନ୍‌ହାଙ୍କୁ ୧୮୭୭ ଭୋଟ୍ ମିଳିଲା ଯାହାର ମୂଲ୍ୟ ଥିଲା ୩,୮୦,୧୭୭।

ବିଭିନ୍ନ ରାଜ୍ୟର ଅନେକ ବିଧାୟକ ନିଜ ଦଳର ବିପକ୍ଷରେ ଯାଇ ରାଷ୍ଟ୍ରପତି ପଦର ନିର୍ବାଚନରେ ରାଷ୍ଟ୍ରୀୟ ଜନତାନ୍ତ୍ରିକ ଗଠବନ୍ଧନର ପ୍ରାର୍ଥୀ ଦ୍ରୌପଦୀ ମୁର୍ମୁଙ୍କ ପକ୍ଷରେ ମତଦାନ କଲେ ଏବଂ ତାଙ୍କୁ ବିରୋଧୀ ପକ୍ଷର ପ୍ରତ୍ୟାଶୀ ଯଶବନ୍ତ ସିନ୍‌ହାଙ୍କୁ ପରାଜିତ କରାଇବାରେ ସହାୟତା କଲା। ଭାରତୀୟ ଜନତା ପାର୍ଟିର ସୂତ୍ର ତରଫରୁ ଦାବି କରାଗଲା ଯେ ୧୨୫ଜଣ ବିଧାୟକ କ୍ରସ୍ ଭୋଟିଂ କରିଛନ୍ତି।

ଶୁଭକାମନା ବାର୍ତ୍ତା

ଦ୍ରୌପଦୀ ମୁର୍ମୁଙ୍କ ପାଇଁ ପ୍ରଧାନମନ୍ତ୍ରୀ ନିଜେ ଅନେକ ଟ୍ୱିଟ୍ କଲେ। ସେ ଲେଖିଲେ ଭାରତ ଇତିହାସ ରଚନା କଲା। ଏଭଳି ସମୟରେ ଯେତେବେଳେ ୧.୩ ଆରବ ଭାରତୀୟ

ODIA BOOKS

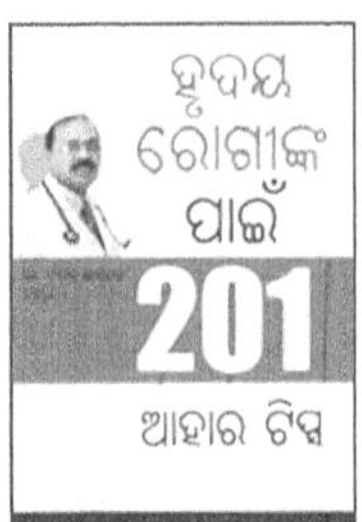

ହୃଦୟ
ରୋଗୀଙ୍କ ପାଇଁ
201
ଆହାର ଟିପ୍ସ

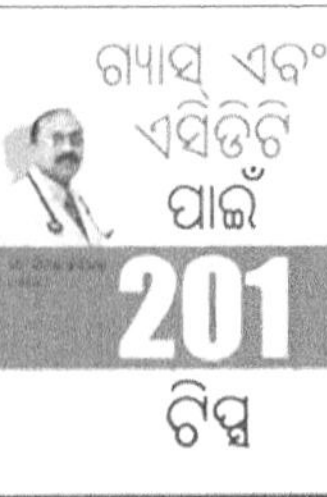

ଗ୍ୟାସ୍ ଏବଂ
ଏସିଡିଟି ପାଇଁ
201
ଟିପ୍ସ

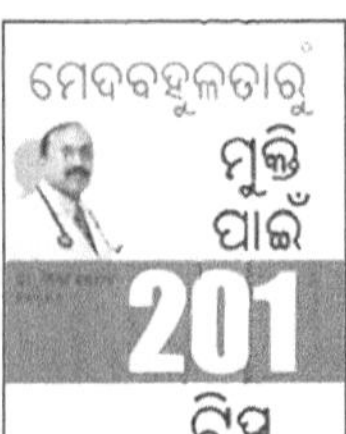

ମେଦବହୁଳତାରୁ
ମୁକ୍ତି ପାଇଁ
201
ଟିପ୍ସ

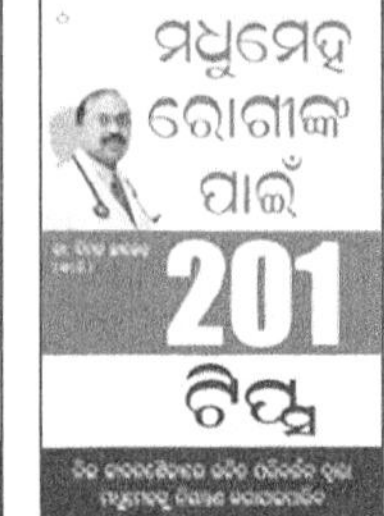

ମଧୁମେହ
ରୋଗୀଙ୍କ ପାଇଁ
201
ଟିପ୍ସ

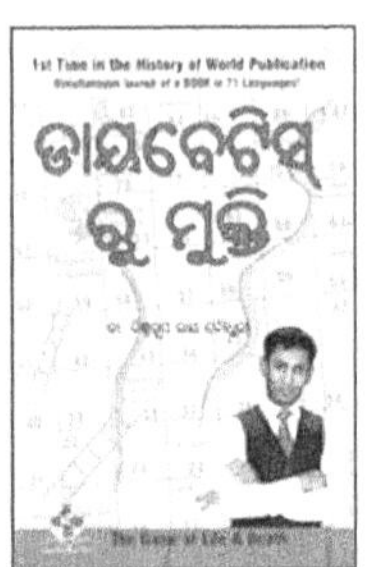

1st Time in the History of World Publication
ଡାୟବେଟିସ୍ ରୁ ମୁକ୍ତି
The Game of Life & Death

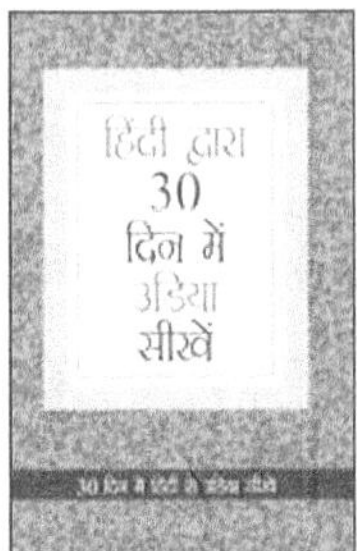

हिंदी द्वारा
30
दिन में
ओड़िया
सीखें

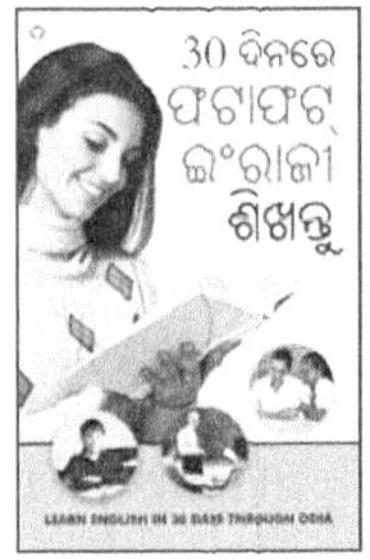

30 ଦିନରେ
ଫଟାଫଟ୍
ଇଂରାଜୀ ଶିଖନ୍ତୁ
LEARN ENGLISH IN 30 DAYS THROUGH ODIA

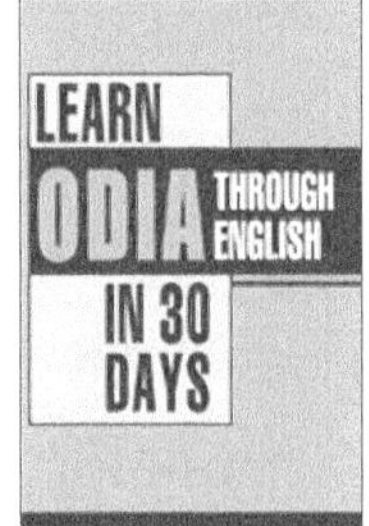

LEARN
ODIA THROUGH ENGLISH
IN 30 DAYS

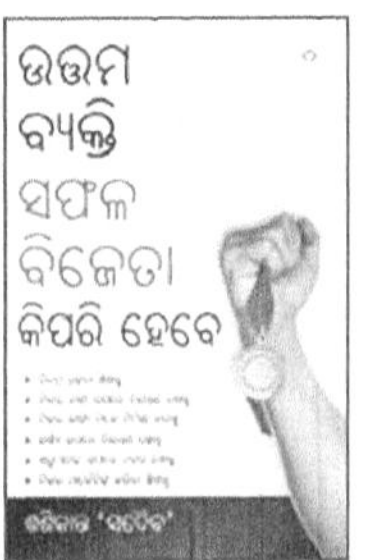

ଉତ୍ତମ
ବ୍ୟକ୍ତି
ସଫଳ
ବିଜେତା
କିପରି ହେବେ

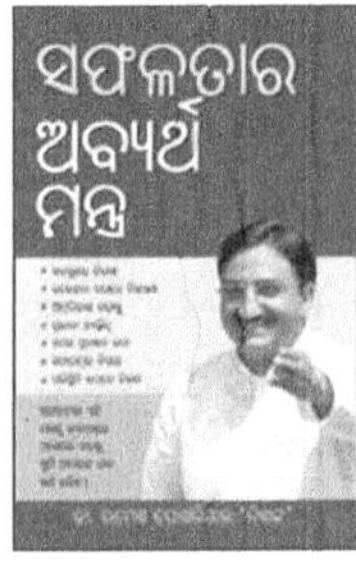

ସଫଳତାର
ଅବ୍ୟର୍ଥ
ମନ୍ତ୍ର

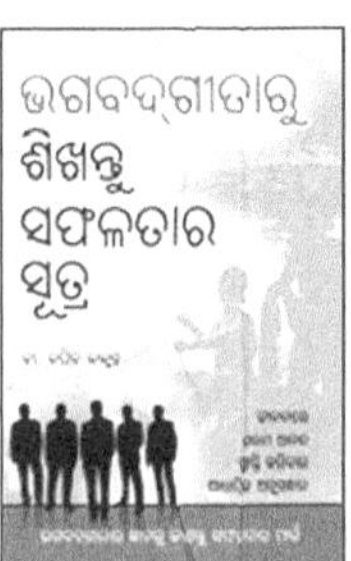

ଭଗବଦ୍‌ଗୀତାରୁ
ଶିଖନ୍ତୁ
ସଫଳତାର
ସୂତ୍ର

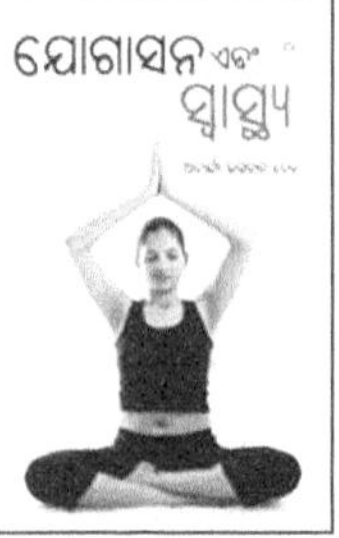

ଯୋଗାସନ ଏବଂ
ସ୍ୱାସ୍ଥ୍ୟ

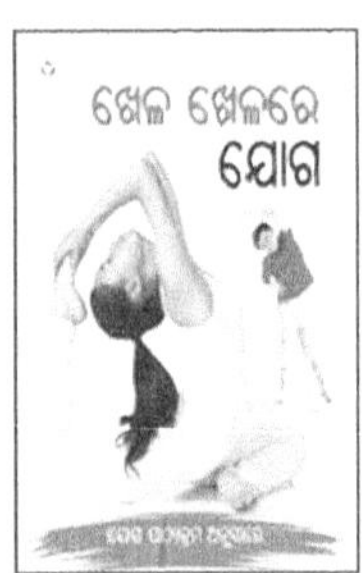

ଖେଳ ଖେଳରେ
ଯୋଗ

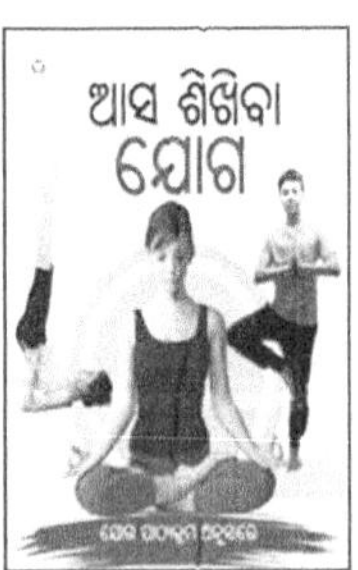

ଆସ ଶିଖିବା
ଯୋଗ

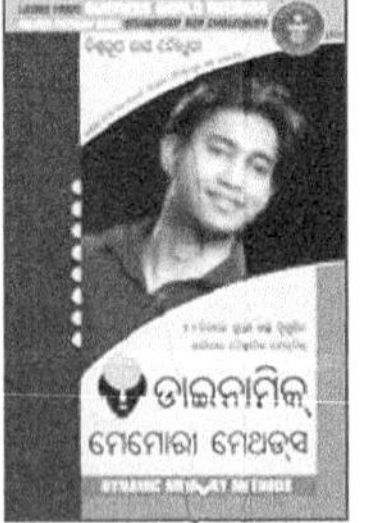

ଡାଇନାମିକ୍
ମେମୋରୀ ମେଥଡ୍‌ସ
DYNAMIC MEMORY METHODS

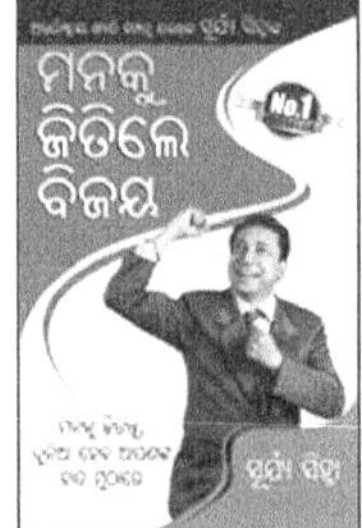

ମନକୁ
ଜିତିଲେ
ବିଜୟ
No.1

 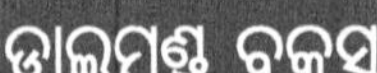

ODIA BOOKS

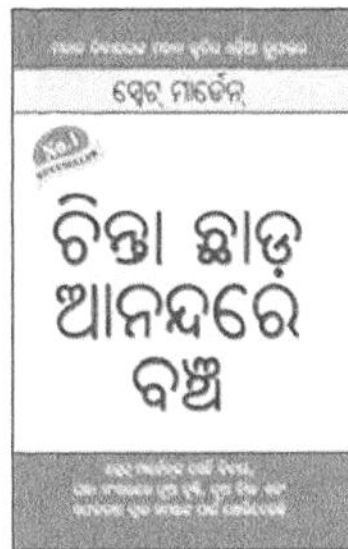
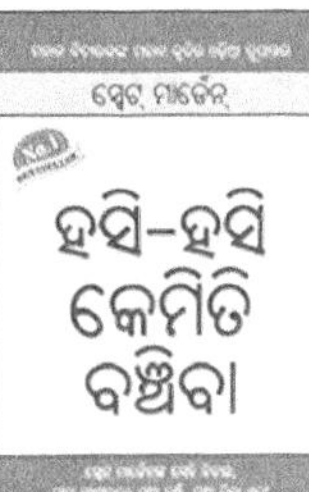
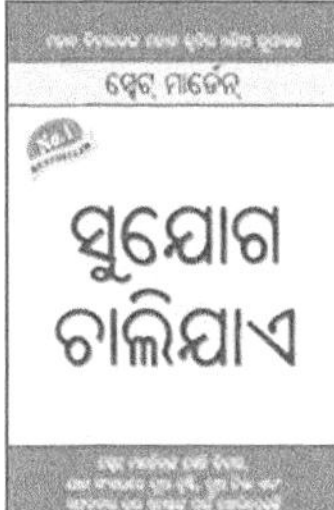
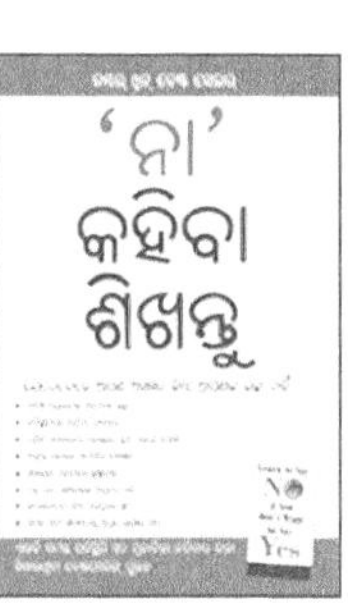

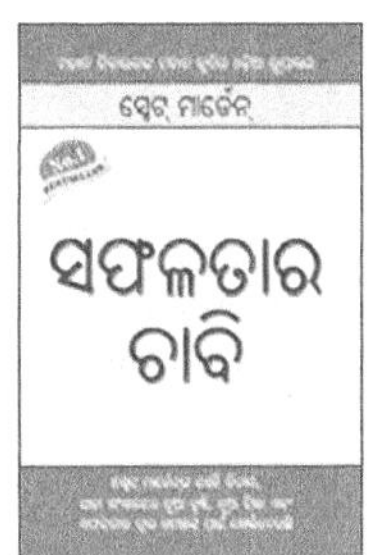

ODIA BOOKS

କଟୁ ବଚନ

ଚାଣକ୍ୟ ନୀତି

ଡା. ଭୀମରାଓ ଆମ୍ବେଦକର

ଅସମ୍ଭବ...
...ସମ୍ଭବ...

ନରେନ୍ଦ୍ର ମୋଦି

ଜୟ ବା ପରାଜୟ ପ୍ରସ୍ତୁତ ରୁହ

ସ୍ୱାମୀ ବିବେକାନନ୍ଦ

ନେଟୱର୍କ ମାର୍କେଟିଙ୍ଗ
12

ପ୍ରେମଚାନ୍ଦ
ସେବାସଦନ

ସଫଳତାର ଦଶସୂତ୍ର
TEN

ଶହୀଦ ଭଗତ ସିଂହ

ପଜିଟିଭ ଥିଙ୍କିଙ୍ଗ

ମା' ହେଲେ କ'ଣ କରିବେ ?

କ'ଣ ଖାଇବେ ଯେବେ ମାଆ ହେବେ ?

କମ୍ପ୍ୟୁଟର୍
ପର୍ସନାଲିଟି ଡେଭଲପମେଣ୍ଟ କୋର୍ସ

ରାଷ୍ଟ୍ରପତି ଦ୍ରୌପଦୀ ମୁର୍ମୁ

ରାଇରଙ୍ଗପୁରରୁ ରାୟସୀନା ହିଲ୍‌ ପର୍ଯ୍ୟନ୍ତ

ଗୋପାଳ ଶର୍ମା

ଓଡ଼ିଆ ଅନୁବାଦ
ଶୁଭେନ୍ଦୁ ଶେଖର ନାୟକ

ଡାଇମଣ୍ଡ ବୁକ୍

www.diamondbook.in

***Publisher*: Diamond Pocket Books (Pvt) Ltd.**
X-30, Okhla Industrial Area,
Phase-II, New Delhi-110020

Phone   : 011- 40712200
E-Mail   : sales@dpb.in
Website : www.diamondbook.in
Edition   : 2022
Printer   :

ରାଷ୍ଟ୍ରପତି ଦ୍ରୌପଦୀ ମୁର୍ମୁ (ଓଡ଼ିଆ)

RASTRAPATI DROUPADI MURMU (ODIA)

*By - **Gopal Sharma***

Odia Translation By - **Shuvendu Shekhar Nayak**

ପ୍ରକାଶକୀୟ

ମହାମହିମ ରାଷ୍ଟ୍ରପତି ଦ୍ରୌପଦୀ ମୁର୍ମୁ ମହାଶୟା, ଦେଶର ରାଷ୍ଟ୍ରପତି ହୋଇଥିବା ପାଇଁ ଆପଣଙ୍କୁ ହାର୍ଦ୍ଦିକ ଅଭିନନ୍ଦନ । ଡାଇମଣ୍ଡ ବୁକ୍ସ ପରିବାର ପାଇଁ ଏହା ଗର୍ବ ଏବଂ ଗୌରବର କଥା ଯେ ଆମେ ଆପଣଙ୍କ ଜୀବନ ଉପରେ ଆଧାରିତ ସର୍ବପ୍ରଥମ ପୁସ୍ତକ "ଦ୍ରୌପଦୀ ମୁର୍ମୁ – ରାଇରଙ୍ଗପୁରରୁ ରାୟସୀନା ହିଲ୍ସ ପର୍ଯ୍ୟନ୍ତ" (Droupadi Murmu President Rairangpur to Raisina Hills) ପ୍ରକାଶିତ କରିଛୁ ।

ଏହି ପୁସ୍ତକକୁ ପ୍ରକାଶନ କରିବାର ନିର୍ଣ୍ଣୟ ଆମେ ସେହି ସମୟରୁ ନେଇ ସାରିଥିଲୁ ଯେଉଁଦିନ ଜଣେ ପ୍ରତ୍ୟାଶୀ ରୂପରେ ଆପଣଙ୍କ ନାମ ଘୋଷିତ ହୋଇଥିଲା । ଆପଣ ଅସାଧାରଣ ବ୍ୟକ୍ତିତ୍ୱ ସମ୍ପନ୍ନ ଏକ ମହିଲା ଅଟନ୍ତି । ମୁଁ ଆପଣଙ୍କ ଜୀବନ ବାବଦରେ ବିଭିନ୍ନ ସମାଚାର ପତ୍ର ଏବଂ ଦୂରଦର୍ଶନରେ ଶୁଣିଛି ଏବଂ ଆପଣଙ୍କର ଅଦମ୍ୟ ସାହସ, ସହନଶୀଳତା ଏବଂ ଦୃଢ଼ ମନୋବଳ ଗୁଣ ଦ୍ୱାରା ଅଧିକ ମାତ୍ରାରେ ପ୍ରଭାବିତ ଅଟେ । ଜଣେ ଆଦିବାସୀ ମହିଲା ରାୟରଙ୍ଗପୁରର ଏକ ଛୋଟ ଗାଁରୁ ଶିକ୍ଷା ଗ୍ରହଣ କରିବା ପାଇଁ ଭୁବନେଶ୍ୱର ଆସିଲେ । ଏହା ସମ୍ପୂର୍ଣ୍ଣ ମହିଲା ସମାଜ ପାଇଁ ଏକ ଜ୍ୱଳନ୍ତ ଉଦାହରଣ ଅଟେ । ଯେତେବେଳେ ଆପଣ ରାଜନୀତିରେ ନିଜର ପାଦ ରଖିଲେ ଖୁବ୍ ଶୀଘ୍ର ଆପଣଙ୍କୁ ନୀଳକଣ୍ଠ ପୁରସ୍କାର ମିଳିଲା । ଏହା ରାଜନୀତିରେ ପାଦ ଦେଉଥିବା ଲୋକମାନଙ୍କ ପାଇଁ ପ୍ରେରଣାପ୍ରଦ ଅଟେ ।

ଯେତେବେଳେ ଆପଣ ରାଜ୍ୟପାଳ ହେଲେ ଆପଣଙ୍କ ଲୋକ କଲ୍ୟାଣକାରୀ ନିଷ୍ଠା ଯୋଗୁଁ ଆପଣ ଜନ ସମାଜରେ ବିଶ୍ୱାସ ସୃଷ୍ଟି କଲେ ଏବଂ ଏହା ଆପଣଙ୍କ ପାଇଁ ଏକ ବଡ଼ ଉପଲବ୍ଧି ହେଲା । ଆପଣ ପ୍ରତ୍ୟେକ ନିରାଶାରୁ ବାହାରକୁ ବାହାରି ସାମାଜିକ ସଂଘର୍ଷରେ ଲାଗି ରହିଲେ । ଆପଣଙ୍କ ବ୍ୟକ୍ତିତ୍ୱ ହାର ନ ମାନୁଥିବା ଏବଂ ଦୃଢ଼ ଆତ୍ମବିଶ୍ୱାସ ସହ ଆଗକୁ ବଢ଼ିବା ଶିଖାଇଥାଏ । ଏବଂ ଆପଣଙ୍କର ରାଷ୍ଟ୍ରପତି ପଦରେ ଆସୀନ ହେବା ପ୍ରତ୍ୟେକ ଭାରତୀୟ

ପାଇଁ ଏକ ଗର୍ବର କଥା । ଆମର ବିଶ୍ୱାସ ଯେ ଆପଣଙ୍କର ଜୀବନ ଆମମାନଙ୍କୁ ସଂଘର୍ଷ କରି କରି ଜୀବନ ଜିଇଁବାର ସାହସ ପ୍ରଦାନ କରିବ । ଆପଣ ନିଜର ପ୍ରଥମ ଭାଷଣରେ ଏକ ମହତ୍ୱପୂର୍ଣ୍ଣ କଥା କହିଛନ୍ତି ଯେ, ଭାରତ ହେଉଛି ଏପରି ଏକ ଦେଶ ଯେଉଁଠାରେ ଗାଁର ଏକ ସାଧାରଣ ଝିଅ ଯଦି ଦୃଢ଼ତାର ସହ ନିଷ୍ପତ୍ତି ନେବ ତେବେ ସେ ଗାଁରୁ ସହର ଏବଂ ସହରରୁ ଅଧ୍ୟୟନ କରି ସମସ୍ତ ସମସ୍ୟାକୁ ସାମ୍ନା କରି ଜଣେ ବିଧାୟକ, ମନ୍ତ୍ରୀ, ରାଜ୍ୟପାଲ ତଥା ଭାରତର ସବୁଠାରୁ ଉଚ୍ଚତମ ପଦ ରାଷ୍ଟ୍ରପତି ପଦ ପ୍ରାପ୍ତ କରିବା କୌଣସି କଠିନ କାମ ନୁହେଁ ।

ଏହି ପୁସ୍ତକର ଲେଖକ ଶ୍ରୀ ଗୋପାଲ ଶର୍ମା ମହୋଦୟଙ୍କ କଠିନ ପରିଶ୍ରମ କାରଣରୁ ଏହି ଗ୍ରନ୍ଥ ସମ୍ଭବ ହୋଇ ପାରିଛି । ଏଥିପାଇଁ ଆମେମାନେ ତାଙ୍କ ନିକଟରେ କୃତଜ୍ଞ ଅଟୁ । ଏହି ପୁସ୍ତକକୁ ଆମେ ବିଭିନ୍ନ ଭାରତୀୟ ଭାଷାରେ ମଧ୍ୟ ପ୍ରକାଶିତ କରିବାକୁ ଯାଉଛୁ । ଯାହା ଫଳରେ ଅଧିକରୁ ଅଧିକ ଲୋକମାନଙ୍କ ମଧ୍ୟରେ ଆପଣଙ୍କ ବିଷୟରକୁ ସମ୍ପ୍ରେଷିତ କରାଯାଇପାରିବ ।

– ନରେନ୍ଦ୍ର କୁମାର ବର୍ମା

nk@dpb.in

ଲେଖକଙ୍କ ତରଫରୁ ଦୁଇପଦ

ଭାରତର ରାଷ୍ଟ୍ରପତିଙ୍କ ଉପରେ ପୁସ୍ତକ ଲେଖି ମୁଁ ନିଜ ତରଫରୁ ଭାରତର ପ୍ରଥମ ନାଗରିକଙ୍କୁ ଅଭିନନ୍ଦନ ଜଣାଉଛି । ଯେତେବେଳେ ରାଇରଙ୍ଗପୁରରେ ଫୋନ୍‌ର ଘଣ୍ଟି ବାଜିଲା ଏବଂ ଦେଶ ଜାଣିଲା ଯେ ଦ୍ରୋପଦୀ ମୁର୍ମୁଙ୍କୁ ଭାରତୀୟ ଜନତା ପାର୍ଟି ରାଷ୍ଟ୍ରପତି ପଦର ପ୍ରାର୍ଥୀ ବନାଇଛି ସେତେବେଳେ ମୁଁ ମୋର ପ୍ରକାଶକ ଶ୍ରୀ ନରେନ୍ଦ୍ର କୁମାର ବର୍ମାଜୀଙ୍କୁ ଇ-ମେଲ୍ ଲେଖି ପୁସ୍ତକ ଲେଖିବାର ଆଗ୍ରହ ପ୍ରକାଶ କଲି । ଅଳ୍ପ କେତେ ମିନିଟ୍ ମଧ୍ୟରେ ତାଙ୍କର ଉତ୍ତର ଆସିଗଲା । ମୁଁ ନିଜର ଲେଖନକାର୍ଯ୍ୟ ଆରମ୍ଭ କଲି ଏବଂ ଦୁଇଟି ପୁସ୍ତକର ଯୋଜନା ପ୍ରସ୍ତୁତ କଲି । ଗୋଟିଏ ଇଂରାଜୀ ଏବଂ ଅନ୍ୟଟି ହିନ୍ଦୀରେ । ଦୁଇଟିଯାକ ପୁସ୍ତକ ପରସ୍ପରର ଅନୁବାଦ ନହୁଅନ୍ତୁ ଏହା ମଧ୍ୟ ମୁଁ ନିର୍ଣ୍ଣୟ ନେଲି ।

ଦୁଇଟି ପୁସ୍ତକର କାର୍ଯ୍ୟ ଅବାରିତ ଗତିରେ ଝଲୁ ରହିଲା । ସେପଟେ ମୁର୍ମୁଜୀ ପରିଶ୍ରମ କରି ଝଲିଥିଲେ, ଏପଟେ ମୁଁ ଦିନରାତି ଏକ କରି ଝଲିଥିଲି । ସେ ନିର୍ବାଚନ ପ୍ରଚ୍ୟର ପାଇଁ ଦେଶର ବଡ଼ ବଡ଼ ସହରକୁ ଯାଉଥିଲେ ଏବଂ ମୁଁ ଦେଶ ବିଦେଶର ବଡ଼ ବଡ଼ ଲେଖକ, ପତ୍ରକାର ଏବଂ ସମ୍ପାଦକଙ୍କ ଲେଖା ମଧ୍ୟରେ ଆବଶ୍ୟକୀୟ ତଥ୍ୟ ଅନୁସନ୍ଧାନ କରି ଚାଲିଥିଲି । ତାଙ୍କୁ ନିଜର ବିଜୟ ଉପରେ ବିଶ୍ୱାସ ଥିଲା ଏବଂ ମୋତେ ମୋ କଲମ ଉପରେ । ସେ ଆଜି ଯେତେବେଳେ ଦିଲ୍ଲୀରେ ରାଷ୍ଟ୍ରପତି ପଦରେ ଶପଥ ଗ୍ରହଣ କରୁଛନ୍ତି ମୁଁ ମୋର ଛୋଟ ପୁଅ ଅଂଶୁଲ ଶର୍ମାର ଜନ୍ମଦିନରେ ତା'କୁ ଏହି ପୁସ୍ତକ ଉପହାର ଦେଉଛି । ଏହି ପୁସ୍ତକଟି ମଧ୍ୟ ସେହି ଏକ ବର୍ଷରୁ କମ୍ ବୟସର ବାଳକ ଆର୍ଯ୍ୟବକୁ ମଧ୍ୟ ସମର୍ପିତ ଅଟେ ଯିଏ ସୁଦୂର ନେଦରଲ୍ୟାଣ୍ଡର ନାଗରିକ ହୋଇ ଜନ୍ମ ନେଇଛି ଏବଂ ମୋର ନାତି ଅଟେ । ସେ ଯଦି ହିନ୍ଦୀ ପଢ଼ିବ ତ ଠିକ୍ ଅଛି ନଚେତ୍ ଇଂରାଜୀ ପଢ଼ିଲେ ତା' ପାଇଁ ମଧ୍ୟ ଏକ ପୁସ୍ତକ ରହିଛି । ଶ୍ରୀମତୀ ଦ୍ରୌପଦୀ ମୁର୍ମୁଙ୍କ ଏହି ଦୁଇଟି ପୁସ୍ତକ ଆମର ଦୁଇଟି ପିଢ଼ିଙ୍କୁ ମଧ୍ୟ ସମର୍ପିତ ଏବଂ

ଶ୍ରୀମତୀ ଇତିଶ୍ରୀଙ୍କର ଦୁଇଟି ଛୋଟ ଛୋଟ ଝିଅଙ୍କୁ ମଧ୍ୟ ସମର୍ପିତ, ଯେଉଁମାନେ ବଡ଼ ହୋଇ ମଧ୍ୟ ଏହାକୁ ପଢ଼ିବେ।

ଆପଣ କିଏ ମୁଁ ଜାଣେ ନାହିଁ। ଆପଣ ମୋର ପରିଚୟ ପଢ଼ି ମୋ ବାବଦରେ ଅନ୍ତ ବହୁତ ଜାଣି ସାରିଛନ୍ତି। ଏହି ପୁସ୍ତକର ରଚନା ସମୟରେ କରୋନା କାଳରେ ମୋର ଏଠାକୁ ସେଠାକୁ ଯିବା ମୋର ପରିପକ୍ୱ ବୟସରେ ତରବାରୀର ଧାର ଉପରେ ଝୁଲିବା ସଦୃଶ ଥିଲା। କିନ୍ତୁ ମୁଁ ଝୁଲୁନଥିଲି ବରଂ ଦୌଡ଼ୁଥିଲି। ଏଥିପାଇଁ ଦୌଡ଼ୁନଥିଲି ଯେ କିଛି ଧନ କିମ୍ବା ଯଶ ପ୍ରାପ୍ତି ହେବ। ବରଂ ବିଗତ ମାସାଧିକ ସମୟ ଧରି ମୁଁ ଇଆଡ଼େ ସିଆଡ଼େ ଭ୍ରମଣ କରୁଥିଲି କାରଣ ମୋ ଭିତରେ ଏକ ତୀବ୍ର ଇଚ୍ଛା ଥିଲା ଯାହା ମୋତେ ଦୌଡ଼ାଉଥିଲା। ଦିନରାତି ଏକ କରି ୧୮ରୁ ୨୦ ଘଣ୍ଟା ପର୍ଯ୍ୟନ୍ତ କାମ କରି ଏହି ପୁସ୍ତକର ରଚନା ମୁଁ ଆପଣଙ୍କ ପାଇଁ କରି ପାରିଛି ଏବଂ ମୁଁ ନିଜ ପାଇଁ ମଧ୍ୟ କରିଛି କାରଣ ମୁଁ ମଧ୍ୟ ଆପଣଙ୍କ ଭଳି ଏହି ପୁସ୍ତକର ଏକ ପାଠକ ହେବି।

ସ୍ୱାଧୀନତାର ଅମୃତ ମହୋତ୍ସବ ଅବସରରେ ଦେଶର ପ୍ରଥମ ରାଷ୍ଟ୍ରପତି ଡକ୍ଟର ରାଜେନ୍ଦ୍ର ପ୍ରସାଦଙ୍କ ଆମ୍କଥାର ଅବତାରଣା କରି ମୁଁ ମୋ କଥା ସମାପ୍ତ କରିବି। ରାଜେନ୍ଦ୍ରବାବୁ ଦେଶ ସ୍ୱାଧୀନତାର ଦୁଇ ବରିମାସ ପୂର୍ବରୁ ନିଜର ଆମ୍କଥା ପ୍ରକାଶିତ କରାଇଥିଲେ। ଏହି ପୁସ୍ତକର ଭୂମିକା ଲୌହ ପୁରୁଷ ସର୍ଦ୍ଦାର ପଟେଲ ଲେଖିଥିଲେ। ସର୍ଦ୍ଦାର ପଟେଲ ସେହି ଭୂମିକାରେ ଲେଖିଥିଲେ ଶ୍ରୀ ରାଜେନ୍ଦ୍ରବାବୁଙ୍କୁ ଦେଖିଲେ ହିଁ ତାଙ୍କର ସରଳତା ଏବଂ ନମ୍ରତାର ଯେଉଁ ଛାପ ମୋ ହୃଦୟ ଉପରେ ପଡ଼ିଥାଏ ତାହାର ପ୍ରତିବିମ୍ବ ଏହି ଆମ୍କଥାର ସବୁୟାକ ପୃଷ୍ଠାରେ ଦେଖିବାକୁ ମିଳିଥାଏ। ବିନମ୍ର ରାଜେନ୍ଦ୍ରବାବୁଙ୍କ ପ୍ରସ୍ତାବନାରେ ୮ ଜାନୁଆରୀ ୧୯୪୭ ରେ ଲେଖା ଯାଇଥିବା ସେହି ବାକ୍ୟଗୁଡ଼ିକ ମଧ୍ୟରୁ ଅନ୍ତିମ ବାକ୍ୟ ହେଉଛି – "ପାଠକ ଏହାକୁ ପସନ୍ଦ କରିବେ ଅବା ନାହିଁ ତାହା ସେମାନେ ହିଁ ଜାଣନ୍ତି।"

ଏହି ପୁସ୍ତକ ବାବଦରେ ମଧ୍ୟ ମୋର ଏହା ହିଁ କହିବାର ଅଛି।

ରାଷ୍ଟ୍ରର ପ୍ରଥମ ନାଗରିକଙ୍କୁ ଦେଶର ଏହି ସାଧାରଣ ନାଗରିକ ତରଫରୁ ଏହା ଏକ ପୁଷ୍ପଗୁଚ୍ଛ ଅଟେ। ଆପଣ ଏହି ପୁସ୍ତକର ପାରାୟଣ କରନ୍ତୁ। ମୁଁ ମଧ୍ୟ ଏବେ ନିଜର ବ୍ରତ ଭାଙ୍ଗୁଛି। ଏଥିରେ ଯେଉଁ ଭୁଲ ଅଛି ତାହା ମୋର ଏବଂ ଯାହା କିଛି ସଠିକ୍ ଅଛି ତାହା ସେହିମାନଙ୍କର ଯାହାଙ୍କ ସୂଚନା ସନ୍ଦର୍ଭରେ ସାଦର ଭାବରେ ଦିଆଯାଇଛି।

– ଗୋପାଳ ଶର୍ମା।

୨୫ ଜୁଲାଇ, ୨୦୨୨

ହାଇଦ୍ରାବାଦ

ସୂଚୀପତ୍ର

ଷଷ୍ଠ ଅଧ୍ୟାୟ

ସପ୍ତମ ଅଧ୍ୟାୟ

ପ୍ରଭାବଶାଳୀ ପ୍ରାରମ୍ଭ

ସ୍ୱାଧୀନତାର ଅମୃତ ମହୋସ୍ବ

ଭାରତର ସ୍ୱାଧୀନତାର ଏହା ୭୫ ତମ ବର୍ଷ ଅଟେ । "ସ୍ୱାଧୀନତାର ଅମୃତ ମହୋସ୍ବ" ପ୍ରଗତିଶୀଳ ଭାରତର, ସ୍ୱାଧୀନତାର ୭୫ ବର୍ଷ ଏବଂ ଏଠାକାର ଲୋକମାନଙ୍କର, ସଂସ୍କୃତିର ଏବଂ ଗୌରବମୟ ଇତିହାସକୁ ପାଳନ କରିବା ଉଦ୍ଦେଶ୍ୟରେ ଭାରତ ସରକାରଙ୍କ ଦ୍ୱାରା ନିଆଯାଇଥିବା ଏକ ଉତ୍ତମ ପ୍ରୟାସ ଅଟେ । ଏହା ଏପରି ଏକ ସମୟ ଯାହା ଆମ ଭାରତୀୟମାନଙ୍କୁ ଶକ୍ତି ପ୍ରଦାନ କରୁଛି । ସରକାର ମଧ୍ୟ ଅନେକ ପ୍ରକାର ନୂତନ ଯୋଜନା ପ୍ରଣୟନ କରୁଛନ୍ତି । ଯେଉଁ ଲୋକମାନେ ସୁବିଧା ସୁଯୋଗରୁ ବଞ୍ଚିତ ହେଉଥିଲେ ସରକାର ତାଙ୍କୁ ସୁବିଧା ଯୋଗାଇବାର କାର୍ଯ୍ୟ କରୁଛନ୍ତି । ଦେଶରେ ପଦ୍ମଶ୍ରୀ ପୁରସ୍କାରରେ ସମ୍ଭ୍ରାନ୍ତ ବର୍ଗ ଯେପରି ଅନ୍ତର୍ହିତ ହୋଇଯାଇଛି ଏବଂ ସାଧାରଣ ଲୋକମାନଙ୍କ ଯୋଗଦାନ ସ୍ୱୀକୃତି ପାଇପାରିଛି । ସମସ୍ତ ପ୍ରକାରର ପ୍ରତିଭାକୁ ଆଗରେ ଆଣିବାର ପରିବେଶ ସୃଷ୍ଟି କରାଯାଉଛି । ପ୍ରତ୍ୟେକ ଜାତି, ଧର୍ମ ଏବଂ ଭାଷାକୁ ପ୍ରାଧାନ୍ୟ ଦିଆଯାଉଛି । ୨୦୧୪ ମସିହା ପରଠାରୁ ନରେନ୍ଦ୍ର ମୋଦୀ, ଅଟଳ ବିହାରୀ ବାଜପେୟ୍ୟୀଙ୍କ ଦ୍ୱାରା ଆରମ୍ଭ ହୋଇଥିବା ପ୍ରଥାକୁ ଆଖି ଆଗରେ ରଖି କାର୍ଯ୍ୟ କରୁଛନ୍ତି । ଯେତେବେଳେ ବାଜପେୟ୍ୟୀଙ୍କ ସରକାରକୁ ଦେଶର ରାଷ୍ଟ୍ରପତି ନିର୍ବାଚନ ଲଢ଼ିବାରେ ସୁଯୋଗ ମିଳିଥିଲା ସେ ଡ. ଏ.ପି.ଜେ. ଅବଦୁଲ କଲାମଙ୍କ ନାମ ଦେଇଥିଲେ । ବି.ଜେ.ପି.ର ସମାଲୋଚକଙ୍କ ପାଇଁ ଏହା ଏକ ଆଶ୍ଚର୍ଯ୍ୟଜନକ କଥା ଥିଲା । ସେହିପରି ପ୍ରଧାନମନ୍ତ୍ରୀ ମୋଦୀ ନିଜର ନୀତି "ସବ୍‌କା ସାଥ୍‌ – ସବ୍‌କା ବିକାଶ୍‌"ର ମୂଳ ଆଦର୍ଶକୁ କାଏମ ରଖି ୨୦୧୭ ମସିହାରେ ରାଷ୍ଟ୍ରପତି ନିର୍ବାଚନରେ ଜଣେ ଦଲିତଙ୍କୁ ସୁଯୋଗ ଦେଇଥିଲେ । ରାମନାଥ କୋବିନ୍ଦଙ୍କ ପରେ ଯେତେବେଳେ ପୁଣି ରାଷ୍ଟ୍ରପତି ନିର୍ବାଚନ ଆସିଲା ସେତେବେଳେ ପ୍ରଧାନମନ୍ତ୍ରୀ ମୋଦୀଙ୍କ ସରକାର ଆଦିବାସୀ ସମାଜର ଜଣେ ସୁଯୋଗ୍ୟା

ମହିଳାଙ୍କୁ ନିର୍ବାଚନ ଲଢ଼ିବା ପାଇଁ ପ୍ରସ୍ତାବ ଦେଲେ। ସ୍ୱାଧୀନତାର ଅମୃତ ମହୋତ୍ସବର ସଫଳତା ପାଇଁ ଏହା ଏକ ଆଦର୍ଶ ପଦକ୍ଷେପ ଅଟେ। ଭାରତର ରାଷ୍ଟ୍ରପତି ଭାବେ ଦ୍ରୌପଦୀ ମୁର୍ମୁଙ୍କ ଚୟନ ଭାରତ ଇତିହାସରେ ଏକ ଗୌରବର ବିଷୟ ଅଟେ ଏବଂ ଅବହେଳିତ ଆଦିବାସୀ ସମ୍ପ୍ରଦାୟ ପାଇଁ ଏକ ଗୁରୁତ୍ୱପୂର୍ଣ୍ଣ ସଙ୍କେତ ଅଟେ। ସ୍ଥାନୀୟ ରାଜନୀତିରେ ଏବଂ ବିଶ୍ୱ ପରିପ୍ରେକ୍ଷୀରେ ପ୍ରତୀକବାଦର ଶକ୍ତିକୁ ପ୍ରଧାନମନ୍ତ୍ରୀ ମୋଦୀ ବହୁତ ଭଲ ଭାବରେ ବୁଝିଛନ୍ତି। ରାଷ୍ଟ୍ରପତି ଭାବରେ ଦ୍ରୌପଦୀ ମୁର୍ମୁ ଅନେକଙ୍କ ପାଇଁ ପ୍ରେରଣା ହେବେ। ଏହି ନିର୍ବାଚନ ସମଗ୍ର ବିଶ୍ୱକୁ ମଧ୍ୟ କହିଛି ଯେ ଭାରତର ଗଣତନ୍ତ୍ର କେବଳ ଗଣତନ୍ତ୍ର ନୁହେଁ, ଏହା ଏକ ଜୀବନ୍ତ ଅନୁଷ୍ଠାନ ଅଟେ ଏବଂ ମୁର୍ମୁ ଦେଶର ସର୍ବୋଚ୍ଚ ପଦବୀରେ ଆସୀନ ହେବା ଏହାର ଏକ ପ୍ରତ୍ୟକ୍ଷ ପ୍ରମାଣ ଅଟେ। ଏଠାରୁ ଦ୍ରୌପଦୀ ମୁର୍ମୁଙ୍କ କାହାଣୀ ଆରମ୍ଭ। ଏହି ସର୍ବୋଚ୍ଚ ପଦବୀରେ ତାଙ୍କର ସ୍ଥାନ ଗ୍ରହଣ ହେବା ଏହାହିଁ ସୂଚାଇ ଦିଏ ଯେ ଭାରତ ପ୍ରକୃତରେ ଏକ ଅପାର ସମ୍ଭାବନାର ଦେଶ, ଯେଉଁଠାରେ ଦକ୍ଷତା, ପ୍ରତିଭା ଏବଂ ସେବା ଆଧାରରେ ଜଣେ 'ଆଦିବାସୀ' ମହିଳା ରାଷ୍ଟ୍ରର ପ୍ରଥମ ନାଗରିକର ଗୌରବ ପ୍ରାପ୍ତ କରି ପାରିବେ। ଭାରତରେ ଗଣତାନ୍ତ୍ରିକ ମୂଲ୍ୟବୋଧର ରକ୍ଷା ପାଇଁ ଆମର ସମ୍ୱିଧାନର ଏଭଳି ସାମର୍ଥ୍ୟ ସାମ୍ନାରେ ଯେ କୌଣସି ବ୍ୟକ୍ତି ମଧ୍ୟ ବାରମ୍ବାର ନତମସ୍ତକ ହେବାକୁ ବାଧ୍ୟହେବେ।

ଶୁଭାରମ୍ଭ

ଜାନୁୟାରୀ ୨୬, ୨୦୨୩ ରେ ମାନ୍ୟବର ରାଷ୍ଟ୍ରପତି ରାଷ୍ଟ୍ର ମୁଖ୍ୟ ଭାବରେ ଦେଶକୁ ସମ୍ବୋଧିତ କରିବେ। ସେ ହେଉଛନ୍ତି ଭାରତର ଏହି ବିଶାଳ ଗଣତନ୍ତ୍ରର ପଞ୍ଚଦଶ ରାଷ୍ଟ୍ରପତି। ତାଙ୍କ ପୂର୍ବରୁ ଭାରତରେ ୧୪ ଜଣ ରାଷ୍ଟ୍ରପତି ରହି ଆସିଛନ୍ତି। କେବଳ ଜଣକୁ ଛାଡ଼ି ଅନ୍ୟ ସମସ୍ତେ ଥିଲେ ସୁନାମଧନ୍ୟ ବ୍ୟକ୍ତି। ଭାରତର ପ୍ରାୟ ସମସ୍ତ ପୂର୍ବତନ ରାଷ୍ଟ୍ରପତି ସାମାଜିକ ତଥା ରାଜନୈତିକ ଜୀବନର ବିଭିନ୍ନ ବର୍ଗକୁ ପ୍ରତିନିଧିତ୍ୱ କରିଛନ୍ତି। ଶିକ୍ଷକ, କୂଟନୀତିଜ୍ଞ, ବୈଜ୍ଞାନିକ, ସଂସଦୀୟ ତଥା ସ୍ୱାଧୀନତା ସଂଗ୍ରାମୀଙ୍କ ସମତେ ବହୁତ ବିଶିଷ୍ଟ ବ୍ୟକ୍ତିତ୍ୱ ତଥା ଦୂରଦୃଷ୍ଟି ସମ୍ପନ୍ନ ବ୍ୟକ୍ତିମାନେ ରାଷ୍ଟ୍ରପତି ପଦବୀ ଏବଂ ଏହାର ପ୍ରାସାଦକୁ ଅଳଙ୍କୃତ କରିଛନ୍ତି। ଜଣେ ସ୍ୱାଧୀନତା ସଂଗ୍ରାମୀ ତୁଳନାମୂଳକ ଧର୍ମର ଜଣେ ବରିଷ୍ଠ ପଣ୍ଡିତ, ଟ୍ରେଡ୍ ୟୁନିୟନ, କ୍ଷେପଣାସ୍ତ୍ର ବୈଜ୍ଞାନିକ, ଅବସରପ୍ରାପ୍ତ ଅମଲାତନ୍ତ୍ର ତଥା ସଫଳ କୂଟନୀତିଜ୍ଞ, ଜଣେ ଶିକ୍ଷାବିଦ୍ ଅନେକ ହେଉଛନ୍ତି ଭାରତର ଗଣତନ୍ତ୍ର ଆକାଶଗଙ୍ଗାର ଗୋଟିଏ ଗୋଟିଏ ଉଜ୍ଜ୍ୱଳ ତାରକା। ଭାରତର ପନ୍ଦର ଜଣ ରାଷ୍ଟ୍ରପତିଙ୍କ ଶିକ୍ଷାଗତ ଯୋଗ୍ୟତା, ସାମାଜିକ ଓ ରାଜନୈତିକ ପୃଷ୍ଠଭୂମି କୌଣସି ଢାଞ୍ଚା ଉପରେ ନିର୍ଭର କରେ ନାହିଁ। ଗୋଟିଏ ପଟେ ଡକ୍ତର ସର୍ବପଲ୍ଲୀ ରାଧୋକୃଷ୍ନ ପରି ବିଦ୍ୱାନ ଆମର ରାଷ୍ଟ୍ରପତି ଥିଲେ ଅନ୍ୟ ପଟେ ବହୁତ କମ୍ ଶିକ୍ଷା ଲାଭ କରିଥିବା ଜୈଲ ସିଂହଙ୍କ ପରି ବ୍ୟକ୍ତି ମଧ୍ୟ ଥିଲେ।

ଆଦିବାସୀ ସମ୍ପ୍ରଦାୟକୁ ଛାଡ଼ିଦେଲେ ଅନ୍ୟ ସମସ୍ତ ସମ୍ପ୍ରଦାୟ ଯଥା ମୁସଲମାନ, ଦଲିତ, ଶିଖ୍ ଏବଂ ମହିଲାମାନଙ୍କୁ ପ୍ରତିନିଧିତ୍ୱ କରିବାର ସୁଯୋଗ ମିଳିଛି। ୧୯୫୦ ମସିହାରେ ପ୍ରଥମ ରାଷ୍ଟ୍ରପତି ଡକ୍ଟର ରାଜେନ୍ଦ୍ର ପ୍ରସାଦଙ୍କ ନିର୍ବାଚନ ଠାରୁ ଆରମ୍ଭ କରି ୨୦୨୨ ପର୍ଯ୍ୟନ୍ତ ୧୬ ଥର ରାଷ୍ଟ୍ରପତି ନିର୍ବାଚନ ଅନୁଷ୍ଠିତ ହୋଇସାରିଛି। ଏଥିମଧ୍ୟରୁ ୧୫ ଜଣ ବିଶିଷ୍ଟ ବ୍ୟକ୍ତିତ୍ୱ ଭାରତର ପ୍ରଥମ ନାଗରିକତାର ପଦବୀ ସମ୍ଭାଳିଛନ୍ତି। ୨୦୨୨ ନିର୍ବାଚନରେ ରାଷ୍ଟ୍ରପତି ପ୍ରାର୍ଥୀ ଭାବରେ ଦ୍ରୌପଦୀ ମୁର୍ମୁଙ୍କ ଆଗମନ ସହିତ ଏକ ନୂତନ ଅଧ୍ୟାୟ ସୃଷ୍ଟି ହୋଇଛି। ଜାତିଗତ ସମୀକରଣର ଅନ୍ୟ ଏକ ପୃଷ୍ଠା ଓଲଟାଇ ଦିଆ ଯାଇଛି। ବର୍ତ୍ତମାନ ପର୍ଯ୍ୟନ୍ତ ୭ ଜଣ ବ୍ରାହ୍ମଣ, ୩ ଜଣ ମୁସଲମାନ, ୨ ଜଣ ଦଲିତ ଏବଂ ଜଣେ ଶିଖ୍ ଓ ଜଣେ ମହିଲା ରାଷ୍ଟ୍ରପତି ପଦରେ ନିର୍ବାଚିତ ହୋଇଛନ୍ତି।

ସମ୍ମାନିତ ଦ୍ରୌପଦୀ ମୁର୍ମୁ ହେଉଛନ୍ତି ପ୍ରଥମ ଆଦିବାସୀ ମହିଲା। ଏକ ଅତ୍ୟନ୍ତ ସାଧାରଣ ପୃଷ୍ଠଭୂମିର ଆଦିବାସୀ ମହିଲା ଦ୍ରୌପଦୀ ମୁର୍ମୁଙ୍କୁ ଦେଶର ରାଷ୍ଟ୍ରପତି ନିର୍ବାଚନ ଲଢ଼ିବାର ସୁଯୋଗ ଦେବା ପାଇଁ ଭାରତର ଗଣତନ୍ତ୍ରକୁ ସାତ ଦଶନ୍ଧିରୁ ଅଧିକ ସମୟ ଲାଗିଲା। ନିର୍ଦ୍ଦିଷ୍ଟ ସମ୍ପ୍ରଦାୟ ଏବଂ ସମାଜରୁ ପ୍ରାର୍ଥୀ ଚୟନ କରିବା ଏବଂ ସେମାନଙ୍କୁ କୌଣସି ବିଶିଷ୍ଟ ପଦବୀରେ ଆସୀନ କରାଇ ସମ୍ମାନିତ କରିବା ସେହି ସମ୍ପ୍ରଦାୟର ବିକାଶ, ଅଗ୍ରଗତି ଏବଂ ସଶକ୍ତିକରଣର ସଙ୍କେତ ଭାବରେ ଦେଖାଯାଏ। ସମାଜର ଅନେକ ବିଭାଗ ଏହି ଉପାୟରେ ପ୍ରତିନିଧିତ୍ୱ ପାଆନ୍ତି ଏବଂ ସେମାନଙ୍କୁ ଦେଖି ଲୋକମାନେ ପ୍ରଭାବିତ, ଅନୁପ୍ରାଣିତ ଏବଂ ଖୁସି ହୁଅନ୍ତି। ଭାରତର ରାଷ୍ଟ୍ରପତି ହେବା କୌଣସି ଛୋଟ କଥା ନୁହେଁ।

ଗୌରବାନ୍ୱିତ ଏବଂ ଭାଗୀଦାରୀ

ଆଜି ଯେତେବେଳେ ଜଣେ ମହିଲା ଭାରତର ରାଷ୍ଟ୍ରପତି ଭାବରେ ଆଦିବାସୀ ସମ୍ପ୍ରଦାୟକୁ ପ୍ରତିନିଧିତ୍ୱ କରନ୍ତି, ସେତେବେଳେ ଆମ ମୁଣ୍ଡ ଗର୍ବର ସହିତ ଉଚ୍ଚ ହୋଇଥାଏ। ବର୍ତ୍ତମାନ ଜଣେ ଆଦିବାସୀ ସମ୍ପ୍ରଦାୟର ମହିଲା ହେଉଛନ୍ତି ଦେଶର ରାଷ୍ଟ୍ରପତି, ଦେଶର ପ୍ରଥମ ନାଗରିକ। ସେ ଶିକ୍ଷା ଓ ରାଜନୀତି କ୍ଷେତ୍ରରେ ବିସ୍ତୃତ ପୃଷ୍ଠଭୂମି ଥିବା ଓଡ଼ିଶାର ଜଣେ ଅଭିଜ୍ଞ ରାଜନେତା। ସେମାନେ ଦେଶର ଆଦିବାସୀମାନଙ୍କର ଆହୁରି ଅଧିକ କଲ୍ୟାଣ କରିବେ ବୋଲି ଆଶା କରା ଯାଉଛି। ସେ ଓଡ଼ିଶାର ଏକ ସୁଦୂର ଆଦିବାସୀ ଗ୍ରାମରୁ ଆସିଛନ୍ତି। ଜଣେ ୬୪ ବର୍ଷୀୟା ପୂର୍ବତନ ସ୍କୁଲ ଶିକ୍ଷୟିତ୍ରୀ – ରାଜନେତା – ଝାଡ଼ଖଣ୍ଡର ରାଜ୍ୟପାଳ ଭାବରେ ତାଙ୍କର କାର୍ଯ୍ୟକାଳ ଉଲ୍ଲେଖନୀୟ ଥିଲା। ଦେଶର ପ୍ରଧାନମନ୍ତ୍ରୀଙ୍କ ଠାରୁ ଆରମ୍ଭ କରି ଅନ୍ୟ ରାଜ୍ୟର ମୁଖ୍ୟମନ୍ତ୍ରୀ ପର୍ଯ୍ୟନ୍ତ ଅନେକ ବରିଷ୍ଠ ନେତା କହିଛନ୍ତି ଯେ ସେ ଜଣେ 'ମହାନ ରାଷ୍ଟ୍ରପତି' ହେବେ। ଆପଣଙ୍କ ସହିତ ମୁଁ ମଧ୍ୟ ତାଙ୍କର ଅପାର ସଫଳତା କାମନା କରୁଛି। ଆମେ ସମସ୍ତେ ତାଙ୍କ ବିଷୟରେ ଅଧିକ ଜାଣିବାକୁ ଆଗ୍ରହୀ।

ସେ ହେଉଛନ୍ତି ଶ୍ରୀମତି ଦ୍ରୌପଦୀ ମୁର୍ମୁ। ଏବେ ତାଙ୍କ ନାମ ପୂର୍ବରୁ 'ମହାମହିମ' ଶବ୍ଦ ଯୋଡ଼ାଯିବ ଏବଂ ସେ 'ମହୋଦୟା' ଶବ୍ଦ ଦ୍ୱାରା ମଧ୍ୟ ସମ୍ବୋଧିତ ହେବେ।

ରାଷ୍ଟ୍ରପତି ଦ୍ରୌପଦୀ ମୁର୍ମୁ ଝାଡ଼ଖଣ୍ଡର ରାଜ୍ୟପାଳ ଭାବରେ ଦେଶର ପ୍ରଥମ ଆଦିବାସୀ ମହିଳା ରାଜ୍ୟପାଳ ଥିଲେ ଏବଂ ବର୍ତ୍ତମାନ ଦେଶର ରାଷ୍ଟ୍ରପତି ଭାବରେ ସେ ହେଉଛନ୍ତି ପ୍ରଥମ ଆଦିବାସୀ ମହିଳା ରାଷ୍ଟ୍ରପତି। ଏହି ରେକର୍ଡ ବ୍ୟତୀତ ଦ୍ରୌପଦୀ ମୁର୍ମୁ ମଧ୍ୟ ଦେଶର ୨ୟ ମହିଳା ରାଷ୍ଟ୍ରପତି ହେବେ। ଦ୍ରୌପଦୀ ମୁର୍ମୁଙ୍କ ଚୟନ ଆଦିବାସୀ ସମାଜ, ମହିଳା ସଶକ୍ତିକରଣର ପ୍ରତିନିଧିତ୍ୱ କରିବ ଏବଂ ଅବହେଳିତ ଭାବରେ ବସବାସ କରୁଥିବା ଦେଶର ଏକ ବୃହତ ଜନସଂଖ୍ୟାକୁ ଶକ୍ତିଶାଳୀ କରିବ ଏବଂ ରାଷ୍ଟ୍ର ନିର୍ମାଣରେ ସେମାନଙ୍କର ଅଂଶଗ୍ରହଣ ଅପ୍ରତ୍ୟାଶିତ ଭାବେ ବୃଦ୍ଧି କରାଇବ।

ସମ୍ବିଧାନର ସଂରକ୍ଷଣ, ପରୀକ୍ଷଣ ଏବଂ ସୁରକ୍ଷା ସାମାଜିକ, ଅର୍ଥନୈତିକ ଏବଂ ରାଜନୈତିକ ନ୍ୟାୟ ଏବଂ ସ୍ଥିତି ଓ ସୁଯୋଗର ସମାନତା ଆମର ଗଣତନ୍ତ୍ରର ଭିତ୍ତିଭୂମି ଅଟେ। ସେ ତାଙ୍କର ଏହି ଯାତ୍ରାରେ ମୌଳିକ ମୂଲ୍ୟବୋଧରୁ ନିଜର ଗାଁ ରାଇରଙ୍ଗପୁରରୁ କଚ୍ଚା ଓ ପକ୍କା ଘରଠାରୁ ରାଷ୍ଟ୍ରପତି ଭବନ ପର୍ଯ୍ୟନ୍ତ ପ୍ରେରଣା ପାଇଛନ୍ତି। ଏହି ଯାତ୍ରାରେ ସେ ନିଜର ଲକ୍ଷ୍ୟ କେବେ ଭୁଲି ନାହାଁନ୍ତି।

ଜାତୀୟ ସଙ୍ଗୀତ, ଜାତୀୟ ପତାକା ଏବଂ ରାଷ୍ଟ୍ରପତି ସମସ୍ତେ ଆମ ଦେଶର ସ୍ୱୀକୃତିପ୍ରାପ୍ତ ପ୍ରତୀକ। ନିକଟ ଭବିଷ୍ୟତରେ ରାଷ୍ଟ୍ରପତି ଦ୍ରୌପଦୀ ମୁର୍ମୁଙ୍କ ନାମ ସହିତ ଅନେକ ବିଶେଷଣ ଜଡ଼ିତ ହେବ। ତାଙ୍କର ଖ୍ୟାତି ବହୁତ ଦୂର ପର୍ଯ୍ୟନ୍ତ ବ୍ୟାପିଯିବ। କବିମାନେ ତାଙ୍କର ପ୍ରଶଂସାଗାନ କରିବେ, ତାଙ୍କର ପ୍ରେରଣାଦାୟକ ଜୀବନୀ ବିଦ୍ୟାଳୟରେ ପିଲାମାନଙ୍କୁ ଶିକ୍ଷା ଦିଆଯିବ। ତାଙ୍କ ଦ୍ୱାରା କୁହାଯାଇଥିବା ଶବ୍ଦଗୁଡ଼ିକ ପ୍ରମାଣ ଭାବେ ବିବେଚନା କରାଯିବ ଏବଂ ସେମାନଙ୍କର ଭାଷାର ସଂକଳନ ସରକାର ସଂଗ୍ରହ କରି ପ୍ରକାଶ କରିବେ। ତାଙ୍କର ଚିତ୍ରଗୁଡ଼ିକ ବିଦେଶରେ ଥିବା ଭାରତୀୟ ଦୂତାବାସ, ସରକାରୀ ଅନୁଷ୍ଠାନ ଏବଂ ସାଧାରଣ ଗୃହରେ ଶୋଭା ପାଇବ। ତାଙ୍କ ପ୍ରଶଂସକ ସଂଖ୍ୟା ପୂର୍ବରୁ ଅଧିକ ହେବାରେ ଲାଗିବ।

ଯାତ୍ରାର ଆରମ୍ଭ

ଆରମ୍ଭରେ ଏହା ଜାଣିବା ଯୋଗ୍ୟ ହେବ ଯେ ସେ ୧୮ ଜୁଲାଇରେ ଅନୁଷ୍ଠିତ ରାଷ୍ଟ୍ରପତି ନିର୍ବାଚନରେ ବିରୋଧୀ ପ୍ରାର୍ଥୀ ଯଶବନ୍ତ ସିହ୍ନାଙ୍କ ସହ ମୁହାଁମୁହିଁ ହୋଇଥିଲେ। ଶ୍ରୀ ସିହ୍ନା ପୂର୍ବତନ ପ୍ରଧାନମନ୍ତ୍ରୀ ବାଜପେୟୀଙ୍କ କ୍ୟାବିନେଟ୍‌ରେ ଜଣେ ବିଶ୍ୱସ୍ତ ସଦସ୍ୟ ଥିଲେ। କିନ୍ତୁ ଜଣେ ସମାଲୋଚକ କିପରି ଜିତିବେ? ଏହା ଏକ ହାରିବା ଯୁଦ୍ଧ ଥିଲା। ବିରୋଧୀ କେବଳ

ସେଠାରେ ଏକ ରାଜନୈତିକ ଜୁଆ ଖେଳୁଥିଲେ । କିଛି ଜମି ଖୋଜିବାକୁ ଚେଷ୍ଟା କରୁଥିଲା, ରାଷ୍ଟ୍ରପତି ନିର୍ବାଚନ ଏକ ନିର୍ଦ୍ଦିଷ୍ଟ ପ୍ରକ୍ରିୟା ମାଧ୍ୟମରେ କରା ଯାଇଥାଏ । ଆପଣଙ୍କୁ ସେହି ପ୍ରକ୍ରିୟା ବିଷୟରେ ମଧ୍ୟ କୁହାଯିବ ।

ଆପଣ ଯେଉଁ ପୃଷ୍ଠାଗୁଡ଼ିକୁ ଓଲଟାଇବା ପାଇଁ ଯାଉଛନ୍ତି ତାହା ମହାମହିମ ରାଷ୍ଟ୍ରପତି ଦ୍ରୌପଦୀ ମୁର୍ମୁଙ୍କ ଆତ୍ମ-ସାକ୍ଷାତକାରର ଏକ ଦୀର୍ଘଯାତ୍ରା । ମୟୂରଭଞ୍ଜ ଜିଲ୍ଲାର ରାଇରଙ୍ଗପୁର ଠାରୁ ନୂଆଦିଲ୍ଲୀର ରାୟସୀନା ହିଲ୍ସ ପର୍ଯ୍ୟନ୍ତ ରୋମାଞ୍ଚକର ଯାତ୍ରା ଖୁବ୍ ମଜାଲିଆ ଏବଂ ଉପଭୋଗ୍ୟ ମଧ୍ୟ । ଚଳଚ୍ଚିତ୍ର ଏକ କାହାଣୀ ଭଳି ଏହା ଆକର୍ଷଣୀୟ । ଏଠାରେ ଉଭୟ ଦୁଃଖ ଏବଂ ସୁଖ ଅଛି । କେହି ଜଣେ କବି କହିଥିଲେ "ଅବଳା ଜୀବନ ହାୟ ତୁମ୍ହାରୀ ୟହି କହାନୀ, ଆଞ୍ଚଲ ମେଁ ହେ ଦୁଧ୍ ଔର ଆଁଖ ମେଁ ହେ ପାନୀ" । କବି ମୈଥିଲୀ ଶରଣ ଗୁପ୍ତ କ'ଣ ଜାଣିଥିଲେ ଯେ ଜଣେ ଅବଳା ଯିଏ ଦିନେ ନିଜର ଜୀବନ ନୌକାକୁ ଦୁନିଆଁ ରୂପକ ବିଶାଳ ସମୁଦ୍ରରେ ଦେଖି ଭୟରେ ଥରି ଉଠୁଥିଲେ ସେ ଦିନେ ଏତେ ଆଗକୁ ବଢ଼ି ଚଲିବେ ଏବଂ ନିଜକୁ ଏତେ ଶକ୍ତିଶାଳୀ କରାଇବେ ଯାହା ଫଳରେ ସେ ରାଷ୍ଟ୍ରପତିଙ୍କ ପ୍ରସାଦକୁ ଅଳଙ୍କୃତ କରିବେ !

ସ୍ୱପ୍ନ ବାବଦରେ ତୁଳସୀ ଦାସ କହିଥିଲେ – "ସ୍ୱପ୍ନ ହୋଇ ଭିକାରୀ ନୃପୁ ରଙ୍କୁ ନାକପତି ହୋଇ" ଅର୍ଥାତ ସ୍ୱପ୍ନରେ ଜଣେ ରାଜା ଭିକାରୀ ହୋଇଯାଆନ୍ତି ଏବଂ ଜଣେ ଭିକାରୀ ମଧ୍ୟ ରାଜା ହୋଇଯାଏ । କିନ୍ତୁ ଏଠାରେ ଦ୍ରୌପଦୀ ଏପରି କୌଣସି ସ୍ୱପ୍ନ ଦେଖିନଥିଲେ । ସେ କିଛି ନମାଗି ଅପାର ସୁଖ ପାଇଛନ୍ତି ଏବଂ ଅନେକ ଅପ୍ରତ୍ୟାଶିତ ଦୁଃଖ ମଧ୍ୟ । ଏହି ପ୍ରକାର ଯାତ୍ରା ପାଇଁ ସମୟ ଲାଗିଥାଏ କିନ୍ତୁ ତାଙ୍କର ଯାତ୍ରା ପାଇଁ କମ୍ ସମୟ ଲାଗିଛି । ମୁଁ ଆପଣଙ୍କୁ କହିବାକୁ ଚାହେଁ ଯେ ତାଙ୍କ ପୂର୍ବରୁ କୌଣସି ଭାରତୀୟ ରାଷ୍ଟ୍ରପତି ଏତେ ଶୀଘ୍ର ଏଠାକୁ ଆସିବାର ସୁଯୋଗ ପାଇ ନାହାନ୍ତି । ରାଜନୀତିରେ ବହୁତ ଦୂର ଯାତ୍ରା କରିବା ପରେ ପ୍ରାୟ ସମସ୍ତ ନେତା ଏଠାକୁ ଆସିଛନ୍ତି । କିନ୍ତୁ ନଗର ପଞ୍ଚାୟତରେ କାଉନ୍ସିଲର ହେବା ଠାରୁ ଆରମ୍ଭ କରି ଭାରତର ରାଷ୍ଟ୍ରପତି ହେବା ପର୍ଯ୍ୟନ୍ତ ମୁର୍ମୁଙ୍କ ଯାତ୍ରା ୧୯୯୭ ରୁ ୨୦୨୨ ପର୍ଯ୍ୟନ୍ତ ୨୫ ବର୍ଷ ମଧ୍ୟରେ ଶେଷ ହୋଇଥିଲା । ଏହା ମଧ୍ୟ ଆପଣଙ୍କୁ ଆଶ୍ଚର୍ଯ୍ୟ କରିପାରେ । ତାଙ୍କର ଯାତ୍ରା ଜଣେ ନମ୍ର ବ୍ୟକ୍ତି ଭାବେ ତାଙ୍କର ଉଦ୍ଦେଶ୍ୟମୂଳକ ଜୀବନ ବିଷୟରେ କହିଥାଏ । ତାଙ୍କୁ ଏହା କରିବାକୁ ୨୫ ବର୍ଷ ଲାଗିଥିଲା । ଏହି କାରଣରୁ ସେ ଅନ୍ୟ ସମସ୍ତ ରାଷ୍ଟ୍ରପତିମାନଙ୍କ ଠାରୁ କନିଷ୍ଠ ଅଟନ୍ତି । ଯେତେବେଳେ ଭାରତ ସ୍ୱାଧୀନତା ପ୍ରାପ୍ତି କରିନଥିଲା ସେତେବେଳେ ଅନ୍ୟ ସମସ୍ତ ରାଷ୍ଟ୍ରପତି ଜନ୍ମ ହୋଇଥିଲେ । କିନ୍ତୁ ମୁର୍ମୁ ହେଉଛନ୍ତି ପ୍ରଥମ ରାଷ୍ଟ୍ରପତି ଯିଏ ସ୍ୱାଧୀନ ଭାରତରେ ଜନ୍ମଗ୍ରହଣ କରିଛନ୍ତି । ସଂକ୍ଷେପରେ ଆମେ କହିପାରିବା ଯେ ସେ ଅନନ୍ୟ ଅଟନ୍ତି । ଏହି ସ୍ୱତନ୍ତ୍ରତା ହିଁ ତାଙ୍କର ବିଶେଷତା । ଦ୍ରୌପଦୀ ମୁର୍ମୁଙ୍କ ଜୀବନରେ

ଏକ ମୁହୂର୍ତ୍ତ ଥିଲା ଯେତେବେଳେ ପ୍ରଧାନମନ୍ତ୍ରୀ ତାଙ୍କୁ ଏକ ଆଦିବାସୀ ରାଜ୍ୟ ଝାଡ଼ଖଣ୍ଡର ରାଜ୍ୟପାଳ ଭାବେ ନିଯୁକ୍ତି ଦେଇ ଦେଶର ବିଶ୍ୱାସ ପ୍ରକାଶ କରିଥିଲେ । ଏହାପରେ ମୁର୍ମୁଙ୍କୁ ସେଠାକାର ଗ୍ରାମ ପରିଦର୍ଶନ କରିବାକୁ କୁହାଯାଇଥିଲା । ଲୋକଙ୍କୁ ଭେଟି ତାଙ୍କର ସମସ୍ୟାର ଅନୁସନ୍ଧାନ କରିବା ପାଇଁ କୁହାଗଲା । ସେ ମଧ୍ୟ ସେମିତି କଲେ । ରାଜ୍ୟପାଳ ଭାବରେ ତାଙ୍କର କାର୍ଯ୍ୟ ଅତ୍ୟନ୍ତ ଭଲ ଥିଲା । ଏହା ଏକ ବିଶେଷ କାରଣ ଥିଲା ଯେଉଁଥିପାଇଁ ତାଙ୍କୁ ଅନ୍ୟ ପ୍ରାର୍ଥୀଙ୍କ ଅପେକ୍ଷା ଅଧିକ ଯୋଗ୍ୟ ବିବେଚନା କରି ତାଙ୍କୁ ରାଷ୍ଟ୍ରପତି ପ୍ରାର୍ଥୀ କରା ଯାଇଥିଲା ।

ଓଡ଼ିଶାର ମୁଖ୍ୟମନ୍ତ୍ରୀ ନବୀନ ପଟ୍ଟନାୟକଙ୍କ ଜୀବନୀ ଲେଖକ ରୁବେନ୍ ବାନାର୍ଜୀଙ୍କ ଅନୁଯାୟୀ ଦ୍ରୌପଦୀ ମୁର୍ମୁଙ୍କ ମଧ୍ୟରେ ପ୍ରଧାନମନ୍ତ୍ରୀ ମୋଦୀ ବୋଧହୁଏ ତାଙ୍କ ନିଜର ପ୍ରତିଫଳନ ଦେଖିବାକୁ ପାଇଥିଲେ । ଉଭୟଙ୍କ ବଂଶର ପୂର୍ବପିଢ଼ି କୌଣସି ରାଜନୈତିକ ପୃଷ୍ଠଭୂମି ସହିତ ଜଡ଼ିତ ନୁହଁନ୍ତି । ଉଭୟଙ୍କ ଜୀବନ ସଂଘର୍ଷର ଗାଥା ଅଟେ । ବିଜେପିର ବର୍ତ୍ତମାନର ସଭାପତି ଶ୍ରୀ ଜଗତ ପ୍ରକାଶ ନାଡ଼ା ମୁର୍ମୁଙ୍କୁ ପ୍ରଶଂସା କରି କହିଛନ୍ତି, "ଏକ ରାଜନୈତିକ ବ୍ୟବସ୍ଥା ଯେଉଁଠାରେ ରାଜବଂଶ ରାଜନୀତି ଏବଂ ବ୍ୟକ୍ତିଗତ ଧନ ଦଶନ୍ଧି ଦଶନ୍ଧି ଧରି ପ୍ରାଧାନ୍ୟ ବିସ୍ତାର କରି ଆସିଛି ସେଠାରେ ମୁର୍ମୁ ହେଉଛନ୍ତି ନିର୍ମଳ ପବନ ସଦୃଶ ।"

ଯେତେବେଳେ ରାଷ୍ଟ୍ରପତି ପଦ ପାଇଁ ତାଙ୍କ ନାମାଙ୍କନର ଖବର ଶୁଣିବା ପରେ ମୁର୍ମୁ ଦେଶର ପ୍ରଧାନମନ୍ତ୍ରୀଙ୍କୁ ଭେଟିଥିଲେ ସେତେବେଳେ ତାଙ୍କ ମନରେ ଅନେକ ପ୍ରଶ୍ନ ଥିଲା । ସେମାନଙ୍କ ମଧ୍ୟରେ ସେ ପୂର୍ବରୁ ପଚାରିଥିବା ପ୍ରଶ୍ନ ଏପରି ଥିଲା – "ମୁଁ ଏକ ଛୋଟ ଗାଁରୁ ଆସିଛି । ପ୍ରଥମେ ଶିକ୍ଷକ, ତା'ପରେ ବିଧାୟକ ଏବଂ ମନ୍ତ୍ରୀ, ଏବଂ ତା'ପରେ ରାଜ୍ୟପାଳ । କିନ୍ତୁ ରାଷ୍ଟ୍ରପତି ପଦ ପାଇଁ ଏହି ଯୋଗ୍ୟତା ଯଥେଷ୍ଟ ହେବ କି ? ମୁଁ କ'ଣ ଏହି ପଦ ପାଇଁ ଯୋଗ୍ୟ ଅଟେ କି ?

"ହଁ, ଦେଶ ଆପଣଙ୍କୁ ଏହାର ପ୍ରଥମ ନାଗରିକ କରିବାକୁ ନିଷ୍ପତ୍ତି ନେଇଛି, ଆପଣଙ୍କ ସହିତ ସମଗ୍ର ଦେଶ ଦଣ୍ଡାୟମାନ ରହିଛି, ସମ୍ବିଧାନ ଓ ଏହାର ଶକ୍ତି ଆପଣଙ୍କୁ ସାହାଯ୍ୟ କରିବ ଏବଂ ମାର୍ଗଦର୍ଶନ କରିବ ।"

"ଆପଣ ମୋତେ ଝାଡ଼ଖଣ୍ଡର ରାଜ୍ୟପାଳ କରିଛନ୍ତି ଏବଂ ମୁଁ ମୋର କର୍ତ୍ତବ୍ୟ ସଠିକ୍ ଭାବରେ ପୂରଣ କରିବାକୁ ସକ୍ଷମ କିନ୍ତୁ ମୁଁ ଏହି କାର୍ଯ୍ୟକୁ ସଠିକ୍ ଭାବରେ କରିବାକୁ ସମର୍ଥ ହେବି କି ?"

"ଆମେ ସମସ୍ତେ ଆପଣଙ୍କ ସହ ଅଛୁ ଏବଂ ଆପଣଙ୍କୁ ଏହା କରିବାକୁ ପଡ଼ିବ ।"

ଦ୍ରୌପଦୀ ମୁର୍ମୁ ତାଙ୍କ ସମ୍ପ୍ରଦାୟର ତଥା ଦେଶ ଲୋକଙ୍କୁ ଗର୍ବିତ କରିବା ପାଇଁ ନିର୍ବାଚନରେ ପ୍ରତିଦ୍ୱନ୍ଦ୍ୱିତା କରିବାକୁ ଏହି ପ୍ରସ୍ତାବ ଗ୍ରହଣ କରିଛନ୍ତି । ସ୍ୱାଧୀନତାର ୭୫ ବର୍ଷ

ପରେ ଯେଉଁମାନେ ଏହି ସୁଯୋଗ ପାଇନାହାଁନ୍ତି, ଯେଉଁମାନେ କେବେ ଭାବିନଥିଲେ ଯେ ସେମାନେ ଏହି ପଦବୀରେ ପହଞ୍ଚିବେ ତେଣୁ ସେମାନେ ବହୁତ ଖୁସି ଏବଂ ସେମାନଙ୍କର ବହୁତ ଆଶା ଅଛି ଏବଂ ସେମାନେ ବହୁତ ଉସ୍ସାହିତ ଅଛନ୍ତି ।

"ଯେହେତୁ ପ୍ରଧାନମନ୍ତ୍ରୀ ଦଲିତ ଏବଂ ଆଦିବାସୀଙ୍କୁ ମୁଖ୍ୟ ସ୍ରୋତକୁ ଆଣିବାକୁ ଚିନ୍ତା କରୁଛନ୍ତି ଏବଂ ସେମାନେ ଜୀବନରେ ଛୋଟ ଅନୁଭବ କରିବା ଉଚିତ୍ ନୁହେଁ, ତେଣୁ ମୁଁ ଏହି ପ୍ରସ୍ତାବରେ ସମ୍ମତି ପ୍ରଦାନ କରୁଛି, ମୋ ଜୀବନରେ ଏହି ଦେଶ, ଏହି ଦଳ ଏବଂ ଭଗବାନ ଅଛନ୍ତି, ମୁଁ ଦେଶ ପାଇଁ ନିଜ ଜୀବନକୁ ଉସ୍ସର୍ଗ କରୁଛି । ମୁଁ ଏହି ପ୍ରସ୍ତାବକୁ ନିଜ ପାଇଁ ନୁହେଁ ବରଂ ଦେଶ ପାଇଁ ଗ୍ରହଣ କରୁଛି ।"

ଏହା ପୂର୍ବରୁ ମଧ୍ୟ ଅନେକ ମହିଲା ପ୍ରଧାନମନ୍ତ୍ରୀ ଓ ରାଷ୍ଟ୍ରପତି ହୋଇ ସାରିଛନ୍ତି । ଭାରତରେ ୧୯୬୬ ରେ ପ୍ରଥମ ଥର ପାଇଁ ଏହା ଆରମ୍ଭ ହୋଇଥିଲା । ୧୯୬୬ ମସିହାରେ ଶ୍ରୀମତୀ ଇନ୍ଦିରା ଗାନ୍ଧୀ ଭାରତର ପ୍ରଧାନମନ୍ତ୍ରୀ ହୋଇଥିଲେ । ଅନ୍ୟ ଅନେକ ଦେଶରେ ମଧ୍ୟ କମ୍ ବୟସର ମହିଲାମାନେ ରାଷ୍ଟ୍ରମୁଖ୍ୟ ହୋଇଛନ୍ତି ଯଥା ଫିନ୍ଲ୍ୟାଣ୍ଡର ପ୍ରଧାନମନ୍ତ୍ରୀ ସାନ୍ନା ମାରିନ ୨୦୧୯ ରେ ଫିନ୍ଲ୍ୟାଣ୍ଡର ନେତୃତ୍ୱ ନେଇଥିବା ୩ୟ ମହିଲା ଏବଂ ରାଷ୍ଟ୍ରପତି କୋରାଜନ୍ ଆକ୍ୱିନୋ ଯିଏ ୧୯୮୬ ରେ ଫିଲିପାଇନ୍ସର ରାଷ୍ଟ୍ରପତି ହୋଇଥିଲେ । ଆମେରିକା ଏହା କରି ପାରିଲା ନାହିଁ କାରଣ ସେମାନେ ଏକ ବିପଜ୍ଜନକ ଡବ୍ଲ ସ୍ଟାଣ୍ଡାର୍ଡର ସମ୍ମୁଖୀନ ହେଉଛନ୍ତି ଯାହା ପରଫେକ୍ସନିଜିମ୍ ଧାରଣା ଦ୍ୱାରା ଅନୁପ୍ରାଣିତ ହୋଇଛି । କିନ୍ତୁ ଶ୍ରୀମତୀ ଦ୍ରୌପଦୀ ମୁର୍ମୁଙ୍କ ସହ କେହି ମେଳ କରି ପାରିବେ ନାହିଁ । ସେ ସର୍ବଦା ଅନନ୍ୟ ଭାବରେ ଦେଖାଯିବେ । କାରଣ ସେ ମାନବ ଇତିହାସରେ ମହାନ୍ ବୋଲି ପ୍ରତିନିଧିତ୍ୱ କରନ୍ତି । ବିଶ୍ୱ ଇତିହାସରେ ଏହା ଏକ ଗୁରୁତ୍ୱପୂର୍ଣ୍ଣ ମୁହୂର୍ତ୍ତ । ବିଶ୍ୱ ଗୁରୁ ହେବା ଦିଗରେ ଭାରତ ଆଉ ଏକ ପଦକ୍ଷେପ ନେଇଛି । ମହାମହିମ ଦ୍ରୌପଦୀ ମୁର୍ମୁ ଏବେ ରାଜେନ୍ଦ୍ର ପ୍ରସାଦ, ଅବଦୁଲ କଲାମ୍, ରାମନାଥ କୋବିନ୍ଦଙ୍କ ପଥରେ ଚାଲିବାକୁ ଯାଉଛନ୍ତି ।

୨୮ ଜୁଲାଇ, ୨୦୧୭ରେ ଭାରତର ରାଷ୍ଟ୍ରପତିଙ୍କ ଦାୟିତ୍ୱ ଗ୍ରହଣ କରିବା ଅବସରରେ ସେଣ୍ଟ୍ରାଲ ହଲ୍‌ରେ ସଂସଦ ଭବନରେ ଅଭିଭାଷଣ ପ୍ରଦାନ କରୁଥିବା ସମୟରେ ତତ୍କାଳୀନ ରାଷ୍ଟ୍ରପତି ଶ୍ରୀ ରାମନାଥ କୋବିନ୍ଦ ଯାହା କହିଥିଲେ ଏହି ପବିତ୍ର ଅବସରରେ ସେହି କଥାର ମଧ୍ୟ ଯଥାର୍ଥତା ରହିଛି । ମହାମହିମ ଦ୍ରୌପଦୀ ମୁର୍ମୁ ଦାୟିତ୍ୱ ଗ୍ରହଣ କରିବା ଅର୍ଥ ହେଉଛି ଆମେ ରାଷ୍ଟ୍ରପତି ପଦବୀ ମାଧ୍ୟମରେ ଅନେକ କିଛି ହାସଲ କରିବାକୁ ଯାଉଛୁ । ଅଧିକ କରିବାକୁ, ଭଲ କରିବାକୁ ଏବଂ ଶୀଘ୍ର କରିବାକୁ ନିଜର ଚେଷ୍ଟା ଜାରୀ ରଖିବୁ । ଏହା ମଧ୍ୟ ଗୁରୁତ୍ୱପୂର୍ଣ୍ଣ, କାରଣ ୨୦୨୨ ମସିହାରେ ଦେଶ ସ୍ୱାଧୀନତାର ୭୫ତମ ବର୍ଷ ପାଳନ କରୁଛି । ଆମକୁ ମନେ ରଖିବାକୁ ହେବ ଯେ ଆମର ପ୍ରୟାସ ସମାଜର ଶେଷ ଧାଡ଼ିରେ ଠିଆ

ହୋଇଥିବା ବ୍ୟକ୍ତିମାନଙ୍କ ପାଇଁ ନୂତନ ସମ୍ଭାବନା ଏବଂ ନୂତନ ସୁଯୋଗର ଦ୍ୱାର ଖୋଲି ଦେବ । ଦ୍ରୌପଦୀ ମୁର୍ମୁ ଏବଂ ବିଦାୟ ନେଉଥିବା ରାଷ୍ଟ୍ରପତି ରାମନାଥ କୋବିନ୍ଦଙ୍କ ମାଧ୍ୟମରେ ଭାରତର ୨ଟି ଅସୁରକ୍ଷିତ ସାମାଜିକ ଗୋଷ୍ଠୀ : ଅନୁସୂଚିତ ଜାତି ଓ ଅନୁସୂଚିତ ଜନଜାତିଙ୍କ ଅପାର ଭାବ ପ୍ରବଣତା ଏବଂ ଦେଶର ମୁଖ୍ୟ ସ୍ରୋତରେ ସାମିଲ ହେବାର ମାନସିକତା ଜଡ଼ିତ ଅଟେ । ଏକ ଗରିବ ଆଦିବାସୀ ପରିବାରରେ ଜନ୍ମିତ ଦୃଢ଼ମନା ଝିଅ ଆଜି ଭାରତର ରାଷ୍ଟ୍ରପତି ହୋଇପାରିଛନ୍ତି ।

ରାଇରଙ୍ଗପୁରରୁ ରାୟସୀନା ହିଲ୍‌ ପର୍ଯ୍ୟନ୍ତ

ଏବେ ପ୍ରଥମେ ଋଲନ୍ତୁ ଯିବା ଆମ ଓଡ଼ିଶାର ସେହି ଆଦିବାସୀ ଗ୍ରାମକୁ ଏବଂ ସେଠାରୁ ଆରମ୍ଭ କରିବା ଦିଲ୍ଲୀ ଯାତ୍ରା । ଦିଲ୍ଲୀରେ ରହିଛି ରାୟସୀନା ହିଲ୍‌ର ୩୦୦ ରୁ ଅଧିକ କୋଠରୀ ବିଶିଷ୍ଟ ବିଶାଳ ରାଷ୍ଟ୍ରପତି ଭବନ ଏବଂ ଏହା ହିଁ ଆମର ଗନ୍ତବ୍ୟ ସ୍ଥଳ । ଆଜି ମଧ୍ୟ ରାଇରଙ୍ଗପୁରରେ ଯାଇ ପହଞ୍ଜିବା ଏତେ ସହଜ ନୁହେଁ । ୧୯୫୮ ମସିହାରେ ତ ଏଠାରୁ ଯିବା ଅତ୍ୟନ୍ତ କଠିନ ଥିଲା । କିନ୍ତୁ ସେଠାରେ ଜଣେ ଛୋଟ ଝିଅ ରହୁଥିଲା ଯାହାର ଜେଜେମାଆ ହିନ୍ଦୀ ସହିତ କିଛି ମାତ୍ରାରେ ଇଂରାଜୀ ମଧ୍ୟ ଜାଣିଥିଲେ । ସେହି ଜେଜେମାଆ ଏବଂ ନାତୁଣୀ ଉଭୟଙ୍କର ନାମ ସମାନ ଏବଂ ତାହା ହେଉଛି ଦ୍ରୌପଦୀ ମୁର୍ମୁ ।

ଦ୍ରୌପଦୀ ମୁର୍ମୁ :
ରାଇରଙ୍ଗପୁରରୁ ରାୟସୀନା ହିଲ୍ସ ପର୍ଯ୍ୟନ୍ତ

ଶ୍ରୀମତୀ ଦ୍ରୌପଦୀ ମୁର୍ମୁ ହେଉଛନ୍ତି ଏବେ ଭାରତର ପ୍ରଥମ ନାଗରିକ। ଏବଂ ମୁଁ ଜଣେ ସାଧାରଣ ନାଗରିକ, ମୁଁ ତାଙ୍କ ସମ୍ମାନାର୍ଥେ ଏହି ଲେଖା ଲେଖୁଛି କାରଣ ମୁଁ ମଧ୍ୟ ଆପଣଙ୍କ ପରି ଭାରତୀୟ ଗଣତନ୍ତ୍ର ଶକ୍ତିରେ ଚମତ୍କୃତ ଓ ଆନନ୍ଦିତ। ଭାରତର ସମ୍ବିଧାନକୁ ଏକ ମୂଲ୍ୟବାନ ଦଲିଲରେ ପରିଣତ କରିବାରେ ଗୁରୁତ୍ୱପୂର୍ଣ୍ଣ ଭୂମିକା ଗ୍ରହଣ କରିଥିବା ସେହି ମହାନ ବ୍ୟକ୍ତିମାନଙ୍କ ସାମ୍ନାରେ ମୁଁ ମୁଣ୍ଡ ନୁଆଁଉଛି।

ଏହା ହେଉଛି ଏକ ଯାତ୍ରାର କାହାଣୀ ଯାହା ପୂର୍ବରୁ ଏପରି ଚମତ୍କାର ଉପାୟରେ କରା ଯାଇନାହିଁ। ଜଣେ କହିପାରେ ଯେ ଶ୍ରୀମତୀ ମୁର୍ମୁଙ୍କ ଦ୍ୱାରା ରାଇରଙ୍ଗପୁର ଠାରୁ ରାୟସୀନା ପାହାଡ଼ ପର୍ଯ୍ୟନ୍ତ ଯାତ୍ରା ହେଉଛି ଏକାକୀ ତଥା କଷ୍ଟସାଧ୍ୟ ଯାତ୍ରା ଯାହା ଭାରତର ଆଦିବାସୀ ସମ୍ପ୍ରଦାୟ ଦ୍ୱାରା ସମ୍ପନ୍ନ ହୋଇଛି। ବ୍ରିଟିଶ୍ ଉପନିବେଶ ଶାସନ ବିରୁଦ୍ଧରେ ଭାରତର ସ୍ୱାଧୀନତା ସଂଗ୍ରାମର ଅଗ୍ରଭାଗରେ ଥାଇ ମଧ୍ୟ ଏହି ସଂଘର୍ଷ ପଛକୁ ଠେଲି ହୋଇ ଯାଇଥିଲା। ଗଣତନ୍ତ୍ର ୭୫ତମ ବାର୍ଷିକ ଅବସରରେ ଶୀର୍ଷ ପଦୀବରେ ପହଞ୍ଚିବା ଦ୍ୱାରା ସତେ ଯେପରି ମୁର୍ମୁଙ୍କ ଦ୍ୱାରା ପୂର୍ବର ସମସ୍ତ ଉଦ୍ୟମର ପରିସମାପ୍ତି ଘଟିଛି।

ପୃଥିବୀରେ ଆମ ପାଇଁ କ'ଣ କରିବାକୁ ହେବ ତାହା ବୁଝି ନପାରି ଆମେ ଏହି ଜୀବନ ଜିଆଁ ରଖିଥାଆନ୍ତି। ଏହି କାହାଣୀରେ ରହିଛନ୍ତି ସୁଦୂର ଆଦିବାସୀ ଗ୍ରାମରେ ଜନ୍ମ ହୋଇଥିବା ଜଣେ ଝିଅ ଏବଂ ଏହା ସହିତ ରହିଛି ତାଙ୍କର ନିୟମିତ ପରିଶ୍ରମ ତଥା ବ୍ୟକ୍ତିଗତ ଦୁଃଖଦ ଘଟଣା ସହିତ ଭାରତର ଶୀର୍ଷ ପଦବୀରେ ଆସୀନ ହେବାର ଜୀବନ୍ତ କାହାଣୀ। ଏହା ହେଉଛି ଏଭଳି ଏକ ଝିଅର କାହାଣୀ ଯିଏ ଦିନେ ବିଦ୍ୟାଳୟରେ ଗାଉଥିଲା ନିମ୍ନ ପ୍ରାର୍ଥନା:

ହମ୍ ହୋଙ୍ଗେ କାମିୟାବ୍ ଏକ ଦିନ

ମନ ମେ ହେ ବିଶ୍ଵାସ ଏକ ଦିନ

ହମ୍ ହୋଙ୍ଗେ କାମିୟାବ ଏକ ଦିନ।

ଆସନ୍ତୁ ବର୍ତ୍ତମାନ ଜାଣିବା ଆମେ ଭାରତର ୧୫ତମ ରାଷ୍ଟ୍ରପତିଙ୍କ ବିଷୟରେ ଯାହାଙ୍କ ଜୀବନ ଆରମ୍ଭ ହୋଇଛି ଏକ "ସାଧାରଣ ପଦପାତ"ରୁ। ଆପଣ ମଧ୍ୟ ୟୁଟ୍ୟୁବ୍‌ରେ ତାଙ୍କର ଆଧ୍ୟାତ୍ମିକ ବକ୍ତବ୍ୟ ଶୁଣି ପାରିବେ ଏବଂ ତାଙ୍କ ଜୀବନ ସଂଘର୍ଷକୁ ଅତି ଶାନ୍ତ ଏବଂ ବ୍ୟବସ୍ଥିତ ଶୈଳୀରେ ବର୍ଣ୍ଣିତ ହୋଇଥିବାର ଦେଖିବାକୁ ପାଇପାରିବେ। ସେ ନିଜର ଜୀବନଯାତ୍ରା ବିଷୟରେ ପ୍ରାୟତଃ ଖୋଲାଖୋଲି ଭାବରେ କଥାବାର୍ତ୍ତା କରନ୍ତି। "ମୁଁ ଏକ ଗରିବ ପରିବାରରୁ ଆସିଛି ଏବଂ ମୁଁ କେବେ ଆଶା କରିନଥିଲି ଯେ ମୁଁ ରାଜନୀତିରେ ପ୍ରବେଶ କରିବି। ମୋର ପରିବାରକୁ ଆର୍ଥିକ ସହାୟତା କରିବା ପାଇଁ କେବଳ ଅଧ୍ୟାପନା କରିବା ଏବଂ ସାଧାରଣ ରଙ୍କିରୀ ପାଇବା ମୋର ଲକ୍ଷ୍ୟ ଥିଲା।

ମୁଁ ଏବେ ସେହି ଘଟଣାଗୁଡ଼ିକ ବାବଦରେ ବର୍ଣ୍ଣନା କରିବାକୁ ଯାଉଛି। ମୁଁ ଯାହା ଜାଣିଛି କେବଳ ତାହା ହିଁ କହିବି, ନା କମ୍ ନା ଅଧିକ, ଯାହା ବି କିଛି କହିବି ତାହା ସୀମା ମଧ୍ୟରେ କହିବି। ଏଥିରେ କିଛି ଭୁଲ ସୂଚନା ମଧ୍ୟ ଥାଇପାରେ କିନ୍ତୁ ମୋର ଉଦ୍ଦେଶ୍ୟ କେତେ ଶୁଦ୍ଧ ଏବଂ ପବିତ୍ର ଅଟେ ତାହା ଆପଣମାନେ ସମସ୍ତେ ଜାଣିଛନ୍ତି।

ଜନ୍ମ ଓ ଲାଳନ ପାଳନ

ଶ୍ରୀମତୀ ଦ୍ରୋପଦୀ ମୁର୍ମୁ ୨୦ ଜୁନ୍ ୧୯୫୮ ମସିହାରେ ଓଡ଼ିଶାର ବୈଦାପୋଷି ଗ୍ରାମରେ ଏକ ସାନ୍ତାଳୀ ଆଦିବାସୀ ପରିବାରରେ ଜନ୍ମଗ୍ରହଣ କରିଥିଲେ। ତାଙ୍କ ପିତାଙ୍କ ନାମ ଥିଲା ବିରଞ୍ଚି ନାରାୟଣ ଟୁଡୁ। ତାଙ୍କ ପିତା ଓ ଜେଜେବାପା ଗାଁର ମୁଖିଆ ଥିଲେ। ଟୁଡୁ ପରିବାରକୁ ସର୍ଦ୍ଦାର ପରିବାର କୁହାଯାଏ। କାରଣ ମୁର୍ମୁଙ୍କ ବାପା ଓ ଜେଜେବାପାର ଗାଁ ପଞ୍ଚାୟତର ମୁଖ୍ୟ ଥିଲେ। ସେ ତାଙ୍କ ଝିଅର ନାମ ଏପରି ଦେଇଥିଲେ ଯାହା ଆଦିବାସୀ ସମ୍ପ୍ରଦାୟରେ ଅସାଧାରଣ ଥିଲା। ଏହା ବୈଷ୍ଣବ ପ୍ରଭାବର ଏକ ସୂଚକ ଥିଲା। ଆମେ ସମସ୍ତେ ନିଜର ନାମକୁ ଭଲ ପାଇଥାଉ। ଆମର ନାମ ଅନ୍ୟ କେହି ଜଣେ ଦେଇଥାଏ ଏବଂ ଆମେ ସେହି ନାମରେ ସଂସାରରେ ପରିଚିତ ହୋଇଥାଉ।

ଶ୍ରୀ ବିରଞ୍ଚି ନାରାୟଣ ଟୁଡୁ ସାଂସାରିକ ଦୃଷ୍ଟିରୁ ଥିଲେ ଜଣେ ସାଧାରଣ ବ୍ୟକ୍ତି। ସେ ଥିଲେ ଜଣେ ସରଳ ଆଦିବାସୀ। ସେ କୌଣସି ସ୍ଵାଧୀନତା ସଂଗ୍ରାମୀ ନଥିଲେ। ସେ ଧନୀ

ଜମିଦାର ମଧ୍ୟ ନଥିଲେ, ସେ ପ୍ରେମଚାନ୍ଦ କିମ୍ବା ଫକୀରମୋହନଙ୍କ ଚରିତ୍ର ଭଳି ଜଣେ ସରଳ ଏବଂ ସହୃଦୟ ବ୍ୟକ୍ତି ଥିଲେ। ତାଙ୍କ ପାଇଁ ତାଙ୍କ ଗାଁ ଥିଲା ନିଜର ପରିବାର ଏବଂ ତାଙ୍କର ସମଗ୍ର ଦୁନିଆଁ। ଅନ୍ୟମାନଙ୍କର କଲ୍ୟାଣ କରିବା ଥିଲା ତାଙ୍କ ଜୀବନର ବ୍ରତ ଏବଂ ତାଙ୍କର ଝିଅ ତାଙ୍କର ଏହି ସ୍ୱଭାବକୁ ତାଙ୍କ ପାଖରୁ ପ୍ରାପ୍ତ କରିଥିଲେ।

ଉପରବେଡ଼ା ଗାଁ

ଯଦି ଆପଣ ଦୃଢ଼ ପ୍ରତିଜ୍ଞ ତେବେ ଏକ ଦୀର୍ଘ ଯାତ୍ରା କରି ଆପଣ *୬୬୨୩* ଜନସଂଖ୍ୟା ବିଶିଷ୍ଟ ଗ୍ରାମ ଉପରବେଡ଼ାକୁ ଯାଇ ପାରିବେ। ଦ୍ରୌପଦୀ ମୁର୍ମୁଙ୍କ ପିଲାଦିନ ଏହି ଗାଁରେ ବିତିଛି। ଉପରବେଡ଼ା ପଞ୍ଚାୟତ ୧୫୦୦୦ ଜନସଂଖ୍ୟା ବିଶିଷ୍ଟ ସାତଟି ରାଜସ୍ୱ ଗ୍ରାମକୁ ନେଇ ଗଠିତ। ଏଠାକାର ଅଧିବାସୀମାନେ ମୁଖ୍ୟତଃ ଆଦିବାସୀ ଓ ଓ.ବି.ସି. ସମ୍ପ୍ରଦାୟର। ଉପରବେଡ଼ା ଗାଁରେ ୨ଟି ବସତି ଅଛି – ବଡ଼ସାହି ଓ ଡୁଙ୍ଗୁରସାହି। ବଡ଼ସାହି ଗାଁ ସମ୍ପୂର୍ଣ୍ଣ ବିଦ୍ୟୁତିକରଣ ହୋଇଥିବାବେଳେ, ଡୁଙ୍ଗୁରସାହିରେ ୧୪ଟି ଘର ଅଛି ଯାହାକି ଏପର୍ଯ୍ୟନ୍ତ ବିଦ୍ୟୁତ୍ ପାଇପାରିନାହିଁ। କୁହାଯାଉଛି ଯେ ରାଷ୍ଟ୍ରପତି ପ୍ରାର୍ଥୀଙ୍କ ଘୋଷଣା ପରେ ପ୍ରଶାସନ ବର୍ତ୍ତମାନ ସମ୍ଭାବ୍ୟ ଯୋଜନା ଅଧୀନରେ ବିଦ୍ୟୁତ୍ ସଂଯୋଗ ପାଇଁ ପଦକ୍ଷେପ ନେଇଛି।

ମୁର୍ମୁଙ୍କ ପୁତୁରା ନାରାୟଣ ଟୁଡୁ ଏବଂ ତାଙ୍କ ପତ୍ନୀ ୨ ପିଲାଙ୍କ ସହ ଡୁଙ୍ଗୁରସାହିରେ ରୁହନ୍ତି। ତାଙ୍କ ବଡ଼ ଭାଇ ଭାଗବତ ଟୁଡୁଙ୍କ ପୁଅ ସେଠାରେ ତାଙ୍କ ପରିବାର ସହିତ ରୁହନ୍ତି। ତାଙ୍କ ସାନ ଭାଇ ସାରାନି ଟୁଡୁ ମଧ୍ୟ ଏଠାରେ ରୁହନ୍ତି।

ଦ୍ରୌପଦୀ ମୁର୍ମୁ ଏହି ଗାଁରେ ଜନ୍ମ ହୋଇଥିଲେ। ତାଙ୍କର କୌଳିକ ଘର ଆଜି ମଧ୍ୟ ଏଠାରେ ଅଛି। ପୁରୁଣା ମାଟି ଘରକୁ ଏବେ ରଙ୍ଗ ଦିଆଯାଇଛି ଏବଂ ଆଖପାଖ ଅନ୍ୟ ଘର ଅପେକ୍ଷା ଭଲ ଦେଖାଯାଉଛି। ଏହି ଘର ଦ୍ରୌପଦୀଙ୍କ ପିତାଙ୍କର ଥିଲା ଓ ବର୍ତ୍ତମାନ ତାଙ୍କର ପୁତୁରା ଦୁଲାରାମ ଟୁଡୁଙ୍କ ବାସ ଭବନ ଅଟେ। ସେ ତାଙ୍କ ପତ୍ନୀ ଓ ୨ ଜଣ ପିଲାଙ୍କ ସହିତ ଏହି ଘରେ ରହୁଛନ୍ତି।

ଉପରେବଡ଼ା ଗ୍ରାମ ମଧ୍ୟ ପୂର୍ବତନ ସାଂସଦ ସଲଖାନ ମୁର୍ମୁ, ଭାବେନ୍ଦ୍ର ମାଝି ଓ କାର୍ତ୍ତିକ ମାଝିଙ୍କ ଜନ୍ମସ୍ଥାନ। କାର୍ତ୍ତିକ ଟୁଡୁ ଜଣେ ମନ୍ତ୍ରୀ ଥିଲେ ଯିଏ ଦ୍ରୌପଦୀଙ୍କ ଭୁବନେଶ୍ୱରରେ ଏକ କଲେଜରେ ମେଟ୍ରିକ୍ ପଢ଼ିବାରେ ସାହାଯ୍ୟ କରିଥିଲେ। ଏହି ସମସ୍ତ ସୂଚନା ସୋସିଆଲ ମିଡ଼ିଆରେ ବହୁଳ ଭାବରେ ଉପଲବ୍ଧ ଯେଉଁଠାରୁ ମୁଁ ଏହାକୁ ସଂଗ୍ରହ କରିଛି। ତାଙ୍କର ସମ୍ପର୍କୀୟ ଏବଂ ପରିଚିତ ପଡ଼ୋଶୀମାନେ ଧନୀ କିମ୍ବା ଜମିଦାର ନୁହନ୍ତି। ସେମାନେ ମଧ୍ୟବିତ୍ତ ପରିବାରର

ଅଟନ୍ତି । ସେମାନେ ପରିଶ୍ରମୀ, ସଚ୍ଚୋଟ ଏବଂ ଈଶ୍ୱରଙ୍କୁ ଭୟ କରନ୍ତି । ସେମାନେ ଯାହା ପାଆନ୍ତି ସେଥିରେ ସେମାନେ ସନ୍ତୁଷ୍ଟ । ଆଜି ମଧ୍ୟ ଯଦି କେହି ସେଠାକୁ ଯାଆନ୍ତି, ତେବେ ସେ ଏହି ସାଧାରଣ ଲୋକଙ୍କୁ ଭେଟିବାର ବିଶେଷ ଅଭିଜ୍ଞତା ପାଇବେ । ବର୍ତ୍ତମାନ ଏହି ଲୋକମାନେ ଦ୍ରୌପଦୀ ମୁର୍ମୁଙ୍କ ପାଇଁ ବହୁତ ଗର୍ବିତ ଏବଂ ସମ୍ମାନିତ ।

ରାଇରଙ୍ଗପୁର ତହସିଲ

ଭାରତର ଓଡ଼ିଶାର ମୟୂରଭଞ୍ଜ ଜିଲ୍ଲାର ରାଇରଙ୍ଗପୁର ଏକ ସହର ଏବଂ ତହସିଲ ଅଟେ । ମୟୂରଭଞ୍ଜ ଝାଡ଼ଖଣ୍ଡ ଏବଂ ପଶ୍ଚିମବଙ୍ଗ ସହିତ ଏକ ଦୀର୍ଘ ସୀମା ବାଣ୍ଟିଛି ଯେଉଁଠାରେ ସାନ୍ତାଲୀ ଜନଜାତିଙ୍କ ସଂଖ୍ୟା ଅଧିକ । ରାଇରଙ୍ଗପୁର ଓଡ଼ିଶାର ଭୁବନେଶ୍ୱର ଠାରୁ ୨୮୦ କିଲୋମିଟର ଏବଂ କୋଲକାତା ଠାରୁ ୨୬୭ କିଲୋମିଟର ଦୂରରେ ଅବସ୍ଥିତ । ଖୁବ୍ କମ୍ ଲୋକ ଜାଣନ୍ତି ଯେ ଏକ ଶତାବ୍ଦୀରୁ ଅଧିକ ସମୟ ଧରି ରାଇରଙ୍ଗପୁର ସାନ୍ତାଲୀ ଭାଷା ଏବଂ ସାଂସ୍କୃତିକ ଆନ୍ଦୋଳନର କେନ୍ଦ୍ର ହୋଇ ଆସୁଛି । ୧୯୪୯ ମସିହାରେ ଏଠାରେ ଜାଲିଆନ୍‍ୱାଲାବାଗ ଭଳି ଆଦିବାସୀ ହତ୍ୟାକାଣ୍ଡ ଘଟିଥିଲା । ସହରର ଉପକଣ୍ଠରେ ଥିବା ଗୁଣ୍ଡୁରିଆ ଗ୍ରାମର ସାନ୍ତାଲମାନଙ୍କ ଉପରେ ଏକ ବିଶାଳ ସମାବେଶରେ ପୁଲିସ ଗୁଲି ଚଲାଇଥିଲା । ଜଣେ ବିଧାୟକ ତଥା ମନ୍ତ୍ରୀ ଭାବରେ ମୁର୍ମୁ ଲୋକଙ୍କୁ ସହଜରେ ବୁଲିବାରେ ସାହାଯ୍ୟ କରିବା ପାଇଁ ‘ପକ୍କା’ ରାସ୍ତା ଏବଂ ଏକ ସେତୁ ନିର୍ମାଣ କରିଛନ୍ତି । ଏହା ଅତ୍ୟନ୍ତ ନିରାଶାଜନକ ଯେ ମୟୂରଭଞ୍ଜ ଜିଲ୍ଲାର ୫୦୦ଟି ଗାଁରେ ଭଲ ରାସ୍ତା ନାହିଁ ଏବଂ ୧୩୫୦ଟି ଗାଁରେ ବିଦ୍ୟୁତ୍ ନାହିଁ । ଦ୍ରୌପଦୀ ମୁର୍ମୁଙ୍କ ପ୍ରକୃତ ଗାଁ ହେଉଛି ଉପରବେଡ଼ା । ରାଇରଙ୍ଗପୁର ଠାରୁ ପ୍ରାୟ ୨୦ କିଲୋମିଟର ଦୂରରେ । ଗାଁରେ ପହଞ୍ଚିବା ପାଇଁ ଆପଣଙ୍କୁ ଅନେକ ଅଗମ୍ୟ ରାସ୍ତା, ଅସମାନ ପାହାଡ଼ ଓ ଘଞ୍ଚ ଜଙ୍ଗଲ ଦେଇ ଯିବାକୁ ପଡ଼ିବ । ଓଡ଼ିଶାର ପଛୁଆ ଅଞ୍ଚଲ ମଧ୍ୟରୁ ରାଇରଙ୍ଗପୁର ବର୍ତ୍ତମାନ ଆମ ୧୫ତମ ରାଷ୍ଟ୍ରପତି ଦ୍ରୌପଦୀ ମୁର୍ମୁଙ୍କ ଘର ଭାବରେ ସବୁଦିନ ପାଇଁ ବିଖ୍ୟାତ ହୋଇଗଲା ।

ରାଇରଙ୍ଗପୁରକୁ ଏକ ଆଦର୍ଶ ଗାଁ ବା ଛୋଟ ସହର କୁହା ଯାଇପାରେ । ଏହା ବର୍ତ୍ତମାନ ସମ୍ପୂର୍ଣ୍ଣ ଡିଜିଟାଲ, ପ୍ରତ୍ୟେକ ପରିବାରରେ ଅତି କମ୍‍ରେ ଜଣେ ବ୍ୟକ୍ତିଙ୍କର ବ୍ୟାଙ୍କ ଆକାଉଣ୍ଟ ରହିଛି । ଏହା ଅନ୍ୟମାନଙ୍କ ପାଇଁ ଏକ ବିକାଶ ମଡେଲ ଗାଁ ଏବଂ ଏହାର ବିକାଶର ଶ୍ରେୟ ଗାଁର ଝିଅ ମୁର୍ମୁଙ୍କ ଯାଏ । ବର୍ତ୍ତମାନ ଏହି ଗାଁର ନାମ ଦେଶ ରାଷ୍ଟ୍ରପତିଙ୍କ ନାମ ସହ ଜଡ଼ିତ ହୋଇଯାଇଛି । ଏବେ ଏହି ଦୁର୍ଗମ୍ୟ ଗାଁକୁ ସାରା ବିଶ୍ୱ ଜାଣିସାରିଛି । ଏଠାକାର ଲୋକମାନେ ନିଜଗାଁ ଝିଅ ପାଇଁ ଗର୍ବିତ ଅଟନ୍ତି ।

(‘ଥ୍ୟାନ୍ ଇଣ୍ଡିଆ’ ନାମକ ଏକ ୱେବ୍‌ସାଇଟ୍ କେବଳ ତାଙ୍କ ଜନ୍ମସ୍ଥାନ, ବୈଦାପୋଷି ଗ୍ରାମ, ମୟୂରଭଞ୍ଜ, ଓଡ଼ିଶା ନୁହେଁ ବରଂ ତାଙ୍କର ସମ୍ପୂର୍ଣ ଠିକଣା, ମୋବାଇଲ ନମ୍ବର ଏବଂ ଇ-ମେଲ୍ ମଧ୍ୟ ଦେଇଛି। ତାଙ୍କର ସ୍ଥାୟୀ ଠିକଣା ହେଉଛି – ବୈଦାପୋଷି, ୱାର୍ଡ ନଂ-୨, ପୋ.ଅ. – ରାଇରଙ୍ଗପୁର, ଜିଲ୍ଲା – ମୟୂରଭଞ୍ଜ, ପିନ୍ – ୭୫୧୦୪୬୧। ତାଙ୍କର ଯୋଗାଯୋଗ ନମ୍ବର : +୯୧ ୨୫୧୭୭ ୮୩୪୬୯ ଏବଂ ଇ-ମେଲ ହେଉଛି : jhrgov@jhr.nic.post, ମୁଁ ନିର୍ଣ୍ଣିତ ଯଦି ଆପଣ ଏହି ସୂଚନା ବ୍ୟବହାର କରନ୍ତି ତେବେ ଆପଣ ଆପଣଙ୍କର ବିବେକ ଏବଂ ସାଧାରଣ ଜ୍ଞାନ ବ୍ୟବହାର କରିବେ। ଇଣ୍ଡିଆ ଟୁଡେ ରିପୋର୍ଟ ଅନୁଯାୟୀ ‘ଦ୍ରୌପଦୀ ମୁର୍ମୁଙ୍କ ବଡ଼ ଝିଅର ମୃତ୍ୟୁ ପରେ ମୁର୍ମୁ ୨୦ ଦଶକ ପୂର୍ବରୁ ରାଇରଙ୍ଗପୁର ଆସିଥିଲେ। ତାଙ୍କ ସ୍ୱାମୀ ଶ୍ୟାମ ଚରଣ ମୁର୍ମୁ ବ୍ୟାଙ୍କ ଅଫ୍ ଇଣ୍ଡିଆରେ କାମ କରୁଥିଲେ ଏବଂ ଦୁହେଁ ରାଇରଙ୍ଗପୁର ଘରେ ଏକାଠି ରହୁଥିଲେ। ପରେ ମୁର୍ମୁ ଏକ ଘରୋଇ ଶିକ୍ଷକ ଭାବେ କାର୍ଯ୍ୟ କଲେ। ତାଙ୍କ ଆଉ ୨ଟି ପୁଅ ଥିଲେ, ଯିଏ ଅଳ୍ପ ବୟସରେ ମରିଗଲେ। ଏବେ କେବଳ ତାଙ୍କର ଗୋଟିଏ ଝିଅ ଅଛନ୍ତି ଯାହାଙ୍କ ନାମ ଇତିଶ୍ରୀ ଅଟେ।

ବର୍ତ୍ତମାନ ମୁର୍ମୁ ଦିଦି (ତାଙ୍କର ସମ୍ପର୍କୀୟମାନେ ତାଙ୍କୁ ଦିଦି କହି ସମ୍ବୋଧିତ କରନ୍ତି) ରାଇରଙ୍ଗପୁରର ମହୁଦିହା ଗାଁରେ ରହନ୍ତି। ଏକ ସାମାନ୍ୟ ୨ ତାଲା ଘରରେ ଦେଖିବା ପାଇଁ ସେମିତି କିଛି ବିଶିଷ୍ଟ ଜିନିଷ ନାହିଁ। ପ୍ରଥମ ତାଲାଟି ଓଡ଼ିଶାର ଗ୍ରାମ୍ୟ ବ୍ୟାଙ୍କୁ ଭଡ଼ାରେ ଦିଆ ଯାଇଛି ଏବଂ ତାଙ୍କର ଛୋଟ ଭାଇ ତାରିଣୀ ଟୁଡୁ ଏବଂ ତାଙ୍କର ପରିବାର ସେହି ତାଲାରେ ବାସ କରନ୍ତି। ସିଏ ମଧ୍ୟ ସେହିଠାରେ ରହନ୍ତି। ଆପଣ ମୁର୍ମୁଙ୍କର ୨ ତାଲା ଘରେ ଅତିଥି କକ୍ଷରେ ଯଦି ନଜର ଦେବେ ତେବେ ଗୋଟିଏ ନଜରରେ ରହିଁ ରହିଥିବେ। କାନ୍ଥଗୁଡ଼ିକରେ ଦୁଇ ଫ୍ରେମ୍‌ଯୁକ୍ତ ଛବିଗୁଡ଼ିକରେ – ପୂର୍ବ ରାଷ୍ଟ୍ରପତି ରାମନାଥ କୋବିନ୍ଦ ଏବଂ ପ୍ରଧାନ ମନ୍ତ୍ରୀ ନରେନ୍ଦ୍ର ମୋଦୀଙ୍କ ସାଥିରେ ଅନେକ ସୁନ୍ଦର ଭାବରେ ଶ୍ରୀମତୀ ମୁର୍ମୁ ଗର୍ବର ସହିତ ଛିଡ଼ା ହୋଇଛନ୍ତି। ନେତ୍ରାଭିରାମ ଚିତ୍ର ଅଟେ। ଆମେ ବି ତ ରାଷ୍ଟ୍ରପତି ସହିତ ଛିଡ଼ା ହୋଇ ଫଟୋ ଉଠାଇବାକୁ ଚାହୁଁ। ଆପଣ ବି ନିଶ୍ଚୟ ଏହି ଇଚ୍ଛା ରଖୁଥିବେ ?

କିନ୍ତୁ ଯେତେବେଳେ ସେ ଜନ୍ମ ହୋଇ ପାଲିତ ହେଲେ ଗାଁର ଅବସ୍ଥା ଠିକ୍ ନଥିଲା। ଜୀବନର ମୌଳିକ ଜିନିଷ ମଧ୍ୟ ସେମାନଙ୍କୁ ମିଳୁନଥିଲା। ଲୋକମାନେ ବହୁତ ଗରିବ ଥିଲେ ଓ ବହୁତ କଷ୍ଟରେ ଋଷ କାମ କରି ପ୍ରତିଦିନ ୨ ଓଳିର ଖାଦ୍ୟ ଖାଉଥିଲେ। ଦ୍ରୌପଦୀଙ୍କ ପିତାମାତା ମଧ୍ୟ ସେମାନଙ୍କ ପିଲାମାନଙ୍କୁ ଜୀବନର ସମସ୍ତ ଆବଶ୍ୟକୀୟ ସୁବିଧା ସୁଯୋଗ ଯୋଗାଇବା ପାଇଁ ପର୍ଯ୍ୟାପ୍ତ ଧନୀ ନଥିଲେ। କିନ୍ତୁ ସେମାନେ ସମସ୍ତେ ଖୁସି ଏବଂ ସନ୍ତୁଷ୍ଟ ଥିଲେ। ସେ ଖୁସିର ଦିନଗୁଡ଼ିକର ସ୍ୱପ୍ନ ଦେଖିଲେ ଓ ଜୀବନରେ ଆଗକୁ ଆସିବା ପାଇଁ କଠିନ

ପରିଶ୍ରମ କଲେ । ସେ ଲାଜୁଆ ପ୍ରକୃତିର ଥିଲେ । ସେ ବାହାର ଲୋକମାନଙ୍କୁ ଭୟ କରୁଥିଲେ, କିନ୍ତୁ ତାଙ୍କ ଆମ୍ଣସମ୍ମାନ ବହୁତ ଅଧିକ ଥିଲା ।

ମୁର୍ମୁଙ୍କ ପ୍ରାରମ୍ଭିକ ଜୀବନରେ ଆଦିବାସୀ ପରିବେଶରେ ବିଭିନ୍ନ ଜାତି ଏବଂ ସମ୍ପ୍ରଦାୟ ମଧ୍ୟରେ ଥିବା ସୌହାର୍ଦ୍ଦ୍ୟ ଏବଂ ସଭାବ ଅନୁକରଣୀୟ ଥିଲା । ୧୯୫୮ ମସିହାରେ ମୁର୍ମୁ ଯେଉଁ ଗାଁରେ ଜନ୍ମଗ୍ରହଣ କରିଥିଲେ ତାହା ହେଉଛି ଏକ ସାଧାରଣ ଭାରତୀୟ ଗ୍ରାମ ଯେଉଠାରେ ଲୋକମାନେ ଏକାଠି ରହୁଥିଲେ ଏବଂ ପରସ୍ପରକୁ ଭାରତୀୟ ଆକାଂକ୍ଷା ସହିତ ଆଗକୁ ବଢ଼ିବାରେ ସାହାଯ୍ୟ କରୁଥିଲେ । ପରିବାରଗୁଡ଼ିକର ବିଶ୍ୱାସ ଥିଲା ଯେ ନିଜ ପ୍ରତି ସଚ୍ଚା ରହିବା ମଧ୍ୟରେ ସଫଳତାର ରୁବି ରହିଛି । ଶିକ୍ଷା ଆଗକୁ ବଢ଼ିବାର ଏକ ଉପାୟ । ହୁଏତ ଆଜି ଏହାକୁ ଅନେକ ବ୍ୟକ୍ତି ଜରୁରୀ ବୋଲି ଭାବି ନପାରନ୍ତି । ମୁର୍ମୁଙ୍କ ଭାଇ ନିଜ ଗାଁରେ ହିଁ ପାଠ ପଢ଼ିଲେ ଏବଂ ସେଇଠି ରହିଲେ କିନ୍ତୁ ମୁର୍ମୁ ବହୁତ ପାଠ ପଢ଼ିଲେ ଏବଂ ନିଜ ପାଦ ବାହାରକୁ କାଢ଼ିଲେ ।

ଆଦିବାସୀ ସମୁଦାୟ

ଦ୍ରୌପଦୀଙ୍କ ପିତାମାତା ସାନ୍ତାଳୀ ନାମକ ଏକ ସ୍ୱତନ୍ତ୍ର ଜନଜାତିର ଥିଲେ । ସାନ୍ତାଳୀ ଆଦିବାସୀମାନେ ଗୋଣ୍ଡ, ମୁଣ୍ଡା, ହୋ, ଓରାଓନ, ଭୀଲ, ମୀନା, ଖୋଣ୍ଡ ଏବଂ ନାଗା ପରି ପ୍ରମୁଖ ଜନଜାତିମାନଙ୍କ ମଧ୍ୟରେ ଅଛନ୍ତି । ସାନ୍ତାଳୀ ଯାହା ମାଞ୍ଝି ନାମରେ ଜଣାଶୁଣା ଏକ ଅନୁସୂଚିତ ଜାତି, ମୁଖ୍ୟତଃ ଝାଡ଼ଖଣ୍ଡ, ଓଡ଼ିଶା, ବିହାର ଏବଂ ପଶ୍ଚିମବଙ୍ଗ ରାଜ୍ୟରେ ରହିଛନ୍ତି । ବ୍ରିଟାନିକା ଅନୁଯାୟୀ, କେବଳ ଭାରତରେ ୫ ନିୟୁତରୁ ଅଧିକ ସାନ୍ତାଳୀ ଅଛନ୍ତି । ଔପନିବେଶିକ ନିୟମ ଦ୍ୱାରା ଆଦିବାସୀ ସମ୍ପ୍ରଦାୟର ସମ୍ମାନ କ୍ଷୁର୍ଣ୍ଣ ହୋଇଥିଲା । ୧୯୧୧ ଜନଗଣନା ପର୍ଯ୍ୟନ୍ତ ସେମାନଙ୍କୁ 'ପଶୁବାଦୀ' କୁହା ଯାଉଥିଲା । ଆମର ଜଣେ ବିଶିଷ୍ଟ ଇତିହାସ ପ୍ରଫେସର ନିହାର ରଂଜନ ରାୟ କେନ୍ଦ୍ରୀୟ ଭାରତୀୟ ଆଦିବାସୀଙ୍କୁ "ଭାରତର ମୂଳ ମୁକ୍ତ ଲୋକ" ଭାବରେ ବର୍ଣ୍ଣନା କରିଛନ୍ତି ।

ଆଦିବାସୀମାନେ ଭାରତର ସମୁଦାୟ ଜନସଂଖ୍ୟାର ୮.୬ ପ୍ରତିଶତ ସତ୍ତ୍ୱେ ଏମାନେ ଅବହେଳିତ ଅବସ୍ଥାରେ ଜୀବନ ଜୀଉଁଛନ୍ତି । ଆଦିବାସୀ ଲୋକମାନେ ବିଭିନ୍ନ ରୋଗ, ଅସୁସ୍ଥତା, ପୁଷ୍ଟିହୀନତାରେ ପୀଡ଼ିତ ଅଟନ୍ତି । ଆଦିବାସୀ ସ୍ୱାସ୍ଥ୍ୟ ଉପରେ ଏକ ବିଶେଷ କମିଟି ୨୦୧୧ ମସିହା ସୁଦ୍ଧା ଆଦିବାସୀଙ୍କ ସ୍ୱାସ୍ଥ୍ୟ ଅବସ୍ଥାରେ ଥିବା ପାର୍ଥକ୍ୟକୁ ଦୂର କରିବା ଲକ୍ଷ୍ୟରେ ପ୍ରସ୍ତାବ ସୁପାରିଶ କରିଛନ୍ତି । ଆଦିବାସୀମାନେ ଭାରତରେ ରୁହନ୍ତି, ୭୦୫ ସମ୍ପ୍ରଦାୟରେ ବିସ୍ତାରିତ ଏହି ଆଦିବାସୀମାନେ ଅନନ୍ୟ ସାଂସ୍କୃତିକ ବିବିଧତାକୁ ପ୍ରତିନିଧିତ୍ୱ କରନ୍ତି । କିନ୍ତୁ

ଦୁର୍ଭାଗ୍ୟବଶତଃ ସେମାନେ ଏପର୍ଯ୍ୟନ୍ତ ଜାତୀୟ ମୁଖ୍ୟ ସ୍ରୋତରେ ସମ୍ପୂର୍ଣ୍ଣ ଭାବେ ସଂଯୁକ୍ତ ହୋଇନାହାନ୍ତି । ସାର୍ବଜନୀନ ଉପଯୋଗିତା ଏବଂ ସେବାଗୁଡ଼ିକର ପାରାମିଟରରେ ନିରକ୍ଷରତା ଏବଂ ଆର୍ଥିକ ସଫଳତା ଅଭାବ, ସେମାନଙ୍କର ଭୌଗୋଳିକ ଦୃଷ୍ଟିରୁ ବିଚ୍ଛିନ୍ନ ବାସସ୍ଥାନ, ଅବସ୍ଥାନ ପ୍ରାୟତଃ ସେମାନଙ୍କ ସମସ୍ୟାକୁ ଆହୁରି ଜଟିଳ କରିଥାଏ ।

ଅନ୍ୟ ଅର୍ଥରେ ତାଙ୍କ ପରିବାର ଅନୁସୂଚିତ ଜନଜାତିର ଅଟନ୍ତି । ପାଞ୍ଚଟି ମୌଳିକ ମାନଦଣ୍ଡରେ ଭାରତରେ ଅନୁସୂଚିତ ଜନଜାତିଙ୍କୁ ଚିହ୍ନଟ କରାଯାଇଛି । ଆଦିମ ଗୁଣ, ପଛୁଆବର୍ଗ, ଭୌଗୋଳିକ ବିଚ୍ଛିନ୍ନତା, ଭିନ୍ନ ସଂସ୍କୃତି, ଅନ୍ୟ ସମ୍ପ୍ରଦାୟ ସହିତ ଯୋଗାଯୋଗ ପ୍ରତି ଦ୍ୱିଧାବୋଧ । ଏହା ହେଉଛି ସେହି ବର୍ଗର ଯେଉଁମାନେ ଅନେକ ଅସୁବିଧାର ସମ୍ମୁଖୀନ ହୋଇଛନ୍ତି । ଏବେ ମଧ୍ୟ ସେମାନେ ଭାରତୀୟ ସମାଜ ତଥା ରାଜନୈତିକ ମଞ୍ଚରେ ସେମାନଙ୍କର ଉପଯୁକ୍ତ ସ୍ଥାନ ପ୍ରାପ୍ତ କରିବାକୁ ସଂଘର୍ଷ କରୁଛନ୍ତି । ମହାନ ଆନ୍ଥ୍ରୋପୋଲଜିଷ୍ଟ ଭେରିଅର ଏଲୱିନ ସେମାନଙ୍କ ବିଷୟରେ କହିଛନ୍ତି, “ଏମାନେ ହେଉଛନ୍ତି ଭାରତର ପ୍ରକୃତ ଆଦିବାସୀ ବାସିନ୍ଦା, ଯେଉଁମାନଙ୍କ ଉପସ୍ଥିତିରେ ଅନ୍ୟ ସମସ୍ତେ ବିଦେଶୀ । ଏମାନେ ନୈତିକ ଅଧିକାର ପ୍ରାପ୍ତ ପ୍ରାଚୀନ ବ୍ୟକ୍ତି ଏବଂ ହଜାର ହଜାର ବର୍ଷର ପୁରାତନ ବ୍ୟକ୍ତି ।”

ସମସ୍ତେ ଅନୁସୂଚିତ ଜନଜାତି ଆଦିବାସୀ ନୁହଁନ୍ତି । ସେଠାରେ ପ୍ରାୟ ୫୭୩ଟା ସମ୍ପ୍ରଦାୟ ଅଛି ଯେଉଁମାନେ ସରକାରଙ୍କ ଦ୍ୱାରା ଅନୁସୂଚିତ ଜନଜାତି ଭାବରେ ମାନ୍ୟତା ପାଇଛନ୍ତି ଏବଂ ତେଣୁ ବିଶେଷ ସୁବିଧା ପାଇବାକୁ ଯୋଗ୍ୟ ଅଟନ୍ତି । ସେମାନେ ସମସ୍ତେ ବିଧାନସଭା, ସରକାରୀ ଚାକିରୀ, ବିଶ୍ୱବିଦ୍ୟାଳୟ ଏବଂ ବିଦ୍ୟାଳୟରେ ସଂରକ୍ଷିତ ଆସନ ପାଇଁ ପ୍ରତିଦ୍ୱନ୍ଦ୍ୱିତା କରନ୍ତି । କେତେଜଣ କିଛି ପାଆନ୍ତି ଓ କେତେଜଣ କିଛି ମଧ୍ୟ ପାଆନ୍ତି ନାହିଁ । ସଂଗ୍ରାମ ଜାରୀ ରହିଛି ।

ଯଦିଓ ସ୍ୱାଧୀନତା ପାଇବା ପାଇଁ ଏହି ଲୋକମାନଙ୍କର ପ୍ରବଳ ସଂଘର୍ଷ ଆମର ମିଳିତ ଉଦ୍ୟମର ଏକ ଅଂଶ ହୋଇପାରିଲା ନାହିଁ, କିନ୍ତୁ ସ୍ୱାଧୀନତା ସଂଗ୍ରାମରେ ଏମାନଙ୍କର ସହଯୋଗ ପ୍ରଶଂସନୀୟ ଅଟେ । ଉପନିବେଶବାଦ ବିରୋଧରେ ସାନ୍ତାଳୀ ବିଦ୍ରୋହ ହେଉଛି ହିନ୍ଦୁ ରାଷ୍ଟ୍ର ଇତିହାସର ଏକ ଅଜ୍ଞାତ ଅଧ୍ୟାୟ । ଦ୍ରୌପଦୀ ମୁର୍ମୁଙ୍କ ନିଜ ସମ୍ପ୍ରଦାୟର ଲୋକମାନେ ଅଣ ଆଦିବାସୀଙ୍କ ସହିତ ସମନ୍ୱୟ ବୃଦ୍ଧି କରିବାକୁ ଚେଷ୍ଟା କରୁଛନ୍ତି ।

ମହାନ ବୀରତ୍ୱ ଓ ସଭ୍ୟତାର ଜ୍ଞାନର ଉତ୍ତରାଧିକାରୀ ଭାବରେ ଦ୍ରୌପଦୀ ମୁର୍ମୁ ସ୍ୱାଧୀନ ଭାରତରେ ଜନ୍ମଗ୍ରହଣ କରିଥିଲେ ଏବଂ ସତୁରି ଦଶକରେ ନିଜକୁ ଶିକ୍ଷା ଦେବା ଆରମ୍ଭ କରିଥିଲେ । ସ୍ୱାଧୀନ ଭାରତର ସମ୍ବିଧାନ ତାଙ୍କୁ ଆଗକୁ ସୁଯୋଗ ଦେଇଥିଲା । ସେ ଏକ ଅଳ୍ପ ବିକଶିତ ଅଞ୍ଚଳର ଦୂରତମ ଗ୍ରାମରେ ଏକ ସାନ୍ତାଳୀ ଆଦିବାସୀ ପରିବାରରେ ଜନ୍ମଗ୍ରହଣ କରିଥିଲେ । ସେ ଭାରତର ରାଷ୍ଟ୍ରପତି ହୋଇ ଦେଶର ଉଜ୍ଜ୍ୱଳ ତାରକା ହୋଇଛନ୍ତି । ଏହା ହେଉଛି କାହାଣୀର ସୁନ୍ଦର ମୋଡ଼ ।

ପିଲାବେଳର କଥା

ପ୍ରାୟ ୬ ବର୍ଷ ପୂର୍ବେ ଦୂରଦର୍ଶନର "ତେଜସ୍ୱିନୀ" କାର୍ଯ୍ୟକ୍ରମରେ ଦିଆଯାଇଥିବା ଏକ ସାକ୍ଷାତ୍କାରରେ ସେ ତାଙ୍କ ଜୀବନ ସଂଘର୍ଷ ବିଷୟରେ ଆରମ୍ଭରୁ ସୂଚନା ଦେଉଛନ୍ତି । ଆଜି ମଧ୍ୟ ଏହି ପ୍ରୋଗ୍ରାମକୁ କେହି ଦେଖିପାରିବେ । ମୁର୍ମୁ ସାକ୍ଷାତ୍କାରଙ୍କୁ ଅତି ସ୍ୱଷ୍ଟ ଭାବରେ କହିଥିଲେ ଯେ ସେ କିପରି ଭାବରେ ପିଲାଦିନେ ଛୋଟ ଛୋଟ ସମସ୍ୟାର ସମାଧାନ ନିଜେ କରିଥିଲେ । ପରିବାର ଏତେ ଧନୀ ନଥିଲା ଯେ ଅଭିଭାବକମାନେ ଝିଅକୁ ବିଦ୍ୟାଳୟ ଶିକ୍ଷା ପରେ ଉଚ୍ଚତର ଅଧ୍ୟୟନ ପାଇଁ ଗାଁରୁ ବାହାରକୁ ପଠାଇ ପାରିବେ । ସେ ନିଜେ ନିଜ ଗୋଡ଼ରେ ଠିଆ ହେବା ଏବଂ ତାଙ୍କ ପରିବାର ପାଇଁ କିଛି କରିବା ଅବସରରେ ଆମର ପ୍ରେମଚନ୍ଦ୍ରଙ୍କ ଏକ କାହାଣୀ ମନେପଡେ ଯେଉଁଥିରେ ଏକ ଛୋଟ ପିଲା ହମିଦ୍ ଗ୍ରାମ ମେଳାରେ ତାଙ୍କ ଜେଜେମାଆଙ୍କ ପାଇଁ ଏକ "ଚିମୁଟା" କିଣିଥିଲା । ହଁ, କାହାଣୀର ଶୀର୍ଷକ ହେଉଛି "ଈଦ୍‌ଗାହ" (୧୯୩୩) । ଦ୍ରୌପଦୀଙ୍କ ଏକ ସୁନ୍ଦର ଜେଜେମା ଥିଲେ ଓ ସେ ଇଂରାଜୀ ମଧ୍ୟ ଜାଣିଥିଲେ ।

ତାଙ୍କ ଜେଜେମାଆଙ୍କୁ ସେହି ସମୟରେ ମାନଦଣ୍ଡ ଅନୁସାରେ ଶିକ୍ଷିତ ବୋଲି କୁହା ଯାଇପାରେ । ସେ ଚକ୍ରଧରପୁରର ବାସିନ୍ଦା ଥିଲେ । ଏହିପରି ସେ ଝାଡ଼ଖଣ୍ଡର ଥିଲେ । ଦ୍ରୌପଦୀ ମୁର୍ମୁ ସ୍ୱୀକାର କରନ୍ତି ଯେ ବିହାର, ଝାଡ଼ଖଣ୍ଡ, ଓଡ଼ିଶାର ରକ୍ତ ଓ ପବନ ଜେଜେମାଆଙ୍କ ଶରୀରରେ ଝୁଲୁଥିଲା । ଜେଜେମାଆ ବେଳେବେଳେ ଇଂରାଜୀ ଓ ହିନ୍ଦୀରେ କିଛି ବାକ୍ୟ କହୁଥିଲେ ଯାହାର ପ୍ରଭାବ ନାତୁଣୀ ଉପରେ ପଡ଼ିଥିଲା । ସେ ନିଜ ନାତୁଣୀକୁ ଆଗକୁ ପଢ଼ିବା ପାଇଁ ପ୍ରେରଣା ଦେଉଥିଲେ । ସେ ତାଙ୍କ ନାତୁଣୀକୁ ବହୁତ ଭଲ ପାଉଥିଲେ । ମୁର୍ମୁଙ୍କୁ ଘରେ "ପୁଟି" କହି ଡାକୁଥିଲେ । ଜେଜେମାଆ ନାତି, ନାତୁଣୀଙ୍କୁ ବୀରତ୍ୱ, ଧର୍ମର କାହାଣୀ ଶୁଣାଉଥିଲେ ।

ଉପରବେଡ଼ାର ପ୍ରାଥମିକ ବିଦ୍ୟାଳୟ

ଦ୍ରୌପଦୀ ନିଜର ପ୍ରାଥମିକ ଶିକ୍ଷା ନିଜର ଗାଁରେ ହିଁ କରିଥିଲେ । ବର୍ତ୍ତମାନ ସେହି ବିଦ୍ୟାଳୟର ପ୍ରଧାନ ଶିକ୍ଷକ ମନୋରଞ୍ଜନ ମୁର୍ମୁ ଅଛନ୍ତି । ସେ କହନ୍ତି ଯେ, ଏହି ବିଦ୍ୟାଳୟ ୧୯୦୨ ମସିହାରେ ସ୍ଥାପିତ ହୋଇଥିଲା । ଉପରବେଡ଼ାରେ କୌଣସି ଝିଅ ମେଟ୍ରିକ୍ ପରୀକ୍ଷା ଦେଇନଥିଲା କିନ୍ତୁ ଦ୍ରୌପଦୀ ଏହା କରିବାକୁ ସଂକଳ୍ପ ରଖିଥିଲେ ।

ବିଦ୍ୟାଳୟରେ ଏକ ଛୋଟ ବୁକ୍ ବ୍ୟାଙ୍କ ଥିଲା ଯେଉଁଠାରୁ ଯେଉଁ ଛାତ୍ରଛାତ୍ରୀମାନେ ବହି କିଣିବାକୁ ସକ୍ଷମ ନଥିଲେ ସେମାନେ ତାହା ସେଠାରୁ ନେଇ ଆସୁଥିଲେ । ଦ୍ରୌପଦୀ ମଧ୍ୟ ସେହି ବ୍ୟାଙ୍କରୁ ବହି ନେଇଥିଲେ କିନ୍ତୁ ଯେତେବେଳେ ସେ ଉଚ୍ଚ ଶ୍ରେଣୀକୁ ଯାଇଥିଲେ

ସେତେବେଳେ ସେ କେବଳ ନେଇଥିବା ପୁସ୍ତକ ନୁହେଁ ବରଂ ଅନ୍ୟମାନଙ୍କ ସହାୟତା ପାଇଁ ନିଜର ବହିଖାତା ମଧ୍ୟ ଦାନ କରିଦେଇଥିଲେ।

ମିଥୁନ ଏମ୍ କୁରିଆକୋସ୍ ଉପରବେଡ଼ା ଗାଁର ପୂର୍ବତନ ପ୍ରାଥମିକ ବିଦ୍ୟାଳୟର ଶିକ୍ଷକ ବସନ୍ତ କୁମାର ଗିରିଙ୍କର ସାକ୍ଷାତ୍କାର ନେଇଥିଲେ। ପ୍ରଥମଥର ପାଇଁ ସ୍କୁଲକୁ ନିଜର ପିତାଙ୍କ ସହିତ ଆସିଥିବା ୪ ବର୍ଷର ଝିଅ ଦ୍ରୌପଦୀ ମୁର୍ମୁଙ୍କ ହସହସ ମୁହଁକୁ ଶିକ୍ଷକ ଏବେ ମଧ୍ୟ ମନେ ରଖିଛନ୍ତି।

ସେ ସମୟରେ ତାଙ୍କ ନାମ ଥିଲା ଦ୍ରୌପଦୀ ଟୁଡୁ। (ସେ ତାଙ୍କ ସ୍ୱାମୀଙ୍କ ଉପନାମ ଗ୍ରହଣ କରିବା ପରେ ଅର୍ଥାତ ବ୍ୟାଙ୍କ ଅଧିକାରୀ ଶ୍ୟାମ ଚରଣ ମୁର୍ମୁଙ୍କୁ ବିବାହ କରିବା ପରେ ଦ୍ରୌପଦୀ ମୁର୍ମୁ ହୋଇଥିଲେ)। ସେ ତତ୍କାଳୀନ ଗାଁ ମୁଖିଆ ନାରାୟଣ ଟୁଡୁଙ୍କ ପିଲାମାନଙ୍କ ମଧ୍ୟରୁ ସବୁଠାରୁ ବଡ଼ ଥିଲେ। ନାରାୟଣ ତାଙ୍କ ଛୋଟ ଝିଅକୁ ସ୍କୁଲରେ ଛାଡ଼ି କହିଥିଲେ, 'ମୋ ଝିଅକୁ ଭଲ ଶିକ୍ଷା ଦେବେ।' ସେ ସ୍ମାର୍ଟ ଥିଲେ ଏବଂ ସମସ୍ତ ପରୀକ୍ଷାରେ ପ୍ରଥମ ସ୍ଥାନ ପ୍ରାପ୍ତ କରୁଥିଲେ। ସେ ବାର୍ଷିକ ବକ୍ତବ୍ୟ ପ୍ରତିଯୋଗିତାରେ ଅଂଶଗ୍ରହଣ କରୁଥିଲେ। ଅନେକ ଥର ପ୍ରଥମ ପୁରସ୍କାର ମଧ୍ୟ ସେ ପାଇଛନ୍ତି। ତାଙ୍କ ଶିକ୍ଷକମାନେ ନିଶ୍ଚିତ ଥିଲେ ଯେ ସେ ଦିନେ ବହୁତ ଉଚ୍ଚରେ ପହଞ୍ଚିବେ ଏବଂ ସମସ୍ତଙ୍କୁ ଗର୍ବିତ କରିବେ।

କଥାବାର୍ତ୍ତା ବେଳେ ଦ୍ରୌପଦୀଙ୍କ ସ୍କୁଲ ପ୍ରଧାନ ଶିକ୍ଷକ ଅତୀତ ବିଷୟରେ କହିଥିଲେ ଯେ ସେ ୧୯୬୮ରୁ ୧୯୭୦ ପର୍ଯ୍ୟନ୍ତ ସେଠାରେ ପ୍ରଧାନଶିକ୍ଷକ ଥିଲେ। ଯେତେବେଳେ ଦ୍ରୌପଦୀ ବିଦ୍ୟାଳୟରେ ପଢ଼ୁଥିଲେ, ମୁଁ ତାଙ୍କ ବିଷୟରେ କହି ଆଜି ଗର୍ବିତ ଅନୁଭବ କରୁଛି। ପ୍ରଧାନ ଶିକ୍ଷକ କହିଲେ ଯେ ଥରେ ଛାତ୍ରମାନଙ୍କୁ କୁହାଯାଇଥିଲା ଯେ ସେମାନେ କ'ଣ କରିବାକୁ ଚାହୁଁଛନ୍ତି ତାହା ବର୍ଣ୍ଣନା କରନ୍ତୁ। ଅନେକ ପିଲା ନିଜର ଉତ୍ତର ଦେଇଥିଲେ କିନ୍ତୁ ଦ୍ରୌପଦୀ କହିଥିଲେ ଯେ ସେ ଲୋକଙ୍କ ସେବା କରିବାକୁ ଚାହୁଁଛନ୍ତି। ଦ୍ରୌପଦୀଙ୍କ ମାଉସୀ ସରସ୍ୱତୀ କହିଛନ୍ତି ଯେ ମହିଳାମାନେ କ'ଣ ହାସଲ ପରିପାରିବେ ତାହା ଦ୍ରୌପଦୀ ପ୍ରମାଣ କରିଛନ୍ତି। ସେ ତାଙ୍କ ଜୀବନ ସାରା ବହୁତ ସଂଘର୍ଷ କରିଛନ୍ତି, ଏହା ନିରନ୍ତର ସଂଘର୍ଷର ଫଲାଫଲ। ସେ ଅତ୍ୟନ୍ତ ନମ୍ର ପ୍ରକୃତିର ଅଟନ୍ତି। ଆମେ ସବୁବେଳେ ସୁଖ ଏବଂ ଦୁଃଖରେ ଏକାଠି ଥାଉ। ଆମ ସମୟରେ ଆମ ଝିଅମାନଙ୍କୁ ସର୍ବଦା କୁହା ଯାଉଥିଲା ଯେ କ'ଣ ତୁମେ ଅଧ୍ୟୟନ କରିବ ? ଲୋକମାନେ ତାଙ୍କୁ ପଚରିଥିଲେ ସେ କ'ଣ କରିବେ ? ବର୍ତ୍ତମାନ ସେ କ'ଣ କରି ପାରିବେ ସେ ସେମାନଙ୍କୁ ପ୍ରମାଣ କରି ଦେଖାଇ ଦେଇଛନ୍ତି।

ବାସୁଦେବ ବେହେରା ଯିଏ ତାଙ୍କୁ ଉଚ୍ଚ ପ୍ରାଥମିକ ବିଦ୍ୟାଳୟରେ ଶିକ୍ଷା ଦେଇଥିଲେ ଯେଉଁଠାରେ ଦ୍ରୌପଦୀ ୧ୟ ରୁ ୭ମ ଶ୍ରେଣୀ ପର୍ଯ୍ୟନ୍ତ ଛାତ୍ରୀ ଥିଲେ, ସେ ମନେ ପକାଇ କହନ୍ତି, "ସେ ଅଧ୍ୟୟନରେ ଭଲ ଥିଲେ। ସେ ଯାହା କରୁଥିଲେ ସେଥିରେ ଦୃଢ଼ ରହୁଥିଲେ।"

ମୋର ମନେ ଅଛି ଦିନେ ରାତିସାରା ବର୍ଷା ହେଉଥିଲା । ପରଦିନ ସକାଳେ ଶିକ୍ଷକ ମଧ୍ୟ ବିଦ୍ୟାଳୟକୁ ଆସିନଥିଲେ । କିନ୍ତୁ ମୁଁ ଦେଖିଲି ସେ ଆସିଛି । ମୁଁ ତାହାର ଦୃଢ଼ ନିଶ୍ଚୟ ଦେଖି କହିଲି ଯେ ତା' ମଧ୍ୟରେ ଅପାର ସମ୍ଭାବନା ଅଛି ଏବଂ ସେ ଦିନେ ଜଣେ ଆଦର୍ଶ ଶିକ୍ଷକ ହେବ । ଦ୍ରୌପଦୀ ତାଙ୍କ ସ୍କୁଲ ଦିନରୁ ହିଁ ନେତୃତ୍ୱ ଗୁଣ ପ୍ରଦର୍ଶନ କରିଥିଲେ । ଦିନେ କଳାପଟା ସଫା କରିବା ପାଇଁ କ୍ଲାସରେ ଡଷ୍ଟର ନଥିଲା । ସେ ଘରକୁ ଯାଇ ଛିଣ୍ଡି ଯାଇଥିବା ପୋଷାକରୁ ୩ଟି ଡଷ୍ଟର ତିଆରି କରି ପରଦିନ ସେଗୁଡ଼ିକୁ ଶ୍ରେଣୀକୁ ଆଣିଲେ । ସେ କିପରି ଶୀଘ୍ର ସମସ୍ୟାର ସମାଧାନ ପାଇଲେ ସମସ୍ତେ ଆଶ୍ଚର୍ଯ୍ୟ ହୋଇଗଲେ । କ୍ଲାସର ମନିଟର ଭାବରେ ଦ୍ରୌପଦୀ ଉଭୟ ଝିଅ ଓ ପୁଅମାନଙ୍କୁ ଭଲ ଭାବରେ ନିୟନ୍ତ୍ରଣ କରୁଥିଲେ । ପୁଅମାନଙ୍କ ସଂଖ୍ୟା ଝିଅମାନଙ୍କ ଅପେକ୍ଷା ବହୁତ ଅଧିକ ଥିଲା । କିନ୍ତୁ ସେ ନିୟନ୍ତ୍ରଣ କରୁଥିଲେ, ଯଦି ଜଣେ ଶିକ୍ଷକ ଅନୁପସ୍ଥିତ ଥିଲେ କିମ୍ବା କ୍ଲାସକୁ ବିଳମ୍ବରେ ଆସୁଥିଲେ, ସେ ଶୃଙ୍ଖଳା ବଜାୟ ରଖୁଥିଲେ । ସେ ମଧ୍ୟ ଜଣେ ଭଲ ପ୍ରତିଯୋଗୀ ଥିଲେ ଏବଂ ସ୍ୱାଧୀନତା ଦିବସ ପରି ବିଶେଷ ଉତ୍ସବରେ ଗୀତ ଗାଇବାକୁ ପଛଘୁଞ୍ଚା ଦେଇନଥିଲେ ।

୧୯୭୪ ମସିହାରେ ଦ୍ରୌପଦୀ ମୁର୍ମୁଙ୍କ ସହପାଠୀ ଥିବା ତାପ୍ତି ମଣ୍ଡଲ ମଧ୍ୟ ମୁର୍ମୁଙ୍କ ସହ ସମ୍ବନ୍ଧିତ ଆଉ ଏକ ଘଟଣା ବାବଦରେ ବର୍ଣ୍ଣନା କରନ୍ତି । ପ୍ରାୟ ୫୫ ବର୍ଷ ପୂର୍ବେ ଜଣେ ଆଦିବାସୀ ଝିଅ କ'ଣ ସ୍ୱପ୍ନ ଦେଖିଥିଲେ ?

ଶିକ୍ଷକ ଛାତ୍ରୀମାନଙ୍କୁ ଏକ କବିତା ପାଠ କରିବାକୁ କହିଥିଲେ ଏବଂ ମୁର୍ମୁ ମଧ୍ୟ କବିତା ପାଠ କଲେ । ଏହି କବିତା ଥିଲା ରବର୍ଟ ଫ୍ରଷ୍ଟଙ୍କ ଏକ କବିତାର ଓଡ଼ିଆ ଅନୁବାଦ । କିଛିଦିନ ପୂର୍ବରୁ ଶିକ୍ଷକ ପିଲାମାନଙ୍କୁ କହିଥିଲେ ଯେ ଏହି କବିତାଟି ଜବାହରଲାଲ ନେହେରୁଙ୍କ ପ୍ରିୟ କବିତା ମଧ୍ୟରୁ ଅନ୍ୟତମ ଅଟେ । ବାଳିକା ଟୁଟୁ ଏହି କଥାକୁ ମନେ ରଖିଥିଲେ । ତେଣୁ ଯେତେବେଳେ ଦ୍ରୌପଦୀ କବିତାର ଶେଷ ପଦ "ମାଇଲସ୍ ଟୁ ଗୋ" ପଢ଼ିବା ସମାପ୍ତ କଲେ ସେତେବେଳେ ତାପ୍ତି ମଣ୍ଡଲ ମୁର୍ମୁଙ୍କୁ ପରିହାସ କରି ପଚାରିଥିଲେ ଯେ ସେ କଣ ଭାରତର ପ୍ରଥମ ପ୍ରଧାନମନ୍ତ୍ରୀଙ୍କ ପରି ଜଣେ ନେତା ହେବାକୁ ଯୋଜନା କରିଛନ୍ତି କି ?

ତାପ୍ତି ମଣ୍ଡଲ କହନ୍ତି, "ଯେତେବେଳେ ମୁଁ ଏହି ବିଷୟରେ ଚିନ୍ତା କରେ, ମୋତେ ହସ ଲାଗେ । ବୋଧହୁଏ ମୁଁ ସେତେବେଳେ ତାଙ୍କର ସୁଖଦ ଭବିଷ୍ୟତର ଭବିଷ୍ୟବାଣୀ କରୁଥିଲି ।"

ସେହି ସମୟରେ ନଅ ବର୍ଷର ଝିଅ ଦ୍ରୌପଦୀ ତାଙ୍କର ସାଙ୍ଗ ତାପ୍ତି ମଣ୍ଡଲର ଆଖିରେ ଆଖି ମିଳାଇ କହିଥିଲେ, "କାହିଁକି ନୁହଁ ?"

ଏବଂ ଶେଷରେ ଏହା ସତରେ ପରିଣତ ହୋଇଗଲା । ୫୫ ବର୍ଷ ପରେ ୨୧ ଜୁଲାଇରେ ୬୪ ବର୍ଷୀୟା ଦ୍ରୌପଦୀ ମୁର୍ମୁ ଆଜି ଆମ ଦେଶର ୧୫ତମ ରାଷ୍ଟ୍ରପତି ଏବଂ ଦେଶର ପ୍ରଥମ ଆଦିବାସୀ ମହିଳା ରାଷ୍ଟ୍ରପତି ହୋଇଯାଇଛନ୍ତି ।

ଦ୍ରୌପଦୀ ଗାଁ ବିଦ୍ୟାଳୟରେ ୧ମ ଶ୍ରେଣୀରୁ ୭ମ ଯାଏଁ ପଢ଼ିଲେ। ସେ ୭ମ ଶ୍ରେଣୀ ପରେ ଆଗକୁ ପଢ଼ିବା ପାଇଁ ରହୁଁଥିଲେ। କିନ୍ତୁ ୭ମ ଶ୍ରେଣୀ ପରେ ଗାଁରେ କୌଣସି ବିଦ୍ୟାଳୟ ନଥିଲା। ସେ ଏହିସବୁ କଥା ନିଜର ପିତା ମାତାଙ୍କ ସହ ଚର୍ଚ୍ଚା କରୁଥିଲେ ଯିଏ ତାଙ୍କର ମାର୍ଗଦର୍ଶକ ଥିଲେ। ପିତାମାତାଙ୍କୁ ଅନ୍ୟ ଗାଁରେ ଥିବା ବିଦ୍ୟାଳୟ ଓ ଶିକ୍ଷାଦାନ ବିଷୟରେ ଅଧିକ ଜଣା ନଥିଲା। ଝିଅକୁ ରାଜ୍ୟର ରାଜଧାନୀରେ ଶିକ୍ଷାଦାନ କରିବା ପାଇଁ ସେମାନେ ଚାହୁଁଥିଲେ। କିନ୍ତୁ ତାଙ୍କର ମୁଖ୍ୟ ସମସ୍ୟା ଥିଲା ଆର୍ଥିକ ସମସ୍ୟା।

୧୯୮୦ ମସିହା ଠାରୁ ମୁର୍ମୁଙ୍କୁ ଜାଣିଥିବା ଜଣେ ପତ୍ରକାର ଏବଂ କାର୍ଯ୍ୟକର୍ତ୍ତା ନିଗମାନନ୍ଦ ପଟ୍ଟନାୟକ ମୁର୍ମୁଙ୍କ ବାବଦରେ ଏକ ରୋଚକ ପ୍ରସଙ୍ଗର ଅବତାରଣା କରିଛନ୍ତି।

ଯେତେବେଳେ ମୁର୍ମୁ ପିଲା ଥିଲେ, ତାଙ୍କ ପିତା ତାଙ୍କୁ ନେଇ ପାଖ ଏକ ସହର ରାଇରଙ୍ଗପୁରକୁ ଯାଇଥିଲେ। ସେ ସମୟରେ ଓଡ଼ିଶା ସରକାରଙ୍କ ଜଣେ ମନ୍ତ୍ରୀ କାର୍ତ୍ତିକ ମାଝି ସେ ସ୍ଥାନକୁ ପରିଦର୍ଶନରେ ଆସିଥିଲେ। ଅଚାନକ ଦ୍ରୌପଦୀ ନିଜର ବିଦ୍ୟାଳୟ ପ୍ରମାଣ ପତ୍ର ନେଇ ମଞ୍ଚ ଉପରକୁ ଚାଲି ଆସିଲେ ଓ ମନ୍ତ୍ରୀଙ୍କୁ କହିଲେ ସେ ଭୁବନେଶ୍ୱରରେ ପଢ଼ିବାକୁ ରହୁଁଛନ୍ତି। ମନ୍ତ୍ରୀ ତାଙ୍କର ପଢ଼ିବାର ଉତ୍ସାହ ଦେଖି ଖୁବ୍ ଖୁସି ଓ ପ୍ରଭାବିତ ହେଲେ। ତାଙ୍କ ନିକଟରେ ଥିବା ସରକାରୀ କର୍ମଚାରୀଙ୍କୁ କହିଲେ ଯେ ସେମାନେ ମୁର୍ମୁଙ୍କ ନାମ ଭୁବନେଶ୍ୱରରେ ଥିବା ଏକ ସରକାରୀ ଲେଖାଇବା ପାଇଁ ବ୍ୟବସ୍ଥା କରନ୍ତୁ।

ଆଉ ଏକ କାହାଣୀ ମୁର୍ମୁଙ୍କ ପାରିବାରିକ ମିତ୍ର ଏବଂ ରାଇରଙ୍ଗପୁରର ଜଣେ ପତ୍ରକାର ରବିନ୍ଦ୍ର ପଟ୍ଟନାୟକ ନିମ୍ନ ଭାବରେ ବର୍ଣ୍ଣନା କରିଛନ୍ତି।

"ମୁର୍ମୁ ପ୍ରାଥମିକ ଶିକ୍ଷା ଲାଭ କରୁଥିବା ସମୟରେ ପାଠ ଓ ଖେଳରେ ପ୍ରଥମ ଥିଲେ। ତାଙ୍କ ଶ୍ରେଣୀରେ ୪୦ ଜଣ ଛାତ୍ର ଓ ୮ ଜଣ ଛାତ୍ରୀ ଥିଲେ। ବିଦ୍ୟାଳୟର ନିୟମ ଅନୁଯାୟୀ ଯେଉଁ ପିଲା ଶ୍ରେଣୀର ପ୍ରଥମ ସ୍ଥାନ ଅଧିକାର କରିବେ ସେ ମନିଟର ହେବେ। କିନ୍ତୁ ସେ ସମୟରେ ପୁରୁଷ ପ୍ରଧାନ ସମାଜର ନୀତି ଅନୁସାରେ ମୁର୍ମୁଙ୍କୁ ମନିଟର ହେବାକୁ ଦିଆଗଲା ନାହିଁ। କିନ୍ତୁ ସେ ନିଜର ଅଧିକାର ପାଇଁ ସଂଘର୍ଷ କଲେ ଓ ଶେଷରେ ମନିଟର ମଧ୍ୟ ହେଲେ।"

ତାଙ୍କର ସହପାଠୀ ହରିହର ନନ୍ଦ କହନ୍ତି, "ମୁର୍ମୁଙ୍କ ସ୍ୱଭାବ ପିଲାଦିନରୁ ସରଳ ଥିଲା। ଯେଉଁ ସାଙ୍ଗମାନେ ପାଠ ପଢ଼ୁନଥିଲେ ସେ ସେମାନଙ୍କୁ ପାଠପଢ଼ାରେ ସାହାଯ୍ୟ ମଧ୍ୟ କରୁଥିଲେ। ସେ ସମସ୍ତଙ୍କ ସହ କଥା ହେଉଥିଲେ। ଆମ ସମୟରେ ପିଲାମାନେ ବିନା ଚପଲରେ ସ୍କୁଲ ଯାଉଥିଲେ ଓ ବସିବା ପାଇଁ ଘରୁ ଆସନ ନେଇ ଯାଉଥିଲେ। ସେ ସମୟରେ ମୁର୍ମୁ କେବେ ହେଲେ ସ୍କୁଲ ଯିବା ବନ୍ଦ କରିନଥିଲେ। ଯେଉଁଠାରେ ସେ କୌଣସି ଧାର୍ମିକ ପୁସ୍ତକ ଦେଖୁଥିଲେ

ସେ ତାହାକୁ ଆଗ୍ରହର ସହିତ ପଢ଼ୁଥିଲେ । ପିଲାଦିନରୁ ଭଗବାନଙ୍କ ଉପରେ ତାଙ୍କର ବହୁତ ବିଶ୍ୱାସ ରହିଥିଲା ଏବଂ ଯେତେବେଳେ ତାଙ୍କୁ ସମୟ ମିଳୁଥିଲା ସେ ଛୋଟ ପିଲାମାନଙ୍କୁ ଓଡ଼ିଆ ପଢ଼ଉଥିଲେ ।”

ଜଣେ ଭି.ଆଇ.ପି.ଙ୍କ ପରିଦର୍ଶନ

ଥରେ ମୁର୍ମୁଙ୍କ ଗାଁକୁ ଜଣେ ମନ୍ତ୍ରୀଙ୍କ ଆସିବାର କଥା ଜଣା ପଡ଼ିଲା । ତାଙ୍କ ଗାଁରେ ଜଣେ ଭି.ଆଇ.ପି.ଙ୍କ ଆସିବାର କଥା ଶୁଣି ମୁର୍ମୁ ବହୁତ ଖୁସି ହୋଇଥିଲେ । ସେ ତାଙ୍କ ବାପାଙ୍କ ପାଖକୁ ଯାଇ ମନ୍ତ୍ରୀଙ୍କ ସହିତ ଦେଖା କରିବାକୁ ଅନୁମତି ମାଗିଲେ । ତାଙ୍କ ବାପା ତାଙ୍କ ସମ୍ମତି ପ୍ରକାଶ କରିବା ସହିତ ମନ୍ତ୍ରୀଙ୍କ ପାଖକୁ ଯିବାକୁ ନିଜେ କେତେ ଡରନ୍ତି ସେକଥା ମଧ୍ୟ ତାଙ୍କୁ ଜଣାଇଲେ । ଆପଣମାନେ ଏଥିରୁ ଜାଣିପାରୁଥିବେ ଯେ ସରକାରୀ ଚାକିରିଆମାନଙ୍କ ସହିତ ଆଦିବାସୀ ସମୁଦାୟ ଲୋକମାନେ କଥାବାର୍ତ୍ତା ହେବା ପାଇଁ ମଧ୍ୟ ଡରନ୍ତି । ଆଦିବାସୀ ଲୋକମାନେ ସବୁବେଳେ ତିନୋଟି ଜାଗାକୁ ଯିବା ପାଇଁ ଭୟ କରୁଥାଆନ୍ତି । ପ୍ରଥମଟି ହେଉଛି ଥାନା, ଦ୍ୱିତୀୟଟି ହେଉଛି ହସ୍ପିଟାଲ ଏବଂ ତୃତୀୟଟି ହେଉଛି କୋର୍ଟ । କବି ବିନୋଦ କୁମାର ଶୁକ୍ଲା ତାଙ୍କ କାବ୍ୟରେ କହିଛନ୍ତି, “ଆଦିବାସୀମାନେ ଖୋଲା ପଡ଼ିଆରେ ମଧ୍ୟ ଏକାଠି ରହିବାକୁ ଡରନ୍ତି ଏବଂ ଗଛର ଅନ୍ଧାରତଳେ ଲୁଚି କରି ସେମାନେ ରୁହନ୍ତି । ଆପଣମାନେ ଜାଣିପାରୁଥିବେ ମୁର୍ମୁଙ୍କ ପିତାଙ୍କ ସ୍ଥିତି ଏଭଳି ଥିଲା କିନ୍ତୁ ଜଣେ ଆଦିବାସୀ ଝିଅଙ୍କ ଭାବନା କିଛି ଭିନ୍ନ ଥିଲା ।

ଜଣେ ଏକୁଟିଆ ଆଦିବାସୀ ଝିଅଙ୍କୁ

ଘଞ୍ଚ ଜଙ୍ଗଲ ଭିତରକୁ ଯିବା ପାଇଁ ଡର ଲାଗେନାହିଁ

ବାଘ ଓ ସିଂହଙ୍କୁ ଡର ଲାଗେନାହିଁ

କିନ୍ତୁ ମହୁଲି ନେଇ ବଜାରକୁ ଯିବାକୁ

ଡର ଲାଗିଥାଏ

ଆଦିବାସୀ ଲୋକମାନେ ଥାନା କିମ୍ୱା କୋର୍ଟକୁ ଯିବାକୁ ଭୟ କରନ୍ତି । ଯେତେବେଳେ ସେମାନେ କୌଣସି ଆଦିବାସୀ ବ୍ୟକ୍ତିଙ୍କୁ ଶୀର୍ଷ ପଦରେ ଦେଖନ୍ତି ସେମାନଙ୍କ ମଧ୍ୟରେ ଟିକେ ବିଶ୍ୱାସ ଓ ଭରସା ଜାଗିଉଠେ । ଗାଁର ଅଶିକ୍ଷିତ, ଅଳ୍ପ ଶିକ୍ଷିତ ଏବଂ ଅର୍ଦ୍ଧ ଶିକ୍ଷିତ ଆଦିବାସୀମାନେ ଜଣେ ସାଧାରଣ ସିକ୍ୟୁରିଟି ଗାର୍ଡକୁ ମଧ୍ୟ ଭୟ କରିଥାଆନ୍ତି । ଏହି କାରଣରୁ ତାଙ୍କ ପିତା ତାଙ୍କୁ ମନ୍ତ୍ରୀଙ୍କ ପାଖକୁ ନେଇଯିବା ପାଇଁ ଡରୁଥିଲେ । ତାଙ୍କୁ ମନ୍ତ୍ରୀଙ୍କ ପାଖରେ ଥିବା ଆଇ.ଏ.ଏସ୍.

ଏବଂ ଆଇ.ପି.ଏସ୍ ଅଫିସରମାନଙ୍କୁ ମଧ୍ୟ ଡର ଲାଗୁଥିଲା। ମୁର୍ମୁଙ୍କ ବାପା ନିଜର କ୍ଷମତା ବାବଦରେ ଭଲ ଭାବରେ ଜାଣିଥିଲେ ଓ ସେ ଏହା ମଧ୍ୟ ଜାଣିଥିଲେ ଯେ ତାଙ୍କ ଝିଅ ଗାଁର ସମସ୍ୟା ଓ ନିଜ ବିଷୟରେ କହିବା ପାଇଁ କେବେ ଡରନ୍ତି ନାହିଁ। ମୁର୍ମୁ କୌଣସି କଥାକୁ ଭଲ ଭାବରେ ସଜାଡ଼ି କହି ପାରୁଥିଲେ। ମୁର୍ମୁଙ୍କ ପିତା ମୁର୍ମୁଙ୍କୁ ଆଗକୁ ବଢ଼ିବା ପାଇଁ ପ୍ରେରଣା ଦେଉଥିଲେ ଓ ଏହି ସମାଜକୁ ସାମ୍ନା କରିବାର ଯୋଗ୍ୟ ହେବା ପାଇଁ ପ୍ରୋତ୍ସାହନ ଦେଉଥିଲେ। ଆମର ପୂର୍ବ ରାଷ୍ଟ୍ରପତି ଶ୍ରୀ ରାମନାଥ କୋବିନ୍ଦ ଠିକ୍ ହିଁ କହିଥିଲେ, “ଯେଉଁଠାରେ ଝିଅମାନଙ୍କୁ ପୁଅମାନଙ୍କ ପରି ଶିକ୍ଷା, ସ୍ୱାସ୍ଥ୍ୟ ଏବଂ ଆଗକୁ ବଢ଼ିବା ପାଇଁ ସୁବିଧା ଯୋଗାଇ ଦିଆଯାଏ ସେପରି ପରିବାର ଏବଂ ସମାଜ ଏକ ସୁଖଦାୟକ ରାଷ୍ଟ୍ର ଭାବରେ ନିର୍ମିତ ହୋଇଥାଏ। ମହିଲାମାନଙ୍କୁ ନ୍ୟାୟ ଦେବା ପାଇଁ ସରକାର ବିଭିନ୍ନ ପ୍ରକାର ଆଇନ ଓ ନୀତି ତିଆରି କରିପାରନ୍ତି ଏବଂ କରୁଛନ୍ତି ମଧ୍ୟ। କିନ୍ତୁ ଆଇନ ଓ ନୀତି ସେତେବେଳେ କାର୍ଯ୍ୟକାରୀ କରି ହେବ ଯେତେବେଳେ ପରିବାର ଏବଂ ସମାଜ ଆମ ଝିଅମାନଙ୍କ କଥାକୁ ଶୁଣିବେ। ଆମେ ଏହି ସମାଜକୁ ପରିବର୍ତ୍ତନ କରିବା ଏବଂ ଝିଅମାନଙ୍କର ଉନ୍ନତି କରିବା।”

ମୁର୍ମୁଙ୍କ ବାପା ନିଜ ଝିଅ ସହିତ ସେଠାକୁ ଗଲେ ନାହିଁ। ମୁର୍ମୁ ନିଜେ ଏକୁଟିଆ ନିଜର ରିପୋର୍ଟ କାର୍ଡ ଏବଂ ଅନ୍ୟାନ୍ୟ ଜରୁରୀ କାଗଜପତ୍ର ଧରି ମନ୍ତ୍ରୀଙ୍କ ପାଖକୁ ଗଲେ। ସେ ନିଜକୁ ଶିକ୍ଷିତ ହେବାର ଦୃଢ଼ ସଂକଳ୍ପ ଦ୍ୱାରା ସମସ୍ତ ଅଧିକାରୀ ଏବଂ ମନ୍ତ୍ରୀଙ୍କୁ ଆଶ୍ଚର୍ଯ୍ୟ କରିଦେଲେ। ଜଣେ ସାଧାରଣ ଆଦିବାସୀ ଝିଅ ଜଙ୍ଗଲରେ ନୁହେଁ ବରଂ ବଜାର ଏବଂ ସରକାରୀ ଅଧିକାରୀମାନଙ୍କୁ ଭୟ କରିଥାଏ। କିନ୍ତୁ ଦ୍ରୌପଦୀ ମୁର୍ମୁ ଜଙ୍ଗଲରେ ମଧ୍ୟ ଡରୁନଥିଲେ କିମ୍ବା ଅଧିକାରୀମାନଙ୍କୁ ମଧ୍ୟ ଡରୁନଥିଲେ। ସେ ଥିଲେ ନିର୍ଭୀକ ଓ ସାହସୀ। ମୁର୍ମୁ ସିଧାସଳଖ ଭାବରେ ରୁମ ଭିତରକୁ ଗଲେ, ଆଇ.ପି.ଏସ୍. ଏବଂ ଆଇ.ଏ.ଏସ୍. କର୍ମଚାରୀମାନଙ୍କୁ ଡରିଲେ ନାହିଁ ଏବଂ ନିଜର ପ୍ରମାଣପତ୍ର ମନ୍ତ୍ରୀଙ୍କୁ ଦେଖାଇଲେ। ତା’ପରେ ମନ୍ତ୍ରୀ ସମସ୍ତ ପ୍ରକାରର ସାହାଯ୍ୟ କରିବା ପାଇଁ କଥା ଦେଲେ। ଏହିପରି ଭାବରେ ଦ୍ରୌପଦୀ ମୁର୍ମୁଙ୍କର ଏକ ଘୋର ସମସ୍ୟାର ସମାଧାନ ହୋଇଗଲା। ତାଙ୍କୁ ରାଜ୍ୟର ରାଜଧାନୀରେ ଥିବା ଏକ ବିଦ୍ୟାଳୟରେ ପ୍ରବେଶ ମିଳିଗଲା। ନିଜର ପ୍ରାଥମିକ ଶିକ୍ଷା ସମାପ୍ତ କରିବା ପରେ ଦ୍ରୌପଦୀ ଭୁବନେଶ୍ୱରରେ ଥିବା କ୍ୟାପିଟାଲ ଗାର୍ଲ୍ସ ହାଇସ୍କୁଲରେ ନାମ ଲେଖାଇଲେ। ମାଗଣା ହଷ୍ଟେଲ ସେବା ଯୋଗୁଁ ତାଙ୍କୁ ଟିକିଏ ସୁବିଧା ମିଳିଲା। ଏହିପରି ଭାବରେ ସ୍କୁଲରୁ ଆରମ୍ଭ କରି ସ୍ନାତକୋତ୍ତର ପର୍ଯ୍ୟନ୍ତ ସହରରେ ବିନା ସମସ୍ୟାରେ ଶିକ୍ଷା ଲାଭ କଲେ।

ଯେତେବେଳେ ଗାଁରେ ଚଲିବା ପାଇଁ ଭଲ ରାସ୍ତା ନଥିଲା ଏବଂ ପରିବାରଗୁଡ଼ିକ ନିଜର ପିଲାମାନଙ୍କୁ ଶିକ୍ଷା ପ୍ରଦାନ କରିବା ପାଇଁ ଆର୍ଥିକ ସମସ୍ୟାର ସମ୍ମୁଖୀନ ହେଉଥିଲେ

ସେତେବେଳେ ମୁର୍ମୁ ଭୁବନେଶ୍ୱର ଯାଇ ପାଠ ପଢ଼ିଥିଲେ । ସେ କହିଛନ୍ତି ଯେ ମାସକୁ ତାଙ୍କୁ କେବଳ ଦଶ ଟଙ୍କା ନିଜର ଖର୍ଚ୍ଚ ପାଇଁ ମିଳୁଥିଲା । ସେ ନିଜ ଅଞ୍ଚଳର ଅନ୍ୟ ପୁଅ ଓ ଝିଅମାନଙ୍କୁ ରାସ୍ତା ଦେଖାଇଛନ୍ତି । ସେ କହିଛନ୍ତି ଯଦି ପ୍ରକୃତ ଇଚ୍ଛା ଥାଏ ତେବେ ରାସ୍ତା ନିଶ୍ଚୟ ମିଳିବ । ଜଣେ ଝିଅକୁ ସହରକୁ ଯାଇ ଶିକ୍ଷାଲାଭ କରୁଥିବା ଦେଖି ଗାଁର ପୁଅମାନେ ମଧ୍ୟ ପ୍ରେରଣା ପାଇଲେ । ଅନେକ ଛାତ୍ରଛାତ୍ରୀ ଗାଁରୁ ସାହସର ସହିତ ବାହାରକୁ ବାହାରି ଶିକ୍ଷାଲାଭ କଲେ ଏବଂ ଦୁନିଆଁରେ ନିଜର ଯଥାଯୋଗ୍ୟ ସ୍ଥାନ ହାସଲ କଲେ ।

ଏହି ଘଟଣାରୁ ଜଣାପଡ଼େ ଯେ ମୁର୍ମୁ ନିଜର ବାଲ୍ୟକାଳରୁ ଗାଁ ବାହାରକୁ ଯିବା ପାଇଁ ଏବଂ ବାହାର ଦୁନିଆ ଦେଖିବା ପାଇଁ ଉତ୍ସୁକ ଥିଲେ । କାରଣ ସେ ଶିକ୍ଷାର ମହତ୍ତ୍ୱ ଜାଣିଥିଲେ । ସେ କୂଅ ବେଙ୍ଗ ପରି ବ୍ୟବହାର କରୁନଥିଲେ । କୂଅ ବେଙ୍ଗ ଏପରି ଏକ ବେଙ୍ଗ ଯିଏ କୂଅକୁ ହିଁ ନିଜର ଦୁନିଆଁ ଭାବିନିଏ । ସେ ବେଙ୍ଗଟି ବାହାର ଦୁନିଆର ସମସ୍ତ ଜିନିଷ ଉପରେ ସନ୍ଦେହ କରେ । ସେ ବେଙ୍ଗ କାହା ସହିତ ମଧ୍ୟ କଥା ହୁଏନାହିଁ ଏବଂ କୌଣସି କଥାବାର୍ତ୍ତାରେ ମୁହଁ ଖୋଲେନାହିଁ । ଦ୍ରୌପଦୀଙ୍କ ଦୁନିଆଁ ମଧ୍ୟ ତାଙ୍କର ଗାଁର ଅନ୍ୟ ପୁଅଝିଅ ଓ ତାଙ୍କ ଭାଇଙ୍କ ପରି ହୋଇଯାଇ ଥାଆନ୍ତା ଯଦି ସେ ଗାଁର ସୀମା ପାର କରି ଆସି ନଥାଆନ୍ତେ ।

ଝିନ୍ ଖୋଜା ତୀନ୍ ପାଇୟା, ଗହରେ ପାନୀ ପୈଠ,

ମୈଂ ବପୁରା ବୁଡ଼ନ୍ ଡରା, ରହା କିନାରେ ବୈଠ ।

ଯିଏ ପାଣି ଭିତରକୁ ଯାଏ ଓ ପାଣିର ଗଭୀରତାରେ ପହଞ୍ଚ ଥାଏ ସେ କିଛି ନା କିଛି ମୂଲ୍ୟବାନ ଜିନିଷ ପ୍ରାପ୍ତ କରିଥାଏ । ଯେଉଁ ମଣିଷମାନେ ଚେଷ୍ଟା କରନ୍ତି ତାଙ୍କୁ ଜୀବନରେ କିଛି ନା କିଛି ମିଳିଥାଏ । କିନ୍ତୁ ଏପରି ଅନେକ ଲୋକ ଅଛନ୍ତି ଯେଉଁମାନେ ବୁଡ଼ିଯିବାର ଭୟରେ କୂଳ ପାଖରେ ବସି ରହନ୍ତି ଓ କିଛି ମଧ୍ୟ ହାସଲ କରି ପାରନ୍ତି ନାହିଁ ।

ପ୍ରାରମ୍ଭିକ ମାଧ୍ୟମିକ ଶିକ୍ଷା

୧୯୭୦ ମସିହାର ଜୁଲାଇ ମାସରେ ଦିନେ ଦ୍ରୌପଦୀ ମୁର୍ମୁ ନିଜର ଜିନିଷପତ୍ର ନେଇ ୨୮୦ କିଲୋମିଟର ଦୂରରେ ଭୁବନେଶ୍ୱରର ଏକ ମହିଳା ହାଇସ୍କୁଲରେ ଶିକ୍ଷାଲାଭ କରିବା ପାଇଁ ଆସିଲେ । ମୁର୍ମୁ ୧୯୭୪ରେ ୟୁନିଟ୍ ୨ ଗାର୍ଲ୍ସ ହାଇସ୍କୁଲରୁ ମେଟ୍ରିକ୍ ପରୀକ୍ଷା ପାସ କଲେ । ସେ ସେଠାରେ ତିନି ବର୍ଷ ଅର୍ଥାତ୍ ଅଷ୍ଟମ, ନବମ ଓ ଦଶମ ଶ୍ରେଣୀ ପର୍ଯ୍ୟନ୍ତ ପଢ଼ିଲେ । ସେ ଜଣେ ଏପରି ଛାତ୍ରୀ ଥିଲେ ଯେ ସମସ୍ତଙ୍କ ସହ ଅର୍ଥାତ୍ ଶିକ୍ଷକ ଓ ଛାତ୍ରଛାତ୍ରୀମାନଙ୍କ ସହ ଭଲ ସମ୍ପର୍କ ତିଆରି କରିପାରୁଥିଲେ । ସେ କୁନ୍ତଳା କୁମାରୀ ସାବତ ଛାତ୍ରାବାସରେ ରହୁଥିଲେ । ମୁର୍ମୁ ଏପରି ଏକ ଝିଅ ଥିଲେ ଯିଏ ନିଜର ମେଟ୍ରିକ୍ ପରୀକ୍ଷା ସମାପ୍ତ କରିବା ପରେ

ସେଇଠି ଅଟକି ରହି ଯାଇନଥିଲେ। ସେ ଆଗକୁ ଶିକ୍ଷାଲାଭ କରିବା ପାଇଁ ଭୁବନେଶ୍ୱରର ରମାଦେବୀ ମହିଳା କଲେଜରେ ନାମ ଲେଖାଇଲେ। ୧୯୭୪ରେ ସେ ରମାଦେବୀ ମହିଳା କଲେଜ୍‌ରେ ସମାଜଶାସ୍ତ୍ର ଏବଂ ରାଜନୀତି ବିଜ୍ଞାନ ଅଧ୍ୟୟନ କଲେ। ସେହିଠାରେ ସେ ନିଜର ଶିକ୍ଷାଲାଭ ସମାପ୍ତ କଲେ।

ମୁର୍ମୁଙ୍କ ଜୀବନରେ ଲୋକମାନେ ଆର୍‌.ଏସ୍‌.ଏସ୍‌.ର ଭୂମିକାକୁ ସବୁବେଳେ ରେଖାଙ୍କିତ କରନ୍ତି। କିନ୍ତୁ ସେମାନେ ଭୁଲିଯାଆନ୍ତି ଯେ ଯେତେବେଳେ ଦ୍ରୌପଦୀ ନିଜର ଶିକ୍ଷାଲାଭ କରୁଥିଲେ ସେତେବେଳେ ଦେଶରେ କଂଗ୍ରେସର ଶାସନ ଥିଲା। ସେ ସମୟରେ ସରକାର ତାଙ୍କୁ ବହୁତ ଅବସର ପ୍ରଦାନ କରିଥିଲା। ମୁର୍ମୁ ନିଜର ପ୍ରାରମ୍ଭିକ ଦିନରେ ଏପରି ଏକ ଯୁଗ ଦେଖିଥିଲେ ଯେଉଁଥିରେ ‘ଭାରତ’ ଏବଂ ‘ଇଣ୍ଡିଆ’ ମଧ୍ୟରେ ସଂଘର୍ଷ ଥିଲା। ନେହେରୁ ଯୁଗରେ ଭାରତରେ ଔଦ୍ୟୋଗିକ ରାଷ୍ଟ୍ର ଭାବେ ବିକଶିତ କରିବାର ସ୍ୱପ୍ନ ଥିଲା। ଏହାପରେ ଇନ୍ଦିରା ଶାସନ ସମୟରେ ନେତାମାନେ ତାଙ୍କ ଘରେ ଝାଡୁ ଲଗାଇବା ଓ ସଫା କରିବା ପାଇଁ ମଧ୍ୟ ରାଜି ଥିଲେ। “ଭାରତ ହେଉଛି ଇନ୍ଦିରା ଏବଂ ଇନ୍ଦିରା ହେଉଛି ଭାରତ” ଏହି ପରି ସ୍ଲୋଗାନ ସେ ସମୟରେ କୁହା ଯାଉଥିଲା। ଦ୍ରୌପଦୀ ନିଜର ବାଲ୍ୟକାଳରୁ ଯୁବ ଅବସ୍ଥା ପର୍ଯ୍ୟନ୍ତ ଏହିପରି ଦୁନିଆଁରେ ବଢ଼ିଛନ୍ତି। ତାଙ୍କର ମଧ୍ୟ ମାନସିକ ବିକାଶ ଏକ ନିର୍ଦ୍ଦିଷ୍ଟ ଗତିରେ ଏକ ନିର୍ଦ୍ଦିଷ୍ଟ ସ୍ଥାନ ଆଡ଼କୁ ଚଳି ଯାଇଥିଲା।

(ଭାରତର ପ୍ରଥମ ପ୍ରଧାନମନ୍ତ୍ରୀ ଜବାହରଲାଲ ନେହେରୁଙ୍କୁ ମୁର୍ମୁ ସବୁବେଳେ ପ୍ରଶଂସା କରନ୍ତି। ୨୦୨୦ର ଝାଡ଼ଖଣ୍ଡ ବିଧାନସଭାରେ ସେ ନେହେରୁଙ୍କ ବିଷୟରେ କହିଥିଲେ ଯେ କାନ୍ଥଗୁଡ଼ିକରେ ଚିତ୍ର ଆଙ୍କିଦେଲେ ଇତିହାସର ତଥ୍ୟକୁ କେହି ବଦଲାଇ ପାରିବେ ନାହିଁ।)

ହଁ, ସେତେବେଳେ ଆଦିବାସୀ ଲୋକମାନଙ୍କର ସାହାଯ୍ୟ କରିବା ପାଇଁ ବିଭିନ୍ନ ସମ୍ପ୍ରଦାୟର କାର୍ଯ୍ୟକର୍ତ୍ତାମାନେ ମହଜୁଦ ଥିଲେ। ସେମାନଙ୍କ ମଧ୍ୟରୁ କିଛି ବିଶେଷ କାରଣ ପାଇଁ ସାହାଯ୍ୟ କରୁଥିଲେ ଓ କିଛି କାର୍ଯ୍ୟକର୍ତ୍ତା ପରର ଉପକାର ପାଇଁ କାର୍ଯ୍ୟ କରୁଥିଲେ। ଦ୍ରୌପଦୀ ନିଜର ଗାଁ, ଘର ଏବଂ ପରିବେଶରେ ଯେଉଁସବୁ ପରମ୍ପରା ଦେଖିଲେ ସେଗୁଡ଼ିକ ତାଙ୍କ ଉପରେ ଅନେକ ପ୍ରଭାବ ପକାଇଲା। ସେ ନିଜର ଚରିତ୍ର ଓ ଦୃଷ୍ଟିକୋଣ ନିଜେ ତିଆରି କରିଥିଲେ।

ନେଲସନ୍ ମଣ୍ଡେଲାଙ୍କ ସ୍ୱାଧୀନତାର ଯାତ୍ରା ତାଙ୍କ ଘରୁ ଆରମ୍ଭ ହୋଇଥିଲା। ସେହିପରି ଦ୍ରୌପଦୀଙ୍କ ସ୍ୱାଧୀନତାର ଲମ୍ବା ଯାତ୍ରା ତାଙ୍କ ପୈତୃକ ଗାଁରୁ ଆରମ୍ଭ ହୋଇଥିଲା। ଯାହା ତାଙ୍କ ଘରର ଏକ ଅଙ୍ଗ ଥିଲା ଓ ତାଙ୍କର ଘର ତାଙ୍କ ଗାଁର ଏକ ଅଭିନ୍ନ ଅଙ୍ଗ ଥିଲା।

ସ୍ନାତକ ଶିକ୍ଷା

ଦ୍ରୌପଦୀ ନିଜର ଇଣ୍ଟରମିଡିଏଟ ଶିକ୍ଷା ଗୋଟିଏ ବର୍ଷ ପରେ ପାଇଥିଲେ। କାରଣ ତାଙ୍କୁ ପ୍ରବେଶ ପ୍ରକ୍ରିୟା ବିଷୟରେ ଜଣା ନଥିଲା। ଏହାର ଠିକ୍ ଗୋଟିଏ ବର୍ଷ ପରେ ସେ ପୁଣି ଆବେଦନ କଲେ ଓ ଆଡ୍‌ମିଶନ ନେଲେ। ଦ୍ରୌପଦୀ କଳାରେ ସ୍ନାତକ ଡିଗ୍ରୀ ହାସଲ କରିଥିଲେ। ସେ ବି.ଏ. ପାସ୍ କଲେ। ସେ ୧୯୭୯ରେ ସ୍ନାତକ ଉପାଧ୍ୟ ହାସଲ କଲେ। ସେ ଭୁବନେଶ୍ୱରର ରମାଦେବୀ ମହିଳା କଲେଜରେ ଅଧ୍ୟୟନ କରୁଥିଲେ। ବର୍ତ୍ତମାନ ଏହି କଲେଜଟି ଏକ ସୁପ୍ରସିଦ୍ଧ ବିଶ୍ୱବିଦ୍ୟାଳୟ ଅଟେ। ସେ ପାଠପଢ଼ାରେ ଭଲ ଥିଲେ ଏବଂ ପ୍ରତିଯୋଗିତା ଗୁଡ଼ିକରେ ଅଂଶଗ୍ରହଣ କରୁଥିଲେ। ଥରେ ସେ ନାଟକରେ ମୁଖ୍ୟ ଭୂମିକା ମଧ୍ୟ ଗ୍ରହଣ କରିଥିଲେ। ଏହି କଥାଟି ସାନ୍ତାଳୀ ସାହିତ୍ୟକାର ଏବଂ ପଦ୍ମଶ୍ରୀ ଦମୟନ୍ତୀ ବେସ୍‌ରା କହନ୍ତି ଯିଏ ସେହି କଲେଜରେ ମୁର୍ମୁଙ୍କ ଜୁନିଅର ଥିଲେ।

ମୁର୍ମୁ ଓଲ୍ଡ ଷ୍ଟୁଡେଣ୍ଟ ଆସୋସିଏସନ୍ ଅଫ୍ ରମାଦେବୀ ଓମେନ୍‌ସ କଲେଜ ଦ୍ୱାରା ପ୍ରକାଶିତ ମେଗାଜିନ୍‌ରେ ୨୦୧୬ ମସିହାରେ ଲେଖିଛନ୍ତି, "ମୁଁ ମୋର ଛାତ୍ରାବାସର ପରିଚାଳିକା ବ୍ରଜେଶ୍ୱରୀ ମିଶ୍ରଙ୍କର ଆଦର ଓ ସ୍ନେହକୁ ଭୁଲି ପାରିବି ନାହିଁ। ଅର୍ଥଶାସ୍ତ୍ର ଶିକ୍ଷକ କନକ ମଞ୍ଜରୀ ମିଶ୍ର ମୋର ପ୍ରିୟ ଥିଲେ। କାରଣ ମୁଁ ଛାତ୍ରାବାସର ମୁଖ୍ୟ ଥିଲି। ତେଣୁ ମୋର ଓ ତାଙ୍କର ସମ୍ପର୍କ ଘନିଷ୍ଠ ଥିଲା। ମୁଁ ଭୁବନେଶ୍ୱରରେ ପ୍ରାୟ ଆଠ ବର୍ଷ ବିତାଇଲି। କିନ୍ତୁ ଥରେ ମାତ୍ର ଓଡ଼ିଆ ଫିଲ୍ମ 'ଗପ ହେଲେବି ସତ' ଦେଖିବା ପାଇଁ ସିନେମା ହଲ୍‌କୁ ଯାଇଥିଲି। ସେ ସମୟରେ ରବି ଟକିଜ୍ ଭୁବନେଶ୍ୱରରେ ଚଳଚିତ୍ର ଗୁଡ଼ିକ ଦେଖାଉଥିଲା।"

ବିବାହ

ତାଙ୍କ ଜୀବନରେ ଏକମାତ୍ର ଲକ୍ଷ୍ୟ ଥିଲା ଶିକ୍ଷାଲାଭ କରିବା ଏବଂ କୌଣସି ଚାକିରୀ କରି ନିଜ ଗୋଡ଼ରେ ଠିଆ ହେବା। ସେ ତାଙ୍କର ପରିବାରକୁ ଆର୍ଥିକ ସହାୟତା କରିବା ପାଇଁ ରଖୁଥିଲେ। କାରଣ ତାଙ୍କର ପିତା-ମାତା ଏତେ ଧନୀ ନଥିଲେ ଯିଏ ତାଙ୍କ ଜୀବନରେ ସମସ୍ତ ସୁଖ ସୁବିଧା ପ୍ରଦାନ କରି ପାରିବେ। ଅବଶ୍ୟ ତାଙ୍କର କୌଣସି ବଡ଼ ସ୍ୱପ୍ନ ନଥିଲା, କୌଣସି ଗଭୀର ମହତ୍ତ୍ୱାକାଂକ୍ଷା ନଥିଲା ଏବଂ ତାଙ୍କ ଜୀବନରେ କୌଣସି ବିଶେଷ ପ୍ରକାରର ଇଚ୍ଛା ନଥିଲା। ତାଙ୍କର କଲେଜ ଜୀବନ ସମୟରେ ସେ କେବଳ ନିଜ ପରିବାରକୁ ସାହାଯ୍ୟ କରିବା ପାଇଁ ଲକ୍ଷ୍ୟ ରଖିଥିଲେ। ସେ ତାଙ୍କ ବାପାଙ୍କୁ ଆର୍ଥିକ ରୂପରେ ସାହାଯ୍ୟ କରିବାକୁ ରଖୁଥିଲେ। କିନ୍ତୁ ଏପରି କରି ପାରିଲେ ନାହିଁ। କାରଣ ସେ ବିବାହ କରିଯାଇଥିଲେ। ସେ

ନିଜ ଇଚ୍ଛାନୁଯାୟୀ ବିବାହ କରିଥିଲେ । ଏହା ଗୋଟିଏ ପ୍ରେମ ବିବାହ ଥିଲା । ପ୍ରତୁଲ ଶର୍ମା (ଜୁଲାଇ ୩, ୨୦୨୨) 'ଦ ଡ୍ରିକ୍'ରେ ନିଜର ଏକ ଲେଖାରେ ଏ ବିଷୟରେ ଲେଖିଛନ୍ତି ।

ମୁର୍ମୁଙ୍କ ଭାଇ କହନ୍ତି, "ପିତା ବିରଞ୍ଚି ନାରାୟଣ ଟୁଡୁ ଜଣେ କୃଷକ ଥିଲେ । ସେ ନିଜ ଝିଅର ଏପରି ଏକ ନାମ ଦେଇଥିଲେ ଯେ ଯାହା ଆଦିବାସୀ ସମୁଦାୟରେ ଅସାଧାରଣ ଥିଲା । ଏହି ନାମଟି ବୈଷ୍ଣବ ପ୍ରଭାବର ଏକ ସୂଚକ ଥିଲା । ସେ ସବୁବେଳେ ପଢ଼ିବା ପାଇଁ ରୁହୁଁଥିଲେ ଏବଂ ସେ ନିଜର ଇଚ୍ଛାନୁଯାୟୀ ବିବାହ କଲେ । ଏହା ଗୋଟିଏ ପ୍ରେମ ବିବାହ ଥିଲା ।"

ଶ୍ୟାମଙ୍କ ସହ ଦ୍ରୌପଦୀଙ୍କର ବିବାହ ସମ୍ପର୍କରେ ମୁଁ ଆଉ କିଛି କହିବାକୁ ରୁହେଁ । ଏହା ପ୍ରାୟ ୪୨ ବର୍ଷର ପୁରୁଣା କଥା । ସେ ପ୍ରଥମେ ଦ୍ରୌପଦୀ ଟୁଡୁ ଥିଲେ, ପରେ ଶ୍ୟାମଙ୍କ ସହ ବିବାହ ପରେ ସେ ଦ୍ରୌପଦୀ ମୁର୍ମୁ ହୋଇଗଲେ ।

ଦ୍ରୌପଦୀ ମୁର୍ମୁ ଭୁବନେଶ୍ୱରରେ ନିଜର ସ୍ନାତକ ଶିକ୍ଷା ଲାଭ କରିଥିଲେ । ସେ ପାଠ ପଢ଼ାରେ ଭଲ ଥିଲେ । ନହେଲେ ସେ ସପ୍ତମ ଶ୍ରେଣୀ ପରେ କିପରି ଭୁବନେଶ୍ୱରରେ ପହଞ୍ଚିଥାଆନ୍ତେ ? ସେ ୧୯୬୯ରୁ ୧୯୭୩ ମସିହା ପର୍ଯ୍ୟନ୍ତ ଏକ ଆଦିବାସୀ ଆବାସିକ ବିଦ୍ୟାଳୟରେ ଅଧ୍ୟୟନ କରିଥିଲେ । ଏହା ପରେ ସେ ସ୍ନାତକ ପଢ଼ିବା ପାଇଁ ଭୁବନେଶ୍ୱରର ରମାଦେବୀ ମହିଳା କଲେଜରେ ପ୍ରବେଶ କଲେ । କଲେଜ ସମୟରେ ତାଙ୍କର ସାକ୍ଷାତ୍ ଶ୍ୟାମଚରଣ ମୁର୍ମୁଙ୍କ ସହ ହୋଇଥିଲା । ସେ ମଧ୍ୟ ଭୁବନେଶ୍ୱରରେ ରହି ପାଠ ପଢ଼ୁଥିଲେ । ଦୁଇଜଣଙ୍କ ମଧ୍ୟରେ ପ୍ରେମ ସୃଷ୍ଟି ହେଲା ।

କିଛି ମାସ ପରେ ଶ୍ୟାମ ନିଜ ପରିବାରକୁ ନେଇ ଦ୍ରୌପଦୀଙ୍କ ଘରକୁ ବିବାହର ପ୍ରସ୍ତାବ ନେଇ ଗଲେ । ଏହି ଘଟଣାଟି ୧୯୮୦ ମସିହାରେ ହୋଇଥିଲା । ଯେତେବେଳେ ମୁର୍ମୁଙ୍କ ପିତା ବିରଞ୍ଚି ନାରାୟଣ ଟୁଡୁଙ୍କୁ ସମ୍ପୂର୍ଣ୍ଣ ଘଟଣା ବିଷୟରେ ଜଣା ପଡ଼ିଲା ସେ ନିଜ ଝିଅ ଉପରେ ରାଗି ଗଲେ । ସେ ଏହି ପ୍ରସ୍ତାବରେ ଖୁସି ନଥିଲେ । କିନ୍ତୁ ଶ୍ୟାମ ଦୃଢ଼ ସଂକଳ୍ପ ନେଇ ସେଠାକୁ ଯାଇଥିଲେ । ସେ ସେଠାରେ ନିଜର କକା ଏବଂ ଗାଁର ଦୁଇ ତିନିଜଣ ସମ୍ମାନିତ ବ୍ୟକ୍ତିଙ୍କୁ ନେଇ ଯାଇଥିଲେ । ସେ ନିଜର ସମ୍ପର୍କୀୟଙ୍କ ସହ ମୁର୍ମୁଙ୍କ ଗାଁରେ ତିନିଚାରି ଦିନ ରହିଲେ । ଦ୍ରୌପଦୀ ମଧ୍ୟ ଶ୍ୟାମଙ୍କ ସହ ବିବାହ କରିବା ପାଇଁ ଚାହୁଁଥିଲେ । ଶେଷରେ ସମସ୍ତେ ଏହି ପ୍ରସ୍ତାବରେ ରାଜି ହେଲେ ।

ଯଦିଓ ବିବାହ ପାଇଁ ସମସ୍ତେ ରାଜି ହେଲେ କିନ୍ତୁ ଯୌତୁକ ଏ ପର୍ଯ୍ୟନ୍ତ ଠିକ୍ ହୋଇନଥିଲା । ଆଦିବାସୀମାନଙ୍କ ଅନୁଯାୟୀ ପୁଅମାନେ ଯୌତୁକ ଦିଅନ୍ତି । ପୁଅ ଓ ଝିଅର ପରିବାରର ଲୋକମାନେ ମିଶିକରି ଏହାକୁ ଠିକ୍ କରନ୍ତି ଯେ ଯୌତୁକ କେତେ ଦେବେ ଏବଂ କ'ଣ ଦେବେ । ଯୌତୁକରେ ଗୋଟିଏ ଗାଈ, ଦୁଇଟି ବଳଦ ଏବଂ ୧୬ ଯୋଡ଼ି ଲୁଗା

ଠିକ୍ କରାଗଲା । ଦ୍ରୌପଦୀଙ୍କ ପରିବାରର ଲୋକମାନେ ଏଥିରେ ଖୁସି ହୋଇଗଲେ । ଏହିପରି ଭାବରେ ଦ୍ରୌପଦୀ ଏବଂ ଶ୍ୟାମଙ୍କ ବିବାହ ୧୯୮୦ ମସିହାରେ ସମ୍ପନ୍ନ ହେଲା ।

ପାହାଡ଼ପୁର ଗାଁର ଯେଉଁ ଘରକୁ ସେ ବଧୂ ହୋଇ ଆସିଥିଲେ ସେଠାରେ ଏବେ ଏକ ଆଦିବାସୀ ବିଦ୍ୟାଳୟ ସ୍ଥାପନା କରାଯାଇଛି । ଏହି ଗାଁରେ ପ୍ରାୟତଃ ୧୦୦ରୁ ୧୨୫ଟି ଘର ଅଛି । ହୋ, ମୁଣ୍ଡା ଏବଂ ସାନ୍ତାଳ ତିନୋଟି ଆଦିବାସୀ ସମ୍ପ୍ରଦାୟର ଲୋକମାନେ ଏହି ଗାଁରେ ରୁହନ୍ତି । ନିଜର ସ୍ୱାମୀ ଏବଂ ପୁତ୍ରର ସ୍ମୃତିରେ ତିଆରି ହୋଇଥିବା ଏହି ବିଦ୍ୟାଳୟ ସହ ମୁର୍ମୁଙ୍କ ଅନେକ ସ୍ମୃତି ଜଡ଼ିତ ।

ତାଙ୍କ ଶ୍ୱଶୁର ଘର ଲୋକମାନେ ତାଙ୍କ କାମକୁ ପସନ୍ଦ କରୁନଥିଲେ । ଧୀରେ ଧୀରେ ଯେତେବେଳେ ପରିବାର ବଢ଼ିଲା ଏବଂ ଛୁଆମାନେ ଜନ୍ମ ହେଲେ ସେମାନେ ଭାବୁଥିଲେ ଯେ ମୁର୍ମୁ ପିଲାମାନଙ୍କର ଯତ୍ନ ଠିକ୍ ଭାବରେ ନିଅନ୍ତୁ ଏବଂ ଘରର କାର୍ଯ୍ୟଗୁଡ଼ିକୁ ସଠିକ୍ ଭାବରେ କରନ୍ତୁ । ସେମାନେ ଭାବୁଥିଲେ ଯେ ସ୍ୱାମୀ ଓ ସ୍ତ୍ରୀ ଉଭୟଙ୍କର କାର୍ଯ୍ୟରେ ଲାଗିବା ପରିବାର ଏବଂ ପିଲାମାନଙ୍କ ପ୍ରତି ଠିକ୍ ନୁହେଁ ।

କାର୍ଯ୍ୟ ଏବଂ ଜନସେବା

ସ୍ନାତକ ପରେ ସେ ଭୁବନେଶ୍ୱରରେ ଓଡ଼ିଶା ସରକାରଙ୍କ ସଚିବାଳୟରେ କିରାଣୀ ପଦରେ କାର୍ଯ୍ୟ କଲେ । ସେ ୧୯୭୯ରୁ ୧୯୮୩ ମସିହା ପର୍ଯ୍ୟନ୍ତ ଜଳସେଚନ ଏବଂ ବିଦ୍ୟୁତ୍ ବିଭାଗରେ ଜଣେ କନିଷ୍ଠ ସହାୟକ ରୂପେ କାର୍ଯ୍ୟ କଲେ । ଏହି ସମୟ ସୁଦ୍ଧା ସେ ଶ୍ୟାମଚରଣ ମୁର୍ମୁଙ୍କ ସହିତ ବିବାହ କରି ସାରିଥିଲେ ଯିଏ ରାଇରଙ୍ଗପୁରରେ ଥିବା ଭାରତୀୟ ଷ୍ଟେଟ୍ ବ୍ୟାଙ୍କର ଏକ ଶାଖାରେ କାର୍ଯ୍ୟ କରୁଥିଲେ । ଭୁବନେଶ୍ୱରରୁ ୩୫୦ କିଲୋମିଟର ଦୂରରେ ଥିବା ରାଇରଙ୍ଗପୁରରେ ନିଜର ସ୍ୱାମୀ ଓ ପିଲାକୁ ଛାଡ଼ି ଆସି ଭୁବନେଶ୍ୱରରେ ରହିବା ଏକ ବଡ଼ କଥା ଥିଲା । ତାଙ୍କୁ ଶ୍ୱଶୁର ଘର ଲୋକମାନେ ବାରମ୍ବାର ରଖିରୀ ଛାଡ଼ିଦେବା ପାଇଁ କହୁଥିଲେ । ତେଣୁ ଦ୍ରୌପଦୀଙ୍କୁ ଏପରି କରିବାକୁ ପଡ଼ିଲା । କାରଣ ସେ ମଧ୍ୟ ବୁଝି ଯାଇଥିଲେ ଯେ ପିଲା ଓ ସ୍ୱାମୀଙ୍କୁ ଛାଡ଼ି ପରିବାରରେ କୌଣସି କାର୍ଯ୍ୟ ଠିକ୍ ଭାବରେ ହୋଇ ପାରିବ ନାହିଁ । ପରିବାରରେ ତାଙ୍କର ଯୋଗଦାନ ରହିବା ଆବଶ୍ୟକ ଅଟେ । ଯେତେବେଳେ ଶ୍ୟାମଚରଣ ମୁର୍ମୁଙ୍କୁ ରାଇରଙ୍ଗପୁର ପାଖରେ ଥିବା ବ୍ୟାଙ୍କରେ ଏକ ଶାଖାରେ ସ୍ଥାନାନ୍ତରିତ କରି ଦିଆଗଲା ସେତେବେଳେ ଦ୍ରୌପଦୀ ମୁର୍ମୁ ନିଜ ରଖିରୀ ଛାଡ଼ି ଦେଲେ । ନିଜର ତିନିଜଣ ସନ୍ତାନଙ୍କ ସହ ଆସି ରାଇରଙ୍ଗପୁରରେ ରହିଲେ । ସେ କେବେ ହେଲେ ଖାଲି ବସି ରହିବା ପାଇଁ ରହୁଁନଥିଲେ । ତେଣୁ ସେ ସେଠାରେ ଏକ ବିଦ୍ୟାଳୟ (ଶ୍ରୀ ଅରବିନ୍ଦ ଶିକ୍ଷା କେନ୍ଦ୍ର)ରେ

ବିନା ଦରମାରେ ପାଠ ପଢ଼ାଇବା ଆରମ୍ଭ କରିଦେଲେ । ମୁର୍ମୁ ପିଲାଦିନେ ନିଜ ଘରର ସବୁ କାର୍ଯ୍ୟ କରୁଥିଲେ । ତାଙ୍କୁ ଘର ଲିପା ପୋଛା ସବୁ କାର୍ଯ୍ୟ ଆସୁଥିଲା । ସେ ଖାଦ୍ୟ ମଧ୍ୟ ବହୁତ ଭଲ ରାନ୍ଧୁଥିଲେ । ତେଣୁ ଘରର କାର୍ଯ୍ୟ କରିବାରେ ତାଙ୍କର କୌଣସି ଅସୁବିଧା ନଥିଲା । ସେ ସମାଜ ସେବା କରିବାକୁ ରୁହୁଁଥିଲେ ଏବଂ ଘରର ଖର୍ଚ୍ଚ ସମ୍ଭାଳିବା ପାଇଁ କିଛି ଅର୍ଥ ଉପାର୍ଜନ ମଧ୍ୟ କରିବାକୁ ରୁହୁଁଥିଲେ । କିନ୍ତୁ ରାଇରଙ୍ଗପୁରରେ ଅରବିନ୍ଦ ବିଦ୍ୟାଳୟରେ ଜଣେ ଶିକ୍ଷକ ଭାବରେ ଯେତେବେଲେ ସେ କାର୍ଯ୍ୟ କେଲେ ସେ କୌଣସି ଦରମା ନେଉ ନଥିଲେ । କୁହାଯାଏ କି ତାଙ୍କୁ ଏ ବାବଦରେ ମାତ୍ର ଅଳ୍ପ କିଛି ଟଙ୍କା ଦିଆ ଯାଉଥିଲା ଏବଂ ସିଏ ସେଥିରେ ସନ୍ତୁଷ୍ଟ ଥିଲେ । ସେ କେବଳ ପିଲାମାନଙ୍କର ଶିକ୍ଷା, ଯତ୍ନ ଏବଂ ଦେଖାରଖା କରିବାକୁ ରୁହୁଁଥିଲେ । ସେ ନିଜର ପୁଅ-ଝିଅଙ୍କ ଜୀବନ ପାଇଁ ଜଣେ ମାଆ ସହିତ ଜଣେ ଶିକ୍ଷକ ଏବଂ ଅନୁଶାସକ ମଧ୍ୟ ଥିଲେ । ସେହି ସ୍କୁଲରେ ଆଜି ମଧ୍ୟ ତାଙ୍କର ଚୌକି ଓ ରେଜିଷ୍ଟର ରହିଅଛି ।

ସାମାଜିକ କାର୍ଯ୍ୟ ଏବଂ ରାଜନୀତିରେ ପ୍ରବେଶ କରିବା ପୂର୍ବରୁ ସେ ଶ୍ରୀ ଅରବିନ୍ଦ ଇଣ୍ଟିଗ୍ରାଲ ଏଜୁକେସନ ସେଣ୍ଟରରେ ଜଣେ ଶିକ୍ଷୟତ୍ରୀ ଭାବରେ ନିଜର କାର୍ଯ୍ୟ ଆରମ୍ଭ କରିଥିଲେ । ତାଙ୍କ ପିଲାମାନେ ବଡ଼ ହେବାକୁ ଲାଗୁଥିଲେ । ତେଣୁ ସେ ନିଜର ଖାଲି ସମୟରେ ଅନ୍ୟ କାର୍ଯ୍ୟ ଖୋଜିବାକୁ ଲାଗିଲେ । ତେଣୁ ସେ ବିନା ବେତନରେ ଶିକ୍ଷକତାକୁ ଗ୍ରହଣ କରିଥିଲେ । ତାଙ୍କର ସହକର୍ମୀ ଦିଲ୍ଲୀପ କୁମାର ଗିରି କୁହନ୍ତି, "ମୁଁ ସେତେବେଲେ ପ୍ରବନ୍ଧନର ଦାୟିତ୍ଵରେ ଥିଲି । ମୁର୍ମୁ ପିଲାମାନଙ୍କୁ ମାଗଣାରେ ହିନ୍ଦୀ, ଓଡ଼ିଆ, ଗଣିତ ଏବଂ ଭୂଗୋଳ ଆଦି ବିଷୟ ପଢ଼ାଉଥିଲେ । ଆମେ ଜାଣି ପାରିଥିଲୁ ଯେ ସେ ସର୍ବଦା ଅନ୍ୟମାନଙ୍କୁ ସାହାଯ୍ୟ କରନ୍ତି । ସେ ବହୁତ କରୁଣାମୟୀ ଥିଲେ ।" ତାଙ୍କ ଝିଅ ଇତିଶ୍ରୀ ମୁର୍ମୁ କହନ୍ତି, "ମାଆ ଜଣେ ପରିଶ୍ରମୀ ଅଧ୍ୟାପିକା ଥିଲେ ଏବଂ ବାସ୍ତବରେ ଜଣେ ଶକ୍ତ ଅନୁଶାସକ ଥିଲେ । ସେ ବିଦ୍ୟାଳୟରେ ମଧ୍ୟ ମୋର ଶିକ୍ଷୟତ୍ରୀ ଥିଲେ । ତେଣୁ ମୋ ଉପରେ ଅତିରିକ୍ତ ଚାପ ରହୁଥିଲା । ମୁଁ ପ୍ରଥମେ ତାଙ୍କର ଛାତ୍ରୀ ଏବଂ ପରେ ତାଙ୍କର ଝିଅ । ଯେତେବେଲେ ମାଆ ଆମର ସରପ୍ରାଇଜ୍ ଟେଷ୍ଟ ନେଉଥିଲେ ମୋ ସାଙ୍ଗମାନେ ମୋ ଉପରେ ରାଗୁଥିଲେ ।"

ଭା.ଜ.ପା.ର ଅଧ୍ୟକ୍ଷ ଜେ.ପି. ନଡ୍ଡା ମୁର୍ମୁଙ୍କ ତୁଲନା ପୂର୍ବ ରାଷ୍ଟ୍ରପତି ଡକ୍ଟର ସର୍ବପଲ୍ଲୀ ରାଧାକୃଷନଙ୍କ ସହ କରିଛନ୍ତି । ଡକ୍ଟର ରାଧାକୃଷନଙ୍କ ପରି ତାଙ୍କ ଜୀବନ ମଧ୍ୟ ଶିକ୍ଷା ସହିତ ଜଡ଼ିତ । ସେ ଜଣେ ଶିକ୍ଷୟତ୍ରୀ ଥିଲେ । ରାୟପୁରରେ ସଂଜୟ କୁମାର ମିଶ୍ର କହନ୍ତି ଯେ, ସେ କେବଳ ସେଠାରେ ପଢ଼ାଇ ନାହାଁନ୍ତି ବରଂ ନିଜକୁ ଦୃଢ଼ ରଖିବା ଶିଖାଇଛନ୍ତି । ଏହା ସେ ନିଜ ଜୀବନରୁ ଶିଖିଛନ୍ତି । ନିଜ ସ୍ୱାମୀ ଏବଂ ଦୁଇ ପୁତ୍ରକୁ ହରାଇବା ପରେ ସେ ନିଜ ଝିଅ ଇତିଶ୍ରୀର ଯତ୍ନ ନେବା ପାଇଁ ଦୃଢ଼ ପ୍ରତିଜ୍ଞ ରହିଥିଲେ । ଜଣେ ଶିକ୍ଷକ ରୂପେ ନିଜ ଜୀବନରେ

ଆଗକୁ ବଢ଼ି ଚାଲିଲେ। ବିନମ୍ରତା ସହ ଜ୍ଞାନ ଆସିଲା ଏବଂ ସେ ଅନେକ ପ୍ରତିବନ୍ଧକକୁ ଅତିକ୍ରମ କରି ସଫଳତାର ସିଡ଼ି ଚଢ଼ିବାକୁ ଲାଗିଲେ।

ସାର୍ବଜନିକ ସେବା

ସେ ଓଡ଼ିଶାର ସୁଦୂର ଅଞ୍ଚଳର ଗ୍ରାମୀଣମାନଙ୍କର ଉତ୍ଥାନ ପାଇଁ ସାମାଜିକ ସଂଗଠନଗୁଡ଼ିକ ସହିତ କାମ କରିବା ଆରମ୍ଭ କଲେ। ସେ ଦୂରବର୍ତ୍ତୀ ସ୍ଥାନଗୁଡ଼ିକୁ ଯାତ୍ରା କରୁଥିଲେ ଏବଂ ଗରୀବମାନଙ୍କର ସହାୟତା ପାଇଁ ପ୍ରାଣପଣେ ଚେଷ୍ଟା କରୁଥିଲେ। ନିଜର ଉତ୍ସାହ ଏବଂ ଅବହେଳିତମାନଙ୍କର ନିଃସ୍ୱାର୍ଥ ଯତ୍ନ ପାଇଁ ସେ ଅନେକ ପ୍ରତିବନ୍ଧକ ଏବଂ ସମସ୍ୟାର ସାମ୍ନା କରିଛନ୍ତି। ଜଣେ ସାମାଜିକ କାର୍ଯ୍ୟକର୍ତ୍ତା ରୂପରେ ସେବା କରିବା ବହୁତ କଠିନ କାର୍ଯ୍ୟ ଥିଲା। କିନ୍ତୁ ସେ ଲୋକମାନଙ୍କର ସେବା କରିବା ପାଇଁ ବାଧାବିଘ୍ନ ଏବଂ ସାଂସ୍କୃତିକ ରୁଢ଼ିବାଦର ବିରୁଦ୍ଧାଚରଣ କଲେ। ସେ ସାଂସ୍କୃତିକ ଏବଂ ସାମାଜିକ ରୁଢ଼ିଗୁଡ଼ିକର ସମ୍ମୁଖରେ ଦୃଢ଼ତାର ସହ ଠିଆ ହେଉଥିଲେ।

ସେ ଶିକ୍ଷିତ ଥିଲେ। ଏକ ପ୍ରତିଷ୍ଠିତ କଲେଜରୁ ସ୍ନାତକ ଭାବରେ ଉତ୍ତୀର୍ଣ୍ଣ ହୋଇଥିଲେ। କିନ୍ତୁ ତାଙ୍କ ପାଖାପାଖି ଥିବା ମହିଲାମାନେ ଅଶିକ୍ଷିତ ଥିଲେ। ଅଶିକ୍ଷିତ ଗ୍ରାମୀଣ ସ୍ତ୍ରୀଲୋକମାନେ ତାଙ୍କୁ ଭୟ ମଧ୍ୟ କରୁଥିଲେ। ତେଣୁ ଦ୍ରୌପଦୀ ମୁର୍ମୁ ତାଙ୍କ ଭଳି ରହିବାର ନିଷ୍ପତ୍ତି ନେଲେ। ଦ୍ରୌପଦୀ ମୁର୍ମୁ ସେମାନଙ୍କ ଭଳି ସାଧାରଣ କପଡ଼ା ପିନ୍ଧିବାକୁ ଲାଗିଲେ ଯେପରିକି ସେ ଲୋକମାନେ ପିନ୍ଧୁଥିଲେ। ସେ ମଧ୍ୟ ସେମାନଙ୍କ ଭଳି ଭାଷା କହୁଥିଲେ। ସେ କଥା କହିଲାବେଳେ ନା ଅଧିକ ଇଂରାଜୀ ବ୍ୟବହାର କରୁଥିଲେ ନା ଶୁଦ୍ଧ ସାହିତ୍ୟିକ ଭାଷା। ସେ ନିଜର ମାତୃଭାଷା ସାନ୍ତାଳୀ ଭାଷାରେ ସେମାନଙ୍କ ସହ କଥାବାର୍ତ୍ତା କରୁଥିଲେ।

ଯେତେବେଳେ ସେ ରାଜନୀତି କ୍ଷେତ୍ରରେ ପ୍ରବେଶ କଲେ ଏବଂ ରାଜନୀତିକୁ ନିଜର ବୃତ୍ତି ରୂପରେ ଗ୍ରହଣ କଲେ ସେତେବେଳେ କିଛି ଲୋକଙ୍କୁ ଏହା ବିଚିତ୍ର ଲାଗିଲା। ସେମାନେ ଏହାର ଅର୍ଥ ବୁଝି ପାରିଲେ ନାହିଁ। ମହିଲାମାନଙ୍କୁ ଦିନରାତି ଏଭଳି କାମ କରିବାକୁ ଦୂର ଦୂର ସ୍ଥାନକୁ ଯାତ୍ରା କରିବା ପାଇଁ ଉଚିତ୍ ବୋଲି ବିଚାର କରାଯାଉ ନଥିଲା। ତାଙ୍କୁ ସନ୍ଦେହ ଦୃଷ୍ଟିରେ ଦେଖା ଯାଉଥିଲା। କିନ୍ତୁ ସେ ଲୋକମାନଙ୍କର ଏଭଳି ନକାରାତ୍ମକ ଟିକା ଟିପ୍ପଣୀ ଏବଂ ସମାଲୋଚନାକୁ ଖାତିର ନକରି ଲୋକମାନଙ୍କର ସେବା କରିବା ଜାରି ରଖିଲେ। ସାମାଜିକ ରୂପରେ ଛୁଆ ଲୋକମାନଙ୍କ ପାଇଁ ତାଙ୍କର କାମ ଦ୍ୱାରା ପ୍ରଭାବିତ ହୋଇ ଅନେକ ପରୋପକାରୀ ଏବଂ ବୌଦ୍ଧିକ ରୂପରେ ସୁସ୍ଥ ବ୍ୟକ୍ତି ତାଙ୍କର ସମ୍ପର୍କରେ ଆସିଲେ। ସେମାନେ ଦ୍ରୌପଦୀ ମୁର୍ମୁଙ୍କ ମଧରେ ଏକ ଅଗ୍ନି ସ୍ଫୁଲିଙ୍ଗ ଏବଂ ସାମାଜିକ ଚେତନା ଅନୁଭବ କଲେ।

ସେମାନେ ମୁର୍ମୁଙ୍କୁ ପୂର୍ଣ୍ଣକାଳୀନ ସାମାଜିକ କାର୍ଯ୍ୟ କରିବା ପାଇଁ ପ୍ରେରଣା ପ୍ରଦାନ କଲେ ଏବଂ ରାଜି କରାଇଲେ । ଯାହାଦ୍ୱାରା ସେ ବିଧାୟକ ହେଲେ ଏବଂ ପରେ ମନ୍ତ୍ରୀ ମଧ୍ୟ ହେଲେ । ନିଜର ସ୍ୱାମୀ ଏବଂ ପରିବାର ଦଶ ଦେଶମାନଙ୍କ ଠାରୁ ଲଗାତାର ସମର୍ଥନ ଏବଂ ସହଯୋଗ ତାଙ୍କୁ ମିଳିଲା । ପରିବାରର ସମୟକୁ ସେ ସମାଜ ମଧ୍ୟରେ ବର୍ଦ୍ଧନ କଲେ ଏବଂ ସମାଜ ଧୀରେ ଧୀରେ ତାଙ୍କର ପରିବାର ହୋଇଗଲା । ଏହାହିଁ ତାଙ୍କର ବିକାଶର ସାଧନା ହେଲା ।

ସେ ନିଜର ଆଖପାଖରେ ଥିବା ଗରୀବ ଲୋକମାନଙ୍କର ସାହାଯ୍ୟ ଏବଂ ମାର୍ଗଦର୍ଶନ ପାଇଁ ସର୍ବଦା ପ୍ରସ୍ତୁତ ରହୁଥିଲେ । ସେହି ସବୁ ଲୋକମାନଙ୍କର ଜୀବନରେ କିଛି ନା କିଛି ଅଭାବ ଅସୁବିଧା ଲାଗି ରହୁଥିଲା । ସେମାନଙ୍କୁ ମାର୍ଗଦର୍ଶନର ଆବଶ୍ୟକତା ଥିଲା । ସେହି ଲୋକମାନଙ୍କୁ ଏକଥା ମଧ୍ୟ ଜଣାନଥିଲା ଯେ ବ୍ୟକ୍ତିଗତ ସମସ୍ୟା ପାଇଁ କାହାକୁ ସାହାଯ୍ୟ ମାଗିବା ଉଚିତ୍ ନୁହେଁ । ଆଦିବାସୀ ଲୋକମାନେ ଅତ୍ୟନ୍ତ ନିରୀହ ଏବଂ ଭଲ ଲୋକ ହୋଇଥାଆନ୍ତି । ଆହୁରି ବଡ଼ କଥା ହେଉଛି ସେମାନଙ୍କୁ ସେମାନଙ୍କର ଜଣେ ଭଉଣୀ ବା ଝିଅ ଆସି ସାହାରା ଦେଉଛି ଏବଂ ମାର୍ଗଦର୍ଶନ କରୁଛି । ତେଣୁ ଏହାର ଏକ ବହୁତ ଭଲ ପ୍ରଭାବ ପଡ଼ିଲା । ସେ ଯେଉଁ ସ୍କୁଲରେ ପାଠ ପଢ଼ାଉଥିଲେ ସେହି ସ୍କୁଲର ପିଲାମାନଙ୍କର ବାପା-ମାଆ ଏବଂ ଅଭିଭାବକମାନେ ଏକ ପ୍ରକାର ତାଙ୍କର ପ୍ରଶଂସିତ ହୋଇଗଲେ । କାରଣ ସେ ଯେଉଁ ପିଲାମାନଙ୍କୁ ପଢ଼ାଉଥିଲେ ସେମାନେ ବିନା କୌଣସି ଟ୍ୟୁସନରେ ଭଲ ମାର୍କ ରଖି ପାସ୍ ହେଉଥିଲେ । ତାଙ୍କର ସାହାଯ୍ୟ କରିବା ସ୍ୱଭାବ ଅନ୍ୟ ଲୋକମାନଙ୍କୁ ଖୁସି ଦେଲା ଏବଂ ସମସ୍ତେ ତାଙ୍କର ପ୍ରଶଂସା କଲେ । କୁହାଯାଏ ଯେ ସେ ସମୟରେ ଜଣେ ସ୍ଥାନୀୟ ଭା.ଜ.ପା. ନେତା ରବି ମହାନ୍ତ ତାଙ୍କ ମଧ୍ୟରେ ଏପରି ଏକ ଅଗ୍ନିସ୍ଫୁଲିଙ୍ଗ ଦେଖିଲେ ଯାହା ଜଣେ ନବୋଦିତ ନେତାର ସଙ୍କେତ ଅଟେ । ସେହି ସମୟର ନେତା ଏବଂ ସାମାଜିକ କାର୍ଯ୍ୟକର୍ତ୍ତା ଦ୍ରୌପଦୀ ମୁର୍ମୁଙ୍କ ଦ୍ୱାରା କରା ଯାଇଥିବା କାର୍ଯ୍ୟଗୁଡ଼ିକୁ ଅନୁଧ୍ୟାନ କରୁଥିଲେ । ସେମାନେ ଏହା ବି ଦେଖୁଥିଲେ ଯେ ଏହି ମହିଳାଙ୍କର କୌଣସି ନିଜସ୍ୱ ସ୍ୱାର୍ଥ ନାହିଁ । ସେ ନିଃସ୍ୱାର୍ଥ ଭାବରେ କରିଥିବା ପବିତ୍ର ସେବାର ସୁଫଳ ତାଙ୍କୁ ମିଳିଲା ଏବଂ ବହୁତ ଭଲ ଭାବରେ ମଧ୍ୟ ମିଳିଲା । ସେଠାରେ ଥିବା ଆଉ ଏକ ସାନ୍ତାଲ ସଂଗଠନ ସହିତ ତାଙ୍କର କାମ ଯେଉଁଠାରେ ସେ ୧୯୯୦ ଦଶକରେ ଜଡ଼ିତ ହୋଇଥିଲେ । ସେଠାରେ ସେ ରାଜକିଶୋର ଦାସଙ୍କର ଧ୍ୟାନ ଆକର୍ଷଣ କଲେ । ରାଜକିଶୋର ଦାସ ଭା.ଜ.ପା.ର ସଦସ୍ୟ ଥିଲେ । କିନ୍ତୁ ସେତେବେଳେ ବିଜେପି ଏକ ଏମିତି ପାର୍ଟି ଥିଲା ଯାହାର ସେ ସମୟରେ ରାଜ୍ୟରେ ଅଧିକ ରାଜନୈତିକ ପ୍ରଭାବ ନଥିଲା । ମୁର୍ମୁଙ୍କୁ ୧୯୯୦ ଦଶକର ମଧ୍ୟଭାଗରେ ଓଡ଼ିଶାରେ ଥିବା ରାଜନୀତିକ ଚତିଶୀଳତାର ଲାଭ ମିଳିଲା । ଏହାକୁ ଆପଣ ଲାଭ କୁହନ୍ତୁ ଅଥବା ସୁଯୋଗ । କିନ୍ତୁ ସେହି ସମୟରେ ଆଦିବାସୀ ବହୁଳ ଅଞ୍ଚଳରେ ଝାଡ଼ଖଣ୍ଡ ମୁକ୍ତି ମୋର୍ଚ୍ଚା ଏବଂ କଂଗ୍ରେସର ପ୍ରଭାବ

ଅଧିକ ଥିଲା । ଯେଉଁ ସମୟରେ ଲୋକପ୍ରିୟତା ହିନ୍ଦୀଭାଷୀ ଅଞ୍ଚଳ ଏବଂ ମାରୁଆଡ଼ୀ ସଂପ୍ରଦାୟ ମଧ୍ୟରେ ସୀମିତ ଥିଲା । ଆଦିବାସୀ ଚେହେରାର ସନ୍ଧାନ ବିଜେପିକୁ ମଧ୍ୟ ଆବଶ୍ୟକ ରହିଥିଲା ।

ମୁର୍ମୁଙ୍କ ମଧ୍ୟରେ ଉପଯୁକ୍ତ କ୍ଷମତା ଦେଖି ଦାସବାବୁ ମୁର୍ମୁଙ୍କୁ ରାୟରଙ୍ଗପୁର ଅଧିସୂଚିତ କ୍ଷେତ୍ର ପରିଷଦ ଏନ୍.ଏ.ସି.ରେ କାଉନ୍‍ସିଲର ଅର୍ଥାତ୍ ପାର୍ଷଦ ହେବାର ନିର୍ବାଚନ ଲଢ଼ିବା ପାଇଁ କହିଲେ । ସମାଜ ସେବାରେ ତାଙ୍କ କାର୍ଯ୍ୟରେ ତାଙ୍କର ଲୋକପ୍ରିୟତା ଦେଖି ପ୍ରାରମ୍ଭିକ ଚରଣରେ ତାଙ୍କର ସହାୟତା କରୁଥିବା ମନ୍ତ୍ରୀ ତାଙ୍କୁ ରାଜନୀତିରେ ସାମିଲ ହେବା ପାଇଁ ଉଭୟଙ୍କର ଜଣାଶୁଣା କୌଣସି ମହିଳାଙ୍କ ମାଧ୍ୟମରେ ଅନେକଥର ବୁଝାଇ ରାଜି କରାଇଲେ । ସ୍କୁଲର ଜଣେ ଶିକ୍ଷକ ଏବଂ ଭା.ଜ.ପା. କାର୍ଯ୍ୟକର୍ତ୍ତା ଦିବାକର ମହନ୍ତ ବିଜେପିର ସ୍ଥାନୀୟ ନେତାମାନଙ୍କୁ ତାଙ୍କର ନାମ ସୁପାରିଶ କଲେ । ପାର୍ଟି ମଧ୍ୟ ଏଭଳି ଏକ ବ୍ୟକ୍ତିଙ୍କର ଅନୁସନ୍ଧାନ କରୁଥିଲା ଯିଏ ସାନ୍ତାଲ ସମୁଦାୟର ହୋଇଥିବ ଏବଂ ତାଙ୍କୁ ପାର୍ଟି ପାଇଁ ପ୍ରେରିତ ଏବଂ ପ୍ରଭାବିତ କରା ଯାଇ ପାରିବ । ଦ୍ରୌପଦୀ ମୁର୍ମୁ ଜଣେ ଆଦିବାସୀ ଥିଲେ, ଶିକ୍ଷିତ ଏବଂ ପରିଶ୍ରମୀ ମଧ୍ୟ ଥିଲେ । ସମାଜରେ ତାଙ୍କର କାମ ଏବଂ ସେବା କାରଣରୁ ତାଙ୍କର ସମ୍ମାନ ଏବଂ ପରିଚୟ ମଧ୍ୟ ଥିଲା । ପାର୍ଟିରେ ତାଙ୍କୁ ଖୋଲା ହୃଦୟରେ ସ୍ୱାଗତ କରାଗଲା ଏବଂ ତାଙ୍କୁ ପରେ ବିଧାନସଭା ଟିକଟ ମଧ୍ୟ ଦିଆଗଲା । ପାର୍ଟିକୁ ସେ ସେହି ସିଟ୍‍କୁ ଜିତିକରି ଦେଖାଇଲେ ଏବଂ ତାଙ୍କୁ ନିଜର ସ୍ଥାନ ବନାଇବା ପାଇଁ ଡେରି ଲାଗିଲା ନାହିଁ । ଭା.ଜ.ପା.ର ଏହି ପ୍ରୟାସ ଦ୍ୱାରା ପାର୍ଟିକୁ ଖୁବ ଲାଭ ମିଳିଲା । କାରଣ ମୁର୍ମୁ ମୟୂରଭଞ୍ଜ ଜିଲ୍ଲାର ୫୦ ପ୍ରତିଶତ ଆଦିବାସୀ ଭୋଟ୍ ନିଜ ସପକ୍ଷରେ ଆଣିବାକୁ ସକ୍ଷମ ହୋଇ ପାରିଲେ ।

ମୟୂରଭଞ୍ଜ ଜିଲ୍ଲାର ମୋରଡ଼ା ନିର୍ବାଚନ କ୍ଷେତ୍ରର ବିଜୁ ଜନତା ଦଳର ବିଧାୟକ ରାଜକିଶୋର ଦାସ ଯିଏ ସେହି ସମୟରେ ଭା.ଜ.ପା.ରେ ଥିଲେ । ସିଏ କହନ୍ତି, "ମୁଁ ପ୍ରଥମଥର ମୁର୍ମୁଙ୍କୁ ୯୦ ଦଶକର ପ୍ରାରମ୍ଭ ସମୟରେ ଦେଖିଲି ଯେତେବେଳେ ସେ ଅରବିନ୍ଦ ସ୍କୁଲରେ ପାଠ ପଢ଼ାଉଥିଲେ । ମୁଁ ଭାବିଲି ଜଣେ ଶିକ୍ଷିତା ଆଦିବାସୀ ମହିଳାଜଣକ କିଏ ଯିଏ ଏତେ ନିଃସ୍ୱାର୍ଥପର ଭାବରେ ସ୍କୁଲରେ ପଢ଼ାଉଛନ୍ତି । ମୁଁ ସେତେବେଳେ ରାୟରଙ୍ଗପୁର ଅଧିସୂଚିତ କ୍ଷେତ୍ର ପରିଷଦ ୨୦୧୪ ମସିହାରେ ଯାହା ନଗରପାଳିକା ରୂପରେ ଘୋଷିତ ହେଲା ତାହାର ଅଧ୍ୟକ୍ଷ ଥିଲି । ସେ ସମୟରେ ବିଜେପି ଓଡ଼ିଶାରେ ନିଜର ପାଦ ଥାପିବାକୁ ଚେଷ୍ଟା କରୁଥିଲା ଏବଂ ସମର୍ପିତ ନେତାଙ୍କର ଅନୁସନ୍ଧାନ କରୁଥିଲା ।"

ସେ ଜଣେ ଶିକ୍ଷୟିତ୍ରୀ ଏବଂ ସାମାଜିକ କାର୍ଯ୍ୟକର୍ତ୍ତା ଥିଲେ । ଜଣେ ଶିକ୍ଷୟିତ୍ରୀ ଭାବରେ ତାଙ୍କର ସମ୍ମାନ ଘରିଆଡ଼େ ବଢ଼ିଥିଲା ଏବଂ ତାଙ୍କର ସମାଜ ସେବା ମଧ୍ୟ ବିବାଦମୁକ୍ତ ଥିଲା । ତାଙ୍କର ସବୁଠାରୁ ମହତ୍ତ୍ୱପୂର୍ଣ୍ଣ ଗୁଣ ହେଉଛି ତାଙ୍କର ସ୍ୱଚ୍ଛ ଏବଂ ଦାଗବିହୀନ ଆଚରଣ । କଲେଜ ସମୟରେ ସେ ଏ.ବି.ଭି.ପି. (ଅଖିଲ ଭାରତୀୟ ବିଦ୍ୟାର୍ଥୀ ପରିଷଦ) ଯାହା କି

ଆର୍.ଏସ୍.ଏସ୍.ଙ୍କ ସହ ସମ୍ବନ୍ଧିତ ଛାତ୍ର ସଂଗଠନ ଅଟେ। ତାହାର ଅଂଶ ନଥିଲେ କିନ୍ତୁ ୧୯୯୭ ମସିହାରେ ଭା.ଜ.ପା.ରେ ସାମିଲ ହେବା ପରେ ସେ ସଂଘ ପରିବାରର ବରିଷ୍ଠ ପଦାଧିକାରୀଙ୍କ ସମ୍ପର୍କରେ ଆସିଲେ।

ମୁଁ ଏଠାରେ କହିବା ପାଇଁ ରହିବି ଯେ ସେ ସମୟରେ ତାଙ୍କ ପାଖରେ ସବୁଠାରୁ ଉଲ୍ଲେଖନୀୟ ସମ୍ପତ୍ତି ଥିଲା ଯେ ସେହି ଛାତ୍ର ଛାତ୍ରୀମାନଙ୍କର ପିତାମାତାଙ୍କ ସହଯୋଗ ଯାହାଙ୍କ ସହିତ ତାଙ୍କର ଘନିଷ୍ଠ ସମ୍ବନ୍ଧ ଥିଲା ଯେଉଁମାନଙ୍କୁ ସିଏ ପାଠ ପଢ଼ାଉଥିଲେ। ସେମାନେ ହିଁ ତାଙ୍କର ଦୃଢତ ଏବଂ ପ୍ରଚାରକ ହେଲେ। ତାଙ୍କର ସାଧାରଣ ପୃଷ୍ଠଭୂମି ତାଙ୍କୁ ସହଜ ଭାବରେ ଗରିବ ଲୋକମାନଙ୍କ ସହ ସହାନୁଭୂତିଶୀଳ ହେବା ପାଇଁ ସହାୟକ ପ୍ରଦାନ କଲା। ସେ ନିଜର ମତଦାତାମାନଙ୍କ ସହ ସଂଯୁକ୍ତ ହେବା ପାଇଁ ନିଜ ଉପରେ ଅଧିକ ଚାପ ପ୍ରୟୋଗ ମଧ୍ୟ କରିବାକୁ ପଡ଼ିଲା ନାହିଁ। କାରଣ ସିଏ ସେମାନଙ୍କ ସହିତ ପୂର୍ବରୁ ହିଁ ଜଡ଼ିତ ଥିଲେ। ନିର୍ବାଚନ କ୍ଷେତ୍ରର ଅନ୍ୟ ମତଦାତାମାନେ ତାଙ୍କ ବିନମ୍ରତା ଏବଂ ମାନବୀୟ ସ୍ୱଭାବ ବାବଦରେ ଜାଣିବା ପରେ ତାଙ୍କ ସହ ସଂଯୁକ୍ତ ହେଲେ। କାରଣ ବହୁ ପୂର୍ବରୁ ଅନେକ ଛାତ୍ରଛାତ୍ରୀଙ୍କ ପିତାମାତା ତାଙ୍କ ସହ ଜଡ଼ିତ ହୋଇଥିଲେ ଏବଂ ତାଙ୍କର ପ୍ରଶଂସକ ମଧ୍ୟ ଥିଲେ।

୧୯୯୭ ମସିହାରେ ସେ ନିଜର ରାଜନୈତିକ ଜୀବନର କାମ ଆରମ୍ଭ କଲେ। ସେ ୧୯୯୭ରେ ରାୟରଙ୍ଗପୁର ଜିଲ୍ଲା ବୋର୍ଡର କାଉନ୍‌ସିଲର ଭାବରେ ଚୟନିତ ହେଲେ। ମୁର୍ମୁ କାଉନ୍‌ସିଲର ନିର୍ବାଚନ ଲଢ଼ିଲେ ଏବଂ ସେଥିରେ ବିଜୟ ହେଲେ। ତାଙ୍କୁ ସ୍ୱଚ୍ଛତା କାର୍ଯ୍ୟର ପ୍ରଭାରୀ କରାଗଲା। ଏହା ସବୁଠାରୁ ଜରୁରୀ ସେବାଗୁଡ଼ିକ ମଧ୍ୟରୁ ଅନ୍ୟତମ ଥିଲା। କିନ୍ତୁ ଅତ୍ୟଧିକ ଉପେକ୍ଷିତ ଥିଲା। କାରଣ ଅନେକ ଲୋକ ଏହି କାର୍ଯ୍ୟର ଦାୟିତ୍ୱ ନେବାକୁ ଚାହୁଁ ନଥିଲା। କିନ୍ତୁ ଦ୍ରୌପଦୀ ମୁର୍ମୁ ଏହାକୁ ଏକ ଆହ୍ୱାନ ଭାବରେ ସ୍ୱୀକାର କଲେ। ସେ ନିଜର ମାରୁତି ୮୦୦ ଗାଡ଼ିରେ ଯାଉଥିଲେ ଏବଂ କାରକୁ ଦୂରବର୍ତ୍ତୀ କଲୋନୀରେ ପାର୍କ କରି ସ୍ୱଚ୍ଛତା କାର୍ଯ୍ୟକ୍ରମର ଦେଖାରେଖା କରୁଥିଲେ। ଲୋକମାନଙ୍କୁ ତାଙ୍କର କାର୍ଯ୍ୟ ମଧ୍ୟ ଭଲ ଲାଗିଲା ଏବଂ ସେମାନେ ପ୍ରଶଂସା ମଧ୍ୟ କରିବାକୁ ଲାଗିଲେ। ଏହା ଲାଗିଲା ଯଦି ସିଏ ନିର୍ବାଚନ ଲଢ଼ିବେ ତେବେ ସେ ନିଶ୍ଚିତ ଭାବରେ ଜିତିବେ। ଏପରିକି ଦିନେ ସେ ମନ୍ତ୍ରୀ ମଧ୍ୟ ହୋଇ ପାରିବେ। ନଗର ପରିଷଦ କାର୍ଯ୍ୟାଳୟରେ ଆଜି ମଧ୍ୟ ତାଙ୍କର ଚୌକି ସୁରକ୍ଷିତ ଭାବରେ ରଖା ଯାଇଛି। ଅଞ୍ଚଳର ଲୋକମାନେ ଆଜି ମଧ୍ୟ ତାଙ୍କୁ ସବୁଠାରୁ ଭଲ ଜନପ୍ରତିନିଧି ଭାବରେ ବିବେଚନା କରିଥାଆନ୍ତି।

ସେ ଓଡ଼ିଶାରେ ଦୁଇ ଦୁଇଥର ବିଧାୟକ ହେଲେ ଏବଂ ମୟୂରଭଞ୍ଜ ୨୦୦୦ ଏବଂ ୨୦୦୬ ମସିହାରେ ରାଇରଙ୍ଗପୁରରୁ ବିଜେପି ଟିକେଟରେ ଦୁଇଥର ବିଧାୟକ ହେଲେ। ଯେତେବେଳେ ନବୀନ ପଟ୍ଟନାୟକ ରାଜନୈତିକ ପୃଷ୍ଠଭୂମିକୁ ଆସିଲେ ତାଙ୍କ ସହ ତାଙ୍କ

ଆସିବାରେ ବିଜେପି ନିଜର ଆଭା ଧାରେ ଧାରେ ହରାଉଥିଲା । ସେତେବେଳେ ମଧ ସେ ନିଜର ନିର୍ବାଚନ କ୍ଷେତ୍ର ସମ୍ଭାଳି ରଖିବାକୁ ସକ୍ଷମ ହୋଇଥିଲେ । ତାଙ୍କୁ ନବୀନ ପଟ୍ଟନାୟକ ସରକାରରେ ମନ୍ତ୍ରୀ ଭାବରେ କାର୍ଯ୍ୟ କରିବାର ସୁଯୋଗ ମିଳିଲା । ସେ ନବୀନ ପଟ୍ଟନାୟକ ସରକାରରେ ୨୦୦୦ରୁ ୨୦୦୨ ପର୍ଯ୍ୟନ୍ତ ବାଣିଜ୍ୟ ଏବଂ ପରିବହନ ତଥା ୨୦୦୨ରୁ ୨୦୦୪ ପର୍ଯ୍ୟନ୍ତ ମସ୍ୟପାଳନ ଏବଂ ପଶୁ ସଂସାଧନ ବିକାଶ ବିଭାଗର କାର୍ଯ୍ୟଭାର ସମ୍ଭାଳିଥିଲେ । ଓଡ଼ିଶାରେ ଭାରତୀୟ ଜନତା ପାର୍ଟି ଏବଂ ବିଜୁ ଜନତା ଦଳ ୨୦୦୦ରୁ ୨୦୦୪ ପର୍ଯ୍ୟନ୍ତ ମୁର୍ମୁ ମସ୍ୟପାଳନ, ପଶୁ ସଂସାଧନ ବିକାଶ, ବାଣିଜ୍ୟ ଏବଂ ପରିବହନ ଭଳି ବିଭାଗ ସମ୍ଭାଳିଲେ । ଜଣେ ମନ୍ତ୍ରୀ ଭାବରେ ନିଜର ଯୋଗ୍ୟତାର ପ୍ରମାଣ ପ୍ରଦାନ କରିବା ସତ୍ତ୍ୱେ ମଧ ବିଧାୟକ ହୋଇଥିଲେ । ତାଙ୍କୁ ନିଜର ଦ୍ୱିତୀୟ କାର୍ଯ୍ୟକାଳ ସମୟରେ କ୍ୟାବିନେଟ୍‌ରେ ସ୍ଥାନ ମିଳି ପାରିଲା ନାହିଁ । ତଥାପି ମଧ ସେ ସକାରାତ୍ମକ ରୂପରେ ଏହାକୁ ଗ୍ରହଣ କଲେ ଏବଂ ବିଧାନସଭାରେ ନିଜର ପ୍ରଦର୍ଶନ ଉପରେ ଧାନ କେନ୍ଦ୍ରିତ କଲେ । ଜନତା ଦଳ ଗଠବନ୍ଧନ ସରକାର ସମୟରେ ସେ ୬ ମାର୍ଚ୍ଚ ୨୦୦୦ରୁ ୬ ଅଗଷ୍ଟ ୨୦୦୨ ପର୍ଯ୍ୟନ୍ତ ବାଣିଜ୍ୟ ଏବଂ ପରିବହନ ବିଭାଗର ସ୍ୱତନ୍ତ୍ର ଦାୟିତ୍ୱ ଏବଂ ୬ ଅଗଷ୍ଟ ୨୦୦୨ରୁ ମେ ୨୦୦୪ ପର୍ଯ୍ୟନ୍ତ ମସ୍ୟପାଳନ ଏବଂ ପଶୁ ସଂସାଧନ ବିକାଶ ରାଜ୍ୟମନ୍ତ୍ରୀ ଥିଲେ । ପ୍ରଥମେ ସେ ବିଭାଗ ଏବଂ ତା'ର କାର୍ଯ୍ୟ ବାବଦରେ କିଛି ଜାଣିନଥିଲେ । କିନ୍ତୁ ନିଜର କର୍ମ ଏବଂ କର୍ତ୍ତବ୍ୟନିଷ୍ଠତା ଦ୍ୱାରା ସବୁକିଛି ଶିଖିଲେ । ତାଙ୍କର ଭଲ କାର୍ଯ୍ୟର ପ୍ରଶଂସା କରି ତାଙ୍କୁ ଓଡ଼ିଶା ବିଧାନସଭା ଦ୍ୱାରା ସର୍ବଶ୍ରେଷ୍ଠ ବିଧାୟକ ଭାବରେ ନୀଳକଣ୍ଠ ପୁରସ୍କାରରେ ମଧ ସମ୍ମାନିତ କରା ଯାଇଥିଲା । ଝାଡ଼ଖଣ୍ଡ କେଡ୍ରର ୧୯୮୬ ବ୍ୟାଚ୍ର ଆଇ.ଏ.ଏସ୍. ଅଧିକାରୀ ସନ୍ତୋଷ ଶତପଥୀ ଯିଏ ତାଙ୍କର ପ୍ରଥମ କାର୍ଯ୍ୟକାଳ ସମୟରେ ନବୀନ ପଟ୍ଟନାୟକଙ୍କର ବିଶେଷ ସଚିବ ଥିଲେ । ତାଙ୍କ ଭାଷାରେ, "ମୁର୍ମୁଙ୍କୁ ସିଦ୍ଧାନ୍ତ ସହିତ ବୁଝାମଣା ନକରୁଥିବା ଶକ୍ତିଶାଳୀ ମୂଲ୍ୟବୋଧ ଏବଂ ନୈତିକତା ସହ ଅତ୍ୟନ୍ତ ପ୍ରତିଷ୍ଠିତ ବ୍ୟକ୍ତିତ୍ୱ ଭାବରେ ବର୍ଣ୍ଣନା କରିଛନ୍ତି ।" ଶତପଥୀ ମହୋଦୟ ରାଜ୍ୟପାଳ ହେବା ପରେ ମୁର୍ମୁଙ୍କ ପ୍ରମୁଖ ସଚିବ ଭାବରେ କାର୍ଯ୍ୟ କରିଛନ୍ତି ।

ବିଧାୟକ ଭାବରେ ଦ୍ୱିତୀୟ କାର୍ଯ୍ୟକାଳ ସମୟରେ ତାଙ୍କର ଧୈର୍ଯ୍ୟ ଏବଂ ଚତୁର୍ଯ୍ୟର ପରୀକ୍ଷା ହେଲା । ୨୦୦୬ରେ କଳିଙ୍ଗ ନଗରରେ ପ୍ରସ୍ତାବିତ ଟାଟା ଷ୍ଟିଲ ପ୍ଲାଣ୍ଟର ବିରୋଧ କରୁଥିବା ଲୋକମାନଙ୍କ ଉପରେ ପୁଲିସର ଫାୟାରିଂରେ ଏକ ଡଜନରୁ ଅଧିକ ଆଦିବାସୀଙ୍କ ମୃତ୍ୟୁ ହେଲା । ଆଦିବାସୀମାନେ ମଧ ଅସ୍ତ୍ର ଶସ୍ତ୍ର ସହିତ ଆସିଥିଲେ । ମୁର୍ମୁ ସେ ସମୟରେ ଭା.ଜ.ପା.ର ଅନୁସୂଚିତ ଜନଜାତି ମୋର୍ଚ୍ଚାର ପ୍ରଦେଶ ଅଧ୍ୟକ୍ଷ ଥିଲେ । ଏହା ଏକ ବହୁତ ବଡ଼ ଗମ୍ଭୀର ଘଟଣା ଥିଲା ଏବଂ ସମଗ୍ର ଅଞ୍ଚଳ ଖୁବ ଉତ୍ତେଜିତ ଥିଲା । ବିଷୟକୁ ଥଣ୍ଡା କରିବା ପାଇଁ ଭା.ଜ.ପା. ଆଦିବାସୀ ସମୁଦାୟର ଜଣେ ସଦସ୍ୟଙ୍କୁ ରାଜ୍ୟସଭାର ସଦସ୍ୟ କରି ପଠାଇଲା ।

କିନ୍ତୁ ଆଦିବାସୀ ସମୁଦାୟର କ୍ରୋଧ ଶାନ୍ତ ହେଲାନାହିଁ । ସେତେବେଳେ ଦ୍ରୌପଦୀ ମୁର୍ମୁ ନିଜ ନେତୃତ୍ୱ କ୍ଷମତାର ପରିଚୟ ଦେଇ ଆଦିବାସୀମାନଙ୍କ ସହ କଥାବାର୍ତ୍ତା କଲେ । ବାରମ୍ବାର କଥାବାର୍ତ୍ତା କରି ସେମାନଙ୍କୁ ସାନ୍ତ୍ୱନା ଏବଂ ଆଶ୍ୱାଶନା ଦେଲେ, ବୁଝାଇଲେ ଏବଂ ଏହା ସୁନିଶ୍ଚିତ କଲେ ଯେ ଯେପରି ପରିସ୍ଥିତି ନିୟନ୍ତ୍ରଣର ବାହାରକୁ ନଯାଉ ।

ସେ ସମୟରେ ଅଟଳ ବିହାରୀ ବାଜପେୟୀ ଭାରତର ପ୍ରଧାନମନ୍ତ୍ରୀ ଥିଲେ । ଏନ୍.ଡି.ଏ.ର ଅଂଶୀଦାର ହୋଇଥିବା କାରଣରୁ ବିଜୁ ଜନତା ଦଳ ଏବଂ ଭା.ଜ.ପା.ର ଗଠବନ୍ଧନ ଥିଲା । ଭା.ଜ.ପା.ର ବାଜପେୟୀଜୀ ଏବଂ ବିଜୁ ଜନତା ଦଳର ନବୀନ ପଟ୍ନାୟକଙ୍କ ମଧ୍ୟରେ ଗଭୀର ବୁଝାମଣା ଥିଲା ଏବଂ ପାରସ୍ପରିକ ବିଶ୍ୱାସ ମଧ୍ୟ ଥିଲା । ଅବଶ୍ୟ ପରେ ଏହି ଗଠବନ୍ଧନ ଭାଙ୍ଗିଗଲା ଏବଂ ଦ୍ରୌପଦୀ ମୁର୍ମୁଙ୍କୁ ନିଜର ପଦ ଛାଡ଼ିବାକୁ ପଡ଼ିଲା ।

୨୦୦୪ ମସିହାରେ ଲୋକସଭା ନିର୍ବାଚନରେଦ୍ରୌପଦୀ ମୁର୍ମୁ ମୟୁରଭଞ୍ଜ ଜିଲ୍ଲାରୁ ବହୁତ ଉହ୍ସାହ ସହିତ ଲଢ଼ିବାକୁ ରହୁଥିଲେ । କିନ୍ତୁ ତାଙ୍କ ସାମ୍ନାରେ ଥିଲେ ଜଣେ ଗୁରୁତ୍ୱପୂର୍ଣ୍ଣ ପ୍ରତିଦ୍ୱନ୍ଦୀ ଏବଂ ସେ ଥିଲେ ଝାଡ଼ଖଣ୍ଡ ମୁକ୍ତିମୋର୍ଚ୍ଚାର ସୁଦାମ ମାରାଣ୍ଡି । ସିଏ ମଧ୍ୟ ସାନ୍ତାଳ ଆଦିବାସୀ ଥିଲେ ଏବଂ ଜଣେ ଶକ୍ତିଶାଳୀ ପ୍ରାର୍ଥୀ ଥିଲେ । ତେଣୁ ଜଣେ ପୁରୁଷ ସହକର୍ମୀଙ୍କ ପକ୍ଷରେ ମୁର୍ମୁଙ୍କ ପ୍ରସ୍ତାବକୁ ଅଣଦେଖା କରି ଦିଆଗଲା । ଏହା ବି ମନେ ରଖିଲା ଭଲି କଥା ଯେ ସେ ଜିତି ପାରିଲେ ନାହିଁ ହାରିଗଲେ । ୨୦୦୯ ମସିହାରେ ସେ ମୟୁରଭଞ୍ଜ ନିର୍ବାଚନ କ୍ଷେତ୍ରରୁ ଲୋକସଭା ନିର୍ବାଚନ ଲଢ଼ିଲେ । କିନ୍ତୁ ବିଜେଡ଼ି ଏବଂ ବିଜେପିର ସମ୍ବନ୍ଧ ଭାଙ୍ଗିବା କାରଣରୁ ହାରିଗଲେ ।

ତାଙ୍କ ଦ୍ୱାରା ସ୍ୱୟଂକୁ ସଞ୍ଚାଳିତ କରିବାର ପ୍ରଣାଳୀରେ ମୁଁ ଯେଉଁ ନେତୃତ୍ୱ ଗୁଣ ଦେଖୁଛି ତାହା ତାଙ୍କୁ ଦିଆଯାଇଥିବା କୌଣସି କାର୍ଯ୍ୟ ପାଇଁ ଉଉରଦାୟିତ୍ୱ ଏବଂ ଜବାବ ଦେବାର କ୍ଷମତାକୁ ପ୍ରଦର୍ଶିତ କରିଥାଏ । ସେ ଅଟଳ ବିହାରୀ ବାଜପେୟୀଙ୍କୁ ଅନୁସରଣ କରିଥିଲେ । ଯିଏ କହୁଥିଲେ ଯେ ମନୁଷ୍ୟ ଶ୍ରେଷ୍ଠତା ପ୍ରାପ୍ତ କରିଥାଏ ଏବଂ ପ୍ରାପ୍ତ କରି ରଖିଥାଏ । ଉପଲବ୍ଧି ମନୁଷ୍ୟକୁ ନୂତନ ଉଚ୍ଚତାକୁ ନେଇ ଯାଇଥାଏ । କିନ୍ତୁ ଶେଷରେ ତା'କୁ ଏକୁଟିଆ ମଧ୍ୟ କରି ଦେଇଥାଏ । ସେ ବାଜପେୟୀଙ୍କ ଭଲି ସାର୍ବଜନିକ ବିଶିଷ୍ଟ ବ୍ୟକ୍ତିଙ୍କ ଠାରୁ ନମ୍ରତା ଏବଂ ବିନମ୍ରତାର ପାଠ ପଢ଼ିଛନ୍ତି ଏବଂ ନିଜର ଜୀବନରେ ଦିବ୍ୟ ଗୁଣର ସଞ୍ଚାର କରିଛନ୍ତି ।

ଯେପରି ଅନେକ ବ୍ୟସ୍ତ ସାମାଜିକ କାର୍ଯ୍ୟକର୍ତ୍ତା ଏବଂ ନେତାଙ୍କ ସହିତ ଘଟିଥାଏ । ଯେଉଁମାନେ ପ୍ରତ୍ୟେକ ସମୟରେ ପରିବାର ଏବଂ ପିଲାମାନଙ୍କର ଉପଯୁକ୍ତ ବ୍ୟକ୍ତିଗତ ଯତ୍ନ ନେଇ ପାରିନଥାଆନ୍ତି ଏବଂ ସାମାଜିକ କାର୍ଯ୍ୟରେ ଅଧିକ ବ୍ୟସ୍ତ ହୋଇ ଯାଇଥାଆନ୍ତି । କିନ୍ତୁ ଦ୍ରୌପଦୀ ମୁର୍ମୁଙ୍କ ପ୍ରତ୍ୟେକ ପ୍ରଚେଷ୍ଟାରେ ତାଙ୍କ ସ୍ୱାମୀ ତାଙ୍କୁ ସଙ୍ଗ ପ୍ରଦାନ କରିଥିଲେ । ସେ ନିଜର ପିରବାରକୁ ମଧ୍ୟ ଯଥାସମ୍ବ ସହାୟତା ପ୍ରଦାନ କରୁଥିଲେ । ସେ ନିଜର ମାଆ ଏବଂ

ଭାଇକୁ ଆର୍ଥିକ ଭାବରେ ସାହାଯ୍ୟ କରୁଥିଲେ ଏବଂ ଏହା ମଧ୍ୟ ଦେଖୁଥିଲେ ଯେପରି ସେମାନେ ଭଲରେ ରହିବେ । ସେମାନଙ୍କର ଆବାସ ଏବଂ କାମଧନ୍ଦାର ସମୁଚିତ ପ୍ରବନ୍ଧ କରାଇଥିଲେ ।

ଅଭିନବ ପ୍ରସଙ୍ଗ-୨୦୦୬

୨୦୦୬ ମସିହାରେ ଋବାଗାନ ସମୁଦାୟର ଜଣେ ଯୁବ ମହିଳା କାର୍ଯ୍ୟକର୍ତ୍ତା ବୋରକୋଟୋକୀ ବିଶ୍ୱନାଥରେ ଓଡ଼ିଶାର ତତ୍କାଳୀନ ବିଧାୟକ ମୁର୍ମୁଙ୍କ ସହିତ ଭେଟ କରିଥିଲେ । ଏହି ଘଟଣାର ବର୍ଣ୍ଣନା ନିଜେ ସେହି କାର୍ଯ୍ୟକର୍ତ୍ତା ନିମ୍ନଭାବରେ କରିଛନ୍ତି ।

ସେ ଭାରତୀୟ ଜନତା ପାର୍ଟିର ପ୍ରାର୍ଥୀ ଦିଗନ୍ତ ଘାଟୋଓ୍ବରଙ୍କ ପାଇଁ ପ୍ରଚର କରିବାକୁ ଆସିଥିଲେ । ଜିଲ୍ଲାର ଭାଜପା ପଦାଧିକାରୀମାନେ ମୋତେ ମୁର୍ମୁ ମାଡାମଙ୍କ ସହ ସାକ୍ଷାତ୍ କରାଇଥିଲେ । ସେ ଓଡ଼ିଶାର ମୟୁରଭଞ୍ଜ ଜିଲ୍ଲାର ରାଇରଙ୍ଗପୁରରେ ବିଧାୟକ ଥିଲେ । ମୁଁ ତାଙ୍କ ସହିତ ସାତ ଦିନ ରହିଥିଲି । ଆମେ ବିନା କୌଣସି ସୁରକ୍ଷା ଗୋଟିଏ କାର୍‌ରେ ଭ୍ରମଣ କରିଥିଲୁ । ଯେତେବେଳେ ଆମେ ଅରୁଣାଚଳ ପ୍ରଦେଶରେ ସୀମାରେ ଥିବା ବିଶ୍ୱନାଥର ଭିତର ଅଂଶକୁ ଯାଇଥିଲୁ ସେତେବେଳେ ଆସାମରେ ଅଶାନ୍ତି ବ୍ୟପିଥିଲା । ମାଜୁଲି ଏବଂ ପ୍ରତାପଗଡ଼କୁ ଯିବା ସମୟରେ ଆମେ ସକାଳୁ ଏବଂ ସନ୍ଧ୍ୟାରେ ଜଳଖିଆ ପାଇଁ ସଡ଼କ କଡ଼ରେ ଥିବା ଋ ଦୋକାନରେ ବସିଥିଲୁ । ସେ ଅତ୍ୟନ୍ତ ସରଳ ଏବଂ ବହୁତ ବ୍ୟବସ୍ଥିତ ଅଟନ୍ତି । ଆମେ ଗୋଟିଏ କୋଠରୀରେ ରହୁଥିଲୁ । ସେ ଶୀଘ୍ର ଉଠୁଥିଲେ ଏବଂ ନିଜ ସକାଳର ନିତ୍ୟକର୍ମ ଶେଷ କରି ମୋତେ ନିଦରୁ ଉଠାଉଥିଲେ । ସେ ମୋର ବଡ଼ ଭଉଣୀ ଭଳି ଥିଲେ ଯିଏ ମୋତେ ଜୀବନ ଏବଂ ଜିଇଁବାର ପ୍ରଣାଳୀ ମଧ୍ୟ ପରାମର୍ଶ ଦେଇଥିଲେ । ମୁଁ ତାଙ୍କର ପରିଚୟ ଭାଜପାର ସାଂସଦ ପଲ୍ଲବ ଲୋଚନ ଦାସଙ୍କ ସହିତ କରାଇଥିଲି ଯିଏ ଜଣେ ଯୁବ ଛାତ୍ରନେତା ଥିଲେ । ସେ ମୋତେ ଏବଂ ମାଡାମଙ୍କୁ ରାତ୍ରି ଭୋଜନ ପାଇଁ ଆମନ୍ତ୍ରିତ କରିଥିଲେ ।

ଥରେ ମୁଁ ତାଙ୍କୁ ଏକ ରେଷ୍ଟୁରେଣ୍ଟକୁ ନେଇଗଲି । କାରଣ ସିଏ ଆମର ଅତିଥ ଥିଲେ । ସେ ମୋତେ ପରୁରିଲେ ଯେ ମୁଁ କାହିଁକି ତାଙ୍କୁ ଏଭଳି ତେଲିଆ ଖାଦ୍ୟ ଖୁଆଇ ରୋଗୀ କରିବାକୁ ଋହୁଁଛି । ଏହାପରେ ଆମେ କେବେ ଆଉ ରେଷ୍ଟୁରେଣ୍ଟରେ ଖାଇ ନଥିଲୁ ।

ମୁର୍ମୁ ଆସାମର ନିଜର ସେହି ଯୁବା ମିତ୍ରଙ୍କୁ ବହୁତ ଦିନ ପର୍ଯ୍ୟନ୍ତ ଭୁଲି ନାହାନ୍ତି । ଏପରିକି ସିଏ ଯେତେବେଳେ ଝାଡ଼ଖଣ୍ଡର ରାଜ୍ୟପାଳ ହେଲେ ସେତେବେଳେ ମଧ୍ୟ ତାଙ୍କୁ ମନେ ପକାଉଥିଲେ ।

ସେ ମୋତେ ମନେ ପକାଇଥାଆନ୍ତି ଏବଂ ମଝିରେ ମଝିରେ ଫୋନ୍ ମଧ୍ୟ କରନ୍ତି । ଯେତେବେଳେ ସିଏ ରାଜ୍ୟପାଳ ହେଲେ ସେତେବେଳେ ମୋତେ ଝାଡ଼ଖଣ୍ଡ ଆସିବା ପାଇଁ କହିଥିଲେ । ସେ ମୋତେ ୨୦୦୬ ମସିହାର ଫଟୋ ମଧ୍ୟ ମାଗିଥିଲେ । କିଛିଦିନ ପୂର୍ବରୁ

ଓଡ଼ିଶାରୁ କେହି ଜଣେ ମୋତେ ଫୋନ୍ କରି କହିଲେ ଯେ ମାଡ଼ାମ୍, ଏବେ ଆସାମକୁ ଯିବେ । ଆହୁରି ମଧ୍ୟ କହିଲେ ଯେ ସେ ମୋତେ ଏହାର ସୂଚନା ପ୍ରଦାନ କରିବେ । ଯଦି ମୋତେ ଫୋନ୍ ଆସିବ ତେବେ ମୁଁ ତାଙ୍କ ସହିତ ଦେଖା କରିବା ପାଇଁ ଗୌହାଟୀ ଯିବି । ଯେତେବେଳେ ସିଏ ରାଷ୍ଟ୍ରପତି ହୋଇଯିବେ ସେତେବେଳେ ହୁଏତ ତାଙ୍କ ସହିତ ଦେଖା କରିବା ଏତେ ସହଜ ହେବ ନାହିଁ ।

ସେ ଦେଶର ମହିଳାମାନଙ୍କର ଗୌରବ ଅଟନ୍ତି । ସେ ଆମର ଶକ୍ତି ଏବଂ କ୍ଷମତା ଓ ସାମଗ୍ରିକ ଭାବରେ ଆମର ପ୍ରତିନିଧିତ୍ୱ କରିଥାଆନ୍ତି ।

ରାଜନୈତିକ ଯାତ୍ରା-କ୍ରମ

ଫେବୃଆରୀ ୨୦୨୦ର ଏକ ସାକ୍ଷାତ୍କାରରେ ଦ୍ରୌପଦୀ ମୁର୍ମୁ ନିଜର ରାଜନୈତିକ ଯାତ୍ରା ବାବଦରେ କହିଛନ୍ତି, "ମୁଁ ବିନା ବେତନରେ ଜଣେ ଶିକ୍ଷକ ଭାବରେ ଆରମ୍ଭ କରିଥିଲି ଏବଂ ପରେ ଓଡ଼ିଶାର ସୁଦୂର ଅଞ୍ଚଳରେ ରହୁଥିବା ଗ୍ରାମୀଣମାନଙ୍କର ଉତ୍ଥାନ ପାଇଁ ସାମାଜିକ ସଂଗଠନ ସହିତ ମିଶି କାମ କଲି । ୧୯୯୭ ମସିହାରେ ମୁଁ କାଉନ୍ସିଲର ହୋଇ ନିଜର ପ୍ରଥମ ନିର୍ବାଚନ ଜିତିଲି । ମୁଁ ରାଇରଙ୍ଗପୁରର ଅଧ୍ୟସୂଚିତ କ୍ଷେତ୍ର ପରିଷଦରେ ୱାର୍ଡ ନଂ ୨ ସିଟ୍ ପାଇଁ ଜଣେ ନିର୍ଦ୍ଦଳୀୟ ପ୍ରାର୍ଥୀ ଥିଲି । ଯାହା ଏସ୍.ଟି. ମହିଳାମାନଙ୍କ ପାଇଁ ଆରକ୍ଷିତ ସିଟ୍ ଥିଲା । ପରେ ମୁଁ ବିଜେପିରେ ସାମିଲ ହୋଇଗଲି ଏବଂ ପରିଷଦର ଉପାଧ୍ୟକ୍ଷ ହେଲି । ମୁଁ ବେଜେପିର ଅନୁସୂଚିତ ଜନଜାତି ମୋର୍ଚ୍ଚାର ଉପାଧ୍ୟକ୍ଷ ମଧ୍ୟ ଥିଲି ।" ତାଙ୍କର ଏହି କାହାଣୀ ଛୋଟ ଅଟେ । କିନ୍ତୁ ଏତେବି ଏତେ ଛୋଟ ନୁହେଁ ଯାହାକୁ ଗୋଟିଏ କିମ୍ବା ଦୁଇଟି ବାକ୍ୟରେ ସମାପ୍ତ କରାଯାଇ ପାରିବ । ଝାଡ଼ଖଣ୍ଡର ରାଜ୍ୟପାଳ ହେବା ପୂର୍ବରୁ ସିଏ ଏତିକି ଦୂର ପର୍ଯ୍ୟନ୍ତ ଯାତ୍ରା କରିଥିଲେ । ଏହାକୁ ଯଦି କ୍ରମାନୁସାରେ ଦେଖିବା ତେବେ ଏହା ନିମ୍ନ ପ୍ରକାର ହେବ । ଯଦି ଆପଣ ଚହାଁନ୍ତି ଏହାକୁ ଓଲଟା ପାଲଟା କରି ଦେଖି ପାରିବେ ।

୨୦୧୩   : ରାଷ୍ଟ୍ରୀୟ କାର୍ଯ୍ୟକାରିଣୀ ସଦସ୍ୟ ଏସ୍.ଟି. ମୋର୍ଚ୍ଚା, ଭାଜପା ୧୦ ଏପ୍ରିଲ, ୨୦୧୫ ପର୍ଯ୍ୟନ୍ତ ।

୨୦୧୩   : ପୁଣି ଥରେ ଜିଲା ଅଧ୍ୟକ୍ଷ, ମୟୂରଭଞ୍ଜ(ପୂର୍ବ), ଭାଜପା ଭାବରେ ନିର୍ବାଚନ ୧୦ ଏପ୍ରିଲ, ୨୦୧୫ ପର୍ଯ୍ୟନ୍ତ ।

୨୦୧୦   : ଜିଲ୍ଲା ଅଧ୍ୟକ୍ଷ, ମୟୂରଭଞ୍ଜ (ପୂର୍ବ), ବିଜେପି ।

୨୦୦୭   : ଓଡ଼ିଶା ବିଧାନସଭା ଦ୍ୱାରା ୨୦୦୭ରେ ସର୍ବଶ୍ରେଷ୍ଠ ବିଧାୟକ ପାଇଁ 'ନୀଳକଣ୍ଠ ପୁରସ୍କାର' ଦ୍ୱାରା ସମ୍ମାନିତ କରା ଯାଇଛି ।

୨୦୦୬-୨୦୦୯   : ପ୍ରଦେଶ ଅଧ୍ୟକ୍ଷ ଏସ୍.ଟି. ମୋର୍ଚ୍ଚା, ଭାଜପା ।

୨୦୦୪-୨୦୦୯   : ବିଧାନ ସଭାର ସଦସ୍ୟ, ରାଇରଙ୍ଗପୁର, ଓଡ଼ିଶା ।

୨୦୦୨-୨୦୦୯   : ରାଷ୍ଟ୍ରୀୟ କାର୍ଯ୍ୟକାରିଣୀ ସଦସ୍ୟ ଏସ୍.ଟି. ମୋର୍ଚ୍ଚା, ଭାଜପା ।

୨୦୦୦-୨୦୦୪   : ରାଇରଙ୍ଗପୁର, ଓଡ଼ିଶା ବିଧାନସଭାର ସଦସ୍ୟ ଏବଂ ରାଜ୍ୟ
                 ମନ୍ତ୍ରୀ (ସ୍ୱତନ୍ତ୍ର ପ୍ରଭାର) ସରକାରରେ ଅନ୍ତର୍ଭୁକ୍ତ, ଓଡ଼ିଶା, ପରିବହନ
                 ଏବଂ ବାଣିଜ୍ୟ ବିଭାଗ ।

୨୦୦୨   : ବିଧାୟକ ଏବଂ ମନ୍ତ୍ରୀ, ମସ୍ୟ ଏବଂ ପଶୁପାଳନ ବିଭାଗ, ଓଡ଼ିଶା
                 ସରକାର ।

୧୯୯୭   : ଉପାଧ୍ୟକ୍ଷ ରାଜ୍ୟ ଏସ୍.ଟି. ମୋର୍ଚ୍ଚା, ଭାଜପା ।

୧୯୯୭   : ପାର୍ଷଦ ଏବଂ ରାଇରଙ୍ଗପୁରର ଉପାଧ୍ୟକ୍ଷଙ୍କ ଭାବରେ ନିର୍ବାଚନ ।

୧୯୯୪-୧୯୯୭   : ମାନବ ସହାୟକ ଶିକ୍ଷକ : ଶ୍ରୀ ଅରବିନ୍ଦ ଇଣ୍ଟିଗ୍ରେଲ ଏଜୁକେସନ
                 ସେଣ୍ଟର, ରାଇରଙ୍ଗପୁର ।

୧୯୭୯-୧୯୮୩   : ଓଡ଼ିଶା ସରକାରଙ୍କ ଜଳସେଚନ ଏବଂ ବିଦ୍ୟୁତ୍ ବିଭାଗରେ
                 ଜୁନିଅର ଆସିଷ୍ଟାଣ୍ଟ ରୂପରେ କାର୍ଯ୍ୟ ।

ଦୁଃଖପୂର୍ଣ୍ଣ ବ୍ୟକ୍ତିଗତ ଜୀବନ: ସୁନାମୀ

ଦୁଃଖ କଷ୍ଟ ଅଟେ ମୋର ଜୀବନର ଗାଥା,

କିପରି କହିବି ଆଜି କହିନାହିଁ ଯେଉଁ କଥା ।।

କେହି ମରିବା ପରେ ଜିଇଁବାରେ ଖୁବ ଦୁଃଖ ହୋଇଥାଏ । କେବଳ ଜୀବନକୁ ଟାଣି ଟାଣି ଚାଲିବାକୁ ପଡ଼େ । ଚଟାଣରେ ଖେଳିବାକୁ କିମ୍ବା ଫ୍ରିଜ୍ ଖୋଲିବାକୁ ମଧ୍ୟ ଖୁବ କଷ୍ଟ ହୋଇଥାଏ । ଦାନ୍ତକୁ ବ୍ରଶ୍ କରିବାରେ କିମ୍ବା ମୋଜା ପିନ୍ଧିବାରେ ମଧ୍ୟ ପାଦକୁ କଷ୍ଟ ହୋଇଥାଏ । ଖାଇବାରେ କିଛି ସ୍ୱାଦ ଲାଗେନାହିଁ । ଜୀବନର ସବୁ ରଙ୍ଗ ଉଡ଼ିଯାଏ । ସଙ୍ଗୀତ ମଧ୍ୟ କଷ୍ଟ ଦିଏ ଏବଂ ସବୁ ସ୍ମୃତି ମଧ୍ୟ । ଆପଣ ଅନ୍ୟ ସମୟରେ ଦେଖିଲେ ହୁଏତ ତାହା ସୁନ୍ଦର ଲାଗିଥାଆନ୍ତା । କିନ୍ତୁ ଏବେ ଆଉ ଲାଗିନଥାଏ । ଯେପରି ସୂର୍ଯ୍ୟାସ୍ତ ସମୟରେ ବାଇଗଣୀ ଆକାଶ କିମ୍ବା ପିଲାମାନଙ୍କ ଦ୍ୱାରା ଭରିଥିବା ଖେଳ ପଡ଼ିଆ । ଏହା ଗଭୀର ଖେଦ ଦେଇଥାଏ । ଏଭଳି ଦୁଃଖ ଖୁବ ଏକୁଟିଆ କରି ଦେଇଥାଏ । –(ମିଶେଲ ଓବାମା, 'ବିକମିଙ୍ଗ')

ବ୍ରହ୍ମା କୁମାରୀ ଟେଲିଭିଜନର ଏକ କାର୍ଯ୍ୟକ୍ରମରେ କଥା ହେଉଥିବା ସମୟରେ ମୁର୍ମୁ

ନିଜ ଜୀବନର ଦୁର୍ଦ୍ଦଶା ଭାବରେ ଏହିଭଳି ପ୍ରକାର କହିଛନ୍ତି । ୨୦୦୯ ମସିହାରେ ମୋ ଜୀବନରେ ଛୋଟ ବାତ୍ୟା ବା ବନ୍ୟା ନୁହେଁ ବରଂ ଏବଂ ସୁନାମୀ ଆସିଥିଲା । ଏହା ମୋ ପାଇଁ ବହୁତ ବଡ଼ ଝଟକା ଥିଲା । କିଛିଦିନ ପର୍ଯ୍ୟନ୍ତ ମୋତେ କିଛି ଶୁଣା ବି ଗଲାନାହିଁ । ମୁଁ ଡିପ୍ରେସନକୁ ଝଲିଯାଇଥିଲି । ଲୋକମାନେ କହୁଥିଲେ ମୁଁ କୁଆଡ଼େ ମରିଯିବି । କାରଣ ଲୋକମାନେ ଭାବୁଥିଲେ ମୁଁ ଆଉ ବଞ୍ଚିବି ନାହିଁ । କିନ୍ତୁ ମୁଁ ହୁଏତ ବଞ୍ଚିଗଲି ଏଇଥିପାଇଁ ଯେ ମୁଁ ଜୀବନରେ କେଉଁଠି ନା କେଉଁଠି ବୋଧେ ବଞ୍ଚିବାକୁ ଝହୁଁଥିଲି ।

ମୁର୍ମୁଙ୍କ ରାଜନୈତିକ କେରିୟର ମଧ ଏତେ ସହଜ ନଥିଲା । ଲଗାତାର ଭାବରେ ଦୁଇଥର ବିଧାନସଭା ନିର୍ବାଚନରେ ଜିତିବା ପରେ ସେ ୨୦୦୯ ଏବଂ ୨୦୧୪ରେ ଲଗାତର ଭାବରେ ନିର୍ବାଚନରେ ପରାଜିତ ହେଲେ । ୨୦୦୯ ମସିହାରେ ସେ ମହୁୟଭଞ୍ଜ ନିର୍ବାଚନ କ୍ଷେତ୍ରରେ ଲୋକସଭା ନିର୍ବାଚନ ଲଢ଼ିଥିଲେ । କିନ୍ତୁ ବିଜେଡ଼ି ଏବଂ ବିଜେପିର ସମ୍ବନ୍ଧ ଭାଙ୍ଗିଯାଇଥିବା କାରଣରୁ ସେ ହାରିଗଲେ । ନିର୍ବାଚନର ଏଭଳି ପରାଜୟ ହୁଏତ ତାଙ୍କ ଜୀବନ ପାଇଁ ଏତେ ଅଧିକ ନଥିଲା । କାରଣ ଏହାପରେ ଆହୁରି କିଛି ଖରାପ ହେବା ପାଇଁ ବାକି ଥିଲା । ସତେ ଯେପରି ଭାଗ୍ୟ ତାଙ୍କ ଉପରେ ରୁଷି ଯାଇଥିଲା । ତାଙ୍କର ବ୍ୟକ୍ତିଗତ ଜୀବନରେ ଏଭଳି ଭାବରେ ପରିସ୍ଥିତି ସବୁ ଉପୁଜିଲା ଏବଂ ତାଙ୍କର ସବୁକିଛି ଝଲିଗଲା । ଆଗାମୀ ଛଅ ବର୍ଷ ମଧ୍ୟରେ ସେ ନିଜର ପରିବାରର ତିନିଜଣ ସବୁଠାରୁ ପ୍ରିୟ ବ୍ୟକ୍ତି । ୨୦୦୯ ମସିହାରେ ନିଜର ବଡ଼ ପୁଅ ଲକ୍ଷ୍ମଣ ମୁର୍ମୁ, ୨୦୧୩ ମସିହାରେ ନିଜର ଛୋଟ ପୁଅ ସିସନ ମୁର୍ମୁ ଏବଂ ୨୦୧୪ ମସିହାରେ ସ୍ୱାମୀ ଶ୍ୟାମଚରଣ ମୁର୍ମୁ ଏ ଦୁନିଆ ଛାଡ଼ି ଝଲିଗଲେ । (୧୯ ଜୁଲାଇ ୨୦୨୨ରେ 'ଅମର ଉଜାଲା'ରେ ପ୍ରକାଶିତ ଏକ ଲେଖା ଅନୁସାରେ ୧୯୮୪ ମସିହାରେ ତାଙ୍କର ପ୍ରଥମ ଝିଅର ମଧ ଅକାଳ ମୃତ୍ୟୁ ହୋଇ ଯାଇଥିଲା ।)

ପିଲାମାନେ ସହରରେ ପଢ଼ୁଥିଲେ ଏବଂ ଏହାପରେ ସେମାନେ ଘରକୁ ଝଲି ଆସିଲେ । ଯେତେବେଳେ ସିଏ ୨୦୦୯ରେ ନିର୍ବାଚନ ହାରିଗଲେ ସେତେବେଳେ ସିଏ ଗାଁକୁ ଫେରିଗଲେ । ନିଜ ଝିଅକୁ କହିଲେ, "ମୁଁ ଏବେ ଗାଁରେ ରହି ପରିବାରର ଯତ୍ନ ନେବି ।" ସେହି ସମୟରେ ତାଙ୍କର ଦୁଇଟି ପୁଅ ସହରରେ ପାଠ ପଢ଼ୁଥିଲେ ଏବଂ ଆର୍ଥିକ ସ୍ଥିତି ବାବଦରେ କହିବାକୁ ଗଲେ ତାଙ୍କ ପାଖରେ ବିଶେଷ କିଛି ଟଙ୍କା ପଇସା ମଧ ନଥିଲା । ତାଙ୍କୁ କେବଳ କିଛି ପେନସନ ମିଳୁଥିଲା ଏବଂ ପରେ ତାଙ୍କ ପାଇଁ ଆହୁରି ଏକ ଝଟକା ଥିଲା ଯେ ନିର୍ବାଚନ ହାରିବା ପରେ ଅଚାନକ ଭାବରେ ସେ ଗାଁରେ ମଧ ଏକୁଟିଆ ହୋଇଗଲେ । କେବଳ ଏତିକି ଯଥେଷ୍ଟ ନଥିଲା । ଏହାପରେ ତାଙ୍କ ଭାଗ୍ୟରେ ଆହୁରି କିଛି ଖରାପ ଲେଖା ଥିଲା । କାହାର କାହାର ଜୀବନରେ ସମସ୍ୟା ଆସିଥାଏ । କିନ୍ତୁ ଆଉ କାହାର ଜୀବନରେ ସତେ ଯେମିତି ସମସ୍ୟାର ପାହାଡ଼ ଆସି ଠିଆ ହୁଏ । ଏହି ସମସ୍ୟାଗୁଡ଼ିକ ସତେ ଯେପରି

ପ୍ରାଣ ନେଇଯିବ । ଏହାର ବର୍ଣ୍ଣନା କରିବାକୁ ଯାଇ ମୋର କଲମ ଥରୁଛି । ଏବଂ ମୁଁ ଜାଣେ ଏହାକୁ ପଢ଼ି ମଧ୍ୟ ଆପଣଙ୍କର ଆଖି ଲୁହରେ ଭରିଯିବ । ଦ୍ରୌପଦୀ ମୁର୍ମୁଙ୍କ ଜୀବନରେ ଏହା ସବୁଠାରୁ କଷ୍ଟଦାୟକ ଜୀବନ ଥିଲା । ସତେ ଯେପରି ସମୟ ତାଙ୍କ ଉପରେ ଋରି ଦିଗରୁ ଆକ୍ରମଣ କରି ଦେଇଥିଲା ।

ପ୍ରଥମେ ସେ ନିଜର ବଡ଼ ପୁଅ ଲକ୍ଷ୍ମଣ ମୁର୍ମୁଙ୍କୁ ହରାଇଥିଲେ । ସେତେବେଲେ ତାଙ୍କର ପୁଅ ମାତ୍ର ୨୫ ବର୍ଷର ଥିଲା । 'ଜାଗରଣ'ରେ ପ୍ରକାଶିତ ସନମ ସିଂହଙ୍କ ଏକ ରିପୋର୍ଟରେ କୁହାଯାଇଛି, "ଦ୍ରୌପଦୀ ମୁର୍ମୁଙ୍କ ଜୀବନ ଖୁବ କଷ୍ଟଦାୟକ ଥିଲା । ଅଳ୍ପ ବୟସରେ ସ୍ୱାମୀଙ୍କୁ ହରାଇଲେ ଏବଂ ଦୁଇ ପୁଅଙ୍କୁ ମଧ୍ୟ । କିନ୍ତୁ ତଥାପି ସେ ହାର ମାନିଲେ ନାହିଁ । ତାଙ୍କର ପୁଅ ଲକ୍ଷ୍ମଣ ମୁର୍ମୁଙ୍କୁ ମୃତ୍ୟୁ ଭୁବନେଶ୍ୱରରେ ୨୫ ଅକ୍ଟୋବର ୨୦୦୯ରେ ହୋଇଥିଲା, ସେହି ସମୟରେ ଲକ୍ଷ୍ମଣଙ୍କ ବୟସ ମାତ୍ର ୨୫ ବର୍ଷ ଥିଲା । ମୃତ୍ୟୁ ପୂର୍ବରୁ ରାତିରେ ସେ ଭୁବନେଶ୍ୱରରେ ସାଙ୍ଗମାନଙ୍କ ସହିତ ଗୋଟିଏ ହୋଟେଲକୁ ଡିନର କରିବାକୁ ଯାଇଥିଲେ । ସେଠାରୁ ଫେରିବା ପରେ ହଠାତ୍ ତାଙ୍କର ଦେହ ଖରାପ ହୋଇଗଲା । ସେତେବେଲେ ଲକ୍ଷ୍ମଣ ଭୁବନେଶ୍ୱରରେ ତାଙ୍କର ଜଣେ ଦାଦାଙ୍କ ପାଖରେ ରହୁଥିଲେ । ସେହି ରାତିରେ ଯେତେବେଲେ ସିଏ ଘରକୁ ଫେରିଥିଲେ ସେତେବେଲେ ସେ ଶୋଇବା ପାଇଁ ଋହିଁଥିଲେ । ସକାଲୁ ଯେତେବେଲେ ତାଙ୍କ ରୁମ୍ର କବାଟ ଖୋଲିଲା ନାହିଁ, ସେତେବେଲେ ଘରେ ଥିବା ଲୋକମାନେ ଚିନ୍ତିତ ହୋଇଗଲେ । କବାଟ ଭାଙ୍ଗି ସାଙ୍ଗେ ସାଙ୍ଗେ ତାଙ୍କୁ ନେଇ ଡାକ୍ତରଖାନାକୁ ନିଆଗଲା, କିନ୍ତୁ ଡାକ୍ତର ସେଠାରେ ତାଙ୍କୁ ମୃତ ବୋଲି ଘୋଷଣା କରିଥିଲେ ।

୨୦୧୩ ମସିହାରେ ସେ ନିଜର ଆଉ ଏକ ପୁଅ ସିପୁନଙ୍କୁ ମଧ୍ୟ ହରାଇଥିଲେ । ସିପୁନ ମଧ୍ୟ ଯୁବକ ଅବସ୍ଥାରେ ଥିଲେ । ମୋଟର ସାଇକେଲ ଦୁର୍ଘଟଣାରେ ତାଙ୍କର ମୃତ୍ୟୁ ହୋଇଗଲା । ଦୁଇ ଦୁଇଜଣ ପୁଅଙ୍କ ଏଭଲି ଅକାଲ ଭାବରେ ବିୟୋଗ ତାଙ୍କୁ ସ୍ତବ୍ଧ କରିଦେଲା । ଅବସାଦ ଭରା ଜୀବନ ଜିଇଁବା ପାଇଁ ବାଧ୍ୟ ହୋଇଥିବା ପତୀ-ପତ୍ନୀ ନିଜର ଝିଅ ଇତିଶ୍ରୀଙ୍କ ମୁହଁକୁ ଦେଖି ବଞ୍ଚିବାକୁ ଲାଗିଲେ । କାରଣ ତାଙ୍କୁ ତାଙ୍କର ଝିଅଙ୍କ ପାଇଁ ବଞ୍ଚିବାର ଥିଲା । ଉଭୟ ସ୍ୱାମୀ-ସ୍ତ୍ରୀ ବହୁତ ଦୁଃଖୀ ଥିଲେ । ଲାଗୁଥିଲା ସତେ ଯେପରି ସେ ଦୁହେଁ ନିଜର ସମସ୍ତ ଧୌର୍ଯ୍ୟ ହରାଇ ସାରିଛନ୍ତି । ତେଣୁ ସେମାନେ ଡିପ୍ରେସନ୍ ମଧ୍ୟକୁ ଋଲିଗଲେ । ଭଗବାନଙ୍କର କ୍ରୋଧ ଏତିକିରେ ଶାନ୍ତ ହେଲା ନାହିଁ । ଏଭଲି ଦୁଃଖକୁ ତାଙ୍କ ସ୍ୱାମୀ ସହି ପାରିଲେ ନାହିଁ ଏବଂ ସେ ମଧ୍ୟ ଏ ଦୁନିଆକୁ ଛାଡ଼ି ଋଲିଗଲେ । ୨୦୧୪ ମସିହାରେ ହୃଦ୍ଘାତରେ ତାଙ୍କ ସ୍ୱାମୀଙ୍କର ମୃତ୍ୟୁ ହୋଇଗଲା । ଏହାର କିଛିଦିନ ପରେ ଦ୍ରୌପଦୀ ମୁର୍ମୁ ନିଜର ଭାଇଙ୍କୁ ମଧ୍ୟ ହରାଇଦେଲେ ।

ସେ ରାଇରଙ୍ଗପୁର ବ୍ରହ୍ମ କୁମାରୀ ଆଶ୍ରମ ସହିତ ଜଡ଼ିତ ହେଲେ ଏବଂ ଏହାପରେ ନିଜର ଆଧ୍ୟାମିକ ଯାତ୍ରା ଆରମ୍ଭ କଲେ । ଅନେକ ସମୟରେ ଦ୍ରୌପଦୀ ମୁର୍ମୁଙ୍କୁ ତାଙ୍କର ଦୁଇ

ପୁଅ ଏବଂ ସ୍ୱାମୀଙ୍କ କଥା ମନେ ପଡ଼ୁଥିଲା ଯେଉଁମାନେ ଏ ଦୁନିଆ ଛାଡ଼ି ଚାଲି ଯାଇଥିଲେ ଏବଂ ତାଙ୍କର ଜୀବନରେ ଏକ ଖାଲି ସ୍ଥାନ ଛାଡ଼ି ଯାଇଥିଲେ ଯାହାକୁ କେବେ ପୂରଣ କରା ଯାଇ ପାରିବ ନାହିଁ। ଏହା ତାଙ୍କ ପାଇଁ ଏକ ତୀବ୍ର ଆଘାତ ଥିଲା ଯାହାକୁ ସହିବା ଖୁବ କଷ୍ଟକର ଥିଲା। 'ଟାଇମ୍ସ ଅଫ୍ ଇଣ୍ଡିଆ' ଅନୁସାରେ "ମୁର୍ମୁଙ୍କ ଜୀବନରେ ଅନେକ ବ୍ୟକ୍ତିଗତ ଦୁଃଖ-କଷ୍ଟ ଭରି ରହିଛି। ଯେତେବେଳେ କି ତାଙ୍କର ଗୋଟିଏ ପୁଅର ମୃତ୍ୟୁ ୨୫ ଅକ୍ଟୋବର ୨୦୦୯ରେ ରହସ୍ୟମୟ ଭାବରେ ହୋଇଥିଲା। ତାଙ୍କର ଅନ୍ୟ ଏକ ପୁଅର ମୃତ୍ୟୁ ୨୦୧୩ ମସିହା ଜାନୁଆରୀ ୨ ତାରିଖରେ ସଡ଼କ ଦୁର୍ଘଟଣାରେ ହୋଇଗଲା। ତାଙ୍କର ସ୍ୱାମୀ ଶ୍ୟାମଚରଣ ମୁର୍ମୁଙ୍କ ହୃଦ୍ଘାତରେ ମୃତ୍ୟୁ ହୋଇଗଲା। ତାଙ୍କର ଏବେ ଗୋଟିଏ ଝିଅ ରହିଛି ଯାହାର ବିବାହ ହୋଇ ଯାଇଛି ଏବଂ ଭୁବନେଶ୍ୱରରେ ବାସବାସ କରୁଛି।"

୨୦୦୯ ମସିହାରେ ଯେତେବେଳେ ତାଙ୍କର ୨୫ ବର୍ଷର ବଡ଼ ପୁଅ ଦୁନିଆ ଛାଡ଼ି ଚାଲିଗଲା ସେତେବେଳେ ସତେ ଯେପରି ଆକାଶ ତାଙ୍କ ଉପରେ ଛିଡ଼ି ପଡ଼ିଲା ଏବଂ ମାନସିକ ଭାବରେ ଦ୍ରୌପଦୀ ଖୁବ ଭାଙ୍ଗି ପଡ଼ିଲେ। ଏହା ନିଶ୍ଚିତ ରୂପରେ ତାଙ୍କ ପାଇଁ ଏକ ଗୁରୁତର ଆଘାତ ଥିଲା। କେବଳ ଭଗବାନଙ୍କର ଆଶ୍ରା ତାଙ୍କୁ କିଛି ସ୍ୱାନ୍ତନା ଦେବାକୁ ସକ୍ଷମ ଥିଲା। ସେହି ସମୟରେ ସିଏ ଭଗବାନ ଶିବଙ୍କ ଆରାଧନାରେ ନିଜକୁ ବ୍ୟସ୍ତ ରଖିଲେ ଏବଂ ସମ୍ପୂର୍ଣ୍ଣ ଶ୍ରଦ୍ଧା ଏବଂ ଭକ୍ତି ସହିତ ଆଧ୍ୟାତ୍ମିକତା ଦିଗକୁ ଆଗେଇ ଚାଲିଲେ। ଅବଶ୍ୟ ସବୁବେଳେ ତାଙ୍କ ଜୀବନରେ ଆଧ୍ୟାତ୍ମିକତା ଭରି ରହିଥିଲା। କିନ୍ତୁ ଏହି ସମୟରେ ଏହାର ଆବଶ୍ୟକତା ଜୀବନ ପାଇଁ ବହୁତ ଥିଲା। ଏଭଳି ଦୁଃଖଦାୟକ କ୍ଷତି ତାଙ୍କୁ ଅନ୍ତର୍ମୁଖୀ କରାଇଲା ଏବଂ ତାଙ୍କୁ ଈଶ୍ୱର ଅଭିମୁଖୀ କରାଇଲା। ସିଏ ଧୀରେ ଧୀରେ ମାନସିକ ଭାବରେ ସ୍ଥିର ହେବାକୁ ଲାଗିଲେ ଏବଂ ପୁଣି ଥରେ ଜୀବନ ରାସ୍ତାରେ ଚାଲିବାକୁ ଲାଗିଲେ।

ପ୍ରଥମ ସନ୍ତାନ ଝିଅ ୧୯୮୪ ମସିହାରେ ନିଧନ ସମୟରେ ତାଙ୍କର ବୟସ ଥିଲା ୩ ବର୍ଷ, ୨୫ ଅକ୍ଟୋବର ୨୦୦୯ରେ ବଡ଼ ପୁଅ ଲକ୍ଷ୍ମଣ ମୁର୍ମୁଙ୍କ ନିଧନ ସମୟରେ ତାଙ୍କର ବୟସ ଥିଲା ୨୫ ବର୍ଷ, ୨୦୧୩ ମସିହା ୨ ଜାନୁଆରୀରେ ଛୋଟ ପୁଅ ବିରଞ୍ଚି (ସିପୁନ)ଙ୍କ ମୃତ୍ୟୁ ସମୟରେ ତାହାର ବୟସ ଥିଲା ୨୮ ବର୍ଷ ଏବଂ ସ୍ୱାମୀ ଶ୍ୟାମାଚରଣ ମୁର୍ମୁଙ୍କ ମୃତ୍ୟୁ ୧ ଅକ୍ଟୋବର ୨୦୧୪ ମସିହାରେ ତାଙ୍କର ବୟସ ଥିଲା ୫୫ ବର୍ଷ।

ଏହି ସୂଚନା 'ଦୈନିକ ଭାସ୍କର'ର ସଂଖ୍ୟା ତ୍ରିବେଦୀଙ୍କ ଦ୍ୱାରା ସଂଗ୍ରହ କରାଯାଇଛି। ତାଙ୍କୁ ମୋର କୃତଜ୍ଞତା ଏବଂ ଶୁଭକାମନା।

(ଉପରଲିଖିତ ତାରିଖଗୁଡ଼ିକ ନିମନ୍ତେ ମୁଁ ଅନେକ ଚେଷ୍ଟା କରିଛି ଯେ ଏଗୁଡ଼ିକ ଠିକ ହେଉ ବୋଲି। କିନ୍ତୁ ହୁଏତ ସଠିକ୍ ତାରିଖ ନ ହୋଇପାରେ। ତେଣୁ ଯଦି କେହି ମୋତେ ଏ ବାବଦରେ ଅବଗତ କରାଇବ ତେବେ ଏହା ଦ୍ୱାରା ସମସ୍ତେ ସଠିକ୍ ତାରିଖ ଜାଣି ପାରିବେ।)

ପୁଅର ମୃତ୍ୟୁ ତାଙ୍କ ଜୀବନରେ ଶେଷ ବିପଦ ନଥିଲା । ଏହାପରେ ଦ୍ୱିତୀୟ ପୁଅର ମୃତ୍ୟୁ ମଧ୍ୟ ହୋଇଗଲା । ବାସ୍ତବରେ ଏହା ତାଙ୍କ ପାଇଁ ଏକ ମସ୍ତବଡ଼ ଆଘାତ ଥିଲା । ସିଏ ଦୁଃଖର ଅଥଳ ସାଗରରେ ବୁଡ଼ିଗଲେ । ଜୀବିତ ରହିବା ମଧ୍ୟ ତାଙ୍କ ପାଇଁ କଠିନ ଥିଲା । ସେ ଯୋଗ, ଧ୍ୟାନ, ଧାର୍ମିକ ପ୍ରବଚନ ଇତ୍ୟାଦି ମଧ୍ୟରେ ଟିକିଏ ଶାନ୍ତି ଅନ୍ଦେଷଣରେ ପ୍ରୟାସ କରିବାରେ ଲାଗିଥିଲେ । କିନ୍ତୁ ଭଗବାନ ଏତେ ନିଷ୍ଠୁର ଥିଲେ ଯେ ଏତିକି ଦୁଃଖ ଦେଇ ତାଙ୍କ ମନ ଶାନ୍ତି ହୋଇ ନଥିଲା । କିଛିଦିନ ମଧ୍ୟରେ ସେ ନିଜର ଭାଇ ଏବଂ ମାଆଙ୍କୁ ମଧ୍ୟ ହରାଇଦେଲେ । ସାଧାରଣ ମଣିଷଟି ଏତେସବୁ ବିପଦକୁ ସାମ୍ନା କରି ଆଉ କେବେ ସଲଖରେ ଠିଆ ହୋଇ ପାରିନଥାଆନ୍ତା । ସତେ ଯେପରି ଯମ ରାଜା ତାଙ୍କ ପରିବାରକୁ ଛାଡ଼ି ଯାଉନଥିଲେ । ଯଦି ସେମାନେ ଏହାକୁ ଶନିର ସାଢ଼େ ସାତ ମଧ୍ୟ କହିଥାଆନ୍ତି ।

ସିଏ ନିଜର ଏକମାତ୍ର ଝିଅ ପାଇଁ ବଞ୍ଚି ରହିବାର ଚେଷ୍ଟା ଜାରି ରଖିଲେ । ଠିକ୍ ହେବା ପାଇଁ ପ୍ରଚେଷ୍ଟା କଲେ ଏବଂ ଏବେ ଭଗବାନ ମଧ୍ୟ ସାହାଯ୍ୟ ନକରି ରହି ପାରିଲେ ନାହିଁ । କିନ୍ତୁ ତଥାପି ଭଗବାନଙ୍କର ନିଷ୍ଠୁରପଣିଆର ଆଉ ଏକ ଉଦାହରଣ ଥିଲା ଯେ ୨୦୧୪ ମସିହାରେ ତାଙ୍କର ସ୍ୱାମୀଙ୍କର ମୃତ୍ୟୁ । ଏବେ ମୁର୍ମୁଙ୍କ ଜୀବନରେ କେବଳ ଝିଅ ବ୍ୟତୀତ ଆଉ କେହି ନଥିଲେ ଯାହା ପାଇଁ ସିଏ ବଞ୍ଚି ରହିବେ । ମୁର୍ମୁ କହନ୍ତି, "ହୁଏତ ତାଙ୍କର ସ୍ୱାମୀଙ୍କର ଇଚ୍ଛାଶକ୍ତି ଟିକିଏ କମ୍ ଥିଲା ଯାହା ଫଳରେ ସିଏ ବଞ୍ଚି ରହି ପାରିଲେ ନାହିଁ ଏବଂ ଦୁଇଟି ପୁଅଙ୍କ ବିୟୋଗ ପରେ ନିଜେ ଏ ସଂସାର ଛାଡ଼ି ଚାଲିଗଲେ । କାରଣ ସେ ଦୁଃଖ ଆଗରେ ନିଜେ ହିଁ ନଇଁ ପଡ଼ିଲେ ।" ଦ୍ରୌପଦୀ ମୁର୍ମୁଙ୍କ ଜୀବନରେ ନା ଆଉ ସୁଖ ଥିଲା ନା ଉଲ୍ଲାସ । ସବୁଆଡ଼େ ଥିଲା କେବଳ ଅନ୍ଧାର । ଆଲୋକର ଦେଖା ହିଁ ନଥିଲା ।

ନିଜ ସ୍ୱାମୀଙ୍କ ମୃତ୍ୟୁ ପରେ ସିଏ କିଛି ସମ୍ପତ୍ତି ମଧ୍ୟ ବିକ୍ରି କରିବାକୁ ଚାହୁଁଥିଲେ ଏବଂ ସବ୍ କଲେକ୍ଟରଙ୍କ ଅଫିସ୍ ସାମ୍ନାରେ ସାଧାରଣ ଏକ ସ୍ତ୍ରୀ ଲୋକ ପରି ଅପେକ୍ଷା ମଧ୍ୟ କରି ରହୁଥିଲେ । କାରଣ ଆଦିବାସୀ ସମ୍ପ୍ରଦାୟର ଲୋକମାନେ ଅଣ ଆଦିବାସୀମାନଙ୍କୁ ଜମି ବିକିବାକୁ ହେଲେ ରାଜସ୍ୱ ଅଧିକାରୀଙ୍କ ମଞ୍ଜୁରୀ ପ୍ରାପ୍ତ କରିବା ଅନିବାର୍ଯ୍ୟ ଅଟେ । ଏଭଳି କଥାର ଉଲ୍ଲେଖ କରିଛନ୍ତି 'ଓପେନ' ପତ୍ରିକାର ଲେଖିକା ଅମିତା ସାହା ।

ଏହି ପ୍ରସଙ୍ଗ ଦୁଇଟି କଥା ଆଡ଼କୁ ଦିଗ ନିର୍ଦ୍ଦେଶ କରିଥାଏ । ପ୍ରଥମ ହେଉଛି ତାଙ୍କର ନିଷ୍ଠାବାନ ଗୁଣ ଏବଂ ଦ୍ୱିତୀୟଟି ହେଉଛି ଅହଂକାର ରହିତ ସ୍ୱଭାବ । ତେଣୁ ଅଧିକ କ'ଣ ବା ଲେଖିବି । କେବଳ ରାମନାମ ଲେଖି ମୁଁ ବିରାମ ନେବା ପାଇଁ ଚାହିଁବି ।

ଜନମ ମରଣ ସବ ଦୁଃଖ ସୁଖ ଭୋଗା, ହାନି ଲାଭ ପ୍ରିୟ ମିଳନ ବିୟୋଗା ।
କାଳ କରମ ବସ ହୋହିଁ ଗୋସାଇଁ, ବରବସ୍ ରାତି ଦିବସ କୀ ନାଇ ।।

ଏହି ଦୋହାର ଅର୍ଥ ହେଉଛି ଜନ୍ମ-ମୃତ୍ୟୁ, ସୁଖ-ଦୁଃଖର ଭୋଗ, ହାନି-ଲାଭ, ପ୍ରିୟଜନମାନଙ୍କର ମିଳନ ଏବଂ ବିଚ୍ଛେଦ ଏହାସବୁ ହେ ପ୍ରଭୁ ତୁମର ଅଧୀନ, ସମୟର ଅଧୀନ, କର୍ମର ଅଧୀନ। ପ୍ରଭୁଙ୍କ ବିନା ଇଚ୍ଛାରେ ଦିନ ଏବଂ ରାତି ହେବା ସମ୍ଭବ ନୁହେଁ।

ଏବେ ଦ୍ରୌପଦୀ ମୁର୍ମୁଙ୍କ ପାଖରେ କେବଳ ଗୋଟିଏ ଜିନିଷ ରହି ଯାଇଥିଲା। ତାହା ହେଉଛି ତାଙ୍କର ବିଶ୍ୱାସ ଯାହାକୁ ସେ କେବେ ହରାଇ ନାହାନ୍ତି। ଅବଶ୍ୟ ସେ ଖୁବ ଦୁଃଖୀ ଏବଂ ମାନସିକ ଭାବରେ ବ୍ୟଥିତ ଥିଲେ। ଦଳର କାର୍ଯ୍ୟ ମଧ ଠିକ୍ ଭାବରେ କରିବାକୁ ସକ୍ଷମ ନଥିଲେ। କିନ୍ତୁ ତଥାପି ଦଳର ଅନ୍ୟ କାର୍ଯ୍ୟକର୍ତ୍ତାମାନେ ତାଙ୍କୁ ଧୀରେ ଧୀରେ ଦଳ ସହିତ ପୁଣି ଥରେ ସଂଶ୍ଳିଷ୍ଟ କରାଇଲେ ଏବଂ ଆଶ୍ୱାସନା ଦେଲେ ଯେ ସେ ଏବେ ମଧ ସେମାନଙ୍କ ନିକଟରେ ସେହି ଆସ୍ଥା ଏବଂ ବିଶ୍ୱାସ ରଖିଛନ୍ତି ଏବଂ ପ୍ରିୟ ପାତ୍ରୀ ମଧ। ସେ ଜିଲ୍ଲା ପାର୍ଟି ପ୍ରମୁଖ ଥିଲେ। ପାର୍ଟିର କାର୍ଯ୍ୟକର୍ତ୍ତା ଏବଂ ମତଦାତାଙ୍କ ମଧରେ ଖୁବ ଲୋକପ୍ରିୟ ଥିଲେ। ସିଏ ପାର୍ଟିର କାର୍ଯ୍ୟ ଛାଡ଼ି କୌଣସି ଆଶ୍ରମକୁ ଯାଇ ସନ୍ୟାସ ନେବା ପାଇଁ ଚାହୁଁଥିଲେ। ସତେ ଯେପରି ଦୁଃଖ ଏବଂ ଅବସାଦ ତାଙ୍କ ଜୀବନରେ ବସା ବାନ୍ଧି ସାରିଥିଲା। କୁହାଯାଏ ଯେ ସେ ସମୟରେ ବିଜେପିର ସଂଗଠନ ମହାସଚିବ ଥିଲେ ରାମଲାଲ ଜୀ। ଯିଏ ତାଙ୍କର ଏଭଳି ଦୁର୍ଦ୍ଦଶା ଉପରେ ଧ୍ୟାନ ଦେଇଥିଲେ। ଶ୍ରୀ ରାଜକିଶୋର ଦାସ ଯିଏ ତାଙ୍କର ରାଜନୈତିକ ମାର୍ଗଦର୍ଶକ ଥିଲେ। ସିଏ କହନ୍ତି, "ସୁଶ୍ରୀ ମୁର୍ମୁଙ୍କ ବ୍ୟକ୍ତିତ୍ୱର ସବୁଠାରୁ ବଡ଼ କଥା ହେଉଛି ସୁଖ ଏବଂ ଦୁଃଖ ଉଭୟ ସମୟରେ ତାଙ୍କର ସମ ଭାବ ରହିଥାଏ। ଏବଂ ବିପଦ ସମୟରେ ତାଙ୍କର ମାନସିକ ଦୃଢ଼ତା ମଧ ଅବିଚଳିତ ରହିଥାଏ। ଯେଉଁଭଳି ଭାବରେ ଶ୍ରୀ ନିଜକୁ ସମ୍ଭାଳିଥିଲେ ଏବଂ ପରିବାରରେ ଅନେକ ବିପଦ ପରେ ମଧ ଲୋକମାନଙ୍କ ପାଇଁ ନିଜର କାର୍ଯ୍ୟ କରିବା ଜାରି ରଖିଥିଲେ। ଏହା ତାଙ୍କ ଚରିତ୍ରର ଉଲ୍ଲେଖନୀୟ ଶକ୍ତି ବାବଦରେ ପ୍ରଦର୍ଶନ କରିଥାଏ।

ମୁଁ ଏଠାରେ ଯୋଗ କରିବା ପାଇଁ ଚାହୁଁଛି ଯେ ଦ୍ରୌପଦୀ ମୁର୍ମୁଙ୍କ ଜୀବନ ସହିତ ସଂଯୁକ୍ତ ରାଷ୍ଟ୍ର ଆମେରିକାର ଉପ ରାଷ୍ଟ୍ରପତି କମଳା ହ୍ୟାରିସ୍ ଏବଂ ସେଠାକାର ରାଷ୍ଟ୍ରପତି ଜୋ ବିଡେନଙ୍କ ସହିତ ଅନେକ ସମାନତା ମଧ ରହିଛି। କମଳା ହ୍ୟାରିସ୍ ନିଜର ମାଆ ଶ୍ୟାମଳା ଗୋପାଲନ ହ୍ୟାରିସ୍‌ଙ୍କୁ ହରାଇଥିଲେ। ଯାହାଙ୍କର ୨୦୦୯ ମସିହାରେ କ୍ୟାନ୍‌ସରରେ ମୃତ୍ୟୁ ହୋଇଗଲା। ଜୋ ବିଡେନଙ୍କ ପୁଅ ବ୍ୟୁ ବିଡେନଙ୍କ ୨୦୧୫ ମସିହାରେ ବ୍ରେନ କ୍ୟାନ୍‌ସର ରୋଗରେ ମୃତ୍ୟୁ ହୋଇଥିଲା। ମାନବ ଜୀବନର ବାସ୍ତବତା କେତେ ଅପ୍ରତ୍ୟାଶିତ ଏଥରୁ ପ୍ରତିପାଦିତ ହେଉଛି।

ଦ୍ରୌପଦୀ ମୁର୍ମୁ ଜନକଲ୍ୟାଣ ପାଇଁ ଯାହାଡ଼ପୁରରେ ଥିବା ନିଜ ପରିବାରର ଜମିକୁ ଦାନ କରି ଦେଇଛନ୍ତି। ସେ ଅଗଷ୍ଟ ୨୦୧୬ରେ ନିଜ ଘରକୁ ଏକ ବିଦ୍ୟାଳୟରେ ପରିବର୍ତ୍ତନ କରି ଦେଇଛନ୍ତି। ନିଜର ସ୍ୱାମୀ ଏବଂ ଦୁଇ ପୁଅଙ୍କ ସ୍ମୃତିରେ ଏସ୍.ଏଲ.ଏସ୍. ଆବାସିକ ବିଦ୍ୟାଳୟ (ନାମ ଶ୍ୟାମ-ଲକ୍ଷ୍ମଣ-ସିପୁନ ଉଚ୍ଚ ପ୍ରାଥମିକ ଆବାସିକ ବିଦ୍ୟାଳୟ) ଚଳାଇଛନ୍ତି।

ସେହି ସ୍ଥାନରେ ସେମାନଙ୍କ ସ୍ମୃତିରେ ସମାଧି ମଧ୍ୟ ନିର୍ମିତ ହୋଇଛି । ଏହା ଭିତରେ ଦ୍ରୌପଦୀ ମୁର୍ମୁଙ୍କ ଦୁଇ ପୁଅ ଏବଂ ସ୍ୱାମୀଙ୍କ ପ୍ରତିମା ମଧ୍ୟ ରହିଛି । ପ୍ରତ୍ୟେକ ବର୍ଷ ଦ୍ରୌପଦୀ ମୁର୍ମୁ ଏଠାରେ ସେମାନଙ୍କୁ ମନେ ପକାଇଥାଆନ୍ତି । ଏହି ସ୍କୁଲରେ ଦ୍ରୌପଦୀ ମୁର୍ମୁଙ୍କ ସ୍ୱାମୀଙ୍କର ଯେଉଁ ବଡ଼ ପ୍ରତିମା ଲାଗିଛି ସେଥିରେ ଓଡ଼ିଶାର ଦୁଇ ମହାନ କବି ସଚ୍ଚିଦାନନ୍ଦ ଏବଂ ସାରଳା ଦାସଙ୍କର କବିତାର ପଂକ୍ତି ଉଲ୍ଲେଖିତ ରହିଛି । ସ୍ୱାମୀଙ୍କରୂପ ପ୍ରତିମା ଉପରେ ଯେଉଁ କବିତା ଲେଖା ଯାଇଛି ତାହା ନିମ୍ନ ପରି ଅଟେ ।

ଖାଲି ହାତେ ଆସିଛି ମୁଁ ଖାଲି ହାତେ ଯିବି,

ସଦାବେଳେ ମୁଁ ତେଣୁ ଭଲ କାମ କରିବି ।

ତେଣୁ ଏସବୁ ଦେଖ୍, ଏସବୁ ଶୁଣି କାହାର ହୃଦୟ କରୁଣା ଏବଂ ଦୁଃଖରେ ଭରି ନଉଠିବ ?

ଦ୍ରୌପଦୀ ମୁର୍ମୁ ତାଙ୍କ ଜୀବନରେ ବହୁତ କଷ୍ଟ ଏବଂ ସଂଘର୍ଷର ସାମ୍ନା କରିଛନ୍ତି । କିନ୍ତୁ ପରିସ୍ଥିତିର ପ୍ରତିକୂଳତା ସତ୍ତ୍ୱେ ମଧ୍ୟ ସେ ଡରି ନାହାଁନ୍ତି । ପ୍ରତିକୂଳତାର ଫଳ ମିଠା ହୋଇଥାଏ । ବିପରୀତ ଏବଂ ବିରୋଧୀ ପରିସ୍ଥିତି କଷ୍ଟଦାୟକ ତ ନିଶ୍ଚୟ । କିନ୍ତୁ ଏହାଦ୍ୱାରା ମଣିଷ ଘସିମାଞ୍ଜି ହୋଇ ସୁନା ପରି ଆହୁରି ଚିକ୍ଟିକ୍ କରିଥାଏ । ଦ୍ରୌପଦୀ ମୁର୍ମୁ ନିଜର ବ୍ୟକ୍ତିଗତ ଜୀବନରେ ଆସିଥିବା ଦୁଃଖ ଏବଂ କଷ୍ଟକୁ ଏମିତି ଭାବରେ ଆତ୍ମସାତ୍ କରିଛନ୍ତି ସତେ ଯେପରି ଭଗବାନ ଶିବ ସାଗର ମନ୍ଥନରୁ ବାହାରିଥିବା ଗରଳକୁ ପାନ କରିଥିଲେ । ତେଣୁ ସେଇଥିପାଇଁ ହୁଏତ ଭଗବାନ ଶିବଙ୍କୁ ନୀଳକଣ୍ଠ କୁହା ଯାଇଥାଏ । ଦ୍ରୌପଦୀ ମୁର୍ମୁଙ୍କୁ ମଧ୍ୟ ଏହି ନାମରେ ସମ୍ବୋଧନ କରା ଯାଇପାରେ । ଯିଏ ତାଙ୍କ ଜୀବନର ମାର୍ମିକ କାହାଣୀ ଜାଣିବ ବା ପଢ଼ିବ । ଶେଷରେ ଆମେ ସମସ୍ତେ ଦ୍ରୌପଦୀ ମୁର୍ମୁଙ୍କ ବ୍ୟକ୍ତିଗତ ଅବସାଦ ଏବଂ ରାଜନୈତିକ ଜୀବନର ଉଠାଣି ଗଡ଼ାଣି ସହିତ ଦୁଃଖ କଷ୍ଟ ସତ୍ତ୍ୱେ ମଧ୍ୟ ନିଜ ମନରେ ସେବାଭାବ ଏବଂ ସମର୍ପଣାର ଭାବ ରଖ୍ଥିବା ଦ୍ରୌପଦୀ ମୁର୍ମୁଙ୍କୁ ପ୍ରଦାନ କରା ଯାଇଥିବା 'ନୀଳକଣ୍ଠ' ପୁରସ୍କାରର ସାର୍ଥକତା ଏଠାରେ ଦେଖ୍ବାକୁ ପାଇଥାଉ ।

ଆଧ୍ୟାତ୍ମିକ ସ୍ୱାତନ୍ତ୍ରତାଃ ବ୍ରହ୍ମକୁମାରୀ

ବ୍ରହ୍ମକୁମାରୀ ଆଶ୍ରମ ଦ୍ରୌପଦୀ ମୁର୍ମୁଙ୍କୁ ନୂତନ ଜୀବନ ପ୍ରଦାନ କରିଛି । ଏଭଳି ଦୁଃଖଦ ଘଟଣାଗୁଡ଼ିକର ସାମ୍ନା କରିବା ପରେ ଯେତେବେଳେ ଏହାକୁ ସହିବା କଷ୍ଟକର ହୋଇପଡ଼ିଲା ସେତେବେଳେ ତାଙ୍କୁ ମାନସିକ ଆଶ୍ୱାସ ପାଇଁ କିଛି ସ୍ୱାତନ୍ତ୍ରାର ଆବଶ୍ୟକତା ଥିଲା । ସେ ସମ୍ପୂର୍ଣ୍ଣ ଭାବରେ ନିରାଶା ଏବଂ ଦୁଃଖରେ ଭାଙ୍ଗି ପଡ଼ିଥିଲେ । ସେହି ସମୟରେ ଆଉ କିଛି ଉପାୟ ନପାଇ ଭକ୍ତି ମାର୍ଗରେ ଚଳିବାକୁ ଆରମ୍ଭ କଲେ । ସେ କୃଷ୍ଣ ଭକ୍ତ ଅଟନ୍ତି, ଶିବଭକ୍ତ ଅଟନ୍ତି ଏବଂ

ବ୍ରହ୍ମକୁମାରୀଙ୍କ ଶିଷ୍ୟ ମଧ୍ୟ ଅଟନ୍ତି । ସିଏ ଯେତେବେଳେ ବ୍ରହ୍ମକୁମାରୀଙ୍କ ସହିତ ଜଡ଼ିତ ହେଲେ ସେତେବେଳେ ତାଙ୍କ ଜୀବନରେ ପରିବର୍ତ୍ତନ ହେବାକୁ ଲାଗିଲା । ସେ ମୟୁରଭଞ୍ଜ ଜିଲ୍ଲାରେ ରାଇରଙ୍ଗପୁରରେ ଥିବା ପ୍ରଜାପିତା ବ୍ରହ୍ମକୁମାରୀ ଈଶ୍ୱରୀୟ ବିଶ୍ୱବିଦ୍ୟାଳୟରେ ଧ୍ୟାନ ଏବଂ ଆଧ୍ୟାମ୍ରିକତା ପ୍ରତି ଆକର୍ଷିତ ହେଲେ । ଅବଶ୍ୟ ୨୦୦୨ରୁ ସେମାନେ ତାଙ୍କୁ ଜାଣିଥିଲେ । ଆଶ୍ରମର ପ୍ରମୁଖ ପ୍ରଭାରୀ ବ୍ରହ୍ମକୁମାରୀ ସୁପ୍ରିୟା ମନେ ପକାଇ କହନ୍ତି, "ଦ୍ରୌପଦୀ ଆଶ୍ରମରେ ଧ୍ୟାନ ଏବଂ ଆଧ୍ୟାମ୍ରିକ ଉପଚର ମାଧ୍ୟମରେ ନିଜର ଦୁଃଖ ଏବଂ ଅବସାଦ ମଧ୍ୟରୁ ବାହାରକୁ ବାହାରିବା ପାଇଁ ସକ୍ଷମ ହେଲେ । ସିଏ ତିନିଜଣ ସନ୍ତାନ ଅର୍ଥାତ୍ ଦୁଇଜଣ ପୁଅ ଏବଂ ଜଣେ ଝିଅଙ୍କୁ ହରାଇ ସାରିଥିଲେ ଏବଂ ଭାବନାମ୍ରକ ଭାବରେ ଖୁବ ଭାଙ୍ଗି ପଡ଼ିଥିଲେ । ମାନସିକ ଦୁଃଖକୁ ସହିବା ତାଙ୍କ ପାଇଁ କଷ୍ଟକର ଥିଲା । ନିଜ ବଡ଼ ପୁଅର ମୃତ୍ୟୁ ପରେ ଛଅ ମାସ ପର୍ଯ୍ୟନ୍ତ ସିଏ କାହା ସହିତ କଥାବାର୍ତ୍ତା ମଧ୍ୟ କରି ପାରିନଥିଲେ ଏବଂ ଠିକ୍ ଭାବରେ ଖାଦ୍ୟ ମଧ୍ୟ ଖାଇ ପାରୁନଥିଲେ ।" ସିଏ ବିଗତ ବର୍ଷଗୁଡ଼ିକରେ ବ୍ରହ୍ମକୁମାରୀ ଆଶ୍ରମ ସହିତ ଜଡ଼ିତ ହେଲେ । ରାଜସ୍ଥାନର ମାଉଣ୍ଟ ଆବୁରେ ଥିବା ପ୍ରଜାପିତା ବ୍ରହ୍ମକୁମାରୀ ଆଧାମ୍ରିକ ବିଶ୍ୱବିଦ୍ୟାଳୟର ଅନୁସରଣକାରୀ ଏବଂ ନିୟମିତ ଆଗନ୍ତୁକ ଥିଲେ । ସ୍ୱାଭାବିକ ଭାବରେ ସିଏ ସେଠାକୁ ଯାଇଥିଲେ ଏବଂ ଭଗବାନଙ୍କ ସାମ୍ନାରେ ନିଜ ଇଚ୍ଛାକୁ ସମ୍ପୂର୍ଣ୍ଣ ଭାବରେ ସମର୍ପଣ କରି ଦେଇଥିଲେ । ମୁର୍ମୁଙ୍କ ଭାଉଜ ଶୁକ୍ରମଣି ଟୁଟୁ କହନ୍ତି, "ଧ୍ୟାନକେନ୍ଦ୍ରର ଭଉଣୀମାନେ ସେମାନଙ୍କୁ ଜଣାଇଥିଲେ ଯେ ଦୁନିଆ ଏକ ପାନ୍ଥଶାଳା ଏବଂ ଏଠାରେ ଆମ୍ଭମାନେ କିଛିକାଳ ଅବସ୍ଥାନ ପାଇଁ ଆସି ରହିଥାଆନ୍ତି ।"

୨୦୦୯ ମସିହାରେ ସେ ପ୍ରଥମଥର ପାଇଁ ସଂସ୍ଥାକୁ ଯାଇଥିଲେ ଏବଂ ସେଠାରେ ରାଜଯୋଗ ଶିଖିଲେ । ସେଠାରେ ସେ ନିୟମିତ ଭାବରେ ସେମାନଙ୍କ ସହ ଯୋଗାଯୋଗ କରୁଥିଲେ । ପ୍ରକୃତରେ ସେ ସଂସ୍ଥାରେ ଅନେକ କାର୍ଯ୍ୟକ୍ରମରେ ମଧ୍ୟ ଅଂଶଗ୍ରହଣ କରୁଥିଲେ । ଦୀର୍ଘଦିନ ଧରି ଧ୍ୟାନ ଏବଂ ଆଧ୍ୟାମ୍ରିକ ପ୍ରବଚନ ଦ୍ୱାରା ତାଙ୍କୁ ଶାନ୍ତି ଏବଂ ସନ୍ତୋଷ ପ୍ରାପ୍ତ ହେଉଥିଲା । ସିଏ ଶିଖି ଯାଇଥିଲେ ଯେ ଧ୍ୟାନର କୌଶଳ ଦ୍ୱାରା ନିଜ ଜୀବନର ବ୍ୟକ୍ତିଗତ ବିପତ୍ତିଗୁଡ଼ିକୁ ଦୃଢ଼ତା ସହିତ ସାମ୍ନା କରାଯାଇ ପାରିବ । ତାଙ୍କର ମନରେ ଆନ୍ତରିକ ଶାନ୍ତି ଏବଂ ସନ୍ତୁଳନ ଲାଭ ହୋଇଥିଲା । ଅନେକ ଦର୍ଶକମାନେ ଜାଣିଥିବେ ତାଙ୍କର ନାମାଙ୍କନ ଦିନରେ ସିଏ ଧଳା ଶାଢ଼ୀ ପିନ୍ଧିଥିଲେ ଯାହା ତାଙ୍କର ଆଧ୍ୟାମ୍ରିକ ପକ୍ଷକୁ ପ୍ରଦର୍ଶିତ କରୁଥିଲା । ଶୁଭ୍ର ବସନ ପବିତ୍ରତା ଏବଂ ଶୂନ୍ୟତାର ପ୍ରତୀକ ଅଟେ । ତେଣୁ ମହାମହିମ ରାଷ୍ଟ୍ରପତି ଦ୍ରୌପଦୀ ମୁର୍ମୁଙ୍କ ବସ୍ତ୍ରବିନ୍ୟାସରେ ଯେଉଁ ଶୂନ୍ୟତା, ଶାଳୀନତା ଏବଂ ପବିତ୍ରତାର ମିଳନ ଘଟିଛି ସେଥିରେ ବ୍ରହ୍ମକୁମାରୀ ସଂସ୍ଥାର ବହୁତ ବଡ଼ ଯୋଗଦାନ ରହିଛି ।

ଯେତେବେଳେ ସେ ନିଜେ ପ୍ରକୃତିସ୍ଥ ହେଲେ ସେତେବେଳେ ସିଏ ନିଜ ଜୀବନକୁ ପୁଣିଥରେ ଜନତାଙ୍କ ସେବା ପାଇଁ ଆଧ୍ୟାମ୍ରିକତାର ଶିକ୍ଷା ପ୍ରଦାନ କରିବା ପାଇଁ ସମର୍ପଣ କରିଦେଲେ ।

ମାଉଣ୍ଟ ଆବୁ କେନ୍ଦ୍ରରେ ଏକ କାର୍ଯ୍ୟକ୍ରମ ସମୟରେ ଦ୍ରୌପଦୀ ମୁର୍ମୁ କହିଛନ୍ତି, "ମୁଁ ଏଠାରେ ଏଇଥିପାଇଁ ଆସେ କାରଣ ଏଠାକାର ସମସ୍ତ ଭାଇ ଓ ଭଉଣୀମାନେ ବହୁତ ଭଲ। ମୁଁ ସେମାନଙ୍କର ସକାରାମ୍ବକତା ଏବଂ ସହଯୋଗ ଭାବନା ପାଇଁ ସେମାନଙ୍କୁ ସମ୍ମାନ କରେ। କାରଣ ଏଠାକାର ପରିବେଶ ଏକ ଭିନ୍ନ ପରିବେ। ଯଦି ଲୋକମାନେ ଏହି ସଂସ୍କାର ମୂଲ୍ୟବୋଧକୁ ଆଧାର କରି ଶିକ୍ଷାଲାଭ କରିବେ ତେବେ ଭାରତ ପୁଣିଥରେ ନିଶ୍ଚିତ ଭାବରେ ଜାଗ୍ରତ ହେବ।

ଦ୍ରୌପଦୀ ମୁର୍ମୁ ସଦାସର୍ବଦା ନିଜ ପାଖରେ ଏକ ଟର୍ଚ୍ଲାଇଟ୍ ଏବଂ ଶିବବାବାଙ୍କର ଏକ ଛୋଟ ପୁସ୍ତକ ରଖ୍ଥାଆନ୍ତି। ଯାହା ଫଳରେ ବିଭିନ୍ନ ଯାଗାକୁ ଯିବା ଆସିବା ସମୟରେ ତାଙ୍କର ଧ୍ୟାନ ଭଙ୍ଗ ନହେଉ।

ଭାରତ ଏକ ଏଭଳି ଏକ ଦେଶ ଯେଉଁଠାରେ ଅନେକ ଧର୍ମ ରହିଛି, ଅନେକ ସମ୍ପ୍ରଦାୟ ରହିଛି ଏବଂ ଏହା ବିବିଧତା ଭରା ମଧ୍ୟ ଅଟେ। ଗୋଟିଏ ଘରେ ଅନେକ ସଦସ୍ୟ ରହିଛନ୍ତି ଯେଉଁମାନେ ନିଜ ନିଜର ଈଶ୍ୱରଙ୍କ ଭଜନ ପୂଜାର୍ଚ୍ଚନା କରିବା ପାଇଁ ସ୍ୱତନ୍ତ୍ର ଅଟନ୍ତି। ତେଣୁ ଏହିଭଳି ସୁବିଧା, ସ୍ୱତନ୍ତ୍ରତା ଏବଂ ସମାରସତା ସମଗ୍ର ଦୁନିଆରେ ବିରଳ ଅଟେ।

ଅକ୍ଟୋଭିଆ ପାଜ ନିଜର ପୁସ୍ତକ 'ଇନ୍ ଲାଇଟ୍ ଅଫ୍ ଇଣ୍ଡିଆ'ରେ କହିଛନ୍ତି, "ଘଟଣାଗୁଡ଼ିକର ଭବିଷ୍ୟତ ପାଇଁ ଭବିଷ୍ୟବାଣୀ କରିବା ଅସମ୍ଭବ ଅଟେ। ରାଜନୀତି ଏବଂ ଇତିହାସରେ ହୁଏତ ସମସ୍ତ ଜିନିଷରେ ସବୁଠାରୁ ଏକ ଅଜ୍ଞାତ ଶକ୍ତି କାମ କରିଥାଏ। ଯାହାକୁ ଆମର ପୂର୍ବଜମାନେ ହୁଏତ ଭାଗ୍ୟ ବୋଲି କହିଛନ୍ତି।" ଦ୍ରୌପଦୀ ମୁର୍ମୁ ନିଜର ବ୍ୟକ୍ତିଗତ ଜୀବନରେ ସମ୍ପୂର୍ଣ୍ଣ ଭାବରେ ଧ୍ୱସ୍ତ ବିଧ୍ୱସ୍ତ ହୋଇ ଯାଇଥିଲେ। କିନ୍ତୁ ଭଗବାନଙ୍କ ନିକଟରେ ତାଙ୍କ ଠାରୁ ଆହୁରି କିଛି ଉନ୍ନତ ଏବଂ ବଡ଼ କାର୍ଯ୍ୟ କରାଇବାର ଯୋଜନା ଥିଲା। ଯାହା ଫଳରେ ଆଜି ସିଏ ରାଷ୍ଟ୍ରପତି ପଦରେ ଆସୀନ ହୋଇଛନ୍ତି। କର୍ମର ଫଳର ଇଚ୍ଛା ନରଖି କାର୍ଯ୍ୟ କରି ଚାଲିବା ଯାହା ପବିତ୍ର ଗ୍ରନ୍ଥ 'ଗୀତା'ରେ 'ସ୍ଥିତ-ପ୍ରଜ୍ଞତା' ଅର୍ଥାତ୍ ସୁଖ ଏବଂ ଦୁଃଖରେ ସମଭାବ ପୋଷଣ କରିବା, ସନ୍ତୁଲନ ବନାଇ ରଖ୍ବା ଆଦିର ବିସ୍ତୃତ ବର୍ଣ୍ଣନା ଦେଖିବାକୁ ମିଳିଥାଏ। ଯାହାକୁ ଦ୍ରୌପଦୀ ମୁର୍ମୁ ନିଜ ଜୀବନରେ ଆଦର୍ଶ କରି ପ୍ରତିପାଳନ କରିଛନ୍ତି। ଏବଂ ଏଭଳି ବ୍ୟକ୍ତିତ୍ୱଙ୍କର ରାଷ୍ଟ୍ରପତି ଆସନରେ ଅଲଙ୍କୃତ ହେବା ଆମ ପାଇଁ ଏକ ଗୌରବର ବିଷୟ।

ଗଭର୍ଣ୍ଣର ପଦବୀ

୨୦୦୦ ମସିହାରେ ଝାଡ଼ଖଣ୍ଡ ରାଜ୍ୟ ସୃଷ୍ଟି ହେଲା। ଏହି କ୍ଷେତ୍ର ପ୍ରଥମେ ବିହାରର ଅଂଶ ଥିଲା ଏବଂ ଏହି ରାଜ୍ୟର ପ୍ରଥମ ମହିଳା ରାଜ୍ୟପାଳ ହେଲେ ଦ୍ରୌପଦୀ ମୁର୍ମୁ (୨୦୧୫- ୨୦୨୧)। ମୁର୍ମୁ ୧୮ ମଇ ୨୦୧୫ ମସିହାରେ ଝାଡ଼ଖଣ୍ଡର ରାଜ୍ୟପାଳ ଭାବରେ ଶପଥ

ଗ୍ରହଣ କଲେ । ସିଏ ପ୍ରଥମ ଆଦିବାସୀ ଗଭର୍ଣର ହେଲେ ଏବଂ ଝାଡ଼ଖଣ୍ଡରେ ରାଜ୍ୟପାଳ ପଦ ଗ୍ରହଣ କରିଥିବା ପ୍ରଥମ ମହିଳା ଥିଲେ ଯେତେବେଳେ ସିଏ ନିଜର କାର୍ଯ୍ୟଭାର ଗ୍ରହଣ କଲେ । ଅନ୍ୟ କୌଣସି ଭାରତୀୟ ରାଜ୍ୟର ରାଜ୍ୟପାଳ ନିଯୁକ୍ତ ହୋଇଥିବା ଓଡ଼ିଶାର ସିଏ ଥିଲେ ପ୍ରଥମ ମହିଳା ନେତା । ଏଠାରେ ବାରମ୍ବାର ଏହି ଶବ୍ଦ 'ମହିଳା' ଶବ୍ଦଟିର ପ୍ରୟୋଗ କରା ଯାଇଛି । କାରଣ ଏହି ପଦବୀରେ ନିଯୁକ୍ତ ହେବା ତାଙ୍କର କାର୍ଯ୍ୟକ୍ରମର ଏକ ଅଂଶବିଶେଷ ନଥିଲା । ତେଣୁ ଅନେକ ବୁଦ୍ଧି ବିଚ୍ଛରି ତାଙ୍କର ନିଯୁକ୍ତି ହୋଇଥିଲା ।

ସେହି ସମୟରେ ଝାଡ଼ଖଣ୍ଡର ମୁଖ୍ୟମନ୍ତ୍ରୀ ଭାବରେ ଜଣ ଅଣ ଆଦିବାସୀ ଚୟନ କରିବାରୁ ବିଜେପି ସମାଲୋଚନାର ସାମ୍ନା କରିବାକୁ ପଡ଼ିଥିଲା । ତେଣୁ ମୁର୍ମୁଙ୍କ ଭୂମିକା ସେହି ରାଜ୍ୟରେ ସମ୍ବିଧାନର ମୁଖ୍ୟ ସଂରକ୍ଷକ ଭାବରେ ବିକାଶ ସମ୍ବନ୍ଧିତ ଅନେକ ପ୍ରାସଙ୍ଗିକ ବିଷୟରେ ଆଦିବାସୀ ଏବଂ ଅଣ ଆଦିବାସୀର ବିଭାଜନକୁ ଏକ ସନ୍ତୁଳନ କରିବା ପାଇଁ ନିଯୁକ୍ତି ଦିଆ ଯାଇଥିଲା । ତେଣୁ ତାଙ୍କର ନିଯୁକ୍ତ ଭାରତୀୟ ଜନତା ପାର୍ଟି ପାଇଁ କେନ୍ଦ୍ର ସରକାରଙ୍କ ଦ୍ୱାରା ରାଜ୍ୟର ୮.୬ ମିଲିୟନ ଆଦିବାସୀ ଲୋକମାନଙ୍କୁ ସନ୍ତୁଷ୍ଟ କରିବା ପାଇଁ ଏକ ସନ୍ତୁଳନ କରି କାର୍ଯ୍ୟ ରୂପରେ ଦେଖାଗଲା । ମୁର୍ମୁଙ୍କ କଥାରୁ ଆଶା କରା ଯାଉଥିଲା ଯେ ସେ ସରକାରଙ୍କ ସହିତ ତାଲମେଲ ରଖି ସ୍ଥାନୀୟ ଲୋକମାନଙ୍କୁ ଉତ୍ତମ ଭାବରେ ସରକାରୀ ତନ୍ତ୍ର ସହ ଯୋଡ଼ିବେ ଏବଂ ସେମାନଙ୍କ ହିତ ପାଇଁ କାର୍ଯ୍ୟ କରିବେ । ପଞ୍ଚମ ଅନୁସୂଚୀରେ ଥିବା ରାଜ୍ୟଗୁଡ଼ିକରେ ଜଣେ ଆଦିବାସୀ ମହିଳା ରାଜ୍ୟପାଳ ରୂପରେ ନିଯୁକ୍ତି ଏକ ଐତିହାସିକ ଘଟଣା ଥିଲା । ଝାଡ଼ଖଣ୍ଡ ପ୍ରଦେଶ ଭାଜପା ଅଧ୍ୟକ୍ଷ ଏବଂ କୋଡରମାର ସାଂସଦ ରବିନ୍ଦ୍ର ରାୟଙ୍କ ଶବ୍ଦରେ, ଭାଜପା ନେତୃତ୍ୱାଧୀନ ଏନଡିଏ ସରକାର ଦେଶର ଆଦିବାସୀ ସମୁଦାୟକୁ ସେମାନଙ୍କର ଅଧିକାର ପ୍ରଦାନ କରିବାର ପ୍ରୟାସରେ ଜଣେ ଆଦିବାସୀ ମହିଳା ନେତାଙ୍କୁ ରାଜ୍ୟପାଳ କରାଇଛି । ଏହାଦ୍ୱାରା ସମଗ୍ର ଦେଶରେ ନୁହେଁ ସମଗ୍ର ବିଶ୍ୱକୁ ଏକ ଭଲ ବାର୍ତ୍ତା ଦିଆ ଯାଉଛି ।

ରାଜ୍ୟପାଳ ପଦବୀରେ ଥିବା ସମୟରେ କେନ୍ଦ୍ର ପ୍ରତି ତାଙ୍କର ଆନୁଗତ୍ୟ ଉପରେ ସନ୍ଦେହ ଚିହ୍ନ ଲଗା ଯାଇଥିଲା ଏବଂ ତାଙ୍କୁ ଦୋଷାରୋପ କରା ଯାଇଥିଲା । କିନ୍ତୁ ଦ୍ରୌପଦୀ ମୁର୍ମୁ ନିଜର କାର୍ଯ୍ୟକାଳ ସମୟରେ ତଟସ୍ଥ ରହି ନିଜର ପ୍ରତିଭାର ପ୍ରଦର୍ଶନ କରିଛନ୍ତି । ଏପରି ମଧ୍ୟ ସମୟ ଆସିଛି ଯେତେବେଳେ ଦ୍ରୌପଦୀ ବିଜେପିର ମୁର୍ମୁ ରଘୁବର ଦାସଙ୍କ ସରକାରଙ୍କୁ ପରାମର୍ଶ ପ୍ରଦାନ କରି ବିନା କୌଣସି ଦ୍ୱିଧରେ ତାଙ୍କର ବିଲ୍‌କୁ ଫେରାଇ ଦେବାର କାର୍ଯ୍ୟ ମଧ୍ୟ କରିଛନ୍ତି । ନଭେମ୍ବର ୨୦୧୬ ମସିହାରେ ଝାଡ଼ଖଣ୍ଡରେ ଅସ୍ଥିରତା ଲାଗି ରହିଥିଲା । ରଘୁବର ଦାସଙ୍କର ନେତୃତ୍ୱାଧୀନ ଭାଜପା ସରକାର ଦୀର୍ଘଦିନରୁ ଧର ଚଲି ଆସୁଥିବା ପୁରୁଣା ଭୂମି ନିୟମ ଛୋଟାନାଗପୁର କାଶ୍ତକାରୀ (ସିଏନଟୀ) ଏବଂ ସାନ୍ତାଲ ପରଗଣା କାଶ୍ତକାରୀ (ଏସପିଟୀ) ଅଧିନିୟମରେ ସଂଶୋଧନ ଆଣିଥିଲେ । ଯାହାଦ୍ୱାରା ଔଦ୍ୟୋଗିକ ବ୍ୟବହାର

ପାଇଁ ଭୂମି ସହଜରେ ହସ୍ତାନ୍ତରୀଣ ହୋଇ ପାରିବ । ବିଜେପିର ରଘୁବର ଦାସ ସରକାର ସିଏନଟୀ ଏବଂ ଏପିଏଟୀ ଆକ୍ଟର ଆମେଣ୍ଡମେଣ୍ଟ ବିଲ୍ ଆଗତ କରିଥିଲେ । ଏହି ଅନୁସାରେ ସରକାର ଆଦିବାସୀମାନଙ୍କର ଭୂମିର ରକ୍ଷା ପାଇଁ ବ୍ରିଟିଶ୍ ସରକାରଙ୍କ ଦ୍ୱାରା ଲାଗୁ ହୋଇଥିବା ଛୋଟନାଗପୁର କାସ୍ତକାରୀ ଅଧ୍ନିୟମ (ସିଏନଟୀ) ଅଧ୍ନିୟମ, ଏବଂ ସାନ୍ତାଲ ପରଗଣା କାସ୍ତକାରୀ ଅଧ୍ନିୟମ (ଏପିଏଟୀ)ରେ ସଂଶୋଧନ କରିବାକୁ ଚାହୁଁଥିଲେ । ଅନେକ ବିରୋଧ ଏବଂ ବିରୋଧୀ ଦଳର ୱାକ୍ଆଉଟ୍ ସତ୍ତ୍ୱେ ରଘୁବର ଦାସ ସରକାର ସଦନରେ ଏହି ବିଲ୍ ପାସ୍ କରାଇଥିଲେ ।

କୌଣସି ବିଧାୟକକୁ ଆଇନରେ ପରିଣତ ହେବା ପାଇଁ ତାହାକୁ ରାଜ୍ୟପାଲଙ୍କ ନିକଟକୁ ପଠା ଯାଇଥାଏ । ସଦନରେ ସରକାରଙ୍କର ଦ୍ୱାରା ପାଳିତ ବିଧାୟକ ତତ୍କାଳୀନ ରାଜ୍ୟପାଲ ଦ୍ରୌପଦୀ ମୁର୍ମୁଙ୍କ ପାଖରେ ପହଞ୍ଚିଲା । ମୁର୍ମୁ ଏହା ଉପରେ ହସ୍ତାକ୍ଷର ନକରି ସରକାରଙ୍କ ନିକଟକୁ ବିଲ୍ଟିକୁ ଫେରାଇ ଦେଲେ । ସିଏ ବିଧେୟକ ଦ୍ୱାରା ଆଦିବାସୀ ସମୁଦାୟକୁ ହେବାକୁ ଥିବା ଲାଭ ବାବଦରେ ସରକାରଙ୍କ ଠାରୁ ଉତ୍ତର ଚାହିଁଲେ । ସରକାର କୌଣସି ଉତ୍ତର ଦେଲେ ନାହିଁ ଏବଂ ଏଭଳି ଭାବରେ ବିଲ୍ଟି ଆଇନରେ ପରିଣତ ହୋଇ ପାରିଲା ନାହିଁ । ରାଜ୍ୟପାଲଙ୍କର ଏଭଳି ନିଷ୍ପତ୍ତି ଯୋଗୁଁ ଆଦିବାସୀ ସମ୍ପ୍ରଦାୟ ବହୁତ ଖୁସୀ ହେଲେ ଏବଂ ଦ୍ରୌପଦୀ ମୁର୍ମୁଙ୍କୁ ଧନ୍ୟବାଦ ଜଣାଇଲେ । ମୁର୍ମୁ କହିଥିଲେ ଯେ ବିଲ୍ର ବିରୋଧରେ ପ୍ରାୟ ୨୦୦ ଅଭିଯୋଗ ମିଳିଥିଲା । ତେଣୁ ଏହା ଉପରେ ହସ୍ତାକ୍ଷର କରିବାର କୌଣସି ପ୍ରଶ୍ନ ହିଁ ଉଠୁନଥିଲା । ଏହି ପ୍ରସଙ୍ଗକୁ ନେଇ ତତ୍କାଳୀନ ମୁଖ୍ୟମନ୍ତ୍ରୀ ରଘୁବର ଦାସ ମୁର୍ମୁଙ୍କୁ ସହିତ ସାକ୍ଷାତ୍ କରିଥିଲେ । କିନ୍ତୁ ସେତେବେଳେ ମଧ ମୁର୍ମୁ ନିଜର ନିଷ୍ପତ୍ତି ବଦଳାଇଲେ ନାହିଁ । ମୁର୍ମୁ କହିଥିଲେ, "ମୋ କଲମ ଦ୍ୱାରା କେବେବି ଅନ୍ୟାୟ ହେବ ନାହିଁ ।" ବିରୋଧୀ ଦଳ ତାଙ୍କର ସମ୍ୱେଦନଶୀଳତା ଏବଂ ଦାୟିତ୍ୱଶୀଳତା ପାଇଁ ତାଙ୍କୁ ପ୍ରଶଂସା କରିଥିଲେ । ବିରୋଧୀ ଦଳ ସେତେବେଳେ ତାଙ୍କୁ କହିଥିଲେ ଯେ ଏହା ପ୍ରମାଣିତ କରୁଛି ଯେ ମୁର୍ମୁ ଭାଜପାର ରୂପ ସତ୍ତ୍ୱେ ସମ୍ବିଧାନ ଅନୁସାରେ କାମ କରୁଛନ୍ତି । ସାଧାରଣ ଭାବରେ ଭାଜପାରେ ମହିଳାମାନଙ୍କୁ ପଦବୀ ମିଳିଥାଏ ଏବଂ ସେମାନେ ସଶକ୍ତ ହୋଇଥାଆନ୍ତି । ମୋତେ ଲାଗୁଛି ଯେ ମୁର୍ମୁଙ୍କୁ କାମ କରିବାର ସ୍ୱତନ୍ତ୍ରତା ମିଳିଛି ଏବଂ ତାଙ୍କ ନିଜ ମଧ୍ୟରେ ନେତୃତ୍ୱ କ୍ଷମତାର ମଧ ବିକାଶ ଘଟିଛି ।

ନିଜର ସମ୍ପୂର୍ଣ କାର୍ଯ୍ୟକାଳ ମଧ୍ୟରେ ମୁର୍ମୁ କେବେ ମଧ ବିବାଦସ୍ୱଦ ରହିନାହାନ୍ତି । ଝାଡ଼ଖଣ୍ଡର ଜନଜାତୀୟ ମାମଲା, ଶିକ୍ଷା, ଆଇନ ବ୍ୟବସ୍ଥା, ସ୍ୱାସ୍ଥ୍ୟ ସହିତ ସମ୍ୱନ୍ଧିତ ସମସ୍ୟା ଏବଂ ପ୍ରସଙ୍ଗ ଗୁଡ଼ିକ ମଧ୍ୟରେ ସେ ସର୍ବଦା ସଜାଗ ରହିଥିଲେ । ଅନେକ ସମୟରେ ସିଏ ରାଜ୍ୟ ସରକାରଙ୍କ ନିର୍ଣ୍ଣୟରେ ସାମ୍ବିଧାନିକ ଗରିବା ଏବଂ ଶାଳୀନତା ସହିତ ହସ୍ତକ୍ଷେପ କରିଛନ୍ତି । ବିଶ୍ୱବିଦ୍ୟାଳୟ ଗୁଡ଼ିକରେ କୁଳାଧ୍ୟପତି ରୂପରେ ତାଙ୍କ କାର୍ଯ୍ୟକାଳରେ ରାଜ୍ୟର ଅନେକ ବିଶ୍ୱବିଦ୍ୟାଳୟରେ କୁଳପତି

ଏବଂ ଉପକୁଳପତିଙ୍କ ମଧ୍ୟ ନିଯୁକ୍ତି ହୋଇଛି। ବିନୋଭା ଭାବେ ବିଶ୍ୱବିଦ୍ୟାଳୟର ବରିଷ୍ଠ ଶିକ୍ଷକ ପ୍ରଫେସର ଡକ୍ଟର ଶୈଲେନ୍ଦ୍ର ଚନ୍ଦ୍ର ଶର୍ମା ମନେ ପକାଇ କହନ୍ତି, "ସେ ରାଜ୍ୟର ଉଚ୍ଚ ଶିକ୍ଷା ସହ ଜଡ଼ିତ ସମସ୍ୟାଗୁଡ଼ିକ ପାଇଁ ନିଜେ ଲୋକ ଅଦାଲତ ଆୟୋଜନ କରୁଥିଲେ। ଯେଉଁଥିରେ ବିଶ୍ୱବିଦ୍ୟାଳୟର ଶିକ୍ଷକ ଏବଂ କର୍ମଚାରୀମାନଙ୍କର ପ୍ରାୟ ୫ ହଜାର ମାମଲାର ସମାଧାନ ହୋଇଥିଲା। ରାଜ୍ୟର ବିଶ୍ୱବିଦ୍ୟାଳୟରେ ଏବଂ କଲେଜ୍ ଗୁଡ଼ିକରେ ନାମାଙ୍କନ ପ୍ରକ୍ରିୟାକୁ କେନ୍ଦ୍ରୀୟକରଣ କରାଇବା ପାଇଁ ସିଏ ଚାନ୍ସେଲରର ପୋର୍ଟାଲର ନିର୍ମାଣ ମଧ୍ୟ କରାଇଥିଲେ।

ସେ ଝାଡ଼ଖଣ୍ଡ ମୁକ୍ତି ମୋର୍ଚ୍ଚା ସରକାର ସମୟରେ ମଧ୍ୟ ଏଭଳି ଅନେକ ସାହସିକ ନିଷ୍ପତ୍ତି ନେଇଥିଲେ। ସେ ମୁଖ୍ୟମନ୍ତ୍ରୀ ଶ୍ରୀ ହେମନ୍ତ ସୋରେନଙ୍କ ସହିତ ନିଜର କାର୍ଯ୍ୟକାଳ ସମୟରେ ଉତ୍ତମ ସମ୍ପର୍କ ମଧ୍ୟ ରକ୍ଷା କରିବାକୁ ସମର୍ଥ ହୋଇଥିଲେ।

ଜଣେ ରାଜ୍ୟପାଳ ରୂପରେ ସେ ଯଥେଷ୍ଟ ସନ୍ତୁଳିତ ଏବଂ ବୁଝାମଣା ସହିତ ବ୍ୟବହାର ପ୍ରଦର୍ଶନ କରିଥିଲେ। ସେ ନିଜକୁ ଗରିମାପୂର୍ଣ୍ଣ ପ୍ରଣାଳୀରେ ପ୍ରସ୍ତୁତ କରିଥିଲେ। ସେ 'ସୁଲଭ ଏବଂ ଡାଉନ ଟୁ ଅର୍ଥ' ଏବଂ 'ଦୟାଳୁ ଏବଂ ସନ୍ତୁଳିତ' ଥିଲେ। ସିଏ ଅଧିକାରୀମାନଙ୍କ ସହିତ ଚର୍ଚ୍ଚା ପାଇଁ ପ୍ରସଙ୍ଗ ଉତ୍ଥାପନ କରିବା ଏବଂ ସେଗୁଡ଼ିକ ଉପରେ ଚର୍ଚ୍ଚା ଆଲୋଚନା କରିବା ପାଇଁ ପ୍ରୋତ୍ସାହନ ପ୍ରଦାନ କରୁଥିଲେ।

ଝାଡ଼ଖଣ୍ଡର ରାଜ୍ୟପାଳ ଦ୍ରୌପଦୀ ମୁର୍ମୁଙ୍କ ବାବଦରେ ଅନେକ କଥା ଶୁଣିବାକୁ ମିଳିଥାଏ। ସେ ଅତ୍ୟନ୍ତ ବିନମ୍ର ଏବଂ ମେଳାପୀ ଥିଲେ। ରାଞ୍ଚିର ରାଜଭବନରେ ରହି ମଧ୍ୟ ସେ ସାଧାରଣଙ୍କ ଲୋକଙ୍କର ନିକଟତର ଥିଲେ। ସାଧାରଣ ଲୋକାମାନଙ୍କୁ ଯଥା ସମ୍ଭବ ସହାୟତା ମଧ୍ୟ ପ୍ରଦାନ କରିବା ପାଇଁ ଚେଷ୍ଟା ମଧ୍ୟ କରୁଥିଲେ। ଲୋକମାନଙ୍କର ଛୋଟ ବଡ଼ ସମସ୍ୟାରେ ସେ ଯଥାସମ୍ଭବ ସହାୟତା ମଧ୍ୟ ପ୍ରଦାନ କରୁଥିଲେ।

ଟ୍ରାଇବ୍ସ ଏଡଭାଇଜରୀ କାଉନ୍ସିଲର ପୂର୍ବ ସଦସ୍ୟ ରତନ ତିର୍କୀ ମନେ ପକାଇ କହନ୍ତି, "ଯେତେବେଳେ ମୁଁ ଏଠାରେ ସଦସ୍ୟ ଥିଲି ପଥଲଗଡ଼ୀ ଆନ୍ଦୋଲନ ଏବଂ ଭଡ଼ାଟିଆ ଅଧିନିୟମ ଅନୁସାରେ ଆଦିବାସୀ ସମୁଦାୟ ମଧ୍ୟରେ ଅବିଶ୍ୱାସ ସୃଷ୍ଟି ହୋଇଥିଲା। ଆମେମାନେ ଆଦିବାସୀ ନେତାଙ୍କ ସହିତ କଥାବାର୍ତ୍ତା କରିବା ଏବଂ ସରକାରଙ୍କର ସହିତ ଉତ୍ତମ ସମ୍ବାଦ ପାଇଁ ରାଜ୍ୟପାଳଙ୍କ ସହ ଯୋଗାଯୋଗ କରିଥିଲୁ। ସିଏ ସରକାରଙ୍କୁ ଡ୍ୟାମେଜ୍ କଣ୍ଟ୍ରୋଲ କରିବା ପାଇଁ କହିଥିଲେ ମଧ୍ୟ।"

ଝାଡ଼ଖଣ୍ଡର ଭାଜପାର ମିଡ଼ିଆ ସହପ୍ରଭାରୀ ଅଶୋକ ବାରିକ କହିଛନ୍ତି, "ଏହା ପ୍ରଥମଥର ପାଇଁ ଥିଲା। ଯେତେବେଳେ ଜଣେ ଆଦିବାସୀ ସହଜ ଭାବରେ ରାଜ୍ୟପାଳଙ୍କ ସହିତ ଦେଖା ସାକ୍ଷାତ୍ କରି ପାରୁଥିଲା। ସେ ନିଶ୍ଚିତ ଭାବରେ ଦେଶର ଆଦିବାସୀ ସମୁଦାୟ

ସେମାନଙ୍କର ଉନ୍ନତି ପାଇଁ କାର୍ଯ୍ୟ କରିବେ।” ଝାଡ଼ଖଣ୍ଡର ରାଜଧାନୀ ରାଞ୍ଚିର ବିବିସି ହିନ୍ଦୀର ରବି ପ୍ରକାଶଙ୍କର ଅର୍ଥରେ, “ସୁଶ୍ରୀ ମୁର୍ମୁଙ୍କୁ ଅନେକ ପ୍ରଶଂସା ମିଳିଛି। କାରଣ ତାଙ୍କ କାର୍ଯ୍ୟକାଳ ସମୟରେ ରାଜ୍ୟପାଳଙ୍କ କାର୍ଯ୍ୟାଳୟ ସମସ୍ତ ସମ୍ପ୍ରଦାୟ ଏବଂ ସାଧାରଣ ଲୋକଙ୍କ ପାଇଁ ଖୋଲା ରହିଥିଲା।” ଭୁବନେଶ୍ୱରର ଜଣେ ପରିଚିତ ବ୍ୟକ୍ତି ଦ୍ରୋପଦୀ ମୁର୍ମୁଙ୍କ ଯାତ୍ରା ବାବଦରେ ମନେ ପକାଇ କହନ୍ତି, “ଦ୍ରୋପଦୀ ମୁର୍ମୁ ମୋ ବାପାଙ୍କୁ ସେହି ସମୟରେ ଜାଣିଥିଲେ ଯେତେବେଳେ ସିଏ ସେଚନ ବିଭାଗରେ ଜଣେ କନିଷ୍ଠ ସହାୟକ ଭାବରେ କାର୍ଯ୍ୟ କରୁଥିଲେ। ସେ କେବେବି ଭୁଲି ନଥିଲେ ଯେ ମୋ ବାପା ତାଙ୍କୁ ଥରେ ସାହାଯ୍ୟ କରିଥିଲେ।”

ଝାଡ଼ଖଣ୍ଡର ରାଜ୍ୟପାଳ ରୂପରେ ଦ୍ରୋପଦୀ ମୁର୍ମୁ ନିଜର ଏକ ଅଲିଭା ଛାପ ଛାଡ଼ିଛନ୍ତି ଏବଂ ଖୁବ ଲୋକପ୍ରିୟ ମଧ ହୋଇଛି। ଯଦି ଆପଣ କଲାମଙ୍କୁ ‘ପୀପଲ୍‌ସ ପ୍ରେସିଡେଣ୍ଟ’ର ଆଖ୍ୟା ତେବେ ଦ୍ରୋପଦୀ ମୁର୍ମୁଙ୍କ ‘ପିପଲ୍‌ସ ଗଭର୍ଣ୍ଣର’ ମଧ କୁହା ଯାଇ ପାରିବ। ଯିଏ ସହଜ ଭାବରେ ସାଧାରଣ ଲୋକଙ୍କ ପାଇଁ ଉପଲବ୍ଧ ଥିଲେ। ତାଙ୍କ ପାଞ୍ଚ ବର୍ଷର କାର୍ଯ୍ୟକାଳ ୧୮ ମଇ ୨୦୨୦ରେ ସମାପ୍ତ ହେବାର ଥିଲା। କିନ୍ତୁ ଏହାକୁ ପୁଣି ବୃଦ୍ଧି କରା ଯାଇଥିଲା। ନିଜର କାର୍ଯ୍ୟକାଳ ସମ୍ପୂର୍ଣ୍ଣ ହେବା ପରେ ୧୨ ଜୁଲାଇ ୨୦୨୧ରେ ସେ ଝାଡ଼ଖଣ୍ଡର ରାଜଭବନ ଛାଡ଼ି ଦେଇଥିଲେ ଏବଂ ଏହାପରେ ରାଇରଙ୍ଗପୁରରେ ରହିଥିଲେ। ଏହା ପୂର୍ବରୁ ଝାଡ଼ଖଣ୍ଡର ରାଜ୍ୟପାଳ ଭାବରେ କୌଣସି ଆଦିବାସୀ ମହିଳା ଏହି ପଦବୀ ଧାରଣ କରିନଥିଲେ। ରାଜ୍ୟପାଳ ରୂପରେ ଦ୍ରୋପଦୀ ମୁର୍ମୁଙ୍କୁ ଉଭୟ ଶାସକୀୟ ଦଳ ଏବଂ ବିପକ୍ଷ ଦଳ ସମପରିମାଣର ସମ୍ମାନ ଏବଂ ସୌହାର୍ଦ୍ଦ ପ୍ରଦାନ କରିଥିଲେ। ଏହି କାରଣରୁ ମୁର୍ମୁ କାର୍ଯ୍ୟକାଳ ଶେଷ ପର୍ଯ୍ୟନ୍ତ ଏହି ପଦବୀରେ ରହିଥିଲେ। ରାଜ୍ୟପାଳଙ୍କ କାର୍ଯ୍ୟକାଳ ୫ ବର୍ଷ ପାଇଁ ହୋଇଥାଏ। କିନ୍ତୁ ମୁର୍ମୁ ୬ ବର୍ଷ ୧ ମାସ ଏବଂ ୧୮ ଦିନ ପାଇଁ ଏହି ପଦରେ ରହିଥିଲେ।

ତାଙ୍କର ଦୀର୍ଘ ଉତ୍କୃଷ୍ଟ କ୍ୟାରିୟରରେ ଆପଣ ଦେଖିବାକୁ ପାଇବେ ଯେ ସିଏ ନା କେବଳ ପାର୍ଟି ବଦଲାଇଛନ୍ତି, ନା ପାର୍ଟିଙ୍କ ଦ୍ୱାରା ବିଚଲିତ ହୋଇଛନ୍ତି। ସେ ସର୍ବଦା ଭାଜପାର କାର୍ଯ୍ୟକର୍ତ୍ତା ହୋଇ ରହିଛନ୍ତି। କିନ୍ତୁ ଯେତେବେଳେ ରାଜ୍ୟପାଳର ସାମ୍ବିଧାନିକ ପଦ ପ୍ରାପ୍ତ ହେଲା ସେତେବେଳେ ସିଏ ନିଜକୁ ଦଳୀୟ ରାଜନୀତି ଠାରୁ ମୁକ୍ତ କରିବାକୁ ସକ୍ଷମ ହୋଇଥିଲେ। ତାଙ୍କ ଜୀବନରୁ ଏହା ଶିକ୍ଷା ଗ୍ରହଣ କରା ଯାଇପାରେ ଯେ ନିଜର ସଫଳତା ଏବଂ ଅସଫଳତାରୁ ପ୍ରବନ୍ଧନ କରି ପାରିବା ଦରକାର। ସର୍ବଦା ନିଜକୁ ଶାନ୍ତ ଏବଂ ସଂଯମିତ ରଖିବାକୁ ହେବ ଏବଂ ନିଜ ମଧ୍ୟରେ ସେବା ମନୋଭାବ ରଖିବା ଉଚିତ୍।

ରାଜ୍ୟପାଳ ଭାବରେ ତାଙ୍କର କାର୍ଯ୍ୟକାଳ ୨୦୨୧ ମସିହାରେ ସମାପ୍ତ ହେବା ପରେ ସେ ମୟୁରଭଞ୍ଜ ଜିଲ୍ଲାର ନିଜ ଗାଁ ଉପରବେଡ଼ାରେ ଫେରି ଆସିଥିଲେ ଏବଂ ଆଦିବାସୀ ସମାଜ ପାଇଁ ନିଜର ସେବାକାର୍ଯ୍ୟ ଜାରି ରଖିଥିଲେ ଏବଂ ତା’ ସହିତ ନିଜର ପାର୍ଟି ଭାଜପାରେ ପୁଣି

ଦ୍ରୌପଦୀ ମୁର୍ମୁଙ୍କ ଘର

ଭଗବାନଙ୍କ ସେବାରେ ଦ୍ରୌପଦୀ ମୁର୍ମୁ

ଥରେ ଅଂଶଗ୍ରହଣ କରିବା ଆରମ୍ଭ କରି ଦେଇଥିଲେ । ସେ ନିଜ ଲୋକମାନଙ୍କ ପାଇଁ ଜଣେ ଅଭିଭାବକ ଭଳି ଥିଲେ । ସେମାନଙ୍କ ସହ ଏକ ପରିବାରର ସଦସ୍ୟ ଭଳି ଭାବରେ ବ୍ୟବହାର କରୁଥିଲେ ଏବଂ ପରସ୍ପରକୁ ସାହାଯ୍ୟ ସହଯୋଗ କିରବାର ବିଶ୍ୱାସ ରଖୁଥିଲେ । କିନ୍ତୁ ଯେତେବେଳେ ସେ ଝାଡ଼ଖଣ୍ଡ ରାଜ୍ୟର ରାଜ୍ୟପାଲ ଥିଲେ ସେ ସେହି ସମୟରେ କୌଣସି ରାଜନୀତିକ କାର୍ଯ୍ୟକ୍ରମରେ ସାମିଲ ମଧ୍ୟ ହୋଇନଥିଲେ ।

୨୩ ଜୁନ୍ ୨୦୨୨ରେ "ଦି ପ୍ରିଣ୍ଟ"ରେ ପ୍ରକାଶିତ ମଧୁପର୍ଣ୍ଣା ଦାସଙ୍କ ଆଲେଖ୍ୟରୁ କିଛି କଥା ଏଠାରେ ଉଲ୍ଲେଖ କରା ଯାଇପାରେ । ଦ୍ରୌପଦୀ ମୁର୍ମୁ ଝାଡ଼ଖଣ୍ଡର ରାଜ୍ୟପାଲ ଭାବରେ ଭାଜପାର ଧ୍ୟାନ ନିଜ ଆଡ଼କୁ ଅଧିକ ଆକର୍ଷିତ କରି ପାରିଥିଲେ । କିନ୍ତୁ ବିଲ୍ ଉପରେ ହସ୍ତାକ୍ଷର ନକରି ମୁର୍ମୁ ୨୦୧୭ ମସିହାରେ ଏନଡିଏ ରାଷ୍ଟ୍ରପତି ପଦର ପ୍ରାର୍ଥୀ ଭାବରେ ଚୟନ ହେବାରୁ ସମ୍ଭବତ ବଞ୍ଚିତ ହୋଇଥିଲେ । ଯଦିଓ ତାଙ୍କର ନାମ ସମ୍ଭାବିତ ପ୍ରତ୍ୟାଶୀମାନଙ୍କ ମଧ୍ୟରେ ଥିଲା । କିନ୍ତୁ ଶେଷରେ ରାମନାଥ କୋବିନ୍ଦଙ୍କ ନାମ ଘୋଷିତ ହୋଇଥିଲା । ୨୦୧୭ ମସିହାରେ ଦ୍ରୌପଦୀ ମୁର୍ମୁଙ୍କ ନାମାଙ୍କନ ନ ହୋଇ ପାରିବାର ଏକ ପ୍ରମୁଖ କାରଣ ଭାବରେ ତାଙ୍କର ବିଲ୍ ଉପରେ ହସ୍ତାକ୍ଷର ନକିରିବାକୁ ବିଚାର କରାଯାଏ । କାରଣ ବିଲ୍ ଉପରେ ହସ୍ତାକ୍ଷର ନ କରିବାର ମାତ୍ର ମାସକ ପରେ ଏନଡିଏ ତରଫରୁ ୨୦୧୭ରେ ରାଷ୍ଟ୍ରପତି ପଦ ପାଇଁ ନାମ ଘୋଷଣା କରା ଯାଇଥିଲା । କିନ୍ତୁ ଦ୍ରୌପଦୀ ମୁର୍ମୁ ଏଥିପାଇଁ ମନରେ କୌଣସି ଆକାଂକ୍ଷା ରଖ ନଥିଲେ । ବରଂ ନିଜର ସୁଗୁଣ ଦ୍ୱାରା ସଂଘ ପରିବାରକୁ ବିଶ୍ୱାସ ପ୍ରଦାନ କରି ପାରିଥିଲେ ଯେ ଆଗାମୀ ସମୟରେ ତାଙ୍କର ନାମ ନାମାଙ୍କିତ କରିବା ପାଇଁ ଯଥେଷ୍ଟ ସମର୍ଥ୍ୟ ତାଙ୍କ ମଧ୍ୟରେ ରହିଛି ।

ଏବେ ବିଭିନ୍ନ ସମୟରେ ତାଙ୍କର ଅନେକ ପ୍ରଶଂସକମାନଙ୍କ ଦ୍ୱାରା ଏବଂ ବିଭିନ୍ନ ମାଧ୍ୟମରେ ତାଙ୍କ ବାବଦରେ ସଂଗ୍ରହ କରା ଯାଇଥିବା ପ୍ରଶଂସନୀୟ ଗୁଣଗୁଡ଼ିକୁ କ୍ରମ ଅନୁସାରେ ଆପଣଙ୍କ ସମ୍ମୁଖରେ ପ୍ରସ୍ତୁତ କରିବାର ପ୍ରୟାସ କରା ଯାଉଛି । ତାଙ୍କର ସେବା ମନୋଭାବ, ସହାୟତା, ପରୋପକାରୀ ଗୁଣ ଇତ୍ୟାଦିର ଏହା ଏକ ଆଲେଖ୍ୟ ମାତ୍ର ।

ମହାମ୍ଯାଗାନ୍ଧୀଙ୍କର ପଦଚିହ୍ନର ଅନୁସରଣକାରୀ

ଦ୍ରୌପଦୀ ମୁର୍ମୁ ଅନେକ ସମୟରେ ମହାମ୍ଯା ଗାନ୍ଧୀ, ପଣ୍ଡିତ ଜବହରଲାଲ ନେହେରୁ ଏବଂ ଆମ୍ବେଦକରଙ୍କର ସ୍ମତିଚରଣ କରିଛନ୍ତି ଏବଂ ସେମାନଙ୍କର ଯୋଗଦାନକୁ ପ୍ରଶଂସ କରିଛନ୍ତି । ଉଦାହରଣ ସ୍ୱରୂ ନ୍ୟାସନାଲ ୟୁନିଭର୍ସିଟି ଅଫ୍ ଷ୍ଟଡି ଏଣ୍ଡ ରିସର୍ଚ ଇନ୍ ଲ, ରାଞ୍ଚୀର ଦୀକ୍ଷାନ୍ତ ସମାରୋହରେ ସେ ସମ୍ବିଧାନ ନିର୍ମାଣ ପାଇଁ ପ୍ରତ୍ୟେକ ବ୍ୟକ୍ତିଙ୍କର ଯୋଗଦାନ ଉଲ୍ଲେଖ କରିଛନ୍ତି । ସ୍ୱୟଂ ବ୍ରହ୍ମକୁମାରୀ ଓମ୍ ମଣ୍ଡଳର ଆଧ୍ୟାମ୍ବିକ ସଦସ୍ୟ ହେବା ଯୋଗୁଁ ସେ

ଆଦିବାସୀମାନଙ୍କୁ ଶିକ୍ଷିତ କରିବା ପାଇଁ ଏବଂ ଆତ୍ମନିର୍ଭର କରିବା ସହିତ ଅହିଂସାର ବାର୍ତ୍ତା ପ୍ରସାରିତ କରିଛନ୍ତି। ଏହା ବ୍ୟତୀତ ସେ ଜଣେ ମହିଳା ଏବଂ ଆଦିବାସୀ ମହିଳା ଭାବରେ ବିକାଶ ଏବଂ ସଶକ୍ତିକରଣ ପାଇଁ କାର୍ଯ୍ୟ କରିବାର ମହତ୍ତ୍ୱକୁ ଜାଣିଛନ୍ତି। ଆଦିବାସୀ ଲୋକମାନଙ୍କ ପାଇଁ ହସ୍ତଶିଳ୍ପ ହେଉଛି ଜୀବନ ଜିଇଁବାର ଏକ କଳା। ଦ୍ରୌପଦୀ ମୁର୍ମୁ ନିଜର ଅବସର ସମୟରେ ଏବଂ ଅତିରିକ୍ତ ସାମର୍ଥ୍ୟର ବିନିଯୋଗ କରି ଅପୂର୍ବ ପେଟର୍ଷ୍ ଏବଂ ଡିଜାଇନ୍‌ର କପଡ଼ା କାଟିବା ଏବଂ ବୁଣିବାରେ ନିଜକୁ ନିୟୋଜିତ ରଖିଛନ୍ତି। ଗୋଟିଏ ଆଦିବାସୀ ରାଜ୍ୟର ରାଜ୍ୟପାଳ ରୂପରେ ମୁର୍ମୁ କଳା ଏବଂ ଶିକ୍ଷ ପାଇଁ ସଂସାରର ସବୁ ସ୍ତରର ଲୋକମାନଙ୍କୁ ପ୍ରେରଣା ପ୍ରଦାନ କରିଛନ୍ତି। ଏଥିପାଇଁ ସେ ମହାତ୍ମା ଗାନ୍ଧୀଙ୍କ ପ୍ରକୃତି ଏବଂ ପ୍ରକୃତିରେ ପୁରି ରହିଥିବା ଉପହାର ଗୁଡ଼ିକ ମଧ୍ୟରେ ଜୀବନ ଜିଇଁବାର କଳାକୁ ଆତ୍ମସାତ୍ କରିଛନ୍ତି।

ମହାତ୍ମା ଗାନ୍ଧୀ ଥରେ କହିଥିଲେ, "ମୋ ପାଇଁ ରାଜନୀତିକ ଦୁନିଆରେ ଚରଖା ବ୍ୟତୀତ ଅଧିକ ମହତ୍ତ୍ୱପୂର୍ଣ୍ଣ କିଛି ମଧ୍ୟ ନାହିଁ।" ୧୯୪୬ ମସିହାରେ ଓର୍କ୍ ହ୍ୱାଇଟ୍ 'ଲାଇଫ୍' ପତ୍ରିକା ପାଇଁ ଗାନ୍ଧିଜୀଙ୍କ ସହିତ ସାକ୍ଷାତ୍ କିରଥିଲେ ଏବଂ ଲେଖିଥିଲେ, "ଗାନ୍ଧୀ ଏବଂ ସେମାନଙ୍କର ଅନୁସରଣକାରୀଙ୍କ ଦ୍ୱାରା ସୂତା କାଟିବାରେ ଗୋଟିଏ ଧର୍ମକୁ ଶୀର୍ଷରେ ପହଞ୍ଚା ଯାଇଥାଏ। ଚରଖା ସେମାନଙ୍କ ପାଇଁ ଏକ ପ୍ରତୀକ ଅଟେ। ସୂତା କାଟିବାରେ ସବୁ ସମସ୍ୟାର ସମାଧାନ ନିହିତ ରହିଛି। ଏହି କାର୍ଯ୍ୟକୁ ଏକ ବିଶିଷ୍ଟ କବିତା ଲିଖନର ତୁଳନୀୟ କରି ଦେଖା ଯାଇପାରେ।"

ଦ୍ରୌପଦୀ ଝାଡ଼ଖଣ୍ଡରେ ରାଜ୍ୟପାଳ ଥିବା ସମୟରେ ରାଜଭବନ ପରିସରରେ ୪୦ରି ଶହ କିଲୋ ଓଜନର ଏକ ବିଶାଳ ଚରଖା ନିର୍ମାଣ କରି ସେଠାରେ ସ୍ଥାପନ କରିଥିଲେ। ସେ ବିଶେଷ ଭାବରେ ମହିଳାମାନଙ୍କର ଆର୍ଥିକ ସ୍ୱତନ୍ତ୍ରତା ଏବଂ ଅହିଂସାର ସପକ୍ଷବାଦୀ ଥିଲେ। ଚରଖା ନିର୍ମାଣର ପଛରେ ତାଙ୍କର ଉଦ୍ଦେଶ୍ୟ ଥିଲା ଯେ ରାଜଭବନକୁ ଆସୁଥିବା ପ୍ରତ୍ୟେକ ଲୋକ ଆର୍ଥିକ ଆତ୍ମନିର୍ଭରତାର ଏହି ବିଶାଳ ପ୍ରତୀକରୁ ପ୍ରେରଣା ପ୍ରାପ୍ତ କରି ଆତ୍ମନିର୍ଭରତାର ମୂଲ୍ୟ ଶିଖି ପାରିବେ। ଏହାର ଉଦ୍‌ଘାଟନ ୩ ଅଗଷ୍ଟ ୨୦୨୦ ମସିହାରେ କରୋନା ସମୟରେ କରା ଯାଇଥିଲା। ଭାରତରେ ଥିବା ୫ଟି ବଡ଼ ଆକାରର ଚରଖା ମଧ୍ୟରୁ ଏହା ଅନ୍ୟତମ ଅଟେ।

ସେ ମାତୃଭୂମିର ସେବାରେ ପ୍ରାଣ ବଳିଦାନ ପ୍ରଦାନ କରିଥିବା ବୀର ସହୀଦ ମାନଙ୍କର ପ୍ରତିମା ଲଗାଇବା ପାଇଁ ନିଜର ରୁଚି ପ୍ରଦର୍ଶନ ଏବଂ ପ୍ରୟାସ କରିଛନ୍ତି। ତିଲକା ମାଝୀ, ନୀଳାମ୍ବର-ପୀତାମ୍ବର, ତେଲେଙ୍ଗା-ଖଡ଼ିଆ, ଗୟା ମୁଣ୍ଡା, ବୀର ବୁଧ ଭଗତ, ସିଧୁ କାହ୍ନୁ, ତାନା ଜାତ୍ରା ଭଗତ, ଅଲବର୍ଟ ଏକ୍କା ଏବଂ ଆହୁରି ବୀରମାନଙ୍କର ମୂର୍ତ୍ତି ସ୍ଥାପନ କରାଇଛନ୍ତି। ସ୍ୱାମୀ ବିବେକାନନ୍ଦଙ୍କର ଯୋଗମୁଦ୍ରା ପ୍ରତିଭା ପ୍ରତି ମଧ୍ୟ ଆଗନ୍ତୁକମାନଙ୍କୁ ଆକର୍ଷିତ କରିଥାଏ ଏବଂ ଏସବୁ ପ୍ରୟାସର ଶ୍ରେୟ ଦ୍ରୌପଦୀ ମୁର୍ମୁଙ୍କୁ ଯାଇଥାଏ।

ଜଣେ ଶାନ୍ତ କର୍ତ୍ତବ୍ୟନିଷ୍ଠ ପାର୍ଟି କାର୍ଯ୍ୟକର୍ତ୍ତା

ଯେଉଁ ଲୋକମାନେ ବିଭିନ୍ନ କାରଣରୁ ତାଙ୍କ ସମ୍ପର୍କରେ ଆସିଥାଆନ୍ତି ତାଙ୍କ ବାବଦରେ ଗୋଟିଏ କଥା ସାଧାରଣ ଭାବରେ ନିଶ୍ଚୟ କହିଥାଆନ୍ତି । ସେ ଜଣେ ଶାନ୍ତ କାର୍ଯ୍ୟକର୍ତ୍ତା ଅଟନ୍ତି ଯିଏ ନିଜର ଉପଲବ୍ଧିକୁ ପ୍ରଦର୍ଶିତ କରି ନଥାଆନ୍ତି । ସେ ଜଣେ ମହାନ ଶିକ୍ଷାର୍ଥୀ ମଧ୍ୟ ଅଟନ୍ତି ଏବଂ କର୍ମ ପ୍ରତି ସମର୍ପଣ ହେଉଛି ତାଙ୍କର ମନ୍ତ୍ର । ଯେତେବେଳେ ସିଏ ପରିବହନ ଏବଂ ବାଣିଜ୍ୟ, ପଶୁପାଳନ ଏବଂ ମତ୍ସ୍ୟ ବିଭାଗରେ ରାଜ୍ୟ ମନ୍ତ୍ରୀ ଭାବରେ ସ୍ୱତନ୍ତ୍ର ଦାୟିତ୍ୱ ନେଇଥିଲେ ସେତେବେଳେ ମନ୍ତ୍ରାଳୟ ବାବଦରେ ତାଙ୍କୁ ଅଧିକ କିଛି ଜଣା ନଥିଲା । ପ୍ରକୃତରେ ସେ ପ୍ରଥମେ କିଛି ବୁଝି ପାରୁନଥିଲେ । କିନ୍ତୁ ପରେ ସେ ନିଜର ଦୃଢ଼ ଇଚ୍ଛା ଶକ୍ତି ବଳରେ ଧୀରେ ଧୀରେ ସମସ୍ତ କଥା ଜାଣିଲେ । ସିଏ ବିନମ୍ରତାର ଏକ ପ୍ରତିମୂର୍ତ୍ତି ଅଟନ୍ତି । ଗର୍ବ କିମ୍ବା ଅହଙ୍କାର ତାଙ୍କୁ ସ୍ପର୍ଶ କରିନାହିଁ । ବିଜୁ ଜନତା ଦଳର ଯେତେ ପୁରୁଣା ଏବଂ ନୂଆ ଲୋକମାନେ ଅଛନ୍ତି ସେମାନଙ୍କ ମଧ୍ୟରେ କୌଣସି ପକ୍ଷପାତ ବା ବାଦ ବିବାଦ ମଧ୍ୟରେ ସେ କେବେ ସାମିଲ ହୋଇନଥିଲେ । ବରଂ ନୀରବ ଭାବରେ ନିଜର କର୍ମ କରି ଚଳିଥିଲେ ।

ସରଳତା ଏବଂ ବିନମ୍ରତା

ମନୁଷ୍ୟ ମଧ୍ୟରେ ଶିଷ୍ଟାଚର ଏବଂ ବିନମ୍ରତା ସାଧାରଣ ଭାବରେ ନିଜର ପରିବାର ଏବଂ ପରିବେଶରେ ପ୍ରାପ୍ତ କରିଥାଏ । ଶ୍ରୀମତୀ ମୁର୍ମୁ ଜଣେ ସାନ୍ତାଲ ଅଟନ୍ତି । ଏହାର ଶବ୍ଦଗତ ଅର୍ଥ ହେଉଛି ଜଣେ ଶାନ୍ତ ବା ଶାନ୍ତିପୂର୍ଣ୍ଣ ବ୍ୟକ୍ତି । 'ସାନ୍ତା'ର ଅର୍ଥ ହେଉଛି ଶାନ୍ତ, ଏବଂ 'ଆଲ'ର ଅର୍ଥ ହେଉଛି ବ୍ୟକ୍ତି । ତେଣୁ ସାନ୍ତାଲୀ ଶବ୍ଦର ଅର୍ଥ ହେଉଛି ଶାନ୍ତିପ୍ରିୟ ବ୍ୟକ୍ତି । ସ୍ୱଭାବରେ ସାନ୍ତାଲୀ ଜଣେ ଶାନ୍ତ ବ୍ୟକ୍ତି ହୋଇଥାଆନ୍ତି । ଦ୍ରୌପଦୀ ମୁର୍ମୁଙ୍କୁ ମଧ୍ୟ ନିଜର ସରଳତା, ଶାନ୍ତି, ଶିଷ୍ଟାଚର ଇତ୍ୟାଦି ନିଜର ସଂସ୍କୃତି ଏବଂ ଲାଳନ ପାଳନରେ ମିଳିଛି ।

ତାଙ୍କର ସରଳତା କେବଳ ତାଙ୍କର ଗ୍ରାମୀଣ ରୂପ ଏବଂ ସରଳ ପୋଷାକ ପରିଧାନ ଦ୍ୱାରା ନୁହେଁ । ବରଂ ତାଙ୍କର ଜୀବନ ଶୈଳୀର ଏକ ପରିଚୟ ଅଟେ । ଦ୍ରୌପଦୀ ମୁର୍ମୁଙ୍କ ଭାଇ ତରଣୀ ସେନ ଟୁଡୁ ଏକ ସାକ୍ଷାତକାରରେ କହିଛନ୍ତି, "ସିଏ ବହୁତ ସରଳ ଅଟନ୍ତି । ସେ ନିଜର ସରଳତା ଦ୍ୱାରା ପରିଭାଷିତ ହୋଇଥାଆନ୍ତି । ସେ ଶୀଘ୍ର ଉଠିଥାଆନ୍ତି, ଧ୍ୟାନ କରନ୍ତି, ସକାଳ ଭ୍ରମଣରେ ଯାଆନ୍ତି ଏବଂ ଯୋଗ କରିଥାଆନ୍ତି । ରାଜ୍ୟପାଳ ଭାବରେ ମଧ୍ୟ ସେ ସଦାସର୍ବଦା କେବଳ ସେହି କାରର ବ୍ୟବହାର କରୁଥିଲେ ଯାହାକୁ ତାଙ୍କର ଝିଅ ତାଙ୍କୁ ଉପହାରରେ ଦେଇଥିଲେ । ଏହା ତାଙ୍କର ବ୍ୟକ୍ତିତ୍ୱକୁ ଦର୍ଶାଇଥାଏ ।"

ଓଡ଼ିଶାରେ ତାଙ୍କର ସହଯୋଗୀ ଥିବା କବି ବିଷ୍ଣୁ ଶତପଥୀ ତାଙ୍କୁ ସାଧାସିଧା ଏବଂ ସରଳ ବ୍ୟକ୍ତିତ୍ୱ ରୂପରେ ବର୍ଣ୍ଣନା କରିଛନ୍ତି । ଜଣେ ଦୟାଳୁ ମହିଳା ଯାହାର ହୃଦୟ ବହୁତ ଉଦାର,

ତାଙ୍କ ମଧ୍ୟରେ କୌଣସି ଅହଙ୍କାର ନାହିଁ କିମ୍ଵା କୌଣସି ଦେଖାଉଥିବା ଗୁଣ ନାହିଁ। ସିଏ ଲୋକମାନଙ୍କ ସହ ଖୋଲାଖୋଲି ଭାବରେ ମିଳିମିଶି ଯାଆନ୍ତି। ସେ ବିନମ୍ର ଅଟନ୍ତି ଏବଂ ଭୂଇଁ ସହ ଜଡ଼ିତ ଅଟନ୍ତି। ଜଣେ ରାଜନେତା ଭାବରେ ସେ ଜାଣନ୍ତି ଯେ ଲୋକମାନଙ୍କୁ କିଭଳି ଭାବରେ ସାଥିରେ ନେଇ ରଖିବା ଉଚିତ୍।

ତାଙ୍କର ସରଳତା ତାଙ୍କର ରହଣି ସହଣି ଏବଂ ବ୍ୟକ୍ତିଗତ କାର୍ଯ୍ୟ ଏବଂ ସରକାରୀ କାର୍ଯ୍ୟ ଉଭୟରୁ ଜଣାପଡ଼ିଥାଏ ତାଙ୍କର ସରଳତା ଏବଂ ବିନମ୍ରତା। ଆମେ ସମସ୍ତେ ସେ ସମୟରେ ଅନୁଭବ କଲୁ ଯେତେବେଳେ ତାଙ୍କୁ ରାଷ୍ଟ୍ରପତି ନିର୍ବାଚନ ପାଇଁ ନାମାଙ୍କନ କରା ଯାଇଥିଲା ଏବଂ ସେ ଠାକୁରଙ୍କ ଧନ୍ୟବାଦ ଦେବା ପାଇଁ ଶିବ ମନ୍ଦିର ପରିସରରେ ଝାଡ଼ୁ ଲଗାଇଥିଲେ। ଯେତେବେଳେ ସେ ଗଭର୍ଣ୍ଣର ଥିଲେ ସେତେବେଳେ ମଧ୍ୟ ନିଜକୁ ଗଭର୍ଣ୍ଣସିଫ୍ ମଧ୍ୟରେ ବାନ୍ଧି ରଖିନଥିଲେ। ସେ ନିଜର ରକ୍ଷକ ଏବଂ ସହାୟକମାନଙ୍କର ବିଶେଷ ସହାୟତା ନନେଇ ଏକ ସାଧାରଣ ଜୀବନ ଜିଉଁଥିଲେ। ସେ ବ୍ୟକ୍ତିଗତ ସୁରକ୍ଷା ଗାର୍ଡଙ୍କ ସପକ୍ଷରେ କେବେ ନଥିଲେ। ଝାଡ଼ଖଣ୍ଡ ସରକାରଙ୍କରପ୍ରଧାନ ସଚିବ ନୀତିନ ମଦନ କୁଲକାର୍ନି ଯିଏ ପୂର୍ବରୁ ରାଜ୍ୟପାଳଙ୍କ ବ୍ୟକ୍ତିଗତ ସଚିବ ଥିଲେ ସେ କହନ୍ତି, "ଦ୍ରୌପଦୀ ମୁର୍ମୁ ଖୁବ ବିନମ୍ର ଅଟନ୍ତି। ଥରେ ସହଯୋଗୀ ଦଳ ତାଙ୍କ ସହ ରାଇରଙ୍ଗପୁର ସ୍ଥିତ ତାଙ୍କ ଘରକୁ ଯାଇଥିଲେ। ଯେଉଁଠାରେ ଅଧିକାରୀମାନଙ୍କ ରହିବା ପାଇଁ ଯଥେଷ୍ଟ ସ୍ଥାନ ନଥିଲା। ସେଥିପାଇଁ ଓଡ଼ିଶା ସରକାରଙ୍କୁ ତାଙ୍କ ରହିବାର ବ୍ୟବସ୍ଥା କରିବାକୁ ପଡ଼ିଥିଲା। ଯେତେବେଳେ କି ଦ୍ରୌପଦୀ ମୁର୍ମୁ ନିଜ ଘରେ ରହିଥିଲେ। ଏହାହିଁ ହେଉଛି ତାଙ୍କର ସରଳତା।"

ଯେତେବେଳେ ସେ ଜଣେ ବିଧାୟକ ଥିଲେ ସେତେବେଳେ ସିଏ ଭୁବନେଶ୍ୱରରୁ ରାଇରଙ୍ଗପୁରକୁ ରାତ୍ରିରେ ବସରେ ଯାଉଥିଲେ। ଯାହାଫଳରେ ସେ ନିଜର ନିର୍ବାଚନ କ୍ଷେତ୍ର ଲୋକମାନଙ୍କର ନିକଟତର ହୋଇ ପାରିବେ ଏବଂ ସମୟ ଅନୁସାରେ ବିଧାନସଭା ସେସନ୍‌ରେ ମଧ୍ୟ ସାମିଲ ହୋଇ ପାରିବେ। ତାଙ୍କର ଭୋଜନ, ପୋଷାକ ଏବଂ ପ୍ରତ୍ୟେକ ଜିନିଷରେ ଆପଣଙ୍କୁ କେବଳ ସାଧାସିଧା ହିଁ ମିଳିବ। ଯେତେବେଳେ ସେ ଝାଡ଼ଖଣ୍ଡର ରାଜ୍ୟପାଳ ପଦରୁ ଅବସର ନେଲେ ସେତେବେଳେ ସେ ନିଜର ପରିବାର ସହିତ ସମୟ ବିତାଇବାକୁ ପସନ୍ଦ କଲେ। ଏଭଳି ବର୍ଣ୍ଣନ କରନ୍ତି ତାଙ୍କର ଝିଅ ମାଆଙ୍କର ସାଧାସିଧା ଜୀବନ ବାବଦରେ।

ଶାକାହାରୀ ଏବଂ ସାତ୍ତ୍ୱିକ

ଦ୍ରୌପଦୀ ମୁର୍ମୁ କେବଳ ଶାକାହାରୀ ନୁହେଁ ବରଂ ସିଏ ସାତ୍ତ୍ୱିକ ଭୋଜନ କରିଥାଆନ୍ତି। ସେ ନିଜର ଖାଦ୍ୟରେ ପିଆଜ ଏବଂ ରସୁଣ ମଧ୍ୟ ବ୍ୟବହାର କରିନଥାଆନ୍ତି। ଯେତେବେଳେ

ତାଙ୍କ ଘରକୁ କୌଣସି ଅତିଥି ଆସିଥାଆନ୍ତି ସେମାନଙ୍କୁ ମଧ୍ୟ ସେହି ଖାଦ୍ୟ ପ୍ରଦାନ କରା ଯାଇଥାଏ । ତାଙ୍କର ମନପସନ୍ଦ ଖାଦ୍ୟ ହେଉଛି ପଖାଳ । ଏହାକୁ ପଖାଳଭାତ ମଧ୍ୟ କୁହାଯାଏ । ଦ୍ରୌପଦୀ ମୁର୍ମୁଙ୍କୁ ଖାଦ୍ୟ ରାନ୍ଧିବା ମଧ୍ୟ ଖୁବ ପସନ୍ଦ । ସେ ସାଧାରଣତଃ ନିଜର ସହପାଠୀ ଏବଂ ସହକର୍ମୀମାନଙ୍କୁ ଘରକୁ ଡାକି ଖାଦ୍ୟ ବନାଇ ଖୁଆନ୍ତି । ଦ୍ରୌପଦୀ ମୁର୍ମୁଙ୍କୁ ଓଡ଼ିଶାର ପାରମ୍ପାରିକ ପିଠା (ଆରିଷା ପିଠା) ବହୁତ ପସନ୍ଦ ଅଟେ । ରାଜଭବନର ସଞ୍ଚାଳନ ପ୍ରଭାରୀ ଶ୍ରୀ ଏସ୍.ଏସ୍. ପରିହାର କହନ୍ତି "ଯେତେବେଳେ ମୁର୍ମୁ ପ୍ରଥମଥର ରାଜ୍ୟପାଳ ରୂପରେ ଆସିଥିଲେ ସେତେବେଳେ ସିଏ ନିର୍ଦ୍ଦେଶ ଦେଇଥିଲେ ଯେ ରୋଷେଇରେ ତାଙ୍କ ପାଇଁ କେବଳ ଶାକାହାରୀ ଖାଦ୍ୟ ପ୍ରସ୍ତୁତ କରାଯାଉ । କିନ୍ତୁ ଅତିଥି ଏବଂ କର୍ମଚାରୀମାନଙ୍କ ପାଇଁ ସେମାନଙ୍କର ଇଚ୍ଛା ଅନୁସାରେ ଭୋଜନ ପ୍ରସ୍ତୁତ କରାଯାଉ ।" ଗୋଟିଏ ଘଟଣା ମନେ ପକାଇ ପରିହାର କହନ୍ତି, "ତତ୍କାଳୀନ ଗୃହମନ୍ତ୍ରୀ ରାଜନାଥ ସିଂହ ଥରେ ରାଜଭବନକୁ ଆସିଥିଲେ ଏବଂ ମ୍ୟାଡାମ୍‌ଙ୍କୁ ଜଣାପଡ଼ିଲା ଯେ ସିଏ ମାଛ ଖାଇବାକୁ ପସନ୍ଦ କରନ୍ତି । ତେଣୁ ସେଥିପାଇଁ ସ୍ୱତନ୍ତ୍ର ଭାବରେ ତାଙ୍କ ପାଇଁ ଅଲଗା ଭାବରେ ଖାଦ୍ୟ ପ୍ରସ୍ତୁତ କରାଗଲା । କିନ୍ତୁ ଯେତେବେଳେ ରାଜନାଥ ଜୀଙ୍କୁ ଜଣାପଡ଼ିଲା ଯେ ମ୍ୟାଡାମ୍ କେବଳ ଶାକାହାରୀ ଖାଦ୍ୟ ଖାଆନ୍ତି ସେତେବେଳେ ସେ ମଧ୍ୟ ରୁହିଁଲେ ଯେ ସିଏ ବି ଶାକାହାରୀ ଖାଦ୍ୟ ଖାଇବେ ।

ଦୃଢ଼ ଇଚ୍ଛାଶକ୍ତି ଏବଂ ଦୃଢ଼ ସଂକଳ୍ପ

ଯେତେବେଳେ ସବୁ ଦୁଆର ମଧ୍ୟ ବନ୍ଦ ହୋଇଯାଏ ସେତେବେଳେ ମଧ୍ୟ ସେ ନିଜର ଧୈର୍ଯ୍ୟ ହରାଇ ନାହିଁ । ଦ୍ରୌପଦୀ ମୁର୍ମୁ ଓଡ଼ିଶାର ଆଦିବାସୀ ସମ୍ପ୍ରଦାୟର ଜଣେ ସଦସ୍ୟ । ଯେଉଁ ସମ୍ପ୍ରଦାୟ ଭାରତବର୍ଷରେ ଆଦିମ କାଳରୁ ରହି ଆସୁଛନ୍ତି । ଦ୍ରୌପଦୀ ମୁର୍ମୁଙ୍କ ମଧ୍ୟରେ ତୀବ୍ର ଇଚ୍ଛାଶକ୍ତି ଏବଂ ଆତ୍ମନିର୍ଣ୍ଣୟ ରହିଛି । ତାଙ୍କର ପାଖରେ ଅପାର ଧୈର୍ଯ୍ୟ ମଧ୍ୟ ରହିଛି । ସିଏ କେବେବି ବିଚଳିତ ଏବଂ କ୍ରୋଧିତ ହୁଅନ୍ତି ନାହିଁ । ବ୍ୟକ୍ତିଗତ ବିପତ୍ତି ସମୟରେ ମଧ୍ୟ ଯେତେବେଳେ କି ଅନ୍ୟ କୌଣସି ବ୍ୟକ୍ତି ହୋଇଥିଲେ ସିଏ ଭାଙ୍ଗ ପଡ଼ିଥାଆନ୍ତେ । କିନ୍ତୁ ସେ ସମୟରେ ମଧ୍ୟ ସେ ଅନୁକରଣୀୟ ସଂଯମ ପ୍ରଦର୍ଶିତ କରିଛନ୍ତି । ସମସ୍ୟା, ଦୁଃଖ ତାଙ୍କୁ ଭୟଭୀତ କରାଇ ପାରିନାହିଁ ଏବଂ ତାଙ୍କ ବିଶ୍ୱରେ ଏହି ଖରାପ ସମୟ ମଧ୍ୟ ବିତି ଯିବ । ନିଜର ଦୃଢ଼ ଇଚ୍ଛାଶକ୍ତି ଏବଂ ଦୃଢ଼ ସଂକଳ୍ପ ସହିତ ସେ ବ୍ୟକ୍ତିଗତ ଏବଂ ରାଜନୈତିକ ଜୀବନରେ ଅନେକ ସମସ୍ୟାର ସାମ୍ନା କରିଛନ୍ତି । ଏହିସବୁ କଥା କହନ୍ତି ତାଙ୍କର ଝିଅ ଇତିଶ୍ରୀ । ଯିଏ ମାଆଙ୍କର ଭଲ ଗୁଣକୁ ଉପସ୍ଥାପିତ କରିଛି ।

ତାଙ୍କର ସେବାନିବୃତ୍ତ ବ୍ୟାଙ୍କ ପ୍ରବନ୍ଧକ ଦାଦା ସମୟ ଟୁଟୁ କହନ୍ତି, "ଦ୍ରୌପଦୀ ଅତ୍ୟନ୍ତ ଭାବୁକ ତଥାପି ସେ ମାନସିକ ଭାବରେ ଅତ୍ୟନ୍ତ ଦୃଢ଼ । ତାଙ୍କ ନିକଟରେ ତୀବ୍ର ସଂକଳ୍ପ ଶକ୍ତି

ରହିଛି । ତାଙ୍କର କ୍ଷମତା କିଛି କମ୍ ନୁହେଁ । ସେ ଶିକ୍ଷିତା ଅଟେ, ଭାଷଣ ଦେଇ ପାରନ୍ତି ଏବଂ ବୁଝି ପାରନ୍ତି ଯେ ଆଦିବାସୀ ସମ୍ପ୍ରଦାୟ ପାଇଁ କ'ଣ ଭଲ ଏବଂ କ'ଣ ମନ୍ଦ ଅଟେ । ତାଙ୍କ ପାଖରେ ଆତ୍ମଗୌରବର ଏକ ଶକ୍ତିଶାଳୀ ଭାବନା ରହିଛି । ତେଣୁ ତାଙ୍କୁ ଜଣେ ରବର ଷ୍ଟାମ୍ପ ବୋଲି ଭାବିବା ଭୁଲ ହେବ ।

ସୋସିଆଲ ମିଡ଼ିଆରେ ଆକ୍‌ଟିଭ୍ ନୁହଁନ୍ତି

ଆଜିର ଯୁଗରେ ଯେତେବେଳେ କି ଅଧିକାଂଶ ନେତା ଅଭିନେତା ନିଜକୁ ଜନସାଧାରଣଙ୍କ ନିକଟରେ ଲୋକପ୍ରିୟ କରାଇବା ପାଇଁ ସୋସିଆଲ ମିଡ଼ିଆର ଉପଯୋଗ ବହୁଳ ମାତ୍ରାରେ କରୁଛନ୍ତି ଏବଂ ଏହାର ପ୍ରଭାବର ଲାଭ ମଧ୍ୟ ଉଠାଉଛନ୍ତି । କିନ୍ତୁ ଦ୍ରୌପଦୀ ମୁର୍ମୁ ଏଭଳି ଭାବରେ ନିଜକୁ କେବେ ପ୍ରଚାରିତ କରିନାହାନ୍ତି । ସେ ନିଜର ସ୍ମାର୍ଟ ଫୋନ୍‌ର ଉପଯୋଗ କେବଳ କଲ୍ କରିବା ପାଇଁ ଏବଂ ଆସୁଥିବା କଲ୍‌କୁ ରିସିଭ୍ କରିବା ପାଇଁ ବ୍ୟବହାର କରନ୍ତି । ଏଭଳି ସୋସିଆଲ ମିଡ଼ିଆଗୁଡ଼ିକରୁ ନିଜକୁ ଦୂରେଇ ରଖିଥାଆନ୍ତି । ସେ ଟେଲିଭିଜନ ମଧ୍ୟ ଖୁବ୍ କମ୍ ଦେଖିଥାଆନ୍ତି । ଯେଉଁ ସଙ୍ଗୀତ ରିଆଲିଟି ସୋ-ରେ ପିଲାମାନେ ସାମିଲ ହୋଇଥାଆନ୍ତି ସେଭଳି ଶୋ ଦେଖିବାକୁ ସେ ପସନ୍ଦ କରନ୍ତି । ପୂର୍ବରୁ ସାନ୍ତାଳୀ ଆଦିବାସୀ ନୃତ୍ୟ ଏବଂ ସଙ୍ଗୀତ ତାଙ୍କର ପ୍ରସିଦ୍ଧି ମଧ୍ୟ ଥିଲା । ମୁର୍ମୁଙ୍କ ବ୍ୟକ୍ତିଗତ ସହାୟକ ସୁରଜ କୁମାର ମାହାତ କହନ୍ତି ଯେ ତାଙ୍କର କୌଣସି ଟ୍ୱିଟର ଆକାଉଣ୍ଟ ନାହିଁ । ତାଙ୍କ ନାମରେ ସାଇବର ସ୍ପେସ୍‌ରେ ରହୁଥିବା ସମସ୍ତ ଆକାଉଣ୍ଟ ନକଲି ଅଟେ । ଏବେ ସେ କୌଣସି ସୋସିଆଲ ମିଡ଼ିଆ ପ୍ଲାଟଫର୍ମ‌ରେ ନାହାଁନ୍ତି । ଯେତେବେଳେ ପ୍ରଧାନ ମନ୍ତ୍ରୀ ନରେନ୍ଦ୍ର ମୋଦୀ ତାଙ୍କୁ ଅଭିନନ୍ଦନ ଜଣାଇ ଟ୍ୱିଟ୍ କରିଥିଲେ ସେତେବେଳେ ମୋଦୀ ମଧ୍ୟ ନିଜର ଟ୍ୱିଟକୁ ଅନ୍ୟ କୌଣସି ଟ୍ୱିଟର ଆକାଉଣ୍ଟ ସହିତ ଟ୍ୟାବ୍ କରିନଥିଲେ ।

ସେ ଜଣେ ଗପୁଡ଼ି ସ୍ୱଭାବର ନୁହଁନ୍ତି । ସେ ଏଭଳି କଥା କହିଥାଆନ୍ତି ଯେଭଳି ସେ ସାମ୍ନାରେ ଥିବା ବ୍ୟକ୍ତି ସହିତ ସାଧାରଣ ଭାବରେ କଥାବାର୍ତ୍ତା କରୁଛନ୍ତି । ସେ କେବେବି ରହିଁନଥାଆନ୍ତି ଯେ ଅପର ବ୍ୟକ୍ତିଟି ତାଙ୍କୁ ଭକ୍ତି କରୁ । ତାଙ୍କ ସହ ଭେଟିଲା ସମୟରେ ଲାଗେନାହିଁ ସତେ ଯେପରି ତାଙ୍କର ବ୍ୟକ୍ତିତ୍ୱ ଅତ୍ୟନ୍ତ ଚମତ୍କାର ଅଟେ । ଜଣେ ଶକ୍ତିଶାଳୀ ଏବଂ ମନ୍ତ୍ରମୁଗ୍ଧ କରୁଥିବା ନେତା ଭଳି ତାଙ୍କର ଭାଷା କେବେବି ନୁହେଁ । ତାଙ୍କର ଜୀବନଶୈଳୀ ଖୁବ ସରଳ ଏବଂ ନିରାଡମ୍ବର । ଦେଖେଇ ହେବା ଗୁଣ ତାଙ୍କ ପାଖରେ ଆଦୌ ନାହିଁ । ସାମାଜିକ କାର୍ଯ୍ୟ ମଧ୍ୟରେ ସେ ନିଜକୁ ଜଡ଼ିତ କରି ରଖିଛନ୍ତି ଏବଂ ତାଙ୍କର ରାଜନୈତିକ ସ୍ୱଭାବ ଆଦୌ ଆକ୍ରମକତାପୂର୍ଣ୍ଣ ନୁହେଁ । ତାଙ୍କର ଏହି ସରଳତା ହିଁ ତାଙ୍କ ବ୍ୟକ୍ତିତ୍ୱର ପ୍ରମୁଖ ବୈଶିଷ୍ଟ୍ୟ । ଏବେ ଯେତେବେଳେ ସେ ଭାରତୀୟ ଗଣରାଜ୍ୟର ରାଷ୍ଟ୍ରପତି ଅଟନ୍ତି । ଏହି

ପଦବୀରେ ତାଙ୍କର ଯୋଗଦାନର ମୂଲ୍ୟାଙ୍କନ ଇତିହାସକାର ଏବଂ ବୁଦ୍ଧିଜୀବିମାନଙ୍କ ପାଇଁ ଏକ ଅନୁକରଣୀୟ ବିଷୟ ହେବ । ତାଙ୍କର ବ୍ୟକ୍ତିତ୍ୱରେ ପଦବୀର ଗରିମା ଆହୁରି ବୃଦ୍ଧି ପାଇବ ।

ଦ୍ରୌପଦୀ ମୁର୍ମୁ ନିଜର ଆଖପାଖର ଗରୀବ ଲୋକଙ୍କ ପାଇଁ ବଞ୍ଚିବାର ଦୃଢ଼ ସଂକଳ୍ପକୁ ଆଜି ପର୍ଯ୍ୟନ୍ତ ମଧ୍ୟ କମ୍ କରିନାହାନ୍ତି । ତାଙ୍କ ଜୀବନରେ ଏଭଳି ସମୟ ମଧ୍ୟ ଥିଲା ଯେତେବେଳେ ତାଙ୍କ ନିକଟରେ ନିଜସ୍ୱ କିଛି ଜମା ଧନରାଶି ଏବଂ ମାସିକ ପେନସନ୍ ବ୍ୟତୀତ ଆଉ କିଛି ନଥିଲା । ସେତେବେଳେ ମଧ୍ୟ ସେ ସାଧାରଣ ଜନତାଙ୍କ ପାଇଁ ଏହାର ଉପଯୋଗ କରିବା ନିମନ୍ତେ ସଦାସର୍ବଦା ତତ୍ପର ରହୁଥିଲେ । ସେ ରୁହିଁଥିଲେ ଯେ ତାଙ୍କ ପାଖରେ ଯେତିକି ବି ପଇସା ଅଛି ତାହା ସହାୟତାରେ ଛୋଟ ପିଲାମାନଙ୍କ ଶିକ୍ଷା ପାଇଁ ସ୍କୁଲଟିଏ ନିର୍ମାଣ ହେଉ । ଏହି କଥାରୁ ତାଙ୍କର ସରଳତା, ବିକାଶ ଏବଂ ଶିକ୍ଷା ପ୍ରତି ପ୍ରତିବଦ୍ଧତାର ଉଦାହରଣ ମିଳିଥାଏ ।

ତାଙ୍କୁ ଏ କଥାର ସୂଚନା ମଧ୍ୟ ନଥିଲା ଯେ ତାଙ୍କ ନାମ ଉପରେ ରାଷ୍ଟ୍ରପତି ପଦ ପାଇଁ ବିଚାର କରାଯିବ ଏବଂ ଘୋଷଣା କରାଯିବ । ଏହି ଖବର ସେ ଟେଲିଭିଜନ ମାଧ୍ୟମରେ ଜାଣିବାକୁ ପାଇଲେ । ଅନ୍ୟ ଶବ୍ଦରେ କହିବାକୁ ଗଲେ ତାଙ୍କ ମଧ୍ୟରେ ସେବା ଭାବର ଆଧିକ୍ୟ ରହିଛି ଏବଂ କୌଣସି ପଦ ପଦବୀର ଲାଳସା ତାଙ୍କୁ ଛୁଇଁ ପାରିନାହିଁ । ଯେଉଁ ସେବାକାର୍ଯ୍ୟ ତାଙ୍କୁ କରିବାକୁ ମିଳିଛି ସେ ତାକୁ ପୁରା ନିଷ୍ଠାର ସହ ତୁଲାଇଛନ୍ତି । କେବେବି ଅସନ୍ତୋଷ ହୋଇ ନାହାନ୍ତି । ଧନ-ସମ୍ପତ୍ତିର ଲୋଭ କେବେବି କରିନାହାନ୍ତି । ପରିବାରବାଦକୁ ଦୂରରେ ରଖିଛନ୍ତି ଏବଂ ସଂଯମିତ ଜୀବନର ଆଦର୍ଶ ପ୍ରସ୍ତୁତ କରିଛନ୍ତି । ମୁଁ ନିଜେ ମଧ୍ୟ ଯାଇ ଦେଖିଛି ତାଙ୍କର ପରିବାରର ଲୋକମାନେ କେଉଁଭଳି ଭାବରେ ସାଧାରଣ ଜୀବନ ବିତାଉଛନ୍ତି । ଜଣେ ମନ୍ତ୍ରୀ ଏବଂ ରାଜ୍ୟପାଳ ହୋଇଥିବାର କୌଣସି ଲାଭ ସିଏ ନିଜର ସ୍ୱାର୍ଥ ପାଇଁ କେବେବି ଉଠାଇ ନାହାନ୍ତି ।

ଗଭୀର ଆଧ୍ୟାତ୍ମିକ, ଅତ୍ୟଧିକ ଧାର୍ମିକ ଜୀବନ

ଦ୍ରୌପଦୀ ମୁର୍ମୁଙ୍କ ଦିନର ଆରମ୍ଭ ପ୍ରାର୍ଥନା ଏବଂ ଧ୍ୟାନରୁ ହୋଇଥାଏ ଏବଂ ତାଙ୍କର ଦୈନିକ କାର୍ଯ୍ୟର ସମାପ୍ତି ମଧ୍ୟ ପ୍ରାର୍ଥନା ସହିତ ହୋଇଥାଏ । ସେ ଜଣେ ସହଜ ଭାବରେ ଧାର୍ମିକ ମହିଳା ଅଟନ୍ତି । ଦିନର ଆରମ୍ଭ ସେ ବ୍ରାହ୍ମ ମୁହୂର୍ତ୍ତରୁ କରିଥାଆନ୍ତି । ଯେତେ ବ୍ୟସ୍ତତା ମଧ୍ୟରେ ଥିଲେ ମଧ୍ୟ ଏବଂ ରାତିରେ ଯେତେ ଡେରୀ ପର୍ଯ୍ୟନ୍ତ କାମ ମିଟିଂରେ ଥିଲେ ମଧ୍ୟ ସେ ସକାଳୁ ଖୁବ୍ ଶୀଘ୍ର ଉଠିଥାଆନ୍ତି । ଏହା ତାଙ୍କର ଦିନଚର୍ଯ୍ୟାର ଏକ ଅଙ୍ଗ ଅଟେ ।

ଯେତେବେଳେ ତାଙ୍କୁ ସାଙ୍ଗସାଥୀ ଏବଂ ପରିବାର ସଦସ୍ୟମାନଙ୍କ ଠାରୁ ଏହି ଖୁସିର ଖବର

ମିଳିଲା ସେତେବେଳେ ସେ ରାଇରଙ୍ଗପୁରରେ ଭଗବାନ ଜଗନ୍ନାଥ, ହନୁମାନ ଏବଂ ଶିବ ମନ୍ଦିରକୁ ଗଲେ । ସେ ପ୍ରଜାପିତା ବ୍ରହ୍ମକୁମାରୀ ଈଶ୍ୱରୀୟ ବିଶ୍ୱବିଦ୍ୟାଳୟ ରାଇରଙ୍ଗପୁର ଯାଇ ପୂଜାର୍ଚ୍ଚନା ଆଦି ମଧ୍ୟ କଲେ । ପୂଜାର୍ଚ୍ଚନା କରି ସେ ପୁରଦେବେଶ୍ୱରୀ ଶିବ ମନ୍ଦିର ପରିସରର ସଫା ସୁତୁରା ମଧ୍ୟ କଲେ ।

ସର୍ବପ୍ରଥମେ ସେ ରାଇରଙ୍ଗପୁରର ନିଜ ଘର ପାଖରେ ଥିବା ଶିବ ମନ୍ଦିରକୁ ଯାଇଥିଲେ । ସେଠାରେ ପୂଜାର୍ଚ୍ଚନା କରିବା ପୂର୍ବରୁ ହାତରେ ଝାଡ଼ୁ ନେଇ ମନ୍ଦିର ପରିସରକୁ ସଫା କରିଥିଲେ । ଭାରତର ପ୍ରଥମ ନାଗରିକ ହେବାର ସୁଯୋଗ ପାଇଥିବାର ଖୁସି ଖବର ସେ ଭଗବାନଙ୍କ ମନ୍ଦିରରେ ଝାଡ଼ୁ ଲଗାଇ ନିଜର କୃତଜ୍ଞତା ଜଣାଇଲେ ।

ସେହି ସମୟରେ ଲାଲ ବର୍ଡ଼ର ଥିବା ଏକ ହାତୀ ଦାନ୍ତ ରଙ୍ଗର ହାତବୁଣା ଶାଢ଼ୀ ପିନ୍ଧି ଦ୍ରୌପଦୀ ମୁର୍ମୁ ଭଗବାନ ଶିବଙ୍କ ଆରାଧନା କଲେ । ଶିବଙ୍କର ବାହନ ନନ୍ଦୀଙ୍କ କାନରେ କିଛି କହିଲେ । ସତେ ଯେପରି ଭଗବାନଙ୍କ ନିକଟରେ କୃତଜ୍ଞତା ଜ୍ଞାପନ କରିବା ପାଇଁ ଏବଂ ନିଜର ଭକ୍ତି ଏବଂ ସମର୍ପଣ ଭାବ ଦର୍ଶାଇବା ପାଇଁ ଶିବଙ୍କ ନିକଟକୁ ନନ୍ଦୀ ଜରିଆରେ ଧନ୍ୟବାଦର ବାର୍ତ୍ତା ପଠାଇଲେ ।

କୌଣସି ଶିବ ମନ୍ଦିରରେ ଦେଖ଼ିବାକୁ ମିଳିଥାଏ ଯେ ନନ୍ଦୀ ମହାରାଜ ଭଗବାନ ମହାଦେବଙ୍କର ଆଡ଼କୁ ମୁହଁ କରି ବସିଥାଆନ୍ତି । ନନ୍ଦୀ ହେଉଛନ୍ତି ଭଗବାନ ଶିବଙ୍କର ବାହନ, ଭକ୍ତ, ସେବକ, ଦୂତ । ସାଧାରଣତଃ ଏଭଳି ଭାବରେ ମାନ୍ୟତା ଅଛି ଯେ ଯେତେବେଳେ କୌଣସି ଭକ୍ତ ନନ୍ଦୀ ମହାରାଜଙ୍କ କାନରେ କିଛି କହିଥାଏ ସେତେବେଳେ ସେହି ପ୍ରାର୍ଥନା ସିଧାସଳଖ ଭାବରେ ଭଗବାନ ଶିବଙ୍କ ପାଖରେ ପହଞ୍ଚ ଯାଇଥାଏ । ଦ୍ରୌପଦୀ ମୁର୍ମୁଙ୍କ ଏଭଳି ଆରାଧନା ଏବଂ ପ୍ରାର୍ଥନା ନିଶ୍ଚିତ ଭାବରେ ଅବିସ୍ମରଣୀୟ । ସେ କାଶୀରେ ଥିବା ଶିବଲିଙ୍ଗ ସାମ୍ନାରେ ଥିବା ମହାରାଜଙ୍କ କାନରେ ମଧ୍ୟ ସମାନ ପ୍ରକାର କିଛି କହିଥିଲେ । ଯେତେବେଳେ ସେ କାଶୀ ଯାତ୍ରା କରିଥିଲେ ।

ଶିବ ମନ୍ଦିରରେ ପୂଜା ଅର୍ଚ୍ଚନା କରିବା ପରେ ସେ ଜାହିରା ନାମକ ଆଦିବାସୀ ପୂଜାସ୍ଥଳକୁ ଯାଇଥିଲେ । ସାନ୍ତାଲମାନେ ନିଜର ଇଷ୍ଟଦେବ ଭାବରେ ଶାଲଗଛକୁ ପୂଜା କରିଥାଆନ୍ତି । ଶାଲଗଛ ସହିତ ଅନ୍ୟ ଗଛଗୁଡ଼ିକ ଥିବା ଏକ ବିସ୍ତୃତ ସ୍ଥାନକୁ ଜାହିରା ଅର୍ଥାତ୍ ପୂଜାସ୍ଥଳ କୁହା ଯାଇଥାଏ ।

ଗୁମଲା ସହ ସଂଯୁକ୍ତି

ପ୍ରାକୃତିକ ସୌନ୍ଦର୍ଯ୍ୟରେ ଭରପୁର ଝାଡ଼ଖଣ୍ଡର ଗୁମଲା ଜିଲ୍ଲାରେ ଘନ ଜଙ୍ଗଲ, ପାହାଡ଼ ଏବଂ ନଦୀ ଭରି ରହିଛି । ଏହା ଝାଡ଼ଖଣ୍ଡ ରାଜ୍ୟର ଦକ୍ଷିଣ ପଶ୍ଚିମ ଭାଗରେ ଅବସ୍ଥିତ ଅଟେ । ମୁଦରୀ ଭାଷାରେ ଗୁମଲା ହେଉଛି ଅଧିକ ଲୋକପ୍ରିୟ ଯାହା ଧାନ କୁଟିବା ପ୍ରକ୍ରିୟା ସହିତ

ଜଡ଼ିତ ଅଟେ । ଦ୍ରୋପଦୀ ମୁର୍ମୁଙ୍କୁ ଏହି ସ୍ଥାନ ବହୁତ ପସନ୍ଦ । ଗୁମ୍ଲାର ଆଦିବାସୀ ପରମ୍ପରା ଦ୍ୱାରା ସେ ଖୁବ୍ ପ୍ରଭାବିତ ମଧ୍ୟ ଅଟନ୍ତି । ଅଞ୍ଜନଧାମ୍ ଯାଇ ସେ ଭଗବାନ ହନୁମାନଙ୍କର ପୂଜା ମଧ୍ୟ କରିଛନ୍ତି । ଯେତେବେଳେ ସେ ଝାଡ଼ଖଣ୍ଡର ରାଜ୍ୟପାଳ ହୋଇଥିଲେ ସେତେବେଳେ ସେ ଅଞ୍ଜନଧାମ ଯାଇ ମାତା ଅଞ୍ଜନୀଙ୍କର ପୂଜାର୍ଚ୍ଚନା କରିଥିଲେ । ଦ୍ରୋପଦୀ ମୁର୍ମୁ ଦେଶର ଅନେକ ମନ୍ଦିର ଏବଂ ଭକ୍ତିସ୍ଥଳ ପରିଦର୍ଶନ କରିଛନ୍ତି ଏବଂ ସେଠାରେ ପୂଜାର୍ଚ୍ଚନା ମଧ୍ୟ କରିଛନ୍ତି । ତାମିଲନାଡୁର ଜଣେ ପ୍ରଶଂସକ ହିନ୍ଦୀ ଖବର କାଗଜରେ ଲେଖ୍ଥିଲେ, "ଆମେମାନେ ରହୁଛୁ ଏବଂ ଆମମାନଙ୍କର ବିଶ୍ୱାସ ଯେ ରାଷ୍ଟ୍ରପତି ପଦବୀରେ ଆସୀନ ହେବା ପରେ ସିଏ ଦକ୍ଷିଣ ଭାରତରେ ମନ୍ଦିରଗୁଡ଼ିକୁ ଦର୍ଶନ ପାଇଁ ଆସିବେ ଏବଂ ଏଠାରେ ଯେଉଁ ମନ୍ଦିରଗୁଡ଼ିକର ପୁନଃନିର୍ମାଣ କାର୍ଯ୍ୟଗୁଡ଼ିକ କରାଯାଉଛି ତାହାକୁ ସିଏ ତ୍ୱରାନ୍ୱିତ କରାଇବେ । ଏବେ ସମୟ ବଦଲି ଯାଇଛି ଏବଂ ନେତାମାନେ ଧର୍ମପାଳନ କରିବା ପାଇଁ ଏବଂ ସମସ୍ତଙ୍କ ସାମ୍ନାରେ ଏହା ପ୍ରଦର୍ଶିତ କରିବା ପାଇଁ ଆଉ ଡରୁନାହାନ୍ତି । ଧର୍ମାନ୍ତରୀଣ କରିବା ପାଇଁ ସମଗ୍ର ଭାରତବର୍ଷରେ ଯେଉଁ କାର୍ଯ୍ୟକଲାପ ଚାଲିଛି ତାହା ଅନେକମାତ୍ରାରେ ହ୍ରାସ ପାଇବ ବୋଲି ଆଶା କରାଯାଉଛି । ଆଦିବାସୀମାନଙ୍କୁ ହିନ୍ଦୁମାନଙ୍କ ଠାରୁ ଅଲଗା କରି ସେମାନଙ୍କୁ ଅଣହିନ୍ଦୁର ଆଖ୍ୟା ଦିଆଯାଇ ଯେଉଁ ରାଜନୀତି କରାଯାଉଛି ତାହା ମଧ୍ୟ ଅନେକ ମାତ୍ରାରେ ହ୍ରାସ ପାଇବ ବୋଲି ବିଶ୍ୱାସ କରାଯାଉଛି ।

ବ୍ୟବହାରିକ ଏବଂ ସ୍ପଷ୍ଟବାଦୀ

ଦ୍ରୋପଦୀ ମୁର୍ମୁ ନିଜର କାର୍ଯ୍ୟ ଏବଂ ବ୍ୟବହାରରେ ଅତ୍ୟନ୍ତ ସ୍ପଷ୍ଟ ଏବଂ ପାରଦର୍ଶୀ ଅଟନ୍ତି । ସେ କୌଣସି ପ୍ରକାର ଆମ୍ବଡ଼ିମା ବା ବଡ଼ ବଡ଼ କଥା କୁହନ୍ତି ନାହିଁ । ତାଙ୍କ ମଧ୍ୟରେ ନା ଅଛି ଅହଙ୍କାର ନା ଗର୍ବ । ବ୍ୟବହାର ଅତ୍ୟନ୍ତ ସରଳ, ସହଜ ଏବଂ ଅମାୟିକ । ସିଏ ମାଟି ସହିତ ଜଡ଼ିତ । ନାମାଙ୍କନର ଖବର ଯେତେବେଳେ ମିଡ଼ିଆରେ ଆସିଲା ଏବଂ ଯେତେବେଳେ ତାଙ୍କୁ ଏହା ଜଣାପଡ଼ିଲା ସେତେବେଳେ ସେ ନିଜେ ମଧ୍ୟ ଚକିତ ହୋଇଗଲେ । ୨୦ ଜୁନ୍‌ରେ ଯେତେବେଳେ ତାଙ୍କର ଜନ୍ମଦିନ ଥିଲା ସେତେବେଳେ ଏହାର ଖବର ବିଶେଷ ରୂପେ ପ୍ରସାରିତ ଏବଂ ପ୍ରସାରିତ ହୋଇନଥିଲା । କାରଣ ତାଙ୍କର ଜୀବନ ଅତ୍ୟନ୍ତ ସରଳ ଏବଂ ସାଧାସିଧା ଥିଲା ।

ମାୟାବତୀ ଭଲି ନେତାମାନେ ନିଜର ଜନ୍ମଦିନରେ ଯେଉଁଭଲି ଭାବରେ ଆଡ଼ମ୍ବର ସହକାରେ ପାଳନ କରନ୍ତି ସେସବୁ ତୁଲନରେ ଦ୍ରୋପଦୀ ମୁର୍ମୁଙ୍କ ଭଲି ବ୍ୟକ୍ତିତ୍ୱଙ୍କର ଜନ୍ମଦିନ ପାଳନର କଥା କେହି ଜାଣି ମଧ୍ୟ ପାରନ୍ତି ନାହିଁ । କିନ୍ତୁ ଏଥର ତାଙ୍କର ଜନ୍ମଦିନ ୨୦ଜୁନ୍‌ ପରେ ସେ ଭାରତର ସର୍ବସାଧାରଣଙ୍କ ତରଫରୁ ସର୍ବୋତ୍ତମ ଜନ୍ମଦିନ ଉପହାର ପାଇଛନ୍ତି ଏବଂ ତାହା ହେଉଛି ରାଷ୍ଟ୍ରପତି ପଦବୀର ଉପହାର ।

ତାଙ୍କର ବ୍ୟକ୍ତିଗତ ଜୀବନ କେବେବି ଫୁଲର କୋମଳସଜ୍ଜା ହୋଇନଥିଲା। ପିଲାଟି ଦିନ ଯେମିତି ପ୍ରକାର ବିତି ଯାଇଥିଲା। ବିବାହ ହୋଇଗଲା, ସନ୍ତାନ ମଧ୍ୟ ହେଲା। କିନ୍ତୁ ଜୀବନରେ ସେ ଖୁବ ଦୁଃଖ ଦେଖିଛନ୍ତି। ତେଣୁ ଯେତେବେଳେ ତାଙ୍କର ନାମାଙ୍କନର ଖବର ମିଳିଲା ସେତେବେଳେ ଏହା ତାଙ୍କର ଭାଗ୍ୟରେ ଅଛି ବୋଲି ସିଏ ବିଶ୍ୱାସ କରି ପାରିଲେ ନାହିଁ। ଯେତେବେଳେ ପ୍ରଧାନମନ୍ତ୍ରୀଙ୍କ ତରଫରୁ ତାଙ୍କୁ ସୂଚନା ପ୍ରଦାନ କରାଗଲା ଯେ ତାଙ୍କୁ ରାଷ୍ଟ୍ରପତି ପାଇଁ ଚୟନ କରାଯାଇଛି ସେତେବେଳେ ସେ ଅତ୍ୟନ୍ତ ଭାବୁକ ହୋଇପଡ଼ିଲେ। ନିଜର ସ୍ୱାମୀ ଏବଂ ମୃତ ପିଲାମାନଙ୍କୁ ମନେ ପକାଇ ତାଙ୍କ ଆଖିରେ ଲୁହ ଆସିଗଲା। ଧୀରେ ଧୀରେ ଯେତେବେଳେ ଲୋକମାନେ ଅଭିନନ୍ଦନ ଜଣାଇବା ପାଇଁ ତାଙ୍କ ଘରକୁ ଆସିଲେ ସେତେବେଳେ ସେ ଧୀରେ ଧୀରେ ପ୍ରକୃତିସ୍ଥ ହେଲେ।

ତାଙ୍କୁ ମଧ୍ୟ ନିଜ ପ୍ରାର୍ଥିତ୍ୱ ବାବଦରେ ଟେଲିଭିଜନ ସମାଚାରରୁ ଜଣାପଡ଼ିଲା। ସେ କେବେବି ଏକଥା ଆଶା କରିନଥିଲେ। ଝାଡ଼ଖଣ୍ଡର ରାଜ୍ୟପାଳର କାର୍ଯ୍ୟକାଳ ପୂରା ହେବା ପରେ ସେ ସକ୍ରିୟ ରାଜନୀତି ଜୀବନରୁ ଦୂରେଇ ରହିଥିଲେ। ତେଣୁ ସେଥିପାଇଁ ରାଷ୍ଟ୍ରପତି ନାମାଙ୍କନ ହେବା ବାବଦରେ ଦିଲ୍ଲୀର ଯେଉଁ ଘଟଣାକ୍ରମ ଚାଲିଥିଲା ତାହା ବାବଦରେ ସେ ଅବଗତ ନଥିଲେ। କିନ୍ତୁ ଯେତେବେଳେ ସେ ଏକଥା ଜାଣିଲେ ସେତେବେଳେ ତାଙ୍କ ମୁହଁରେ ଖୁସିର ଭାବ ଦେଖିଲା ଭଲି ଥିଲା। ସେ କହିଲେ, "ଏହି ଘୋଷଣା ଦ୍ୱାରା ମୁଁ ଉଭୟ ଖୁସି ଏବଂ ଚକିତ ମଧ୍ୟ।" ବିନମ୍ରତାର ସହ ସେ କହିଲେ, "ସୁଦୂର ମୟୂରଭଞ୍ଜ ଜିଲ୍ଲାର ଜଣେ ଆଦିବାସୀ ମହିଳା। ଏଭଳି ଶୀର୍ଷ ପଦବୀରେ ଆସୀନ କରିବା ପାଇଁ ପ୍ରାର୍ଥୀ ବନାଇବା ମୋର ଚିନ୍ତାର ବାହାରେ ଥିଲା। ତେଣୁ ମୁଁ ଯେତିକି ଖୁସି ସେତିକି ଆଶ୍ଚର୍ଯ୍ୟ ମଧ୍ୟ।" ଯେତେବେଳେ ଗାଁର ଲୋକମାନେ ତାଙ୍କ ସହିତ ଦେଖା କରିବାକୁ ଆସିଲେ ସେତେବେଳେ ମୁର୍ମୁ ବିନମ୍ରତା ସହିତ ସେମାନଙ୍କୁ କହିଲେ, "ଆପଣମାନଙ୍କର ଆଶୀର୍ବାଦରୁ ଏହା ସମ୍ଭବ ହୋଇଛି।" ତାଙ୍କର ଜଣେ ପଡ଼ୋଶୀ କୁମାର ଗିରି କହନ୍ତି, "ରାଜନୀତିରେ ପଶିବା ପରଠାରୁ ମନ୍ତ୍ରୀ ଏବଂ ପରେ ରାଜ୍ୟପାଳ ହୋଇ ସେ କେବେ ଆମମାନଙ୍କ ଠାରୁ ଦୂରେଇ ଯାଇ ନାହାନ୍ତି। ସେ ସବୁବେଳେ ଆମମାନଙ୍କ ପାଖରେ ଥିଲେ ଏବଂ ରହିଛନ୍ତି ମଧ୍ୟ। କିନ୍ତୁ ଏବେ ରାଷ୍ଟ୍ରପତି ହେବା ପରେ ରାଷ୍ଟ୍ରପତି ଭବନର କିଛିଟା ପ୍ରୋଟୋକଲ ହେବ। ତେଣୁ ହୁଏତ ତାଙ୍କର ସାକ୍ଷାତ୍ ମିଳିବା କଷ୍ଟକର ହୋଇପାରେ।"

ରୋମିତା ଦଉ ୨୪ ଜୁନ, ୨୦୨୨ରେ ମୁର୍ମୁଙ୍କ ବାବଦରେ ଲେଖିଛନ୍ତି ଯେ ସିଏ ଜଣେ ସକ୍ଷମ, ସହାନୁଭୂତିପୂର୍ଣ୍ଣ ଏବଂ ମାଟି ସହିତ ଜଡ଼ିତ ହୋଇଥିବା ବ୍ୟକ୍ତିତ୍ୱ ଅଟନ୍ତି। ତାଙ୍କ ପାଇଁ ସେ ଗାଁର ପରିବେଶରେ ଦ୍ରୌପଦୀ ମୁର୍ମୁଙ୍କୁ ନିମ୍ନ ପ୍ରକାରରେ ବର୍ଣ୍ଣନା କରିଛନ୍ତି।

ହୁଏତ ଆପଣ ମୁର୍ମୁଙ୍କ ଘରକୁ ଯେତେବେଳେ ଯିବେ ସେତେବେଳେ ଦେଖିବେ ଯେ

ମୁର୍ମୁ ଘର ଅଗଣାରେ ପଡ଼ିଥିବା ପତରକୁ ଖାରଗୁଛନ୍ତି । ଭିତରକୁ ଯିବା ପରେ ମୁର୍ମୁ ନିଜର ହଳଦୀ ଲଗା ହାତକୁ ଶାଢ଼ୀରେ ପୋଛି ଆପଣଙ୍କୁ ପଚାରୁଛନ୍ତି ଯେ କ'ଣ ଆପଣ ରୁହା ଟିକେ ପିଇବେ ? ଝାଡ଼ଖଣ୍ଡର ରାଜ୍ୟପାଳ ଭାରରେ ସେବା ନିବୃତ୍ତ ହେବା ପରେ ମେଲାଯୋ ସବୁବେଳେ ହସୁଥିବା ମୁର୍ମୁ ନିଜେହିଁ ଘରର ଅଧିକାଂଶ କାମ କରିଥିଲେ । ଅନେକ ସମୟରେ ଅତିଥିମାନଙ୍କୁ ନିଜ ହାତରେ ରୁ ତିଆରି କରି ପିଆଉଥିଲେ ।

ଶିକ୍ଷାର ଅଚୁକ ମନ୍ତ୍ର

ଦ୍ରୌପଦୀ ମୁର୍ମୁ ଶିକ୍ଷାକୁ ଅତ୍ୟନ୍ତ ମହତ୍ତ୍ୱ ଦିଅନ୍ତି । ତାଙ୍କ ବିଚାରରେ ଜୀବନରେ ସଫଳାର ରୁଢ଼ିକାଠି ହେଉଛି ଜ୍ଞାନ । ଏହି ଜ୍ଞାନ ହିଁ ମଣିଷକୁ ଶକ୍ତିଶାଳୀ କରାଇଥାଏ । ଜଣେ ସ୍କୁଲ ଶିକ୍ଷକ ରୂପରେ ସେ ଆଦିବାସୀ ସମ୍ପ୍ରଦାୟର ନୂତନ ପିଢ଼ିକୁ ଶିକ୍ଷାଦାନ କରିଛନ୍ତି ଏବଂ ସେମାନଙ୍କୁ ଜଣାଇଛନ୍ତି ଯେ କିଭଳି ଭାବରେ ଶିକ୍ଷା ଦ୍ୱାରା ସର୍ବାଙ୍ଗୀନ ବିକାଶ ସମ୍ଭବ ହେବ । ସେ ନିଜର ଜୀବନକୁ ମଧ୍ୟ ଅନ୍ୟମାନଙ୍କ ପାଇଁ ଉଦାହରଣ ରୂପେ ପ୍ରସ୍ତୁତ କରିଛନ୍ତି । ତାଙ୍କର ଜୀବନର ଲକ୍ଷ୍ୟ ହେଉଛି ଶିକ୍ଷାର ବିକାଶ । ତାଙ୍କର ଝିଅ କହନ୍ତି, "ଶିକ୍ଷିକା ଭାବରେ ମାଆ ଅତ୍ୟନ୍ତ କଠୋର । ନିଜର ଝିଅକୁ ମଧ୍ୟ ବିଳମ୍ୱ ପାଇଁ କ୍ଷମା କରିନଥାଆନ୍ତି । ତାଙ୍କର ଭାଷଣଗୁଡ଼ିକରେ ସାଧାରଣ ଭାବରେ ଆମେ ଦେଖିଥାଆନ୍ତି ଯେ ସେ ପିଲାମାନଙ୍କର ବିଶେଷ କରି ଝିଅମାନଙ୍କର ପଢ଼ିବା ପାଇଁ ପ୍ରୋସ୍ତାହନ ପ୍ରଦାନ କରନ୍ତି । ତାଙ୍କର ବିଚାରରେ ଭାରତର ପ୍ରତ୍ୟେକ ନାଗରିକ ହେଉଛି ରାଷ୍ଟ୍ର ନିର୍ମାତା । ଆମେ ସମସ୍ତେ ପ୍ରତ୍ୟେକ ବ୍ୟକ୍ତି ରାଷ୍ଟ୍ରର ମଙ୍ଗଳ ପାଇଁ ଏବଂ ଏହାର ମହାନ ଐତିହ୍ୟ ଏବଂ ପରମ୍ପରାର ସଂରକ୍ଷଣ ପାଇଁ ସତତ ପ୍ରୟାସବାନ ରହିବା ଉଚିତ୍ । ଏହି କାରଣରୁ ଶିକ୍ଷା ଦିଗରେ ଭାରତର ଭବିଷ୍ୟତ ପାଇଁ ତାଙ୍କର ଉତ୍ତମ ଦୃଷ୍ଟିକୋଣ ରହିଛି । ପ୍ରତ୍ୟେକ ବାଳିକାକୁ ଶିକ୍ଷିତା କରିବା ତାଙ୍କର ସ୍ୱପ୍ନ ନୁହେଁ ବରଂ ତାଙ୍କର ଲକ୍ଷ୍ୟ ମଧ୍ୟ ଏବଂ ନିଷ୍ଠାର ସହ ସେହି ଲକ୍ଷ୍ୟ ପଥରେ ଅଗ୍ରସର ହୁଅନ୍ତି । ବାଳିକା ଶିକ୍ଷଣ ସଂସ୍ଥାନ ସ୍ଥାପନ କରିବା ଏହି କଥାର ସଙ୍କେତ ଦିଏ ଯେ ଏଥିପାଇଁ ସେ ଦୃଢ଼ ପ୍ରତିବଦ୍ଧ ମଧ୍ୟ । ଯେତେବେଳେ ସେ ଭାରତର ପ୍ରଧାନମନ୍ତ୍ରୀଙ୍କ ସହ ସାକ୍ଷାତ୍ କରିଥିଲେ ସେତେବେଳେ ସିଏ ତାଙ୍କୁ ନିଜର ପେନସନ୍ ଅର୍ଥକୁ ଏକ ଶିକ୍ଷା ସଂସ୍ଥାକୁ ନିର୍ମାଣ କରିବାରେ ସହାୟତା ପ୍ରଦାନ କିରବା ପାଇଁ ଅନୁରୋଧ କରିଥିଲେ । କୁହାଯାଏ ଯେ ଏହି ଧନ ଦ୍ୱାରା ସେ ମୟୁରଭଞ୍ଜର କୁସୁମୀ ବ୍ଲକ୍‌ର ଏକ ଗାଁ ପହଲପୁରରେ ଥିବା ନିଜର ଘରକୁ ଏକ ଆଶ୍ରମରେ ବଦଲାଇ ଦେଇଥିଲେ । ଯେଉଁଠାରେ ଗରୀବ ପିଲାମାନଙ୍କୁ ଇଂରାଜୀ ମାଧ୍ୟମରେ ଶିକ୍ଷା ଦିଆ ଯାଉଛି । ନିମ୍ନ ଅନୁଚ୍ଛେଦରେ ରାଜ୍ୟପାଳ ରୂପରେ ରାଜ୍ୟପାଳ ରୂପରେ ତାଙ୍କ ଦ୍ୱାରା ପ୍ରଦାନ କରାଯାଇଥିବା କିଛି ଭାଷଣ ଏଠାରେ ଉଲ୍ଲେଖ କରା ଯାଇଛି ।

ପ୍ରତ୍ୟେକ ବ୍ୟକ୍ତିର ଜୀବନରେ ଶିକ୍ଷାର ବହୁତ ବଡ଼ ମହତ୍ତ୍ୱ ରହିଛି। ଏହା ବ୍ୟକ୍ତିଗତ ଏବଂ ସାମାଜିକ ବିକାଶ ପାଇଁ ଗୁରୁତ୍ୱପୂର୍ଣ୍ଣ ଅଟେ। ଶିକ୍ଷା ହେଉଛି ବିକଶିତ ସମାଜ ସ୍ଥାପନର ଏକ ସଶକ୍ତ ମାଧ୍ୟମ। ଶିକ୍ଷା ପ୍ରାପ୍ତ କରିବା ପାଇଁ ପରିଶ୍ରମର ଆବଶ୍ୟକତା ରହିଛି ଏବଂ ମନୁଷ୍ୟକୁ ଏହି ପରିଶ୍ରମରୁ ଦୂରେଇ ଯିବା ଉଚିତ୍ ନୁହେଁ। ଶିକ୍ଷା ଯେ କୌଣସି ବ୍ୟକ୍ତିର ବ୍ୟକ୍ତିତ୍ୱ ଏବଂ ଚରିତ୍ରକୁ ବିକଶିତ କରିଥାଏ। ଶିକ୍ଷା ମାଧ୍ୟମରେ କ୍ଷମତା ଏବଂ ସମ୍ଭାବନା ଆଦିର ବିକାଶ ଉପରେ ଗମ୍ଭୀରତା ସହିତ ଧ୍ୟାନ ଦିଆ ଯାଇପାରେ। ଏହା ମନୁଷ୍ୟ ମଧ୍ୟରେ ଦାୟିତ୍ୱଶୀଳ ମନୋଭାବ ସୃଷ୍ଟି କରିବାରେ ଏକ ଶକ୍ତିଶାଳୀ ଭୂମିକା ନିର୍ବାହ କରିଥାଏ। ଶିକ୍ଷା ଦ୍ୱାରା ଭୁଲ ଏବଂ ଠିକ୍ ମଧ୍ୟରେ ପାର୍ଥକ୍ୟ ମନୁଷ୍ୟ ଜାଣି ପାରିଥାଏ। ଏହା ମାଧ୍ୟମରେ ଆମେ ଗରୀବୀ ଏବଂ ଅଜ୍ଞାନତାକୁ ଦୂରେଇବା ପାଇଁ ପ୍ରୟାସ କରି ସଫଳ ହୋଇ ପାରିବା।

ଦ୍ରୌପଦୀ ମୁର୍ମୁ ଆର୍ଥିକ ଭାବରେ ଦୁର୍ବଳ ବର୍ଗର ପିଲାମାନଙ୍କ ପାଇଁ ଓଡ଼ିଶାର ପାହାଡ଼ପୁର ଗାଁରେ ଏକ ଆବାସିକ ବିଦ୍ୟାଳୟ ଖୋଲିଛନ୍ତି। ଯେଉଁଥିରେ ଷଷ୍ଠ ଶ୍ରେଣୀରୁ ଦଶମ ଶ୍ରେଣୀ ପର୍ଯ୍ୟନ୍ତ ଶିକ୍ଷା ପ୍ରଦାନ କରାଯାଇଥାଏ। ତାଙ୍କ ପରିବାର ଦ୍ୱାରା ସଞ୍ଚାଳିତ ଏସ୍.ଏଲ୍.ଏସ୍. ଟ୍ରଷ୍ଟ (ପୁଅ ସିସନ, ଲକ୍ଷ୍ମଣ ଏବଂ ସ୍ୱାମୀ ଶ୍ୟାମଚରଣଙ୍କ ନାମର ପ୍ରଥମ ଅକ୍ଷର ଆଧାରରେ ନିର୍ମିତ) ଦ୍ୱାରା ସଞ୍ଚାଳିତ ଏହି ବିଦ୍ୟାଳୟକୁ ସେ ସାଧାରଣ ଭାବରେ ଯାଇଥାଆନ୍ତି। ଗରୀବ ପରିବାରର ପିଲାମାନଙ୍କୁ ଶିକ୍ଷିତ କରିବାର ପ୍ରତିଜ୍ଞା ନେଇ ଆବାସିକ ବିଦ୍ୟାଳୟରେ ଏବେ ପ୍ରାୟ ୧୦୦ଜଣ ଗରୀବ ଛାତ୍ରଛାତ୍ରୀ ପାଠ ପଢ଼ୁଛନ୍ତି। ଯେତେବେଳେ ସେ ଝାଡ଼ଖଣ୍ଡର ରାଜ୍ୟପାଳ ଥିଲେ ସେ ବର୍ଷକୁ ଅତିକମ୍‌ରେ ଦୁଇଥର ସିଏ ସେହି ସ୍କୁଲକୁ ପରିଦର୍ଶନ କରୁଥିଲେ। ଏହି ସ୍କୁଲ ପାଇଁ ସେ ୩.୨ଏକର ଜମି ଦାନରେ ଦେଇଛନ୍ତି। ଏହି ସ୍କୁଲଟି ତାଙ୍କର ଝିଅ ଇତିଶ୍ରୀ ମୁର୍ମୁଙ୍କୁ ଦାୟିତ୍ୱରେ ଏବଂ ଦେଖାଶୁଣାରେ ଏକ ଟ୍ରଷ୍ଟ ଦ୍ୱାରା ସଞ୍ଚାଳନ କରା ଯାଉଛି। ସେ ଏହି ସ୍କୁଲର ସ୍ଥାପନ ଏଥିପାଇଁ କରିଛନ୍ତି କାରଣ ପିଲାଦିନେ ତାଙ୍କୁ ନିଜ ଗାଁ ସ୍କୁଲର ସପ୍ତମ ଶ୍ରେଣୀ ପାସ୍ କରିବା ପରେ ଆଗକୁ ପଢ଼ିବା ପାଇଁ ଅନେକ ସମସ୍ୟାର ସାମ୍ନା କରିବାକୁ ପଡ଼ୁଥିଲା। ସେ ଚାହୁଁନଥିଲେ ଯେ ଅନ୍ୟ ପିଲାମାନଙ୍କୁ ମଧ୍ୟ ତାଙ୍କ ଭଳି ସମସ୍ୟାର ସାମ୍ନା କରିବାକୁ ପଡ଼ୁ।

ସେ ଶିକ୍ଷା ବିଶେଷ ଭାବରେ ଆଦିବାସୀମାନଙ୍କ ଶିକ୍ଷା ଉପରେ ନିଜର ଅତ୍ୟଧିକ ଧ୍ୟାନ କେନ୍ଦ୍ରିତ କରିଛନ୍ତି। ରାଞ୍ଚୀ ବିଶ୍ୱବିଦ୍ୟାଳୟରେ ଜନଜାତୀୟ ଭାଷା ଆଦିବାସୀ ଭାଷା ବିଭାଗର ସ୍ଥାପନ ମଧ୍ୟ କରିଛନ୍ତି।

ବିଭିନ୍ନ ବିଷୟରେ ତାଙ୍କର ବିଚାର ସାଧାରଣ ଭାବରେ ବିଜେପିର ଦର୍ଶନ ଏବଂ ବିଚାର ନିରୂପ ଅଟେ। ଯଦିଓ ସେ ନିଜ ଭାଷାକୁ ଗୁରୁତ୍ୱ ଦେଇଥାଆନ୍ତି ତଥାପି ହିନ୍ଦୀ ଭାଷାକୁ ମଧ୍ୟ ସମାନ ଭାବରେ ଭଲପାଆନ୍ତି। ୧୫ ଅକ୍ଟୋବର ୨୦୨୦ରେ ଆୟୋଜିତ ଏକ ଭିଡିଓ କନ୍ଫାରେନ୍ସରେ ସେ କହିଛନ୍ତି, "ଜଣେ ହିନ୍ଦୁସ୍ତାନୀକୁ ଅତିକମ୍‌ରେ ନିଜର ଭାଷା ଏବଂ

ତାହା ସହିତ ହିନ୍ଦୀ ଭାଷା ଶିଖିବା ଆବଶ୍ୟକ ଏବଂ ଆମେ ହିନ୍ଦୀ ଭାଷାକୁ ସମ୍ମାନ କରିବା ମଧ୍ୟ ଶିଖିବା ଉଚିତ୍। ପ୍ରତ୍ୟେକ ଭାରତୀୟଙ୍କୁ ନିଜ ଭାଷା ଏବଂ ହିନ୍ଦୀ ଭାଷା ନୁହେଁ ବରଂ ସବୁ ଭାଷାକୁ ସମ୍ମାନ ମଧ୍ୟ କରିବା ଉଚିତ୍।"

ସ୍ୱାଭିମାନୀ ବ୍ୟକ୍ତିତ୍ୱ

ତାଙ୍କର ଏକମାତ୍ର ଇଚ୍ଛା ଏବଂ ଅଭିଳାଷ ରହିଥାଏ ଯେ ସେଯେଉଁଠାରେ ମଧ୍ୟ କାମ କରୁଛନ୍ତି ଏବଂ ଯାହାବି କିଛି କରୁଛନ୍ତି ସେଠାରେ ନିଜର ସର୍ବୋଉମ ଜ୍ଞାନ ଏବଂ କ୍ଷମତାର ଉପଯୋଗ କରିବେ। ଆମ୍ସମ୍ମାନ ବନାଇ ରଖିବା ତାଙ୍କର ଏକମାତ୍ର ଲକ୍ଷ୍ୟ। ସେ ନିଜର କର୍ତ୍ତବ୍ୟ ନିର୍ବାହ କରିବା ସମୟରେ ଖୁବ ସଜାଗ ଏବଂ ସାବଧାନ ଅବଲମ୍ୱନ କରିଥାଆନ୍ତି। ଯାହାଫଳରେ ତାଙ୍କର ଆଚରଣ ଦାଗବିହୀନ ଅଟେ ଏବଂ ସେ ବିବାଦ ଠାରୁ ଦୂରରେ ରହିଛନ୍ତି। ୨୦୦୯ ମସିହାରେ ଯେତେବେଳେ ସେ ନିର୍ବାଚନରେ ହାରିଗଲେ ସେତେବେଳେ ନା ସେ ଚିନ୍ତିତ ହୋଇଗଲେ ନା ଅସ୍ଥିର। ବରଂ ମାନସିକ ସ୍ଥିରତା ସହିତ ପରିସ୍ଥିତିର ସାମ୍ନା କଲେ। ନିର୍ବାଚନ ପରେ ସେ ଘରେ ରହିଲେ ଏବଂ ସାମାଜିକ କାର୍ଯ୍ୟରେ ମଧ୍ୟ ନିଜକୁ ନିଯୋଜିତ କଲେ। ନିର୍ବାଚନରେ ହାରିଥିବା କାରଣରୁ ତାଙ୍କର କୌଣସି ଚିନ୍ତା ବା ଦୁଃଖ ନଥିଲା। କାମ ହିଁ ତାଙ୍କ ପାଇଁ ପୂଜା। ସେ ନିଜର ଏବଂ ନିଜ ପରିବାରର ଲାଭ ପାଇଁ କେବେବି କ୍ଷମତାର ଅପପ୍ରୟୋଗ କରିନାହାନ୍ତି। ନିର୍ବାଚନରେ ହାରିଗଲା ପରେ ଯଦିଓ ସେ ସକ୍ରିୟ ରାଜନୀତିରୁ ଦୂରେଇ ଯାଇଥିଲେ କିନ୍ତୁ ନିଜର ସାମାଜିକ ସେବାକାର୍ଯ୍ୟ ଜାରି ରଖିଥିଲେ ଏବଂ ବ୍ୟବସ୍ଥିତ ଜୀବନ ଜିଉଁଥିଲେ।

ଆଦିବାସୀ ଲୋକମାନେ ସାଧାରଣ ଭାବରେ ସ୍ୱାଭିମାନୀ ହୋଇଥାଆନ୍ତି। ଦ୍ରୌପଦୀ ମୁର୍ମୁ ଏହି କଥାର ପ୍ରମାଣ ସ୍ୱରୂପ ଏକ ଘଟଣା ବାବଦରେ କହିଛନ୍ତି। ଯେତେବେଳେ ସିଏ ବିଧାୟକ ଥିଲେ ଥରେ ଓଡ଼ିଶାରେ ଏକ ଆଦିବାସୀ ଗାଁକୁ ଯାଇଥିଲେ। ସେଠାରେ ଆଦିବାସୀମାନେ ନିଜ ନିଜ ସମସ୍ୟା ବାବଦରେ ତାଙ୍କୁ ଜଣାଇଥିଲେ। କିଛି ପ୍ରାର୍ଥନାପତ୍ର ମଧ୍ୟ ତାଙ୍କୁ ଦିଆ ଯାଇଥିଲା। କିନ୍ତୁ କିଛିଦିନ ପରେ ସେ ଯେତେବେଳେ ପୁଣି ସେଠାକୁ ଗଲେ ସେ ଏହା ଦେଖି ଆଶ୍ଚର୍ଯ୍ୟ ହୋଇଗଲେ ଯେ ଅନେକ ସମସ୍ୟା ଏପର୍ଯ୍ୟନ୍ତ ମଧ୍ୟ ସମାଧାନ ହୋଇନାହିଁ। ଯେତେବେଳେ ଦ୍ରୌପଦୀ ମୁର୍ମୁ ସେମାନଙ୍କୁ ପଚାରିଲେ ତୁମେମାନେ ମୋତେ ଏହା ବାବଦରେ ଏ ପର୍ଯ୍ୟନ୍ତ କାହିଁକି ଜଣାଇନାହଁ? ସେମାନେ ସମସ୍ତେ ନୀରବରେ ଠିଆ ହୋଇ ରହିଲେ। ମୁର୍ମୁ ଜାଣନ୍ତି ଯେ ଆଦିବାସୀମାନେ ଅତ୍ୟନ୍ତ ସ୍ୱାଭିମାନୀ। ସେମାନେ ବାରମ୍ବାର ଆପଣଙ୍କ ସାମ୍ନାରେ କିଛି ମାଗିବା ପାଇଁ ଠିଆ ହେବେନାହିଁ। ଯଦିଓ ଦେଖିବା ପାଇଁ ସେମାନେ ସୁନ୍ଦର ନୁହନ୍ତି। କିନ୍ତୁ ସେମାନଙ୍କ ହୃଦୟ ଖୁବ ପରିଷ୍କାର, ସଚ୍ଚା ଏବଂ ଭୋଲାବାଲା। ମୁର୍ମୁ

ଅଧିକାଂଶ ସମୟରେ ଆଦିବାସୀମାନଙ୍କୁ ମନେ ପକାଇ ଦିଅନ୍ତି ଯେ, ତୁମେମାନେ ସମସ୍ତେ ମନେ ରଖ ଯେ ଆମେ ସମସ୍ତେ ସମାନ । ତେଣୁ କେବେବି ନିଜକୁ ଛୋଟ ବୋଲି ଭାବନାହିଁ ।

ପ୍ରେରିତ ଏବଂ ପ୍ରେରକ

ଶ୍ରୀମତୀ ମୁର୍ମୁ ପ୍ରେରଣା ପ୍ରଦାନ କରନ୍ତି । ତାଙ୍କର ଜୀବନ ହେଉଛି ଅନ୍ୟମାନଙ୍କ ପାଇଁ ଏକ ଶିକ୍ଷାପ୍ରଦ ଜୀବନ । ଜୀବନରେ ଯେତେବେଳେ ଗତାନୁଗତିକ ଭାବରେ ତାଙ୍କର ଜୀବନ ଅତିବାହିତ ହେଉଥିଲା ଠିକ୍ ସେହି ସମୟରେ ଏଭଳି ବିପତ୍ତି ତାଙ୍କ ଉପରେ ଭାଙ୍ଗି ପଡ଼ିଲା ଯାହା କେହି କେବେ କଳ୍ପନା ମଧ୍ୟ କରି ପାରିବ ନାହିଁ । ନିଜର ଦୁଇ ପୁଅଙ୍କ ସହ ସ୍ୱାମୀଙ୍କୁ ହରାଇଦେଲେ । ଏଭଳି ବିପତ୍ତି ଭଗବାନ ଆଉ କାହାକୁ ଦିଅନ୍ତି ନାହିଁ । କିନ୍ତୁ ଏହା ସତ୍ତ୍ୱେ ଦ୍ରୌପଦୀ ମୁର୍ମୁ ପୁଣି ଥରେ ଠିଆ ହେବା ପାଇଁ ଚେଷ୍ଟା କଲେ । ଯଦିଓ ତାଙ୍କର ବିଶ୍ୱାସ କିଞ୍ଚିମାତ୍ରାରେ ହଲଚଲ ହୋଇ ଯାଇଥିଲା । କିନ୍ତୁ ଦୃଢ଼ ସଂଯମ ଜରିଆରେ ସେ ଏଭଳି ମହାବାତ୍ୟାକୁ ମୁକାବିଲା କରିବାର ଚେଷ୍ଟା କଲେ । ଶେଷରେ ନିଷ୍ଠୁର ଭାଗ୍ୟ ପରାସ୍ତ ହେଲା ଏବଂ ଈଶ୍ୱର ପୁଣି ଥରେ ପ୍ରସନ୍ନ ହେଲା । ଈଶ୍ୱର ଏଭଳି ପ୍ରସନ୍ନ ହେଲେ ଯେ ବିନା ମାଗିବାରେ ତାଙ୍କୁ ସର୍ବୋତ୍ତମ ବରଦାନ ପ୍ରଦାନ କଲେ । ସେ କହନ୍ତି, "ନିଜକୁ ଜିତିବା ପାଇଁ ଆମ ଭିତରେ ସେତିକି ଶକ୍ତି ଏବଂ ଅଗ୍ନି ରହିଥିବା ଦରକାର । ସମସ୍ତଙ୍କ ପାଖରେ କିଛ ଇଚ୍ଛା ରହିଥାଏ ଏବଂ ମହତ୍ କାର୍ଯ୍ୟ କରିବା ପାଇଁ ଭାବନା ମଧ୍ୟ ଥାଏ । ତେଣୁ ଆମେ ନିଜକୁ କେବେବି ଦୁର୍ବଳ ଭାବି ଭାଙ୍ଗି ପଡ଼ିବା ଉଚିତ୍ ନୁହେଁ ।" ସେ ନିଜ ଭଗବାନଙ୍କର ଶକ୍ତି ଏବଂ ତାଙ୍କ କୃପା ଉପରେ ବିଶ୍ୱାସ ରଖିଲେ ଏବଂ ତାଙ୍କର ଏହି ବିଶ୍ୱାସ ହିଁ ତାଙ୍କୁ ଠିଆ ହେବା ପାଇଁ ଏବଂ ଆଗକୁ ବଢ଼ିବାର ପ୍ରେରଣା ପ୍ରଦାନ କଲା । ତାଙ୍କର ଜୀବନୀ ଅନୁସରଣଯୋଗ୍ୟ ଅଟେ । ଏହା ଏଭଳି ଏକ ଜୀବନୀ ଯାହା ପାଠ୍ୟକ୍ରମର ଅଂଶ ହେବା ଉଚିତ୍ । ମୋ ବିଚାରରେ ଜଣେ ପ୍ରେରଣା ପ୍ରଦାନକାରୀ ବ୍ୟକ୍ତିତ୍ୱ ଏହିଭଳି ହିଁ ହେବା ଉଚିତ୍ । ମୁର୍ମୁଜୀଙ୍କ କଥା ଅନୁସାରେ ଜୀବନରେ ଉତ୍ସାହ ହେବା ଉଚିତ । ସମସ୍ତଙ୍କ ଭିତରେ କିଛି ନା କିଛି ବିଶେଷତା ରହିଛି ଏବଂ ନିଜକୁ କେବେ କମ୍ ବୋଲି ଭାବିବା ଉଚିତ୍ ନୁହେଁ । ଇଚ୍ଛାଶକ୍ତିକୁ ଶକ୍ତିଶାଳୀ କରିବା ଉଚିତ୍ ଏବଂ ଜୀବନରେ ଆଗକୁ ବଢ଼ିବା ଉଚିତ୍ ।

ଦ୍ୱିତୀୟ କଲାମ୍ ହେବାର ଯୋଗ୍ୟତା

ଡକ୍ତର ଅବଦୁଲ କଲାମଙ୍କ ବ୍ୟତୀତ ଅନ୍ୟ କେହି ଅଣ ରାଜନୀତକ ବ୍ୟକ୍ତି ଭାରତରେ ରାଷ୍ଟ୍ରପତି ହୋଇନାହାନ୍ତି । ହୁଏତ ସ୍ୱତନ୍ତ୍ର ଭାରତରେ ସିଏ ପ୍ରଥମ ମୁସଲମାନ ରାଷ୍ଟ୍ରପତି ଥିଲେ

ଯାହାଙ୍କୁ ହିନ୍ଦୁମାନେ ମଧ୍ୟ ଅଧିକ ଆଦର ଏବଂ ମାନ ସମ୍ମାନ ଦେଉଥିଲେ। ସେ ନିଜର ବ୍ୟବହାର ଏବଂ ଆଚରଣ ଦ୍ୱାରା ସମସ୍ତ ପାଇଁ ଉଦାହରଣ ପାଲଟିଥିଲେ। ତାଙ୍କର ବିନମ୍ରତା ମଧ୍ୟ ତାଙ୍କୁ ପ୍ରଶଂସନୀୟ କରିଥିଲା। ତାଙ୍କୁ ରାଷ୍ଟ୍ରପତି କରିବା ଯେପରି ବାଜପେୟୀ ଏବଂ ଆଡଭାନୀଙ୍କ ମାଷ୍ଟରଷ୍ଟୋକ ଥିଲା ଠିକ୍ ଆଜି ମଧ୍ୟ ମୁର୍ମୁଙ୍କୁ ରାଷ୍ଟ୍ରପତି କରିବା ମୋଦୀ ଏବଂ ଅମିତ୍ ଶାହଙ୍କର ଚମତ୍କାର ଅଟେ। ଅନ୍ୟ ରାଷ୍ଟ୍ରପତିମାନଙ୍କର ଯାହା କାର୍ଯ୍ୟ ସିଏ ମଧ୍ୟ ତାହା କରିଥିଲେ। ତାଙ୍କ ଭିତରେ ଭିନ୍ନ ଥିଲା ଯାହା ତାହା ହେଉଛି ତାଙ୍କର ପ୍ରକୃତି। ଜନସାଧାରଣଙ୍କ ସହିତ ତାଙ୍କର ସଂଯୁକ୍ତି ଥିଲା। ସେ ଅହଙ୍କାରୀ, ସ୍ୱାର୍ଥୀ, ନିନ୍ଦୁକ, ସିଦ୍ଧାନ୍ତବିହୀନ ଆଦୌ ନଥିଲେ। ଏଥିପାଇଁ ଆଜି ମଧ୍ୟ ଭାରତର ଲୋକମାନେ ତାଙ୍କୁ ସବୁଠାରୁ ଲୋକପ୍ରିୟ ରାଷ୍ଟ୍ରପତି ଭାବେ ମନେ ପକାନ୍ତି। ଡକ୍ଟର ରାଜେନ୍ଦ୍ର ପ୍ରସାଦ, ଡକ୍ଟର ରାଧାକୃଷ୍ଣାନ ଏବଂ ଜ୍ଞାନ ଜେଲ ସିଂ ଆଦି ଅନେକ ରାଜନେତା ଯେତେବେଳେ ରାଷ୍ଟ୍ରପତି ହେଲେ ସେମାନେ ସମସ୍ତେ କେବେ ନା କେବେ ପ୍ରଧାନମନ୍ତ୍ରୀଙ୍କୁ ସମସ୍ୟାରେ ପକାଇଥିଲେ। ଏହା ବ୍ୟତୀତ ଆହୁରି କେତେକ ରାଷ୍ଟ୍ରପତି ହୋଇଛନ୍ତି ଯେଉଁମାନେ ନିଜକୁ କେବଳ ରବର ଷ୍ଟାମ୍ପ ଭାବରେ ପ୍ରମାଣିତ କରିଛନ୍ତି। ସେମାନେ ଆଜି ସାଧାରଣ ଭାରତୀୟମାନଙ୍କ ସ୍ମୃତିରେ ମଧ୍ୟ ନାହାନ୍ତି। କିନ୍ତୁ ଡକ୍ଟର କଲାମ ନିଜ ପଦବୀର ଯଥାସମ୍ଭବ ଗରିମା ରଖିବାକୁ ସମର୍ଥ ହୋଇଥିଲେ। ଦ୍ୱିତୀୟଥର ନିର୍ବାଚନ ଲଢ଼ିବା ପାଇଁ ସିଏ ନିଜେହିଁ ମନା କରିଥିଲେ। ତାଙ୍କୁ ଜନସାଧାରଣଙ୍କର ରାଷ୍ଟ୍ରପତି ମଧ୍ୟ କୁହା ଯାଇଥାଏ।

ରାଷ୍ଟ୍ରପତି ମୁର୍ମୁଙ୍କ ସ୍ୱଭାବ ଏବଂ ବ୍ୟକ୍ତିତ୍ୱ ଅଧିକମାତ୍ରାରେ ପୂର୍ବ ରାଷ୍ଟ୍ରପତି ଡକ୍ଟର ଏପିଜେ ଅବଦୁଲ କଲାମଙ୍କ ସହ ମେଳ ଖାଇଥାଏ। ଅବଶ୍ୟ ଆପଣ କହିବେ ଯେ କଲାମ ହେବା ଏତେ ସହଜ ନୁହେଁ। କିନ୍ତୁ ମୁଁ କହିବି ଯେ ଏପର୍ଯ୍ୟନ୍ତ ଦ୍ରୌପଦୀ ମୁର୍ମୁଙ୍କ ଜୀବନ କଲାମଙ୍କ ଜୀବନ ପରି ରହିଛି। ସୁଦୂର ଆଦିବାସୀ ସମାଜରୁ ବାହାରି ଜଣେ ମହିଳାଙ୍କର ଏହିସ୍ଥାନରେ ପହଞ୍ଚିବା କେବେ ସହଜ ନଥିଲା। ସବୁଠାରୁ ପ୍ରଥମେ ଆପଣ ଦେଖିବାକୁ ପାଇବେ ଯେ ଯେପରି କଲାମ ପିଲାମାନଙ୍କୁ ଭଲ ପାଉଥିଲେ ଏବଂ ଛାତ୍ରଛାତ୍ରୀମାନଙ୍କୁ ଆଗକୁ ବଢ଼ିବା ପାଇଁ ପ୍ରେରଣା ପ୍ରଦାନ କରୁଥିଲେ। ଠିକ୍ ସେହିଭଳି ଦ୍ରୌପଦୀ ମୁର୍ମୁ ମଧ୍ୟ ପିଲାମାନଙ୍କୁ ଭଲ ପାଉଛନ୍ତି ଏବଂ ସେମାନଙ୍କର ପଢ଼ାପଢ଼ି ବାବଦରେ ଧ୍ୟାନ ରଖିଛନ୍ତି। ଦୀର୍ଘ ସମୟ ଧରି ସେ ଜଣେ ଶିକ୍ଷୟତ୍ରୀର କାର୍ଯ୍ୟ କରିଛନ୍ତି। ରାଜ୍ୟପାଳ ଥିବା ସମୟରେ ସେ ଅନେକ ସ୍କୁଲ ଏବଂ କଲେଜର ପରିଦର୍ଶନ କରିଛନ୍ତି। ତାଙ୍କର ନିଷ୍ଠା ଯୋଗୁଁ ତାଙ୍କ କ୍ଷେତ୍ରରେ କସ୍ତୁରବା ସ୍କୁଲଗୁଡ଼ିକର ସ୍ଥିତିରେ ଯଥେଷ୍ଟ ସୁଧାର ଆସିଛି। ଅବଦୁଲ କଲାମଙ୍କ ଭଳି ସେ ମଧ୍ୟ ଶିକ୍ଷାର ମହତ୍ୱକୁ ବୁଝିଛନ୍ତି। ୨୦୧୬ ମସିହାରେ ସେ ବିଶ୍ୱବିଦ୍ୟାଳୟଗୁଡ଼ିକର କାର୍ଯ୍ୟକଲାପଗୁଡ଼ିକୁ ସୁଚାରୁରୂପେ ସମ୍ପନ୍ନ କରିବା ପାଇଁ ଅନେକ ଲୋକ ଅଦାଲତ ଲଗାଇଥିଲେ ଏବଂ ରୁନ୍ସେଲର ପୋର୍ଟାଲ

ଆରମ୍ଭ କରିଥିଲେ । ଏହାପରେ ବିଶ୍ୱବିଦ୍ୟାଳୟରେ ନାମାଙ୍କନ ସମତେ ଅନେକ ପ୍ରକ୍ରିୟା ଅନ୍‌ଲାଇନ୍‌ ଭାବରେ ଆରମ୍ଭ ହେଲା । ସେ ନିୟମିତ ଭାବରେ ଭିଡିଓ କନ୍‌ଫାରେନ୍‌ସିଂ ଜରିଆରେ କୁଳପତିମାନଙ୍କ ସହ ସମ୍ପର୍କ କରୁଥିଲେ । ଝାଡ଼ଖଣ୍ଡର ଆଦିବାସୀ ଏବଂ କ୍ଷେତ୍ରୀୟ ଭାଷା ଶିକ୍ଷକମାନଙ୍କ ଭର୍ତ୍ତି ପ୍ରକ୍ରିୟା ଯାହା ଦୀର୍ଘଦିନ ହେବ ବନ୍ଦ ଥିଲା । ତାଙ୍କର ଅଦମ୍ୟ ପ୍ରୟାସ କାରଣରୁ ପୁଣିଥରେ ଆରମ୍ଭ ହୋଇପାରିଲା । ଏହା ଧ୍ୟାନ ଦେବା ଭଳି କଥା ଯେ ମୁର୍ମୁ ଜଣେ ଶିକ୍ଷକ ଭାବରେ ନିଜର କ୍ୟାରିୟର ଆରମ୍ଭ କରିଥିଲେ ଏବଂ ଡକ୍ଟର ଏପିଜେ ଅବଦୁଲ କଲାମ ମଧ୍ୟ ଜଣେ ଶିକ୍ଷକ ଭାବରେ ନିଜର ଜୀବନର ଅନେକ ଅଂଶ ପ୍ରଦାନ କରିଥିଲେ ।

ଦ୍ୱିତୀୟରେ ଯେଉଁଭଳି ଭାବରେ ଏପିଜେ ଅବଦୁଲ କଲାମଙ୍କୁ ଗରିବାର ସାମ୍ନା କିରବାକୁ ପଡ଼ିଥିଲା । ସେହିଭଳି ଭାବରେ ଦ୍ରୌପଦୀ ମୁର୍ମୁଙ୍କୁ ମଧ୍ୟ ଆର୍ଥିକ ଏବଂ ସାମାଜିକ ସମସ୍ୟାଗୁଡ଼ିକର ସାମ୍ନା କିରବାକୁ ପଡ଼ିଛି । ତୃତୀୟରେ ଉଭୟ ସରଳ ଏବଂ ସାଧାସିଧା ଜୀବନ ଜିଇଁବାର ଶୈଳୀକୁ ଆପଣାଇଛନ୍ତି । ଆଜି ମଧ୍ୟ ଦ୍ରୌପଦୀ ମୁର୍ମୁ ନିଜ ଜୀବନକୁ ସରଳ ଏବଂ ନିରାଡ଼ମ୍ବର ରଖିଛନ୍ତି । ଆରାମ ଏବଂ ବିଳାସିତା ପାଇଁ ତାଙ୍କର ମନ କେବେ ଉଚ୍ଚ ହୋଇନଥିଲା । ସେ ସର୍ବଦା ସାଧାରଣ ପୋଷାକରେ ଆମ ସାମ୍ନାକୁ ଆସିଛନ୍ତି ଏବଂ ଲାଗେ ସତେ ଯେପରି ବ୍ରହ୍ମକୁମାରୀ ବେଶରେ ଶୁଭ୍ର ବେଶରେ ପରିଧାନ କରି ସେ ଆମ ସାମ୍ନାକୁ ଆସୁଛନ୍ତି । ଅନ୍ୟଥା ଆଡ଼ମ୍ବର ଏବଂ ଦେଖେଇହେବା ତାଙ୍କୁ ପସନ୍ଦ ନୁହେଁ । ଯେତେବେଳେ ଦ୍ରୌପଦୀ ମୁର୍ମୁ ଦ୍ୱିତୀୟଥର ପାଇଁ ଏମ.ଏଲ.ଏ. ହେଲେ ତାଙ୍କ ପାଖରେ କୌଣସି ନିଜସ୍ୱ ଗାଡ଼ି ନଥିଲା ଏବଂ ତାଙ୍କର ସମୁଦାୟ ଜମା ପୁଞ୍ଜି ମାତ୍ର ନଅ ଲକ୍ଷ ଟଙ୍କା ଥିଲା । ସେହି ସମୟରେ ତାଙ୍କ ଉପରେ ୪ ଲକ୍ଷ ଟଙ୍କାର ରଣ ମଧ୍ୟ ଥିଲା ।

ଜଣାନାହିଁ ଏଭଳି ଆହୁରି କେତେ ତଥ୍ୟ ରହିଛି ଯାହା ଏବେବି ସାମ୍ନାକୁ ଆସିବା ବାକି ରହିଛି । ଯାହାଦ୍ୱାରା ଦ୍ରୌପଦୀ ମୁର୍ମୁଙ୍କ ବିଶେଷତା ବାବଦରେ ଆହୁରି ଅଧିକ ଭଲ ଭାବରେ ଜାଣି ହେବ । ଏବେ ଅନେକ କଥା ମଧ୍ୟ ଆଗକୁ ଆସିବା ବାକି ରହିଛି ।

କଲାମଙ୍କ ପାଖରେ ନା ଘର ଥିଲା ନା ଟଙ୍କା, ନା ଗାଡ଼ି । ରାଷ୍ଟ୍ରପତି ହେବା ପରେ ମଧ୍ୟ ତାଙ୍କର ଚଳଣି ଖୁବ ସାଧାସିଧା ଏବଂ ସରଳ ଥିଲା । ରାଷ୍ଟ୍ରପତି ଭବନକୁ ସେ କେବଳ ଦୁଇଟି ସୁଟ୍‌କେଶ୍ ନେଇ ଆସିଥିଲେ ଏବଂ ଅବସର ନେବା ପରେ କେବଳ ସିଏ ଦୁଇଟି ସୁଟ୍‌କେଶ୍ ନେଇ ରାଷ୍ଟ୍ରପତି ଭବନରୁ ଝଲିଗଲେ । ଦ୍ରୌପଦୀ ମୁର୍ମୁ ମଧ୍ୟ ବୋଧହୁଏ ଡକ୍ଟର କଲାମଙ୍କୁ ଅନୁସରଣ କରନ୍ତି । ସେ ଚାହିଁଥିଲେ ହୁଏତ କୌଣସି ମହାନଗରୀରେ ରହି ପାରିଥାଆନ୍ତେ । କିନ୍ତୁ ରାଜ୍ୟପାଲର କାର୍ଯ୍ୟକାଳ ପୁରିବା ପରେ ସେ ନିଜ ରାଜ୍ୟର ନିଜ ଗାଁରେ ବର୍ଷ ବର୍ଷ ଧରି ରହିଲେ । ତାଙ୍କ ନିକଟରେ ଗର୍ବ, ଅଭିମାନ, ଅହଙ୍କାର, ଧନ ସମ୍ପତ୍ତିକୁ ଦେଖେଇ ହେବାର ଗୁଣ ଆଦୌ ନାହିଁ । ରାଷ୍ଟ୍ରପତି ହେବା ପରେ ମଧ୍ୟ ନା ସେ ନିଜର ସ୍ୱଭାବ ବଦଳାଇଥିଲେ ନା

ନିଜର ପୋଷାକ । ଭଗବାନଙ୍କ ନିକଟରେ ଆମେ ପ୍ରାର୍ଥନା କରୁଛୁ ଯେ ସେ ମୁର୍ମୁଙ୍କୁ ଦୀର୍ଘ ଜୀବନ ପ୍ରଦାନ କରନ୍ତୁ ଏବଂ ସେ ଏହିଭଳି ଭାବରେ ଦେଶର ସେବା କରି ଚଲନ୍ତୁ ।

ଇତିଶ୍ରୀ : ମାଆଙ୍କ ପାଇଁ ଭୁରି ଭୁରି ପ୍ରଶଂସା

ଏହି ଅଧ୍ୟାୟର ଶେଷରେ ମୁଁ ଆପଣଙ୍କୁ ଦ୍ରୌପଦୀ ମୁର୍ମୁଙ୍କ ୩୫ ବର୍ଷର ଝିଅ ବାବଦରେ କିଛି କହିବାକୁ ଯାଉଛି । ଏହାକୁ ମୁଁ ଏହି ଅଧ୍ୟାୟର ଶେଷରେ ରଖିଲି । କାରଣ ତାଙ୍କ ଝିଅଙ୍କର ନାମ ହେଉଛି ଇତିଶ୍ରୀ ଅର୍ଥାତ୍ ଅନ୍ତ । ଅଧ୍ୟାୟ ସମାପ୍ତି ଆଡ଼କୁ ବଢ଼ି ଚଲିଛି ଏବଂ ଯେପରି ପ୍ରସିଦ୍ଧ ଇଂରାଜୀ କବି ଟି.ଏସ୍. ଏଲିୟଟ କହନ୍ତି, "ଯାହାକୁ ଆମେ ଆରମ୍ଭ କହନ୍ତି, ତାହା ସାଧାରଣ ଭାବରେ ଅନ୍ତ ହୋଇଥାଏ ଏବଂ ଅନ୍ତ କରିବା ଆରମ୍ଭ କରିବା ଅଟେ । ଅନ୍ତ ସେହିଠାରୁ ଆରମ୍ଭ ହୋଇଥାଏ ଯେଉଁଠାରେ ଆମେ ଆରମ୍ଭ କରିଥାଉ ।" ଏହା ଏକ ଅଧ୍ୟାୟର ଅନ୍ତ ନିଶ୍ଚୟ ଅଟେ କିନ୍ତୁ ଏହା ପରେ ଏକ ନୂଆ ଅଧ୍ୟାୟ ମଧ୍ୟ ଆରମ୍ଭ ହେବାକୁ ଯାଉଛି ।

ଏବେ ମୋତେ ପ୍ରକୃତ ପ୍ରସଙ୍ଗ ଉପରକୁ ଆସିବାକୁ ଦିଅନ୍ତୁ । ଇତିଶ୍ରୀ ହେଉଛନ୍ତି ଆମ ରାଷ୍ଟ୍ରପତିଙ୍କର ଝିଅ । ଇତିଶ୍ରୀ ହେଉଛନ୍ତି ତାଙ୍କ ମାଆଙ୍କ ଆଖିର ତାରା । ସେ ତାଙ୍କର ସାଥିରେ ସର୍ବଦା ରହିଛନ୍ତି, ତାଙ୍କର ପାଖାପାଖି ରହିଛନ୍ତି, ସିଏ ହିଁ ତାଙ୍କର ସମ୍ବଳ ଓ ଶକ୍ତି । ଜଣେ ସନ୍ତାନ ହିଁ ବ୍ୟକ୍ତିର ଆମ୍ବାର ପ୍ରତିରୂପ ବୋଲି ବିଚାର କରାଯାଏ ।

ଇତିଶ୍ରୀ ମୁର୍ମୁ ଦ୍ରୌପଦୀ ମୁର୍ମୁଙ୍କର ଆଜି ଏକମାତ୍ର ଝିଅ । ଏହି ଝିଅର ଆଉ ଦୁଇଜଣ ଭାଇ ମଧ୍ୟ ଥିଲେ ଯେଉଁମାନଙ୍କର ଦୁଃଖଦାୟକ ନିଧନ ହୋଇ ସାରିଛି । ଯାହାଫଳରେ ଆଜି ଇତିଶ୍ରୀ ନିଜ ପରିବାରର ଏକାମାତ୍ର ସନ୍ତାନ ହୋଇ ରହିଯାଇଛନ୍ତି । ତାଙ୍କର ପିତା ମଧ୍ୟ ଏବେ ଆଉ ଜୀବିତ ନାହାନ୍ତି । ଏହି ଦୁଃଖ ତାଙ୍କୁ ଜୀବନ ସାରା ମିଳି ଚଲିଛି ।

ଇତିଶ୍ରୀ ଗଣେଶ ହେମ୍ବ୍ରମ୍‌ଙ୍କୁ ବିବାହ କରିଛନ୍ତି ଏବଂ ଝାଡ଼ଖଣ୍ଡରେ ରହୁଛନ୍ତି । ସିଏ ୟୁକୋ ବ୍ୟାଙ୍କରେ କାର୍ଯ୍ୟରତ ଅଛନ୍ତି । ତାଙ୍କର ସ୍ୱାମୀ ଜଣେ ରଗବୀ ଖେଳାଳୀ ମଧ୍ୟ ଅଟନ୍ତି । ଇତିଶ୍ରୀଙ୍କର ଦୁଇଟି ଝିଅ ମଧ୍ୟ ଅଛନ୍ତି । ତାଙ୍କର ବଡ଼ ଝିଅର ନାମ ଆଦ୍ୟାଶ୍ରୀ । ଇତିଶ୍ରୀ ସାଧାରଣ ଭାବରେ ନିଜର ମାଆ ଏବଂ ଝିଅ ଏବଂ ସାଙ୍ଗସାଥୀଙ୍କ ଫଟୋ ସୋସିଆଲ ମିଡିଆରେ ପୋଷ୍ଟ କରିଥାଆନ୍ତି । ଇନ୍‌ଷ୍ଟାଗ୍ରାମରେ ତାଙ୍କର ଗୋଟିଏ ଏକାଉଣ୍ଟ ମଧ୍ୟ ରହିଛି ଏବଂ ଟ୍ୱିଟରରେ ମଧ୍ୟ ସେ ବେଲେବେଲେ ଦେଖା ଯାଆନ୍ତି ।

ଯେତେବେଲେ ଶୁଭଚିନ୍ତକମାନେ ଅଭିନନ୍ଦନ ଜଣାଇଲେ ସେତେବେଲେ ଦ୍ରୌପଦୀ ମୁର୍ମୁ ନିଜ ଝିଅଙ୍କ ତିନି ମାସର ଝିଅର ଯତ୍ନ ନେଉଥିଲେ । ସେ କହିଲେ, ଯେତେବେଲେ ସେ ମାଆଙ୍କ ପ୍ରାର୍ଥିତ୍ ବାବଦରେ ଖବର ପାଇଲେ ତାଙ୍କର ମାଆ ଅତ୍ୟନ୍ତ ଆଶ୍ଚର୍ଯ୍ୟ

ହୋଇଗଲେ । ସେ କହନ୍ତି, "ମାଆ ନିଜର ବଳରେ ସମସ୍ତ ସାମାଜିକ ରୁଢ଼ି ଏବଂ ପ୍ରଥାକୁ ଭାଙ୍ଗି ଏହି ପର୍ଯ୍ୟନ୍ତ ନିଜର ରାସ୍ତା ତିଆରି କରିବାର ଏକ ଲମ୍ବ ଯାତ୍ରା ଅତିକ୍ରମ କରି ସାରିଛନ୍ତି । ନବେ ଦଶକ ପୂର୍ବରୁ ଯେତେବେଳେ ମାଆ ଭୁବନେଶ୍ୱରରେ ପଢ଼ିବାକୁ ଯାଇଥିଲେ ସେତେବେଳେ ନା ଠିକ୍ ଭାବରେ ରାସ୍ତା ଥିଲା, ନା ଟେକ୍ନୋଲୋଜି । ନିଜ ବଳରେ ସେ ଆଗକୁ ବଢ଼ି ଚାଲିଲେ ଏବଂ ନିଜର ରାସ୍ତା ନିଜେ ବନି ଚାଲିଲେ । ସେ ଭାରତର ସମସ୍ତ ଅଧିବାସୀ ଏବଂ ବିଶେଷ ଭାବରେ ଆଦିବାସୀମାନଙ୍କର ଅଗ୍ରଗତି ଦେଖିବା ପାଇଁ ଚାହାନ୍ତି ।"

ମାଆ ଦ୍ରୋପଦୀ ମୁର୍ମୁଙ୍କ ଉପରେ ତାଙ୍କ ଝିଅ ଇତିଶ୍ରୀ ମୁର୍ମୁଙ୍କର ଦୃଢ଼ ବିଶ୍ୱାସ ରହିଛି ଏବଂ ଏହା ମଧ୍ୟ ଭରସା ରହିଛି ଯେ ଯିଏବି ତାଙ୍କ ମାଆଙ୍କ ବାବଦରେ ତାଙ୍କର ଜୀବନ ସଂଘର୍ଷ ବାବଦରେ ଜାଣିବ ସେ କେବେ ତାଙ୍କ ମାଆଙ୍କର ସମାଲୋଚନା କରି ପାରିବ ନାହିଁ ।

ଶୁଭାଶୀଷ ମହାନ୍ତିଙ୍କୁ ଦେଇଥିବା ଏକ ବିଶେଷ ସାକ୍ଷାତ୍କାରରେ ଇତିଶ୍ରୀ ନିଜର ଖୁସି ଏବଂ ଉତ୍ସାହ ବ୍ୟକ୍ତ କରିଛନ୍ତି । ଇତିଶ୍ରୀ କହିଛନ୍ତି ଯେ ଏହା ମାଆଙ୍କ କ୍ୟାରିୟରର ଶୀର୍ଷ ପରିଣାମ । କାରଣ ଏକ ୱାର୍ଡର ଏକ କାଉନ୍ସିଲର ଭାବରେ ସିଏ ଆରମ୍ଭ କରିଥିବା ରାଜନୈତିକ କ୍ୟାରିୟର ଆଜି ବିଧାୟକ, ରାଜ୍ୟପାଳ ହେବା ପରେ ଦେଶର ସର୍ବୋଚ୍ଚ ପଦବୀ ରାଷ୍ଟ୍ରପତି ପଦରେ ପହଞ୍ଚ ପାରିଛନ୍ତି । ଯେତେବେଳେ ଇତିଶ୍ରୀଙ୍କୁ ତାଙ୍କ ଭବିଷ୍ୟତର ଯୋଜନା ବାବଦରେ ପଚରା ଯାଇଥିଲା ସେତେବେଳେ ସେ ଯାହା କହିଛନ୍ତି ତାହାକୁ ନିମ୍ନରେ ପ୍ରକାଶ କରାଗଲା ।

ବ୍ୟକ୍ତିଗତ ଭବିଷ୍ୟତ ଜୀବନ ବାବଦରେ କହିବାକୁ ଯାଇ ଇତିଶ୍ରୀ କହିଲେ, "ମୋ ମାଆ ଯିଏ ମୋର ଶିକ୍ଷୟିତ୍ରୀ ସେ କେବେ ପସନ୍ଦ କରିବେ ନାହିଁ ଯେ ମୁଁ ଚାକିରି ଛାଡ଼ିଦିଏ । ବରଂ ମୁଁ ଦିଲ୍ଲୀ ଟ୍ରାନ୍ସଫର ହେବା ପାଇଁ ଆବେଦନ କରିବି । କାରଣ ମୁଁ ସେଠାରେ ରହିଲେ ମାଆଙ୍କୁ ପାଖରେ ଦେଖି ପାରିବି ଏବଂ ତାଙ୍କର ସ୍ନେହ ପାଇବାରୁ ବଞ୍ଚିତ ହେବିନାହିଁ । ସର୍ବଦା ଜୀବନ ସଂଘର୍ଷରେ ଅବିଚଳିତ ରହିବା ପାଇଁ ମାଆ ଯେଉଁ ପ୍ରେରଣା ଦେଇଛନ୍ତି ତାହା କୋଟି କୋଟି ଲୋକଙ୍କ ପାଇଁ ନିଶ୍ଚିତ ଭାବରେ ଏକ ପ୍ରେରଣାପଦ ଶିକ୍ଷା । ଜୀବନକୁ ସାମ୍ନା କରିବା ପାଇଁ ତାଙ୍କର ସଂଘର୍ଷ ଆଗାମୀ ପିଢ଼ିଗୁଡ଼ିକ ପାଇଁ ଉଦାହରଣ ହୋଇ ରହିବ ।"

ମାଆ ଝିଅଙ୍କର ସମ୍ପର୍କ ଏଭଳି ସ୍ୱତନ୍ତ ହୋଇଥାଏ ଯାହାକୁ ଶବ୍ଦରେ ବ୍ୟାଖ୍ୟାନ କରିବା ସମ୍ଭବ ନୁହେଁ । ଭାଗ୍ୟରେ ଥିଲେ ଏଭଳି ମାଆ ମିଳିଥାଏ ଯିଏ ମାଆ ନୁହେଁ ବରଂ ଦେଶର ରାଷ୍ଟ୍ରପତି ମଧ୍ୟ ହୋଇଥାଏ । ଆମେ ଭାରତୀୟମାନେ ଏତେ ବଡ଼ ବଡ଼ ସ୍ୱପ୍ନ ଦେଖିନଥାଉ । ଯଦି କୌଣସି ମନ୍ତ୍ରୀ କିମ୍ବା ବଡ଼ ଧନୀ ଲୋକର ଝିଅ ଏଭଳି ସ୍ୱପ୍ନ ଦେଖେ ତେବେ ମଧ୍ୟ ଲୋକ ଏହା ଶୁଣି ହସିବେ । କିନ୍ତୁ ଏହା ସତ୍ୟ ଯେ ଆଜି ଇତିଶ୍ରୀଙ୍କ ଜନ୍ମଦାୟିନୀ ମାଆ ଦେଶର ରାଷ୍ଟ୍ରପତି ଅଟନ୍ତି । ଯିଏ ସେହି ରାଷ୍ଟ୍ରପତି ଭବନକୁ ଦୂରରୁ ଦେଖିବାର ମଧ୍ୟ କଳ୍ପନା କରିନଥିବେ । ଆଜି ତାହା ତାଙ୍କର ନିବାସସ୍ଥାନ ହେବ । ଭଗବାନଙ୍କର ଲୀଳା ଅପରାମ୍ପର ।

ସତେ ଯେପରି ଅକିଞ୍ଚନର ଝୁଲାରେ ମଣିମୁକ୍ତା ଭରି ଦିଅନ୍ତି । କବିଗଣ ଏହାକୁ ଅନେକ ପ୍ରକାର ଲେଖିପାରନ୍ତି । ଯେମିତି –

କୋଦୋ ସଜ୍ଜା ଜୁରତୋ ଭରି ପେଟ ଜୋ

ଉହତ ନ ଦଧ୍ ଦୁଧ ମିଠୋଇ ।

ଇତିଶ୍ରୀ କହନ୍ତି ଯେ ମୋର ମାଆ ସର୍ବଦା ଲୋକମାନଙ୍କର ସେବା କରିବା ପାଇଁ ପ୍ରୟାସ କରିଛନ୍ତି । ସେ ହୁଏତ ଯେଉଁଭଳି ଭୂମିକାରେ ଥାଆନ୍ତୁ ନା କାହିଁକି ସଫଳତାର ସିଡ଼ି ସିଏ ନିଜେ ତିଆରି କରିଛନ୍ତି ଏବଂ କଠିନ ପରିଶ୍ରମରେ ଉପରକୁ ଉପରକୁ ଚଢ଼ିଛନ୍ତି । ରାଷ୍ଟ୍ରପତି ହେବା ପାଇଁ ସେ କେବେବି ଭାବିନଥିଲେ । କିନ୍ତୁ ତଥାପି ନିଷ୍ଠାର ସହ ନିଜର କାର୍ଯ୍ୟ କରି ଚାଲିଥିଲେ । ସେ ଅତ୍ୟନ୍ତ ଧୈର୍ଯ୍ୟବାନ ଅଟନ୍ତି । ଯେତେବେଳେ ସବୁ ଦୁଆର ବନ୍ଦ ହୋଇଯାଏ ସେତେବେଳେ ମଧ ସିଏ ନିଜର ଧୈର୍ଯ୍ୟ ଛାଡ଼ି ନାହାନ୍ତି । ଧୈର୍ଯ୍ୟ ଏବଂ ଧରତୀରେ ରହିବା ଏଭଳି କିଛି ଗୁଣ ଯାହା ମୁଁ ତାଙ୍କ ଠାରୁ ଶିଖିଛି । ସାନ୍ତାଳୀ ସମ୍ପ୍ରଦାୟର ଅନେକ ରୁଢ଼ି ଏବଂ ସାମାଜିକ ବାଧା ରହିଛି । ଯାହା କୌଣସି ଯୁବତୀ କନ୍ୟାଙ୍କୁ ବହୁତ କିଛି ବଡ଼ ହାସଲ କରିବାକୁ ରୋକିଥାଏ । ଆଦିବାସୀମାନଙ୍କ ସହିତ ଅନେକ ରୁଢ଼ି ଏବଂ କଥା ଜଡ଼ିତ ରହିଛି । ଆମ ସମ୍ପ୍ରଦାୟକୁ ଏବେବି ଆହୁରି ଅନେକ ବାଟ ଆଗକୁ ବଢ଼ିବାର ଅଛି । ଆଶା କରେ ଯେ ମୋ ମାଆଙ୍କର କାହାଣୀ ସାନ୍ତାଳ ସମାଜକୁ ପ୍ରେରଣା ଦେବ ଏବଂ ସେମାନଙ୍କର ଉତ୍ଥାନ ପାଇଁ ଏହା ସହାୟତା ପ୍ରଦାନ କରିବ ।

ଦ୍ରୌପଦୀ 'ଦିଦି'

ଦ୍ରୌପଦୀ ମୁର୍ମୁଙ୍କ ଭାଇ ତାରିଣୀ ସେନ ଟୁଡୁ ନିଜର ଭଉଣୀଙ୍କ ବାବଦରେ ଭାବକୁ ଭାବରେ ଏଭଳି କଥା କହିଛନ୍ତି ଯେ ବିପରୀତ ପରିସ୍ଥିତିରେ ବଢ଼ିଥିବା ଦିଦି ଦ୍ରୌପଦୀ ମୁର୍ମୁ ତାଙ୍କର ସମଗ୍ର ପରିବାରର ଯତ୍ନ ନେଇଛନ୍ତି । ପରିବାରର ସବୁଠାରୁ ବଡ଼ ଦିଦି ହେଉଛନ୍ତି ଦ୍ରୌପଦୀ ଦିଦି । ତାଙ୍କର ଜଣେ ବଡ଼ ଭାଇ ମଧ ଥିଲେ ଯାହାଙ୍କର ମୃତ୍ୟୁ ହୋଇ ସାରିଛି । ତେଣୁ ତାଙ୍କ ପରିବାରର ସମ୍ପୂର୍ଣ୍ଣ ଦାୟିତ୍ୱ ଦ୍ରୌପଦୀ ଦିଦିଙ୍କ ଉପରେ ଥିଲା । ଯେତେବେଳେ ସେ ରାଜନୀତିକ ଜୀବନରେ ପଦାର୍ପଣ କଲେ ସେତେବେଳେ ସେ ନିଜର ସମସ୍ତ ଅଞ୍ଚଳ ଏବଂ ସାଧାରଣ ଲୋକମାନଙ୍କୁ ନିଜ ପରିବାର ଭଳି ବ୍ୟବହାର ପ୍ରଦର୍ଶନ କରିଥାଆନ୍ତି । ରାଷ୍ଟ୍ରପତି ହେବା ପରେ ତାଙ୍କର ଏହି ନିଜରପଣିଆ ସମସ୍ତଙ୍କୁ ଗୋଟିଏ ପରିବାରର ସଦସ୍ୟ ଭଳି ସ୍ୱଭାବ ନିଶ୍ଚିତ ରୂପରେ ସମଗ୍ର ଦେଶବାସୀଙ୍କ ପାଇଁ ଏକ ଉପହାର ହେବ । ଦିଦି ପିଲାଟିବେଳୁ ପୁରା ପରିବାରକୁ ଗୋଟିଏ ସୂତ୍ରରେ ବାନ୍ଧିକରି ରଖିଛନ୍ତି । ପିତାମାତାଙ୍କ ମୃତ୍ୟୁ

ପରେ ଦ୍ରୌପଦୀ ଦିଦି ସମଗ୍ର ପରିବାରକୁ ମାଆ ଏବଂ ବାପାଙ୍କର ସ୍ନେହ ଦେଇଛନ୍ତି । ଏହି କାରଣରୁ ବଡ଼ ଭାଇଙ୍କର ମୃତ୍ୟୁ ପରେ ଭାଉଜ ଏବଂ ସେମାନଙ୍କ ଦୁଇଟି ପିଲାଙ୍କ ସମେତ ପୁରା ପରିବାରକୁ ଦିଦି ଗୋଟିଏ ଡୋରରେ ବାନ୍ଧି ରଖିଛନ୍ତି । ଅବଶ୍ୟ ଦିଦିଙ୍କର ଜୀବନ ବହୁତ ବ୍ୟସ୍ତତାପୂର୍ଣ୍ଣ ଅଟେ । କିନ୍ତୁ ଏହା ସତ୍ତ୍ୱେ ସେ ନିଜ ପରିବାର ଏବଂ ଜନତାଙ୍କ ମଧ୍ୟରେ ସାମଞ୍ଜସ୍ୟ ସ୍ଥାପିତ କରି ସମସ୍ତଙ୍କୁ ନିଜ ସାଥିରେ ନେଇ ରଖନ୍ତି ।

ଆନନ୍ଦ, ଗର୍ବ ଏବଂ ବିଶ୍ୱାସର ଭାବନା ଆଜି ଓଡ଼ିଶାର ମୟୁରଭଞ୍ଜ ଜିଲ୍ଲାର ରାଇରଙ୍ଗପୁରର ସବୁ ରାସ୍ତାଘାଟ ଗାଁଗଣ୍ଡାରେ ଗୁଞ୍ଜରିତ ହେଉଛି । ତାଙ୍କର ସମର୍ଥକ ଏବଂ ସ୍ଥାନୀୟ ଲୋକମାନେ ତାଙ୍କୁ ସ୍ନେହରେ 'ଦିଦି' ବୋଲି କହି ଡାକନ୍ତି । ଉପରବେଡ଼ା ଗାଁର ମହିଲାମାନଙ୍କ ଉନ୍ନତି ପାଇଁ ତଥା ସେଠାକାର ଲୋକମାନଙ୍କର ଅଗ୍ରଗତି ପାଇଁ ଦ୍ରୌପଦୀ ମୁର୍ମୁଙ୍କର ସେବାଭାବନାକୁ ସମସ୍ତେ ପ୍ରଶଂସା କରନ୍ତି । ଜଣେ ଗ୍ରାମବାସୀ କୁହନ୍ତି, "ଦ୍ରୌପଦୀ ତ ଆମ ସମସ୍ତଙ୍କର ମାଆ ।" ଆଉଜଣେ ବୁଢ଼ୀ ଲୋକ କହନ୍ତି, "ମୁର୍ମୁ ହେଉଛି ସମସ୍ତ ପରିବାରର ଝିଅ । ସେ ଏବେବି ଆମ ପାଖକୁ ଆସେ ଏବଂ ଆମମାନଙ୍କ ସହ ମିଳାମିଶା ନକରି ରହି ପାରେନାହିଁ । ସେ ଆମ ଘରେ ବସି ଖାଏ ଏବଂ ଦ୍ରୌପଦାର ସ୍ୱଭାବ ବହୁତ ବିନମ୍ର ଅଟେ ।"

ଦ୍ରୌପଦୀ ମୁର୍ମୁ ଓଡ଼ିଶାର ମୁଖ୍ୟମନ୍ତ୍ରୀ ନବୀନ ପଟ୍ଟନାୟକଙ୍କୁ ରାଖୀ ବାନ୍ଧିଛନ୍ତି । ଭାଜପାର ବିଧାୟକ ଥିବା ସମୟରେ ବିଜୁ ଜନତା ଦଳର ନେତୃତ୍ୱ ନେଉଥିବା ନବୀନ ପଟ୍ଟନାୟକ ବିଜେପିର ସହଯୋଗୀ ଥିଲେ । ବିଧାନସଭା ପରିସରରେ ବିଜୁ ଜନତା ଦଳର ବିଧାୟକ ଏବଂ ସାଂସଦମାନଙ୍କ ସହ କଥାବାର୍ତ୍ତା କରୁଥିବା ସମୟରେ ଦ୍ରୌପଦୀ ମୁର୍ମୁ କହନ୍ତି, "ମୁଁ ସୁଭଦ୍ରା ଭଳି ଭାଇ ଜଗନ୍ନାଥଙ୍କ ହାତରେ ରାଖୀ ବାନ୍ଧିଛି ଏବଂ ଭଉଣୀ ଭାଇଙ୍କୁ କିଛି ମାଗିବା ପୂର୍ବରୁ ଭାଇ ତାଙ୍କୁ ସମର୍ଥନ ଦେବାର ଘୋଷଣା କରିଥିଲେ ।" ନବୀନ ପଟ୍ଟନାୟକ କହିଲେ, "ଓଡ଼ିଶାର ଏହି ଝିଅ ପ୍ରତି ଏବଂ ତାଙ୍କର ସ୍ନେହପୂର୍ଣ୍ଣ ବ୍ୟବହାର ଯୋଗୁଁ ଆମେ ସର୍ବଦା ତାଙ୍କ ନିକଟରେ ରଣୀ ଏବଂ ନିର୍ବାଚନରେ ସମସ୍ତେ ଆମେ ତାଙ୍କୁ ସମର୍ଥନ ଜଣାଉଛୁ ।"

ମୁଁ ଏଠାରେ କହିବାକୁ ରୁହିଁବି ଯେ ନବୀନ ପଟ୍ଟନାୟକଙ୍କ ପାଇଁ ଦ୍ରୌପଦୀ ମୁର୍ମୁଙ୍କର ଭାରତର ରାଷ୍ଟ୍ରପତି ଭାବରେ ଚୟନ ବାସ୍ତବରେ କେବଳ ନବୀନ ପଟ୍ଟନାୟକଙ୍କ ପାଇଁ ନୁହେଁ ବରଂ ସମଗ୍ର ରାଜ୍ୟ ପାଇଁ ଏକ ଗର୍ବର ମୁହୂର୍ତ୍ତ । ଆଦିବାସୀ ମହିଲା ଭାବରେ ରାଷ୍ଟ୍ରପତି ଆସନକୁ ଅଲଙ୍କୃତ କରି ସେ ମହିଲା ସଶକ୍ତିକରଣର ଏକ ଉଦାହରଣ ପାଲଟି ଯାଇଛନ୍ତି । ନବୀନ ପଟ୍ଟନାୟକ ସଦାସର୍ବଦା ମହିଲାମାନଙ୍କୁ ମଧ୍ୟ ଆଗକୁ ବଢ଼ାଇବା ପାଇଁ ରହିଥାଆନ୍ତି ଏବଂ ସେହି କ୍ରମରେ ଓଡ଼ିଶାର ଜଣେ ଝିଅ ରାଷ୍ଟ୍ରପତି ହେବା ନିଶ୍ଚିତ ଭାବରେ ସମଗ୍ର ରାଜ୍ୟବାସୀଙ୍କ ପାଇଁ ଏକ ସମ୍ମାନର କଥା ।

ଝାଡ଼ଖଣ୍ଡର ମୁଖ୍ୟମନ୍ତ୍ରୀ ହେମନ୍ତ ସୋରେନ ତାଙ୍କୁ 'ଦିଦି' ବୋଲି କହି ସମ୍ବୋଧନ

କରିଥାଆନ୍ତି । ଯେତେବେଳେ ଦ୍ରୌପଦୀ ମୁର୍ମୁ ଝାଡ଼ଖଣ୍ଡର ରାଜ୍ୟପାଲ ଥିଲେ ସେତେବେଳେ ହେମନ୍ତ ସୋରେନଙ୍କ ପିରବାର ସହ ଦ୍ରୌପଦୀ ମୁର୍ମୁଙ୍କ ଖୁବ୍ ନିକଟ ଏବଂ ପାରିବାରିକ ସମ୍ବନ୍ଧ ରହିଥିଲା । ଅନେକ ସମୟରେ ହେମନ୍ତ ସୋରେନ ନିଜ ପତ୍ନୀ କଳ୍ପନା ସୋରେନଙ୍କ ସହ ରାଜଭବନକୁ ଯାଇ ପ୍ରୋଟୋକଲ ଭାଙ୍ଗି ଦ୍ରୌପଦୀ ମୁର୍ମୁଙ୍କୁ ସମ୍ମାନ ଜଣାଇଛନ୍ତି । ଝାଡ଼ଖଣ୍ଡ ମୁକ୍ତିମୋର୍ଚ୍ଚାର ପୂର୍ବ ବିଧାୟକ ପ୍ରହ୍ଲାଦ ମୂର୍ତ୍ତି କହନ୍ତି, “ଦିଦିଙ୍କ ସହ ଅର୍ଥାତ୍ ଦ୍ରୌପଦୀ ମୁର୍ମୁଙ୍କ ସହ ତାଙ୍କର ସମ୍ବନ୍ଧ ଅତ୍ୟନ୍ତ ସୌହାର୍ଦ୍ଦ୍ୟପୂର୍ଣ୍ଣ । ସେ ବିପକ୍ଷରେ ଥାଇ ମଧ୍ୟ ଦିଦି ତାଙ୍କ ସହ ଖୁବ ଭଲଭାବରେ ମିଳାମିଶା କରୁଥିଲେ । ଦ୍ରୌପଦୀ ମୁର୍ମୁ ଆଦିବାସୀ ସମୁଦାୟ ପାଇଁ ଏବଂ ସେମାନଙ୍କର ଉନ୍ନତି ପାଇଁ ଅନେକ ପଦକ୍ଷେପ ନେଇଛନ୍ତି । ଆମେ ସମସ୍ତେ ତାଙ୍କ ସହିତ ଯୋଡ଼ି ହୋଇ ରହିଛୁ । ଝାଡ଼ଖଣ୍ଡରେ ପାର୍ଟିର ବିବିଧତା ସତ୍ତ୍ୱେ ଆମେ ସମସ୍ତେ ଏକଜୁଟ ଅଟୁ ଏବଂ ଯେତେବେଳେ ଆମ ନିଜ ଲୋକମାନଙ୍କର ଉନ୍ନତିର କଥା ଆସେ ସେତେବେଳେ ଏକାଠି ଭାବରେ ମିଳିମିଶି ଉଦ୍ୟମ କରିବା ଉଚିତ୍ ।”

ନାମ ଏବଂ ଉପନାମ : ଦ୍ରୌପଦୀ ମୁର୍ମୁ

ପାଠକଗଣ ! ହୁଏତ ଆପଣଙ୍କୁ ଏହି ଅଂଶ ଅନାବଶ୍ୟକ ଲାଗିପାରେ । କିନ୍ତୁ ଏଠାରେ ମୁଁ ନାମକୁ ନେଇ କିଛି କଥା ଉଲ୍ଲେଖ କରିବାକୁ ଚାହେଁ । କାରଣ ଗୋଟିଏ ଗୋଟିଏ ନାମ ମଧ୍ୟରେ ଅନେକ କିଛି କଥା ଲୁଚି ରହିଥାଏ ।

ଦ୍ରୌପଦୀ ନାମ ଏକ ଶୁଦ୍ଧ ଭାରତୀୟ ନାମ । ଦ୍ରୌପଦୀ ଥିଲେ ନିଜ ପିତାଙ୍କର ସ୍ନେହୀ ପୁତ୍ରୀ । ସେ ଥିଲେ ରାଜା ଦ୍ରୁପଦଙ୍କ ଝିଅ, ମହାଭାରତର ଏକ ଚରିତ୍ର । ଏହି ନାମର ଅନେକ ସାଂସ୍କୃତିକ ବିଶେଷତ୍ୱ ମଧ୍ୟ ରହିଛି । କିନ୍ତୁ ଆମର ମହାମାନ୍ୟ ରାଷ୍ଟ୍ରପତି ଦ୍ରୌପଦୀ ମୁର୍ମୁଙ୍କର ପିତା ବରଞ୍ଚ ନାରାୟଣ ଟୁଡୁ ଜଣେ କୃଷକ ଥିଲେ । ସେ ନିଜ ଝିଅଙ୍କର ଏଭଳି ନାମ ଦେଇଥିଲେ ଯାହା ଆଦିବାସୀ ସମ୍ପ୍ରଦାୟରେ ଅସାମାନ୍ୟ ଥିଲା । ଆମର ଶାସ୍ତ୍ରରେ ନାମ ଏବଂ ନାମକରଣ ସଂସ୍କାରକୁ ବହୁତ ମହତ୍ତ୍ୱ ଦିଆ ଯାଇଛି । ଏଭଳି କୁହାଯାଏ ଯାଏ ଯେ ଶବ୍ଦର ପ୍ରଭାବ ଜୀବନ ଉପରେ ଅନେକ ମାତ୍ରାରେ ରହିଛି ।

ଦ୍ରୌପଦୀ ମୁର୍ମୁଙ୍କ ନାମ ସଂସ୍କୃତ ଭାଷାରେ ଏକ ପ୍ରସିଦ୍ଧ ଶ୍ଲୋକ ମନେ ପକାଇଦିଏ । ଯାହାକୁ ମୋର ପୂଜ୍ୟ ସ୍ୱର୍ଗୀୟ ପିତା ସର୍ବଦିନ ସକାଳୁ ସକାଳୁ ଖୁବ ଶ୍ରଦ୍ଧା ଏବଂ ଭକ୍ତିର ସହ ସ୍ନାନ କରିବା ପରେ ଆବୃତ୍ତି କରୁଥିଲେ ।

ଅହଲ୍ୟା ଦ୍ରୌପଦୀ ସୀତା ତାରା ମନ୍ଦୋଦରୀ ତଥା ।
ପଞ୍ଚକନ୍ୟାମ ସ୍ମରେନ୍ତିତ୍ୟମ୍ ମହାପାତକାନାଶିନୀ ।।

ଏହି ଶ୍ଲୋକ ଅର୍ଥ ହେଉଛି ଅହଲ୍ୟା, ଦ୍ରୌପଦୀ, ସୀତା, ତାରା ଓ ମନ୍ଦୋଦରୀ । ଏହି ପଞ୍ଚକନ୍ୟାଙ୍କୁ ପ୍ରତିଦିନ ସ୍ମରଣ କରିବା ଉଚିତ୍ । କାରଣ ଏହାଦ୍ୱାରା ବହୁତ ବଡ଼ ବଡ଼ ପାପର ବିନାଶ ହୋଇଥାଏ ।

ହିନ୍ଦୁ ଧର୍ମ ଦର୍ଶନ ଅନୁସାରେ ସବୁଦିନ ସକାଳେ ପ୍ରାର୍ଥନାରେ ଏଭଳି ସ୍ମରଣୀୟ ପଞ୍ଚକନ୍ୟାଙ୍କୁ ମନେ ପକାଇବାର ଅର୍ଥ ହେଉଛି ଏମାନେ ହେଉଛନ୍ତି ଆଦର୍ଶ ମହିଳାର ଉଦାହରଣ । ଏହାଦ୍ୱାରା ସାଧାରଣ ଲୋକମାନେ ଏବଂ ବିଶେଷ କରି ନାରୀସମାଜ ଜୀବନରେ ଅଗ୍ରଗତି କରିପାରିବେ ଏବଂ ସେମାନଙ୍କର ଉନ୍ନତି ଏଥିରେ ନିହିତ ରହିଛି ।

ଆମର ମାନନୀୟା ରାଷ୍ଟ୍ରପତିଙ୍କର ନାମ ମଧ୍ୟ ଏହି ପଞ୍ଚକନ୍ୟାମାନଙ୍କ ମଧ୍ୟରେ ଅନ୍ୟତମ । ଏହି ନାମ ଏବଂ ତାଙ୍କର କର୍ମ ଭାରତୀୟ ଲୋକକଥାରେ ଏକ ବିଶେଷ ଅଂଶ ଏବଂ ମହାଭାରତରେ ଏକ ପ୍ରମୁଖ ପାତ୍ର । ଆମର ବର୍ତ୍ତମାନର ରାଷ୍ଟ୍ରପତିଙ୍କ ନାମ ଏତେ ପବିତ୍ର ଯେ ଏହି ନାମମାତ୍ରର ଉଚ୍ଚାରଣ ଏବଂ ସ୍ମରଣ ଯୋଗୁଁ ଅନେକ ପାପରୁ ମୁକ୍ତି ମିଳିବ ।

ମୋର ଏଭଳି କଥା ହୁଏତ ଅନେକ ଲୋକଙ୍କୁ ଅଜବ ଲାଗିପାରେ । କିନ୍ତୁ ଭାରତୀୟ ବିଶ୍ୱାସ ଧର୍ମ ଆସ୍ଥାପ୍ରଣାଳୀ ଉପରେ ଏହି ତଥ୍ୟ ପର୍ଯ୍ୟବେଶିତ । ଯଦି ଆପଣଙ୍କୁ ଏଭଳି ଚର୍ଚ୍ଚା ଭଲ ଲାଗୁନଥାଏ ତେବେ ମଧ୍ୟ କିଛି କଥାନାହିଁ । କାରଣ ଆପଣ ବର୍ତ୍ତମାନର ରାଷ୍ଟ୍ରପତି ମହାମହିମ ଦ୍ରୌପଦୀ ମୁର୍ମୁଙ୍କୁ ବ୍ୟକ୍ତିତ୍ୱକୁ ଦେଖି ନିଶ୍ଚୟ କହିବେ ଯେ ଏହା ଅନୁକରଣୀୟ ।

ଉପନାମ – ମୁର୍ମୁ

ଦ୍ରୌପଦୀଙ୍କ ସହ ଯେଉଁ ଉପନାମ ରହିଛି ତାହା ହେଉଛି ମୁର୍ମୁ । ଆସନ୍ତୁ ଏହା ବାବଦରେ ଜାଣିବା । ତାଙ୍କ ପିତାଙ୍କ ଉପନାମ ଟୁଡୁ ଅଟେ । ତେଣୁ ଏଭଳି ଲାଗିଥାଏ ଯେଭଳି ତାଙ୍କର ପ୍ରଥମ ଉପନାକ ମୁର୍ମୁ ନୁହେଁ ବରଂ ଟୁଡୁ । କିନ୍ତୁ ତାଙ୍କର ପତିଙ୍କ ଉପନାକ ହେଉଛି ମୁର୍ମୁ ଯାହା ତାଙ୍କୁ ବିବାହ ପରେ ନିଜ ନାମ ସହିତ ଲଗାଇବାକୁ ମିଳିଥିଲା । ଏବେ ଆସନ୍ତୁ ଜାଣିବା ଏହି ମୁର୍ମୁ ଜାତି ବାବଦରେ । ଉଇକୋପିଡ଼ିଆ ଅନୁସାରେ ମୁର୍ମୁ ଏକ ଭାରତୀୟ ଉପନାମ ଯାହା ସାନ୍ତାଲୀମାନଙ୍କର ଏକ ବିଶେଷ ସମ୍ପ୍ରଦାୟକୁ ଦର୍ଶାଇଥାଏ । ସମାଜରେ ଉତ୍କର୍ଷ ପ୍ରଦର୍ଶନ କରୁଥିବା ଉପନାମ ମଧ୍ୟରେ ଏହା ଅନ୍ୟତମ । ମୁର୍ମୁ ନାମଧାରୀ ଅନେକ ବ୍ୟକ୍ତି ପୂର୍ବରୁ ସମାଜରେ ପ୍ରସିଦ୍ଧି ପାଇଛି । ଉଦାହରଣ ସ୍ୱରୂପ ଗିରିଶ ଚନ୍ଦ୍ର ମୁର୍ମୁ ଭାରତର ନିୟନ୍ତ୍ରକ ଏବଂ ମହାଲେଖା ପରୀକ୍ଷକ ଅଟନ୍ତି । ସିଧୁ ମୁର୍ମୁ ଏବଂ କାହ୍ନୁ ମୁର୍ମୁ ମହାନ ସ୍ୱତନ୍ତ୍ର ସେନାନୀ ଥିଲେ । ୧୮୫୫ ମସିହାରେ ମୁର୍ମୁ ଭାଇମାନେ ମୁକ୍ତି ଆନ୍ଦୋଳନରେ ନେତୃତ୍ୱ ନେଇଥିଲେ ଏବଂ ଇଷ୍ଟ ଇଣ୍ଡିଆ କମ୍ପାନୀ ସେନା ସହିତ ଏକ ପୂର୍ଣ୍ଣ ଯୁଦ୍ଧ ଲଢ଼ିଥିଲେ । ବାଜପେୟୀ ସରକାରଙ୍କ ତରଫରୁ ତାଙ୍କର ସ୍ମୃତି ସ୍ୱରୂପ ପୁରସ୍କାରର ସମ୍ମାନିତ କରାଯାଇଛି ।

ସୂଚନା ଅନୁସାରେ ତିନୋଟି ପ୍ରମୁଖ ଆଦିବାସୀ ସମୁଦାୟ, ଯଥା ମୁର୍ମୁ, ଟୁଡୁ ଏବଂ ହେମ୍ବ୍ରମ୍ ସହିତ ତାଙ୍କ ପରିବାରର ସମ୍ପୃକ୍ତି ଯୋଗୁଁ ସେ ଆଦିବାସୀମାନଙ୍କ ସହିତ ଜଡ଼ିତ ସମାଜସେବା ବାବଦରେ ଅଧିକ ଭଲ ଭାବରେ ଜାଣି ପାରିଛନ୍ତି । ସେ ଏହି ସମସ୍ତଙ୍କର ଉନ୍ନତି ଏବଂ ସେମାନଙ୍କର ସଂସ୍କୃତି ଓ ଭାଷାର ରକ୍ଷା ପାଇଁ କଠିନ ପରିଶ୍ରମ ମଧ୍ୟ କରିଛନ୍ତି ।

ଆଗାମୀ ସମୟରେ ଦ୍ରୌପଦୀ ମୁର୍ମୁ ନିଜର ସମ୍ପ୍ରଦାୟ ତଥା ସାଧାରଣ ଜନତାଙ୍କ ସହିତ ପରିବେଶର ରକ୍ଷା ଏବଂ ସଂରକ୍ଷଣ ପାଇଁ ସଦାସର୍ବଦା ପ୍ରସ୍ତୁତ ରହିବେ । ସେତେବେଳେ ଏହି ଉକ୍ତି ‘ଯଥା ନାମ ତଥା ଗୁଣ’ର ଚରିତାର୍ଥ ହେବ । ଆଗାମୀ ସମୟରେ ତାଙ୍କ ନାମ ସହିତ ଆହୁରି ଅନେକ ବିଶେଷଣ ଯୋଡ଼ିବାକୁ ବାକି ରହିଛି । ଏହା ତ କେବଳ ଆରମ୍ଭ ମାତ୍ର ।

ଦ୍ରୌପଦୀ ମୁର୍ମୁଙ୍କ ଜନ୍ମ କୁଣ୍ଡଳୀ

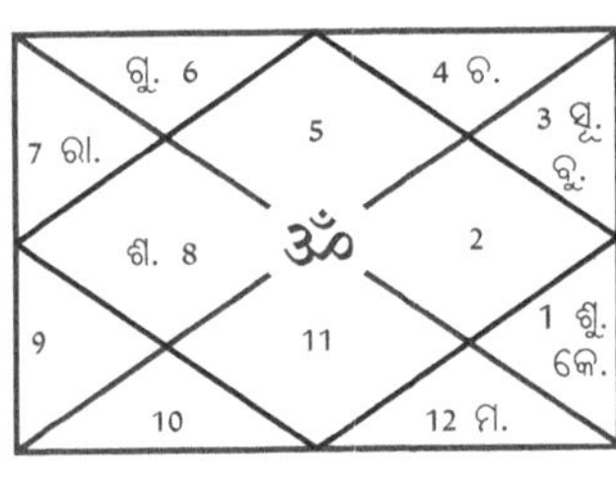

ଚିରାଗ ବେଜାନ ଦାରୁବାଲା କହନ୍ତି, “ଦ୍ରୌପଦୀ ମୁର୍ମୁଙ୍କ ଜନ୍ମକୁଣ୍ଡଳୀରେ ରାଜଯୋଗ ରହିଛି । ଯାହା ତାଙ୍କୁ ଜୀବନରେ ଏଭଳି ସଫଳତା ଆଣି ଦେଇଛି । ତାଙ୍କର ଜନ୍ମକୁଣ୍ଡଳୀରେ ମୁଖ୍ୟ ରାଶି ହେଉଛି ମୀନ । ଯାହାର ଶନି ଅଟନ୍ତି ଗୁରୁ । ଯାହା ଗୁରୁଙ୍କ ଘର ଅଟେ । ଗୁରୁ ତାଙ୍କର ଜନ୍ମକୁଣ୍ଡଳୀରେ ସପ୍ତମ ଘରେ ଅବସ୍ଥିତ ।

ଏହା ଦ୍ୱାରା ହୋଇଥିବା ଲଗ୍ନ ଯୋଗୁଁ ଆଗାମୀ ସମୟରେ ଏହା ସଂସପ୍ତକ ରାଜ ଯୋଗ ବନାଇଛି । ଏହାଦ୍ୱାରା ତାଙ୍କର ରାଜନୈତିକ ଜୀବନରେ ଖୁସି ପ୍ରାପ୍ତ ହେବ । ଦ୍ରୌପଦୀ ମୁର୍ମୁ ଜଣେ ସମ୍ବେଦନଶୀଳ ଏବଂ ଭାବକୁ ବ୍ୟକ୍ତି ଅଟନ୍ତି । ଏହି ଦୁନିଆର କଠୋର ବାସ୍ତବିକତା ତାଙ୍କ ଉପରେ ଅନ୍ୟମାନଙ୍କ ତୁଲନାରେ ଅଧିକ ପ୍ରଭାବ ପକାଇବ । ଏହାର ପରିଣାମ ସ୍ୱରୂପ ସେ ଜୀବନରେ କିଛି ଆନନ୍ଦ ପାଇ ପାରିବେ ନାହିଁ । ଜନ୍ମକୁଣ୍ଡଳୀ ଅନୁସାରେ ଦ୍ରୌପଦୀ ମୁର୍ମୁଙ୍କ ସ୍ୱଭାବ ସର୍ବଦା ଶାନ୍ତ ରହିବ ଏବଂ ଏହି ଗୁଣ ଯୋଗୁଁ ଅନ୍ୟମାନଙ୍କ ନଜରରେ ସେ ଶକ୍ତିଶାଳୀ ଏବଂ ଦୃଢ଼ ନିଶ୍ଚୟୀ ହୋଇ ରହିବେ । ସେ ଯେତେ ଭାବନ୍ତି ସେତେ କହନ୍ତି ନାହିଁ । ସ୍ଥିତିର ପକ୍ଷ ଏବଂ ବିପକ୍ଷ ଉପୟକୁ ତୌଲି ନିଜର ବକ୍ତବ୍ୟ ରଖିଥାଆନ୍ତି । ଚିରାଗ ଦାରୁବାଲା କହନ୍ତି ଯେ ବୁଧ ଗ୍ରହ ଯଦି ନିଜ ଘରେ ଅର୍ଥାତ୍ ଚତୁର୍ଥ ଭାବରେ ଅବସ୍ଥିତ ରହନ୍ତି ତେବେ ଭଦ୍ର ରାଜଯୋଗ ଘଟିଥାଏ । ଯାହା ପାଞ୍ଚ ମହାପୁରୁଷ ଶ୍ରେଣୀରେ ଆସିଥାଏ ଏବଂ ତାଙ୍କର ବ୍ୟକ୍ତିତ୍ୱକୁ ଶକ୍ତିଶାଳୀ କରିଥାଏ । ଏହି କାରଣରୁ ସେ ଜଣେ ପ୍ରସିଦ୍ଧ ଏବଂ ଶକ୍ତିଶାଳୀ ଶାସକ

ସାବ୍ୟସ୍ତ ହେବେ । ଦ୍ରୌପଦୀ ମୁର୍ମୁଙ୍କ ଲକ୍ଷ୍ୟ ଅବିଚଳିତ ରହିବ ଏବଂ ତାଙ୍କର ଗ୍ରହସ୍ଥିତି ତାଙ୍କୁ ନିଜର ଲକ୍ଷ୍ୟ ସାଧନ ପାଇଁ ଯଥାଯୋଗ୍ୟ ପ୍ରେରଣା ପ୍ରଦାନ କରିବ ।

ଦକ୍ଷିଣ ଭାରତ ହିନ୍ଦୁ ପରିବାର ସାହିତ୍ୟକାର ରଷଭ ଦେବ ଶର୍ମାଙ୍କ ସମ୍ମାନ ଅବସରରେ ତାଙ୍କୁ ଏକ ପ୍ରଶସ୍ତି ପତ୍ର ପ୍ରଦାନ କରିଛନ୍ତି । ମୁଁ ଏହାର ଅନୁକରଣ କରି ନିମ୍ନଲିଖିତ ପ୍ରଶଂସା ପତ୍ର ଆମର ମହାମହିମ ରାଷ୍ଟ୍ରପତିଙ୍କ ଉଦ୍ଦେଶ୍ୟରେ ଉଲ୍ଲେଖ କରିଛି । ଯାହା ନିମ୍ନପ୍ରକାର ଅଟେ ।

ପ୍ରଶଂସା ପତ୍ର

ହେ ଅନୁକରଣୀୟ ଜୀବନ ସାଧକ !

ଏବେ ଆପଣ ଏହି ଭାରତବର୍ଷର ପ୍ରଥମ ନାଗରିକ ଅଟନ୍ତି । ତିନୋଟି ସେନାର ପ୍ରମୁଖ ଅଟନ୍ତି । ଏବେ ଆପଣଙ୍କ ନାମରେ ସମସ୍ତ କାର୍ଯ୍ୟ ସମ୍ପନ୍ନ ହେବ । ଶିକ୍ଷା, ସାହିତ୍ୟ, ବିଜ୍ଞାନ, କଳା, ଚିକିସା, ବାଣିଜ୍ୟ, ପ୍ରଯୁକ୍ତି ଆଦି ସମସ୍ତ ବିଦ୍ୟା ଏବଂ ବିଭାଗ ସହ ସଂଯୁକ୍ତ ହୋଇ ଆପଣ ଅନେକ ବିଶ୍ୱବିଦ୍ୟାଳୟର କୁଳପତି ଏବଂ କୁଳାଧ୍ୟପତି ହେବେ । ଅନ୍ୟ ଦେଶଗୁଡ଼ିକର ରାଷ୍ଟ୍ର ଅଧ୍ୟକ୍ଷ ଆପଣଙ୍କୁ ନିଜ ସମକକ୍ଷ ସମ୍ମାନ ପ୍ରଦାନ କରିବେ । ରାଜଦୂତମାନେ ଆସି ଆପଣଙ୍କ ସମ୍ମୁଖରେ ଉପସ୍ଥିତ ହେବେ । ଗଣତନ୍ତ୍ର ଦିବସ ଆପଣଙ୍କ ଅଭିଭାଷଣରୁ ଆରମ୍ଭ ହେବ ଏବଂ ପେରେଡ଼ରେ ମଧ ଆପଣ ହିଁ ସଲାମୀ ନେବେ । ଭାରତର ରାଷ୍ଟ୍ରାଧ୍ୟକ୍ଷ ଭାବରେ ଆପଣ ଯେତେବେଳେ ସାରା ଦୁନିଆରେ ଭ୍ରମଣ କରିବେ ସେତେବେଳେ ଆପଣ ଏହି କଥାର ଉଦାହରଣ ହେବେ ଯେ ଭାରତର ବର୍ତ୍ତମାନର ସରକାର ନୁହେଁ ବରଂ ସମଗ୍ର ରୂପରେ ସମସ୍ତ ଭାରତୀୟ ସମାଜ ଆପଣଙ୍କ ଦ୍ୱାରା ନିଜର ଅପୂର୍ବ ବିବିଧତାକୁ ସ୍ୱୀକାର କରିବା ପାଇଁ ପ୍ରତିବଦ୍ଧ ଅଟେ । ପାରସ୍ପରିକ ଭେଦଭାବ ଦୂର କରିବା ପାଇଁ ଦେଶର ସମସ୍ତ ଲୋକ ଆପଣଙ୍କ ସହିତ ସଂଯୁକ୍ତ ଅଟନ୍ତି । ଆମେ ସମସ୍ତେ ଭାରତବାସୀ କଟୁବଦ୍ଧ ହୋଇ ଦେଶର ବିକାଶ ପାଇଁ ଆପଣଙ୍କ ଛତ୍ରଛାୟାରେ ଏକତ୍ରିତ ହୋଇଛୁ । ଆମେମାନେ ଏଥିପାଇଁ ଗର୍ବିତ ଯେ ଅନେକ ଅନ୍ୟ ତଥାକଥିତ ଉନ୍ନତ ରାଷ୍ଟ୍ର ତୁଳନାରେ ସାମାଜିକ ଅସମାନତାକୁ ଦୂର କରିବା ପାଇଁ ଭାରତ ଯେଉଁ ପଦକ୍ଷେପ ଉଠାଉଛି ଏବଂ ଯେପରି ଭାବରେ ଭାରତ ନିଜର ଦଳିତ, ଅଳ୍ପ ସଂଖ୍ୟକ ଏବଂ ଆଦିବାସୀମାନଙ୍କର ଯତ୍ନ ନେଉଛି ଏହା କେବଳ କଥାରେ ନୁହେଁ ବରଂ ନିଜେ ଜାଣିବାରେ ଏବଂ ଅନ୍ୟକୁ ଜଣାଇବାର କଥା ।

ହେ ସଚେତନ ବିଜ୍ଞର ପ୍ରତିମୂର୍ତ୍ତି !

କବି ଏବଂ ବିଦ୍ୱାନଗଣ ଆପଣଙ୍କର ପ୍ରଶଂସାର ପଦ୍ୟାବଳୀ ଗାନ କରିବେ । ପ୍ରତିଭାଧାରୀ କବିମାନେ କାବ୍ୟ ରଚନା କରିବେ । ନିଜ ଝିଅର ନାମ ଇତିଶ୍ରୀ ରଖି ମାତାମାନେ ଧନ୍ୟ

ହେବେ । ଆପଣଙ୍କର ଜୀବନକୁ ପର୍ଯ୍ୟବେଶିତ କରି ନାଟକ ଏବଂ ଚଳଚ୍ଚିତ୍ରର ପଟକଥା ଲିଖିତ ହେବ ।

ହେ ଗଣତନ୍ତ୍ର ଗୌରବ !

ଆପଣଙ୍କୁ ଭାରତ ଭାଗ୍ୟ ବିଧାତାର ସାକାର ମୂର୍ତ୍ତି ବିଚ୍ୟର କରି ଜୟ ଜୟକାର କରୁଥିବା ଏହି ଜନତା କୃତ୍ୟ କୃତ୍ୟ ଏବଂ କୃତାର୍ଥ ଭାବରେ ଗଦ ଗଦ ହୋଇ ଆପଣଙ୍କୁ ଅଭିନନ୍ଦନ କରୁଛି ଏବଂ ବନ୍ଦନା କରୁଛି ।

'ଭାବ ଭଗତି' ଭାବ ଭକ୍ତି ଦ୍ୱାରା ଏହି ଶବ୍ଦଗୁଚ୍ଛ ରାଷ୍ଟ୍ରର ଆଦି ଶକ୍ତିର ପ୍ରତୀକ ମହାମହିମ ଦ୍ରୌପଦୀ ମୁର୍ମୁଙ୍କ ସେବାରେ ସମର୍ପିତ ଅଟେ ।

ଦ୍ରୌପଦୀ ମୁର୍ମୁ ହେବାର ମହତ୍ତ୍ୱ

"ଶ୍ରୀମତୀ ଦ୍ରୌପଦୀ ମୁର୍ମୁ ନିଜର ଜୀବନକୁ ସମାଜସେବା, ଗରୀବ, ଦଲିତ ଏବଂ ନିମ୍ନ ସ୍ତରରେ ଥିବା ଲୋକମାନଙ୍କର ଜୀବନକୁ ସଶକ୍ତ କରିବାରେ ସମର୍ପଣ କରିଛନ୍ତି। ତାଙ୍କ ପାଖରେ ସମୃଦ୍ଧ ପ୍ରଶାସନିକ ଅନୁଭବ ଅଛି ଏବଂ ତାଙ୍କର କାର୍ଯ୍ୟକାଳ ଉକ୍ରୁଷ୍ଟ ଥିଲା। ମୋର ବିଶ୍ୱାସ ଯେ ସିଏ ଆମ ଦେଶର ଜଣେ ମହାନ ରାଷ୍ଟ୍ରପତି ହେବେ।"
– ନରେନ୍ଦ୍ର ମୋଦୀ

ଏହା ହେଉଛି ଆମର ୧୫ତମ ରାଷ୍ଟ୍ରପତିଙ୍କର ନାମାଙ୍କନ ଏବଂ ଏହାପରେ ଆରମ୍ଭ ହୁଏ ତାଙ୍କର ବିଜୟର କାହାଣୀ। ଏହି ପ୍ରସଙ୍ଗଟି ସେତେବେଳେ ଆରମ୍ଭ ହେଲା ଓ ଲୋକମାନେ ନିଜର ଧ୍ୟାନ ଏହି ପ୍ରସଙ୍ଗ ଉପରେ ଆକର୍ଷିତ କଲେ ଯେତେବେଳେ ଭାରତର ପ୍ରଧାନମନ୍ତ୍ରୀ ନିଜର ଟ୍ୱିଟର ମାଧ୍ୟମରେ ଅଭିନନ୍ଦନର ବାର୍ତ୍ତା ମୁର୍ମୁଙ୍କୁ ପଠାଇଲେ। ଏହାକୁ ପୂରା ଦୁନିଆ ଦେଖିଲା, ପଢ଼ିଲା ଏବଂ ପ୍ରତିକ୍ରିୟା ଦେଲା। ମୁର୍ମୁଙ୍କ ବ୍ୟତୀତ ସମସ୍ତେ ଏହାକୁ ଦେଖିଥିଲେ। କିନ୍ତୁ ମୁର୍ମୁ ଏହି ବାର୍ତ୍ତାକୁ ଦେଖିନଥିଲେ। କାରଣ ସେ ଟ୍ୱିଟର ବ୍ୟବହାର କରନ୍ତି ନାହିଁ। ଏହି କାରଣ ଥିଲା ଯେ ସେ କୌଣସି ଟ୍ୱିଟରର ଜବାବ ଦେଇ ପାରିଲେ ନାହିଁ। ଯିଏ ତାଙ୍କୁ ଅଭିନନ୍ଦନ ଜଣାଇଲା ସିଏ ସେମାନଙ୍କୁ ଧନ୍ୟବାଦ କହିଥିଲେ। ରାଷ୍ଟ୍ରପତି ପଦ ପାଇଁ ତାଙ୍କ ନାମରେ ପ୍ରସ୍ତାବଟି ପଢ଼ିଲା ପରେ ତାଙ୍କ ଆଖିରେ ଲୁହ ଆସି ଯାଇଥିଲା। ଏହା ଥିଲା ଆମ ଗଣତନ୍ତ୍ର ବିଜୟ ଏବଂ ଆମ ସମସ୍ତଙ୍କ ପାଇଁ ଏକ ବାର୍ତ୍ତା। ଏହି ବାର୍ତ୍ତା ଅନୁଯାଇ ଆମେ ଜାଣି ପାରିଲେ ଯେ ଭାରତ ପ୍ରତ୍ୟେକ ମଣିଷମାନଙ୍କର ଅଟେ। ତାହାର ଜାତି, ଧର୍ମ, ଆସ୍ଥା କିଛି ହେଉ ନା କାହିଁକି।

ଏହି କାହାଣୀ କହିବା ଓ ପଢ଼ିବା ଯୋଗ୍ୟ ଅଟେ। ଏହା ସମସ୍ତଙ୍କୁ ପଢ଼ିବା ଦରକାର। ଏହି କାହାଣୀ ଆମ ଭାରତର ଲୋକମାନଙ୍କ ପାଇଁ ଅଟେ।

ଆଦିବାସୀ ଉତ୍ଥାନର ସ୍ଵପ୍ନ ଏବଂ ଯଥାର୍ଥତା

ଆମ ଜାତିର ପିତା ମହାତ୍ମା ଗାନ୍ଧୀ ମଧ୍ୟ କେବେ ଭାବି ନଥିବେ ଯେ ଦିନେ ଭାରତର ଲୋକମାନେ ସ୍ଵାଧୀନତାର ୭୫ ତମ ବର୍ଷ ପାଳନ କରିବେ ଏବଂ ଏହି ସମୟରେ ଭାରତର ତତ୍କାଳୀନ ପ୍ରଧାନମନ୍ତ୍ରୀ ଏହା ଘୋଷଣା କରିବେ । ରାଇରଙ୍ଗପୁରରୁ ରାଇସିନା ପାହାଡ଼ ପର୍ଯ୍ୟନ୍ତ ଶ୍ରୀମତୀ ମୁର୍ମୁଙ୍କ ଯାତ୍ରା ଅବିଶ୍ଵସନୀୟ ଅଟେ । ସେ ଆଦିବାସୀ ଲୋକମାନଙ୍କର ସଂଘର୍ଷର ପ୍ରତୀକ ଅଟନ୍ତି । ସିଏ ବିଜୟର ସୂଚକ ଭାବେ ପରିଚିତ ହୋଇଛନ୍ତି । ବର୍ତ୍ତମାନ ଯାହା କିଛି ହେଇଛି ତାହା ଅଭୁତ ଅଟେ । ଅଭୁତ କ'ଣ ଏହା ପାଇଁ ତ ଅପ୍ରତ୍ୟାଶିତ ଶବ୍ଦ ମଧ୍ୟ ଛୋଟ ଅଟେ । ସମସ୍ତଙ୍କର ଅନୁମାନ ଯାହାକୁ ତାହା ରହିଗଲା ।

ପ୍ରଧାନମନ୍ତ୍ରୀ ନରେନ୍ଦ୍ର ମୋଦୀ ଏପରି କାର୍ଯ୍ୟ କଲେ ଯାହା କେହି ଭାବିନଥିଲେ । ଜଣେ ଆଦିବାସୀ ସମାଜର ଝିଅ ଦିନେ ଦେଶର ସର୍ବୋଚ୍ଚ ପଦରେ ଆସୀନ ହେବ, ରାଷ୍ଟ୍ରପତି ହେବ ଏବଂ ତିନୋଟି ସେନାର ମୁଖ୍ୟ ହେବ ! ପ୍ରଧାନମନ୍ତ୍ରୀ ପରିମ୍ଵେରାକୁ ବଦଳାଇ ଦେଲେ । ଏହା ଏକ ଚମତ୍କାର ହୋଇଛି । ପୂର୍ବରୁ ଏହା ହେଉଥିଲା ଯେ ଗୋଟିଏ ବଡ଼ ପରିବାରରେ ଜନ୍ମ ହୋଇଥିବା, ଉଚ୍ଚ ପରିଷ୍କୃତ ସମ୍ଭ୍ରାନ୍ତ କୁଳର ଭୂଷଣ, ବିଦେଶରୁ ଶିକ୍ଷିତ ଏବଂ ପ୍ରତିଷ୍ଠିତ ବ୍ୟକ୍ତି ରାଷ୍ଟ୍ରପତି ପଦରେ ସୁଶୋଭିତ ହେଉଥିଲେ । ଡକ୍ଟର ସର୍ବପଲ୍ଲୀ ରାଧାକୃଷ୍ଣନଙ୍କ ପରି ବିଦ୍ୱାନ ଓ ରାଜେନ୍ଦ୍ର ପ୍ରସାଦଙ୍କ ଭଳି ସ୍ଵାଧୀନତା ସୈନିକ ଏହି ପଦବୀରେ ସୁଶୋଭିତ ହୋଇଥିଲେ । ଆଜି ଏକ ଗରୀବ ପରିବାରରେ ଜନ୍ମ ହୋଇଥିବା ସାଧାରଣ ମହିଳା ରାଷ୍ଟ୍ରପତି ହୋଇଛି । ପ୍ରଥମେ କ'ଣ କେହି ତିଲକା ମାଝୀଙ୍କ ଜାଣିଥିଲେ ? କ'ଣ ବିର୍ସୁ ଶ୍ୟାମଙ୍କୁ କେହି ଜାଣିଥିଲେ ? ଆଦିବାସୀ କଳା ଓ କଳାକାର, ସେମାନଙ୍କର ସାହିତ୍ୟ ଓ ସାହିତ୍ୟକାର, ନୃତ୍ୟ ଏବଂ ନର୍ତ୍ତକ-ନର୍ତ୍ତକୀ ଇତ୍ୟାଦି ଆମର ଜିଜ୍ଞାସା, କୌତୂହଳ ଓ ଆଶ୍ଚର୍ଯ୍ୟର ବିଷୟ ଥିଲା । ସେମାନଙ୍କ ମଧ୍ୟରେ କେତେ ପ୍ରତିଭା ଅଛି ତାହା ଜଣା ପଡ଼ିଥିଲା କି ? ତାହା ନିଷ୍କ୍ରିୟ ଏବଂ ବେକାର ହୋଇ ରହିଥିଲା । ଆମର ଆଦିବାସୀ ସମାଜରେ ଥିବା ଲୋକମାନେ ବର୍ତ୍ତମାନ ସମାନ ଯୋଗ୍ୟତା ଓ କ୍ଷମତା ପାଇବେ । ଆମର ପ୍ରଧାନମନ୍ତ୍ରୀ ନରେନ୍ଦ୍ର ମୋଦୀ ଗୋଟି ଗୋଟି କରି ସମସ୍ତଙ୍କୁ ସମ୍ମାନ ଦେବେ । ପ୍ରଶାସନ, ସରକାର ଏବଂ ସମସ୍ତେ ସେମାନଙ୍କୁ ସେମାନଙ୍କର ଯୋଗ୍ୟତା ଅନୁସାରେ କାର୍ଯ୍ୟ ଦେଉଛନ୍ତି । ସମାଜ ଏବଂ ରାଷ୍ଟ୍ର ସେମାନଙ୍କୁ ସେମାନଙ୍କର ଭାଗ ଦେଉଛନ୍ତି । ସେମାନେ ଏହାକୁ ନେବାର ଯୋଗ୍ୟ ଅଟନ୍ତି । କହିବା ଦରକାର ନାହିଁ ଯେ ମୁର୍ମୁ ରାଷ୍ଟ୍ରପତି ହେବା ଫଳରେ ସମାଜର ସମସ୍ତ ଲୋକ ଖୁସି ହୋଇଥିଲେ । ଆଦିବାସୀ ସମାଜର ଲୋକମାନେ ଆଜି ତାଙ୍କ ପାଇଁ ଗର୍ବିତ ଅଟନ୍ତି ।

ମୁଁ ଏହି କଥାର ଘୋଷଣାଟି ପୂର୍ବରୁ କରି ଆସିଅଛି । ବର୍ତ୍ତମାନ ମୁଁ ଆପଣଙ୍କୁ ଜଣାଇବାକୁ

ରୁହେଁ ଯେ ଭାରତର ସ୍ୱାଧୀନତା ପରେ ଗାନ୍ଧିଜୀ କ'ଣ ରୁହଁଥିଲେ। ଏହା ଜାଣିବା ବହୁତ ଜରୁରୀ। ଏପରି ସମୟରେ ଯେତେବେଳେ ବିରୋଧୀ ରାଜନୀତିକ ଦଳମାନେ ମୁଣ୍ଡ ଟେକି ଠିଆ ହୋଇଥିଲେ, ପ୍ରତି କଥାରେ ସମସ୍ୟା ସୃଷ୍ଟି କରୁଥିଲେ, ରାଷ୍ଟ୍ରପତି ପଦ ପାଇଁ ଉପଯୁକ୍ତ ବ୍ୟକ୍ତିଙ୍କୁ ବାଛିବାରେ ସମସ୍ୟା ସୃଷ୍ଟି କରୁଥିଲେ ସେପରି ସମୟରେ ମହାତ୍ମା ଗାନ୍ଧୀ ରୁହଁଥିଲେ ଯେ ଆମେମାନେ ଯେତେବେଳେ ସ୍ୱାଧୀନ ଭାରତର ପ୍ରଥମ ରାଷ୍ଟ୍ରପତି ବାଛିବା ତେବେ ଏପରି ଏକ ବ୍ୟକ୍ତିତ୍ୱକୁ ଏହି ପଦଟି ଦେବା ଯିଏ ପ୍ରକୃତରେ ଯୋଗ୍ୟ ଥିବ।

ଗାନ୍ଧୀ ଏହି କଥାଟିକୁ ୨ ଜୁନ୍ ୧୯୪୭ ମସିହାରେ ପ୍ରାର୍ଥନା ସଭାରେ କହିଥିଲେ। ସେ ଆନ୍ଧ୍ରରେ ଜଣେ ଦଲିତ ବାଲକ ଚକ୍ରୟା ବିଷୟରେ ସମସ୍ତଙ୍କୁ କହିଥିଲେ। ସେହି ବାଲକଟି ତାଙ୍କ ଆଶ୍ରମରେ ବହୁତ ଦିନ ପର୍ଯ୍ୟନ୍ତ ରହିଥିଲା। ଗାନ୍ଧିଜୀ କହିଥିଲେ ଯେ ଯଦି ସେ ବାଲକଟି ଆଜି ଜୀବିତ ରହିଥାଆନ୍ତା ତେବେ ସେ ତା'ର ନାମ ଭାରତର ଶୀର୍ଷ ପାଇଁ ପ୍ରସ୍ତାବରେ ଦେଇଥାଆନ୍ତେ। ରୁହିଦିନ ପରେ ଯେତେବେଳେ ଡକ୍ଟର ରାଜେନ୍ଦ୍ର ପ୍ରସାଦ ତାଙ୍କ ସହ ସାକ୍ଷାତ୍ କଲେ ସେତେବେଳେ ଗାନ୍ଧିଜୀ ନିଜର ମନର ଇଚ୍ଛାକୁ ତାଙ୍କୁ ଜଣାଇଥିଲେ।

ଗାନ୍ଧିଜୀ ଏତିକିରେ ରହିଲେ ନାହିଁ। ସେ ଯାହା ସହ ସାକ୍ଷାତ୍ କଲେ ସେମାନଙ୍କୁ ନିଜର ମନ କଥାଟି କହିଲେ। ୨୧ ଜୁନ୍ ୧୯୪୭ରେ ଗାନ୍ଧିଜୀ ଏକ ଜନସଭାରେ ଘୋଷଣା କଲେ, "ମୁଁ ରୁହଁଲେ ଭାରତୀୟ ଗଣରାଜ୍ୟରେ ରାଷ୍ଟ୍ରପତି ପଦ ପାଇଁ ଜଣେ ପବିତ୍ର ଏବଂ ସାହସୀ ଝାଡୁଦାର ଝିଅକୁ ବସାଇ ଦେବି। ଯଦି ୧୭ ବର୍ଷର ଜଣେ ଇଂରେଜ ଝିଅ ବ୍ରିଟିଶ୍ ରାଣୀ ଓ ପରେ ଭାରତର ମହାରାଣୀ ହୋଇପାରେ ତେବେ କୌଣସି କାରଣ ନାହିଁ ଯେ ନିଜ ଲୋକମାନଙ୍କର ପ୍ରେମ ଏବଂ ଭଲ ଚରିତ୍ର ଥିବା ଜଣେ ଝିଅକୁ ମୁଁ ଭାରତର ପ୍ରଥମ ରାଷ୍ଟ୍ରପତି ଘୋଷଣା କରିବି।" ଗାନ୍ଧିଜୀ ସାରା ବିଶ୍ୱକୁ ଦେଖାଇବାକୁ ରୁହଁଥିଲେ ଯେ ଭାରତରେ କୌଣସି ଉଚ୍ଚ ନୀଚ ଭେଦଭାବ ନାହିଁ। ସେ ପୁଣି କହିଲେ, "ଯଦି ଏହିପରି ଏକ ଝିଅ ରାଷ୍ଟ୍ରପତି ହୁଏ ତେବେ ମୁଁ ତା'ର ଦାସ କିମ୍ୱା ଅନୁଚର ହେବି ଏବଂ ମୋତେ ସରକାର ପକ୍ଷରୁ କୌଣସି ଆସନ ଦରକାର ହେବ ନାହିଁ। ମୁଁ ଜବାହରଲାଲ, ସର୍ଦ୍ଦାର ପଟେଲ ଏବଂ ରାଜେନ୍ଦ୍ର ବାବୁଙ୍କୁ ତାହାର ସେବକ କରାଇବି।"

ଗାନ୍ଧିଜୀଙ୍କର ଏହି ସ୍ୱପ୍ନଟି ସ୍ୱପ୍ନ ହୋଇ ରହିଗଲା। ତାଙ୍କର ଏହି ବିଚାରଟି କଳ୍ପନା ହୋଇ ରହିଗଲା ଏବଂ ଏହା କେବେ ସତ ହେଲା ନାହିଁ। "ହ୍ୱାଏ ଗାନ୍ଧି ଷ୍ଟିଲ୍ ମ୍ୟାଟର୍ସ : ଆନ୍ ଆପ୍ରେଜାଲ୍ ଫର୍ ମହାମ୍ରାଜ୍ ଲେଗାସୀ" (୨୦୧୭) ନାମକ ପୁସ୍ତକରେ ଗାନ୍ଧିଜୀଙ୍କର ନାତି ନିଜ ଜେଜେଙ୍କର ଅଧୀନରେ ଥିବା ଜଣେ ଆଦର୍ଶ କନ୍ୟା ବିଷୟରେ ବିସ୍ତାର ରୂପରେ କହିଲେ, "ତାଙ୍କୁ ସୀତାଙ୍କ ପରି ପବିତ୍ର ହେବାକୁ ହେବ ଓ ତାଙ୍କ ଆଖିରେ ପ୍ରକାଶର କିରଣ ରହିଥିବ। ଆମେମାନେ ତାଙ୍କୁ ପ୍ରଣାମ କରିବା ଏବଂ ବିଶ୍ୱ ଆଗରେ ଏହା ଏକ ଉଦାହରଣ ହୋଇଯିବ।"

ମହାତ୍ମା ଗାନ୍ଧୀଙ୍କର ବିଶ୍ଵାସ ଥିଲା ଯେ ଜଣେ ଦଳିତ ଝିଅର ନିର୍ବାଚନରେ ଅଂଶ ନେବା ପରେ ସାରା ବିଶ୍ଵ ଜାଣିଯିବ ଯେ ଭାରତରେ ଉଚ୍ଚ ନୀଚ ଭେଦଭାବ ନାହିଁ ।

ଗାନ୍ଧିଜୀଙ୍କର ଚାରି ପୁତ୍ର ଏବଂ ଚାରି ପୁତ୍ରବଧୁ ମଧ୍ୟରୁ କେହି ଜଣେ ମଧ୍ୟ, ଏବଂ ପନ୍ଦର ଜଣ ନାତି ମଧ୍ୟରୁ କେହି କରି ପାରିଲେ ନାହିଁ ତାହା ସେହି ଗୁଜରାଟର ଜଣେ ପୁଅ ନରେନ୍ଦ୍ର ମୋଦୀ କରି ଦେଖାଇଛନ୍ତି । ସିଏ ୨୦-୦୬-୨୦୨୨ ତାରିଖରେ ଠିକ୍ ୯ଘଟିକା ୫୨ ମିନିଟ୍ ସମୟରେ ଏହା ଘୋଷଣା କରିଥିଲେ ଗୋଟିଏ ଟ୍ୱିଟ୍ ଦ୍ୱାରା ସିଏ ଗାନ୍ଧିଜୀଙ୍କର ସ୍ୱପ୍ନକୁ ସାକାର କଲେ । ଗାନ୍ଧିଜୀ ତ କେବଳ ଦଳିତ ଝିଅକୁ ରାଷ୍ଟ୍ରପତି କରିବାକୁ ଚାହୁଁଥିଲେ । ମାତ୍ର ମୋଦୀ ଜଣେ ଆଦିବାସୀ କନ୍ୟାକୁ ଏହି ସମ୍ମାନଟି ଦେଲେ । ଏହିପରି ଭାବରେ ସେ ଗାନ୍ଧିଜୀଙ୍କର ସ୍ୱପ୍ନକୁ ସାକାର କଲେ । ସେ ପୂର୍ବରୁ ଜଣେ ଦଳିତକୁ ଏହି ଅଧିକାରରେ ସମ୍ମାନିତ କରିଛନ୍ତି । ବିଜେପି ଚାହିଁଲେ ଏହି ପଦଟିକୁ ସେ ନିଜ ଦଳର କୌଣସି ପୂର୍ବ ଅଧ୍ୟକ୍ଷକୁ ଦେଇ ପାରିଥାଆନ୍ତା । ଆର୍.ଏସ୍.ଏସ୍.ର ମୁଖ୍ୟକୁ ଦେଇ ପାରିଥାଆନ୍ତା ।

ପ୍ରଥମତଃ ପ୍ରଧାନମନ୍ତ୍ରୀ ନରେନ୍ଦ୍ର ମୋଦୀ ଆଦିବାସୀ ସମାଜର ସଂସ୍କୃତିକୁ ଭାରତର ମୂଳ ଚିନ୍ତନ ସହ ଯୋଡ଼ିବା ପାଇଁ ଚେଷ୍ଟା କରିଛନ୍ତି । ଉଦାହରଣ ସ୍ୱରୂପ ଭାରତରେ ଜନଜାତୀୟ ଗୌରବ ଦିବସ ପାଳନ କରାଗଲା । ଆନ୍ଧ୍ରପ୍ରଦେଶରେ ବ୍ରିଟେନ୍ ସରକାରଙ୍କର ବିରୋଧରେ ହୋଇଥିବା ରମ୍ପା କ୍ରାନ୍ତିର ମୁଖ୍ୟ ସୀତାରାମ ରାଜୁଙ୍କ ପ୍ରତିମାକୁ ଅନାବରଣ କରାଗଲା । ସେ ଜାଣିଥିଲେ ପ୍ରତିନିଧିତ୍ୱ ବିନା ସମ୍ମାନ ମିଳିବା କଷ୍ଟ ଅଟେ । ତେଣୁ ନରେନ୍ଦ୍ର ମୋଦୀ ଦ୍ରୌପଦୀ ମୁର୍ମୁଙ୍କୁ ରାଷ୍ଟ୍ରପତି ପଦ ପାଇଁ ପ୍ରସ୍ତାବ ଦେଲେ । ଏହା ଦ୍ୱାରା ଆଦିବାସୀ ସମୁଦାୟକୁ ଏକ ସ୍ୱଷ୍ଟ ସନ୍ଦେଶ ମିଳିଲା ଯେ ସରକାର ଆଦିବାସୀ ସମୁଦାୟର ଭାବନା ପ୍ରତି ଆକର୍ଷିତ ଅଟେ । ଏବଂ ତାଙ୍କ ସହ ଠିଆ ହୋଇଛି ।

ଏହାର ପ୍ରଭାବ ଧୀରେ ଧୀରେ ବଢ଼ୁଛି । ଆଦିବାସୀଙ୍କର ଏକ ଛୋଟିଆ ବର୍ଗକୁ ଦଳ ପୂର୍ବରୁ ଆକର୍ଷିତ କରିଥିଲା । ବର୍ତ୍ତମାନ ସମସ୍ତଙ୍କ ମନରେ ଘର କରିବା ପାଇଁ ଆଗକୁ ବଢ଼ି ଚାଲିଛି । କଂଗ୍ରେସର ପ୍ରଭାବ ପରେ ଖାଲିଥିବା ସ୍ଥାନଗୁଡ଼ିକରେ ଆଦିବାସୀମାନେ ଧ୍ୟାନ ଦେଉଛନ୍ତି । ବିଜେପି ଏକ ରାଜନୈତିକ ଦଳ ନୁହେଁ ବରଂ ଅଖିଳ ଭାରତୀୟ ଭାବେ ନିଜର ଚରିତ୍ର ଗଢ଼ି ଚାଲିଛି । ଯୁବକମାନେ ମୋଦୀଙ୍କୁ ପସନ୍ଦ କରୁଛନ୍ତି । ଏହି ସବୁ କାରଣ ପାଇଁ ଦଳ ଆଗକୁ ବଢ଼ି ଚାଲିଛି । ମୁର୍ମୁଙ୍କ ନିର୍ବାଚନ ଏହି ମାର୍ଗରେ ବହୁତ ସାହାଯ୍ୟ କରିବ ବୋଲି ସନ୍ଦେହ ନାହିଁ । କିନ୍ତୁ ଏହା କେତେ ସହଜ ହେବ ତାହା କହି ପାରିବା ନାହିଁ ।

ସେ ସମୟରେ କେବଳ ଗାନ୍ଧୀ ନୁହେଁ ଜୟପାଲ ସିଂ ମୁଣ୍ଡା ମଧ୍ୟ ଆଦିବାସୀ ଏବଂ ମହିଳା ପ୍ରତିନିଧିତ୍ୱକୁ ପୂରାପୂରି ସମର୍ଥନ କରୁଥିଲେ ଏବଂ ଏହା ବିଷୟରେ ନିର୍ଭୟରେ କହୁଥିଲେ । ମୁଁ ଆପଣମାନଙ୍କୁ ଜଣାଇବାକୁ ଚାହେଁ ଯେ ଜୟପାଲ ସିଂ ମୁଣ୍ଡା (୧୯୦୩–

୧ ୯ ୧ ୦) ଜଣେ ଭାରତୀୟ ରାଜନୀତିଜ୍ଞ, ଲେଖକ ଏବଂ ଖେଳାଳୀ ଥିଲେ। ସିଏ ସମ୍ବିଧାନ ସଭାର ସଦସ୍ୟ ଥିଲେ ଯିଏ ଭାରତୀୟ ସଂଘରେ ଯୋଗଦାନ କରି ସମ୍ବିଧାନ ନିର୍ମାଣରେ ଅଂଶଗ୍ରହଣ କରିଥିଲେ। ସିଏ ୧ ୯ ୨ ୮ ର ଗ୍ରୀଷ୍ମକାଳୀନ ଅଲିମ୍ପିକରେ ସ୍ୱର୍ଣ୍ଣପଦକ ଜିତିଥିଲେ। ସିଏ ଭାରତୀୟ ହକି ଟିମ୍‌କୁ ପ୍ରତିନିଧିତ୍ୱ କରୁଥିଲେ। ସିଏ ଜଣେ ପ୍ରତିଭାଶାଳୀ ବକ୍ତା ଥିଲେ ଏବଂ ସମ୍ବିଧାନ ସଭାରେ ସମସ୍ତ ଆଦିବାସୀମାନଙ୍କ ପାଇଁ ପ୍ରତିନିଧିତ୍ୱ କରୁଥିଲେ। ୧ ୯ ଡିସେମ୍ବର ୧ ୯ ୪ ୬ରେ ସିଏ ଗୋଟିଏ ପ୍ରସିଦ୍ଧ ଭାଷଣ ଦେଇଥିଲେ। ଯାହାର କିଛି ଅଂଶକୁ ମୁଁ ନିମ୍ନରେ ବର୍ଣ୍ଣନା କରୁଛି। ଏଠାରେ ସିଏ ଉଦ୍ଦେଶ୍ୟ ପ୍ରସ୍ତାବକୁ ସ୍ୱାଗତ କରିଥିଲେ ଏବଂ ଏହା ସହ ଭବିଷ୍ୟତରେ ଭାରତୀୟ ଆଦିବାସୀ ସମୁଦାୟରେ ଆସୁଥିବା ସମସ୍ୟାଗୁଡ଼ିକୁ କହିଥିଲେ।

“ଜଣେ ଆଦିବାସୀ ରୂପରେ ମୁଁ ସଂକଳ୍ପ କରିଛି ଯେ ମୋତେ ସରକାରୀ ଜଟିଳ କଥାଗୁଡ଼ିକ ବୁଝି ଆସେନାହିଁ। କିନ୍ତୁ ମୋର ସାମାନ୍ୟ ଜ୍ଞାନ ମୋତେ କୁହେ ଯେ ଆମେ ପ୍ରତ୍ୟେକକୁ ସ୍ୱତନ୍ତ୍ରତାର ରାସ୍ତାରେ ଚଲିବା ଦରକାର ଏବଂ ମିଶିକରି ଲଢ଼ିବା ଦରକାର। ମହୋଦୟ ଯଦି ଭାରତୀୟ ଲୋକମାନଙ୍କ ମଧ୍ୟରୁ କୌଣସି ସମୁଦାୟ ସହ ଦୁର୍ବ୍ୟବହାର କରାଯାଇଛି ସେ ସମୁଦାୟଟି ହେଉଛି ମୋର। ପୂର୍ବ ୬ ହଜାର ବର୍ଷରୁ ସେମାନଙ୍କ ସହ ଅପମାନଜନକ ବ୍ୟବହାର କରାଯାଉଛି। ସେମାନଙ୍କର ଉପହାସ କରାଯାଉଛି। ସିନ୍ଧୁ ସଭ୍ୟତା ଠାରୁ ଆରମ୍ଭ କରି ଭାରତର ପୁରା ଇତିହାସ ଆଦିବାସୀମାନଙ୍କର ବିଦ୍ରୋହ ଦ୍ୱାରା ରକ୍ତ ରଞ୍ଜିତ ହୋଇଛି। ତଥାପି ମୁଁ ପଣ୍ଡିତ ଜବାହରଲାଲ ନେହେରୁଙ୍କ କଥାକୁ ବିଶ୍ୱାସ କରେ। ମୁଁ ଆପଣମାନଙ୍କର ବଚନକୁ ପ୍ରମାଣ ମାନି ଏକ ନୂତନ ଅଧ୍ୟାୟ ଆରମ୍ଭ କରିବାକୁ ଚାହେଁ। ସ୍ୱାଧୀନ ଭାରତର ଏକ ନୂତନ ଅଧ୍ୟାୟ ଯେଉଁଠାରେ ସମାନତାର ଅଧିକାର ରହିବ, ଯେଉଁଠାରେ କାହାର ଉପହାସ କରାଯିବନାହିଁ।”

ସିଏ ନିଜର ବକ୍ତବ୍ୟକୁ ଚାଲୁ ରଖିଲେ।

“ଏହା କେବଳ ରାଜନୈତିକ ପ୍ରଦର୍ଶନ ଥିଲା ଯେ ସ୍ୱାଧୀନ ସଭାରେ ଛ’ଜଣ ଆଦିବାସୀ ସଦସ୍ୟ ଥିଲେ। ଏହା କିପରି ଅଟେ ? କ’ଣ ଏପରି କିଛି ନିୟମ ନାହିଁ ଯେଉଁଠାରେ ଅଧିକ ଆଦିବାସୀମାନେ ସଭାରେ ଯୋଗ ଦେଇପାରିବେ ଏବଂ ଆଦିବାସୀ କହିଲେ କେବଳ ପୁରୁଷ ନୁହେଁ ମହିଲାମାନେ ମଧ୍ୟ କ’ଣ ଯୋଗ ଦେଇ ପାରିବେ ? ପୂର୍ବରୁ ଅନେକ ପୁରୁଷ ଅଛନ୍ତି। ବର୍ତ୍ତମାନ ମହିଲାମାନଙ୍କର ଆବଶ୍ୟକତା ଅଛି।”

ଜୟପାଲ ମୁଣ୍ଡାଙ୍କର ଗୋଟିଏ ଇଚ୍ଛା ଆଜି ପୂର୍ଣ୍ଣ ହୋଇଛି। ଶ୍ରୀମତୀ ମୁର୍ମୁ ଜଣେ ଆଦିବାସୀ ମହିଲା ଭାବରେ ପ୍ରତିନିଧିତ୍ୱ କରୁଛନ୍ତି। ଆଜି ସ୍ୱର୍ଗରେ ଗାନ୍ଧୀ ଏବଂ ମୁଣ୍ଡା ନିଜ ବିଜୟର ଉତ୍ସବ ପାଳନ କରୁଥିବେ। ଗାରୋ ଜନଜାତିର ଜଣେ ଆଦିବାସୀ ବ୍ୟକ୍ତି ପି.ଏ. ସାଙ୍ଗମା ୨ ୦ ୧ ୨ରେ ରାଷ୍ଟ୍ରପତି ନିର୍ବାଚନରେ ପରାସ୍ତ ହୋଇଥିଲେ। କିନ୍ତୁ ସେ ଚେଷ୍ଟା କରିବାକୁ

ଛାଡ଼ି ନଥିଲେ ଏବଂ ଆହୁରି ମଧ୍ୟ ନାମ ଅଛି । କିନ୍ତୁ ଗଣନା କେବଳ ସଫଳ ବ୍ୟକ୍ତିମାନଙ୍କର ହୁଏ । ୨୦୧୨ରେ ମଧ୍ୟ ବିଜେପି ଜଣେ ଆଦିବାସୀ ପ୍ରାର୍ଥୀଙ୍କୁ ସମର୍ଥନ କରିଥିଲା ଏବଂ ଗୋଟିଏ ସଭା ପରେ ପୁଣି ବିଜେପି ଦଳ ଜଣେ ଆଦିବାସୀ ମହିଳାଙ୍କୁ ସମର୍ଥନ କଲା ଏବଂ ତାଙ୍କୁ ବିଜୟ ଦେବାର ସଫଳ ମଧ୍ୟ ହେଲା । ମୁର୍ମୁଙ୍କ ନାମାଙ୍କନ ଅବସରରେ ପ୍ରଧାନମନ୍ତ୍ରୀ ନରେନ୍ଦ୍ର ମୋଦୀ ଟ୍ୱିଟର୍ କରିଥିଲେ ଯେ ଝାଡ଼ଖଣ୍ଡର ପୂର୍ବ ରାଜ୍ୟପାଳଙ୍କ ନୀତି ଏବଂ ଦୟାଳୁ ସ୍ୱଭାବରୁ ଦେଶର ଅନେକ ଲାଭ ହେବ । "ଶ୍ରୀମତୀ ଦ୍ରୌପଦୀ ମୁର୍ମୁ ନିଜର ଜୀବନକୁ ସମାଜସେବା, ଗରୀବ, ଦଳିତ ଏବଂ ନିମ୍ନ ସ୍ତରରେ ଥିବା ଲୋକମାନଙ୍କର ଜୀବନକୁ ସଶକ୍ତ କରିବାରେ ସମର୍ପଣ କରିଛନ୍ତି । ତାଙ୍କ ପାଖରେ ସମୃଦ୍ଧ ପ୍ରଶାସନିକ ଅନୁଭବ ଅଛି ଏବଂ ତାଙ୍କର କାର୍ଯ୍ୟକାଳ ଉକୃଷ୍ଟ ଥିଲା । ମୋର ବିଶ୍ୱାସ ଯେ ସିଏ ଆମ ଦେଶର ଜଣେ ମହାନ ରାଷ୍ଟ୍ରପତି ହେବେ ।" ଭାରତୀୟ ସମ୍ବିଧାନର ନିର୍ମାତା ବି.ଆର୍. ଆମ୍ବେଦକର ୨୫ ନଭେମ୍ବର ୧୯୪୯ ମସିହାରେ ସମ୍ବିଧାନ ସଭାରେ ନିଜର ଶେଷ ଭାଷଣ ଦେଉଥିବା ସମୟରେ କହିଥିଲେ, "ଆମମାନଙ୍କୁ ଆମର ରାଜନୈତିକ ଗଣତନ୍ତ୍ରକୁ ଏକ ସାମାଜିକ ଗଣତନ୍ତ୍ର କରିବାକୁ ହେବ । ରାଜନୈତିକ ଗଣତନ୍ତ୍ର ବିନା ସାମାଜିକ ଗଣତନ୍ତ୍ର ଟିଷ୍ଟି ରହି ପାରିବ ନାହିଁ ।"

ନରେନ୍ଦ୍ର ମୋଦୀ ଓ ତାଙ୍କର ପ୍ରଚେଷ୍ଟା

ଭାରତ ଇତିହାସର ଶୀର୍ଷ ନେତାମାନଙ୍କର ସ୍ୱପ୍ନକୁ ଆଖି ଆଗରେ ରଖି ବିଜେପି ଏପରି ନିର୍ଣ୍ଣୟ ନେଇଥିଲା । ମୁର୍ମୁଙ୍କୁ ଚୟନ କରିବା ଦ୍ୱାରା ନରେନ୍ଦ୍ର ମୋଦୀଙ୍କର ମନର ଭାବନା ଜଣାପଡ଼େ । ଯେପରି ସହଜ ଏବଂ ଆମ୍ବବିଶ୍ୱାସ ଦ୍ୱାରା ବି.ଜେ.ପି. ରାଷ୍ଟ୍ରପତି ନିର୍ବାଚନରେ ନିଜର ସ୍ଥାନ ସୃଷ୍ଟି କରିବାରେ ସଫଳ ହୋଇଛି ସେହିପରି ଦ୍ରୌପଦୀ ମୁର୍ମୁଙ୍କର ନାମ ଏହି ପଦ ପାଇଁ ଯୋଗ୍ୟ ଥିଲା । ନରେନ୍ଦ୍ର ମୋଦୀ ଭାରତ ସ୍ୱାଧୀନତାର ୭୫ ବର୍ଷରେ ଭାରତୀୟ ଗଣତନ୍ତ୍ର ଏବଂ ସାମାଜିକ ବିସ୍ତାରକୁ ରେଖାଙ୍କିତ କରି ଯେତେବେଳେ ଦ୍ରୌପଦୀ ମୁର୍ମୁଙ୍କୁ ରାଷ୍ଟ୍ରପତି କଲେ ସେତେବେଳେ ବିପକ୍ଷ ଦଳ ଧରାଶାୟୀ ହୋଇ ଯାଇଥିଲା । ଦ୍ୱିତୀୟତଃ ସାଧାରଣ ନାଗରିକମାନଙ୍କୁ ଜଣା ପଡ଼ିଲା ଯେ ଏହି ଯୋଜନାଟି ଦୂରଗାମୀ ଏବଂ ଦେଶ ପରିବର୍ତ୍ତନରେ ସାହାଯ୍ୟ କରିବ । ଏଥିରେ କୌଣସି ସନ୍ଦେହ ନାହିଁ ।

ଏପରି ଜଣାପଡ଼େ ଯେ ମୁର୍ମୁଙ୍କ ମଧ୍ୟରେ ପି.ଏମ୍. ମୋଦୀ ନିଜର ପ୍ରତିବିମ୍ବ ଦେଖୁଛନ୍ତି । ସିଏ ଅନେକ କଥାରେ ମୋଦୀଙ୍କ ପରି ଅଟନ୍ତି । ସିଏ କୌଣସି ରାଜନୈତିକ ପୃଷ୍ଠଭୂମିରୁ ଆସିନାହାନ୍ତି । ସେ କୌଣସି ରାଜବଂଶରୁ ଆସିନାହାନ୍ତି । ତାଙ୍କ ଜୀବନ ବ୍ୟକ୍ତିଗତ ସଂଘର୍ଷ ଏବଂ ବଲିଦାନର କଥା କୁହେ । ସେ ହାଭାର୍ଡ଼ ବିଶ୍ୱବିଦ୍ୟାଳୟ କ'ଣ ଜାଣିନାହାନ୍ତି । କିନ୍ତୁ ବହୁତ ହାର୍ଡ ଓ୍ୱାର୍କ କରିଛନ୍ତି ।

ଯେପରି ଦ୍ରୌପଦୀ ମୁର୍ମୁଙ୍କୁ ତାଙ୍କର ନାମାଙ୍କନର ଖବରଟି ମିଳିଲା ସେ ଖୁସିରେ କିଛି ବୁଝି ପାରିଲେ ନାହିଁ। ପୁଣି ଯେତେବେଳେ ପ୍ରିଣ୍ଟ ଏବଂ ଇଲେକ୍ଟ୍ରୋନିକ୍ ମିଡ଼ିଆ ଦ୍ୱାରା ତାଙ୍କ ବିଷୟରେ ଲୋକମାନେ ଜାଣିବା ଆରମ୍ଭ କଲେ ସେ ପ୍ରସିଦ୍ଧ ହେବାକୁ ଲାଗିଲେ ଏବଂ ତାଙ୍କ ଜୀବନରେ ଖୁସିର ମୁହୂର୍ତ୍ତ ଆରମ୍ଭ ହେଲା। ଏହା ସ୍ୱାଭାବିକ ଥିଲା ତାଙ୍କର ପ୍ରଥମ ନାମ ଏବଂ ଶେଷ ନାମଟି ଲୋକମାନଙ୍କର ଧ୍ୟାନ ଆକର୍ଷଣ କଲା। ମୁଁ ଅନ୍ୟ କୌଣସି ମହିଳାଙ୍କ ଏପରି ନାମ ଥିବା ଦେଖିନାହିଁ। ଏପରି ମଧ୍ୟ ହୋଇଥିଲା ଯେ ତାଙ୍କ ନାମର ବନାନ ମଧ୍ୟ ସମସ୍ତେ ଠିକ୍ ଭାବରେ ଲେଖୁନଥିଲେ। ମୁର୍ମୁ କିଏ ? ଏହି ଉପନାମଟି ସାଧାରଣ ନୁହଁ।

୨୧ ଜୁନ୍ ୨୦୨୨ ମସିହାରେ ବିଜେପିର ଅଧ୍ୟକ୍ଷ ଜେ.ପି. ନଡ୍ଡା ମୁର୍ମୁଙ୍କର ପ୍ରାର୍ଥିତ୍ୱ ବାବଦରେ ଘୋଷଣା କରି କହିଲେ ଯେ ସେ ଦଳର ସଂସଦୀୟ ସମିତି ବହୁତ ବିସ୍ତର ବିମର୍ଷ କରିବା ପରେ ୨୦ ଜଣଙ୍କ ନାମ ମଧ୍ୟରୁ ମୁର୍ମୁଙ୍କୁ ବାଛିଛନ୍ତି। ମୁର୍ମୁଙ୍କ ନାମ ବ୍ୟତୀତ ବିଜେପି ପାର୍ଟି ଉପରାଷ୍ଟ୍ରପତି ଭେଙ୍କିଆ ନାଇଡୁଙ୍କ ନାମ ପାଇଁ ମଧ୍ୟ ବିସ୍ତର କରିଥିଲେ। ଏହାଛଡ଼ା ସେ ଜଣେ ବରିଷ୍ଠ ନେତା ମଧ୍ୟ ଥିଲେ। ଛତିଶଗଡ଼ର ରାଜ୍ୟପାଳ ଅନୁସୁଇୟା ଉଇକେ, ହରିୟାଣାର ରାଜ୍ୟପାଳ ଭଣ୍ଡାରେ ଦଉଆତ୍ରେୟ ଓ ତେଲେଙ୍ଗାନାର ରାଜ୍ୟପାଳ ତାମିଲସାଇ ସୁନ୍ଦରରାଜନ ରାଷ୍ଟ୍ରପତି ପଦରେ ପ୍ରାର୍ଥିତ୍ୱ ପାଇଁ ଯୋଗ୍ୟ ଥିଲେ। ଶ୍ରୀମତୀ ମୁର୍ମୁଙ୍କୁ ୨୦ ଜଣ ରାଜନେତା ଓ ବୁଦ୍ଧିମାନ ବ୍ୟକ୍ତିଙ୍କ ମଧ୍ୟରୁ ଉପଯୁକ୍ତ ପ୍ରାର୍ଥୀ ଭାବରେ ଚୟନ କରାଗଲା। କାରଣ ସିଏ ଭାରତର ପୂର୍ବ ଅଞ୍ଚଳରୁ ଆସିଅଛନ୍ତି। ସେ ଜଣେ ମହିଳା ଅଟନ୍ତି। ସେ ଆଦିବାସୀ ସମୁଦାୟର ଅଟନ୍ତି। କୌଣସି ଆଦିବାସୀ ଆଜି ପର୍ଯ୍ୟନ୍ତ ଦେଶର ସର୍ବୋଚ୍ଚ ପଦରେ ବସି ନାହାଁନ୍ତି। ବିଜେପିର ଅଧ୍ୟକ୍ଷ ଶ୍ରୀ ଜଗତପ୍ରକାଶ ନଡ୍ଡା ଭାରତର ରାଷ୍ଟ୍ରପତି ପଦ ପାଇଁ ହୋଇଥିବା ପ୍ରାର୍ଥିତ୍ୱ ବିଷୟରେ ଏହା କହିଲେ ଯେ, "ଏପରି ଅନୁଭବ ହେଲା ଯେ ଭାରତର ନୂଆ ରାଷ୍ଟ୍ରପତି ଭାରତର ପୂର୍ବ ଭୂଭାଗରୁ ହେବା ଦରକାର। ସେ ଜଣେ ମହିଳା ହେବା ଦରକାର ଏବଂ ଆଦିବାସୀ ସମୁଦାୟର ହେବା ଦରକାର। ଏହି ସବୁକୁ ଦେଖି ଏହା ନିର୍ଣ୍ଣୟ କରାଗଲା ଯେ ଝାଡ଼ଖଣ୍ଡର ପୂର୍ବ ରାଜ୍ୟପାଳ ଦ୍ରୌପଦୀ ମୁର୍ମୁ ଭାରତର ରାଷ୍ଟ୍ରପତି ପଦ ପାଇଁ ଏନ୍.ଡ଼ି.ଏ.ର ଉପଯୁକ୍ତ ପ୍ରାର୍ଥୀ ହୋଇପାରିବେ। ଅରବିନ୍ଦନ ନୀଲକନ୍ଦନ ଠିକ୍ କହିଥିଲେ ଯେ "ରାଷ୍ଟ୍ର ବିକାଶରେ ମନ୍ଦିର ନିର୍ମାଣ ଏବଂ ଏହାକୁ ସାରା ବିଶ୍ୱରେ ଏକ ମଡେଲ ରୂପେ ପରିଚିତ କରିବା ପାଇଁ ଆମମାନଙ୍କୁ ପାରମ୍ପରିକ ଆଦିବାସୀ ସମୁଦାୟର ମୂଲ୍ୟ ଓ ମାର୍ଗଦର୍ଶନର ଆବଶ୍ୟକତା ରହିଛି।"

"ତାଙ୍କର ନାମାଙ୍କନ ମହିଳା ଏବଂ ଆଦିବାସୀମାନଙ୍କର କଲ୍ୟାଣ ପ୍ରତି ପ୍ରଧାନମନ୍ତ୍ରୀ ନରେନ୍ଦ୍ର ମୋଦୀଙ୍କର ଏକ ଦୃଢ଼ ସଂକଳ୍ପର ପ୍ରତିବିମ୍ବ ଅଟେ। ଅମିତ୍ ଶାହା ଦୃଢ଼ ସ୍ୱରରେ ଏହି ଘୋଷଣାରେ ନିଜର ସହମତି ଜାହିର କରିଥିଲେ। ସେହିପରି ଅନେକ ବରିଷ୍ଠ ନେତାଗଣ ମିଳିତ ସ୍ୱରରେ କହିଥିଲେ ଯେ ଦଳର ଏହି ନିର୍ଣ୍ଣୟକୁ ପ୍ରଶଂସା କରିବାର ଅନେକ କାରଣ ରହିଛି। ସେ ଜଣେ

ମହିଳା, ଆଦିବାସୀ, ବିନମ୍ର ନେତା ତଥା ବିଜେପିର କାର୍ଯ୍ୟକର୍ତ୍ତା ଅଟନ୍ତି । ତାଙ୍କୁ ଚୟନ କରିବା ବିଜେପିର ମୂଳ ବିଚାରଧାରା – ସବକା ସାଥ, ସବକା ବିକାସ, ସବକା ବିଶ୍ୱାସ, ସବକା ପ୍ରୟାସ – ର ଅନୁକୂଳ ଅଟେ । ଦ୍ରୌପଦୀ ମୁର୍ମୁ ଜିଲ୍ଲା ସ୍ତରୁ ଆରମ୍ଭ କରି ରାଜ୍ୟସ୍ତର ପର୍ଯ୍ୟନ୍ତ ଓ ଏହାପରେ ନିଜର ସମୃଦ୍ଧ ପ୍ରଶାସନିକ ଅନୁଭବ ଦ୍ୱାରା ରାଷ୍ଟ୍ରପତି ଭବନକୁ ଆସିବେ ।"

ସେ କିଏ ? ଶ୍ରୀମତୀ ମୁର୍ମୁ କିଏ ? ଶ୍ରୀମତୀ ଦ୍ରୌପଦୀ ମୁର୍ମୁ କିଏ ? ବୋଧହୁଏ ତାଙ୍କ ବିଷୟରେ ଆପଣମାନଙ୍କୁ କେତେ ଜଣାଅଛି ? ଉଇକିପିଡ଼ିଆରେ ତାଙ୍କ ବିଷୟରେ କିଞ୍ଚିଟା ଲେଖା ହୋଇଛି । ଗୁଗଲ୍ ମଧ୍ୟ ତାଙ୍କ ବିଷୟରେ ଜାଣିବା ପାଇଁ ପ୍ରତୀକ୍ଷା କରୁଛି । ତାଙ୍କର ନାମ ହିଁ ତାଙ୍କର ଚିହ୍ନ ଅଟେ । ୨୧ ଜୁନ୍ ୨୦୨୨ରେ ଅଖିଳ ଭାରତୀୟ ତୃଣମୂଳ କଂଗ୍ରେସର ଯଶୋବନ୍ତ ସିନ୍ହାଙ୍କୁ ୨୦୨୨ର ରାଷ୍ଟ୍ରପତି ନିର୍ବାଚନ ପାଇଁ ୟୁପିଏ ସରକାର ଓ ଅନ୍ୟ ବିପକ୍ଷ ଦଳର ଲୋକମାନେ ବାଛିଥିଲେ । ସେହିଦିନ ଏନ୍.ଡି.ଏ. ରାଷ୍ଟ୍ରପତି ପଦ ପାଇଁ ଦ୍ରୌପଦୀ ମୁର୍ମୁଙ୍କୁ ବାଛିଥିଲା । ତାଙ୍କୁ ୨୦ଜଣ ପ୍ରାର୍ଥୀଙ୍କ ମଧ୍ୟରୁ ବଛା ଯାଇଥିଲା । ସେ ଏକ ଅନୁସୂଚିତ ଜନଜାତିର ଗୌରବାନ୍ୱିତ ସଦସ୍ୟ ଥିଲେ । ତାଙ୍କର ଆଦିବାସୀ ପରିଚୟକୁ ସମସ୍ତେ ରେଖାଙ୍କିତ କରୁଛନ୍ତି । ସେ ଓଡ଼ିଶାର ଏକ ଆଦିବାସୀ ସମୁଦାୟରୁ ଭାରତର ରାଷ୍ଟ୍ରପତି ହୋଇଛନ୍ତି । ଏହି କଥାଟି ମୁଁ ବାରମ୍ବାର କହୁଛି । କାରଣ ମୁଁ ଚାହେଁ ଯେ ଏହା ଆପଣଙ୍କର ସ୍ମୃତିରେ ଅଙ୍କିତ ହୋଇ ରହିଯାଉ । ଆପଣଙ୍କ ଦ୍ୱାରା ଅନ୍ୟ ଲୋକମାନେ ମଧ୍ୟ ଜାଣନ୍ତୁ ମୁର୍ମୁଙ୍କ ବିଷୟରେ ।

ସେ ଝାଡ଼ଖଣ୍ଡର ପୂର୍ବ ରାଜ୍ୟପାଳ ଥିଲେ ଓ ଓଡ଼ିଶାର ପୂର୍ବ ମନ୍ତ୍ରୀ ଥିଲେ । ରାଜ୍ୟପାଳ ରୂପେ ସେ ନିଜର ପରିଚୟ ତିଆରି କରିଛନ୍ତି । ସେ ତାଙ୍କର ବ୍ୟବହାର ଓ କାର୍ଯ୍ୟକାଳକୁ ନେଇ ଲୋକମାନଙ୍କ ମଧ୍ୟରେ ପ୍ରିୟପାତ୍ରୀ ହୋଇପାରିଛନ୍ତି । ସେ ଭାରତର ପ୍ରଥମ ଆଦିବାସୀ ରାଷ୍ଟ୍ରପତି ଓ ଦେଶର ଦ୍ୱିତୀୟ ମହିଳା ରାଷ୍ଟ୍ରପତି ଅଟନ୍ତି । ପ୍ରଥମ ମହିଳା ରାଷ୍ଟ୍ରପତି ଥିଲେ ମହାରାଷ୍ଟ୍ରର ପ୍ରତିଭା ଦେବୀ ସିଂ ପାଟିଲ ।

ଶ୍ରୀମତୀ ମୁର୍ମୁ ସମସ୍ୟାକୁ ସମାଧାନ କରିବା ଜାଣନ୍ତି । ସେ ପ୍ରଥମ ରାଷ୍ଟ୍ରପତି ଅଟନ୍ତି ଯାହାଙ୍କର ଜନ୍ମ ଭାରତର ସ୍ୱାଧୀନତା ପରେ ହୋଇଥିଲା । ସେ ୧୯୫୮ ମସିହାରେ ଜନ୍ମ ହୋଇଛନ୍ତି ।

ତାଙ୍କର ନାମ ସମସ୍ତଙ୍କ ପାଇଁ ଏକ ସନ୍ଦେଶ ଥିଲା । ଭାରତର ରାଷ୍ଟ୍ରପତି ଜଣେ କମ୍ ଅଧିକାର ପ୍ରାପ୍ତ ଥିବା ସମୁଦାୟରୁ ମଧ୍ୟ ହୋଇ ପାରନ୍ତି । ସେମାନଙ୍କ ପାଇଁ ମଧ୍ୟ ସବୁଠାରୁ ଉପରେ ସ୍ଥାନ ଅଛି । ବିଜେପିର ଆଲୋଚକ ମଧ୍ୟ ଏହା କହିବାକୁ ସଙ୍କୋଚବୋଧ କଲେ ନାହିଁ ଯେ "ରାଷ୍ଟ୍ରପତି ପଦ ପାଇଁ ଆଦିବାସୀ ସମୁଦାୟର ଜଣେ ମହିଳାଙ୍କର ନାମ ଥିବା ସହ ବିଜେପି ରାଜନୈତିକ ରୂପରେ ସମସ୍ତ ସମୁଦାୟର ଲୋକମାନଙ୍କୁ ସ୍ଥାନ ଦେଇଛି । ଏହା ନକରିବା ପାଇଁ ବିଜେପିକୁ ବାରମ୍ବାର ବାଧା ଦିଆ ଯାଇଛି ।"

ବିଜେପି ପାଇଁ ପ୍ରଥମ ଆଦିବାସୀ ମହିଲାଙ୍କୁ ଅଧ୍ୟକ୍ଷ ରୂପେ ମନୋନୀତ କରିବା ଏକ ଭଲ କାର୍ଯ୍ୟ ଥିଲା।

ଆଜି ପର୍ଯ୍ୟନ୍ତ ଦେଶର ଲୋକମାନେ ଯେଉଁ ୧୫ଜଣ ରାଷ୍ଟ୍ରପତିଙ୍କୁ ଦେଖିଛନ୍ତି ସେମାନଙ୍କ ମଧ୍ୟରୁ କେବଳ ଛଅଜଣ ଭାରତର ଦକ୍ଷିଣ ଆଡୁ ଆସିଛନ୍ତି। ସେମାନଙ୍କ ମଧ୍ୟରୁ ଦୁଇଜଣ ଅର୍ଥାତ୍ ନୀଲମ ସଞ୍ଜୀବ ରେଡ୍ଡି (୧୯୭୭-୧୯୮୨) ଏବଂ ଭି.ଭି. ଗିରି (୧୯୬୯- ୧୯୭୪), ତେଲୁଗୁ ରାଜ୍ୟ ସହ ସମ୍ପର୍କିତ ଥିଲେ। ସର୍ବପଲ୍ଲୀ ରାଧାକୃଷ୍ଣନ ଯିଏ ଦ୍ୱିତୀୟ ରାଷ୍ଟ୍ରପତି (୧୯୬୨- ୧୯୬୭) ରୂପରେ କାର୍ଯ୍ୟ କରିଥିଲେ, ତାଙ୍କର ଜନ୍ମ ତାମିଲନାଡୁର ଥିରୁଥାନିରେ ହୋଇଥିଲା। ତଥାପି ରାଧାକୃଷ୍ଣନ ଜଣେ ତେଲୁଗୁ ବ୍ୟକ୍ତି ଥିଲେ। ପୂର୍ବ ରାଷ୍ଟ୍ରପତିମାନଙ୍କ ମଧ୍ୟରୁ କେବଳ ଭି.ଭି. ଗିରିଙ୍କର ସମ୍ପର୍କ ଓଡ଼ିଶା ସହ ଥିଲା। ତାଙ୍କର ଜନ୍ମ ବହରମପୁରରେ ହୋଇଥିଲା। ସେ ଆନ୍ଧ୍ରପ୍ରଦେଶର ତେଲୁଗୁ ଥିଲେ। ଏଥିପାଇଁ ଓଡ଼ିଶାର ଲୋକମାନଙ୍କ ପାଇଁ ଏହା ଗର୍ବର ମୁହୂର୍ତ୍ତ ଯେ ସେମାନେ ନିଜର ରାଜ୍ୟର ଜଣେ ଝିଅକୁ ଭାରତର ସର୍ବୋଚ୍ଚ ପଦ ପାଇଁ ନିର୍ବାଚନ ଲଢ଼ିବାର ଦେଖିଲେ ଏବଂ ରାଷ୍ଟ୍ରପତି ପଦରେ ଆସୀନ ହେବାର ମଧ୍ୟ ଦେଖିଲେ।

ଭାରତରେ ଡକ୍ଟର ଏପିଜେ ଅବଦୁଲ କଲାମଙ୍କ ପରି ଜଣେ ତାମିଲ ମୁସଲମାନ ରାଷ୍ଟ୍ରପତି ହୋଇ ସାରିଛନ୍ତି। ପ୍ରତିଭା ପାଟିଲ ଜଣେ ମହିଲା ରାଷ୍ଟ୍ରପତି ଥିଲେ ଏବଂ ପୂର୍ବ ରାଷ୍ଟ୍ରପତି ରାମନାଥ କୋବିନ୍ଦ ଅନୁସୂଚିତ ଜାତିର ଥିଲେ। ଜଣେ ଏସ୍.ଟି. ମହିଲାଙ୍କୁ ପ୍ରାର୍ଥୀ ରୂପେ ନିର୍ବାଚନ ଲଢ଼ିବା ପାଇଁ ସୁଯୋଗ ଦେବା ବିଜେପିର ଅନ୍ୟ ଏକ ଆଦର୍ଶ କର୍ମ ଅଟେ। ସୁଶ୍ରୀ ମୁର୍ମୁ ୨୦୧୭ରେ ରାଷ୍ଟ୍ରପତି ନିର୍ବାଚନ ପୂର୍ବରୁ ଏହି ପଦ ପାଇଁ ଯୋଗ୍ୟ ଥିଲେ। କିନ୍ତୁ ସେ ସମୟରେ ରାମନାଥ କୋବିନ୍ଦ ବିଜୟଲାଭ କରିଥିଲେ।

ସେତେବେଳେ ବିହାରର ତତ୍କାଳୀନ ରାଜ୍ୟପାଳ ରାମନାଥ କୋବିନ୍ଦ ଜଣେ ଦଳିତ ଥିଲେ। ତାଙ୍କୁ ସରକାର ରାଷ୍ଟ୍ରପତି ପଦ ପାଇଁ ନାମିତ କଲା। ଏହାକୁ ମଧ୍ୟ ଧ୍ୟାନ ରଖିବା ଜରୁରୀ ଯେ ଦ୍ରୌପଦୀ ମୁର୍ମୁଙ୍କ ଉତ୍କର୍ଷ ସହିତ ତାଙ୍କର ରାଜନୈତିକ, ପ୍ରଶାସନିକ ଶାଖାକୁ ଶ୍ରେୟ ଦିଆ ଯାଇଛି ଏବଂ ଓଡ଼ିଶାର ଏକ ଆଦିବାସୀ ପରିବାରରେ ବିନମ୍ର ପୃଷ୍ଠଭୂମିରୁ ଆସିଥିବାର ମଧ୍ୟ ସ୍ୱୀକାର କରା ଯାଇଛି।

ପ୍ରଧାନମନ୍ତ୍ରୀ ନରେନ୍ଦ୍ର ମୋଦୀ ଦ୍ରୌପଦୀ ମୁର୍ମୁଙ୍କ ସର୍ବୋଚ୍ଚ ସମ୍ମାନ ଦେବା ପରେ ଗରୀବ ଲୋକମାନଙ୍କର ସମ୍ମାନ ବୃଦ୍ଧି ପାଇଛି। ସ୍ତମ୍ଭକାର ଆନନ୍ଦ ରଙ୍ଗନାଥନ୍ ମଧ୍ୟ ଟ୍ୟୁଇଟ୍ କରିଥିଲେ ଯେ ବିଜେପି ପକ୍ଷରୁ ରାଷ୍ଟ୍ରପତି ପଦ ପାଇଁ ଯେଉଁ ପ୍ରାର୍ଥୀ ନିର୍ବାଚନ ଲଢ଼ିବେ ସେ ଜଣେ ସ୍ୱନିର୍ମିତ ଆଦିବାସୀ ବିଦ୍ୟାଳୟର ଶିକ୍ଷକ ଅଟନ୍ତି। ସିଏ ଦାରିଦ୍ର୍ୟରୁ ଆଜି ଉଚ୍ଚ ସ୍ଥାନରେ ପହଞ୍ଚିଛନ୍ତି ଏବଂ ଦୁଇଥର ବିଧାୟକ ଓ ପରେ ରାଜ୍ୟପାଳ ହୋଇଥିଲେ। କଂଗ୍ରେସର ରାଷ୍ଟ୍ରପତି ପ୍ରାର୍ଥୀ ଜଣେ ଏପରି ଏକ ବ୍ୟକ୍ତି ଯିଏ ଡକ୍ଟର ମନମୋହନ ସିଂଙ୍କୁ କିନ୍ନର ବୋଲି କହିଥିଲେ।

ଆଲୋଚକମାନେ ଭୁଲ ଖୋଜିବାକୁ ଲାଗିଲେ। ଅନେକ ଲୋକ ଏହାକୁ 'ଟୋକନ ପ୍ରତିନିଧିତ୍ୱ' ବୋଲି କହିଲେ। କଂଗ୍ରେସର ପୁଡୁଚେରୀ ଶାଖା ଦ୍ରୌପଦୀ ମୁର୍ମୁଙ୍କୁ' ଉମି' କହିଲେ। ଚନ୍ଦ୍ରଶେଖର କାଲକୁରା ଅନୁଭବ କଲେ ଯେ ଭେଙ୍କିଆ ନାଇଡୁ ଯିଏ ସର୍ବଶ୍ରେଷ୍ଠ ସାଂସଦ ଥିଲେ ଏବଂ ତେଲୁଗୁ, କନ୍ନଡ଼, ତାମିଲ, ଇଂରାଜୀ ଓ ହିନ୍ଦୀରେ ପାରଙ୍ଗମ ଅଟନ୍ତି, ସିଏ ହିଁ ଭାରତର ରାଷ୍ଟ୍ରପତି ହେବାର ଯୋଗ୍ୟ ଅଟନ୍ତି।

ସମସ୍ତଙ୍କର ନିଜ ନିଜର ମତ ଓ ବିଚାର ଥାଏ। ଏପରି ନୁହେଁ ଯେ ଶ୍ରୀମତୀ ଦ୍ରୌପଦୀ ମୁର୍ମୁ ଜଣେ ସର୍ବ ଗୁଣସମ୍ପନ୍ନ ମହିଳା ଅଟନ୍ତି। ତାଙ୍କ ଭଳି ଶ୍ରେଷ୍ଠ ମହିଳା ଆଉ କେହି ନାହାଁନ୍ତି ଏହା କହିବା ଠିକ୍ ନୁହେଁ। ତାଙ୍କର ଚୟନ ବିଜେପି ଦ୍ୱାରା ହିଁ ହୋଇଛି। ଆଦିବାସୀ ଲୋକମାନେ ଏହାକୁ ପସନ୍ଦ କଲେ। ଅରୁଣାଚଳ ପ୍ରଦେଶର ନାମସାଇରେ ଆୟୋଜିତ ହୋଇଥିବା କେନ୍ଦ୍ରୀୟ କାର୍ଯ୍ୟକାରୀ ମନୋନୟନ ବୈଠକରେ ଏ.ବି.ଭି.କେ.ଙ୍କ ଅଧ୍ୟକ୍ଷତାରେ ରାମଚନ୍ଦ୍ର ଖରାଡ଼ି ଯାହା କହିଥିଲେ ତାହାର କିଛି ଅଂଶକୁ ମୁଁ ବର୍ଣ୍ଣନା କରୁଛି।

"ଆମେମାନେ ଏହାକୁ ଭାରତର ୧ ୨ କୋଟି ଲୋକମାନଙ୍କ ସହ ସମ୍ବନ୍ଧିତ ଦୂରଗାମୀ ପ୍ରଭାବର ଐତିହାସିକ କ୍ଷଣ ରୂପରେ ଅନୁଭବ କରୁଛୁ। ସେ ଜନଜାତି ପରମ୍ପରାର ଏକ ଅଭିନ୍ନ ଅଙ୍ଗ ଅଟନ୍ତି ଏବଂ ଭାରତ ରାଷ୍ଟ୍ରର ଏକ ସମ୍ମାନିତ ସଂସ୍କୃତିର ଉତ୍ତରାଧିକାରୀ ଅଟନ୍ତି। ଏହା ସତ ଯେ ବହୁତ ଦିନରୁ ତାଙ୍କର ଅବହେଳନା କରା ଯାଉଛି। ଦେଶର ସର୍ବୋଚ୍ଚ ସାମ୍ବିଧାନିକ ପଦରେ ପ୍ରତିନିଧିତ୍ୱ କରିବା ନିମନ୍ତେ ତାଙ୍କୁ ନାମିତ କରିଥିବା ଯୋଗୁଁ ପ୍ରଧାନମନ୍ତ୍ରୀ ନରେନ୍ଦ୍ର ମୋଦୀ ଏବଂ ଏନଡିଏଙ୍କୁ ଧନ୍ୟବାଦ।"

ମାଷ୍ଟର ଷ୍ଟୋକ୍!

ରାଜନୈତିକ ବିଶ୍ଳେଷକ ଏବଂ ସେଣ୍ଟର ଫର୍ ଦି ଷ୍ଟଡି ଅଫ୍ ସୋସାଇଟି ଏଣ୍ଡ ପଲିଟିକ୍ସର ଡକ୍ତର ଏ.କେ. ବର୍ମା କୁହନ୍ତି ଯେ କଂଗ୍ରେସର କମୁଥିବା ଏବଂ ବିଜେପିର ବଢ଼ୁଥିବା ଜନସମର୍ଥନରୁ ଜଣାପଡ଼ୁଛି ଯେ କିପରି ଏକ ରାଷ୍ଟ୍ରୀୟ ଦଳ ନିଜର ଭୁଲ ବିଚାରଧାରା ଏବଂ ନେତୃତ୍ୱର ଅଭାବ କାରଣରୁ ସାଧାରଣ ଲୋକଙ୍କ ନିକଟରୁ ଦୂରେଇ ଯାଉଛି। ଅନ୍ୟପକ୍ଷରେ ବିଜେପି ନିଜର ଜନତା ସମର୍ଥନ ବୃଦ୍ଧି କରିବାରେ ଲାଗିଛି। ବାରମ୍ବାର ନିର୍ବାଚନ ଜିତିବା ମହତ୍ତ୍ୱପୂର୍ଣ୍ଣ ଅଟେ। କିନ୍ତୁ ତା'ଠାରୁ ଅଧିକ ମହତ୍ତ୍ୱପୂର୍ଣ୍ଣ ଅଟେ ଯେ ଲୋକମାନଙ୍କର ମନ ଜିତିବା ଏବଂ ବିଜେପିକୁ ଏହି କାମଟି ବିଷୟରେ ଭଲ ଭାବରେ ଜଣା ଅଟେ। ଯେପରି ସହଜରେ ବିଜେପି ରାଷ୍ଟ୍ରପତି ପଦ ପାଇଁ ନିଜର ସ୍ଥାନ ତିଆରି କରିବାରେ ସଫଳ ହୋଇଛି ସେଥିପାଇଁ ମୁର୍ମୁଙ୍କ ନିର୍ବାଚନକୁ ମହତ୍ତ୍ୱପୂର୍ଣ୍ଣ କୁହାଯାଇ ପାରିବ। ସାର୍ବଜନିକ ଜୀବନରେ

ଏପରି କ୍ଷେତ୍ରରେ ଯେଉଁଠାରେ ପ୍ରତୀକବାଦ ଏବଂ ଧାରଣାର ମହତ୍ତ୍ୱ ଅଛି ଏପରି ସ୍ଥିତିରେ ବିଜେପିର ଶୀର୍ଷ ନେତୃତ୍ୱ ପାଇଁ ଏହା ଏକ ମାଷ୍ଟର ଷ୍ଟ୍ରୋକ ଥିଲା । ଭାରତୀୟ ଗଣତନ୍ତ୍ର ଏବଂ ସାମାଜିକ ବିସ୍ତାର କରିବା ପାଇଁ ନରେନ୍ଦ୍ର ମୋଦୀ ସ୍ୱାଧୀନତାର ୭୫ତମ ବର୍ଷରେ ଯେଉଁ ନିର୍ଣ୍ଣୟ ନେଇଥିଲେ ତାହା ବିପକ୍ଷଙ୍କ ପାଇଁ ଅଭୂତ ଥିଲା । ମୁଖ୍ୟ କଥା ଏହା ଯେ ଭାରତର ବିରୋଧୀ ଦଳ କଂଗ୍ରେସ ନିଜର ଆଭ୍ୟନ୍ତରୀଣ ସମସ୍ୟା ପାଇଁ ଠିକ୍ ପ୍ରାର୍ଥୀଙ୍କୁ ଖୋଜି ପାରିଲା ନାହିଁ । ଆବ୍ରାହାମ୍ ଲିଙ୍କନ୍ଙ୍କ ଅନୁସାରେ ଗଣତନ୍ତ୍ର ହେଉଛି ଜନତାମାନଙ୍କର, ଜନତାମାନଙ୍କ ଦ୍ୱାରା ଏବଂ ଜନତାମାନଙ୍କ ପାଇଁ ଏକ ସରକାର । ଠିକ୍ ସେହିପରି ବିଜେପିର ବିଚ୍ଛରଧାରା ଅନୁସାରେ ନେତୃତ୍ୱ ଗରୀବମାନଙ୍କର, ଗରୀବମାନଙ୍କ ଦ୍ୱାରା ଏବଂ ଗରୀବମାନଙ୍କ ପାଇଁ ହୋଇଥାଏ ।

ରାଜନୀତିକ ବିଶ୍ଳେଷକ ସଜନ କୁମାର, ଯାହାଙ୍କର ଗବେଷଣା କାର୍ଯ୍ୟ ବିଜେପି ଦ୍ୱାରା ନିମ୍ନ ସ୍ତରର ସମୁଦାୟକୁ ଶକ୍ତିଶାଳୀ କରିବା ଉପରେ କେନ୍ଦ୍ରୀଭୂତ ଅଛି, ସେ ଏକ ଅବଧାରଣା ନେଇ ଆସିଛନ୍ତି ଯାହାକୁ ସେ 'ସବାଲଟର୍ଣ୍ଣ ହିନ୍ଦୁତ୍ୱ' କହୁଛନ୍ତି । ସେ କହିଛନ୍ତି ଯେ ଯଦି ଭାରତର ତିନୋଟି ଶୀର୍ଷ ପଦରେ ଅର୍ଥାତ୍ ରାଷ୍ଟ୍ରପତି, ଉପ ରାଷ୍ଟ୍ରପତି ଏବଂ ପ୍ରଧାନମନ୍ତ୍ରୀ ପଦରେ ନିମ୍ନସ୍ତରର ସମୁଦାୟ ନେତାଗଣ ଆସୀନ ହେବେ ତେବେ ଏହା ବିପକ୍ଷ ଦଳ ପାଇଁ ବିପତ୍ତି ସୃଷ୍ଟି କରିବ । ବିଜେପି ଦ୍ୱାରା ବଛା ହୋଇଥିବା ତିନୋଟି ରାଷ୍ଟ୍ର ଅଧ୍ୟକ୍ଷ ଭିନ୍ନ ଭିନ୍ନ ପୃଷ୍ଠଭୂମିରୁ ଆସିଛନ୍ତି । ବିଜେପି ଏପରି ଏକ ସରକାର ଯିଏ ବିଚ୍ଛର କରିବା ସମୟରେ ସମତୁଲ୍ୟକୁ ଦେଖାଥାଏ ଏବଂ ପ୍ରଥମେ ମୁସଲିମ୍, ଏହା ପରେ ଦଳିତ ଓ ବର୍ତ୍ତମାନ ଜଣେ ଆଦିବାସୀ ମହିଳାଙ୍କୁ ଅଧ୍ୟକ୍ଷ ରୂପରେ ବାଛିବା ଏକ ରାଷ୍ଟ୍ରବାଦୀ ଭାବନା ଅଟେ । ଲୋକମାନେ ଆଶ୍ଚର୍ଯ୍ୟ ହୋଇଯାଇଛନ୍ତି ଏବଂ ବୁଦ୍ଧିଜୀବୀମାନେ ପ୍ରତି ସମୟରେ ବିଜେପିର ବିଚ୍ଛରକୁ ପ୍ରଶଂସା ନକରି ରହିପାରୁ ନାହାନ୍ତି । ବିଜେପିକୁ କେବଳ ତିନି ଥର ସୁଯୋଗ ମିଳିଛି ଓ ପ୍ରତି ସମୟରେ ସେମାନେ ମାଷ୍ଟର ଷ୍ଟ୍ରୋକ୍ କରିଛନ୍ତି । ସେମାନେ ବହୁତ ଭଲ ନିର୍ଣ୍ଣୟ ନେଇଛନ୍ତି । ୨୦୦୨ରେ ଯେତେବେଳେ ପ୍ରଥମଥର ତାଙ୍କୁ ସୁଯୋଗ ମିଳିଥିଲା ତ ଡକ୍ତର ଏପିଜେ ଅବଦୁଲ କଲାମଙ୍କୁ ପ୍ରାର୍ଥୀ କରିଥିଲେ । ୨୦୧୭ରେ ଶ୍ରୀ ରାମନାଥ କୋବିନ୍ଦଙ୍କୁ ଏବଂ ଏବେ ୨୦୨୨ରେ ଜଣେ ଆଦିବାସୀ ମହିଳାଙ୍କୁ ପ୍ରାର୍ଥୀ କଲେ ଏବଂ ଲୋକମାନଙ୍କୁ ସେମାନଙ୍କର ଚୟନ ଭଲ ଲାଗିଛି ମଧ୍ୟ । ବର୍ତ୍ତମାନ କିଏ କହିପାରିବ ଯେ ବିଜେପି ଦଳିତ ବିରୋଧୀ, ମୁସଲମାନ ବିରୋଧୀ ଓ ଆଦିବାସୀ ବିରୋଧୀ ଅଟେ ।

ଏକଥା ନିର୍ଣ୍ଣିତ ଯେ ଆମ ପ୍ରଧାନମନ୍ତ୍ରୀ ଭାରତର ଅସଂଖ୍ୟ ବର୍ଗ ଓ ଉପବର୍ଗ ଲୋକମାନଙ୍କର ଇଚ୍ଛାକୁ ପୂରଣ କରନ୍ତି । କ'ଣ ଦଳିତ, ଆଦିବାସୀ, ସଂଖ୍ୟାଲଘୁ ଆଦି ଲୋକଙ୍କର ଇଚ୍ଛା ପୂରା ହୋଇଛି ? ସେମାନେ କ'ଣ ମୁକ୍ତ ସ୍ୱରରେ କିଛି କହି ପାରୁଛନ୍ତି ? ଏହାର ଉତ୍ତର ଆପଣ ଜାଣନ୍ତି ।

ଦ୍ରୌପଦୀ ମୁର୍ମୁଙ୍କୁ ନିର୍ବାଚନରେ ଆଣିବା ବିଜେପିର ଏକ ଭଲ ବିଚାର ଥିଲା । ଏହା ପ୍ରତିନିଧିତ୍ୱର ଅନୁରୂପ ଥିଲା । କିନ୍ତୁ ରାଷ୍ଟପତି ଭବନରେ ତାଙ୍କର ପ୍ରବେଶ ଦ୍ୱାରା ଅନେକ ଆଦିବାସୀ ସମୁଦାୟ ଏବଂ ଅସଂଖ୍ୟ ଲୋକମାନଙ୍କର ଏକ ପ୍ରତୀକାତ୍ମକ ଆଶା ପୂର୍ଣ୍ଣ ହୋଇ ଯାଇଛି । ଭାରତୀୟ ରାଜନୀତି ଦୃଶ୍ୟପଟରେ ଭାରତୀୟ ଜନଜାତିର ପ୍ରତିନିଧିତ୍ୱ ସହିତ ଗଣତନ୍ତ୍ର ଓ ସାମ୍ବିଧାନିକ ରାଜନୀତିର ମିଶ୍ରଣ ଦ୍ୱାରା ଆଜି ଦ୍ରୌପଦୀ ମୁର୍ମୁ ସର୍ବୋଚ୍ଚ ପଦରେ ବସିଛନ୍ତି ।

ମୁର୍ମୁ ସମାଜର ନିମ୍ନ ସ୍ତରରେ ଥିବା ବର୍ଗର ପ୍ରତିନିଧିତ୍ୱ କରନ୍ତି । ଏହି ବର୍ଗଟି ଅଧିକାଂଶ ଗ୍ରାମୀଣ, କୃଷିପ୍ରଧାନ, ଆର୍ଥିକ ଅନଗ୍ରସର ଲୋକଙ୍କ ଦ୍ୱାରା ଗଠିତ । ଏହା ସେହି ବର୍ଗ ଅଟେ ଯାହାର ପ୍ରତିନିଧିତ୍ୱ ନରେନ୍ଦ୍ର ମୋଦୀ କରନ୍ତି । ସେ ସମୟରେ ଦିଲ୍ଲୀର କିଛି ବୁଦ୍ଧିଜୀବିମାନେ ତାଙ୍କୁ ରେହାବାଲା କହି ପରିହାସ କରିଥିଲେ । କିନ୍ତୁ ମୁର୍ମୁ ଏବଂ ମୋଦୀ ଉଭୟ ସଚ୍ଚା ଭାରତବାସୀ ଅଟନ୍ତି । ମାର୍କ୍ସଙ୍କ ସର୍ବହରା ବର୍ଗ ଓ ସୁକରାତଙ୍କ ଦର୍ଶନର ସଫଳ ପ୍ରତିନିଧିତ୍ୱ କରନ୍ତି । କେ.ଆର. ନାରାୟଣ ନିଜର ପରିଶ୍ରମ ଦ୍ୱାରା ଆଗକୁ ବଢ଼ିଲେ । କୋବିନ୍ଦ ନିଜର ଦୃଢ଼ତା ପାଇଁ ଆଗକୁ ଆସିଲେ ଓ ମୁର୍ମୁ ନିଜର ବିନମ୍ର ଗୁଣ ଏବଂ ବ୍ୟକ୍ତିଗତ ପରିଚୟ ପାଇଁ ନିଜର ଲକ୍ଷ୍ୟସ୍ଥଳରେ ପହଞ୍ଚିଲେ । ଆମ ରାଷ୍ଟ ସମସ୍ତଙ୍କୁ ଆକାଶ ଛୁଇଁବା ଓ ନିଜ ଲକ୍ଷ୍ୟସ୍ଥଳରେ ପହଞ୍ଚିବା ପାଇଁ ସୁଯୋଗ ଦିଏ । ଏହା କୌଣସି ପ୍ରକାର ଖରାପ ଜିନିଷକୁ ଆଗକୁ ଆସିବାକୁ ଦିଏନାହିଁ । ଏହା ଚରିତ୍ର, ସଂକଳ୍ପ, ସେବା ଓ ଭକ୍ତି ଉପରେ ପ୍ରାଧାନ୍ୟ ଦେଇଥାଏ ।

ମୁଁ କ'ଣ ଦେଇପାରେ ?

ହେ ମୋର ପ୍ରିୟ ଦେଶବାସୀ!

ଦେବା ଦ୍ୱାରା ଶରୀର ଏବଂ ଆତ୍ମାକୁ ଖୁସି ମିଳିଥାଏ

ଆପଣମାନଙ୍କ ପାଖରେ ଦେବା ପାଇଁ ସବୁ କିଛି ଅଛି ।

ଜ୍ଞାନ ଥିଲେ ବାଣ୍ଟ ।

ଯଦି ଆପଣଙ୍କ ପାଖରେ ସମ୍ବଳ ଅଛି,

ତେବେ ତାହାକୁ ଦରକାର ଥିବା ଲୋକମାନଙ୍କୁ ଦିଅ

ଦୁଃଖୀ ଲୋକମାନଙ୍କର ଦୁଃଖ ଦୂର କର

ଦୁଃଖିତ ଲୋକମାନଙ୍କୁ ସୁଖ ପ୍ରଦାନ କର

ଦେବା ଦ୍ୱାରା ସୁଖ ମିଳିଥାଏ

ସର୍ବଶକ୍ତିମାନ ଆପଣଙ୍କୁ ଏହି କାର୍ଯ୍ୟ ପାଇଁ ଆଶୀର୍ବାଦ ଦେବେ ।

ଆମର ପୂର୍ବ ରାଷ୍ଟପତି ଡକ୍ତର ଏ.ପି.ଜେ. ଅବଦୁଲ କଲାମ ପାଇଁ ଏହା ଲେଖିଥିଲେ ।

ଶ୍ରୀମତୀ ଦ୍ରୌପଦୀ ମୁର୍ମୁ ଏପରି ଜଣେ ମହିଳା ଯିଏ ନିଜର ଖୁସି ଓ ନିଜର ଆନନ୍ଦକୁ ଦୁଃଖୀମାନଙ୍କ ପାଇଁ ଜଳାଞ୍ଜଳି ଦେଇଛନ୍ତି ଏବଂ ନିଜର ସର୍ବସ୍ୱ ଦାନ କରିଛନ୍ତି ।

ଡକ୍ଟର ରାଜେନ୍ଦ୍ର ପ୍ରସାଦ ନିଜର ଆତ୍ମକଥା ଲେଖିଥିଲେ ଏବଂ ଏହାକୁ ସର୍ଦ୍ଦାର ପଟେଲଙ୍କ ଦ୍ୱାରା ପ୍ରସ୍ତାବନା ସହ ପ୍ରକାଶିତ କରା ଯାଇଥିଲା । ତେବେ ଲୋକମାନେ ଏହାକୁ ପଢ଼ିବେ କି ନାହିଁ ଏବଂ ପସନ୍ଦ କରିବେ କି ନାହିଁ ତାହା ଜନସାଧାରଣଙ୍କ ଉପରେ ନିର୍ଭର ଥିଲା । ଏହା ଉଲ୍ଲେଖନୀୟ ଯେ ଏହି ଆତ୍ମକଥାଟି ୮ ଜାନୁଆରୀ ୧୯୪୬ ମସିହାରେ ଲେଖା ହେଲା ଏବଂ ସେହି ମାସରେ ମଧ୍ୟ ପ୍ରକାଶିତ ପାଇଲା । ସେ ସମୟରେ ଭାରତ ଇଂରେଜମାନଙ୍କ ଅଧୀନରେ ଥିଲା । ତାଙ୍କ ଆତ୍ମକଥାରେ ଦୁଇ ଧାର୍ମିକ ସମୁଦାୟ ମଧ୍ୟରେ ସୌହାର୍ଦ୍ଦ ପୋଷଣ କରାଗଲା ଏବଂ ଗ୍ରାମୀଣ ଜୀବନକୁ ଏପରି ଭାବରେ ଚିତ୍ରିତ କରାଗଲା ଯେ ପ୍ରତ୍ୟେକ ପୃଷ୍ଠରେ ତାଙ୍କର ଭାଇଚରା ଦେଖା ଯାଉଥିଲା । ଦ୍ରୌପଦୀଙ୍କ ବାଲ୍ୟକାଳ ଓ ରାଜନୈତିକ ଜୀବନ ତାଙ୍କ ଗାଁ ପରିବେଶ ସହିତ ଜଡ଼ିତ ଅଟେ । ଯଦି କେହି ତାଙ୍କ ବିଷୟରେ ମଧ୍ୟ ଆତ୍ମକଥା ଲେଖନ୍ତି ତେବେ ତାଙ୍କ ଗାଁ ବିଷୟରେ ମଧ୍ୟ ସେଥିରେ ଲେଖା ହେବ । ତାଙ୍କ ଜୀବନ ଶୈଳୀରେ ଗାଁର ମହତ୍ତ୍ୱ ଅଧିକ ରହିଛି ।

ସଠିକ୍ ପରିଚୟ ଏବଂ ଚୟନ

ଏହି ପୁସ୍ତକଟି ଲେଖିବାବେଳେ ମୁଁ ଯେଉଁ ଲୋକମାନଙ୍କ ସହ ସାକ୍ଷାତ୍ କଲି ଏବଂ ଚର୍ଚ୍ଚା କରିଥିଲି ସେମାନେ ରାଷ୍ଟ୍ରପତି ମହୋଦୟଙ୍କ ଗୁଣ ସହ ଖୁବ ଭଲରେ ପରିଚିତ । କିପରି ୨୦୦୯ ମସିହାର ନିର୍ବାଚନ ହାରିଯିବା ପରେ ସେ ନିଜକୁ ନକାରାତ୍ମକତାକୁ ଛୁଇଁବାକୁ ନଦେଇ ବିବେକାନୁମୋଦିତ ଆଚରଣ କରିଥିଲେ ସେକଥା ସମସ୍ତେ ଜାଣିଛନ୍ତି । ସେ କୌଣସି ଜାତି, ସମ୍ପ୍ରଦାୟ, ପନ୍ଥା, ଧର୍ମ ଓ ଦୁଃଖର କଥା ନକହି ବିନମ୍ରତା ସହ ନିଜ ପରାସ୍ତକୁ ସ୍ୱୀକାର କରିଥିଲେ । ଏହି କାରଣ ପାଇଁ ମୁଁ ତାଙ୍କୁ ଏକ ଉପନାମ ଦେବାକୁ ଚାହେଁ "ଦି ହ୍ୟୁମ୍ୟାନ୍ ପ୍ରେସିଡେଣ୍ଟ" । ତାଙ୍କ ମଧ୍ୟରେ ମାନବତା ଭରି ଭରି ରହିଛି । ସବୁଠାରୁ ବଡ଼କଥା ଏହା ଯେ ସେ ଜଣେ ଉତ୍ତମ ମଣିଷ ଅଟନ୍ତି । ଯେତେବେଳେ ମୁଁ ଉତ୍ତମ କଥାଟି କହେ ଏହାର ଅର୍ଥ ଶ୍ରଦ୍ଧା ଏବଂ ନିଷ୍ଠାପରତାକୁ ବୁଝାଏ । ଜଣେ ଉତ୍ତମ ମଣିଷ ହିଁ ଜଣେ ଉତ୍ତମ ଶିକ୍ଷକ, ଜଣେ ଉତ୍ତମ ପ୍ରଶାସକ ଓ ଜଣେ ଉତ୍ତମ ରାଜନୀତିଜ୍ଞ ହୋଇପାରେ ।

ତାଙ୍କର ମାନବତା ତାଙ୍କ ବ୍ୟକ୍ତିତ୍ୱରେ ଏପରି ମିଶି ଯାଇଛି ଯେ ଆପଣ ତାଙ୍କର ବକ୍ତବ୍ୟ ଶୁଣିଲେ ତାହା ଜାଣି ପାରିବେ । ତାଙ୍କ ବ୍ୟବହାରରୁ ତାଙ୍କର ମାନବତା, ଉଦାରତା ଓ ଶକ୍ତିଶାଳୀ ମନୋବୃତ୍ତିକୁ ଜାଣି ପାରିବେ । ସେ ହେଉଛନ୍ତି ଆମର ହ୍ୟୁମ୍ୟାନ୍ ରାଷ୍ଟ୍ରପତି ।

ଲୋକମାନଙ୍କର ସେବାରେ ସେ ନିଜର ଜୀବନ ଉତ୍ସର୍ଗ କରିଛନ୍ତି। ୨୫ ଜୁଲାଇ ୨୦୨୨ ମସିହାରେ ତାଙ୍କର ନାମ ସହିତ ଅନ୍ୟ ଏକ ଉପସର୍ଗ ଲେଖା ହେଲା ମାନନୀୟା ରାଷ୍ଟ୍ରପତି। ତାଙ୍କର ନାମାଙ୍କନ ବିଜୟ ଏବଂ ଶପଥ ପାଠ ଭାରତର ଲୋକମାନଙ୍କ ପାଇଁ ଆଦର୍ଶ ଅଟେ। ସେ ଆମ ସମ୍ୱିଧାନର ଓ ସଂସଦୀୟ ଗଣତନ୍ତ୍ରର ମୁଖ୍ୟ ଭୂମିକା ତୁଲାଇବାକୁ ଯାଉଛନ୍ତି। ସେ ଜଣେ ରାଷ୍ଟ୍ରବାଦୀ, ଭଲ ବକ୍ତା, ଜଣେ ପ୍ରେରକ ରୂପେ ନେତୃତ୍ୱ ନେଇଛନ୍ତି। ସେ ଏପରି ଏକ ପ୍ରତିଭାସମ୍ପନ୍ନ ମହିଳା ରତ୍ନ ଅଟନ୍ତି ଯାହାଙ୍କର ମୁକାବିଲା କରି ହେବନାହିଁ। ସେ ଏକ ସାଧାରଣ ପୃଷ୍ଠଭୂମିରୁ ଆସିଛନ୍ତି। ବହୁତ ଅସୁବିଧାରେ ରହି ମଧ୍ୟ ସିଏ ଶିକ୍ଷାଲାଭ କରିଛନ୍ତି। ଅନେକ ଲୋକଙ୍କର ସ୍ୱପ୍ନ ପୂରଣ କରିବା ପାଇଁ ବହୁତ କଷ୍ଟ ସେ ନିଜ ମୁଣ୍ଡ ଉପରକୁ ନେଇଛନ୍ତି।

ଯେତେବେଳେ ମୁଁ ଏହି କଥାଗୁଡ଼ିକୁ ଲେଖୁଛି ଓ ଆଖାପାଖ ଲୋକମାନଙ୍କ ସହ କଥାବାର୍ତ୍ତା କରୁଛି ସେତେବେଳେ ଏପରି ଲାଗୁଛି ଯେ ଦ୍ରୌପଦୀ ମୁର୍ମୁ ଭାରତର ୧୫ତମ ରାଷ୍ଟ୍ରପତି ହେବା କଥାଟି ଏକ ସାମାନ୍ୟ କଥା ନୁହେଁ। ଏପରି ଲାଗେ ଯେ ତାଙ୍କର ବିଜୟ ହେଉଛି ପ୍ରତ୍ୟେକ ସାଧାରଣ ବ୍ୟକ୍ତିଙ୍କର ବିଜୟ। ଗାଁ ଏବଂ ଛୋଟ ସହରରେ ରହୁଥିବା ସମସ୍ତ ଜାତି ଓ ପନ୍ଥାର ଲୋକମାନେ ଯେଉଁମାନେ ସାଧାରଣ ଭାବରେ ଜୀବନ ଯାପନ କରୁଛନ୍ତି ଏବଂ ନିଜ ପିଲାମାନଙ୍କୁ ଉଚିତ୍ ଶିକ୍ଷା ଦେବା ପାଇଁ ଦିନରାତି ପରିଶ୍ରମ କରୁଛନ୍ତି ସେ ସେମାନଙ୍କର ଉପଯୁକ୍ତ ପ୍ରତିନିଧିତ୍ୱ କରିଛନ୍ତି। ଆଜି ସେହି ଲୋକମାନଙ୍କର ବିଜୟ ହୋଇଛି।

ଯୌଥ ପରିବାର ଯେଉଁଠାରେ ଜଣେ ବ୍ୟକ୍ତିଙ୍କର ପରିଚୟ ପୂରା ପରିବାରର ପରିଚୟ ସହିତ ସଂଯୁକ୍ତ ଥାଏ ସେହିପରି ଘରେ ଥିବା ଜଣେ ବ୍ୟକ୍ତି ଯଦି ଏପରି ବଡ଼ ଖବର ପାଆନ୍ତି ତେବେ ଏପରି କଥାକୁ ବିଶ୍ୱାସ କରନ୍ତି ନାହିଁ। ଯେତେବେଳେ ତାଙ୍କୁ ବିଶ୍ୱାସ ହୁଏ ତ ସବୁଠାରୁ ପ୍ରଥମେ ଈଶ୍ୱରଙ୍କ ଲୀଳା ଭାବି ତାଙ୍କୁ ଧନ୍ୟବାଦ ଦିଅନ୍ତି। ଯେତେବେଳେ ଜଣେ ଆଦିବାସୀ ଗ୍ରାମର ଝିଅ ଭାରତର ରାଷ୍ଟ୍ରପତି ଭାବରେ ଶପଥ ଗ୍ରହଣ କରେ ତେବେ ସାଧାରଣ ଲୋକମାନେ ନିଜକୁ ବିଜେତା ଅନୁଭବ କରନ୍ତି। ଏହିପରି ଭାବରେ ମୁର୍ମୁ ଉପଲବ୍ଧିର ପ୍ରତୀକ ହୋଇ ସାରିଛନ୍ତି। ତାଙ୍କ ଉପଲବ୍ଧିରୁ ଆମକୁ କଷ୍ଟ, ଶିକ୍ଷା, ଲକ୍ଷ୍ୟ ପାଇଁ ତଥା ଦାରିଦ୍ର୍ୟ ସହିତ ଲଢ଼ିବା ପାଇଁ ପ୍ରେରଣା ମିଳିବ।

୧୯୪୭ ମସିହାରେ ଯେତେବେଳେ ଭାରତ ସ୍ୱାଧୀନ ହୋଇଥିଲା ସେତେବେଳେ ଯୁବପିଢ଼ିଙ୍କ ପାଖରେ ଅନେକ ଆଦର୍ଶବାନ ଲୋକମାନେ ଥିଲେ ଯାହାଙ୍କୁ ସେମାନେ ଅନୁସରଣ କରୁଥିଲେ। ମହାତ୍ମା ଗାନ୍ଧୀ, ପଣ୍ଡିତ ନେହେରୁ, ସର୍ଦାର ପଟେଲ ଏବଂ ଅନ୍ୟ ନେତାମାନେ ଯୁବପିଢ଼ିଙ୍କୁ ସଂଘର୍ଷ କରିବା ଓ ଦାରିଦ୍ର୍ୟରୁ ମୁକ୍ତ ହେବା ପାଇଁ ପ୍ରେରିତ କଲେ। ସେ ସମୟଠାରୁ

ଲୋକମାନେ ଜାଣିଥିଲେ ଯେ ଶିକ୍ଷାର ପ୍ରଗତି ଏପରି ଏକ ମାଧ୍ୟମ ଯାହାଦ୍ୱାରା ଭବିଷ୍ୟତରେ ଆସୁଥିବା ବାଧାଗୁଡ଼ିକ ମଧ୍ୟ ଦୂର ହୋଇ ପାରିବ । ଦେଶ ସ୍ୱାଧୀନ ହେବା ପରେ ଯୁବକମାନେ ନୂଆ ଦିଗ ଆଡ଼କୁ ମୁହଁ ମୁଡ଼ିଲେ । ଉଦାହରଣ ସ୍ୱରୂପ ଦ୍ରୌପଦୀଙ୍କ ପିତା ଯେତେ ଶିକ୍ଷାଲାଭ କରିଥିଲେ ତାହାଠାରୁ ଅଧିକ ଶିକ୍ଷା ସେ ନିଜର ପିଲାମାନଙ୍କୁ ଦେବାକୁ ଚେଷ୍ଟା କରୁଥିଲେ ।

ଝିଅ ଦ୍ରୌପଦୀଙ୍କ ଗାଁ ଏକମାତ୍ର ଗାଁ ନଥିଲା ଯେଉଁଠାରେ ପ୍ରତିଭାର ପୋଷଣ ହେଉଥିଲା । ତାଙ୍କର କାହାଣୀ ସମଗ୍ର ଦେଶର । ତାଙ୍କର ପରିବାର ଧନୀ ନଥିଲା । ତାଙ୍କର ପିତାମାତା ଯାହା ଅର୍ଥ ଉପାର୍ଜନ କରୁଥିଲେ ତାହା ପିଲାମାନଙ୍କ ଶିକ୍ଷାରେ ଖର୍ଚ୍ଚ ହୋଇ ଯାଉଥିଲା । ଏହି ଶିକ୍ଷାରୂପକ ଧନକୁ କେହି ଚୋରି ଚୋରି କରି ପାରିବ ନାହିଁ କିମ୍ବା କେହି ଭାଇ ବାଣ୍ଟି ନେଇପାରିବ ନାହିଁ ।

ଯେଉଁ ପିତାମାତାଙ୍କର ଭଗବାନଙ୍କ ଉପରେ ଗଭୀର ଆସ୍ଥା ଥାଏ ସେମାନେ ଠିକ୍ ଦ୍ରୌପଦୀଙ୍କ ପିତାମାତାଙ୍କ ପରି । ପାଠକ ଦ୍ରୌପଦୀଙ୍କ ଜୀବନ ମାଧ୍ୟମରେ ନିଜ ଜୀବନକୁ ପଢ଼ନ୍ତୁ । ସେ ଦିନଗୁଡ଼ିକୁ ମନେ ପକାନ୍ତୁ ଯେବେ ଆପଣ ଗାଁରେ ଜନ୍ମ ହୋଇଥିଲେ, ଯେଉଁଠାରେ ସଡ଼କ ନଥିଲା, ବିଦ୍ୟୁତ୍ ନଥିଲା କିମ୍ବା ବିଦ୍ୟାଳୟ ନଥିଲା । ମୁଁ ଆଜି ଯେଉଁ ରଚନାଟି ସଂଗ୍ରହ କରିଛି ତାହା ମୋର ନୁହେଁ । ପ୍ରତ୍ୟେକ ବ୍ୟକ୍ତି ନିଜର ପିଲାଦିନର କଥା ମନେ ପକାନ୍ତି, ନିଜ ସଂଘର୍ଷକୁ ମନେ ପକାନ୍ତି ଏବଂ ବିଜୟ ପରେ ଗର୍ବ ଅନୁଭବ କରନ୍ତି । ପ୍ରତ୍ୟେକ ବ୍ୟକ୍ତି ନିଜର ଅସଫଳତା ଦ୍ୱାରା ହିଁ ଶିଖନ୍ତି ଏବଂ ଅନ୍ୟ ବ୍ୟକ୍ତିଙ୍କୁ ନିଜର ଭୁଲଟିକୁ ଶୁଣାନ୍ତି ଯାହାଦ୍ୱାରା ସେହି ବ୍ୟକ୍ତିଟି କିଛି ଶିଖି ପାରିବ ଏବଂ ସଫଳତା ପାଇ ପାରିବ । ତାଙ୍କର ଜୀବନଗାଥା ଆମ ସମସ୍ତଙ୍କ ପାଇଁ ମହତ୍ତ୍ୱପୂର୍ଣ୍ଣ ଅଟେ । କାରଣ ଆମେମାନେ ସାଧାରଣ ଲୋକ । ଆଦିବାସୀ ଝିଅର କଷ୍ଟ ଓ ବିଜୟର କାହାଣୀ ଶୁଣିବା ଦ୍ୱାରା ଆମକୁ ନିଶ୍ଚିତ ଭାବରେ ପ୍ରେରଣା ମିଳିବ । ସିଏ ନିଜ ବିଦ୍ୟାଳୟରେ ପଢୁଥିବା ସମୟରେ ଅନେକ କଷ୍ଟର ସମ୍ମୁଖୀନ ହୋଇଥିଲେ । ସିଏ ଭୁବନେଶ୍ୱରରେ ଆସି ନିଜର ଉଚ୍ଚଶିକ୍ଷା ପ୍ରାପ୍ତ କଲେ । ଭଲ ନମ୍ବର ସହିତ ସ୍ନାତକ ପାସ୍ କଲେ ଏବଂ ନିଜର ଲକ୍ଷ୍ୟସ୍ଥଳରେ ପହଞ୍ଚିଲେ ।

ଶ୍ରୀମତୀ ଦ୍ରୌପଦୀ ମୁର୍ମୁଙ୍କ ଜୀବନ ଆମମାନଙ୍କୁ ଆଧୁନିକ ଭାରତର କାହାଣୀ ବର୍ଣ୍ଣନା କରେ ଯେଉଁଥିରେ ଜଣେ ବ୍ୟକ୍ତିର ଭାଗ୍ୟ ଏବଂ ଦକ୍ଷତାକୁ ପରସ୍ପର ସହିତ ଯୋଡ଼ା ଯାଇଛି । ଆମେ ଯେଉଁ ସମାଜରେ ରହୁ ତାହା ଆମ ବ୍ୟକ୍ତିତ୍ୱର ଏକ ଅଂଶ ହୋଇ ରହିଯାଏ । ସେ ଅସଫଳତା ଓ ପରାଜୟର ସମ୍ମୁଖୀନ ହେଲେ କିନ୍ତୁ ଆଗକୁ ମଧ୍ୟ ବଢ଼ିଲେ । ସେ ଜଣେ ଏପରି ଭାଗ୍ୟଶାଳୀ ବ୍ୟକ୍ତି ଅଟନ୍ତି ଯାହାଙ୍କୁ ଉଚିତ୍ ଦିଗ୍‌ଦର୍ଶନ ମିଳିଲା ଓ ଆବଶ୍ୟକ ସମୟରେ ସାହାଯ୍ୟ ମଧ୍ୟ ମିଳିଲା । ତେଣୁ ସେ ନିଜର ବ୍ୟକ୍ତିଗତ ଦୁଃଖଦ ଜୀବନରୁ ବାହାରକୁ ଆସିବା ପାଇଁ ସକ୍ଷମ ହୋଇଥିଲେ ।

କଳ୍ପନା ବନାମ ଯଥାର୍ଥତା: ଦ୍ରୌପଦୀ

ନାମ ଡୋପଦୀ ମେଝେନ, ବୟସ ୨୭, ସ୍ୱାମୀ ଦୁଲନା ମାଝୀ (ମୃତ), ଅଧିବାସ ଚେରାଖାନ, ବନରାଧାର, ଜୀବନ କିମ୍ବା ମୃତ୍ୟୁ କିମ୍ବା ଗିରଫରେ ସହାୟତା, ଏକଶହ ଟଙ୍କା।... ଦୁଇଟି ପଦକ ଥିବା ପୋଷାକ ମଝିରେ ବିନିମୟ।

ଯଦି ଆପଣମାନଙ୍କୁ ଏଭଳି ଏକ କାହାଣୀ ପଢ଼ିବାରେ କିଛି ଅସୁବିଧା ନହୁଏ ତେବେ ମୁଁ ମହାଶ୍ୱେତା ଦେବୀଙ୍କର ଏହି କାହାଣୀଟି ଉଲ୍ଲେଖ କରିବାକୁ ଚୁହେଁ। ମୁଁ ଏହି କାହାଣୀକୁ ପ୍ରସ୍ତୁତ କରିବା ଲୋଭ ସମ୍ବରଣ କରି ପାରିଲି ନାହିଁ। ଇଂରାଜୀର ଏହି ବୃଦ୍ଧ ପ୍ରଫେସରଙ୍କୁ ଏହି ସାମାନ୍ୟ ଲୋଭ ପାଇଁ କ୍ଷମା ପ୍ରଦାନ କରିବାକୁ ଅନୁରୋଧ।

ଏହି କାହାଣୀକୁ ୨୪ ଅଗଷ୍ଟ ୨୦୨୧ରେ ଦିଲ୍ଲୀ ବିଶ୍ୱବିଦ୍ୟାଳୟର ପାଠ୍ୟକ୍ରମରୁ ବାଦ କରି ଦିଆ ଯାଇଛି। ଦିଲ୍ଲୀ ବିଶ୍ୱବିଦ୍ୟାଳୟର ଏକାଡେମୀ ପରିଷଦଟି ଏହାକୁ ପଢ଼ିବା ପାଇଁ ଅସହଜ ଭାବି ଏହାକୁ ପାଠ୍ୟକ୍ରମରୁ ବାଦ ଦେଇଛନ୍ତି। ଏହା ହେଉଛି ମହେଶ୍ୱେତା ଦେବୀଙ୍କର ପ୍ରସିଦ୍ଧ କାହାଣୀ, 'ଦ୍ରୌପଦୀ' (୧୯୭୮) ଯାହାକୁ ଗାୟତ୍ରୀ ଚକ୍ରବର୍ତ୍ତୀ ସ୍ୱିବାକ ଇଂରାଜୀରେ ଅନୁବାଦ କରିଛନ୍ତି।

ସ୍ୱିବାକ 'ଦ୍ରୌପଦୀ' ନାମକ କାହାଣୀର ପ୍ରସ୍ତାବନାରେ ଲେଖିଛନ୍ତି ଯେ ତାଙ୍କ ନାମର ଦୁଇଟି ଅର୍ଥ ଅଛି। ସେ କୁହନ୍ତି ଯେ ସେ ସଂସ୍କୃତରେ ଏହି ନାମକୁ ଉଚ୍ଚାରଣ କରି ପାରନ୍ତି ନାହିଁ ବା ଏହି ନାମଟି ଆଦିବାସୀ ରୂପରେ ଲେଖା ହୋଇଛି। ମହାଭାରତରେ ପାଣ୍ଡବ ପତ୍ନୀଙ୍କ ନାମ 'ଦ୍ରୌପଦୀ' ଥିଲା। ଇସ୍ପିତ ବ୍ୟକ୍ତିମାନଙ୍କ ସୂଚୀରେ ଦ୍ରୌପଦୀ ରହିଛନ୍ତି। ତଥାପି ଆଦିବାସୀ ମହିଲାମାନଙ୍କର ଉପଯୁକ୍ତ ନାମ ସୂଚୀରେ ତାଙ୍କ ନାମ ଆସେ ନାହିଁ।

ମହେଶ୍ୱେତା ଦେବୀଙ୍କର ଦ୍ରୌପଦୀ ବା ଦୋପଦୀ ମହାଭାରତର ଶକ୍ତିଶାଳୀ ନାମାଙ୍କିତ ଚରିତ୍ର ଏକ ବିଦ୍ରୋହୀ ଅଟେ। ଯାହାଙ୍କୁ ପୋଲିସ୍ ନିଜ ଅଧୀନରେ ରଖିବାକୁ ଚୁହେଁ। ଯାହାଙ୍କୁ ସେ ପ୍ରତିନିଧିତ୍ୱ କରନ୍ତି। ଏହି ଦ୍ରୌପଦୀ ନାମକ ଆଦିବାସୀଟି କିଏ? କାହାଣୀର ଆରମ୍ଭରେ ଜଣେ ସୁରକ୍ଷା କର୍ମୀ ଏହା ପଚରେ। ମୋ ଦ୍ୱାରା ଅଣା ଯାଇଥିବା ନାମସୂଚୀରେ ଏପରି କିଛି ନାହିଁ। କାହାର ନାମ ଦ୍ୱାରା କିପରି ଅସୁବିଧା ହୋଇପାରେ। ଦ୍ୱିତୀୟ ଅଧିକାରୀଟି ଜବାବ ଦେଲା : ଦୋପଦୀ ମେଝେନ। ଯେଉଁବର୍ଷ ତାଙ୍କ ମାଆ ସୂର୍ଯ୍ୟ ସାହୁଙ୍କର ଧାନ କାଟିଥିଲେ ସେହିବର୍ଷ ସୂର୍ଯ୍ୟ ସାହୁଙ୍କ ପତ୍ନୀ ତାଙ୍କୁ ଏହି ନାମଟି ଦେଇଥିଲେ।

ଦୁଇ ବୁଦ୍ଧିଜୀବି ସୁଦୀପ୍ତ ଦତ୍ତ ଏବଂ ମକରନ୍ଦ ଆର. ପରାନ୍ଜପେ ମଝରେ ହସ୍ତକ୍ଷେପ ନକରି ମୁଁ ଏହି କଥାଟି କହିବାକୁ ଚୁହେଁ ଯେ ଯାହା ପରାନ୍ଜପେ କହିଛନ୍ତି।

ବାସ୍ତବିକ, କାଳ୍ପନିକର ବିପରୀତ ଦ୍ରୌପଦୀ ପୁଷ୍ଟି କରନ୍ତି ଯେ, ରାଜ୍ୟ ବିରୋଧୀମାନଙ୍କ ବିପରୀତ ଓ କିଛି ଲୋକମାନେ ରାଷ୍ଟ୍ର ବିରୋଧ କରିବେ, ସାମାନ୍ୟ ରୂପରେ ଭାରତ ଏବଂ ବିଶେଷ ରୂପରେ ବିଜେପି ବିରୋଧରେ ପ୍ରଚ୍ଛର, ଦୁଇଟି ବାରମ୍ବାର ଆମର ମୂଳ ମୂଲ୍ୟ ପ୍ରତି ନିଜର ପ୍ରତିବଦ୍ଧତା ପ୍ରଦର୍ଶନ କରିଛନ୍ତି । ଯାହା ଭାରତର ସମ୍ବିଧାନରେ ଲିପିବଦ୍ଧ ନୁହେଁ । ଏପରି ଲାଗେ ଯେମିତି ଭାରତ ଗଣତନ୍ତ୍ର ଗୋଟିଏ ଓଲଟା ପାଲଟା ବିଡ଼ମ୍ବନାରୁ ପ୍ରଚ୍ଛରକ ଭୁଲ ସାବ୍ୟସ୍ତ ହେଲେ ।

କଥା ଓ କଳ୍ପନା ଜଗତରୁ ଆସିଥିବା ଦ୍ରୌପଦୀ ମୁର୍ମୁ କିପରି ଭାରତର ରାଷ୍ଟ୍ରପତି ହେଲେ । ଏହା କେହି ଠିକ୍ ଭାବରେ କହି ପାରିବେ ନାହିଁ ଏବଂ କେହି ଶୁଣି ବି ମଧ ପାରିବେ ନାହିଁ । ଆପଣ ଭାଗ୍ୟଶାଳୀ ଅଟନ୍ତି ଯେ ତାଙ୍କ ବିଷୟରେ ଏତେ କିଛି ଜାଣି ପାରିଲେ । ଅନ୍ୟ ଲୋକମାନେ ତ କେବଳ ତାଙ୍କର ନାମ ହିଁ ଜାଣିଥିଲେ । ମହାଭାରତର ଦ୍ରୌପଦୀ ଯେପରି ଅନ୍ୟାୟ ଉପରେ ପ୍ରଶ୍ନ ଉଠାଇଥିଲେ ସେହିପରି ଦ୍ରୌପଦୀ ମୁର୍ମୁ ଆମ ଦେଶର ରାଷ୍ଟ୍ରପତି ହେବା ଜରୁରୀ । ଏପରି ଲେଖ ଧାନ ଆକୃଷ୍ଟ କରୁଥିବା ମହାଭାରତ ଏବଂ ଯୁଗଧର୍ମ ବିଷୟରେ ଜାଣିବା ଦରକାର । ପ୍ରତି ଯୁଗର ସମ୍ବିଧାନ, ନିୟମ, ନୈତିକତା ଏବଂ ଯୁଗଧର୍ମ ରହିଥାଏ । ଏହା ବଦଲେ ଏବଂ ବିକଶିତ ହୁଏ । ମହାଭାରତ ସମୟରେ ସମାଜର ସମ୍ବିଧାନ ଅନୁସାରେ ରାଜ୍ୟ ନିଜର ଲୋକମାନଙ୍କ ସହିତ ରାଜାଙ୍କର ସମ୍ପତ୍ତି ଥିଲା । ପ୍ରତି ପରିବାରର ଜଣେ ମୁଖ୍ୟ ରହୁଥିଲେ । ଏଥିପାଇଁ ଯଦି କେହି ମିଥ୍ୟାର ଖେଳ ଖେଳନ୍ତି ତେବେ ଏହା ସ୍ପଷ୍ଟ ଯେ ସେ ନିଜର ସମ୍ପତ୍ତି ଅସୁବିଧାରେ ପକାଉଛନ୍ତି । ଯୁଧିଷ୍ଠିର ମଧ ନିଜର ଧନ, ରାଜ୍ୟ ଏବଂ ଭୌତିକ ସମ୍ପତ୍ତି ଜୁଆରେ ଲଗାଇଥିଲେ ଏବଂ ତାଙ୍କ ପାଖରେ କିଛି ରହିଲା ନାହିଁ । ଏହା ପରେ ସେ ତାଙ୍କ ଭାଇମାନଙ୍କୁ ଜୁଆରେ ଲଗାଇଲେ । କାରଣ ସେମାନେ ତାଙ୍କର ସମ୍ପତ୍ତି ଥିଲା । କାରଣ ଖେଳର ନିୟମ ଅନୁସାରେ ଆପଣ ସେ ପର୍ଯ୍ୟନ୍ତ ଖେଳିବେ ଯେପର୍ଯ୍ୟନ୍ତ ଆପଣଙ୍କ ପାଖରେ ସମ୍ପତ୍ତି ଅଛି ।

ଖେଳ ରାଜାଙ୍କର ଆଦେଶ ଅନୁଯାୟୀ ଆରମ୍ଭ ହୁଏ ଏବଂ ତାଙ୍କରି ଆଜ୍ଞା ଅନୁଯାୟୀ ସମାପ୍ତ ହୋଇପାରେ । ସେ ସମୟରେ ଧୃତରାଷ୍ଟ୍ର ରାଜା ଥିଲେ । ତେଣୁ ତାଙ୍କ ପାଖରେ ଏହାକୁ ରୋକିବାର ଶକ୍ତି ଥିଲା । ଦ୍ରୌପଦୀ ପଚାରିଥିଲେ ଯେ କ'ଣ ତାଙ୍କୁ ଜୁଆରେ ଅଂଶ କରାଇବା ଉଚିତ୍ ଥିଲା ? କ'ଣ ଏହାହିଁ ଧର୍ମ ଥିଲା ? ସେ ପ୍ରଶ୍ନ କରିଥିଲେ ଯଦି ଯୁଧିଷ୍ଠିର ନିଜ ଉପରେ ଜୁଆଟି ଲଗାଇ ଥାଆନ୍ତେ ତେବେ ସେ ଦାସ ହୋଇ ଯାଇଥାଆନ୍ତେ । ତେବେ ସେ ଜଣେ ସ୍ଵତନ୍ତ୍ର ବ୍ୟକ୍ତି ଉପରେ କିପରି ଜୁଆ ଲଗାଇ ପାରିବ ? ଦ୍ରୌପଦୀ ଠିକ୍ ଥିଲେ ।

ଯଦି କେହି ସେପରି ଅବସ୍ଥାରେ ଯାଇଥାଆନ୍ତେ ତେବେ ସେ ଏପରି ସର୍ତ କେବେ ଲଗାଇ ନଥାଆନ୍ତେ। କିନ୍ତୁ ସ୍ୱାମୀ ପରିବାରର ମୁଖ୍ୟ ଅଟେ ଏବଂ ପତ୍ନୀ ତାହାର ସମ୍ପତ୍ତି। ତେଣୁ ସେ ତାଙ୍କ ଉପରେ ଜୁଆ ସର୍ତ ଲଗାଇ ପାରିବ।

ଦ୍ରୌପଦୀ ବାସ୍ତବରେ ସେହି ସମୟରେ ଋଣକର ହୋଇ ଯାଇଥିଲେ ଯେତେବେଳେ ଯୁଧିଷ୍ଠିର ନିଜ ଉପରେ ଜୁଆ ସର୍ତ ଲଗାଇ ହାରି ଯାଇଥିଲେ। ଦ୍ରୌପଦୀଙ୍କ ଉପରେ ଅଲଗା କରି ସର୍ତ ଲଗାଇବା ଦରକାର ନଥିଲା। ଯଦି ତାଙ୍କ ସ୍ୱାମୀ ନଥାଆନ୍ତେ ତା’ହେଲେ ବି ସେ ଋଣକର ହୋଇ ଥାଆନ୍ତେ। କିନ୍ତୁ ସେତେବେଳେ ଏହି ପ୍ରଶ୍ନଟି ଉଠି ନଥାଆନ୍ତା ଯଦି ଶକୁନି ଏହି ପ୍ରସ୍ତାବ ଦେଇ ନଥାଆନ୍ତେ। ତେଣୁ ଯୁଧିଷ୍ଠିର ଦାସ ରୂପରେ କାହାରି ଉପରେ ସର୍ତ ଲଗାଇ ପାରି ନଥାଆନ୍ତେ। କିନ୍ତୁ ପତିପତ୍ନୀଙ୍କ ଦୃଷ୍ଟିକୋଣରୁ ଏହା ହୋଇ ପାରିଥାଆନ୍ତା। ସେ ସମୟରେ ଭୀଷ୍ମ ମଧ୍ୟ ଦ୍ରୌପଦୀଙ୍କୁ ଜବାବ ଦେବାରେ ବିଫଳ ହୋଇଥିଲେ। କେବଳ ଏତିକି କହିଥିଲେ ଯେ ଧର୍ମର ଗତି ଅତ୍ୟନ୍ତ ସୂକ୍ଷ୍ମ ଅଟେ।

ସେ ଆଉ କ’ଣ କରି ପାରିଥାଆନ୍ତେ ?

ମନୋନୟନ ଏବଂ ଏହାର ପୃଷ୍ଠଭୂମି

ଏଭଳି ତିନୋଟି ସୁଯୋଗ ଥିଲା ଯେତେବେଳେ ଏମ୍.ଡି.ଏ.ର ଅଂଶ ଭାବରେ ରାଷ୍ଟ୍ରପତି ପଦ ପାଇଁ ପ୍ରାର୍ଥୀ ଚୟନ କରା ଯିବାର ଥିଲା । ତିନୋଟି ଅବସରରେ ସର୍ବ ସମ୍ମାନିତ ବିବିଧତା, ଛୋଟ ସହର ନିବାସୀ ଏବଂ ସ୍ୱୟଂ ନିର୍ମିତ ଆଧାର ଉପରେ ବ୍ୟକ୍ତିମାନଙ୍କୁ ଚୟନ କରାଯାଇଛି । ଯେତେବେଳେ ଆପଣ କୌଣସି ଦୃଷ୍ଟି ଦ୍ୱାରା ପ୍ରେରିତ ହୋଇଥାଆନ୍ତି ସେତେବେଳେ ଚୟନ ସେହି ଦୃଷ୍ଟିକୁ ଦର୍ଶାଇଥାଏ ।

-ବି.ଏଲ୍. ସନ୍ତୋଷ

ଦୃଢ଼ ଆଧାର, ପଞ୍ଚ ବିଭର

ଆପଣଙ୍କ ଏବଂ ଆପଣଙ୍କ ଭଳି ଅନେକ ଲୋକ ପିଲାଟି ଦିନରୁ ଏକ ରୁଢ଼ି ବା ଲୋକକଥା ଶୁଣି ଆସୁଥିବେ ଯେ - ତିନ ତିଗାଡ଼ା, କାମ ବିଗାଡ଼ା, ଅର୍ଥାତ୍ ତିନି ଲୋକ ମିଶି କରି କୌଣସି କାମକୁ ବିଗାଡ଼ି ଦିଅନ୍ତି । କିନ୍ତୁ ଏଠାରେ ତିନି କାମ ବନାଇଛି । ଦେଖନ୍ତୁ କିପରି । ଯେତେବେଳେ ନିର୍ବାଚନ ଆୟୋଗ ଘୋଷଣା କଲେ ଯେ ଭାରତର ଆଗାମୀ ରାଷ୍ଟ୍ରପତିଙ୍କ ନିର୍ବାଚନ ପାଇଁ ମତଦାନ ୧୮ ଜୁଲାଇରେ ହେବ ଏବଂ ଭୋଟ୍ ଗଣତି ୨୧ ଜୁଲାଇ ୨୦୨୨ରେ ହେବ ସେତେବେଳେ ସବୁ ଲୋକ ଧ୍ୟାନ ଦେବାକୁ ଲାଗିଲେ । ଭା.ଜ.ପା. ଜାଣିଥିଲା ଯେ ତାହା ପାଖରେ ସଂଖ୍ୟାବଳ ରହିଛି ଏବଂ ନିଜର ସହଯୋଗୀମାନଙ୍କ ସହିତ ରାଷ୍ଟ୍ରପତି, ଇଲେକ୍ଟୋରାଲ କଲେଜରେ ତା'କୁ ସହଜରେ ବହୁମତ ମିଳିଯିବ । ପ୍ରଥମ ରାଷ୍ଟ୍ରପତି ରାଜେନ୍ଦ୍ର ପ୍ରସାଦଙ୍କୁ ଛାଡ଼ି ଦେଲେ ଅନ୍ୟ କୌଣସି ରାଷ୍ଟ୍ରପତିଙ୍କୁ ଦ୍ୱିତୀୟ କାର୍ଯ୍ୟକାଳ ମିଳିନାହିଁ ଏବଂ ଶ୍ରୀ ରାମନାଥ କୋବିଦଙ୍କୁ ମଧ୍ୟ ପାଞ୍ଚ ବର୍ଷର କାର୍ଯ୍ୟକାଳ ପୁଣି ଥରେ ଦେବାର ପ୍ରଶ୍ନ ହିଁ ନଥିଲା । ପାର୍ଟି ନିଜର ଗଣନା ଏବଂ ବିଚାର ଅନୁସାରେ ସର୍ବଶ୍ରେଷ୍ଠକୁ ନାମାଙ୍କିତ କରିବାକୁ ଚାହୁଁଥିଲା ଯାହା ସାଧାରଣ ଭାବରେ ରାଷ୍ଟ୍ରବାଦୀମାନଙ୍କ ଦ୍ୱାରା ସାମ୍ନାରେ ରଖାଯାଇଥିବା ଭାରତର ବିଚାରର ନିର୍ଦ୍ଦେଶିତ ହୋଇଥିଲା ।

ଏହା ତୃତୀୟ ଥର ପାଇଁ ହେଲା ଯେତେବେଲେ ଭା.ଜ.ପା. ଏଭଳି ଏକ ରାଷ୍ଟ୍ରାଧ୍ୟକ୍ଷ ଚୟନ କଲା। ଯିଏ ଏକ ସାଧାରଣ ପୃଷ୍ଠଭୂମିରୁ ଆସିଛନ୍ତି ଏବଂ ଯାହାଙ୍କର ଛବି ନିଜର ସମୁଦାୟର ମଙ୍ଗଳ କରିବା ପାଇଁ ନିଜର ଜୀବନକୁ ସମର୍ପିତ ହୋଇଛି।

ବୋଲ୍ଲାରାବେଡ଼ୁ ଲକ୍ଷ୍ମୀଜନାର୍ଦନ ସନ୍ତୋଷ ଯାହାଙ୍କର କଥାରୁ ଏହି ଅଧ୍ୟାୟ ଆରମ୍ଭ ହୋଇଛି। ସିଏ ଜଣେ ଭାରତୀୟ ରାଜନେତା ଅଟନ୍ତି ଯିଏ ୧୫ ଜୁଲାଇ ୨୦୧୯ରୁ ଲଗାତାର ଭାବରେ ଭାରତୀୟ ଜନତା ପାର୍ଟିର ରାଷ୍ଟ୍ରୀୟ ମହାସଚିବ ଅଟନ୍ତି। ସେ ସବୁଥାରୁ ଅଧିକ ହାଇ ପ୍ରୋଫାଇଲ ମହାସଚିବ ଭାବରେ ପରିଗଣିତ ହୁଅନ୍ତି। ସେ ନିଜର କୁଶଲ ନେତୃତ୍ୱ ଏବଂ ଅଭୂଦ ତାର୍କିକ କ୍ଷମତା ଦ୍ୱାରା ପାର୍ଟି ଏବଂ ତାହାର ବୈଚାରିକ ସଂରକ୍ଷକ ଆର.ଏସ.ଏସ. ମଧ୍ୟରେ ଏକ ସଂଯୋଗ କଡ଼ି ଭାବରେ ଅତ୍ୟନ୍ତ ପ୍ରଭାବଶାଳୀ ତଥା ସମ୍ମାନଜନକ ସ୍ଥାନ ହାସଲ କରିଛନ୍ତି। ଯେତେବେଲେ ସେ କହିଲେ ଯେ ଶ୍ରୀମତୀ ମୁର୍ମୁଙ୍କ ରାଷ୍ଟ୍ରପତି ପଦରେ ଆସୀନ ହେବା ଏଭଳି ଏକ ଦୁର୍ଲଭ ଅବସର, ଯେତେବେଲେ କୋଟି କୋଟି ଲୋକଙ୍କୁ ଲାଗୁଛି ଯେ ଆମମାନଙ୍କ ମଧ୍ୟରୁ କେହି ଜଣେ ଭାରତର ଶୀର୍ଷ ସ୍ଥାନରେ ପହଞ୍ଚ ଯାଇଛନ୍ତି, ସେତେବେଲେ ଏହାର ସ୍ୱଷ୍ଟ ତାତ୍ପର୍ଯ୍ୟ ହୃଦୟଙ୍ଗମ ହୋଇଥାଏ। ଏହା ଏହି କଥାର ଇଙ୍ଗିତ କରିଥାଏ ଯେ ଭାରତୀୟ ଜନତା ପାର୍ଟି ରାଷ୍ଟ୍ରପତି ପଦର ପ୍ରାର୍ଥୀ ଚୟନରେ ଅଧିକ ଗମ୍ଭୀର ବିଚାର କରିଛନ୍ତି। ମୁର୍ମୁଙ୍କ ନାମାଙ୍କନ ଏବଂ ନିର୍ବାଚନ ଦ୍ୱାରା ସାରା ଦେଶରେ ଏକ ଶକ୍ତିଶାଳୀ ରାଜନୀତିକ ସଙ୍କେତ ପ୍ରଦାନ କରା ଯାଇଛି। ବିଶେଷ ଭାବରେ ସେହି ରାଜ୍ୟଗୁଡ଼ିକୁ ଯେଉଁଠାରେ ଆଦିବାସୀ ସମୁଦାୟ ଅଧିକ ସଂଖ୍ୟାରେ ବସବାସ କରୁଛନ୍ତି। ପ୍ରଧାନ ମନ୍ତ୍ରୀ ନରେନ୍ଦ୍ର ମୋଦିଙ୍କ ନେତୃତ୍ୱରେ ଶାସନ କରୁଥିବା ଭାରତୀୟ ଜନତା ପାର୍ଟିକୁ ପୂର୍ବ ଦୁଇଟି ସାଧାରଣ ନିର୍ବାଚନରେ ଏହି ସମ୍ପ୍ରଦାୟରୁ ଯଥେଷ୍ଟ ସମର୍ଥନ ମିଳିଛି। କିନ୍ତୁ ତଥାପି ଏହା ଯଥେଷ୍ଟ ନୁହେଁ। ସେଥିରେ ଆମ୍ମା ଏବଂ ସମଗ୍ରତାର ଅଭାବ ଥିଲା। ୨୦୧୯ରେ ସାଂସଦମାନଙ୍କ ପାଇଁ ୪୭ ଆରକ୍ଷିତ ସିଟ୍‌ଗୁଡ଼ିକ ମଧ୍ୟରୁ ଭାରତୀୟ ଜନତା ପାର୍ଟିକୁ କେବଲ ୩୫ଟି ମିଳିଲା। କିଛି ରାଜ୍ୟ ଯେଉଁଠାରେ ବନବାସୀ ସମୁଦାୟ ଅଧିକ ସଂଖ୍ୟାରେ ରହିଛନ୍ତି ସେଠାରେ ଭାରତୀୟ ଜନତା ପାର୍ଟି ରାଜ୍ୟସ୍ତରରେ ନିଜର ସରକାର ଗଢ଼ି ପାରି ନାହାନ୍ତି। ଓଡ଼ିଶା, ଝାଡ଼ଖଣ୍ଡ, ଛତିଶଗଡ଼ ଆଦି ରାଜ୍ୟରେ ଏବେ ମଧ୍ୟ ପାର୍ଟିର ବିକାଶ ହେବା ବାକି ରହିଛି। ଗୁଜରାଟରେ ମଧ୍ୟ ଆଦିବାସୀକୁ ଅଣଦେଖା କରି ଛଡ଼ା ଯାଇ ପାରିବ ନାହିଁ।

ଆଇଟିଭି ନେଟୱାର୍କ ଇଣ୍ଡିଆ ନ୍ୟୁଜର ସମ୍ପାଦକୀୟ ନିର୍ଦେଶ ଏବଂ ଆଜ ସମାଜ ଦୈନିକର ଅଭିଜ୍ଞ ସମ୍ପାଦକ ଆଲୋକ ମେହେତା ଅତ୍ୟନ୍ତ କୁଶଲତା ସହିତ ସମ୍ପୂର୍ଣ୍ଣ ପରିଦୃଶ୍ୟ ଏବଂ ପୃଷ୍ଠଭୂମିର ବର୍ଣ୍ଣନା କରି ଲେଖିଛନ୍ତି ନରେନ୍ଦ୍ର ମୋଦି ଆରମ୍ଭରୁ ହିଁ ଦୂରାଗାମୀ ରାଜନୈତିକ ଏବଂ ରାଷ୍ଟ୍ରୀୟ ଲକ୍ଷ୍ୟକୁ ଧ୍ୟାନରେ ରଖ ଏବଂ ନିଜର ଲକ୍ଷ୍ୟକୁ ଖୁବ୍ ଧୈର୍ଯ୍ୟ ସହିତ ଗୋପନୀୟ

ରଖି ପ୍ରସ୍ତୁତି କରିଥାଆନ୍ତି । ତାଙ୍କର ପଦକ୍ଷେପର ଭବିଷ୍ୟବାଣୀ କରିବା ଅତ୍ୟନ୍ତ କଠିନ ଅଟେ ।
ତାଙ୍କ ପରି ଭା.ଜ.ପା.ର ସମର୍ଥକ ରାଷ୍ଟ୍ରୀୟ ସ୍ୱୟଂସେବକ ସଂଘର ବରିଷ୍ଠ ନେତାଗଣ ଏବଂ
କିଛି ନିଷ୍ଠାପର ପ୍ରଚାରକ ବିଭିନ୍ନ ରାଜ୍ୟ, ଗ୍ରାମୀଣ ବନନିବାସ କ୍ଷେତ୍ର ଏବଂ ପୂର୍ବୋତ୍ତର
ରାଜ୍ୟଗୁଡ଼ିକରେ ଲୋକମାନଙ୍କ ମଧ୍ୟରେ ସକ୍ରିୟ ସେବା ଅଭିଯାନରେ ନିଯୋଜିତ ଅଛନ୍ତି ।
ଏକପ୍ରକାର ସେମାନେ ନୀରବ ଭାବରେ ଭା.ଜ.ପା.ର ରାଜନୀତିକ ସଫଳତା ପାଇଁ କ୍ଷେତ,
ଖଟ, ପାଣି ଏବଂ ଆଲୋକର ବ୍ୟବସ୍ଥା କରିବାରେ ଲାଗି ରହିଛନ୍ତି । ନିଜର ବିଜୟ ରଥକୁ
ଓଡ଼ିଶା, ତେଲେଙ୍ଗାନା, ଆନ୍ଧ୍ର, କେରଳ ଏବଂ ତାମିଲନାଡୁ ଭଳି ଅଣ ଭା.ଜ.ପା. ଶାସିତ
ରାଜ୍ୟଗୁଡ଼ିକ ପର୍ଯ୍ୟନ୍ତ ନେଇଯିବାରେ ମୋଦୀଙ୍କ ପ୍ରୟାସ ନୂଆ ବୁଦ୍ଧିମତ୍ତା ଏବଂ ରାଜନୈତିକ,
ସାମାଜିକ ଏବଂ ଆର୍ଥିକ ହିତର ପୂର୍ତ୍ତି ପାଇଁ ଅନ୍ତରାଷ୍ଟ୍ରୀୟ ସ୍ତରରେ ମଧ୍ୟ ଭାରତର ଏକ
ଶକ୍ତିଶାଳୀ ଛବି ବନାଇବା ଅଟେ । ଏହି ପ୍ରକାର ସଫଳତା ତାଙ୍କର ମାର୍ଗ ପ୍ରଶସ୍ତ କରୁଛି ।

ମୁର୍ମୁଙ୍କ ନାମାଙ୍କନ ଏନ୍‌ଡିଏ ଦ୍ୱାରା ଏକ ସୁଚିନ୍ତିତ ଏବଂ ସୁନିଯୋଜିତ ଯୋଜନା ଅଟେ ।
ଯେଉଁଥିରେ ପ୍ରଦର୍ଶିତ କରା ଯାଇଥିଲା ଯେ କିଭଳି ଭାବରେ ପ୍ରଧାନମନ୍ତ୍ରୀ ନରେନ୍ଦ୍ର ମୋଦୀଙ୍କ
ସରକାର ସମାଜର ଅବହେଳିତ ବର୍ଗର ପ୍ରତିନିଧିତ୍ୱ ଦେବା ପାଇଁ ନିଜର ଧ୍ୟାନ କେନ୍ଦ୍ରିତ
କରିଛି । ପୂର୍ବର ରାଷ୍ଟ୍ରପତି ନାମନାଥ କୋବିନ୍ଦ ଦଳିତ ସମୁଦାୟ ମଧ୍ୟରୁ ଆସିଥିଲେ । କୋବିନ୍ଦ
ଉତ୍ତର ପ୍ରଦେଶର ଏକ ଛୋଟ କୁଲି ସମୁଦାୟ ମଧ୍ୟରୁ ଆସିଛନ୍ତି । ଜଣେ କୃଷକର ମାଟିଘରେ
ସେ ଜନ୍ମ ହୋଇଥିଲେ ଏବଂ ଭାରତର ଦ୍ୱିତୀୟ ଦଳିତ ରାଷ୍ଟ୍ରପତି ହେଲେ । ୨୦୧୬ରେ
ଉତ୍ତର ପ୍ରଦେଶର ଏକ ଦଳିତ କୋରିକୋଲି ଉପଜାତି କିମ୍ୱା ବୁନାଲି ନେତା ରାମନାଥ
କୋବିନ୍ଦ ଭାରତର ରାଷ୍ଟ୍ରପତି ହେଲେ ସି.ଏସ୍.ଡି.ଏସ୍. ଲୋକନୀତିର ନିର୍ବାଚନ କରିବାର
ସର୍ବେକ୍ଷଣ ଅନୁସାରେ ଭା.ଜ.ପା.ର ନେତୃତ୍ୱ ନେଉଥିବା ଗଠବନ୍ଧନ ପାଇଁ ଜାଠକଙ୍କ ସଂଖ୍ୟା
୨୦୧୬ରେ ୮ ପ୍ରତିଶତରୁ ବଢ଼ି ୨୦୧୯ରେ ୨୧ ପ୍ରତିଶତ ହୋଇଗଲା । ଏବଂ
ଅଣଜାତକଙ୍କ ସଂଖ୍ୟା ଏହି ଅବଧ ପାଇଁ ୩୬ ପ୍ରତିଶତରୁ ୪୧ ପ୍ରତିଶତ ହୋଇଗଲା । ଏହା
ଏକ ମହତ୍ୱପୂର୍ଣ୍ଣ ଲାଭ ଥିଲା ଏବଂ କିଛି ଶ୍ରେୟ କ୍ଷମତାଶାଳୀ ପାର୍ଟି ଦ୍ୱାରା ତାଙ୍କର ବିଚାରଶୀଳ
ନାମାଙ୍କନକୁ ଯିବା ଉଚିତ୍ । ଯେତେବେଳେ ଥରେ ହୃଦୟଙ୍ଗମ କରାଗଲା ଯେ ଶାସନରେ
ଅନେକ ଉଠାଣି ଏବଂ ଗଡ଼ାଣି ଭରା ପ୍ରସଙ୍ଗ ସତ୍ତ୍ୱେ ଭା.ଜ.ପା.ର ଭୋଟ ଗଣନାକୁ ଭଙ୍ଗ
କରା ଯାଇପାରିବ ନାହିଁ । ସେତେବେଳେ ଏହି ଭାବରେଆଗକୁ ବଢ଼ିବା ସ୍ୱାଭାବିକ ଥିଲା ।

ଦେଶର ସର୍ବୋଚ୍ଚ ସଂବିଧାନିକ ପଦରେ ଜଣେ ଦଳିତ ପରେ ଜାଣି ଆଦିବାସୀ ମହିଳା
ଭାରତୀୟ ଲୋକତନ୍ତ୍ରରେ ବିସ୍ତାରିତ ଆଧାରରେ ଏକ ଉତ୍କର୍ଷ ପ୍ରଦର୍ଶନ ଅଟନ୍ତି । ଦ୍ରୌପଦୀ
ମୁର୍ମୁ ଅବହେଳିତ ସମ୍ପ୍ରଦାୟର ଲୋକମାନଙ୍କର ଉଚିତ ପ୍ରତିନିଧିତ୍ୱ ଦେବା ବାବଦରେ
ସରକାରର ପ୍ରାଥମିକତା ଉପରେ ଆଲୋକପାତ ହେଲା । ଜଣେ ଦଳିତ ନେତା ରାଷ୍ଟ୍ରପତି

ରାମନାଥ କୋବିନ୍ଦଙ୍କ ସଫଳ ନାମାଙ୍କନ ପାଇଁ ଭାରତର ଦୁଇଟି ସବୁଠାରୁ ଦୁର୍ବଳ ସାମାଜିକ ସମୂହ ଅନୁସୂଚିତ ଜାତି ଏବଂ ଅନୁସୂଚିତ ଜନଜାତିକୁ ଏକ ଅତ୍ୟଧିକ ଭାବନାତ୍ମକ ସନ୍ତୁଷ୍ଟ ଏବଂ ସମିତ୍ର ବର୍ଦ୍ଧିତ ଭାବନା ପ୍ରଦାନ କରିବା ଉଚିତ୍। ସେହି ଦେଶ ଧନ୍ୟ ଅଟେ ଯେଉଁଠାରେ ସେଠାକାର ପୁତ୍ର ଏବଂ ପୁତ୍ରୀ ଗଣତନ୍ତ୍ର ଡୋର ସମ୍ଭାଳିଥାଆନ୍ତି।

୨୦୦୨ ମସିହାରେ ଭା.ଜ.ପା. ନେତୃତ୍ୱାଧୀନ ଶାସକ ଏନ୍.ଡି.ଏ. ଭାରତର ମିସାଇଲମ୍ୟାନ୍ ଡକ୍ଟର ଏପିଜେ ଅବଦୁଲ କଲାମଙ୍କୁ ରାଷ୍ଟ୍ରପତି ଭାବରେ ଚୟନ କରିଥିଲା। ସେ ଜଣେ ମୁସଲମାନେ ଥିଲେ। କିନ୍ତୁ ତା' ଠାରୁ ଅଧିକ ଗୁରୁତ୍ୱପୂର୍ଣ୍ଣ ଥିଲା ଯେ ସେ କେବଳ ନିଜର ସମ୍ପ୍ରଦାୟର ପ୍ରତିନିଧିତ୍ୱ କରୁନଥିଲେ ବରଂ ତାଙ୍କର ନାମ ଦେଶର ସେହି ଅଳ୍ପ କେତେକ ବିଶିଷ୍ଟ ଏବଂ ଅନୁକରଣୀୟ ବ୍ୟକ୍ତିତ୍ୱମାନଙ୍କ ମଧ୍ୟରେ ଥିଲା ଯାହାଙ୍କର ଯୋଗଦାନ ଦେଶ ପାଇଁ ବହୁତ କିଛି ଥିଲା। କଲାମ୍ ଦେଶର ରକ୍ଷା ପ୍ରଣାଳୀକୁ ଶକ୍ତିଶାଳୀ କରି ଏବଂ ଭାରତକୁ ବିଜ୍ଞାନ କ୍ଷେତ୍ରରେ ବିଶ୍ୱ ମାନଚିତ୍ରରେ ଉପଯୁକ୍ତ ସ୍ଥାନ ଦେଇ ରାଷ୍ଟ୍ର ସୁରକ୍ଷା କ୍ଷେତ୍ରରେ ବହୁମୂଲ୍ୟ ଯୋଗଦାନ ପ୍ରଦାନ କରିଥିଲେ। ଅତ୍ୟନ୍ତ ଗରିବ ଦଳିତ ପରିବାର ସହ ସମ୍ବନ୍ଧିତ କୋବିନ୍ଦ ସଂଘର୍ଷ ବଳରେ ରାଷ୍ଟ୍ରପତି ପଦରେ ପହଞ୍ଚିଥିଲେ। ଦ୍ରୌପଦୀ ଏଭଳି ଅଞ୍ଚଳରୁ ଆସିଛନ୍ତି ଯେଉଁଠାରେ ଅନେକ ଲୋକ ଏହା ମଧ୍ୟ ଜାଣିନାହାନ୍ତି ଯେ ରାଷ୍ଟ୍ରପତି କ'ଣ ଅଟେ। ଦୂରସ୍ଥ ସ୍ଥାନ ସହ ସଂଯୁକ୍ତ ହୋଇ ଇତିହାସ ବନାଇଥିଲା ଦ୍ରୌପଦୀ ମୁର୍ମୁ ଏକ ବିଶେଷ ଉଦାହରଣ। କୁହାଯାଇ ପାରେ ଯେ ଏକ ଦୃଷ୍ଟି ତିନି ଅବସର। କଲାମଙ୍କ ଠାରୁ କୋବିନ୍ଦ ଏବଂ କୋବିନ୍ଦଙ୍କ ପରେ ମୁର୍ମୁ ପର୍ଯ୍ୟନ୍ତ।

କାର୍ଯ୍ୟ ଏକ, ଲାଭ ତିନି

ପ୍ରଧାନମନ୍ତ୍ରୀଙ୍କ ଶପଥ ଗ୍ରହଣ ପରେ ମାନନୀୟ ଶ୍ରୀ ନରେନ୍ଦ୍ର ମୋଦୀଙ୍କର ପ୍ରଥମ ଶବ୍ଦ ଥିଲା ଯେ "ମୋର ସରକାର ଗରୀବ, ଶୋଷିତ, ପଛୁଆ ବର୍ଗ, ଆଦିବାସୀ ସମୁଦାୟ ଏବଂ ଦଳିତମାନଙ୍କ ପାଇଁ ସମର୍ପିତ ଅଟେ।" ନରେନ୍ଦ୍ର ମୋଦୀ ତୁଷ୍ଟିକରଣ, ଜାତିବାଦ ଏବଂ ପରିବାରବାଦ ଭଳି ଭୁଲ ପରମ୍ପରାକୁ ଶେଷ କରି ବିକାଶକୁ ଆଧାର କରି କାମ କରିଛନ୍ତି। ହୁଏତ ଏହି କଥାକୁ ଲକ୍ଷ୍ୟ କରି ଦିଲ୍ଲୀର ପତ୍ରକାର ଆରତୀ ଆର ଜେରାଥ ଲେଖିଛନ୍ତି ଯେ ବିଜେପି ଏବଂ ପ୍ରଧାନମନ୍ତ୍ରୀ ନରେନ୍ଦ୍ର ମୋଦୀ ଗୋଟିଏ ଝଟକାରେ ତିନୋଟି କାମ କରିଛନ୍ତି। ଏକ – ଦେଶର ସର୍ବୋଚ୍ଚ ପଦ ଉପରେ ଆସୀନ ହେବା ପାଇଁ ଏକ ଆଦିବାସୀ ମହିଲାଙ୍କୁ ଚୟନ କରି ସାମାଜିକ ସମାବେଶର ଏକ ଶକ୍ତିଶାଳୀ ବାର୍ତ୍ତା ପ୍ରଦାନ କରିଛନ୍ତି। ଦୁଇ – ସେ ନିଜର କୁଶଳ କୂଟନୀତିକ କୌଶଳ ଦ୍ୱାରା ବିପକ୍ଷଙ୍କୁ ଆଶ୍ଚର୍ଯ୍ୟଚକିତ କରିଛନ୍ତି। ତିନି – ଭା.ଜ.ପା.ଙ୍କ ସହି ଆର.ଏସ୍.ଏସ୍. ପାଇଁ ଏକ ରାଜନୈତିକର ବିଜୟର ଆଶା ସୁନିଶ୍ଚିତ କରିଛନ୍ତି।

ବଂଶବାଦର ବିରୋଧ

ଶ୍ରୀ ମୋଦୀ ଅନିବାର୍ଯ୍ୟ ଭାବରେ ଏଭଳି ଏକ ରାଜନୈତିକ ବ୍ୟକ୍ତି ଅଟନ୍ତି ଯିଏ ସମ୍ଭାବିତ ପଦକ୍ଷେପର ରାଜନୈତିକ ପ୍ରଭାବ ବାବଦରେ ଭଲ ଭାବରେ ଅବଗତ ଅଟନ୍ତି। ରାଷ୍ଟ୍ରପତି ପଦ ପାଇଁ ପ୍ରାର୍ଥୀ ଚୟନ କରିବାରେ ସେ ମଧ୍ୟ ଏଭଳି ଏକ ବ୍ୟକ୍ତି ଚୟନ କରିଛନ୍ତି ଯିଏ ସମ୍ଭାବିତ ରୂପରେ ଭା.ଜ.ପା.ର ସହାୟତା କରି ପାରିବ। ଏଥିପାଇଁ ଯେଉଁ ପ୍ରାର୍ଥୀ ଭା.ଜ.ପା.ର ବିକାଶରେ ସହାୟତା କରି ପାରିବେ ତାହା ମଧ୍ୟ ତାଙ୍କର ଅନୁସନ୍ଧାନର ଏକ ଅନିବାର୍ଯ୍ୟ ଦିଗ ହୋଇଥିଲା। ଯେଉଁ ସମାବେଶ ଏବଂ ବିବିଧତା ବ୍ୟାପକ ପ୍ରତିନିଧିତ୍ୱ ହୋଇ ପାରିଥାଆନ୍ତା ତାହା ସେହି ଗୌରବାନ୍ୱିତ ସ୍ଥାନରେ ସୁଶୋଭିତ ହେବା ପାଇଁ ଯଥେଷ୍ଟ ଅଟନ୍ତି। ସେ ସିଧାସଳଖ ଭାବରେ ପରିବାରବାଦକୁ ଖାରଜ କରି ଦେଇଛନ୍ତି। ବସ୍ତୁତଃ ବଂଶବାଦୀ ରାଜନୀତିକୁ ସାମାଜିକ, ଆର୍ଥିକ ଏବଂ ରାଜନୀତିକି ସନ୍ଦର୍ଭରେ ଧନୀମାନଙ୍କ ପକ୍ଷରୁ ଏବଂ ବଞ୍ଚିତମାନଙ୍କୁ ଛାଡ଼ି ଶାସନର ଭେଦଭାବପୂର୍ଣ୍ଣ ଆବଣ୍ଟନ ପାଇଁ ଦାୟୀ କରା ଯାଇଥାଏ। ମୋଦୀଜୀ ଏହା ବିଚାର କରିଥିଲେ ହୁଏତ ଯେ, ସେହି ଲୋକମାନଙ୍କୁ ଦୂରେଇ ରଖିବେ ଯେଉଁମାନେ ଉପନାମ ଏବଂ ପରିବାରର ନାମ ଆଧାରରେ ନିର୍ବାଚନ ଜିତୁଛନ୍ତି। ଅନ୍ୟ ଶବ୍ଦରେ କହିବାକୁ ଗଲେ ମୋଦୀ ଚାହାନ୍ତି ତାଙ୍କର ପାର୍ଟି ସମୃଦ୍ଧି, ସମାଜନତା ଏବଂ ସାମାଜିକ ଆର୍ଥିକ ଗତିଶୀଳତା ପାଇଁ ନୂତନ ଭାରତର ପ୍ରତିନିଧିତ୍ୱ କରୁ ଯାହା ସାମାଜିକ ସମରସତାର ବାସ୍ତବିକ ସ୍ୱରୂପକୁ ଦର୍ଶାଇଥାଏ। ମୋଦୀ ନିଜର ପାର୍ଟିକୁ ଯଥା ସମ୍ଭବ ବଂଶବାଦର ଦୁର୍ଗୁଣରୁ ଦୂରରେ ରଖିବାକୁ ଚାହାନ୍ତି। ସେଥିପାଇଁ ସେ ଯୋଗୀ ଆଦିତ୍ୟନାଥଙ୍କ ଭଳି ସନ୍ୟାସୀ ଉତ୍ତର ପ୍ରଦେଶ ପାଇଁ ଚୟନ କଲେ ଏବଂ ରାଷ୍ଟ୍ରପତି ଭାବରେ ରାଜନୀତି ସହିତ ଜଡ଼ିତ ପରିବାର ସ୍ଥାନରେ କୌଣସି ଏଭଳି ବ୍ୟକ୍ତିଙ୍କୁ ଆଗକୁ ଆଣିଲେ ଯିଏ ସେବା ଭାବ ସହିତ କାର୍ଯ୍ୟ କରିବେ। ଦ୍ରୌପଦୀ ମୁର୍ମୁ ବଂଶବାଦ ଠାରୁ ଦୂରରେ ରହି ଏକାନ୍ତବାସ କରୁଥିଲେ। ତାଙ୍କୁ ଆଣିବାରେ ଏକ ବାର୍ତ୍ତା ମଧ୍ୟ ସମଗ୍ର ଦେଶକୁ ପ୍ରଦାନ କରାଗଲା। ଦ୍ରୌପଦୀ ମୁର୍ମୁ କୌଣସି ରାଜନୀତିକ ପରିବାରରୁ ଆସିନାହାଁନ୍ତି। ତାଙ୍କର ସମ୍ବନ୍ଧୀୟ ଏବଂ ଗୋଟିଏ ବୋଲି ଝିଅ ସିଏ ମଧ୍ୟ ରାଜନୀତିରେ ନାହିଁ। ଇନ୍ଦିରା ଗାନ୍ଧୀଙ୍କ ପରି ତାଙ୍କୁ ତାଙ୍କର ପିତା ସାହାରା ଦେଇ ଆଗକୁ ବଢ଼ାଇ ନାହାନ୍ତି। ସେ ଯାହାବି କିଛି ଅଟନ୍ତି ନିଜର ବଳରେ ଅଟନ୍ତି।

ମୋଦୀଙ୍କ ଦୃଷ୍ଟି ଏବଂ ଦର୍ଶନ

ନରେନ୍ଦ୍ର ମୋଦୀଙ୍କ ଦୃଷ୍ଟି ବା ଭିଜନ୍ କ'ଣ ଅଟେ ଯାହାକୁ ସିଏ ସାକାର କରିବାକୁ ଚାହାନ୍ତି। ସେ ଲୋକମାନଙ୍କର ହୃଦୟ ଏବଂ ମସ୍ତିଷ୍କୁ ଜିତିବାକୁ ଚାହୁଁଛନ୍ତି। ଏହି ପ୍ରଶ୍ନର

ଉତ୍ତର ଖୋଜିବା ଏତେ ସହଜ ନୁହେଁ । ମୋଦୀ ଏକ ଜଟିଳ ରାଜନୈତିକ ପରିସ୍ଥିତି ମଧ୍ୟରେ ଆଗକୁ ବଢ଼ିଛନ୍ତି ଯାହା ଖୁବ୍ ଶକ୍ତିଶାଳୀ ଏବଂ ଆମର ରାଜନୈତିକ ଏବଂ ସାମାଜିକ ଦିଗର ବିଭିନ୍ନ ରଙ୍ଗକୁ ପ୍ରତିନିଧିତ୍ୱ କରିଥାଏ । ମୋଦୀଙ୍କର ପ୍ରଶଂସକମାନେ କହିଥାଆନ୍ତି ଯେ ପ୍ରଧାନମନ୍ତ୍ରୀ ମୋଦୀ କେବଳ ଭାରତ ଉପରେ ଶାସନ କରିବାକୁ ଚାହୁଁନାହାନ୍ତି । ବରଂ ସେ ଏକ ନୂଆ ପ୍ରକାର ବହୁଳବାଦ ଗଢ଼ିବାକୁ ଚାହୁଁଥାଆନ୍ତି । ଯାହା କଂଗ୍ରେସର ଭ୍ରାନ୍ତ ଧର୍ମ ନିରପେକ୍ଷତାକୁ ଖାରିଜ କରିଥାଏ । କାବେରୀ ବମଜାଇ ଥରେ ଏଭଳି ପ୍ରକାର ଟିପ୍ପଣୀ କରିଥିଲେ ।

୧୨ ମଇ ୨୦୦୨ ଭରୋଟ ଗୁଜରାଟ "ଉତ୍କର୍ଷ ସମାରୋହ" ଉତ୍ସବ ପାଳନ କରିଥିଲେ । ଏହା ଭାରତର ପ୍ରଧାନମନ୍ତ୍ରୀ ଭାବରେ ନରେନ୍ଦ୍ର ମୋଦୀଙ୍କ ସେବାର ଆଠ ବର୍ଷ ପୂର୍ତ୍ତି ସମ୍ମାନରେ ଏହି ଉତ୍ସବ ପାଳନ କରା ଯାଉଥିଲା । ଭର୍ଚୁଆଲ ରାଲିରେ ପ୍ରଧାନମନ୍ତ୍ରୀ ନିଜର ମନ କଥା କହିଥିଲେ । ଏହା କମଳ ସୈୟଦଙ୍କ ଦ୍ୱାରା ଇଣ୍ଡିଆନ ଏକ୍ସପ୍ରେସ୍ରେ ୧୩ ମଇ ୨୦୨୨ ମସିହାରେ ଲେଖାଯାଇଥିବା ଏକ ଆଲେଖ୍ୟର ଅଂଶ ଅଟେ ।

ମୋଦୀଜୀ କହିଲେ, ଥରେ ଯେତେବେଳେ ମୁଁ ଜଣେ ନେତାଙ୍କ ସହ ସାକ୍ଷାତ୍ କଲି ଯିଏ ଜଣେ ବହୁତ ବରିଷ୍ଠ ନେତା ଅଟନ୍ତି, ସେ ମୋର ରାଜନୈତିକ ପ୍ରତିଦ୍ୱନ୍ଦ୍ୱୀ ମଧ୍ୟ ଥିଲେ କିନ୍ତୁ ମୁଁ ତାଙ୍କୁ ସମ୍ମାନ କରେ । ଦିନେ ସେ ମୋ ସହିତ ସାକ୍ଷାତ୍ କରିବାକୁ ଆସିଲେ । କିଛି ପ୍ରସଙ୍ଗର ଅବତାରଣା କରି ତାର ସମାଧାନ କରିବା ପାଇଁ କହିଲେ । ସେ ମୋତେ କହିଲେ, "ମୋଦୀଜୀ ଆପଣ ଏବେ ଆଉ କ'ଣ କରିବା ପାଇଁ ରହୁଛନ୍ତି ? ଦେଶତ ଆପଣଙ୍କୁ ଦୁଇ ଦୁଇ ଥର ପ୍ରଧାନମନ୍ତ୍ରୀ କରି ସାରିଲେଣି ।"

ମୋଦୀଜୀ କହିଲେ, "ସିଏ ଭାବୁଥିଲେ ଯେ ଦୁଇ ଦୁଇଥର ପ୍ରଧାନମନ୍ତ୍ରୀ ହେବା ହୁଏତ ଏକ ବହୁତ ବଡ଼ ଉପଲକ୍ଷ୍ୟ ଅଟେ ।"

ତାଙ୍କୁ ଜଣାନଥିଲା ଯେ ଏହି ମୋଦୀ କେଉଁ ଉପାଦାନରେ ଗଢ଼ା ହୋଇଛନ୍ତି । ଗୁଜରାଟର ମାଟି ମୋତେ ଆକାର ଦେଇଛି । ଏହା ଯଥେଷ୍ଟ ନୁହଁ ଯେ ମୁଁ ଏବେ ଆରାମ କରିବି । ଯାହାବି କିଛି ହେଲା ଭଲ ହେଲା, ଏହା ହେଉଛି ମୋର ନିଜର ସନ୍ତୁଷ୍ଟି ଏବଂ ମୁଁ ନିଜର ଲକ୍ଷ୍ୟକୁ ଶତ ପ୍ରତିଶତ ପୂରା କରିବି ।

ସରକାରୀ ମେସିନାରୀର ଅଭ୍ୟାସ ପକାଅ, ନାଗରିକମାନଙ୍କ ମଧ୍ୟରେ ବିଶ୍ୱାସ ସୃଷ୍ଟି କରାଅ । ଶ୍ରୀମତୀ ମୁର୍ମୁଙ୍କ ନାମାଙ୍କନ ଲଗାତାର ସେହି ଲୋକମାନଙ୍କ ନିକଟରେ ପହଞ୍ଚିବା ପାଇଁ ଏକ ସୁବିଚାରିତ ପଦକ୍ଷେପ ଥିଲା ଯେଉଁମାନେ କଙ୍ଘିଚାରୁ ବାହାର ଅଟନ୍ତି ଅଥବା ତୀବ୍ର ଗତିରେ ଚଲୁନାହାନ୍ତି । ଯେତେବେଳେ ମୋଦୀ କହନ୍ତି, ମୁଁ ଏକ ସମସ୍ୟାଗୁଡ଼ିକ ସେମାନଙ୍କ ବୁଝାମଣା ଏବଂ ଭାରତର ବିକାଶ ପାଇଁ ଭିଜନ ବାକି ଅଛି ସେତେବେଳେ

ସେମାନଙ୍କର ଯୋଜନା ସେଥିରେ ସାମିଲ ରହିଛି । ମୁର୍ମୁ ଜଣେ ଆଧାରଭୂତ ସ୍ତର ସହ ଜଡ଼ିତ ଥିବା ରାଜନୀତିବିଦ୍ ଅଟନ୍ତି । ତାଙ୍କ ପାଖରେ ପୂର୍ବରୁ କରିଥିବା କାର୍ଯ୍ୟର ଅଧିକ ଅଭିଜ୍ଞତା ରହିଛି । ସେ ରାଜ୍ୟ ସରକାରରେ ମନ୍ତ୍ରୀ ଏବଂ ରାଜ୍ୟପାଲ ଭାବରେ କାର୍ଯ୍ୟ ମଧ କରିଛନ୍ତି । ସେ ଜଣେ ଜଣାଶୁଣା ବ୍ୟକ୍ତିତ୍ୱ ଅଟନ୍ତି ଏବଂ ଶୀର୍ଷରେ ରହିଥିବା ନେତାମାନେ ତାଙ୍କୁ ଭଲ ଭାବରେ ଜାଣନ୍ତି । ୨୦୧୭ ମସିହାରେ ରାଷ୍ଟ୍ରପତି ପଦ ତାଙ୍କ ନାମ ମଧ ବିଚାରଣୀୟ ଥିଲା । ୨୦୨୨ ମସିହାରେ ତାଙ୍କ ପାଇଁ ସ୍ଥିତି ପୂର୍ବାପେକ୍ଷା ଅନେକ ଅଧିକ ଅନୁକୂଳ ହେଲା । ଗୁଜରାଟ, ମଧ୍ୟପ୍ରଦେଶ, ରାଜସ୍ଥାନ ଏବଂ ଛତିଶଗଡ଼ରେ ବିଧାନସଭା ନିର୍ବାଚନ ତୀବ୍ରତାର ସହ ପାଖକୁ ଆସିବାରେ ଲାଗି ରହିଛି ଏବଂ ଏହି ଚାରିଟି ରାଜ୍ୟରେ ଅନୁସୂଚିତ ଜନଜାତିଙ୍କ ପାଇଁ ୧୨୮ ସିଟ୍ ଆରକ୍ଷିତ ଅଟେ । ଯେଉଁଥରୁ ଭା.ଜ.ପା. ପୂର୍ବରୁ ମାତ୍ର ୩୫ଟି ସିଟ୍ ଜିତିଥିଲା । ତେଣୁ ଏହି କଥାକୁ ମଧ ବିଚାରକୁ ନିଆଗଲା ଯେ ତାଙ୍କର ଚୟନ ମତଦାତାମାନଙ୍କ ଉପରେ ସକାରାମୂକ ପ୍ରଭାବ ପକାଇବ ।

ସକାରାମୂକତାର ଚାରିଟି ସ୍ତମ୍ଭ

ଭାରତର ରାଷ୍ଟ୍ରପତି ଭାବରେ ଶ୍ରୀମତୀ ମୁର୍ମୁଙ୍କ ପସନ୍ଦ ଚାରିଟି ସ୍ତମ୍ଭ କିମ୍ବା ପରିସର ଉପରେ ଆଧାରିତ ଅଟେ । ମୋ ବିଚାରରେ ଚୟନର ଏହି ପ୍ରକ୍ରିୟା ଚାରିଟି କାରକ ଉପରେ ଆଧାରିତ ଥିଲା । ଯେଉଁ ବିଭୂତିକୁ ରାଷ୍ଟ୍ରପତି ପଦର ପ୍ରାର୍ଥୀ ରୂପରେ ପ୍ରସ୍ତୁତ କରାଯିବ ତାହାଙ୍କ ମଧରେ ମୂଳତଃ ଅଥବା ଅତି କମରେ ଚାରିଟି ଗୁଣ ବା ଲକ୍ଷଣ ରହିଥିବା ଆବଶ୍ୟକ । ସର୍ବ ସମାବେଶୀ ବିବିଧତା ଯୁକ୍ତ ଛୋଟ ସହର ବା ଅଞ୍ଚଳରୁ ଏବଂ ସ୍ୱ ନିର୍ମିତ । ଜଣେ ଆଦିବାସୀ ମହିଳା ନେତାଙ୍କ ରାଷ୍ଟ୍ରପତି ଭବନରେ ହେବା ଭାରତର ରାଷ୍ଟ୍ରପତିଙ୍କ ଆଧିକାରିକ ପ୍ରାସାଦରେ ହେବା ଭାରତର ସମାବେଶୀ ଶକ୍ତି ପ୍ରସାରିତ ବିବିଧତା ଦୁଇଟିର ସଙ୍କେତ ବାହକ ଅଟେ ।

୧. ସର୍ବ ସମାବେଶ

ଅନେକ ପ୍ରକାର ଲୋକମାନଙ୍କୁ ସମ୍ମିଳିତ କରିବା ଏବଂ ସେହି ସମସ୍ତଙ୍କ ସହ ଉଚିତ ବ୍ୟବହାର ପ୍ରଦର୍ଶନ କରିବା ତଥା ସମାନତାର ଗୁଣ ସମାବେଶିତ କୁହାଯାଏ । ମୋଦୀଜୀ ଭା.ଜ.ପା.ର ସାମାଜିକ ଆଧାରକୁ ଲଗାତାର ଏବଂ ଅଧିକ ସମାବେଶୀ କରି ଦେଇଛନ୍ତି ଏବଂ ଏହି ପ୍ରକ୍ରିୟାରେ ସେ ପୂର୍ବ ସମୟ ତୁଳନାରେ ପ୍ରାୟ ସମ୍ପୂର୍ଣ ଭାବରେ ପରିବର୍ତ୍ତନ ଆଣିଛନ୍ତି । ଯେତେବେଳେ ତାଙ୍କର ପାର୍ଟିକୁ ସହରର ମଧ୍ୟମ ବର୍ଗ ଏବଂ ବ୍ୟବସାୟୀ ବର୍ଗର ପାଟି ଭାବରେ ଦେଖା ଯାଉଥିଲା ।

ମୋଦୀଙ୍କ ଦୃଷ୍ଟିରେ ଭାରତ ତାହାର ସମସ୍ତ ନାଗରିକମାନଙ୍କ ପାଇଁ ଅଟେ । କିନ୍ତୁ କେବଳ

କିଛି ବିଶେଷ ଅଧିକାରପ୍ରାପ୍ତ ଲୋକମାନଙ୍କ ପାଇଁ ନୁହେଁ। ବିଶେଷ ଅଧିକାରପ୍ରାପ୍ତ ଲୋକମାନଙ୍କୁ ଧର୍ମ, ଜାତି, ଭାଷା ଏବଂ ଧନର ଆଧାରରେ ସେହି ଶ୍ରେଣୀରେ ରଖା ଯାଇଥିଲା। ସେ ଭାବନ୍ତି ଯେ ଆମର ଭାରତ ଏଭଳି ହେବା ଉଚିତ ଯାହା ଉପରେ ସମସ୍ତ ଭାରତୀୟ ଗର୍ବ କରିବେ ଏବଂ ତାହା ନିଜର ହୋଇଥିବାର ଦାବି କରିବେ। ସେ ଆମ୍ବେଦକରଙ୍କ ଶିଖ ପାଳନ କରି କହନ୍ତି, "ଆଜିର ସବୁଠାରୁ ମହତ୍ତ୍ୱପୂର୍ଣ୍ଣ ଆବଶ୍ୟକତା ହେଉଛି ଲୋକମାନଙ୍କ ମଧ୍ୟରେ ସାଧାରଣତଃ ରାଷ୍ଟ୍ରୀୟ ଭାବନା ସୃଷ୍ଟି କରିବା। ଏହି ଭାବନା ଏହା ନୁହେଁ ଯେ ସେ ପ୍ରଥମେ ଭାରତୀୟ ଏବଂ ପରେ ହିନ୍ଦୁ, ମୁସଲମାନ, ସିନ୍ଧୀ, ତେଲୁଗୁ। ବରଂ ସେ ପ୍ରଥମେ ଭାରତୀୟ ଅଟନ୍ତି ଏବଂ ଶେଷରେ ମଧ୍ୟ ଭାରତୀୟ ଅଟନ୍ତି। ସରକାରର ମୁଖ୍ୟ ଭାବରେ ମୋଦୀଙ୍କ ଦୀର୍ଘ ୨୦ ବର୍ଷର ଅନୁଭବର ସାରକଥା ହେଲା ଯେ ସମାବେଶ ବିନା ବାସ୍ତବିକ ବିକାଶ ସମ୍ଭବ ନୁହେଁ। ବିକାଶ ବିନା ସମାବେଶର ଲକ୍ଷ୍ୟକୁ ମଧ୍ୟ ପୂରା କରା ଯାଇପାରିବ ନାହିଁ। ମୋଦୀ ସମାବେଶିକା ମାଧ୍ୟମରେ ବିକାଶର ରାସ୍ତାକୁ ଆପଣେଇଛନ୍ତି ଏବଂ ଏଥିରେ ସମସ୍ତଙ୍କୁ ସାମିଲ କରିବାର ପ୍ରୟାସ କରିଛନ୍ତି।

ଶ୍ରୀମତୀ ଦ୍ରୋପଦୀ ମୁର୍ମୁ ଏଭଳି ନାଗରିକମାନଙ୍କର ପ୍ରତିନିଧିତ୍ୱ କରନ୍ତି ଯିଏ ସମାବେଶିକାର ପ୍ରତୀକ ଅଟନ୍ତି। ଭାରତୀୟ ଲୋକତନ୍ତ୍ରକୁ ଶ୍ରଦ୍ଧାନ୍ତିକ ରୂପରେ ସମାବେଶୀ ବୋଲି ବିବେଚନା କରାଯାଏ ଏବଂ ଏହି ପ୍ରୟାସ ସମ୍ବିଧାନର ଭାବନାକୁ ବ୍ୟବହାରିକ ରୂପରେ ଲାଗୁ କରିବା ସମ୍ଭବ କରିଥାଏ। ଲୋକତାନ୍ତ୍ରିକ ପ୍ରକ୍ରିୟରେ କାହାକୁବି ବାହାର କରାଯିବା ଉଚିତ ନୁହେଁ ଏବଂ ଏଠାରେ ଏକ ମାମଲା ଏହା ଥିଲା ଯେ ଜଣେ ଆଦିବାସୀ ସର୍ବୋଚ୍ଚ ପଦରେ ପହଞ୍ଚ ପାରୁନଥିଲେ। ଆଜିର ସରକାର ଏହାକୁ ସମ୍ଭବ କରି ପାରିଛନ୍ତି। ଏହା ସବୁଠାରୁ ଅଧିକ ଆଦର୍ଶ ସ୍ଥିତି ଅଟେ। ଯେଉଁଠାରେ ନ୍ୟୂନତମ ସୁବିଧାପ୍ରାପ୍ତ ଜଣେ ବ୍ୟକ୍ତି ମଧ୍ୟ ସୁରକ୍ଷିତ ସଶକ୍ତ ଅନୁଭବ କରିପାରେ। ଦ୍ରୋପଦୀ ମୁର୍ମୁଙ୍କ ଉତ୍ଥାନ ଏବଂ ପ୍ରକ୍ଷେପଣ ସରକାରଙ୍କର ସମାବେଶୀ ରାଜନୀତିର ଏକ ପ୍ରଦର୍ଶନ ଅଟେ। ଦେଶର ସର୍ବୋଚ୍ଚ ପଦରେ ଆସୀନ ହେବା ପାଇଁ ଜଣେ ଆଦିବାସୀ ମହିଲାଙ୍କ ଚୟନ ସାମାଜିକ ସମାବେଶରେ ଏକ ଶକ୍ତିଶାଳୀ ସନ୍ଦେଶ ଅଟେ। ଜନଜାତି ଓ ସମୁଦାୟକୁ ଛାଡ଼ି ପୂର୍ବ ସାତ ଦଶକ ହେବ ରାଷ୍ଟ୍ରପତି ଭବନରେ ପ୍ରାୟ ପ୍ରତ୍ୟେକ ମହତ୍ତ୍ୱପୂର୍ଣ୍ଣ ସମ୍ପ୍ରଦାୟ ବା ସମୁଦାୟର ପ୍ରତିନିଧିତ୍ୱ ସମ୍ଭବ କରାଯାଇଛି। ମୁର୍ମୁଙ୍କ ଚୟନ ଏହି ସାମାଜିକ ଏବଂ ଲିଙ୍ଗଗତ ସମୂହର ସଶକ୍ତିକରଣ ସଂଘର୍ଷରେ ଆଉ ଏକ ପ୍ରତିବନ୍ଧକକୁ ଅତିକ୍ରମ କରିଛି ଯଦିଓ ଏହା ଏକ ପ୍ରତିକାମକ ହୋଇପାରେ।

ଏହି କଥା ସହ ମେଳ ଖାଉଥିବା କଥା ବା ହିନ୍ଦୁସ୍ତାନ ଟାଇମ୍‌ର ନିମ୍ନଲିଖିତ ଟ୍ୱିଟରେ ମଧ୍ୟ ରହିଛି ଯେ ଏନ୍.ଡି.ଏ.ର ରାଷ୍ଟ୍ରପତି ପଦବୀ ପ୍ରାର୍ଥୀ ଉପରେ ଦ୍ରୋପଦୀ ମୁର୍ମୁଙ୍କ ନାମାଙ୍କନକୁ ସମାବେଶୀ ରାଜନୀତିର ଏକ ଦୃଷ୍ଟାନ୍ତ ଭାବରେ ପ୍ରସ୍ତୁତ କରାଯାଇଛି। ଭା.ଜ.ପା.କୁ ଆଶା

ଅଛି ଯେ ଏହା ଦ୍ୱାରା ସେ ନିଜର ସ୍ଥିତି ଆହୁରି ଅଧିକ ଶକ୍ତିଶାଳୀ କରିବ। ସୁଶ୍ରୀ ଦ୍ରୌପଦୀ ମୁର୍ମୁଙ୍କ ମଧ୍ୟ ଏହା ବିଶ୍ୱାସ ଅଟେ ଯେ ସରକାରଙ୍କୁ କୃଷକ, ଗରୀବ, ଶୋଷିତ, ବଞ୍ଚିତ, ଅବହେଳିତ ଜାତି ସହିତ ସମାଜର ସମସ୍ତ ବର୍ଗଙ୍କୁ ସାମିଲ କରିବା ଉଚିତ୍। ବିକାଶର ତୀବ୍ର ପଥରେ ସବୁ ଲୋକ ଅଂଶ କରିବା ଉଚିତ୍ ଏବଂ ଯୋଗଦାନ ଦେବା ଉଚିତ୍।

୨. ବିବିଧତାର ସମ୍ମାନ

ଭାରତୀୟ ଜନତା ପାର୍ଟି ଏବଂ ଏହାର ପ୍ରମୁଖ ନେତାମାନଙ୍କର ଦୃଢ଼ ବିଶ୍ୱାସ ଯେ ଅନେକତା ମଧ୍ୟରେ ଏକତା ହେଉଛି ଭାରତର ବିଶେଷ ପରିଚୟ। ଦେଶର ବିଭିନ୍ନ ଧର୍ମ, ବର୍ଗ ଏବଂ ବିଶ୍ୱାସଗୁଡ଼ିକର ସାମଞ୍ଜସ୍ୟପୂର୍ଣ୍ଣ ସହ ଅସ୍ତିତ୍ୱ ହେଉଛି ଆମର ବିଶେଷତା। ଯାହା ବିଭିନ୍ନ କାଳଖଣ୍ଡରେ ସମଗ୍ରଦେଶକୁ ସାଂସ୍କୃତିକ ଏବଂ ସାମାଜିକ ଭାବରେ ସଂଯୁକ୍ତ କରି ରଖିଛି ଏବଂ ଶକ୍ତିଶାଳୀ ବନାଇଛି। ଶ୍ରୀମତୀ ଦ୍ରୌପଦୀ ମୁର୍ମୁଙ୍କ ନାମାଙ୍କନ ଏବଂ ରାଷ୍ଟ୍ରପତି ପଦ ପାଇଁ ଚୟନ କୌଣସି ଆମସ୍ମିକ ଅଥବା ସ୍ୱତନ୍ତ୍ରୂତ ଘଟଣା ନୁହେଁ। ବରଂ ଦ୍ରୌପଦୀ ମୁର୍ମୁ ଏହି ମହତ୍ତ୍ୱପୂର୍ଣ୍ଣ କାର୍ଯ୍ୟ ସମ୍ପାଦନ ପାଇଁ ଅଭିପ୍ରେରିତ ଯେ ଭାରତର ସମଗ୍ର ସମାଜକୁ ଏକ ଅପୂର୍ବ ବାର୍ତ୍ତା ପ୍ରଦାନ କରୁଛନ୍ତି ଏବଂ ଏହି ବାର୍ତ୍ତା ହେଉଛି ଯେ ବିବିଧତାର ସମ୍ମାନ। ଅନ୍ୟମାନଙ୍କ ଠାରୁ ଏହାମଧ୍ୟ ଅପେକ୍ଷା ରଖା ଯାଉଛି ଯେ ସେମାନେ ମଧ୍ୟ ଏହା କରନ୍ତୁ। ଦେଶର ସଫଳତାର ମନ୍ତ୍ର ହେଉଛି ଏହାର ବିବିଧତା। ବିବିଧତା ହେଉଛି ଆମର ଆଧାର। ଯାହା ଆମକୁ ଅଦ୍ୱିତୀୟ ଏବଂ ଅନନ୍ୟ କରି ଗଢ଼ି ତୋଳିଛି। ଏହି ଦେଶରେ ଆମେ ଅନେକ ରାଜ୍ୟ, କ୍ଷେତ୍ର, ପନ୍ଥ, ଭାଷା, ସଂସ୍କୃତି, ଜୀବନଶୈଳୀ ଭଳି ଅନେକ କଥାର ସଂମିଶ୍ରଣ ଦେଖିବାକୁ ପାଉଛୁ। ଆମେ ପରସ୍ପର ଠାରୁ ବହୁତ ଭିନ୍ନ କିନ୍ତୁ ତଥାପି ଏକ ଏବଂ ଅଭିନ୍ନ ଅଟୁ।

ଯେତେବେଳେ ବିପକ୍ଷ ପାଖରେ ଯଶବନ୍ତ ସିନ୍‍ହାଙ୍କ ବ୍ୟତୀତ ଆଉ କିଛି ବିକଳ୍ପ ନଥିଲା ସେତେବେଳେ ଭାରତୀୟ ଜନତା ପାର୍ଟି ଦ୍ୱାରା ପ୍ରସ୍ତୁତ ଆଇଡିଆ ଅଫ୍ ଇଣ୍ଡିଆର ପ୍ରତିନିଧିଙ୍କୁ ତାଙ୍କ ବିରୋଧରେ ଚୟନ କରିବା ଉପଯୁକ୍ତ ସାବ୍ୟସ୍ତ ହେଲା। ବିରୋଧୀମାନଙ୍କର ଆଇଡିଆ ଅଫ୍ ଇଣ୍ଡିଆ କାମ ଦେଲା ନାହିଁ।

୩. ଛୋଟ ସହରରୁ

ଓଡ଼ିଶାର ମୟୁରଭଞ୍ଜ ଜିଲ୍ଲାର ଏକ ପଛୁଆ ଗାଁରେ ରହୁଥିବା ଦ୍ରୌପଦୀ ମୁର୍ମୁ ଆବଶ୍ୟକୀୟ ମାନଦଣ୍ଡ ଅନୁସାରେ ଉପଯୁକ୍ତ ପ୍ରାର୍ଥୀ ବୋଲି ବିବେଚନା କରାଗଲା। ସେ ଗୋଟିଏ ଛୋଟ ସହରରୁ ଆସିଛନ୍ତି ଯାହାର ଜନସଂଖ୍ୟାଶ ୩୦ ହଜାରରୁ ମଧ୍ୟ କମ୍ ଅଟେ। ତାଙ୍କ କ୍ଷେତ୍ରରେ କଠିନ ପରିଶ୍ରମର ଶ୍ରେୟ ପ୍ରଦାନ କରା ଯାଇଛି। ଏଥିପାଇଁ ଏକ ସାଧାରଣ ବି.ଏ. ଶିକ୍ଷାଗତ ଯୋଗ୍ୟତା ସମୟକୁ ଯଥେଷ୍ଟ ମାନି ନିଆ ଯାଇଛି। କଲମ୍ ମଧ୍ୟ ଗୋଟିଏ ଛୋଟ ସହରରୁ

ଥିଲେ । କୋବିନ୍ଦ ମଧ୍ୟ ଏକ ଛୋଟ ଗାଁରେ ଜନ୍ମ ହୋଇଥିଲେ । ଏଭଳି ଭାବରେ ମୁର୍ମୁ ମଧ୍ୟ ଏକ ଛୋଟ ଗାଁରୁ ଆସିଛନ୍ତି । ଏହାର ତାତ୍ପର୍ଯ୍ୟ ଏହା ନୁହେଁ ଯେ ବଡ଼ ସହର ଏବଂ ବଡ଼ ବଡ଼ ସଂଗଠନରେ କାର୍ଯ୍ୟରତ ଲୋକଙ୍କୁ ଏହି ଦୃଷ୍ଟିରୁ କମ୍ କରି ବିବେଚନା କରା ଯାଇଛି । ଏହି କଥା ଉପରେ ଧ୍ୟାନ ଦେବାର ଅଛି ଯେ ଯେଉଁମାନଙ୍କୁ ବିକାଶ ପାଇଁ ଖୁବ୍ କମ୍ ଅବସର ମିଳିଛି ଏବଂ ଯେଉଁମାନେ ଜୀବନରେ ଅନେକ ସଂଘର୍ଷ କରି ଉପରକୁ ଉଠିଛନ୍ତି ସେମାନେ ସଂଘର୍ଷରେ ରହି ରହି ସୁନା ପାଲଟି ଯାଇଛନ୍ତି । ମୁର୍ମୁ ଏକ ଛୋଟ ବସ୍ତି ଭଳି ଗାଁରୁ ଯାଇ ପୂର୍ବରୁ ଭୁବନେଶ୍ୱରରେ ନିଜକୁ ସ୍ଥାପିତ କଲେ ଏବଂ ନିଜ ଲୋକମାନଙ୍କର ସହାୟତା କଲେ । ନିଜର ବିକାଶ କେବେ ତାଙ୍କର ଲକ୍ଷ୍ୟ ରହିନଥିଲା ବରଂ ସମସ୍ତଙ୍କର ବିକାଶ ତାଙ୍କ ଦୃଷ୍ଟିରେ ସର୍ବୋପରି ଥିଲା ଏବଂ ଅଛି ମଧ୍ୟ ।

୪. ସ୍ୱୟ ନିର୍ମିତ ବ୍ୟକ୍ତିତ୍ୱ

ଦ୍ରୌପଦୀ ମୁର୍ମୁ ମୋଦୀଙ୍କ ପରି ଜଣେ ସେଲଫ୍ ମେଡ୍ ପର୍ସନ ଅଟନ୍ତି । ସେ ଜଣେ ସୁନିର୍ମିତ ଆଦର୍ଶ ବ୍ୟକ୍ତିର ପ୍ରତିନିଧିତ୍ୱ କରିଥାଆନ୍ତି । ଯିଏ କଠିନ ପରିଶ୍ରମ ଏବଂ ଈଶ୍ୱର ସେବା ମାଧ୍ୟମରେ ନୀରବ ଭାବରେ ଜୀବନରେ ଆଗକୁ ବଢ଼ି ଚାଲିଥାଆନ୍ତି । ପିଲା ଦିନରୁ ସେ ଏତେ ମହତ୍ୱାକାଂକ୍ଷୀ ନଥିଲେ କିମ୍ବା ତାଙ୍କର ସ୍ୱପ୍ନ ବି ଏତେ ବଡ଼ ନଥିଲା ଯେ ତାହା ସାକାର ହୋଇ ପାରିବ ନାହିଁ । ତାଙ୍କର ଇଚ୍ଛା ଥିଲା ଯେ ଜୀବନରେ କିଛି ଅର୍ଜନ କରିବା ପାଇଁ କିଛି ଶିଖିବାକୁ ପଡ଼ିବ ଏବଂ ଏଥିପାଇଁ ତାଙ୍କର ପିଲାମାନେ ମଧ୍ୟ ଏତେ ସମୃଦ୍ଧଶାଳୀ ନଥିଲେ ଯିଏ ତାଙ୍କୁ ଏ ଦିଗରେ ସାହାଯ୍ୟ କରିବ । ସେ ନିଜର କିଶୋର ଅବସ୍ଥାରେ ଏକ ସାହସିକ ପଦକ୍ଷେପ ଉଠାଇଥିଲେ ଏବଂ ଦୃଢ଼ତା ଓ ସଂକଳ୍ପ ସହିତ ଶିଖିବା ପାଇଁ ଏବଂ ଜୀବିକା ଉପାର୍ଜନ ପାଇଁ ନିଜ ରାଜ୍ୟର ରାଜଧାନୀ ଭୁବନେଶ୍ୱର ସହରରେ ପହଞ୍ଚିଲେ । ଏହିଭଳି ଭାବରେ ନିଜର ବଳରେ ନିଜକୁ ସ୍ଥାପିତ କରିବାକୁ ସକ୍ଷମ ହୋଇଥିଲେ ।

ତାଙ୍କ ପାଦ ଯେ ଜମି ଉପରେ ରହିଥିଲା ସେକଥା ନୁହେଁ ବରଂ ଅନ୍ୟମାନଙ୍କ ମଧ୍ୟ ଉପରକୁ ଉଠିବାକୁ ସେ ସାହସିକତା ପ୍ରଦାନ କରିଛନ୍ତି । ଯେତେବେଳେ ସେ ନିଜ ପିଲାମାନଙ୍କର ଯତ୍ନ ନେଉଥିଲେ ସେତେବେଳେ ମଧ୍ୟ ନିଜକୁ ଘରର ଚାରି କାନ୍ଥ ଭିତରେ ଆବଦ୍ଧ କରି ରଖିନଥିଲେ । ସେ ବାହାରକୁ ଯାଇଥିଲେ ଏବଂ ବିନା ଦରମାରେ ଗୋଟିଏ ସ୍କୁଲରେ ମଧ୍ୟ ପଢ଼ାଇବାକୁ ଲାଗିଲେ । ସେ ନିଜର ପୁଅ ଝିଅ ସହିତ ଅନ୍ୟମାନଙ୍କର ମାର୍ଗଦର୍ଶନ କରି ଚାଲିଥିଲେ ଏବଂ ପଢ଼ାଇ ଚାଲିଥିଲେ । ଆପଣ ଏକଥା ଜାଣି ଆଶ୍ଚର୍ଯ୍ୟ ହେବେ ଯେ ତାଙ୍କର ଶିକ୍ଷଣ ଶୈଳୀ ଏତେ ସହଜ ଏବଂ ପ୍ରଭାବୀ ଥିଲା ଯେ ତାଙ୍କ ଶ୍ରେଣୀରେ ପଢ଼ୁଥିବା ଛାତ୍ରଛାତ୍ରୀମାନେ ବିନା କୌଣସି ଟ୍ୟୁସନ୍‌ରେ ଭଲ ନମ୍ବର ରଖିବାକୁ ସକ୍ଷମ ହେଉଥିଲେ ।

ନିଜର ଝିଅ ଏବଂ ନାତି ସହିତ

ବିଦ୍ୟାଳୟ, ଯେଉଁଠାରେ ସେ ପଢ଼ିଥିଲେ

ଯେତେବେଳେ ପାର୍ଷଦ ଭାବରେ ନିଜର ପ୍ରଥମ ରାଜନୈତିକ ନିର୍ବାଚନ ଜିତିଲେ, ସେତେବେଳେ ପିଲାମାନଙ୍କର ମାତାପିତା ଏବଂ ଅଭିଭାବକମାନେ ତାଙ୍କର ଶିକ୍ଷଣ କୌଶଳ ଉପରେ ଭରସା କରି ତାଙ୍କୁ ଭୋଟ୍ ଦେଇଥିଲେ । ସେମାନେ ଭାବୁଥିଲେ ଯଦି ଏହି ମହିଳା ଏତେ ସୁନ୍ଦର ଭାବରେ ପଢ଼ାଇ ପାରୁଛନ୍ତି ତେବେ ସେ ପ୍ରଶାସନ କାର୍ଯ୍ୟ ମଧ ଭଲ ଭାବରେ କରି ପାରିବେ । ତେଣୁ ତାଙ୍କୁ କାହିଁକି ବା ବିଶ୍ୱାସ କରା ଯିବନାହିଁ ।

ଶ୍ରୀମତୀ ଦ୍ରୌପଦୀ ମୁର୍ମୁ ଏକ ଛୋଟ ସହରରୁ ଆସିଛନ୍ତି ଏବଂ ଏକ ସୁନିର୍ମିତ ବ୍ୟକ୍ତିତ୍ୱ ଅଟନ୍ତି । ସେ ବିବିଧତା ଏବଂ ସମାଜର ଆବଶ୍ୟକତାକୁ ପୂରା କରନ୍ତି । ଆପଣ ଆଉ ରହୁଛନ୍ତି ? ପାର୍ଟିର ଠିକ୍ ଟ୍ୟାଙ୍କ ଯାହା ଚିନ୍ତା କଲେ, ବିଚାର କଲେ ତାହା ଆଧାରରେ ସିଏ ହିଁ ସର୍ବଶ୍ରେଷ୍ଠ ପ୍ରତୀତ ହେଲେ ।

ପ୍ରଫେସର ରଷଭ ଦେବ ଶର୍ମାଙ୍କ ଦ୍ୱାରା ୨୩ ଜୁଲାଇ ୨୦୨୨ରେ ଲେଖାଯାଇଥିବା ସମ୍ପାଦକୀୟରେ ଏହି ରୁଚିଟି କଥାର ଭଲ ଆଲେଖ୍ୟ ଦେଖିବାକୁ ମିଳିଥିଲା । ସେ ଠିକ୍ ଭାବରେ କହିଛନ୍ତି ଯେ ଦ୍ରୌପଦୀ ମୁର୍ମୁଙ୍କ ରାଷ୍ଟ୍ରପତି ହେବା କେଉଁଠି ନା କେଉଁଠି କୁଳୀନତାବାଦ, ବଂଶବାଦ ଏବଂ ବ୍ୟକ୍ତିପୂଜା ସ୍ଥାନରେ ସାଧାରଣରୁ ସାଧାରଣ ନାଗରିକଙ୍କ ପ୍ରତିଷ୍ଠାର ପ୍ରତୀକ ଅଟେ । ଏହା ଅତି ସାଧାରଣ ଏବଂ ଲଘୁତର ସମ୍ମାନ ଅଟେ । ଯାହା ସ୍ରୋତ ଭାରତର ବିଶାଳ ଜନଗନମନ ଅଟେ । ଜନଗନମନର ଏହି ବିରାଟତା ସମ୍ବିଧାନରୁ ମିଳିଥିବା ଖୋଲାପଣ ସମ୍ବ କରିପାରିଲା ଏବଂ ସାଂସଦ ଏବଂ ବିଧାୟକ ରାଷ୍ଟ୍ରପତି ନିର୍ବାଚନରେ ପାର୍ଟିର ଶୃଙ୍ଖଳାରୁ ମୁକ୍ତ ହୋଇ ନିଜର ଆମ୍ମାର ସୋରରେ ମତଦାନ କରିବା ପାଇଁ ସ୍ୱତନ୍ତ ଅଟନ୍ତି ।

କମଳରୁ କମଳାସନ ପର୍ଯ୍ୟନ୍ତ

ଏବେ ମୁଁ ଏହି ପୁସ୍ତକର ଲେଖକ ଭାବରେ ଅଧିକାର ପ୍ରୟୋଗ କରି ଏକ ଅନଧିକାର ଚେଷ୍ଟା କରିବି । ଅନଧିକାର ତ ନୁହେଁ କାରଣ ମୁଁ ଆମେରିକାର ବର୍ତ୍ତମାନ ଉପରାଷ୍ଟ୍ରପତିଙ୍କ ଉପରେ ଇଂରାଜୀ ଏକ ପୁସ୍ତକ ଲେଖି ସାରିଛି । 'କମଳା ଡ଼ି ହ୍ୟାରିସ' (୨୦୨୧) ନାମକ ପୁସ୍ତକ ଲେଖିବା ସମୟରେ ମୁଁ କମଳାଙ୍କ ଜୀବନ ସଂଘର୍ଷ ଦ୍ୱାରା ବହୁତ ପ୍ରଭାବିତ ହୋଇଥିଲି । କିନ୍ତୁ କମଳାଙ୍କ ସଂଘର୍ଷ ଦ୍ରୌପଦୀ ମୁର୍ମୁଙ୍କ ସଂଘର୍ଷ ସାମ୍ନାରେ କିଛି ନୁହେଁ । କମଳାଙ୍କୁ କୌଣସି ଜିନିଷଣ ଅଭାବ ନଥିଲା ସୁଯୋଗ ମଧ ତାଙ୍କୁ ବହୁତ ମିଳିଥିଲା । କିନ୍ତୁ ଦ୍ରୌପଦୀ ମୁର୍ମୁଙ୍କ ଜୀବନ ସଂଘର୍ଷ ଅଧିକ କଣ୍ଟକପୂର୍ଣ ଥିଲା । ମୋତେ ମୁର୍ମୁ ଏବଂ ହ୍ୟାରିସଙ୍କ ମଧରେ ଅଭୁତ ସମାନତା ମିଳିଛି । କମଳା ହ୍ୟାରିସ ୨୦୨୧ରେ ଆମେରିକାର ରାଷ୍ଟ୍ରପତି ହେଲେ, ଦ୍ରୌପଦୀ ମୁର୍ମୁ ୨୦୨୨ରେ ଭାରତର ରାଷ୍ଟ୍ରପତି ହେଲେ ।

କମଳାଙ୍କ ନାମ କମଳ ସହିତ ଜଡ଼ିତ ରହିଛି। ଯେତେବେଳେ ଦ୍ରୌପଦୀଙ୍କ ନାମ ସେହି ଦଳ ସହିତ ଜଡ଼ିତ ଯାହାଙ୍କ ନିକଟରେ ନିର୍ବାଚନ ଚିହ୍ନ କମଳ ରହିଛି। କମଳା ହ୍ୟାରିସ୍ ନିଜର ଉପନାମ ନିଜର ପିତାଙ୍କ ଠାରୁ ନେଇଛନ୍ତି। ଦ୍ରୌପଦୀ ମୁର୍ମୁଙ୍କୁ ଏହି ନାମ ନିଜର ପତିଙ୍କ ଠାରୁ ମିଳିଛି। କମଳା ସାଧାରଣ ଲୋକଙ୍କ ସହିତ ରହୁଥିଲେ ଏବଂ ତାଙ୍କ ପରିବାରର ସବୁଠାରୁ ନିକଟତମ ବନ୍ଧୁ ଅଶ୍ୱେତ ଲୋକ ଥିଲେ। କମଳା ଅକ୍ଲ୍ୟାଣ୍ଡର ଝିଅ ଅଟନ୍ତି ଯେତେବେଳେ ଦ୍ରୌପଦୀ ମୁର୍ମୁ ରାଇରଙ୍ଗପୁରର ଝିଅ ଅଟନ୍ତି। କମଳାଙ୍କୁ ପିଲାବେଳେ ଜାତିଗତ ଭେଦଭାବର ସାମ୍ନା କରିବାକୁ ପଡ଼ିଥିଲା। ଦ୍ରୌପଦୀଙ୍କୁ ମଧ ନିଜର ପ୍ରାରମ୍ଭିକ ବର୍ଷରେ ଆର୍ଥିକ ରୂପରେ ପ୍ରତିବନ୍ଧକର ସାମ୍ନା କରିବାକୁ ପଡ଼ିଥିଲା। କମଳା ହ୍ୟାରିସ୍ 'ଲୋଟସ୍‌ରୁ ପୋଟଶ' ପର୍ଯ୍ୟନ୍ତ ପହଞ୍ଚିଲେ ଏବଂ ଦ୍ରୌପଦୀ ମୁର୍ମୁ 'କମଳ' ଦ୍ୱାରା 'କମଳାସନ' ପର୍ଯ୍ୟନ୍ତ। ଆଳଙ୍କାରିକ ଭାଷାରେ ଏଟିକି କହିବାର ସ୍ୱତନ୍ତ୍ରତା ତ ଜଣେ ଲେଖକଙ୍କୁ ମିଳିବା ଉଚିତ୍।

ଆମେ ସେବେଠାରୁ ଅନେକ ଯାତ୍ରା କରିଛୁ। ଶ୍ରୀମତୀ ଦ୍ରୌପଦୀ ମୁର୍ମୁ ଆମର ପନ୍ଦରତମ ରାଷ୍ଟ୍ରପତି ଅଟନ୍ତି। ଆମେରିକାର ଅନେକ ମହତ୍ୱାକାଂକ୍ଷୀ ନେତା ନିଜର ଜୀବନ କାହାଣୀ ଲେଖିଥାଆନ୍ତି। ସ୍ୱତନ୍ତ୍ର ଭାରତରେ ଅବସର ନେବା ପରେ ଲେଖାଯାଏ। କମଳା ହ୍ୟାରିସ୍ ୨୦୧୯ରେ ନିଜର ଜୀବନୀ "ଦି ଟ୍ରୁଥ୍ ଓ୍ୱ ହୋଲ୍ଡ : ଏନ ଆମେରିକାନ ଜର୍ନ" ଲେଖିଛନ୍ତି। ଏହାପରେ ସେ ଆମେରିକାର ଉପରାଷ୍ଟ୍ରପତି ହେଲେ। କମଳା ହ୍ୟାରିସ୍‌ଙ୍କ ଉପରେ ମୁଁ ନିଜର ବହି ଲେଖିଛି। ଯେଉଁଥିରେ ମୁଁ ଲେଖିଛି ଯେ ସେ ଜଣେ ଏପରି ଏକ ମହିଳା ଯାହାଙ୍କ ଜୀବନର ଅନୁଭବ ହେଉଛି ଥରେ ନୁହେଁ ବରଂ ଦୁଇଥର ଅସଫଳ ହେବା ପରେ ମଧ ସେ କେବେ ହାର ମାନି ନାହାନ୍ତି। କମଳା ହ୍ୟାରସିଙ୍କର ବ୍ୟକ୍ତିଗତ କଥା କେବଳ ଜାତି ବା ଜାତୀୟତା ଅଥବା ଲିଙ୍ଗଗତ ଭେଦଭାବର କାହାଣୀ ନୁହେଁ। ବରଂ ଏହା ଏକ ଭାରତୀୟ କାହାଣୀ ଅଟେ। ଦ୍ରୌପଦୀ ମୁର୍ମୁଙ୍କ ବାବଦରେ ମୁର୍ମୁ ନିଜେହିଁ କହନ୍ତି, "ଏନଡିଏ ସରକାର ଏବେ ଭାରତର ଶୀର୍ଷ ପଦବୀ ପାଇଁ ଜଣେ ଆଦିବାସୀ ମହିଳାଙ୍କୁ ଚୟନ କରି ବିଜେପିର 'ସବ୍‌କା ସାଥ, ସବ୍‌କା ବିଶ୍ୱାସ' ଆହ୍ୱାନକୁ ସଠିକ୍ ସାବ୍ୟସ୍ତ କରିଛି।"

ଏହା ଜାଣି ଖୁସି ମିଳିଥାଏ ଯେ କମଳା ହ୍ୟାରିସ୍ ଏବଂ ଦ୍ରୌପଦୀ ମୁର୍ମୁ ଉଭୟ ନିଜ ନିଜ ଦେଶର ପ୍ରତିନିଧିତ୍ୱ କରନ୍ତି। ସେମାନେ ସମବେଶିତା ଏବଂ ବିବିଧତାର ଆଦର୍ଶ ଅଟନ୍ତି। ଉଭୟ ସ୍ୱନିର୍ମିତ ବ୍ୟକ୍ତିତ୍ୱ ଅଟନ୍ତି ଏବଂ ଛୋଟ ସହରରୁ ଆସିଛନ୍ତି।

ଯଦି ଆପଣ ଜାଣିନଥାଆନ୍ତି ଯେ ପୋଟସ୍ କ'ଣ ଅଟେ। ତେବେ ମୁଁ ଆପଣଙ୍କୁ ଜଣାଇ ଦେଉଛି ଯେ ପୋଟସ୍ ହେଉଛି ସଂଯୁକ୍ତ ରାଷ୍ଟ୍ର ଆମେରିକାର ରାଷ୍ଟ୍ରପତିର ସଂକ୍ଷିପ୍ତ ନାମ।

ସ୍ଵପ୍ନ ସତ ହେଲା

ଏହା ସତ କଥା ଯେ ଶ୍ରୀମତୀ ଦ୍ରୌପଦୀ ମୁର୍ମୁ କେବେବି ଭାରତର ରାଷ୍ଟ୍ରପତି ହେବାର ସ୍ଵପ୍ନ ଦେଖିନଥିଲେ । ସେ ରାଜ୍ୟପାଳ ପଦବୀର ବାବଦରେ ମଧ ଚିନ୍ତା କରିବାର ସ୍ଥିତିରେ ନଥିଲେ । କିନ୍ତୁ ଏପରି କିଛି ହେଲା ଯାହା ଫଳରେ ତାଙ୍କୁ ଜୀବନର ବହୁମୂଲ୍ୟ ଉପହାର ମିଳିଗଲା । ଆମର ପୂର୍ବ ରାଷ୍ଟ୍ରପତି ରାମନାଥ କୋବିନ୍ଦ ନିଜର ପତ୍ନୀଙ୍କ ସହ ୪୩ତମ ବିବାହ ବାର୍ଷିକ ପାଳନ କରିବା ପାଇଁ ହିମାଚଳ ପ୍ରଦେଶର ମଶୋବରା ଯାଇଥିଲେ । ଦର୍ଶନୀୟ ସ୍ଥାନଗୁଡ଼ିକ ଭ୍ରମଣ କରିବା ସମୟରେ ରାଷ୍ଟ୍ରପତି ଗ୍ରୀଷ୍ମକାଳୀନ ମହଲ ରିଟ୍ରୋଟ୍ ଭବନର ପରିସରରେ ବୁଲୁଥିଲେ । ଏହା ଅଭୁତ ଦୁନିଆ ଅଟେ । ଯେଉଁ ଲୋକମାନେ ଦିନେ ତାଙ୍କୁ ଭିତରକୁ ପ୍ରବେଶ କରିବାକୁ ବାରଣ କରିଥିଲେ ସେମାନେ ତାଙ୍କର ସବୁଠାରୁ ଅଧିକ ଆଜ୍ଞାକାରୀ ସେବକ ହୋଇଥିଲେ । ନିଜ ପରିବାରର କିଛି ସଦସ୍ୟଙ୍କ ସହ ଏକ ଅନୌପଚାରିକ କଥାବାର୍ତା ସମୟରେ ଭାରତର ୧୩ତମ ରାଷ୍ଟ୍ରପତି ଭାବରେ ଶପଥ ଗ୍ରହଣ କରିବା ଘରେ ପ୍ରଣବ ମୁଖାର୍ଜୀଙ୍କୁ ପଚରା ଯାଇଥିଲା ଯେ ସିଏ କ'ଣ କେବେ ରାଷ୍ଟ୍ରପତି ଭବନର ପ୍ରତିଷ୍ଠିତ ପରିସରରେ ସବୁଠାରୁ ପ୍ରମୁଖ ଭାବରେ ରହିବାର ସ୍ଵପ୍ନ ଦେଖିଥିଲେ । ଉତ୍ତରରେ ମୁଖାର୍ଜୀ ହାଲୁକା ଭାବରେ କହିଥିଲେ, 'ମୁଁ ନିଜକୁ ନିଜେ କେବେବି କହିନଥିଲି ଯେ ରାଷ୍ଟ୍ରପତି ହେବି । କାରଣ ରାଷ୍ଟ୍ରପତି ହେବା ବହୁତ ଦୂରର କଥା ଥିଲା । ଏପରିକି ମୋର ଆଗାମୀ ଜୀବନରେ ଯଦିବି ମୋର ଜୀବନ ମିଳେ ତେବେ ହୁଏତ ମୁଁ ସେହି ଘୋଡ଼ାମାନଙ୍କ ଭିତରେ ଗୋଟିଏ ହୋଇ ଜନ୍ମ ହେବି ଯେଉଁମାନେ ରାଷ୍ଟ୍ରପତିର ଔପଚାରିକ ଗାଡ଼ିକୁ ସେହି ଲାଲ ରଙ୍ଗର ପଥର ମହଲ ପର୍ଯ୍ୟନ୍ତ ନେଉଛନ୍ତି । ଏହା ଏକ ପ୍ରକାର ଉପଲବ୍ଧି ହେବ । ଆମର ଲୋକତାନ୍ତ୍ରିକ ପରମ୍ପରାର ଏହା ଏକ ଚକ୍କାର ଯେ ଦ୍ରୌପଦୀ ମୁର୍ମୁଙ୍କ ଭଳି ଯିଏ କେବେବି ପର୍ଯ୍ୟଟକ ଭାବରେ ଏହି ସ୍ଥାନକୁ ଯିବାର ସ୍ଵପ୍ନ ବି ଦେଖିନଥିଲେ ତାଙ୍କୁ ଏଠାରେ ରହିବାର ସୁଯୋଗ ମିଳିଯାଇଛି । କେବଳ ଦ୍ରୌପଦୀ ମୁର୍ମୁଙ୍କୁ ନୁହେଁ ବରଂ ତାଙ୍କର ଝିଅ ଏବଂ ଜ୍ଵାଇଁଙ୍କୁ ମଧ ଏହି ସୁଯୋଗ ମିଳିଛି । କିନ୍ତୁ ଏଠାରେ ଅନ୍ୟମାନେ ପ୍ରବେଶ କରିବା ଏତେ ସହଜ ନୁହେଁ ।

ଏପରି ଏକ ସମୟ ଥିଲା ଯେତେବେଳେ ପ୍ରତିଷ୍ଠିତ ଏବଂ ପରାକ୍ରମୀ ମଧ ବଡ଼ ସ୍ଵପ୍ନ ଦେଖି ପାରୁନଥିଲେ । ଯେପରିକି ଆପଣ ଏବେ ଏବେ ପଢ଼ିଲେ । ଏପରିକି ଯିଏ ରାଷ୍ଟ୍ରପତି ହେଉଥିଲେ ସିଏବି ଆଉଥରେ ରାଷ୍ଟ୍ରପତି ହେବାର ସ୍ଵପ୍ନକୁ ଦେଖି ପାରୁନଥିଲେ । ଡକ୍ଟର ଏପିଜେ ଅବଦୁଲ କାଲାମ ଆମକୁ ବଡ଼ ସ୍ଵପ୍ନ ଦେଖିବାକୁ ପ୍ରଚେଷ୍ଟା କରିଥିଲେ । ସେ ଆଗାମୀ ପିଢ଼ିକୁ ଏହା ଶିକ୍ଷା ଦେବାପ ପାଇଁ ଆପ୍ରାଣ ଉଦ୍ୟମ କରିଥିଲେ ଏବଂ ୨୦୨୦ ମସିହାରେ ନୂଆ ଭାରତର ସ୍ଵପ୍ନ ଦେଖିବାକୁ ଶିଖାଇ ଦେଇଗଲେ । କିନ୍ତୁ ୨୦୨୦ରେ ନୂଆ ଭାରତରେ

ଏକ ମହାମାରୀ ଆସି ପହଞ୍ଚିଗଲା । କିନ୍ତୁ ଆମେ ରୂପର ସାମ୍ନା କରି ମଧ୍ୟ କରୋନା ମହାମାରୀରୁ ଅନେକ କିଛି ଶିକ୍ଷା ଗ୍ରହଣ କରିଛୁ । ଆଗାମୀ ପିଢ଼ିକୁ ଆମ୍ଭେମାନେ ପୂର୍ବାପେକ୍ଷା ଅଧିକ ବଡ଼ ସ୍ୱପ୍ନ ଦେଖାଇବାକୁ ଆରମ୍ଭ କରିଛୁ । ସେମାନେ ମଧ୍ୟ ପ୍ରାୟ ସମସ୍ତ କ୍ଷେତ୍ରରେ ନିଜର ଚମକ୍କାରିତା ଦେଖାଇବା ଆରମ୍ଭ କରି ସାରିଛନ୍ତି । ଦ୍ରୌପଦୀ ମୁର୍ମୁ ଯେତେବେଳେ ଶୀର୍ଷସ୍ଥ ପ୍ରତିଷ୍ଠିତ ବ୍ୟକ୍ତିଙ୍କ ସହ କାନ୍ଧକୁ କାନ୍ଧ ମିଳାଇ ଚଲିଲେ ଯେତେବେଳେ ଯୁବ ସମାଜ ଉପରେ ଏକ ବଡ଼ ପ୍ରଭାବ ପଡ଼ିଲା । ରାଷ୍ଟ୍ରପତି ପଦବୀର ଉପହାର ତାଙ୍କୁ ଏକ ଐଶ୍ୱରୀୟ ଅବଦାନ ରୂପରେ ମିଳିଛି । ଏହି ସମୟରେ ଜଣେ ପ୍ରବୁଦ୍ଧ ସଦସ୍ୟ ଅଦିତି ନାରାୟଣ ପାସୱାନ୍ ଏହି ପ୍ରସଙ୍ଗରେ ନିଜର ବକ୍ତବ୍ୟ ରଖି ଲେଖିଛନ୍ତି, "ଏହା ଦ୍ୱାରା ମୋ ଭଳି ଅନେକ ଯୁବ ମହିଳାମାନଙ୍କୁ ବଡ଼ ବଡ଼ ସ୍ୱପ୍ନ ଦେଖିବାର ପ୍ରେରଣା ମିଳିଛି । ଦ୍ରୌପଦୀ ମୁର୍ମୁ କେବଳ ଆମ ପାଇଁ ଜଣେ ପ୍ରେରଣାର ସ୍ରୋତ ନୁହଁନ୍ତି । ବରଂ ତାଙ୍କର ଜୀବନ ଏବଂ ସଂଘର୍ଷ, ଦୃଢ଼ ସଂକଳ୍ପ ବଡ଼ ବଡ଼ ପ୍ରତିବନ୍ଧକର ସାମ୍ନା କରି ସଫଳତା ପାଇବା ଦ୍ୱାରା ଭାରତରେ ଏକ ନୂଆ ଆଶା, ପ୍ରତିଜ୍ଞା ଜାଗି ଉଠିଛି ଏବଂ ସେ ଏହାର ଉପଯୁକ୍ତ ପ୍ରତିନିଧିତ୍ୱ କରୁଛନ୍ତି ।"

ମୋ ଆଦିବାସୀ ବନାମ ତୋ ଆଦିବାସୀ

ଏବେ ଅଧ୍ୟାୟ ସମାପ୍ତ କରିବା ସମୟରେ 'ତୋର-ମୋର', 'ତୁ-ତୁ', 'ମୁଁ-ମୁଁ' ଶୁଣିଚିଲ । ଏପରି ହେଲା ମାନନୀୟା ମୁର୍ମୁଙ୍କୁ ଯେବେ ମନୋନୟନ କରାଗଲା ସେତେବେଳେ ବିପକ୍ଷଙ୍କୁ ସମାଲୋଚନା କରିବା ପାଇଁ ଆଉ କିଛି ତର୍କ ମିଳିଲା ନାହିଁ । ତେଣୁ କଂଗ୍ରେସ ଯେଉଁ ଯେଉଁ ସରକାରରେ ଅଛନ୍ତି ସେଠାରେ ମଧ୍ୟ ଆଦିବାସୀମାନଙ୍କର ବହୁଳତା ରହିଛି । ସେମାନଙ୍କୁ ଅଣଦେଖା କରିବା ଠିକ୍ ନୁହେଁ । ଯେତେବେଳେ ଜଣେ ଆଦିବାସୀ ରାଷ୍ଟ୍ରପତି ହେବାକୁ ଯାଉଛନ୍ତି, ତାଙ୍କୁ ବିରୋଧ କିପରି କରାଯିବ । ଆଦିବାସୀ ବହୁଳ ଛତିଶଗଡ଼ର ମୁଖ୍ୟମନ୍ତ୍ରୀ ଏକ ସୁନ୍ଦର ତର୍କ ଦର୍ଶାଇଥିଲେ । ମୁଖ୍ୟ ମନ୍ତ୍ରୀ ଭୂପେଶ ବଘେଲ କହିଲେ ଯେ, ଏହା ଅନ୍ୟାୟ ଅଟେ । ବିଜେପିକୁ ଯଦି କୌଣସି ଏକ ଆଦିବାସୀକୁ ରାଷ୍ଟ୍ରପତି ବନାଇବାର ଥିଲା ତେବେ ଆଉ କାହାକୁ ବନାଇ ଦେଇଥାଆନ୍ତେ । ଯେତେବେଳେ କୌଣସି ମହିଳା ଆଦିବାସୀଜଣକୁ ରାଷ୍ଟ୍ରପତି ବନାଇବାର ଥିଲା ତେବେ ଆମ ରାଜ୍ୟରେ ମଧ୍ୟ ରାଜ୍ୟପାଳ ଅନସୂୟା ଉଇକେଙ୍କୁ ମନୋନୟନ କାହିଁକି କରାଗଲା ନାହିଁ ? ସେ ମଧ୍ୟ ଆଦିବାସୀ ଅଟନ୍ତି । ସେ ମଧ୍ୟ ୧୯୮୫ ମସିହାରୁ ୧୯୮୯ ମସିହା ପର୍ଯ୍ୟନ୍ତ ବିଧାନସଭା କ୍ଷେତ୍ରରେ ଦମୁଆର ଏକ ବିଧାୟକ ରହିଛନ୍ତି । ସେ ମଧ୍ୟପ୍ରଦେଶର ଅର୍ଜୁନ ସିଂ ସରକାରରେ ୧୯୮୮ରୁ ୧୯୮୯ ପର୍ଯ୍ୟନ୍ତ ମହିଳା ଏବଂ ବାଲବିକାଶ ବିଭାଗର ମନ୍ତ୍ରୀ ମଧ୍ୟ ରହିଛନ୍ତି । ଅବଶ୍ୟ ସେ ପରେ କଂଗ୍ରେସ ଛାଡ଼ି ଦେଇଛନ୍ତି ଏବଂ ଭାରତୀୟ ଜନତା ପାର୍ଟିରେ ସାମିଲ ହୋଇ ଯାଇଛନ୍ତି । ସେ

୨୦୦୬ ମସିହାରେ ରାଜ୍ୟ ସଭାରେ ସଦସ୍ୟ ହୋଇଛନ୍ତି ଏବଂ ପରେ ରାଷ୍ଟ୍ରୀୟ, ମହିଳା ଓ ଉଦ୍ୟୋଗ ଅନୁସୂଚିତ ଜନଜାତି ଆୟୋଗରେ ସଦସ୍ୟ ମଧ୍ୟ ହୋଇଛନ୍ତି । ବର୍ତ୍ତମାନ ସେ ଛତିଶଗଡ଼ର ରାଜ୍ୟପାଳ ଅଟନ୍ତି । ଯଦି ତାଙ୍କୁ ରାଷ୍ଟ୍ରପତି କରା ଯାଇଥାଆନ୍ତା ତେବେ କ'ଣ ଅସୁବିଧା ହୋଇଥାଆନ୍ତା ?

ଅକ୍ଟୋବର ୨୦୨୧ରେ ଶ୍ରୀମତୀ ଅନସୂୟା ଉଇକେ ଛତିଶଗଡ଼ର ସରଗୁଜା ସମ୍ଭାଗର ଗ୍ରାମ ଫତେପୁରରୁ ରାଜଧାନୀ ରାୟପୁର ପର୍ଯ୍ୟନ୍ତ ୩୦୦ କିଲୋମିଟର ଦୀର୍ଘ ପଦଯାତ୍ରା କରିଥିବା ଶତାଧିକ ଗ୍ରାମବାସୀଙ୍କୁ ଆଶ୍ୱାସନା ଦେଇଥିଲେ ଯେ ସିଏ ମୁଖ୍ୟମନ୍ତ୍ରୀ, କୁଳାମନ୍ତ୍ରୀ ଏବଂ ପ୍ରଧାନମନ୍ତ୍ରୀଙ୍କ ସହ ଗ୍ରାମସଭାର ସହମତି ଅଭାବ ଏବଂ ଖନନ ପାଇଁ ମଞ୍ଜୁରର ସୁବିଧା ପାଇଁ ନକଲି ଗ୍ରାମସଭା ପ୍ରସ୍ତାବର ଦୁରୁପଯୋଗ ଆଦି ସମସ୍ୟା ଉପରେ ଚର୍ଚ୍ଚା କରିବେ । ଏହି ଆନ୍ଦୋଳନରେ ସମଗ୍ର ଛତିଶଗଡ଼ରେ ଏବଂ ବାସ୍ତବରେ ରାଷ୍ଟ୍ରୀୟ ସ୍ତରରେ ବ୍ୟାପକ ଏକତ୍ରୀକରଣ ହାସଲ କରିଥିଲେ । ଯାହା ଦ୍ୱାରା ଛତିଶଗଡ଼ ସରକାର ମେ ୨୦୨୨ରେ ପରସ କୁଇଲା ଖଣି ପାଇଁ ଖୋଦନ ପାଇଁ ଦ୍ୱିତୀୟ ଚରଣର ଗଛ କାଟିବା ରୋକିବାର ଆଦେଶ ଜାରି କରିବା ପାଇଁ ବାଧ୍ୟ ହୋଇଥିଲେ । ଏହା କହିବା ଭୁଲ ନୁହେଁ ଯେ ରାଷ୍ଟ୍ରପତି ପଦ ପାଇଁ ସେ ଆବଶ୍ୟକତୀୟ ଯୋଗ୍ୟତା ରଖୁଛନ୍ତି ଏବଂ ଆଦିବାସୀ ସମୁଦାୟ ପାଇଁ ତାଙ୍କର କାର୍ଯ୍ୟ ମଧ୍ୟ ଉଲ୍ଲେଖନୀୟ ଅଟେ । କିନ୍ତୁ ରାଷ୍ଟ୍ରପତି ପଦ ପାଇଁ ସାମ୍ୱିଧାନିକ ହେବା ସହିତ ରାଷ୍ଟ୍ରପତି ନିର୍ବାଚନ ପ୍ରକ୍ରିୟ ଏକ ରାଜନୈତିକ ପ୍ରକ୍ରିୟ ଅଟେ । ଏହି କାରଣରୁ ରାଜନୈତିକ କାରଣଗୁଡ଼ିକୁ ଆଧାର ଭାବରେ ରଖି ଚୟନ ପ୍ରକ୍ରିୟ କରା ଯାଇଥାଏ ।

ଏହି ତର୍କର କ'ଣ ଉତ୍ତର ଅଛି ? ତାଙ୍କୁବି ବିଚାରାଧୀନ ରଖା ଯାଇଥିଲା । କିନ୍ତୁ ଯେଉଁ ରୀତି ଆବଶ୍ୟକୀୟ ଯୋଗ୍ୟତା ଥିଲା ସେଥିରେ ଯାହା ଉପଯୁକ୍ତ କରାଗଲା ସେହି ଅନୁସାରେ ବିବେଚନା କରାଗଲା । ଏହାପରେ ଭାଗ୍ୟ ମଧ୍ୟ କିଛି ପ୍ରଭାବ ଦେଖାଇଥାଏ । ଏକଥା ନୁହେଁ ଯେ ଅନସୂୟା ଉଇକଙ୍କ ଯୋଗ୍ୟତା ଏବଂ ସାମର୍ଥ୍ୟର ଅଭାବ ଥିଲା । କିନ୍ତୁ ବିଜୟ ପ୍ରଦାନ କରୁଥିବା ଫ୍ୟାକ୍ଟର ଦ୍ରୌପଦୀ ମୁର୍ମୁଙ୍କର ଭାଗ୍ୟ ଖୋଲିଗଲା । ଶହେ ପ୍ରତିଶତ ବିଜୟ ଗ୍ୟାରେଣ୍ଟି କେବଳ ଥିଲା ମୁର୍ମୁଙ୍କ ସହିତ । ଆଉ ମଧ୍ୟ ଏକ କଥା ଅଛି । ଯେଉଁଠାରେ ମୁର୍ମୁ ବିଜେପିକୁ କେବେ ମଧ୍ୟ ଛାଡ଼ି ନାହାନ୍ତି ଉଇକେ କଂଗ୍ରେସ ଛାଡ଼ି ବିଜେପିକୁ ଆସିଲେ । ମୁର୍ମୁଙ୍କୁ ଓଡ଼ିଶାର ଭୋଟ ମଧ୍ୟ ମିଳିବା ନିଶ୍ଚିତ ଥିଲା । କଂଗ୍ରେସ ରାଜ୍ୟରୁ ଆଶା ରଖିବା ମୂର୍ଖତା ହୋଇଥାଆନ୍ତା । ଉଇକେ ଏବେ ମଧ୍ୟ ରାଜ୍ୟପାଳ ଅଟନ୍ତି । ତେଣୁ ଛତିଶଗଡ଼ର ମୁଖ୍ୟମନ୍ତ୍ରୀ ଭୁପେଶ ବଘେଲ ଏବଂ ଝାଡ଼ଖଣ୍ଡର ମୁଖ୍ୟମନ୍ତ୍ରୀ ହେମନ୍ତ ସୋରେନଙ୍କୁ ନିଜର ଆଦିବାସୀ ବହୁଳ ରାଜ୍ୟରେ ମୁର୍ମୁଙ୍କ ବିରୋଧ କରିବା ଭାରୀ ପଡ଼ି ଯାଇଥାଆନ୍ତେ । ଏହା ସବୁ ଜାଣିଥିଲେ ।

ଦୂର ହେଲା ଅନ୍ଧାର !

ସବୁ ହାତକୁ କାମ, ସବୁ ଖେତକୁ ପାଣି ।

ଘରେ ଘରେ ଆଲୋକ, ବିଜେପିର ନିଶାନୀ ।

ମହିଳା ସଶକ୍ତିକରଣ ଏବଂ ଅନ୍ତ୍ୟୋଦୟ ଭାରତୀୟ ଜନତା ପାର୍ଟିର ନୀତିଗତ ସଂକଳ୍ପର ଚରିତାର୍ଥ ପାଇଁ ରାଷ୍ଟ୍ରପତି ପଦ ପାଇଁ ଦ୍ରୌପଦୀ ମୁର୍ମୁଙ୍କ ମନୋନୟନ ଏବଂ ନିର୍ବାଚନ ଏକ ମାଇଲଖୁଣ୍ଟ ଅଟେ । ଅନ୍ତ୍ୟୋଦୟର ଅର୍ଥ ହେଉଛି ସମାଜର ସବୁଠାରୁ ନିମ୍ନସ୍ତରରେ ଥିବା ବ୍ୟକ୍ତିଙ୍କର କଲ୍ୟାଣ । ଗରୀବ ଏବଂ ଅଶିକ୍ଷିତ ଲୋକମାନେ ଆମର ଈଶ୍ୱର । ଏହାହିଁ ଆମର ସାମାଜିକ ଏବଂ ମାନବିକ ଧର୍ମ ଅଟେ । ଏକାନ୍ତ ମାନବବାଦ ଏବଂ ଅନ୍ତ୍ୟୋଦୟର ଦର୍ଶନ ପାର୍ଟିର ମାର୍ଗଦର୍ଶକ ସିଦ୍ଧାନ୍ତ ମଧ୍ୟରେ ଅନ୍ୟତମ ଅଟେ । ଏହି ସିଦ୍ଧାନ୍ତକୁ 'ସବ୍‌କା ସାଥ ସବ୍‌କା ବିକାଶ' ସାଥରେ ମିଶ୍ରିତ ଭାବରେ ଦେଖା ଯାଇ ପାରିବ । ଯେଉଁଠାରେ ଗରୀବ ଗ୍ରାମୀଣ କ୍ଷେତ୍ରରେ ବିକାଶ ପାଇଁ ସରାକାରଙ୍କ ଦ୍ୱାରା ନିର୍ଦ୍ଧିଷ୍ଟ ହୋଇଥିବା ନୀତିଗୁଡ଼ିକ ଉପରେ ମଧ୍ୟ ଦୃଷ୍ଟି ଦେବାକୁ ପଡ଼ିବ । ସ୍ୱରାଜ, ବନ୍ଦେ ମାତରମ୍, ସ୍ୱଦେଶୀ ସତ୍ୟ, ଅହିଂସା, ଅନ୍ତ୍ୟୋଦୟ, ସର୍ବୋଦୟ, ରାଷ୍ଟ୍ରବାଦ, ଅନ୍ତରାଷ୍ଟ୍ରୀୟବାଦ, ସମାଜବାଦ, ଲୋକତନ୍ତ୍ର, ହିନ୍ଦୁତ୍ୱ, ଏକାମ୍ ମାନବବାଦ, ଧର୍ମନିରପେକ୍ଷତା, ସାମାଜିକ ନ୍ୟାୟ, ସମରସତା, ବନ୍ଧୁତ୍ୱ ଏବଂ ସ୍ୱରାଜ ଇତ୍ୟାଦି ବିଷୟ ଭାରତ ରାଜନୀତି ଏବଂ ସମାଜର ବିଚାରଣୀୟ ହିନ୍ଦୁ ଅଟେ । ଦ୍ରୌପଦୀ ମୁର୍ମୁଙ୍କ ପୃଷ୍ଠଭୂମିରେ ଗରୀବୀ, ଅଭାବ, ଅକାଳମୃତ୍ୟୁ ଏବଂ ବାଧାବିଘ୍ନ ଆଦିକୁ ପାର କରି ରାଷ୍ଟ୍ରଭକ୍ତି ସହିତ ଦେଶର ସେବା କରିବା ପାଇଁ ଅକୁଣ୍ଠ ଭାବ ରହିଛି । ସେ ତ୍ୟାଗ, ସମର୍ପଣ ଏବଂ ସେବା ଭାବ ସହିତ ଦେଶର ଓ ସମାଜର ପାଇଁ କାର୍ଯ୍ୟ କରି ଚଳିଛନ୍ତି ।

ଭାରତୀୟ ଜନତା ପାର୍ଟିର ପ୍ରାର୍ଥୀ ଭାବରେ ଦ୍ରୌପଦୀ ମୁର୍ମୁଙ୍କ ଚୟନ ସମସ୍ତଙ୍କୁ ଭଲ ଲାଗିଛି । ଏହାର କାରଣ ପାର୍ଟିର ନୀତି । ପାର୍ଟିର ବର୍ତ୍ତମାନର ଅଧ୍ୟକ୍ଷ ଜେ.ପି. ନାଡ୍ଡା ସେହି ନୀତିଗୁଡ଼ିକୁ ନିମ୍ନଭାଗରେ ପ୍ରସ୍ତୁତ କରିଛନ୍ତି । ଏଥିରୁ ଜଣାଯାଏ ଯେ ନିର୍ବାଚନ ପଛରେ କେଉଁଭଳି ଭାବରେ ବିଚ୍ଚରଧାରା କାମ କରୁଥିଲା ।

ସମଗ୍ର ରାଷ୍ଟ୍ର ଏହି ସମ୍ମାନିତ ପଦ ପାଇଁ ଶ୍ରୀମତୀ ମୁର୍ମୁଙ୍କୁ ଚୟନ କରିବାକୁ ମୁକ୍ତ କଣ୍ଠରେ ପ୍ରଶଂସା କରିଛି । ତାଙ୍କର ଚୟନ ସମାଜର ବିଭିନ୍ନ ବର୍ଗର ପାରସ୍ପରିକ ସଦ୍‌ଭାବ ସହଯୋଗ ଓ ଉତ୍ଥାନ ଦିଗରେ ଏକ ନୂଆ ଦିଗ ଯୋଡ଼ିଛି । ଏକ ଏଭଳି ରାଜନୈତିକ ବ୍ୟବସ୍ଥା ଯେଉଁଠାରେ ଦୀର୍ଘ ଦଶନ୍ଧି ଧରି ବଂଶବାଦ ଏବଂ ପରିବାରବାଦ ରାଜନୀତି ଏବଂ ପୁଞ୍ଜିପତିମାନଙ୍କର ପ୍ରଭୁତ୍ୱ ରହିଥିଲା ଶ୍ରୀମତୀ ମୁର୍ମୁ ସାର୍ବଜନିକ ଜୀବନଯାତ୍ରାରେ ଏକ ତାଜା ପବନର ଏକ ଦଳକ ଅଟନ୍ତି । ଯିଏ ଭାରତୀୟ ଗଣତାନ୍ତ୍ରିକ ବ୍ୟବସ୍ଥାର ଦେଶବାସୀଙ୍କ ଆସ୍ଥାକୁ ଆହୁରି ସୁଦୃଢ଼ କରିଛନ୍ତି ।

ଆଦରଣୀୟ ଶ୍ରୀମତୀ ମୁର୍ମୁଜୀଙ୍କୁ ପ୍ରାର୍ଥୀତ୍ୱ ସବୁ ଭାରତୀୟଙ୍କୁ ଏହି ବାବଦରେ ଗୌରବାନ୍ବିତ କରିଛି ଏବଂ ଏହି ଦେଶର ସର୍ବୋଚ୍ଚ ପଦରେ ବିପରୀତ ପରିସ୍ଥିତିରେ ମଧ ନିଜର ଶକ୍ତିରେ ଆଗକୁ ବଢ଼ି ସମାଜ ପାଇଁ ଏକ ଆଦର୍ଶ ପ୍ରସ୍ତୁତ କରୁଥିବା ଏକ ମହିଳା ଆସୀନ ହେବେ ଯିଏ ଆଦିବାସୀ ସମୁଦାୟ ମଧରୁ ଆସିଛନ୍ତି । ଯିଏ ଦେଶର କୋଟୀ କୋଟୀ ମହିଳାମାନଙ୍କ ପାଇଁ ପ୍ରେରଣାର ଅସୀମ ସ୍ରୋତ ଅଟନ୍ତି । ବଡ଼ ସ୍ତରରେ ତାଙ୍କର ପ୍ରାର୍ଥୀତ୍ୱ ନୂଆ ଭାରତ ବା ନିଉ ଇଣ୍ଡିଆ ଭାବନାକୁ ସମାହିତ କରୁଛି । ଯଶସ୍ୱୀ ପ୍ରଧାନ ମନ୍ତ୍ରୀ ଶ୍ରୀ ନରେନ୍ଦ୍ର ମୋଦୀଙ୍କ ନେତୃତ୍ୱାଧୀନ ଭା.ଜ.ପା. ସରକାରଙ୍କ ସବୁଠାରୁ ଅଧିକ ନିର୍ଣ୍ଣାୟକ ବିଶେଷତା ଏହା ଯେ ଆଧାରିକ ସ୍ତରରେ ଲୋକମାନଙ୍କୁ ସଶକ୍ତ ବନାଇବା ପାଇଁ ଦଶନ୍ଧି ଦଶନ୍ଧି ଧରି ଶାସନରେ ଥିବା କିଛି ଲୋକଙ୍କର ଏକାଧିକାର ଭାଙ୍ଗିବାର ଯଥାସମ୍ଭବ ପ୍ରୟାସ ବିଗତ ଆଠ ବର୍ଷ ମଧରେ କରା ଯାଇଛି । ବାସ୍ତବରେ ପ୍ରଧାନମନ୍ତ୍ରୀ ନରେନ୍ଦ୍ର ମୋଦୀଜୀ କେବିନେଟ୍‌ରେ ନିଜେ ୨୬ଜଣ ଓ.ବି.ସି., ୧୨ଜଣ ଏନ୍.ସି. ଏବଂ ୮ଜଣ ଏସ୍.ଟି. ସମୁଦାୟରୁ ଆସିଥିବା ଜନପ୍ରତିନିଧିମାନଙ୍କୁ ସାଦରରେ ଐତିହାସିକ ପ୍ରତିନିଧିତ୍ୱ ଦେଇଛନ୍ତି । ଯେଉଁମାନଙ୍କର ସଂଖ୍ୟା ସମୁଦାୟ ୫୦ ପ୍ରତିଶତରୁ ମଧ ଅଧିକ ଅଟେ । ୨୦୧୯ରେ ଭାଜପାର ଐତିହାସିକ ସଫଳତା ଲୋକସଭାରେ ସବୁଠାରୁ ଅଧିକ ମହିଳା ପ୍ରତିନିଧିତ୍ୱ ସହିତ ଆସିଲା । ନରେନ୍ଦ୍ର ମୋଦୀ ସରକାର ଆର୍ଥିକ ରୂପରେ ପଛୁଆ ଲୋକମାନଙ୍କ ପାଇଁ ଆରକ୍ଷଣ ସୁନିଶ୍ଚିତ କରିଛନ୍ତି । ଆଜି ସମାଜରେ ଏହି ଭାବରେ ଜାଗୃତ ହୋଇଛି ଯେ ଜଣେ ଅତ୍ୟନ୍ତ ଗରୀବ ପୃଷ୍ଠଭୂମିରେ ଆସୁଥିବା ବ୍ୟକ୍ତି ମଧ ସାମାଜିକ ଆର୍ଥିକ ପରିସ୍ଥିତିରୁ ଉତ୍ପନ୍ନ ସମସ୍ତ ଆହ୍ୱାନକୁ ପାର କରି ଭାରତର ପ୍ରଧାନମନ୍ତ୍ରୀ ହୋଇ ପାରିବ ଏବଂ ଦେଶକୁ ଏକ ନୂତନ ଉଚ୍ଚତାକୁ ନେଇ ଯାଇ ପାରିବ । ଶ୍ରୀମତୀ ମୁର୍ମୁଙ୍କ ନିର୍ବାଚନ ଜନମାନସରେ ଏହି ଭାବନା ଆହୁରି ମଧ ପ୍ରବଳ ହେବ । ଯେପରି ଉଲ୍ଲେଖ କରାଯାଇଛି, ପ୍ରଥମ ଆଦିବାସୀ ରାଷ୍ଟ୍ରପତି, ପ୍ରଥମ ଆଦିବାସୀ ମହିଳା ରାଷ୍ଟ୍ରପତି, ପ୍ରଥମ ଓଡ଼ିଆ ରାଷ୍ଟ୍ରପତି ଭାବରେ ତାଙ୍କର ନିର୍ବାଚନ ତାଙ୍କର ଚୟନ ସମାଜରେ ଚାଲି ଆସୁଥିବା ଅନେକ ପ୍ରତିବନ୍ଧକକୁ ସମାପ୍ତ କରିବ ଯାହାକୁ ଦଶନ୍ଧି ଦଶନ୍ଧି ପୂର୍ବରୁ ଧୋସ୍ତ କରିଦେବା ଉଚିତ୍ ଥିଲା । ରାଷ୍ଟ୍ରପତି ପଦ ପାଇଁ ଏନ୍.ଡି.ଏର ପୂର୍ବ ଦୁଇଜଣ ପ୍ରାର୍ଥୀ ଡକ୍ଟର ଏପିଜେ ଅବଦୁଲ କାଲାମ ଏବଂ ରାମନାଥ କୋବିନ୍ଦ ଏହି ଦେଶକୁ ପ୍ରେରଣାଦାୟକ ଏବଂ ପରିପକ୍ୱ ନେତୃତ୍ୱ ପ୍ରଦାନ କରିଛନ୍ତି । ସେମାନଙ୍କର ନେତୃତ୍ୱ ଦ୍ୱାରା ଭାରତ ବିଶ୍ୱପଟଳରେ ଏକ ନୂଆ ରୂପରେ ସ୍ଥାପିତ ହୋଇଛି । ଦ୍ରୌପଦୀ ମୁର୍ମୁଙ୍କର ପ୍ରାର୍ଥୀତ୍ୱ ସେହି ଲୋକମାନଙ୍କ ଶଚ ଦୋଲା ଭଳି କଥା ଏବଂ ଇତିହାସକୁ ପୁଣିଥରେ ଲେଖିବା ପାଇଁ ପ୍ରସ୍ତୁତି ଅଟେ ।

ପଦ, ପ୍ରତୀକ ଏବଂ ପ୍ରତିନିଧିତ୍ୱ

ଲୋକମାନେ ଗ୍ରାମ ପଞ୍ଚାୟତ ଠାରୁ ଆରମ୍ଭ କରି ସଂସଦ ପର୍ଯ୍ୟନ୍ତ ନିଜର ପ୍ରତିନିଧିମାନଙ୍କର ନିର୍ବାଚନ କରିଥାଆନ୍ତି। ସେମାନେ ସେହି ପ୍ରତିନିଧିମାନଙ୍କ ଠାରେ ନିଜର ଇଚ୍ଛା ଏବଂ ଆଶା ନିହିତ କରିଥାଆନ୍ତି। ପ୍ରତିବଦଳରେ ଜନ ପ୍ରତିନିଧିମାନେ ନିଜର ଜୀବନ ରାଷ୍ଟ୍ରକୁ ସେବା ପାଇଁ ସମର୍ପିତ କରିଥାଆନ୍ତେ। କିନ୍ତୁ ଆମର ପ୍ରୟାସ କେବଳ ନିଜ ପାଇଁ ନୁହେଁ।

ଲୋକତନ୍ତ୍ରର ସ୍ୱର

ରାଷ୍ଟ୍ରପତି ରାମନାଥ କୋବିନ୍ଦ – ଲୋକତନ୍ତ୍ରର ସ୍ୱର।

ଯେତେବେଳେ ପୂର୍ବ ରାଷ୍ଟ୍ରପତି ରାମନାଥ କୋବିନ୍ଦ ଏହି ଶବ୍ଦ କହିଥିଲେ ସେତେବେଳେ ତାଙ୍କୁ ଏହି କଥାର ସୂଚନା ନଥିଲା ଯେ ସିଏ ଯେଉଁ ଶବ୍ଦ କହୁଛନ୍ତି ଏହା ଜଣେ ଭବିଷ୍ୟ ବକ୍ତାଙ୍କ ଶବ୍ଦ ହେବ। ଦ୍ରୌପଦୀ ମୁର୍ମୁଙ୍କ ଭାବରେ ଆମକୁ ଏହିଭଳି ଏକ ପ୍ରତିନିଧି ମିଳିଛନ୍ତି ଯିଏ ଗ୍ରାମ ପଞ୍ଚାୟତ ସ୍ତରରୁ ଜନତାର ସେବା କରିବାରେ ଲାଗିଛନ୍ତି ଏବଂ ଶୀର୍ଷରେ ପହଞ୍ଚିଛନ୍ତି। ରାଷ୍ଟ୍ର ପାଇଁ ତାଙ୍କର ସେବା ଆଜି ପର୍ଯ୍ୟନ୍ତ ଅନୁକରଣୀୟ ଅଟେ ଏବଂ ତାଙ୍କ ସେବାର ପ୍ରତିଫଳନ ମଧ୍ୟ ଲୋଭନୀୟ ଅଟେ।

ଶ୍ରୀମତୀ ଦ୍ରୌପଦୀ ମୁର୍ମୁ ଆପଣ ଏବଂ ମୋ ଭଳି ସାଧାରଣ ଲୋକଙ୍କର ପ୍ରତିନିଧିତ୍ୱ କରନ୍ତି। ଆମେ ଭାରତର ବହୁ ସଂଖ୍ୟକ, କୃଷିପ୍ରଧାନ, ଗ୍ରାମୀଣ, ସାମାଜିକ ଏବଂ ଆର୍ଥିକ ଭାବରେ ବଞ୍ଚିତ ଅଟୁ। ଏବଂ ସେ ଆମମାନଙ୍କ ମଧ୍ୟରେ ଜଣେ ଅଟନ୍ତି। ସାଧାରଣ ଲୋକ ଭାବନ୍ତି ଏବଂ ଚାହାନ୍ତି ଯେ ସିଏ ତାଙ୍କ ସହିତ ସହାନୁଭୂତି ରଖିବେ। କାରଣ ସିଏ ତାଙ୍କର ଦୁର୍ଦ୍ଦଶାକୁ ଜାଣିଛନ୍ତି। ଆଦିବାସୀ ସମ୍ପ୍ରଦାୟ ସହ ସମ୍ବନ୍ଧିତ ଜଣେ ମହିଳାଙ୍କୁ ଚୟନ କରାଗଲା। ଏହି କଥା ଦର୍ଶାଇଥାଏ ଯେ ସାଧାରଣ ଲୋକ ତାଙ୍କର ପରିଚୟ କିପରି ଭାବରେ କରିଥାଆନ୍ତି। ଏହା ଭାରତ ପାଇଁ ଏକ ଯୁଗାନ୍ତକାରୀ ପରିବର୍ତ୍ତନର ପଦକ୍ଷେପ ଯାହାର କୌଣସି ତୁଲନା ନାହିଁ।

ସେ ଏକ ଏଭଳି ସମ୍ପ୍ରଦାୟ ସହ ସମ୍ବନ୍ଧିତ ଯେଉଁମାନେ ଆଦିବାସୀ ଅଟନ୍ତି । ତାଙ୍କ ବାବଦରେ ଲେଖିଲାବେଳେ ପ୍ରାୟ ସମସ୍ତେ ଏହି କଥା ଉପରେ ଆଲୋକପାତ କରିଛନ୍ତି । ଏଥିରେ କୌଣସି ସନ୍ଦେହ ନାହିଁ ଯେ ତାଙ୍କର ନାମାଙ୍କନ ଏହି କାରଣ ଉପରେ ଆଧାରିତ ଥିଲା ଏବଂ ତାଙ୍କର ଆଦିବାସୀ ହେବା ଏକ ପ୍ରମୁଖ କାରଣ ଥିଲା । ଦ୍ୱିତୀୟ କଥା ହେଉଛି ଝାଡ଼ଖଣ୍ଡରେ ରାଜ୍ୟପାଳ ଭାବରେ ତାଙ୍କର କାର୍ଯ୍ୟକାଳ ଉଲ୍ଲେଖନୀୟ ଏବଂ ସଫଳ ରହିଥିଲା । ସତ୍ୟନିଷ୍ଠ ଏବଂ ସଚ୍ଚୋଟତା ସହିତ ସ୍ୱଚ୍ଛତା ଏବଂ ଆଦିବାସୀ କଲ୍ୟାଣ ତାଙ୍କର ପ୍ରମୁଖ ଲକ୍ଷ୍ୟ ରହିଥିଲା । ସେ ଯାହାବି କିଛି କରନ୍ତି ଅତ୍ୟନ୍ତ କୁଶଳତା ସହିତ କରନ୍ତି । ମୁଖ୍ୟମନ୍ତ୍ରୀମାନଙ୍କ ସହ ତାଙ୍କର ସମ୍ବନ୍ଧ ସୌହାର୍ଦ୍ଦପୂର୍ଣ୍ଣ ଏବଂ ଉତ୍ତମ ଥିଲା ।

ଏଗୁଡ଼ିକ ଏଭଳି କିଛି ଗୁଣ ଯାହା ତାଙ୍କୁ ଇତିହାସ ବନାଇବାରେ ସହାୟତା ପ୍ରଦାନ କରିଛି । ଏହା ଏବେ ତାଙ୍କ ଉପରେ ନିର୍ଭରଶୀଳ ଯେ ସେ ନିଜର ସମାଲୋଚକମାନଙ୍କୁ ଭୁଲ ସାବ୍ୟସ୍ତ କରିବେ । ଆଦିବାସୀମାନଙ୍କୁ ଏକପ୍ରକାର ସାମାଜିକ ଏବଂ ଆର୍ଥିକ ପରିବର୍ତ୍ତନ ସେତେବେଳେ ମିଳିବ ଯେତେବେଳେ ଜଣେ ଆଦିବାସୀଙ୍କୁ ସେମାନେ ନିଜ ଦେଶର ରାଷ୍ଟ୍ରପତି ପଦବୀରେ ଦେଖିବେ । ସେମାନେ ନିଜେ ବଦଳି ଯିବେ କାରଣ ପ୍ରତୀକ ଠାରୁ ଆଉ ଅଧିକ କିଛି ପ୍ରେରଣାଦାୟକ ହୋଇ ପାରିବ ନାହିଁ । ରାଷ୍ଟ୍ରଧ୍ୱଜ, ରାଷ୍ଟ୍ରଗାନ ଏବଂ ରାଷ୍ଟ୍ରପତି ସମସ୍ତଙ୍କୁ ପ୍ରେରଣା ଦେଇଥାଆନ୍ତି । ଲୋକମାନେ କେବଳ ଏକ କପଡ଼ାରେ ତିଆରି ମାମୁଲି ପତାକାର ରକ୍ଷା ପାଇଁ ନିଜର ପ୍ରାଣ ବଳିଦାନ କରିଦିଅନ୍ତି । ରାଷ୍ଟ୍ରପତି ମଧ୍ୟ ସେହିଭଳି ଭାବରେ ଏକ 'ଫିଗର ହେଡ୍' । ରାଷ୍ଟ୍ରପତି ଦ୍ରୌପଦୀ ମୁର୍ମୁ ଆଦିବାସୀ ପରିଚୟର ପ୍ରତୀକ । ବେଳେବେଳେ କୁହାଯାଏ ଯେ ସଙ୍କେତ ଏବଂ ପ୍ରତୀକର ଉପଯୋଗ ମିଥ୍ୟା ପ୍ରଚାର ମଧ୍ୟ କରିଥାଏ । ତେଣୁ ଏଥିପାଇଁ ଏହି କଥା ଏବେ ବିବାଦୀୟ ବିଷୟ ହୋଇ ଯାଇଛି ଯେ ରାଷ୍ଟ୍ରପତି ପଦରେ ଦ୍ରୌପଦୀ ମୁର୍ମୁଙ୍କର ଆସୀନ ହେବା କେବଳ ଏକ ପ୍ରତୀକ ତ ନୁହେଁ । ଏଭଳି ଭାବୁଥିବା ଲୋକମାନଙ୍କ ପାଖରେ ନିଜସ୍ୱ ଯୁକ୍ତି ରହିଛି । ଏବଂ ଏହାକୁ ଅଗ୍ରାହ୍ୟ କରୁଥିବା ବ୍ୟକ୍ତିମାନଙ୍କ ପାଖରେ ନିଜର ବିଚାର ରହିଛି । ମୁର୍ମୁଙ୍କ ଉତ୍ଥାନ ନା କେବଳ ପ୍ରତୀକବାଦୀ ଅଟେ, ନା କେବଳ ସଂକେତବାଦୀ ।

ଟୋକନବାଦ ଏବଂ ପ୍ରତୀକବାଦ

ବାବାସାହେବ ଭୀମରାଓ ଆମ୍ବେଦକର ସମ୍ବିଧାନ ସଭାରେ ରାଷ୍ଟ୍ରପତି ପଦ ବାବଦରେ ବିସ୍ତୃତ ଭାବରେ ନିଜର ବକ୍ତବ୍ୟ ରଖିଥିଲେ ଏବଂ କହିଥିଲେ, "ଭାରତର ରାଷ୍ଟ୍ରପତିଙ୍କୁ ଆମେରିକାର ରାଷ୍ଟ୍ରପତି ଏବଂ ବ୍ରିଟେନର ମହାରାଣୀଙ୍କ ଠାରୁ ଭିନ୍ନ ଭାବରେ ଦେଖିବା ଉଚିତ୍ ।" ତାଙ୍କର ମତ ସ୍ପଷ୍ଟ ଥିଲା ଏବଂ ଆଜି ମଧ୍ୟ ରାଷ୍ଟ୍ରପତିଙ୍କ ପାଇଁ ତାଙ୍କର ଏହି ମତ ଉଲ୍ଲେଖନୀୟ ଅଟେ ।

ସେ ରାଜ୍ୟର ମୁଖ୍ୟଆ ହୋଇଥାଆନ୍ତେ କିନ୍ତୁ କାର୍ଯ୍ୟପାଳିକାର ନୁହେଁ। ସେ ରାଷ୍ଟ୍ରର ପ୍ରତିନିଧିତ୍ୱ କରିଥାଆନ୍ତେ କିନ୍ତୁ ରାଷ୍ଟ୍ର ଉପରେ ଶାସନ କରନ୍ତି ନାହିଁ। ସେ ହେଉଛନ୍ତି ରାଷ୍ଟ୍ରର ପ୍ରତୀକ। ପ୍ରଶାସନରେ ତାଙ୍କର ସ୍ଥାନ ମୋହର ପରି ଏକ ଔପରିକ ଉପକରଣ ଅଟେ। ଯାହା ଦ୍ୱାରା ରାଷ୍ଟ୍ରର ନିର୍ଣ୍ଣୟ ଜ୍ଞାତ ହୋଇଥାଏ। ଭାରତୀୟ ସଂଘର ରାଷ୍ଟ୍ରପତି ସାଧାରଣ ଭାବରେ ନିଜର ମନ୍ତ୍ରୀମାନଙ୍କର ପରାମର୍ଶ ସ୍ୱୀକାର କରିବାକୁ ବାଧ୍ୟ ହୋଇଥାଆନ୍ତି। ରାଷ୍ଟ୍ରପତି ମନ୍ତ୍ରୀମଣ୍ଡଳର ବିନା ପରାମର୍ଶରେ କିଛି କରିପାରନ୍ତି ନାହିଁ ଏବଂ ସେମାନଙ୍କ ପରାମର୍ଶର ବିପରୀତରେ ମଧ୍ୟ କିଛି କରି ପାରିବେ ନାହିଁ। ଭାରତୀୟ ସଂଘର ରାଷ୍ଟ୍ରପତିଙ୍କ ପାଖରେ ଏଭଳି କରିବାର କୌଣସି ଶକ୍ତି ନାହିଁ ଯେ ପର୍ଯ୍ୟନ୍ତ ତାଙ୍କ ମନ୍ତ୍ରୀମାନେ ସଂସଦରେ ବହୁମତ ପ୍ରାପ୍ତ ନକରିବେ।

ପୂର୍ବ ପ୍ରଧାନମନ୍ତ୍ରୀ ଜବାହାରଲାଲ ନେହେରୁଙ୍କ କଥା ଅନୁସାରେ, "ଭାରତୀୟ ରାଷ୍ଟ୍ରପତି କେବଳ ଜଣେ ଏଭଳି ବ୍ୟକ୍ତି ଅଟନ୍ତି ଯିଏ ଦେଶର ମୁଖ୍ୟ ହୋଇଥାଆନ୍ତି କିନ୍ତୁ ନା ସେ ଶାସନ କରନ୍ତି ନା ସେ ଶାସନ ଚଳାନ୍ତି। କିନ୍ତୁ ସେ ଅଧିକ ଅଧିକାର ବା ସମ୍ମାନଜନକ ସ୍ଥିତି ବଜାୟ ରଖନ୍ତି। ଭାରତୀୟ ଗଣତନ୍ତ୍ରର ରାଷ୍ଟ୍ରପତି ରୂପରେ ଦ୍ରୌପଦୀ ମୁର୍ମୁଙ୍କୁ ଚୟନ ଏହି ତର୍କକୁ ପୁଣିଥରେ କେନ୍ଦ୍ରକୁ ଆଣି ଠିଆ କରାଇ ଦେଇଛି ଏବଂ ପ୍ରଶ୍ନ ପଚରା ଯାଉଛି ଏବଂ ବାରମ୍ବାର ପଚରାଯାଉଛି ଯେ କ'ଣ ଭାରତର ନାମମାତ୍ର ମୁଖ୍ୟଆଙ୍କ ଭୂମିକା। ଲିଙ୍ଗଗତ, ଭୌଗୋଳିକ ଏବଂ ସାମ୍ପ୍ରଦାୟିକ ପ୍ରତୀକ ପାଇଁ ସବୁଠାରୁ ଅଧିକ ବିବେକପୂର୍ଣ୍ଣ ସ୍ଥାନ ଅଟେ କି ?

ବିରୋଧୀଦଳର ବିରୁଦ୍ଧ ଥିଲା ଯେ ରାଷ୍ଟ୍ରପତି ନିର୍ବାଚନ ପାଇଁ ଜଣେ ଆଦିବାସୀ ପ୍ରାର୍ଥୀ ମୁର୍ମୁଙ୍କୁ ନାମିତ କରିବାର ନିର୍ଣ୍ଣୟ ଏନଡି ପାଇଁ ଏକ ପ୍ରତୀକବାଦ ଥିଲା। ତେଲେଙ୍ଗାନାର କେ.ଟି.ଆର. କହନ୍ତି, "ଆମେ ସାଙ୍କେତିକତାର ବିଶ୍ୱାସ କରୁନାହୁଁ।" ଏହା ମୁର୍ମୁଙ୍କ ପ୍ରାର୍ଥୀତ୍ୱ ବାବଦରେ ନୁହେଁ। ସେ ଏଭଳି ଏକ ପାର୍ଟିର ପ୍ରତିନିଧିତ୍ୱ କରନ୍ତି ଯାହା ଅସମ୍ୱିଧାନିକ ପ୍ରଥାଗୁଡ଼ିକ ଉପରେ ଅଧିକ ନିର୍ଭର କରିଥାଏ। ତାଙ୍କ ବିଚାରରେ ରାମନାଥ କୋବିନ୍ଦଙ୍କ ରାଷ୍ଟ୍ରପତି ହେବା ପରେ ଦଲିତମାନଙ୍କର ଦୁର୍ଦ୍ଦଶା ବା ଅବସ୍ଥାରେ କୌଣସି ବିଶେଷ ପରିବର୍ଦ୍ଧନ ଆସିନାହିଁ। ସେ ବାରମ୍ବାର କହନ୍ତି ଯେ ବିଜେପି ଗତ ଆଠ ବର୍ଷ ଧରି ଆଦିବାସୀ ସମ୍ପ୍ରଦାୟର କଲ୍ୟାଣ ପାଇଁ ବିଶେଷ କିଛି କାର୍ଯ୍ୟ କରିନାହାନ୍ତି। ମୁର୍ମୁଙ୍କ ପ୍ରାର୍ଥୀତ୍ୱ ବାବଦରେ କେ.ଟି.ଆର. କହନ୍ତି, "ଭୀଷ୍ମ ମହାଭାରତରେ ହାରିଥିଲେ। କାରଣ ସେ କୌରବମାନଙ୍କ ପକ୍ଷରେ ଥିଲେ। ତେଣୁ ସେଭଳି ଭାବରେ ଆଦିବାସୀ ଲୋକମାନଙ୍କ ପାଇଁ ଦ୍ରୌପଦୀ ମୁର୍ମୁଙ୍କୁ ପ୍ରତିକାମ୍ଳକ ଭାବରେ ପ୍ରସ୍ତୁତ କରିବା ଠିକ୍ ନୁହେଁ। ଯେତେବେଳେ ୨୦୦୬ ମସିହାରେ ସେ ଜଣେ ମନ୍ତ୍ରୀ ଥିଲେ ସେତେବେଳେ ଓଡ଼ିଶାର କଳିଙ୍ଗ ନଗରରେ ଏକ ଆଦୋଳନରେ ୧୩ଜଣ ଆଦିବାସୀଙ୍କର ମୃତ୍ୟୁ ହୋଇଥିଲା। ସେତେବେଳେ ସିଏ ଏହାର ନିନ୍ଦା ମଧ୍ୟ କରିନଥିଲେ।

ତେଲେଙ୍ଗାନାର ମୁଖ୍ୟମନ୍ତ୍ରୀ ସି.ଆର୍ଙ୍କ ପୁତ୍ର କେ.ଟି.ଆର୍. ଜଣେ ମାମୁଲି ନେତା ନୁହଁନ୍ତି । ସେ ନିଜର ପାର୍ଟିର ୱାର୍କିଂଙ୍ ପ୍ରେସିଡେଣ୍ଟ ଅଟନ୍ତି । କାଲି ମୁଖ୍ୟମନ୍ତ୍ରୀ ମଧ୍ୟ ହେବେ ଏବେ ମଧ୍ୟ ଅନେକ ମନ୍ତ୍ରାଳୟ ସେ ସମ୍ଭାଳୁଛନ୍ତି । ଏବେ ତାଙ୍କ ପିତାଙ୍କ ସହିତ ମୋଦୀଙ୍କର ଅବଶ୍ୟ ଭଲ ସମ୍ପର୍କ ନାହିଁ ।

ତାଙ୍କ କଥାରେ ମଧ୍ୟ ଦମ୍ ରହିଛି ଯେ ଜଣେ ଆଦିବାସୀଙ୍କୁ ରାଷ୍ଟ୍ରପତି କରିବା ଦ୍ୱାରା ଯେ ସମସ୍ତ ଆଦିବାସୀଙ୍କର ଉନ୍ନାନ ସମ୍ଭବ ହେବ ଏହା ଭାବିବା ସମୀଚୀନ ନୁହେଁ । ଏହା ତ ଛୋଟ ପିଲା ମଧ୍ୟ ଜାଣିଛି । ତେଲେଙ୍ଗାନାର ନିଜସ୍ୱ ରାଜନୀତି ରହିଛି ଏବଂ ନିଜର ଆବଶ୍ୟକତା ମଧ୍ୟ । କିନ୍ତୁ ତଥାପି ଆମକୁ ତାଙ୍କ କଥା ଉପରେ କିଞ୍ଚିତ୍‌ ବିଚାର ମଧ୍ୟ କରିବା ଉଚିତ୍‌ ।

ଦ୍ରୌପଦୀଙ୍କୁ ମୁର୍ମୁଙ୍କୁ ରାଷ୍ଟ୍ରପତି ପଦର ପ୍ରାର୍ଥୀ କରି ଭାଜପା ସାଙ୍କେତିକ ରାଜନୀତି କରିବାର ପ୍ରୟାସ କରିଛି । ସେ ଏପରିକ ଏକ ବ୍ୟକ୍ତିଙ୍କୁ ରାଷ୍ଟ୍ରପତି କରିବାକୁ ସହମତ ହୋଇଛନ୍ତି ଯିଏ ନାମରେ ତ ଆଦିବାସୀ ଅଟନ୍ତି କିନ୍ତୁ ବିଚାରଧାରାରେ ହିନ୍ଦୁ ରାଷ୍ଟ୍ରବାଦୀ ଅଟନ୍ତି । ଯଦିଓ ଏହା ସ୍ୱୀକାର୍ଯ୍ୟ ଯେ ଏଭଳି ପଦକ୍ଷେପ ଦ୍ୱାରା ଆଦିବାସୀ ସମୁଦାୟର ଭାବନା ଏବଂ ଆକାଂକ୍ଷାକୁ ସମ୍ପୂର୍ଣ୍ଣ ଭାବରେ ଶାନ୍ତ କରା ଯାଇ ପାରିବନାହିଁ । ତେଣୁ ସେମାନେ ସାଧାରଣ ଭାବରେ ନିଜକୁ ଉପେକ୍ଷିତ ବୋଲି ଅନୁଭବ କରିଥାଆନ୍ତି । କଥାରେ ସତ୍ୟତା ତ ରହିଛି କିଛି ମାତ୍ରାରେ । ତେଣୁ ଜଣେ ଆଦିବାସୀ ଭାବରେ ରାଷ୍ଟ୍ରପତି ହୋଇ ସେ କିଛି ବିଶେଷ ପରିବର୍ତ୍ତନର ଆରମ୍ଭ କରି ପାରିବେ ନାହିଁ ବୋଲି ଲାଗୁଛି । ଏକଥାରେ ବି କେହିବି ଅସହମତ ହେବେ ନାହିଁ । ବିଦ୍ୱାନ୍‌ ବିବେକ ଦେଶପାଣ୍ଡେ କହନ୍ତି, “ଏହି କଥାରେ ଗୌଣସି ଗାରେଣ୍ଟି ନାହିଁ ଯେ କୌଣସି ସମୁଦାୟର ବାସ୍ତବରେ କୌଣସି ବ୍ୟକ୍ତିକୁ ଶୀର୍ଷରେ ରଖ୍ଲେ ସେହି ସମୁଦାୟର ଲାଭ ହେବ ।” ସ୍ୱର୍ଗତ କାର୍ଯ୍ୟକର୍ତ୍ତା ବ୍ରହ୍ମଦେବ ଶର୍ମାଙ୍କ ଉଦାହରଣ ଉପରେ ବିଚାର କରାଯାଇ ପାରେ, ଯେ ଆଦିବାସୀମାନଙ୍କର ନ୍ୟାୟ ପାଇଁ ଅଥକ ପ୍ରୟାସ କରିଛନ୍ତି ଏବଂ ପଞ୍ଚାୟତରାଜ ଅନୁଷ୍ଠିତ କ୍ଷେତ୍ରରେ ବିସ୍ତାର ଅଧିନିୟମ ୧ ୯ ୯ ୬କୁ ଉଠାଇବାକୁ ସକ୍ଷମ ହୋଇଛନ୍ତି । ଏହି ନିୟମର ପରିଣାମ ସ୍ୱରୂପ ଆଦିବାସୀ ସଶକ୍ତିକରଣ ଏବଂ ନ୍ୟାୟ ଦିଗରେ ସବୁଠାରୁ ବଡ଼ ଉପଲବ୍ଧି ମିଳିଛି । କିନ୍ତୁ ଶର୍ମା ମହୋଦୟ ଜଣେ ବ୍ରାହ୍ମଣ ଥିଲେ ନା ଜଣେ ଆଦିବାସୀ ।

ଏଥିରେ କୌଣସି ସନ୍ଦେହ ନାହିଁ ଯେ ଭାରତୀୟ ପରମ୍ପରା ଏବଂ ସଂସ୍କୃତର ଅଭିନ୍ନ ଅଙ୍ଗ ହେବା ସତ୍ତ୍ୱେ ଆଦିବାସୀ ସମାଜ ବର୍ଷ ବର୍ଷ ଧରି ଉପେକ୍ଷାର ସାମ୍ନା କରିଛନ୍ତି । ଆଦିବାସୀ ସମାଜର ନେତା ନୁହଁନ୍ତି ବରଂ ଅନେକ ଭିନ୍ନ ସମ୍ପ୍ରଦାୟର ନେତା ଏବଂ ସମାଜ ସୁଧାରକ ଏବଂ ସାଧାରଣ ଲୋକ ଏହି ଦିଗରେ ବହୁତ କିଛି କାର୍ଯ୍ୟ କରିଛନ୍ତି । ପ୍ରତ୍ୟେକ ପଦକ୍ଷେପର ଏବଂ ପ୍ରୟାସର ନିଜସ୍ୱ ସ୍ଥାନ ଏବଂ ମହତ୍ତ୍ୱ ରହିଛି । ସ୍ୱାଗତଯୋଗ୍ୟ ଏହି ପଦକ୍ଷେପରେ କିଛି ନା କିଛି ଲାଭ ତ ନିଶ୍ଚୟ ହେବ । କାହିଁକି ହେବନାହିଁ ?

ରାଜନୀତିରେ ପ୍ରତୀକବାଦକୁ ସର୍ବଦା ଅଧିକ ମହତ୍ତ୍ୱ ଦିଆଯାଇଛି । ପ୍ରତୀକକୁ ଏତେ ଅଧିକ ମହତ୍ତ୍ୱ ଦିଆଯାଇଛି ଯେ କୌଣସି ଦଳ ପାଇଁ ବଛାଯାଇଥିବା ନିର୍ବାଚନ ଚିହ୍ନ ବି ପ୍ରତୀକ ହୋଇଯାଇଛି । ପ୍ରାରମ୍ଭିକ ସମୟରେ ଯେତେବେଳେ ଭାରତକୁ ସ୍ୱାଧୀନତା ମିଳିଲା ଏବଂ ପ୍ରଥମ ସାଧାରଣ ନିର୍ବାଚନର ଘୋଷଣା ହେଲା ସେତେବେଳେ କଂଗ୍ରେସ ପାର୍ଟି କୃଷକମାନଙ୍କୁ ଆକର୍ଷିତ କରିବା ପାଇଁ ଦୁଇଟି ବଳଦ ଯୋଡ଼ିର ନିର୍ବାଚନ ଚିହ୍ନ ଭାବରେ ରଖିଲେ । ଜନସଂଘର ପ୍ରତୀକ ଥିଲା ଦୀପକ ଯାହା ପ୍ରକାଶର ପ୍ରତୀକ ଥିଲା ଏବଂ ଭା.ଜ.ପା.ର ପ୍ରତୀକ ହେଉଛି ପଦ୍ମ । ଭା.ଜ.ପା. ସାଂସଦ ବିଜୟ କୁମାର ମାଲହୋତ୍ରା ପଦ୍ମ ଚିହ୍ନକୁ ବୁଝାଇବାକୁ ଯାଇ ଏକ ବହି ମଧ୍ୟ ଲେଖିଛନ୍ତି । ତେଣୁ ଯଦି ନିର୍ବାଚନ ଚିହ୍ନର ଏତେ ମହତ୍ତ୍ୱ ରହିଛି ତେବେ ପଦର ପ୍ରତୀକର କିଛି ତ ମହତ୍ତ୍ୱ ରହିଥିବ । ଆସନ୍ତୁ ଏକ ଉଦାହରଣ ଦେବା ।

ଆଜି ଭଉଣୀ ମାୟାବତୀ ଏବଂ କାଂସୀରାମ ଆଦିଙ୍କ କାରଣରୁ ଦଳିତମାନଙ୍କ ପ୍ରତି ସମ୍ମାନ ବଢ଼ିଛି । ଯେତେବେଳେ ଭଉଣୀ ମୁଖ୍ୟମନ୍ତ୍ରୀ ହୋଇପାରିଲେ ତେବେ କିଛି ବି ହୋଇପାରେ । ଦଳିତ ବର୍ଗ ତାଙ୍କ ଦ୍ୱାରା ପ୍ରଭାବିତ ହେଲେ । ସେ ଏହି କଥା ଅସ୍ୱୀକାର କଲେ ଯେ ସେମାନଙ୍କର ନେତା ନିଜସ୍ୱ ସ୍ୱାର୍ଥ ଦେଖନ୍ତି । ଆପଣଙ୍କର ମନେ ଥିବ ସେ ନିଜର ନିର୍ବାଚନ ଚିହ୍ନର ପ୍ରତୀକ ବନାଇ ନିଜର ମୂର୍ତ୍ତିଗୁଡ଼ିକର ସ୍ଥାପନା କରିବା ଆରମ୍ଭ କରି ଦେଇଥିଲେ । ପ୍ରତୀକ ମାଧ୍ୟମରେ ଆତ୍ମବିଶ୍ୱାସ ଏବଂ ସମ୍ମାନର ଭାବନା ଜାଗ୍ରତ ହୋଇଥାଏ । ଏହାଦ୍ୱାରା ପାରସ୍ପରିକ ସମ୍ବନ୍ଧ ବନିଥାଏ । ଗୋଟିଏ ପକ୍ଷରେ ଜଣେ ଅନ୍ୟଜଣଙ୍କ ସହ ସଂଯୁକ୍ତ ହୋଇଥାଆନ୍ତି ଏବଂ ଅନ୍ୟପକ୍ଷରେ ଅନ୍ୟ ସମୁଦାୟ ପ୍ରତି ମଧ୍ୟ ଭଲ ଭାବନା ଜାଗ୍ରତ ହେବାରେ ଲାଗିଥାଏ । ଏଭଳି ଭାବନା ଏବଂ ବିଚାର ସମଗ୍ର ସମାଜ ଏବଂ ଦେଶରେ ଏକତା ଆଣିଥାଏ । ଯେତେବେଳେ ଭାରତର ପ୍ରଧାନମନ୍ତ୍ରୀ ଏବଂ ତାଙ୍କ ମନ୍ତ୍ରୀମଣ୍ଡଳର ସଦସ୍ୟମାନେ କୌଣସି ଏଭଳି ବ୍ୟକ୍ତିଙ୍କ ନିଯୁକ୍ତିକୁ ସମର୍ଥନ କରିଥାଆନ୍ତି ଯାହାଙ୍କ ସମୁଦାୟ ପୂର୍ବରୁ କେବେ ପ୍ରତିନିଧିତ୍ୱ କରିନଥିଲେ ତେବେ ଏଭଳି ଲୋକଙ୍କ ପାଇଁ ସମ୍ମାନ ଏବଂ ବିଶ୍ୱାସ ବଢ଼ି ଯାଇଥାଏ । ଦ୍ରୌପଦୀ ମୁର୍ମୁଙ୍କ ନାମ ପ୍ରସ୍ତାବିତ ହେବା ଏବଂ ଦେଶର ରାଷ୍ଟ୍ରପତି ହେବା ସହ ଏହା ହୁଏତ ଏକ ସାଙ୍କେତିକ ପ୍ରୟାସ ଥିଲା ଯେ ଆଦିବାସୀ ସମୁଦାୟ ମୁଖ୍ୟଧାରାକୁ ଆଣିବା ପାଇଁ ଦେଶ ସବୁକିଛି କରିବାକୁ ପ୍ରସ୍ତୁତ ଅଛି । ଯଦି ରାଷ୍ଟ୍ରପତି ଭଳି ପଦ ଦେଶର ସର୍ବୋଚ୍ଚ ପଦ କୌଣସି ଆଦିବାସୀ ମହିଳାଙ୍କୁ ଦିଆ ଯାଇପାରେ ଯେ କେବେବି ଏହାକୁ ସ୍ୱପ୍ନରେ ମଧ୍ୟ ଭାବିନଥିଲେ । ତେଣୁ ରାଜନୈତିକ ଦୃଷ୍ଟିକୋଣରୁ ଏଭଳି ପଦକ୍ଷେପ ଏକ ପ୍ରତୀକ ବୋଲି ବିଚାରକୁ ନିଆ ଯାଇପାରେ । କିନ୍ତୁ ଲୋକମାନଙ୍କର ଆଶା ଏବଂ ଆକାଂକ୍ଷାକୁ ରୂପ ଦେବା ପାଇଁ ଏହା ଏକ ପଦକ୍ଷେପ ଅଟେ । ଯୁଗ ଯୁଗ ଧରି ସେମାନଙ୍କ ପ୍ରତି ଯେଉଁ ଉପେକ୍ଷା କରାଯାଇଛି କେବଳ ତାର ପଶ୍ଚାତାପ ନୁହେଁ ବରଂ ପ୍ରାୟଶ୍ଚିତ କରିବା ଉଚିତ୍ । ଯେପରି ନାମନାଥ କୋବିନ୍ଦଙ୍କ ଚୟନ ଏବଂ ଏବେ ଦ୍ରୌପଦୀ

ମୁର୍ମୁଙ୍କର ହେଲା ତେଣୁ ସମାଜର ସବୁ ବର୍ଗଙ୍କ ପ୍ରତି ଏହା ମାଧ୍ୟମରେ ସଦ୍ଭାବନାର ମନ୍ତ୍ର ପ୍ରେରଣା କରାଗଲା ଏବଂ ତାହା ହେଉଛି 'ସବ୍କା ସାଥ ସବ୍କା ବିକାଶ'।

ପ୍ରତୀକବାଦକୁ ଅଣଦେଖା କରା ଯାଇପାରିବ ନାହିଁ। କାରଣ ଏହାର ରାଜନୀତିକୁ ସମାବେଶୀ ବନାଇବା ପାଇଁ ଏବଂ ସାମାଜିକ ନ୍ୟାୟ ପ୍ରାପ୍ତ କରିବା ଦିଗରେ ଏକ ବଡ଼ ପଦକ୍ଷେପ ଅଟେ। ଏହା ଅନ୍ୟ ରାଜନୀତିକ ଦଲମାନଙ୍କୁ ନିଜର ଦିଗ ଯାଞ୍ଚ କରିବା ପାଇଁ ମଧ୍ୟ ବାଧ୍ୟ କରିଥାଏ ଏବଂ ରାଜନୀତି ତାହାର ନିଦ୍ରାରୁ ଜାଗ୍ରତ କରିଥାଏ। ଏହା ରାଜନୈତିକ ବିଶ୍ଳେଷକମାନଙ୍କୁ ସେହି ପାର୍ଟିକୁ ଦେଖିବା ପାଇଁ ଏକ ନୂଆ ଲେନ୍ସ ଅନୁସନ୍ଧାନ କରିବା ପାଇଁ ପ୍ରେରିତ କରିଥାଏ ଯାହାକୁ ପାର୍ଟିକୁ ସେମାନେ ଉଚ୍ଚ ଜାତିର ପାର୍ଟି ବୋଲି ମାନିଥାଏ।

ଯେଉଁ ପର୍ଯ୍ୟନ୍ତ ସାଙ୍କେତିକତା କିମ୍ବା ସଙ୍କେତବାଦର କଥା ରହିଛି ଯଦି ଆମେ ୟୁରିଆଡ଼କୁ ଦେଖିବା ତେବେ କ'ଣ ଆମେ ସମ୍ପୂର୍ଣ୍ଣ ନିଷ୍ଠାର ସହ କହି ପାରିବା ଯେ ଓବାମାଙ୍କର ଜଣେ ଅଶ୍ୱେତ ରାଷ୍ଟ୍ରପତି ଭାବରେ ଚୟନ କରିବା କ'ଣ ଏକ ଭୁଲ ଥିଲା। ପ୍ରକୃତରେ ମାମଲା ଏହାର ବିପରୀତ ନଜର ଆସୁଛି। ମୋ ଦୃଷ୍ଟିରେ ଜଣେ ଅଶ୍ୱେତ ରାଷ୍ଟ୍ରପତିଙ୍କ ଚୟନ କରିବା ଏକ ମହାନ ପ୍ରତୀକବାଦ ଠାରୁ ଆହୁରି ଅଧିକ ଥିଲା। ଯଦିଓ ଅଶ୍ୱେତ ଲୋକମାନଙ୍କର ଜୀବନରେ କୌଣସି ଆମୂଳ ପରିବର୍ତ୍ତନ ହେଲା ନାହିଁ। ଏବେବି ବ୍ଲାକ୍ ଜୀବନ ଗୁରୁତ୍ୱ ରଖେ। ଏହିଭଳି ଆହ୍ୱାନ ଆମେରିକାର ସଡ଼କରେ ଶୁଣାଯାଏ। ଆମେରିକା ସମାଜରେ ଜାତିୟ୍ୟାନ ଭାବର ଗଭୀର ଚେର ଏବେବି ଉପଲବ୍ଧ ରହିଛି। ଶ୍ରୀ ଓବାମା ଜିତିଗଲେ ଏବଂ ସଂଯୁକ୍ତ ଆମେରିକା ଗର୍ବର ସହ କହିପାରେ ଯେ ସେମାନେ ଏକ ଅଶ୍ୱେତ ବ୍ୟକ୍ତିଙ୍କୁ ମଧ୍ୟ ନିଜର ରାଷ୍ଟ୍ରପତି ଚୟନ କରି ପାରନ୍ତି। କମଲା ହ୍ୟାରିସଙ୍କର ଏହିଭଳି ଭାବରେ ଗୌରବାନ୍ୱିତ ଆଦର୍ଶ ରହିଛି। ବୈରୁରିକ ଏବଂ ରାଜନୈତିକ କାରଣରୁ ତାଙ୍କର ପ୍ରାଥୀତ୍ୱକୁ ବିରୋଧ କରୁଥିବା ରିପାବ୍ଲିକାନ ଏକ ସଂଖ୍ୟା କମ୍ ଏବଂ ଋପି ହୋଇ ରହିଥିବା ଦେଖା ଯାଉଥିଲା। ଏଥିପାଇଁ ଜଣେ ଆଦିବାସୀ ମହିଲା ଦ୍ରୌପଦୀ ମୁର୍ମୁଙ୍କ ଚୟନ କରିବା ପ୍ରତିକାମ୍ୱକତା ଠାରୁ ଅଧିକ ହେବ। ଏହିଭଳି ଭାବରେ ଏହା ଏକ ସାମାଜିକ ଆନ୍ଦୋଳନ ସୃଷ୍ଟି କରିବ। ତାଙ୍କ ମହତ୍ତ୍ୱପୂର୍ଣ୍ଣ ବିଜୟ ବିରୋଧୀ ଦଲକୁ ବୈଚାରିକ ଏବଂ ରାଜନୈତିକ ଦିଗରେ ଦୁର୍ବଲ ଏବଂ ଫମ୍ପା ସିଦ୍ଧ କରିବା ପ୍ରତୀତ ହେଉଛି।

ଅନ୍ଧ ଆଖି ମାରିଗଲା ଝଲକା

 କ'ଣ ଜାଣେ ଇତିହାସ ବିଭୋରା

ସାକ୍ଷୀ ଅଟେ ତାଙ୍କ ମହିମାର

ସୂର୍ଯ୍ୟ ଚନ୍ଦ୍ର ଭୂଗୋଲ ଖଗୋଲ

ଜଣେ ଆଦିବାସୀ ମହିଳାଙ୍କୁ ସମର୍ଥନ କରିବାର ଆଲୋଚନା ମଧ୍ୟ ଟୋକନବାଦର ଏକ ରୂପରେ କରା ଯାଇପାରିବ । କିନ୍ତୁ ଏହା ପ୍ରଥମଥର ନୁହେଁ ଯେତେବେଳେ ଟୋକନବାଦ ରାଷ୍ଟ୍ରପତି ନିର୍ବାଚନକୁ ପ୍ରଭାବିତ କରିଛି । ଉଦାହରଣ ପାଇଁ ୨୦୦୭ରେ କଂଗ୍ରେସ ପ୍ରତିଭା ପାଟିଲଙ୍କୁ ଚୟନ କରିଥିଲା । ଯିଏ ରାଜନୀତିକ ଦିଗ୍‌ଜ ଅଥବା ଚିର ପରିଚିତ ନାମ ନଥିଲା । କିନ୍ତୁ ସିଏ ଜଣେ ମହିଳା ଥିଲେ । ଏକ ସମୟ ଥିଲା ଯେତେବେଳେ ଜଗଜୀବନ ରାମଙ୍କ ଦାବିକୁ ନଜରଅଦାଜ କରି ଦିଆ ଯାଇଥିଲା ଏବଂ ସେତେବେଳେ ସାଙ୍କେତିକତାର ପ୍ରଥାକୁ ବି ଅଣଦେଖା କରି ଦିଆ ଯାଇଥିଲା । ସେ ଅନୁସୂଚିତ ଜାତିରୁ ଥିଲେ । ତାଙ୍କର ଝିଅ ମୀରା କୁମାରଙ୍କୁ ପୂର୍ବ ରାଷ୍ଟ୍ରପତି ନିର୍ବାଚନରେ ଅନ୍ୟ ଜଣେ ଦଳିତ ହରାଇଥିଲେ । ଏହିସବୁ ଘଟଣାରୁ ସଙ୍କେତ ମିଳିଥାଏ ଯେ ରାଜନୈତିକ ଆଖ୍ୟାନ ଏତେ ସବୁ କାରକକୁ ଧ୍ୟାନରେ ରଖି ପ୍ରସ୍ତୁତ ହୋଇଛି ଏବଂ ପାର୍ଟି ବିଶିଷ୍ଟ ଲୋକମାନଙ୍କ ଦ୍ୱାରା ନିଆଯାଇଥିବା ନିଷ୍ପତ୍ତିର ପକ୍ଷ କିମ୍ବା ବିପକ୍ଷରେ ବିଭିନ୍ନ ପ୍ରକାର ତର୍କ ପ୍ରସ୍ତୁତ କରିଥାଏ ।

ମୁର୍ମୁଙ୍କର ଏତେ ଉଚ୍ଚ ପଦବୀରେ ଆସୀନ ହେବା ନିଜର ଜାତି ଆଦିକୁ ଲାଭ ପହଞ୍ଚାଇବା ପାଇଁ ରାଜନୈତିକ ପ୍ରତୀକବାଦର ପର୍ଯ୍ୟାୟବାଚୀ ମାତ୍ର ନୁହେଁ । ବରଂ ଏକ ଶିକ୍ଷା ଅଟେ । ଏହାକୁ ସକାରାମ୍ଳକ ଭାବରେ ନେବା ଦ୍ୱାରା ବହୁତ ଲାଭ ମିଳିପାରେ । ଉଦାହରଣ ପାଇଁ ଡକ୍ତର କଲାମଙ୍କ ରାଷ୍ଟ୍ରପତି ହେବା ପରେ ମୁସଲମାନମାନଙ୍କୁ କୌଣସି ଅତିରିକ୍ତ ସମ୍ମାନ ପ୍ରାପ୍ତ ହୋଇନଥିଲା ନା ସମାଜରେ ସେମାନଙ୍କର ସମ୍ମାନର ସ୍ଥାନ ବଢ଼ିଲା । ଆଜି ମଧ୍ୟ ଲୋକମାନେ କଲାମଙ୍କୁ କେବଳ ଜଣେ ମୁସଲମାନ ଭାବରେ ଦେଖନ୍ତି ନାହିଁ । ବରଂ ତାଙ୍କୁ ଜନତାର ରାଷ୍ଟ୍ରପତି ଭାବରେ ବିବେଚନା କରା ଯାଇଥିଲା । ଯୁବବର୍ଗ ତାଙ୍କୁ ନିଜର ଆଦର୍ଶ ବୋଲି ଭାବୁଥିଲେ ଏବଂ ଆଜି ମଧ୍ୟ ମାନୁଛନ୍ତି । ସେ ଯୁଥ ଆଇକନ୍ ଥିଲେ । ଆଜି ମଧ୍ୟ ଅନେକ ତାଙ୍କ ଦ୍ୱାରା ଲିଖିତ ପୁସ୍ତକଗୁଡ଼ିକର ପ୍ରଶଂସା କରିଥାଆନ୍ତି । ତାଙ୍କର ଆତ୍ମକଥା ମଧ୍ୟ ଯୁବ ସମାଜରେ ବେଷ୍ଟ ସେଲର ଅଟେ । ସେ ଏକ ପ୍ରକାର ଅଜାତଶତ୍ରୁ ରହିଥିଲେ । ନା କାହା ସହ ବନ୍ଧୁତା ନା କାହା ସହ ଶତ୍ରୁତା । ଏହା ତାଙ୍କ ଜୀବନଦର୍ଶନ ଥିଲା । କେତେ ବଡ଼ କଥା ଏହା । କେବଳ ଏହା ନୁହେଁ ଯେଉଁ ପାର୍ଟି ତାଙ୍କର ନାମର ପ୍ରସ୍ତାବ ରଖିଥିଲା ଆଜି ମଧ୍ୟ ସେମାନେ ତାଙ୍କ ଉପରେ ଗର୍ବ ଅନୁଭବ କରନ୍ତି । ଆଜି ମଧ୍ୟ ତାଙ୍କ ପାଇଁ ଦେଶ ଗର୍ବ ଅନୁଭବ କରିଥାଏ । ଏଥିପାଇଁ ଯଦି ତାଙ୍କୁ ଆଜି କେହି କେବଳ ଏକ ମୁସଲମାନ ରାଷ୍ଟ୍ରପତି ମଧ୍ୟରେ ସୀମିତ ରଖେ ଏହା ତାଙ୍କ ସହ ଅନ୍ୟାୟ ହେବ । ମୁସଲମାନ ରୂପରେ ତାଙ୍କର ଆକଳନ କରିବା ଠିକ୍ ହେବନାହିଁ । ଏହା ସର୍ବବିଦିତ ଯେ ସେ ନିଜର କାର୍ଯ୍ୟକାଳ ମଧ୍ୟରେ କେବେବି ରୋଜା ବା ଅକ୍ବିୟାର ଭୋଜି ଦେଉନଥିଲେ । ସଚର ସମିତି ରିପୋର୍ଟରେ ଭାରତର ମୁସଲମାନ ମାନଙ୍କର ସ୍ଥିତି ବାବଦରେ କୁହାଯାଇଛି । ଏହି ରିପୋର୍ଟ ୧୭ ନଭେମ୍ବର

୨୦୦୬ରେ ଆସିଥିଲା ଯେତେବେଳେ ଡକ୍ଟର କଲାମ ରାଷ୍ଟ୍ରପତି ଥିଲେ। କିନ୍ତୁ ଏଭଳି କୌଣସି ଦୃଢ଼ ପ୍ରମାଣ ମିଳିନାହିଁ ଯେ ତାଙ୍କ କାରଣରୁ ମୁସଲମାନ ମାନଙ୍କର କୌଣସି ବିଶେଷ ଉନ୍ନତି ହୋଇଛି। ହଁ ଅବଶ୍ୟ ଏହା ଦେଖା ଯାଇଛି ଯେ କିଛି ମୁସଲିମ୍ ଧର୍ମଗୁରୁ କଲାମଙ୍କୁ ମୁସଲମାନ ଭାବରେ ସ୍ୱୀକାର କରିବାକୁ ମନା କରି ଦେଉଛନ୍ତି।

ଜଣେ ମହିଳା ଭାବରେ ପ୍ରତିଭା ପାଟିଲ ମହିଳା ସଶକ୍ତିକରଣ ପାଇଁ କୌଣସି ବିଶେଷ ପଦକ୍ଷେପ ଦେଇଥିବାର କଥା ଜଣାନାହିଁ। ଆପଣ କୌଣସି ବି ରାଷ୍ଟ୍ରପତିଙ୍କ ନାମ ନିଅନ୍ତୁ। ଆପଣଙ୍କୁ ଲାଗିବ ଯେ ସେ କେବଳ ନିଜର ଧର୍ମବିଶେଷ କିମ୍ବା ଜାତିବିଶେଷରେ ମଧ ସୀମିତ ରହିନଥିଲେ। ଜଣେ ଆଦିବାସୀ ମହିଳାଙ୍କୁ ସମର୍ଥନ କରିବାର ଆଲୋଚନା ଟୋକନବାଦ ଉପରେ କରା ଯାଇପାରିବ। କିନ୍ତୁ ଏହା ପ୍ରଥମଥର ନୁହେଁ ଯେତେବେଳେ ଟୋକନବାଦ ରାଷ୍ଟ୍ରପତି ନିର୍ବାଚନକୁ ପ୍ରଭାବିତ କରିଛି। ଉଦାହରଣ ୨୦୦୭ରେ କଂଗ୍ରେସ ସ୍ୱରୂପ ପ୍ରତିଭା ପାଟିଲଙ୍କୁ ଚୟନ କରିଥିଲା ଯାହାଙ୍କ ନାମ ରାଜନୈତିକ ପରିପ୍ରେକ୍ଷୀରେ ବିଶିଷ୍ଟ ବ୍ୟକ୍ତିମାନଙ୍କ ମଧ୍ୟରେ ସାମିଲ ନଥିଲା।

କ’ଣ ଦେଶର ସର୍ବୋଚ୍ଚ ପଦରେ ଆସୀନ ହେବାର ଯୋଗ୍ୟତା ପ୍ରାପ୍ତ କରିବା ପାଇଁ ଜଣଙ୍କର କେବଳ ଭଲ ସିଭି ଆବଶ୍ୟକ ଅଟେ। ବରଂ ଏହାର ବିପରୀତରେ କ’ଣ ଏହି ଅଭାବକୁ ପ୍ରାର୍ଥୀଙ୍କୁ ଅଯୋଗ୍ୟ କରା ଯାଇପାରିବ? ଦେଶର ଜଣାଶୁଣା ପତ୍ରକାର ଶେଖର ଗୁପ୍ତା ଏକ ମନୋରଂଜକ ଆଲେଖ୍ୟ ସିଭି ଏଣ୍ଡ ସ୍ତେଟରସ ମାଧ୍ୟମରେ ୨୦୧୬ରେ ବଡ଼ ବିରଧରର କଥା କହିଥିଲେ ଯେ ଆଜି ମଧ ଏହିଭଳି କଥା ବିରଳଣୀୟ ଯେପରି ଏହା ରାମନାଥ କୋବିନ୍ଦଙ୍କର ଯୁଗରେ ଥିଲା।

କୌଣସି ଜଣେ ଆଲୋଚକ ବିଗତ ଦିନରେ କହିଥିଲେ ଯେ ପ୍ରଧାନମନ୍ତ୍ରୀ ମୋଦୀ ପ୍ରତୀକଗୁଡ଼ିକୁ ରାଜନୀତିରେ ନିଷ୍ଣାଣ ଅଟନ୍ତି। ଏହା ବିଲକୁଲ ସମ୍ଭବ ଯେ ସେ ଶ୍ରୀମତୀ ଦ୍ରୌପଦୀ ମୁର୍ମୁଙ୍କୁ ମଧ ଆଦିବାସୀମାନଙ୍କର ପ୍ରଶାସନରେ ଭାଗିଦାରୀର ପ୍ରତୀକ ରୂପରେ ପ୍ରୟୋଗ କରିବାର ଇଚ୍ଛା ରଖିଛନ୍ତି କି ନାହିଁ। ଯାହା ଫଳରେ ତାଙ୍କ ପକ୍ଷରେ କର୍ପୋରେଟକୁ ଭିନ୍ନ ଆଦିବାସୀ ବିରୋଧୀ ନୀତିକ ତୀବ୍ର ଗତିରେ ଆଗକୁ ବଢ଼ାଇ ଯାଇପାରିବ। ଅପରପକ୍ଷରେ ଆଦିବାସୀ ସମୁଦାୟକୁ ରାଜନୈତିକ ନେତାମାନଙ୍କର କହିବାର କଥା ଯେ ମୁର୍ମୁଙ୍କର ଚୟନ ସେମାନଙ୍କ ପାଇଁ ଏକ ଗର୍ବର କଥା। ଏହାର ସଭ୍ୟତାଗତ ମହତ୍ୱ ରହିଛି। ଝାଡ଼ଖଣ୍ଡର ତିନିଥର ମୁଖ୍ୟମନ୍ତ୍ରୀ ରହିଥିବା ଆଦିବାସୀ ମୂଳର ଶ୍ରୀ ଅର୍ଜୁନ ମୁଣ୍ଡାଙ୍କ ଶଖରେ, ତାଙ୍କର ନୋମାଙ୍କନ ଭାଜପା ଦ୍ୱାରା ପ୍ରତିକାମ୍ପକ ବା ସିଧା ହୋଇଥିବା ନିର୍ଣ୍ଣୟକମାନେ ଦେଖାଯିବା ଉଚିତ୍। ଆଦିବାସୀମାନେ ଭାରତରେ ଆସି ଭାରତରେ କୌଣସି ଅନ୍ୟ ସ୍ଥାନରୁ ଆସି ନିବାସ କରୁ ନାହାଁନ୍ତି। ସେମାନେ ଏହି ମାଟିର ପୁଅ ଝିଅ ଅଟନ୍ତି। ଭାରତୀୟ ରାଜନୀତି ପାଇଁ ଏହି

ପ୍ରସ୍ତାବ ବଡ଼ ପ୍ରଭାବିତ ଅଟେ । ପ୍ରଥମେ ସମସ୍ତଙ୍କୁ ଏହା ଜଣାଇବାର ଅବସର ମିଳିଥିଲା । ଏବେ ପ୍ରଥମଥର ପାଇଁ କୌଣସି ମୂଳ ନିବାସୀ ଦେଶର ସାମ୍ବିଧାନିକ ମୁଖ୍ୟଙ୍କ ଭୂମିକାରେ ଶୁଣିବା ପାଇଁ ଏବଂ ଏହାକୁ ନିର୍ବାହ କରିବାର ଅବସର ମିଳିଛି ଏବଂ ଅଭୂତପୂର୍ବ ଅଟେ ।

ଯଦି ଆମେରିକାରେ ଭାରତୀୟ ମୂଳ କମଳା ହ୍ୟାରିସ୍ ଏବଂ ତାଙ୍କର ଉତ୍ଥାନକୁ ସାଙ୍କେତିକବାଦ କୁହା ଯାଇ ପାରିବ ନାହିଁ । ତେବେ ମୁର୍ମୁଙ୍କ ମଧ୍ୟ ଏଭଳି କୁହା ଯାଇପାରିବ ନାହିଁ । ଏହା ନିଷ୍ଚିତ କଥା । ତଥାପି ଇଂରାଜୀ ମିଡ଼ିଆ ଏହାକୁ କାଚର ପ୍ରାଚୀର ଭାଙ୍ଗିବାବାଲା କିମ୍ବା ଜୋରରେ ଝଟକା ଦେବାବାଲା ସମାଚାର ମାନିବାରେ କୁଣ୍ଠିତ ହେଉଛନ୍ତି ।

ଜଣେ ନେତାଙ୍କ ରାଷ୍ଟ୍ରପତି ଭବନରେ ସାମାଜିକ ସ୍ତରରେ ସବୁଠାରୁ ବଞ୍ଚିତ ସ୍ତରରୁ ଏହାକୁ ବନାଇବାର ପ୍ରତୀକାତ୍ମକ ମହତ୍ତ୍ୱକୁ ଛାଡ଼ି ଅଥବା ପରିଚୟକୁ ଅଂଶୀଦାର କରୁଥିବା ଏକ ବଡ଼ ଜନସାଂଖ୍ୟିକ ସମୂହ ପାଇଁ ନିଜର ପ୍ରେରଣାଦାୟକ ମୂଲ୍ୟକୁ କମ୍ କରିବାର ପ୍ରଲୋଭନ ଆଗରେ ଝୁଙ୍କିବା କାହାକୁ ଏକ ଆଦିବାସୀ ନେତା ଭାବରେ ପ୍ରଶଂସା କରିବା ଉଚିତ୍ । ବଡ଼ ସଂଖ୍ୟାରେ ଲୋକମାନଙ୍କର ପ୍ରତିନିଧିତ୍ୱ କରୁଥିବା ଏବେ ଦେଶର ପ୍ରଥମ ନାଗରିକଙ୍କ ସ୍ଥିତିର ଆମୂଳଚୂଳ ପରିବର୍ତ୍ତନକାରୀ ଉପରେ ଦେଖିବାର କୌଣସି ଆବଶ୍ୟକତା ନାହିଁ ।

ଏହି ପ୍ରତୀକକୁ ଦେଖି ଅଣଦେଖା କରିବା କଠିନ ଅଟେ । ଭୀମ ରାଓ ଆମ୍ବେଦକର ମଧ୍ୟ ଦଳିତ ଚେତନାର ପ୍ରତୀକ ଅଟନ୍ତି । ଏବେ ଦ୍ରୌପଦୀ ମୁର୍ମୁ ଆଦିବାସୀ ଚେତନାର ପ୍ରତୀକ ହୋଇ ଆପଣଙ୍କ ସାମ୍ନାକୁ ଆସିଛନ୍ତି । ଏହି ପ୍ରତୀକକୁ ବ୍ୟକ୍ତି ଏବଂ ବ୍ୟକ୍ତିତ୍ୱ ହେବା ପାଇଁ ଡେରୀ ଲାଗିବ ନାହିଁ । ଗୁଙ୍ଗୀ ଗୁଡ଼ିଆକୁ ବକ୍ତ ମହିଳା ହେବାର ସମସ୍ତେ ଦେଖୁଛନ୍ତି । ମୋର ବିଶ୍ୱାସ ଯେ ଦ୍ରୌପଦୀ ମୁର୍ମୁଙ୍କ ଦ୍ୱାରା ଦେଶର ଦଳିତ, ବଞ୍ଚିତ, ସର୍ବହରା, ଅଳ୍ପସଂଖ୍ୟକ ଏବଂ ଗରୀବ ସମସ୍ତେ କିଛି ନା କିଛି ପ୍ରେରଣା ବ୍ୟକ୍ତ କରିବେ । ଏହା ହେଉଛି ଏବଂ ହୋଇ ରହିବ । ମୈତ୍ରେୟୀ କଲେଜ ଦିଲ୍ଲୀର ସହାୟକ ପ୍ରଫେସର ଅଦିତି ନାରାୟଣୀ ପାସୱାନ୍ ଇଂରାଜୀ ଦୈନିକ 'ଇଣ୍ଡିୟାନ ଏକ୍ସପ୍ରେସ୍'ରେ ଲେଖନ୍ତି ଯେ ମୁର୍ମୁଙ୍କ ଭାରତୀୟ ରାଜନୀତି ଆକାଶରେ ଏହି ପ୍ରକାର ଉଦୟ ହେବା ଆମର ଦେଶ ପାଇଁ ଏକ ଗୌରବର କଥା । ଏହା ଦ୍ୱାରା ଗଣତନ୍ତ୍ର ଅଧିକ ଗଭୀର ହୋଇଛି । ଏହା ଠିକ୍ କଥା, ବି.ଆର. ଆମ୍ବେଦକର ଭାରତର ଲୋକତନ୍ତ୍ରକୁ ସଫଳ କରିବା ପାଇଁ ଯେଉଁ ଜନ୍ମ ଭାଗିଦାରୀର ଚର୍ଚ୍ଚା କରିଥିଲେ ତାହା ହିଁ ତ ଏହା ଅଟେ । ଅଦିତିଙ୍କର କଥା କାହିଁକି ସ୍ୱୀକାର୍ଯ୍ୟ ହେବନାହିଁ । ଯେତେବେଳେ ସେ କହନ୍ତି ମୁର୍ମୁଙ୍କ ଚୟନ ପ୍ରତିନିଧିତ୍ୱର ରାଜନୀତି ଏବଂ ପ୍ରତୀକର ପ୍ରତୀକ ଭାବରେ ଦେଖା ନିଆଇଛ । ସେ ଆମ ଭଳି ବ୍ୟକ୍ତିମାନଙ୍କର ଅନୁକରଣୀୟ ଆଦର୍ଶ ଅଟନ୍ତି । ମୁମ୍ବାଇ ସ୍ଥିତ ଟାଟା ଇନ୍‌ଷ୍ଟିଚ୍ୟୁଟ୍ ଅଫ୍ ସୋସାଲ ସାଇନ୍ସ ସେଣ୍ଟର ଫର ଷ୍ଟଡି ଅଫ୍ ଡେଭଲପିଂ ସୋସାଇଟିର ପ୍ରଫେସର ରତୁମ୍ବରା ହେବାରଙ୍କ ଶବ୍ଦରେ, "ମୁଁ ତାଙ୍କର ନାମାଙ୍କନକୁ ପ୍ରତିକାତ୍ମକ କହିବି ନାହିଁ । ଏହା

ମୁଖ୍ୟତଃ ଏବଂ ରାଷ୍ଟ୍ରୀୟ ରାଜନୀତିର ବ୍ୟବସ୍ଥାରେ ରାଜନୀତିକ ବୈଧତାର ଏକ ସଂଗ୍ରାମ। ତାଙ୍କର ଉଦୟ ଏକ ସଂଘର୍ଷର ପ୍ରତୀକ ଅଟେ। ଏବଂ ସେ ନିଜ ପ୍ରଣାଳୀରେ ନିଜେ ଉନ୍ନାନ କରିଛନ୍ତି ଯାହା ତାଙ୍କର ଦୀନ୍ଷ୍ତାର ପ୍ରତିବିମ୍ବ ଅଟେ।

ଲୋକ ଅପବାଦ

ମହାମହିମ ରାଷ୍ଟ୍ରପତିଙ୍କୁ ନିଜର ଉପସ୍ଥିତିର ଅନୁଭବ କରାଇ ଦେଖାଇବାର ଅଛି ଯେ ପ୍ରାୟ ସମସ୍ତ ଭାରତୀୟଙ୍କର ଇଚ୍ଛା ଏବଂ ଅଭିଳାଷ। ରାଷ୍ଟ୍ରପତିଙ୍କୁ ଲୋକମାନଙ୍କର ମନରେ ନିଜର ଭିନ୍ନ ପ୍ରକାର ଛବି ପ୍ରସ୍ତୁତ କରିବାକୁ ପଡ଼ିବ। ଅନେକ ଭବିଷ୍ୟ ବକ୍ତା ତାଙ୍କ ବାବଦରେ କିଛି ଚକିତ କଲାଭଲି କଥା କହିବାରେ ଲାଗିଛନ୍ତି। ବିରୋଧୀମାନଙ୍କ ଦ୍ୱାରା ତାଙ୍କର ରାଜନୈତିକ ପ୍ରତିଷ୍ଠାକୁ ଓଜନ, ଉଚିତା ଏବଂ ଯୋଗଦାନର କ୍ଷମତା ଆଦି ଉପରେ ସନ୍ଦେହ ପ୍ରକଟ କରାଯାଇଛି ଏବଂ ଏବେ କରା ଯାଉଛି ମଧ୍ୟ। ପ୍ରଧାନମନ୍ତ୍ରୀ ନିଜେ ଭବିଷ୍ୟବାଣୀ କରି କହିଛନ୍ତି ଯେ ସେ ଜଣେ ମହାନ ରାଷ୍ଟ୍ରପତି ହେବେ ଏବଂ ତାଙ୍କର ବିଜ୍ଞର ତାଙ୍କର ପୂର୍ବ ଉପଲବ୍ଧିକୁ ଦେଖିବା ଉପରେ ଆଧାରିତ ଅଟେ।

ଆମର ଲୋକତାନ୍ତ୍ରିକ ଢାଞ୍ଚାରେ ସମସ୍ତଙ୍କୁ ରାଷ୍ଟ୍ର ସର୍ବୋଚ୍ଚ ପଦର ଆକାଂକ୍ଷା ଏବଂ ଏହାକୁ ପ୍ରାପ୍ତ କରିବାର ଅଧିକାର ରହିଛି। ଦ୍ରୌପଦୀ ମୁର୍ମୁଙ୍କୁ ଜବରଦସ୍ତ ଆଣି ବସାଇ ଦିଆଯାଇନାହିଁ। ବରଂ ବିଧାୟକ ଏବଂ ସାଂସଦମାନେ ନିଜର ବିଧିବଦ୍ଧ ଭାବରେ ନିର୍ବାଚନ କରି ତାଙ୍କୁ ହିଁ ପଦବୀ ପ୍ରଦାନ କରିଛନ୍ତି। ସେ ଶ୍ରୀ ଯଶବନ୍ତ ସିନ୍‌ହାଙ୍କୁ ହରାଇଛନ୍ତି ଏଥିପାଇଁ ଏଭଳି ସମ୍ମାନଜନକ ପଦବୀରେ ଆସୀନ ହେବା ସମ୍ପୂର୍ଣ ଭାବରେ ବୈଧ ଅଟେ ଏବଂ ଏଥିରେ କୌଣସି ଦୋଷ ଖୋଜିବା ସମ୍ପୂର୍ଣ ଭାବରେ ଅନାବଶ୍ୟକ ଅଟେ।

ଏହା ପୂର୍ବରୁ ପ୍ରତ୍ୟେକ ରାଷ୍ଟ୍ରପତି ନିଜର ଏକ ପରମ୍ପରା ଛାଡ଼ି ଯାଇଛନ୍ତି। ଡକ୍ଟର ଏପିଜେ ଅବଦୁଲ କଲାମ ଯୁବବର୍ଗଙ୍କ ମଧ୍ୟରେ ଖୁବ୍ ଲୋକପ୍ରିୟ ଥିଲେ। ପ୍ରଣବ ମୁଖାର୍ଜୀ ନିଜର ବିଦ୍ୱାନପୂର୍ବକ ସାମ୍ବିଧାନିକ ଜ୍ଞାନ ପାଇଁ ପ୍ରସିଦ୍ଧ ଥିଲେ। ମହାମହିମ ମୁର୍ମୁଙ୍କୁ ନିଜର ଅଲଗା ପ୍ରୋଫାଇଲ ବନାଇବାକୁ ପଡ଼ିବ ଯେପରି ସେ ପୂର୍ବରୁ କରିଥିଲେ ଯେତେବେଳେ ସିଏ ରାଜ୍ୟପାଲ ଥିଲେ। ସେତେବେଳେ ତାଙ୍କୁ ସମସ୍ୟା ନିବାରକ ଏବଂ ଶାନ୍ତ କରିବାବାଲା କୁହାଯାଉଥିଲା। ମୋର ବିଶ୍ୱାସ ଯେ ସେ ପୂର୍ବଭଳି ସୁଲଭ ହେବେ ଏବଂ ନିଜର ସମ୍ପ୍ରଦାୟ ପାଇଁ ମଧ୍ୟ କିଛି ଭଲ କରି ପାରିବେ। ସେ ଦେଶର ପ୍ରଥମ ଆଦିବାସୀ ରାଷ୍ଟ୍ରପତି ଉପରେ ନିଜର ପ୍ରୋଫାଇଲ ବନାଇ ପାରିବେ ଏବଂ ଏହା ତାଙ୍କ ପାଇଁ ଏକ ସ୍ୱତନ୍ତ୍ର ସ୍ଥାନ ନିର୍ମାଣ କରିବ।

ଏହି ପଦ ପାଇଁ ବିପକ୍ଷ ଏବଂ ସେମାନଙ୍କର ପ୍ରାର୍ଥୀ ଶ୍ରୀ ଯଶୋବନ୍ତ ସିନ୍ହାଙ୍କ ମନରେ ଏହି କଥା ଥିଲା ଯେ ଯେତେବେଳେ ତାଙ୍କର ପ୍ରାର୍ଥୀତ୍ୱକୁ ବିରୋଧ କରାଯିବ ଯେ ଦେଶରେ ଏକ ରବର ଷ୍ଟାମ୍ପ ରାଷ୍ଟ୍ରପତି ହେବା ଉଚିତ୍। ରାଷ୍ଟ୍ରପତିଙ୍କୁ ସରକାରଙ୍କର ଚାପ ମଧ୍ୟରେ ଆସିବା ଉଚିତ୍। ତାଙ୍କ ଅନୁସାରେ ଭାରତର ରାଷ୍ଟ୍ରପତିଙ୍କୁ ନିଜର ବିବେକ ଅନୁସାରେ କାମ କରିବା ଉଚିତ୍ ଏବଂ ସରକାରଙ୍କର କାମକୁ ପୁରା କରିବା ପାଇଁ କେବଳ ଏକ ରବର ଷ୍ଟାମ୍ପ ହେବା ଉଚିତ୍। ସେ ଆହୁରି ମଧ୍ୟ କହିଥିଲେ, "ମୁଁ ଭିନ୍ନ ବିଚାରଧାରା ସମ୍ବନ୍ଧିତ ଯୋଗୁଁ ଗର୍ବିତ ଅଟେ ଯାହା ସମ୍ବିଧାନ ଏବଂ ଗଣତନ୍ତ୍ରକୁ ବଞ୍ଚାଇବା ପାଇଁ ଏକ ଶକ୍ତିଶାଳୀ ବିଚାରଧାରା ଅଟେ।"

ତଥ୍ୟ ଏହା ଅଟେ ଯେ କଂଗ୍ରେସର ଅନେକ ନେତା ନେହେରୁ ଗାନ୍ଧୀ ପରିବାରର ରବର ଷ୍ଟାମ୍ପ ଥିଲେ। ତଥ୍ୟ ଏହା ବି ଅଛି ଯେ ଡକ୍ଟର କଲାମ, ରାମନାଥ କୋବିନ୍ଦ ଏବଂ ଦ୍ରୌପଦୀ ମୁର୍ମୁ ସମସ୍ତେ ଇଣ୍ଡିଆକୁ ପସନ୍ଦ ଅଟନ୍ତି ଏବଂ ଭାରତୀୟ ଲୋକତାନ୍ତ୍ରିକ ବ୍ୟବସ୍ଥାର ଇତିହାସରେ ତାଙ୍କ ଦ୍ୱାରା ସୃଷ୍ଟି ହୋଇଥିବା ଇତିହାସ ଭିନ୍ନ ପ୍ରକାର ଦେଖିବାର ଯୋଗ୍ୟ ଅଟେ।

ଆଜି ଦ୍ରୌପଦୀ ମୁର୍ମୁଙ୍କୁ ରାଷ୍ଟ୍ରପତି ପଦ ପ୍ରାପ୍ତ କରିବା ସ୍ୱତନ୍ତ୍ରତା ପରେ ଡେରାରେ ଆସିଥିବା ପରିବର୍ତ୍ତନର ଏକ ପ୍ରମାଣ। ସେ ଆଜି ଏହି କଥାର ପ୍ରତୀକ ଅଟନ୍ତି ଯେ ଏବେ ଭାରତବାସୀ ନିଜର ଆନ୍ତରିକ ଶକ୍ତି ଦ୍ୱାରା ସମସ୍ତ ପ୍ରକାର ରୂପକୁ ସମ୍ମୁଖୀନ ହେବା ପାଇଁ ପ୍ରସ୍ତୁତ ଅଟନ୍ତି। ଉଦାହରଣ ସ୍ୱରୂପ ଇଣ୍ଡିଆ ଟୁଡେ ସମୂହର ସମୂହ ନିର୍ବାଚିତ ରାଷ୍ଟ୍ରପତି ଦ୍ରୌପଦୀ ମୁର୍ମୁଙ୍କ ବିରୋଧରେ ଆପତ୍ତିଜନକ ଟିପ୍ପଣୀ ପ୍ରଦାନ କରୁଥିବା କୋଲକାତା ସ୍ଥିତ ନିଜର ମହାପ୍ରବନ୍ଧକ ଇନ୍ଦ୍ରନୀଲ ଚାଟାର୍ଜୀଙ୍କୁ ଚଙ୍କିରୀରୁ ବାହାର କରି ଦିଆଯାଇଛି। ମିଡିଆ ସମୂହ ନିଜ କୋଲକାତାସ୍ଥିତ ବିକ୍ରୟ କର୍ମଚାରୀମାନଙ୍କ ଦ୍ୱାରା ଅତ୍ୟନ୍ତ ଅପମାନଜନକ ପୋଷ୍ଟ ପାଇଁ ଦୁଃଖ ପ୍ରକାଶ କରି କହିଛି ଯେ ଏହି ପୋଷ୍ଟ ଆହତ କରିବା ଭଳି ଏବଂ ମାନବୀୟ ଶାଳୀନତାର ମୌଳିକ ସିଦ୍ଧାନ୍ତର ବିରୁଦ୍ଧାଚରଣ କରେ। କଂଗ୍ରେସ ପ୍ରବକ୍ତା ଅଜୟ କୁମାର ଯେତେବେଳେ ଏହା କହି ଏକ ବଡ଼ ବିବାଦ ଠିଆ କରାଇଲେ ଯେ ଏନ୍ଡିର ରାଷ୍ଟ୍ରପତି ପଦ ପାଇଁ ପ୍ରତ୍ୟାଶୀ ଦ୍ରୌପଦୀ ମୁର୍ମୁ ଜଣେ ସଭ୍ୟ ମହିଳା ଅଟନ୍ତି। କିନ୍ତୁ ଯେଉଁ ଦର୍ଶନର ପ୍ରତିନିଧିତ୍ୱ କରନ୍ତି ତାହା ଖରାପ ଅଟେ। ଏହି କଥା ଉପରେ ଭାଜପା ତାଙ୍କର ଶକ୍ତି ବିରୋଧ କଲା ଏବଂ ତାଙ୍କୁ ଏଥିପାଇଁ କ୍ଷମା ମାଗିବାକୁ କୁହାଗଲା। ପ୍ରବକ୍ତା ମଧ୍ୟ ଏଥିପାଇଁ ନିଜର ସଫେଇ ପ୍ରଦାନ କଲେ। ରାମଗୋପାଲ ବର୍ମା ଦ୍ରୌପଦୀ ମୁର୍ମୁଙ୍କୁ ମହାଭାରତର ପାଣ୍ଡବ ଏବଂ କୌରବଙ୍କ ମଧ୍ୟରେ ହୋଇଥିବା ସଂଗ୍ରାମ ମଧ୍ୟରେ ନେଇ ଠିଆ କରାଇଦେଲେ। ଯାହାକୁ ନେଇ ବଡ଼ ବିବାଦ ମଧ୍ୟ ଉତ୍ପୁଜିଲା। ଏବଂ ଏହାର ତୀବ୍ର ଭାବରେ ବିରୋଧ ମଧ୍ୟ କରାଗଲା। ଏହି ତିନୋଟିଟି ଉଦାହରଣ ଏହି କଥାକୁ ରେଖାଙ୍କିତ କରିବା ପାଇଁ ପର୍ଯ୍ୟାପ୍ତ ଅଟେ ଯେ ଏବେ ମଧ୍ୟ ସାଧାରଣ ଲୋକମାନେ ଆଦିବାସୀମାନଙ୍କ ସହ ଠିଆ ହୋଇଛନ୍ତି ଏବଂ ସେମାନଙ୍କ ପ୍ରତି କୌଣସି ଅନାଦରପୂର୍ଣ୍ଣ କଥା ମଞ୍ଜୁର କରନ୍ତି ନାହିଁ। ଏବଂ ଏହା ଏକ ସାର୍ଥକ ପଦକ୍ଷେପ ଅଟେ।

ଆମ୍ନିସ୍ତାରୁ ଆମ୍ଶୀରିବ ପର୍ଯ୍ୟନ୍ତ

ବରିଷ୍ଠ ପତ୍ରକାର ବିନୋଦ ଶର୍ମାଙ୍କ ଶବ୍ଦରେ, "ଗଣତନ୍ତ୍ରର ଅଧିକାଂଶ ରାଷ୍ଟ୍ରପତି ନିଜେହିଁ ଅତ୍ୟନ୍ତ ସାମର୍ଥ୍ୟବାନ ମହତ୍ତ୍ୱପୂର୍ଣ୍ଣ ବ୍ୟକ୍ତି ଥିଲେ । ଏହା ଆମ ପାଇଁ ଭଲ ହେବ ଯେ ଆମେ ଅପବାଦ ଉପରେ ଧ୍ୟାନ ଦେବା ନାହିଁ । ରାଷ୍ଟ୍ରପତି ନିଜ ଇଚ୍ଛାନୁସାରେ ସରକାରଙ୍କର ନେତୃତ୍ୱ କରି ପାରିବେ ନାହିଁ । କିନ୍ତୁ ସେ ନିଶ୍ଚିତ ଭାବରେ ଯଦି ସରକାର ନିଜ ରାସ୍ତାରୁ ବିଚ୍ୟୁତ ହୋଇଥିବେ ତା'କୁ ଦେଖି ନିଜର ସାମ୍ବିଧାନିକ କ୍ଷମତା ବଳରେ ସେମାନଙ୍କୁ ପରାମର୍ଶ ଦେଇ ପାରିବେ ।

ଜଣେ ରାଜ୍ୟପାଳ ଭାବରେ ଦ୍ରୌପଦୀ ମୁର୍ମୁ ଥରେ ନୁହେଁ ବରଂ ଅନେକ ଥର ନିଜର ଏଭଳି ବିଶେଷ ଗୁଣ ପ୍ରଦର୍ଶନ କରିଛନ୍ତି । ଏଥିରେ କୌଣସି ସନ୍ଦେହ ନାହିଁ ଯେ ଆଗାମୀ ସମୟରେ ସେ ନିଜର ସମାଲୋଚକମାନଙ୍କୁ ଭୁଲ ବୋଲି ପ୍ରମାଣିତ କରିବେ । ତେଣୁ ଏଭଳି କଥା କହିବା ଏକ କଟୁ ଆଲୋଚନା ପର୍ଯ୍ୟାବାଚୀ କରା ଯାଇପାରେ ଯେ ରାଷ୍ଟ୍ରପତି ନିଜର ବିବେକ ଅନୁସାରେ କାମ କରନ୍ତି ନାହିଁ ବା କରି ପାରିବେ ନାହିଁ । ତାଙ୍କ ପଛରେ ଭାରତର ସମ୍ବିଧାନର ଶକ୍ତି ରହିଛି ଏବଂ ତାଙ୍କୁ ଏଥିପାଇଁ ଅନେକଥର ସୁଯୋଗ ମଧ୍ୟ ମିଳିଥାଏ ଯେତେବେଳେ ସିଏ ନିଜର ବିବେକ ଅନୁସାରେ କାର୍ଯ୍ୟ କରି ଏକ ଐତିହାସିକ ଉଦାହରଣ ସୃଷ୍ଟି କରିଥାଆନ୍ତି ।

କେଉଁଠି ଲକ୍ଷ୍ୟ !

ଲିଙ୍ଗଭେଦ ଉପରେ ନିୟମିତ ଭାବରେ ଆଲେଖ୍ୟ ଲେଖି ପ୍ରସିଦ୍ଧି ପାଇଥିବା ଲେଖିକା ନମିତା ଭଣ୍ଡାରେ 'ରାମ ତେରୀ ସହରିଆ' ଯାହାକୁ ନିଜର ଭୂମି ଉପରେ ଦାବି କରିବା ପାଇଁ ନିଆଁ ଲଗାଇ ଦିଆଯାଇଥିଲା । ତାଙ୍କ ମାମଲା ବାବଦରେ ଜାଣିବା ପରେ ଏକ ପ୍ରାସଙ୍ଗିକ ଏବଂ ଗୁରୁତ୍ୱପୂର୍ଣ୍ଣ ପ୍ରଶ୍ନ ପଚରିଛନ୍ତି ଯେ କ'ଣ ମୁର୍ମୁଙ୍କ ଚୟନ ଦ୍ୱାରା ଆଦିବାସୀମାନଙ୍କୁ ମୁକ୍ତି ମିଳିପାରିବ ? କାରଣ ଦେଶର ୮୪.୪ ମିଲିୟନ ଆଦିବାସୀମାନଙ୍କ ପାଇଁ ଜୀବନ ଏକ ଅଭାବ ଏବଂ ସମସ୍ୟାର ଅନ୍ୟନାମ ହୋଇ ରହିଯାଇଛି । ତେଣୁ ମୁକ୍ତି ପ୍ରସଙ୍ଗ ଉପରେ ଆଲୋଚନା କରିବା ଆବଶ୍ୟକ ରହିଛି ଏବଂ ବାଞ୍ଛନୀୟ ମଧ୍ୟ । ଆଦିବାସୀ ସମାଜ ବାବଦରେ ଯେତିକି କୁହାଯାଇଛି ବା ଦେଖାଇ ଦିଆଯାଇଛି, ସତ୍ୟ ତାହା ଠାରୁ ଆହୁରି ନଗନ୍ୟ । ବସ୍ତୁସ୍ଥିତିକୁ ଜାଣିବା ମଧ୍ୟ ଜରୁରୀ ଅଟେ । ସ୍ୱତନ୍ତ୍ର ପତ୍ରକାର ତରୁଣୀ ଅଶଥ୍ୱାନୀ ତିନୋଟି ପ୍ରାସଙ୍ଗିକ ପ୍ରଶ୍ନ ନିମ୍ନ ପ୍ରକାର ଭାବରେ ପ୍ରସ୍ତୁତ କରିଛନ୍ତି ।

୧. କ'ଣ ସେ ସମସ୍ତ ଆଇନ ଏବଂ ନୀତିଗୁଡ଼ିକୁ ଚୁପ୍‌ଚାପ୍ ସ୍ୱୀକାର କରିନେବେ ଯାହା ନରେନ୍ଦ୍ର ମୋଦୀ ସରକାର ତାଙ୍କ କାର୍ଯ୍ୟକାଳରେ ପଠାଇବେ ?

୨. କ'ଣ ସେ ସରକାରଙ୍କର ଆଲୋଚନା କରିବେ ଯେତେବେଳେ ସରକାର ସମ୍ୱିଧାନର ସିଦ୍ଧାନ୍ତ ଉପରେ ଉତ୍ତୀର୍ଣ ନହେବେ ?

୩. କ'ଣ ସେ ବ୍ୟବସାୟୀମାନଙ୍କ ଦ୍ୱାରା ଆଦିବାସୀଙ୍କ ଭୂମିର ଅନୁଚିତ ଏବଂ ଅବୈଧ୍ୟ ଉପଯୋଗର ବିରୁଦ୍ଧରେ ସଂଗ୍ରାମ କରିବେ ?

ଶିକ୍ଷା ଠାରୁ ଆରମ୍ଭ କରି ପୋଷଣ, ସ୍ଥିତି ଏବଂ ଶିଶୁ ମୃତ୍ୟୁଦ୍ୱାର ପର୍ଯ୍ୟନ୍ତ ପ୍ରାୟ ଅଧିକାଂଶ ମାନବ ବିକାଶ ମାନଦଣ୍ଡ ଅନୁସାରେ ଅନୁସୂଚିତ ଜନଜାତି ଏବଂ ଅନୁସୂଚିତ ଜାତିମାନଙ୍କ ଠାରୁ ପଛରେ ଅଛନ୍ତି । ମୁର୍ମୁଙ୍କ ଚୟନ ସମାବେଶ ପାଇଁ ଏକ ଶୂନ୍ୟ ପ୍ରତିକାମ୍ୱକ ଇଶାରା ହୋଇ ନପାରେ । ଏହାକୁ ଏକ ନୂଆ ଯୁଗର ସଙ୍କେତ ବୋଲି ମାନିବା ଉଚିତ୍ । ଯେଉଁଠାରେ ଏହା ସବୁବେଳେ ସବୁ ସମୟ ପରି କେବଳ ଏକ ବ୍ୟବସାୟୀ ହୋଇ ରହିନଥାଏ । ଯେଉଁଠାରେ ପାତ୍ରତା ଆବଣ୍ଡନକୁ ନିୟମିତ ରୂପେ ଅସ୍ୱୀକାର କରା ଯାଇ ନପାରେ । ବାସ୍ତବିକ ରାଜନୀତିକ ଶକ୍ତି ବିନା ରାଜ୍ୟର ପ୍ରମୁଖ ରୂପରେ ମୁର୍ମୁଙ୍କ ଉପସ୍ଥିତି ଏବେ ଏକ ନୂତନ ନୈତିକତାର ସଙ୍କେତ ହେବା ଉଚିତ୍ । ଯେ ପର୍ଯ୍ୟନ୍ତ ଐତିହାସିକ ଭୁଲକୁ ଠିକ୍ କରିବା ପାଇଁ ଗରିବୀ ରେଖାର ନିମ୍ନରେ ଜୀବନଯାପନ କରୁଥିବା ୪୩.୮ ପ୍ରତିଶତ ଆଦିବାସୀମାନଙ୍କର ଜୀବନରେ ସୁଧାର ଆଣିବା ପାଇଁ ଶିଶୁ ଏବଂ ମାତୃର ମୃତ୍ୟୁହାର ହ୍ରାସ କରିବା ପାଇଁ ଏବଂ ଶିକ୍ଷାର ବ୍ୟବଧାନ କମାଇବା ପାଇଁ ନୂଆ ପ୍ରକାର ପ୍ରୟାସ କରା ଯାଇଛି ।

ଭାରତର ପୂର୍ବ ରାଷ୍ଟ୍ରପତିମାନେ ନିଜର ବିଶେଷଜ୍ଞତା, ଜ୍ଞାନ ଏବଂ ଅନୁଭବକୁ ସାମ୍ନାକୁ ଆଣି ସାମ୍ୱିଧାନିକ ଇତିହାସର ବିକାଶରେ ଯୋଗଦାନ ପ୍ରଦାନ କରିଛନ୍ତି । ଏକାଡେମିକ୍ ଯୋଗ୍ୟତା ଦୃଷ୍ଟିକୋଣରୁ ମୁର୍ମୁ ହୁଏତ ଶିକ୍ଷାଗତ ଉପରେ ଭାରତର ବର୍ତ୍ତମାନ ରାଷ୍ଟ୍ରପତିମାନଙ୍କ ଠାରୁ ସବୁଠାରୁ କମ୍ ଯୋଗ୍ୟତା ଅଟନ୍ତି । ସେ କେବଳ ବି.ଏ. ପରୀକ୍ଷାରେ ଉତ୍ତୀର୍ଣ ହୋଇଛନ୍ତି । କିନ୍ତୁ ପୂର୍ବର କିଛି ରାଷ୍ଟ୍ରପତି କିଛି ଏପରି ମଧ୍ୟ ଥିଲେ ଯେଉଁମାନେ ସ୍ନାତକ ଉପାଧ୍ୟ ମଧ୍ୟ ପ୍ରାପ୍ତ କରିନଥିଲେ । ଜ୍ଞାନ ଜୈଲ ସିଠ କେବଳ ଜ୍ଞାନୀ ଥିଲେ । କିନ୍ତୁ ସେ ଏକଦା ରାଜୀବ ଗାନ୍ଧୀଙ୍କୁ ମଧ୍ୟ ଦୃଢ଼ ଆହ୍ୱାନ ଦେବାକୁ ସକ୍ଷମ ହୋଇଥିଲେ ।

ଭାରତୀୟ ଆଦିବାସୀମାନଙ୍କ ମଧ୍ୟରେ କାହାକୁ ରାଷ୍ଟ୍ରପତି ଚୟନ କରାଯିବ ଆଦିବାସୀମାନଙ୍କ ପାଇଁ ଏକ ସୁଖଦ ଅନୁଭବ ନେଇ ଆସିଛି । ଦ୍ରୌପଦୀ ମୁର୍ମୁଙ୍କ ରାଷ୍ଟ୍ରପତି ପଦରେ ଆସୀନ ହେବା ସେମାନଙ୍କ ପାଇଁ ଏକ ସାଧାରଣ କଥା ନୁହେଁ । ଏହା ଏକ ଆମୂଲ ଚୂଲ ପରିବର୍ତ୍ତନକାରୀ ଘଟଣା ଅଟେ ଯାହା ହୁଏତ ପରବର୍ତ୍ତୀ ସମୟରେ ନ ହୋଇପାରେ । ନ ଭୂତ ନ ଭବିଷ୍ୟତି । ଏହାଦ୍ୱାରା ସେମାନଙ୍କ ପାଇଁ ନୂତନ ଆଶାର ଏକ ଝରକା ସତେ ଯେପରି ଖୋଲି ଦିଆଯାଇଛି । ତାଙ୍କୁ ଭାରତର ମୁଖ୍ୟ ଧାରାରେ ଆଣି ଠିଆ କରାଇ ଦିଆଯାଇଛି । ଶିକ୍ଷାର ଉତ୍ତମ ପ୍ରସାର ଏବଂ ସଞ୍ଚାର ସାଧନର ପ୍ରସାର କାରଣରୁ ତଥା ସୋସ୍ୟାଲ ମିଡ଼ିଆର

ବିସ୍ତୃତି ଯୋଗୁଁ ଜନଜାତୀୟ ଜୀବନରେ ମୌଳିକ ପରିବର୍ତ୍ତନ ସମ୍ଭବ ହୋଇ ପାରିଛି । ଏବେ ସେମାନେ ମୃଗୟା ଫିଲ୍ମର ଚରିତ ନାୟକ ଭଳି ଅବୋଧ ନୁହନ୍ତି । ସେମାନଙ୍କୁ ନିଜର ଅଧିକାର ବାବଦରେ ଜ୍ଞାନ ଅଛି ଏବଂ ଜାଗୃତା ମଧ୍ୟ ଅଛି । ଆରକ୍ଷଣର ବଳରେ ସେମାନେ ବି ଅନେକ ମହତ୍ତ୍ଵପୂର୍ଣ୍ଣ ପଦ ପର୍ଯ୍ୟନ୍ତ ଯାଇପାରିବେ । ଏବେ ଯାହା ହୋଇଛି ତାହା ଦ୍ଵାରା ସେମାନଙ୍କର ଆଶା ଏକ ନୂତନ ଉଚ୍ଚତା ସ୍ପର୍ଶ କରିବ । ଏକ ସମୟ ଥିଲା ଯେତେବେଳେ ଆଦିବାସୀ କହୁଥିଲେ –

ଆମେ ମଞ୍ଚ ଉପରକୁ ଯାଇନଥିଲୁ

ଆମକୁ ଡକା ମଧ୍ୟ ଯାଇନଥିଲା

ଆଙ୍ଗୁଳି ଇଶାରାରେ

ଆମକୁ ନିଜର ସ୍ଥାନ ଦେଖାଇ ଦିଆ ଯାଇଥିଲା

ଆମେ ସେଠି ବସି ରହିଲୁ

ଆମକୁ ସାବାସୀ ମିଲିଲା

ସେମାନେ ମଞ୍ଚ ଉପରେ ଠିଆ ହୋଇ

ଆମର ଦୁଃଖ ଆମକୁ କହି ଶୁଣିଲେ ।

ଏହି ସ୍ଥିତିର ପରିବର୍ତ୍ତନ ଉପରେ ଦ୍ରୌପଦୀ ମୁର୍ମୁଙ୍କ ଆଗମନ ହୋଇଛି । ନିଜର ରକ୍ଷା କରିବା ପାଇଁ ସମୟ ସମୟରେ ନିଜର ବିରୋଧର ସ୍ଵର ମୁଖର କରୁଥିବା ଏବଂ ଅସ୍ଥିରତାକୁ ସଙ୍କଟପୂର୍ଣ୍ଣ ହେବା ଦେଖ୍ ଡରି ଯାଉଥିବା ଏବେ ହୁଙ୍କାର ନୁହେଁ ଜୟ ଜୟକାର କରୁଛନ୍ତି । ମୁଁ ନୂଆ ଦିଲ୍ଲୀର ଜାମିଆ ମିଲିଆ ଇସ୍ଲାମିଆ ବିଶ୍ଵବିଦ୍ୟାଳୟର ଏକ ସାନ୍ତାଲୀ କବି ଏବଂ ଆସୋସିଏଟ୍ ପ୍ରଫେସର ଆଇଭି ଇମୋଗୀନ ହାଁସଦାଙ୍କର ସ୍ଵବିରଚିତ ରାୟ ସହିତ ନିଜର କଥା ସମାପ୍ତ କରିବାକୁ ରୁହିଁବ । "ସାମର୍ଥ୍ୟ ଦ୍ଵାରା ନିଜର ସମୁଦାୟ ଏବଂ ସମୂହରୁ ଉପରୁ ଉଠି ଜଣେ ନେତାଙ୍କ ଉନ୍ନତି ଏବଂ ଉତ୍ଥାନର ଅର୍ଥ ଏହା ନୁହେଁ ଯେ ଏହାଦ୍ଵାରା ସମଗ୍ର ସମୁଦାୟ ଏବଂ ସମୂହକୁ ଏହା ଦ୍ଵାରା କିଛି ଲାଭ ହେବ । ମୁଁ କେବଳ ଗୋଟିଏ ଆଶା କରିବାରେ ସାହସ କରିପାରେ ଯେ ଭାରତର ଆଦିବାସୀ ଲୋକମାନଙ୍କର ଗୌରବଶାଳୀ ଇତିହାସ ତାଙ୍କ ମାଧ୍ୟମରେ ପବ୍ଲିକ୍ ଡିସ୍କର୍ସରେ ପ୍ରବେଶ କରିପାରିବେ । ଅବଶ୍ୟ ପଦବୀରେ ରହି ତାଙ୍କ ପାଖରେ ସାଧନର ଅଭାବ ରହିବ, ତଥାପି ସେ କେବଳ ରାଷ୍ଟ୍ରପତି ପଦରେହିଁ ରହି ପରିବର୍ତ୍ତନ ପାଇଁ ଉତ୍ପ୍ରେରକ ନିଶ୍ଚୟ ଭାବରେ ହୋଇ ପାରିବେ ।"

ଆଦିବାସୀ କଲ୍ୟାଣରେ ମୁର୍ମୁଙ୍କ ଯୋଗଦାନ

"ଜଣେ ମହାନ ବ୍ୟକ୍ତିଙ୍କ ଉପୁତି ଜଟିଳ ପ୍ରଭାବଗୁଡ଼ିକର ଦୀର୍ଘ ଶୃଙ୍ଖଳା ଉପରେ ନିର୍ଭର କରିଥାଏ । ଯାହା ସେ ଜାତିକୁ ଉପୁନ୍ନ କରିଛି ଏବଂ ଯେଉଁଥିରେ ସେ ଜନ୍ମ ନେଇଥାଏ ଏବଂ ସେ ସାମାଜିକ ସ୍ଥିତି ଯେଉଁଥିରେ ସେ ବଢ଼ିଥାଏ ଏବଂ ଧୀରେ ଧୀରେ ଆଗକୁ ଝୁଲିଥାଏ । ସେ ନିଜର ସମାଜର ପୁନଃନିର୍ମାଣ କରିବା ପୂର୍ବରୁ ସମାଜକୁ ଏହା କରିବାକୁ ହେବ ।"
–ହର୍ବର୍ଟ ସ୍ପେନ୍‌ସର

ଦ୍ରୌପଦୀ ମୁର୍ମୁଙ୍କୁ ଆଦିବାସୀମାନଙ୍କର ସମସ୍ୟା ଏବଂ ସେମାନଙ୍କର ସର୍ବାଙ୍ଗୀନ କଲ୍ୟାଣ ଉପରେ ବିଚାର କରିବା ଏବଂ ମୁଖ୍ୟତଃ ପୂର୍ବକ ତାହାର ଅଭିବ୍ୟକ୍ତି କରିବା ପାଇଁ ଜଣାଯାଏ । ଜଳ-ଜଙ୍ଗଲ ଏବଂ ଭୂମିର ସଂଘର୍ଷରେ ମୁର୍ମୁ ସର୍ବଦା ଆଦିବାସୀ ସମୁଦାୟ ସହିତ ଠିଆ ହୋଇଛନ୍ତି । ସେ ରାଜନୀତିକ ଏବଂ ସାମାଜିକ ଦାୟିତ୍ଵରେ ସର୍ବଦା ଅପୂର୍ବ ସନ୍ତୁଲନ ବନାଇ ରଖିଛନ୍ତି । ଆଦିବାସୀ ପରିଚୟ ପ୍ରାପ୍ତ ମୁର୍ମୁ ସଂସ୍କୃତି ମୌଲିକତା ବିଷୟରେ ସର୍ବଦା ମୁଖର ରହିଛନ୍ତି । ଏହା ସ୍ୱାଭାବିକ ମଧ୍ୟ । ଦ୍ରୌପଦୀ ମୁର୍ମୁଙ୍କ ଠାରୁ ଦେଶର ଅନେକ ଆଦିବାସୀ ସଂଗଠନ ଏବଂ ସମୁଦାୟର ସଦସ୍ୟ ଏହି ଆଶା ରଖିଛି ସେ ଦେଶର ପ୍ରାୟ ଦଶ ପ୍ରତିଶତ ଜନସଂଖ୍ୟାର ହିତର ରକ୍ଷା କରିବେ । ବର୍ଷ ବର୍ଷ ଧରି ଅବହେଳିତ ହୋଇ ରହିଥିବା ଆଦିବାସୀ ଲୋକମାନେ ଦ୍ରୌପଦୀ ମୁର୍ମୁଙ୍କ ରାଷ୍ଟ୍ରପତି ପଦରେ ଆସୀନ ହେବା ଦ୍ୱାରା ସେତେବେଳେ ଖୁସି ହୋଇ ପାରିବେ ଯେତେବେଳେ ପେଶା ନିୟମ (ପଞ୍ଚାୟତ ଏକ୍ସଟେନସନ ଟୁ ସିଡ୍ୟୁଲ ଏରିଆ ଆକ୍ଟ ୧୯୯୬)କୁ ସଶକ୍ତ ବନାଇବା ପାଇଁ ରାସ୍ତା ତିଆରି ହେବ । ଯେତେବେଳେ ଜନଗଣନା ପ୍ରପତ୍ରରେ ସ୍ୱରଣା ଧର୍ମକୋଡ଼ ପଞ୍ଚମ ଏବଂ ଷଷ୍ଠ ସୂଚୀର ରାଜ୍ୟ ସହିତ କେନ୍ଦ୍ର ସରକାରଙ୍କର ସମନ୍ୱୟ ପ୍ରଭାବଶାଳୀ ହୋଇ ପାରିବ । ୨୦୧୧ ଜନଗଣନା ଅନୁସାରେ ଦେଶରେ ପ୍ରାୟ ୧୨ କୋଟି ଜନଜାତୀୟ ଲୋକ ରହିଛନ୍ତି । ପଞ୍ଚମ ଏବଂ ଷଷ୍ଠ ଅନୁସୂଚୀର ରାଜ୍ୟମାନଙ୍କରେ ଏମାନଙ୍କର ସଶକ୍ତ ଉପସ୍ଥିତି ରହିଛି । ରାଜନୈତିକ ବିଶ୍ଳେଷକମାନେ ବିଚାର

କରୁଛନ୍ତି ଯେ ଦ୍ରୌପଦୀ ମୁର୍ମୁଙ୍କ ପ୍ରାର୍ଥୀତ୍ୱ ଦ୍ୱାରା ଭାଜପାକୁ ପଞ୍ଚମ ଏବଂ ଷଷ୍ଠ ଅନୁସୂଚୀରେ ଥିବା ରାଜ୍ୟମାନଙ୍କରେ ଜନଜାତୀୟ ଭୋଟ୍ ପ୍ରାପ୍ତ କରିବାରେ ସହାୟତା ମିଳିବ । ଷଷ୍ଠ ଅନୁସୂଚୀରେ ଥିବା ରାଜ୍ୟମାନଙ୍କ ମଧ୍ୟରୁ ଆସାମ, ମେଘାଲୟ, ତ୍ରିପୁରା, ମିଜୋରାମରେ ଜନଜାତୀୟ ସମାଜର ଲୋକମାନଙ୍କର ସଂଖ୍ୟା ବହୁତ ଅଧିକ ରହିଛି । ଆସାମରେ ୧୬ ପ୍ରତିଶତ, ତ୍ରିପୁରାରେ ୩୧ ପ୍ରତିଶତ, ମେଘାଲୟରେ ୪୬ ପ୍ରତିଶତ ଏବଂ ମିଜୋରାମରେ ୯୫ ପ୍ରତିଶତ ଠାରୁ ଅଧିକ ଏହି ସମୁଦାୟର ଲୋକମାନେ ରହିଛନ୍ତି ।

ଏହା ସହିତ ପଞ୍ଚମ ଅନୁସୂଚୀରେ ଥିବା ରାଜ୍ୟମାନଙ୍କ ମଧ୍ୟରୁ ଝାଡ଼ଖଣ୍ଡରେ ପ୍ରାୟ ୨୬ ପ୍ରତିଶତ ଆଦିବାସୀ ରହିଛନ୍ତି । ଛତିଶଗଡ଼ରେ ୨୦, ମଧ୍ୟପ୍ରଦେଶରେ ୨୧, ଓଡ଼ିଶାରେ ୨୨.୮୫, ରାଜସ୍ଥାନରେ ୧୩.୪୮, ଗୁଜରାଟରେ ୮, ପଶ୍ଚିମବଙ୍ଗରେ ୫.୮, ହିମାଚଳ ପ୍ରଦେଶରେ ୫.୭ ପ୍ରତିଶତ ସଂଖ୍ୟା ରହିଛନ୍ତି । ଭା.ଜ.ପା.ର ନଜର ଓଡ଼ିଶା, ରାଜସ୍ଥାନ, ଝାଡ଼ଖଣ୍ଡ ଏବଂ ଛତିଶଗଡ଼ ଉପରେ ରହିଛି । ଭା.ଜ.ପା.କୁ ଦେଶର ପଞ୍ଚମ ଏବଂ ଷଷ୍ଠ ଅନୁସୂଚୀରେ ଥିବା ରାଜ୍ୟଗୁଡ଼ିକରେ କ୍ଷେତ୍ରୀୟ ଦଳ ପ୍ରତିଦ୍ୱନ୍ଦିତା କରୁଛନ୍ତି । ଆନ୍ଧ୍ରପ୍ରଦେଶରେ ଭ୍ୱାଇଏସଆରସୀତୀ, ଝାଡ଼ଖଣ୍ଡରେ ଝା.ମୁ.ମୋ., ଓଡ଼ିଶାରେ ବିଜୁ ଜନତା ଦଳ, ପଶ୍ଚିମବଙ୍ଗରେ ତୃଣମୂଳ କଂଗ୍ରେସକୁ ପରାସ୍ତ କରିବା ପାଇଁ ଭାଜପା ଆଦିବାସୀ ସମାଜକୁ ତାହା ସହିତ ଯୋଡ଼ିବା ପାଇଁ ଇଚ୍ଛୁକ ଅଟେ । ଜଳ-ଜଙ୍ଗଲ ଏବଂ ଭୂମି ଉପରେ ଜନଜାତିମାନଙ୍କର ଅଧିକାରକୁ ସୁନିଶ୍ଚିତ କରିବା ପାଇଁ 'ପେସା' କାନୁନ ଲାଗୁ କରା ଯାଇଥିଲା । କିନ୍ତୁ ଏହାଦ୍ୱାରା ଆଦିବାସୀମାନଙ୍କୁ ବିଶେଷ ଲାଭ ମିଳିନାହିଁ । ୮୯ତମ ସମ୍ବିଧାନର ସଂଶୋଧନ ଅଧିନିୟମ ୨୦୦୩ ଜରିଆରେ ବାଜପେୟୀ ସରକାର ଆଦିବାସୀମାନଙ୍କ ପାଇଁ ଏକ ଭିନ୍ନ ରାଷ୍ଟ୍ରୀୟ ଆୟୋଗ ଗଠିତ କରିଛନ୍ତି । ମୋଦୀ ସରକାରରେ ଆଦିବାସୀ ସମୁଦାୟକୁ ସଂଗଠିତ କରିବା ପାଇଁ ଏବଂ ଅଧିକ ବ୍ୟବସ୍ଥିତ ପ୍ରଣାଳୀରେ ପ୍ରୟାସ ଆରମ୍ଭ ହୋଇ ସାରିଛି । ପ୍ରଧାନମନ୍ତ୍ରୀ ବନ-ଧନ ଯୋଜନା ଏହାର ପ୍ରମାଣ ଅଟେ ।

ସରନା ଧର୍ମ ଏବଂ ସରନା ଧର୍ମ କୋଡ୍

ଝାଡ଼ଖଣ୍ଡର ଆଦିବାସୀ ସମୁଦାୟ ନିଜର ଅଲଗା ଧର୍ମର ଦାବିକୁ ନେଇ କେନ୍ଦ୍ରୀୟ ସରକାରଙ୍କ ଠାରେ ଗୁହାରି ଲଗାଉଛନ୍ତି । ସେମାନେ ଦାବି କରୁଛନ୍ତି ଯେ ଜନଗଣନାରେ ସେମାନଙ୍କ ଆଗରେ ହିନ୍ଦୁ ଲେଖା ନଯାଉ । ହିନ୍ଦୁ ଧର୍ମ ସହିତ ସେମାନଙ୍କର କୌଣସି ସମ୍ବନ୍ଧ ନାହିଁ ଏବଂ ସେମାନଙ୍କର ଧର୍ମ ହେଉଛି ସରଣା । ଏହି ସମୁଦାୟର ଲୋକମାନେ ଛୋଟନାଗପୁର ଅଞ୍ଚଳରେ ରହନ୍ତି । ଝାଡ଼ଖଣ୍ଡର ମୁଖ୍ୟମନ୍ତ୍ରୀ ହେମନ୍ତ ସୋରେନ ମଧ୍ୟ ସରନା ସମୁଦାୟରୁ ଆସିଛନ୍ତି । ସେମାନେ ପ୍ରକୃତିକୁ ଉପାସନା କରନ୍ତି ଏବଂ ସେମାନଙ୍କର ବିଶ୍ୱାସ ଜଳ-ଜଙ୍ଗଲ ଏବଂ ଭୂମି ଉପରେ ରହିଛି । ସେମାନେ ବନ କ୍ଷେତ୍ର ରକ୍ଷା କରିବାରେ ବିଶ୍ୱାସ କରି ବୃକ୍ଷ ଏବଂ ପାହାଡ଼ ପର୍ବତର

ପୂଜା କରନ୍ତି । ଆଦିବାସୀମାନେ କେବେବି ହିନ୍ଦୁ ନଥିଲେ ଏବଂ ସେମାନେ କେବେବି ହିନ୍ଦୁ ହେବେ ନାହିଁ । ଝାଡ଼ଖଣ୍ଡର ମୁଖ୍ୟମନ୍ତ୍ରୀ ହେମନ୍ତ ସୋରେନ ପୂର୍ବବର୍ଷ ଏକ ସମ୍ମିଳନୀରେ ଏକଥା ଘୋଷଣା କରିଛନ୍ତି । ସୋରେନ ଭାରତର କିଛି ବ୍ୟକ୍ତିମାନଙ୍କ ଦ୍ୱାରା ଉଠା ଯାଇଥିବା ଏହି ଦାବିକୁ ଆଧାର କରି କହନ୍ତି ଯେ ସେମାନଙ୍କୁ ହିନ୍ଦୁ ଧର୍ମ ଭିନ୍ନ ନିଜର ଅଲଗା କୋଡ୍ ପାଳନ କରିବାର ଅନୁମତି ଦେବା ଉଚିତ୍ । ସେମାନେ ସର୍ବଦା ପ୍ରକୃତି ଉପାସକ ଅଚନ୍ତି ଏବଂ ଏହି କାରଣରୁ ସେମାନଙ୍କୁ ଆଦିବାସୀ ଲୋକ ଭାବରେ ବିଚାର କରା ଯାଇଥାଏ ।

ଓଡ଼ିଶାର ସାନ୍ତାଳ ଆଦିବାସୀମାନଙ୍କ ମଧରୁ ଆସିଥିବା ଦ୍ରୌପଦୀ ମୁର୍ମୁ ମୁଖ୍ୟମନ୍ତ୍ରୀ ହେମନ୍ତ ସୋରେନଙ୍କର ଝାଡ଼ଖଣ୍ଡ ରାଜ୍ୟରେ ରାଜ୍ୟପାଳ ଥିଲେ । ଓଡ଼ିଶା ଏବଂ ଝାଡ଼ଖଣ୍ଡ ଉଭୟ ଆଦିବାସୀ ସମୃଦ୍ଧ ରାଜ୍ୟ ଅଟେ ଏବଂ ଦ୍ରୌପଦୀ ମୁର୍ମୁ ଏବେ ଭାରତ ରାଷ୍ଟ୍ରର ରାଷ୍ଟ୍ରପତି ଅଚନ୍ତି । ତାଙ୍କ ଠାରୁ ଦୁଇଟି କଥାର ଆଶା କରାଯାଏ । ଏକ ପକ୍ଷରେ ଆଦିବାସୀମାନେ ସରନା ଧର୍ମକୁ ନେଇ ତାଙ୍କ ନିକଟରେ ଆଗ୍ରହ ପ୍ରକାଶ କରିବେ ଏବଂ ଅନ୍ୟପକ୍ଷରେ ବିଜେପିର ଧାରଣା ଏହା ଯେ ସରନା କୌଣସି ଅଲଗା ଧର୍ମ ନୁହେଁ । ଆଦିବାସୀମାନେ ମଧ ହିନ୍ଦୁ ଧର୍ମକୋଡ୍‌ର ଅଧୀନ ଅଚନ୍ତି । ଏଥିପାଇଁ ସେମାନଙ୍କ ନିମନ୍ତେ ଅଲଗା କୌଣସି ଧର୍ମକୋଡ୍‌ର ଆବଶ୍ୟକତା ନାହିଁ । ତେଣୁ ନା କେବଳ ଝାଡ଼ଖଣ୍ଡ ବରଂ ଅଖିଳ ଭାରତୀୟ ଜନଜାତୀୟ ଜନସଂଖ୍ୟା ମଧରେ ଏକ ସହାନୁଭୂତିପୂର୍ଣ ସମାବେଶୀ ହିନ୍ଦୁଧର୍ମ ଧାରଣାର ବୃଦ୍ଧି ପାଇଁ ରାଷ୍ଟ୍ରପତି ଦ୍ରୌପଦୀ ମୁର୍ମୁ କେଉଁ ପ୍ରକାର ନିଜର ପଦବୀ ଏବଂ ପ୍ରଭାବ ଦ୍ୱାରା ଲୋକମାନଙ୍କୁ ପ୍ରେରିତ କରିବେ ତାହା ଆଗାମୀ ସମୟ ହିଁ ନିର୍ଦ୍ଧାରିତ କରିବ । କିନ୍ତୁ ଏକଥା ସୁନିଶ୍ଚିତ ଯେ ସମାଜରେ ହିନ୍ଦୁ ଧର୍ମ ପ୍ରସାରକୁ କିଛି ଶକ୍ତି ଅବଶ୍ୟ ମିଳିଲା ।

ଭାରତରେ ଏବେ ରାଷ୍ଟ୍ରପତି ପଦବୀରେ ମହାମାନ୍ୟ ଦ୍ରୌପଦୀ ମୁର୍ମୁ ଆସୀନ ଅଚନ୍ତି । ଏହା ଏକ ବହୁତ ବଡ଼ ଗୁରୁତ୍ୱପୂର୍ଣ୍ଣ କଥା । ସେ ଆଦିବାସୀ ସମ୍ପ୍ରଦାୟ ମଧରୁ ଆସିଛନ୍ତି ଏବଂ ତାଙ୍କ ଠାରୁ ଆଦିବାସୀ ସମ୍ପ୍ରଦାୟ ବହୁତ କିଛି ଆଶା ରଖିଛନ୍ତି । ତାଙ୍କର ନାମାଙ୍କନ ଠାରୁ ଆରମ୍ଭ ହୋଇଥିବା ତର୍କ ଏବଂ ସମ୍ବାଦ ଆଦିବାସୀ ସମ୍ବନ୍ଧିତ ସମସ୍ୟାଗୁଡ଼ିକୁ ଲୋକ ସମ୍ମୁଖକୁ ଆଣିବାରେ ସହାୟତା ହୋଇଛି ଏବଂ ଆଗାମୀ ସମୟରେ ଏହା ଏହି ସମ୍ପ୍ରଦାୟ ପାଇଁ ଅଧିକ ଲାଭପ୍ରଦ ହୋଇପାରିବ । ଆଦିବାସୀମାନେ ଏହା କାହିଁକି ବା ନ ରହିଁବେ ଯେ ସେମାନଙ୍କର ସମାଜର ବିକାଶ ଏବଂ ପ୍ରଗତି ପାଇଁ ମୁର୍ମୁ ନିଜ ପଦବୀର ପ୍ରଭାବ ପ୍ରୟୋଗ ନ କରନ୍ତୁ । ଅନେକ ସମସ୍ୟା ରହିଛି ଏବଂ ଏହାର ଅନେକ ସମାଧାନ ମଧ । ଦେଶର ଅନେକ ଆଦିବାସୀ ଲୋକ ଏହି କଥାକୁ ଶୁଣି ନାରାଜ ହୋଇଯାଆନ୍ତି ଯେ ସେମାନଙ୍କୁ ଏବେ ବନବାସୀ ମଧ କୁହା ଯିବାକୁ ଲାଗିଲାଣି । ଏହା ଠିକ୍ ସେହିଭଳି ଯେପରି ଦଳିତ ସମ୍ପ୍ରଦାୟକୁ ହରିଜନ କହିବା ପାଇଁ ଗାନ୍ଧୀଜୀଙ୍କ ପରାମର୍ଶ ଆଜିବି ଅନେକ ଲୋକଙ୍କ ପାଇଁ ଆଲୋଚନାର ବିଷୟବସ୍ତୁ ଅଟେ । କିନ୍ତୁ ବନବାସୀ କହି ସେମାନଙ୍କୁ ସମ୍ବୋଧିତ କରୁଥିବା ଅନେକ ଲୋକ ମଧ ଆଦିବାସୀ କଲ୍ୟାଣ ଚାହୁଁଛନ୍ତି । ସେମାନେ ଏହା ମଧ ଚାହୁଁଛନ୍ତି ଯେ ଆଦିବାସୀ ଲୋକମାନେ ହିନ୍ଦୁ

ଧର୍ମର ସନାତନ ସ୍ୱରୂପର ଏକ ଅଙ୍ଗ ହୋଇ ରୁହନ୍ତୁ। ଅନେକ ଲୋକ ଏହାର ବିରୋଧ ମଧ୍ୟ କରୁଛନ୍ତି। ସେମାନଙ୍କ ମତରେ ହିନ୍ଦୁ ଧର୍ମ ସହିତ ଏହାର କୌଣସି ସମ୍ବନ୍ଧ ନାହିଁ କିମ୍ବା ସମ୍ବନ୍ଧ ବନାଯାଇ ମଧ୍ୟ ପାରିବ ନାହିଁ। ସେମାନେ ହେଉଛନ୍ତି ପ୍ରକୃତିପ୍ରେମୀ ଏବଂ ସେମାନଙ୍କର ଯଦି କୌଣସି ଧର୍ମ ଥାଏ ତାହା ହେଉଛି ସରନା ଯାହାକୁ ଏବେ ମାନ୍ୟତା ମିଳିବା ଉଚିତ୍। ଏହି ଆସ୍ଥା ଅନୁସାରେ ସେମାନେ ମୂର୍ତ୍ତି ପୂଜାରେ ମଧ୍ୟ ବିଶ୍ୱାସ କରନ୍ତି ନାହିଁ। ବରଂ ସେମାନେ ପ୍ରକୃତିର ଶକ୍ତିକୁ ସମ୍ମାନ କରନ୍ତି, ଉପାସନ କରନ୍ତି। ହୁଏତ ତାହା ଜଙ୍ଗଲ ହୋଇପାରେ, ପାହାଡ଼, ପର୍ବତ, ନଦୀ, ଝରଣା କିମ୍ବା ଜଙ୍ଗଲର ଭୂମି ହୋଇପାରେ। ସରନା କୋଡ଼ର ଅଭାବରେ ଅନୁଯାୟୀ ଜନଗଣନା ଅଭ୍ୟାସ ସମୟରେ ନିଜକୁ ଅନ୍ୟ ଧର୍ମ ଏବଂ ଅନୁନ୍ୟ ଶ୍ରେଣୀରେ ସୂଚୀବଦ୍ଧ କରାଇଥାଆନ୍ତି। ଔପରୂରିକ ମାନ୍ୟତ ଅଭାବରେ ପରିଚୟ, ସଂସ୍କୃତି ଏବଂ ଜୀବନର ପାରମ୍ପାରିକ ପ୍ରଣାଳୀରେ ଖୋଜିବାର ଚିନ୍ତା ମଧ୍ୟ ରହିଛି। ଅଧିକାଂଶ ଆଦିବାସୀ ହିନ୍ଦୁ ଏବଂ ଖ୍ରୀଷ୍ଟ ଧର୍ମରେ ଧର୍ମାନ୍ତରୀଣ ପ୍ରୟାସର ଅଧୀନରେ ଆସିବାରୁ ବଞ୍ଚିତ ହେବା ପାଇଁ ରୁହାନ୍ତି।

ଏହାକୁ ରାଷ୍ଟ୍ରୀୟ ସ୍ୱୟଂ ସେବକ ସଂଘ ଆର୍.ଏସ୍.ଏସ୍.ର ବୈଚଠିକ ଢାଞ୍ଚା ଏବଂ ଆଦିବାସୀମାନଙ୍କୁ ବଡ଼ ହିନ୍ଦୁ ପରିଚୟ ମଧ୍ୟରେ ସାମିଲ କରିବାର ନିଜର ଆର୍ଜେଣ୍ଠାର ବରୁଦ୍ଧାଚରଣ ବୋଲି ବିଚାର କରାଯାଏ। ଝାଡ଼ଖଣ୍ଡ ମୁକ୍ତି ମୋର୍ଚ୍ଚା ସହିତ ଆଦିବାସୀ ସମୁଦାୟର ନେତା ଏବଂ ଦଲ ଆଗାମୀ ଜନଗଣନା ସମୟରେ ସରନା ଧର୍ମ ପାଇଁ ଏକ ଭିନ୍ନ କୋଡ଼ର ଆବଶ୍ୟକତାର ଓକିଲାତି କରୁଛନ୍ତି। ଅନ୍ୟପକ୍ଷରେ ଭାରତର ଜନଜାତିମାନଙ୍କର ଖ୍ରୀଷ୍ଟ ଧର୍ମରେ ଧର୍ମାନ୍ତରୀଣ ଏବଂ ଜନସାଂଖ୍ୟିକ ପରିବର୍ତ୍ତନ ଦେଶ ପାଇଁ ଏକ ବଡ଼ ପ୍ରସଙ୍ଗ ପାଲଟି ଯାଇଛି। ବିଗତ ବର୍ଷମାନଙ୍କରେ ପୂର୍ବତର ରାଜ୍ୟ ଯେପରି ନାଗାଲାଣ୍ଡ, ମିଜୋରାମ ଏବଂ ମେଘାଲୟ ଏବେ ଖ୍ରୀଷ୍ଟ ଧର୍ମ ବହୁଲ ରାଜ୍ୟ ବନି ଯାଇଛି। ଡର ଲାଗେ ଯେ ଏହି ଧର୍ମାନ୍ତରୀଣାର ପ୍ରଭାବ ଭାରତର ଅନ୍ୟ ସ୍ଥାନରେ ପଡ଼ିବାକୁ ଲାଗିବ। ଉନବିଂଶ ଶତାବ୍ଦୀର ପ୍ରାରୟରେ ଖ୍ରୀଷ୍ଟ ମିଶନାରୀମାନେ ଏଠାରେ କାମ କରିବା ଆରମ୍ଭ କରିଥିଲେ। ଏହା ସତ୍ତ୍ୱେ ଝାଡ଼ଖଣ୍ଡ, ଓଡ଼ିଶା, ଛତିଶଗଡ଼ ଏବଂ ପଶ୍ଚିମବଙ୍ଗ ଆଦି ରାଜ୍ୟରେ ଏମାନଙ୍କର ଉପସ୍ଥିତି ବହୁତ କମ୍ ଅଟେ। ଏହି ରାଜ୍ୟଗୁଡ଼ିକରେ ଏବେ ମଧ୍ୟ ଅଧିକ ସଂଖ୍ୟାରେ ଆଦିବାସୀମାନେ ରହୁଛନ୍ତି। ପୂର୍ବ ଜନଗଣନା ଅନୁସାରେ ଏହି ରାଜ୍ୟଗୁଡ଼ିକ ମଧ୍ୟରେ ଝାଡ଼ଖଣ୍ଡରେ ସବୁଠାରୁ ଅଧିକ ଖ୍ରୀଷ୍ଟ ଧର୍ମାବଲମ୍ବୀ ଲୋକ ଯାହାକି କେବଲ ୪.୩ ପ୍ରତିଶତ ଅଟେ ସେମାନେ ରହୁଛନ୍ତି। ବନବାସୀ କଲ୍ୟାଣୀ ଆଶ୍ରମ ଭଲି ବିଭିନ୍ନ ସଂଗଠନ ଖ୍ରୀଷ୍ଟିଆନ ମିସନାରୀଙ୍କ ଭଲି ଜନଜାତି କଲ୍ୟାଣର କାର୍ଯ୍ୟ କରିବାର ପ୍ରୟାସ କରୁଛନ୍ତି। ପ୍ରଫେସର ବଦ୍ରୀ ନାରାୟଣଙ୍କ ଅନୁସାରେ ଏହି କ୍ଷେତ୍ର ଗୁଡ଼ିକରେ ଏକ ହିନ୍ଦୁ ଆଦିବାସୀ ତାଲମେଲ ବନାଇବା ଯୋଜନାରେ ଆଦିବାସୀ ଦେବତାମାନଙ୍କୁ ହିନ୍ଦୁ ମନ୍ଦିର ଭିତରେ ରଖାଯାଉଛି। ଆଦିବାସୀ ସମାଜକୁ ଖ୍ରୀଷ୍ଟ ଧର୍ମ ଠାରୁ ଦୂରରେ ରଖିବା ଏବଂ ହିନ୍ଦୁ ଧର୍ମର ଅଙ୍ଗ ବନାଇ ଆମ୍ସାତ୍ କରିବାର ଯୋଜନାର ପ୍ରଭାବକୁ ଅସ୍ୱୀକାର କରାଯାଇ ନପାରୋ। ପ୍ରଫେସର ବଦ୍ରୀନାରାୟଣଙ୍କ ଅନୁସାରେ –

"କେତେକ ଅନ୍ୟ ହିନ୍ଦୁ ସଂଗଠନ ମଧ୍ୟ ଆଦିବାସୀ ସଂସ୍କୃତିର ପୁନଃନିର୍ମାଣରେ ଯୋଗଦାନ ପ୍ରଦାନ କରୁଛନ୍ତି । ଆଦିବାସୀ ଦେବତାମାନଙ୍କୁ ହିନ୍ଦୁ ମନ୍ଦିର ଭିତରେ ରଖା ଯାଉଛି । ଯେଉଁଠାରେ ହିନ୍ଦୁ ଆଦିବାସୀମାନଙ୍କ ମଧ୍ୟରେ ତାଲମେଲ ବନାଇବାର କାର୍ଯ୍ୟ ଚାଲିଛି । ଉଭୟ ସମାଜରେ ସମାନ ମୂଲ୍ୟ ଏବଂ ନୈତିକ ସଂଚରଚନା ରହିଛି । ଆମେ ଏଭଳି ସମୟର ଅନୁସନ୍ଧାନ କରିବା ପାଇଁ କାର୍ଯ୍ୟ କରୁଛୁ ଯାହା ସମାଜରେ ଏକତା ସୃଷ୍ଟି କରି ପାରିବ । ଆଦିବାସୀ କ୍ଷେତ୍ରରେ ଆର.ଏସ.ଏସ.ର ଗଭୀର ପହଞ୍ଚ ସହିତ ଏହା ଉଚିତ୍ ସମୟ ଅଟେ ଯେ ଭାଜପା ନେତାମାନେ ନିଜର ଆଉଟ୍‌ରିଚ୍ କାର୍ଯ୍ୟକ୍ରମ ପାଇଁ ସଂଗଠନର ପ୍ରଭାବର ଉପଯୋଗ କରିବା ଆରମ୍ଭ କରିଦେଇଛନ୍ତି ।

ମୁର୍ମୁ ଅନୁସୂଚିତ ଜନଜାତିର ହୋଇଥିବା କାରଣରୁ ଖ୍ରୀଷ୍ଟିଆନ ମିସନାରୀର ମଧ୍ୟ ବିରୁଦ୍ଧାଚରଣ କରୁଛନ୍ତି । ଜଣେ ଜନଜାତି ସହିତ ଜଡ଼ିତ ମହିଳାକୁ ଦେଶର ଶୀର୍ଷ ପଦବୀରେ ରଖିବା ଦ୍ୱାରା ହିନ୍ଦୁ ଆଦିବାସୀମାନଙ୍କୁ ଲକ୍ଷ୍ୟ ବନାଇଥିବା ଧର୍ମାନ୍ତରଣ ମାଫିଆମାନଙ୍କୁ କ'ଣ ଏହା ଭଲ ଲାଗିବ ? କୁହାଯାଏ ଯେ ଏକ ସମୟରେ ମୁର୍ମୁ ଓଡ଼ିଶାର ରାଇରଙ୍ଗପୁର ଆଦିବାସୀ କ୍ଷେତ୍ରରେ ଧର୍ମାନ୍ତରୀଣ ମାଫିଆମାନଙ୍କ ବିରୁଦ୍ଧରେ ବଡ଼ ଧରଣର କାମ କରିଛନ୍ତି । ଖ୍ରୀଷ୍ଟିଆନ ମିସନାରୀମାନେ ଗରୀବ ଏବଂ ଅନୁସୂଚିତ ଜନଜାତିର ଲୋକମାନଙ୍କୁ ପ୍ରଲୋଭନ ପ୍ରଦାନ କରି ଧର୍ମାନ୍ତରୀଣ କରାଇଥାଆନ୍ତି । ଏବେ ସେମାନଙ୍କର ସେହି କାମକୁ ପଣ୍ଡ କରିବା ସହଜ ହୋଇ ପଡ଼ିବ ।

ଦୀର୍ଘ ସମୟ ଧରି ଭାରତର ଆଦିବାସୀ କ୍ଷେତ୍ର ଖ୍ରୀଷ୍ଟିଆନ ମିସନାରୀ କିମ୍ବା ନକ୍ସଲୀମାନଙ୍କ ପ୍ରଭାବରେ ରହିଛି । ଆର.ଏସ.ଏସ. ଏ କ୍ଷେତ୍ରଗୁଡ଼ିକରେ ଖୁବ ଶାନ୍ତି ଏବଂ ଶାଲିନତାରେ ପ୍ରବେଶ କରିଛି । ସେମାନେ ସେବା ଭାବ ସହିତ ଆଦିବାସୀମାନଙ୍କ ମଧ୍ୟରେ କାମ କରି ସେମାନଙ୍କ ମନରେ ମିଟୁନଥିବା ସ୍ଥାନ ବନାଇଛନ୍ତି । ସେମାନେ ସନାତନ ଧର୍ମ, ସନାତନ ବିଚାର ଏବଂ ଭାରତ ଦେଶର ପ୍ରାଚୀନ ସଂସ୍କୃତି ପ୍ରତି ସେମାନଙ୍କୁ ଉନ୍ମୁଖ କରାଇଛନ୍ତି । ଆର.ଏସ.ଏସ. ଦୂରସ୍ଥ ଆଦିବାସୀ କ୍ଷେତ୍ରରେ ଛାତ୍ରାବାସ ସୁବିଧା ସହିତ ମାଗଣା ବିଦ୍ୟାଳୟ ମଧ୍ୟ ସ୍ଥାପିତ କରିଛନ୍ତି । ସେମାନେ ସେହିସବୁ ସ୍ଥାନରେ ଯାଇ ପହଞ୍ଚିଛନ୍ତି ଯେଉଁଠାରେ ଏପର୍ଯ୍ୟନ୍ତ ସରକାରୀ ସୁବିଧା ପହଞ୍ଚ ନାହିଁ । ଏହା ସହ ସେମାନେ ସେଠାରୁ ଅନେକ ଡାକ୍ତରଖାନା, ହୋମିଓପ୍ୟାଥ୍, ଆଲୋପାଥ୍ ଏବଂ ଆଧୁନିକ ଚିକିସାର ଡାକ୍ତରଖାନା ମଧ୍ୟ ସ୍ଥାପନ କରିଛନ୍ତି । ଗରୀବ ଆଦିବାସୀମାନଙ୍କୁ ଭଲ ଏବଂ ମାଗଣା ଚିକିସାର ସୁବିଧା ଯୋଗାଇ ଦେଇଛନ୍ତି । ଆଦିବାସୀ ସମୁଦାୟମାନଙ୍କର ନିଜସ୍ୱ ଜ୍ଞାନ ଏବଂ ତାଙ୍କର ପ୍ରଣାଳୀ ଓ କୌଶଳକୁ ଆର.ଏସ.ଏସ. କେବେବି ଅଣଦେଖା କରିନାହିଁ । ତାହାର ସଂସ୍ଥାନଗୁଡ଼ିକରେ ତୀରନ୍ଦାଜୀ, କୁସ୍ତି ଏବଂ ଅନ୍ୟ ପାରମ୍ପରିକ ଆଦିବାସୀ ଖେଳଗୁଡ଼ିକ ପାଇଁ ରାଷ୍ଟ୍ରୀୟସ୍ତରର ପ୍ରଶିକ୍ଷଣ ଆରମ୍ଭ କରା ଯାଇଛି । ଏମାନଙ୍କ ଦ୍ୱାରା ଚଲାଯାଉଥିବା ସ୍କୁଲରେ ପଢ଼ୁଥିବା ପିଲାମାନେ ଭଜନ, କୀର୍ତ୍ତନ ଓ ନୈତିକ ଶିକ୍ଷା ମଧ୍ୟ ପ୍ରାପ୍ତ କରୁଛନ୍ତି । ସ୍କୁଲରୁ ଉତ୍ତୀର୍ଣ୍ଣ ହେବା ପରେ ସେମାନେ ବଡ଼

ସହରକୁ ଯାଉଛନ୍ତି ସେତେବେଳେ ମଧ୍ୟ ସେମାନଙ୍କ ସମ୍ପର୍କ ନିଜର ସ୍କୁଲ ସହିତ ରହୁଛି । କିଛି ସ୍କଲରସିପ୍ ପ୍ରଦାନ କରି ସେମାନଙ୍କୁ ଆର୍ଥିକ ସହାୟତା ମଧ୍ୟ ଦିଆ ଯାଉଛି । ସେମାନଙ୍କ ସହ ନିୟମିତ ଭାବରେ ସମ୍ବନ୍ଧ ବନାଇ ରଖିବାରେ ଏହା ଲାଭ ହେଉଛି ଯେ ଆଦିବାସୀ ସମାଜରେ ସେହି ଲୋକମାନେ ଭାରତୀୟ ସଂସ୍କୃତିର ପ୍ରଚାର ଓ ପ୍ରସାର ପାଇଁ କାର୍ଯ୍ୟ କରୁଛନ୍ତି ଏବଂ ଆଦର ପାଉଛନ୍ତି । ସେମାନଙ୍କ ମଧ୍ୟରେ କିଛି ଲୋକ ବଡ଼ ହୋଇ ଆଧ୍ୟାତ୍ମିକ, ରାଜନୈତିକ, ଶିକ୍ଷା ଓ ପ୍ରଶାସନ ସହିତ ସଂଯୁକ୍ତ ହୋଇ ଦେଶର ମୁଖ୍ୟ ଧାରାର ବିକାଶରେ ଭାଗୀଦାର ହେଉଛନ୍ତି ।

ଏହା ସ୍ୱାଭାବିକ ଯେ ସେମାନଙ୍କର ଦେଖାଦେଖି ଅନ୍ୟ କେତେକ ସାଂସ୍କୃତିକ ଏବଂ ଧାର୍ମିକ ସଂଗଠନ ମଧ୍ୟ ଆଦିବାସୀ ଲୋକମାନଙ୍କର କଲ୍ୟାଣ ପାଇଁ ଆଗକୁ ଆସୁଛନ୍ତି । ସେମାନେ ମଧ୍ୟ ସଂସ୍କୃତିର ପୁନର୍ନିର୍ମାଣ ପାଇଁ କାର୍ଯ୍ୟ କରୁଛନ୍ତି । ସନାତନ ଧର୍ମରେ ବିଶ୍ୱାସ ରଖିଥିବା ବ୍ୟକ୍ତିମାନେ ଯେତେବେଳେ ଆଦିବାସୀ ସମାଜରେ ଦେଖୁଛନ୍ତି ଏବଂ ସେମାନଙ୍କର ଓ ଆଦିବାସୀ ଲୋକମାନଙ୍କ ମଧ୍ୟରେ ଧାର୍ମିକ ବିଶ୍ୱାସ ଏକଭଳି ଦେଖା ଯାଉଛି । ସେମାନେ ମୁକ୍ତ ହୃଦୟରେ ପରସ୍ପର ସହ ସମ୍ମିଳିତ ହୋଇ ଆଗକୁ ବଢୁଛନ୍ତି । ଏକ ପ୍ରକାର ହିନ୍ଦୁ ପୁନଃରୁତ୍ଥାନ ଦ୍ୱାରା ସେମାନଙ୍କୁ ପ୍ରେରିତ କରାଯାଉଛି । ଯେତେବେଳେ ସେମାନେ ଭା.ଜ.ପା. ପାର୍ଟିର ନିକଟତର ହେବା ପାଇଁ ନିଜର ରୁଚି ଦେଖାଉଛନ୍ତି ସେତେବେଳେ ସେମାନେ ଏଥିରେ ସମ୍ମିଳିତ ହେଉଛନ୍ତି ଏବଂ ଆଗକୁ ବଢ଼ି ନିଜର ନେତୃତ୍ୱ କ୍ଷମତାର ପ୍ରଦର୍ଶନ ମଧ୍ୟ କରି ଦେଶର ମୁଖ୍ୟ ଧାରାରେ ନିଜକୁ ଏବଂ ନିଜର ସମ୍ପ୍ରଦାୟକୁ ସାମିଲ କରାଉଛନ୍ତି ଏବଂ ଆଗକୁ ବଢ଼ିବାର ଇଚ୍ଛା ରଖୁଛନ୍ତି ।

ଆଦିବାସୀ ଦେବୀ–ଦେବତାକୁ ହିନ୍ଦୁ ମନ୍ଦିରଗୁଡ଼ିକରେ ଖୁବ ଶ୍ରଦ୍ଧା ସହିତ ସ୍ଥାପିତ କରା ଯାଉଛି ଏବଂ ବିଧ୍ୟ ବିଧାନ ସହିତ ପୂଜା କରାଯାଉଛି । ଏହିଭଳି ଭାବରେ ଆଦିବାସୀମାନେ ମଧ୍ୟ ନିଜର ଧର୍ମସ୍ଥଳରେ ହନୁମାନ ଆଦି ମୂର୍ତ୍ତି ସ୍ଥାପିତ କରି ତାଙ୍କର ପୂଜା କରୁଛନ୍ତି । ରାମାୟଣରେ ଥିବା ଅରଣ୍ୟକାଣ୍ଡ ଏବଂ କିଷ୍କିନ୍ଧାକାଣ୍ଡରେ ବନ ଏବଂ ବନବାସୀମାନଙ୍କର ଚିତ୍ରଣ ରହିଛି । ଭଗବାନ ଶ୍ରୀ ରାମଚନ୍ଦ୍ରଜୀ ନିଜର ଚୌଦ ବର୍ଷର ବନବାସ ବେଳେ ଅଧିକାଂଶ ସମୟରେ ଏହି ବଣରେ ବିତାଇଥିଲେ । ଶର୍ବରୀ ଆଦିଙ୍କ କଥା ଆଜି ମଧ୍ୟ ପ୍ରେରଣାଦାୟକ ଅଟେ । ରାମ ଏବଂ ସୁଗ୍ରୀବଙ୍କର ବନ୍ଧୁତା ସଦା ସ୍ମରଣୀୟ । ସାଂସ୍କୃତିକ ଏବଂ ଧାର୍ମିକ ଦୃଷ୍ଟିରୁ ଅନେକ ସମାନତା ଏବଂ ବିଶେଷତା ଆମକୁ ଏକ କରୁଛି । ଏହାର ବ୍ୟାଖ୍ୟା ଏବଂ ବୟାନ ପାରସ୍ପରିକ ସମ୍ବନ୍ଧକୁ ଶକ୍ତିଶାଳୀ କରୁଛି । ଆଦିବାସୀମାନଙ୍କୁ ଅନ୍ୟ କୁପ୍ରଭାବରୁ ମୁକ୍ତ ରଖୁଛି । ସାଂସ୍କୃତିକ ଉପରେ ହିନ୍ଦୁ ଧର୍ମ ଏବଂ ଦେଶର ମହାକାବ୍ୟଗୁଡ଼ିକରେ ଆଦିବାସୀମାନଙ୍କର ଅନେକ ଚିତ୍ର ଏବଂ ପାତ୍ର ମିଳୁଛନ୍ତି । ଯେଉଁମାନେ ଜୀବନ ପ୍ରତି ସହାନୁଭୂତି ଏବଂ ସମ୍ମାନ ଦେଖାଉଛନ୍ତି । ରୃଷି ମାତଙ୍ଗର ଶିଷ୍ୟା ଶବରୀର କାହାଣୀ ଦେଶର ଛୋଟ ପିଲା ମଧ୍ୟ ଜାଣିଛନ୍ତି । ସେ ବୃଦ୍ଧାବସ୍ଥା ପର୍ଯ୍ୟନ୍ତ କେବଳ ଭଗବାନ ରାମଚନ୍ଦ୍ରଙ୍କ ଆସିବାର ପ୍ରତୀକ୍ଷା କରୁଥିଲେ । ଶବରୀର ଅଇଁଠା

କୋଳି ବିନା ରାମାୟଣ ଅଧା ଅଟେ । ଶବରୀର ଭକ୍ତିକୁ ପୁରା କରିବା ପାଇଁ ଭଗବାନ ରାମ ତାଙ୍କର ଅଇଁଠା କୋଳି ମଧ୍ୟ ଖାଇଥିଲେ । ଫାଲଗୁନ ମାସର କୃଷ୍ଣପକ୍ଷର ସପ୍ତମୀ ତିଥିକୁ ଶବରୀ ଜୟନ୍ତୀ ପାଳନ କରାଯାଏ । ଏହିଦିନ ଶ୍ରୀରାମ ଭକ୍ତ ଶବରୀର ସ୍ମୃତିଯାତ୍ରା ବାହାର କରନ୍ତି ଏବଂ ପୁରା ବିଧିବିଧାନ ସହିତ ତାଙ୍କର ପୂଜା କରିଛନ୍ତି । ଶବରୀର ଆଉ ଏକ ନାମ ମଧ୍ୟ 'ଶ୍ରମଣା' ଅଟେ । ଯାହାକୁ ଅନେକ ଲୋକ ଅଜ୍ଞାନବଶତଃ 'ସରନା' ମଧ୍ୟ କହନ୍ତି । ମହାଭାରତରେ ଅର୍ଜୁନ ଶିବଙ୍କ ଅବତାର ଏକ ଆଦିବାସୀ ଠାରୁ ଶସ୍ତ୍ରବିଦ୍ୟା ଶିଖିଥିଲେ । ଏକଲବ୍ୟଙ୍କ କାହାଣୀ ମହାଭାରତରେ ସହାନୁଭୂତି ସହିତ ବର୍ଣ୍ଣିତ ଅଟେ ଯିଏ ଦ୍ରୋଣାଚାର୍ଯ୍ୟଙ୍କୁ ଗୁରୁଦକ୍ଷିଣା ଆକାରରେ ଗୋଟିଏ ମୁହୂର୍ତ୍ତରେ ନିଜର ଆଙ୍ଗୁଳି କାଟି ଦେଇ ଦେଇଥିଲା ।

ଏହିସବୁ କାହାଣୀ କିମ୍ବଦନ୍ତୀ ଏବଂ ଆଖ୍ୟାନର ପାରମ୍ପାରିକ ପଠନ ଯୋଗୁଁ ପାରସ୍ପରିକ ସମ୍ବନ୍ଧରେ ପ୍ରଗାଢ଼ତା ଆସିଥାଏ । ଦେଶରେ ଅନେକ ସଂସ୍ଥା ଏହି ସେବା କାର୍ଯ୍ୟରେ ଲାଗିଛନ୍ତି । ଏହି ସଂସ୍ଥାଗୁଡ଼ିକ ନିଃସ୍ୱାର୍ଥ କାର୍ଯ୍ୟ ଏବଂ ଏଥରେ ଜଡ଼ିତ କାର୍ଯ୍ୟକର୍ତ୍ତାମାନେ ତନ-ମନ-ଧନରେ ବର୍ଷ ବର୍ଷ ଧରି ଯେଉଁ ସେବା କରୁଛନ୍ତି ତାହାର ସୁଫଳ ଏହା ମିଳିଛି ଯେ ଆମେ ଦୂରବର୍ତ୍ତୀ କ୍ଷେତ୍ରଗୁଡ଼ିକରେ ଦେଶର ସେବା ପାଇଁ ସୁଯୋଗ୍ୟ ଏବଂ କର୍ମଠ ଲୋକଙ୍କୁ ନିଜ ସାଥିରେ ଦେଖିବାକୁ ପାଉଛୁ । ଦ୍ରୌପଦୀ ମୁର୍ମୁ ସେବା ଭାବର ପାଠ ଏହିଭଳି ସଂସ୍ଥାଗୁଡ଼ିକ ସାନ୍ନିଧରେ ପ୍ରାପ୍ତ କରିଛନ୍ତି । ଯେଉଁ କାର୍ଯ୍ୟକର୍ତ୍ତା, ସମାଜସେବୀ, ନେତାଗଣ ଏବଂ ଅଧ୍ୟାପକ ତାଙ୍କ ସମ୍ପର୍କରେ ଆସିଥିବେ ସେମାନେ ସମସ୍ତେ ଆଜି ଖୁବ ଗୌରବାନ୍ୱିତ ମନେ କରୁଥିବେ । ଏହା କହିବାରେ କୌଣସି ସଂଶୟ ନାହିଁ । ରାଷ୍ଟ୍ରପତି ମୁର୍ମୁ ଦେଶର ସମସ୍ତ ନାଗରିକମାନଙ୍କ ପାଇଁ ଏଭଳି ଏକ ସଂକେତ ଯିଏକି ଆଦିବାସୀ ସଶକ୍ତିକରଣ ପାଇଁ କେବଳ କଥାର ରୂପାୟନ ଅଟେ ସେ ଏହାର ଏକ ଜୀବନ୍ତ ପ୍ରମାଣ ଅଟନ୍ତି । ଦ୍ରୌପଦୀ ମୁର୍ମୁଙ୍କ ରାଷ୍ଟ୍ରପତି ପଦ ପାଇଁ ଚୟନ ହିନ୍ଦୁ ଧର୍ମର ସାଂସ୍କୃତିକ ରାଷ୍ଟ୍ରପଦ ଅବଧାରଣା ସନ୍ଦର୍ଭରେ ଦେଖା ଯାଇପାରିବ । ସନାତନ ଧର୍ମ ଯାହା ନିଜ ଭିତରେ ବିଭିନ୍ନ ସମୁଦାୟକୁ ଖୁବ୍ ସହଜତାର ସହିତ ସାମିଲ କରିଛି । ଏହା ଏକ ଅଖଣ୍ଡ ଭାରତର ପ୍ରତିନିଧିତ୍ୱ କରିଥାଏ ଯେଉଁମାନେ ସ୍ୱାଧୀନତା ପରେ ଦୀର୍ଘ ଦଶନ୍ଧି ଧରି ଜନ୍ମିଥିବା ଏବଂ ବଣ୍ଟିତ ଖଣ୍ଡିତ ପରିଚୟ ରଖୁଥିବା ରାଜନୀତିର ବିପରୀତ ଅଟେ ।

ଦ୍ରୌପଦୀ ମୁର୍ମୁଙ୍କ ରାଷ୍ଟ୍ରପତି ହେବା ଦ୍ୱାରା ଆଦିବାସୀ ଏବଂ ଅଣ ଆଦିବାସୀ ବିଭାଜନର ଦେଢ଼ ଶହ ଶତାବ୍ଦୀ ପୁରୁଣା ଆଖ୍ୟାନକୁ ହଟାଇବା ପାଇଁ ପ୍ରୟାସ ଆରମ୍ଭ ହୋଇ ସାରିଛି । ଏହି ସମାବେଶୀ ଏବଂ ସାମଞ୍ଜସ୍ୟପୂର୍ଣ୍ଣ ରାଷ୍ଟ୍ରୀୟ ବିକାଶର ପାରମ୍ପରିକ ହିନ୍ଦୁ ଲୋକାଚାରର ପ୍ରଦର୍ଶନ ଅଟେ ଯାହା ହିନ୍ଦୁତ୍ୱର ଏକ ଅଭିନ୍ନ ଅଙ୍ଗ ଅଟେ ।

ଦ୍ରୌପଦୀ ମୁର୍ମୁଙ୍କୁ ପ୍ରଧାନମନ୍ତ୍ରୀ ଚୟନ କରିଛନ୍ତି ଏବଂ ପ୍ରଧାନମନ୍ତ୍ରୀଙ୍କୁ ଜନତା । ଏହା ପ୍ରଧାନମନ୍ତ୍ରୀଙ୍କ ସେହି ଯୋଜନାର ଏକ ଅଙ୍ଗ ଅଟେ ଯେଉଁଥିରେ ସେ ଏକ ପକ୍ଷରେ ମୁସଲିମ୍ ସମୁଦାୟର ଦେୟ ସମୂହକୁ ଭାରତୀୟ ଜନତା ପାର୍ଟି ପ୍ରତି ଉନ୍ମୁଖ କରୁଛନ୍ତି । ଅନ୍ୟପଟରେ

ଭାରତରେ ଅନେକ ପ୍ରଦେଶରେ ରହିଥିବା ଜନଜାତି ସମୂହକୁ ଜାଗ୍ରତ କରି ରାଜନୀତି ଏବଂ ସମାଜର ମୁଖ୍ୟ ଧାରା ସହିତ ଯୋଡ଼ିବାର ଅଭିଯାନ ଚଲାଉଛନ୍ତି । ଏହାକୁ ଭାରତୀୟ ଜନତା ପାର୍ଟିର ସାମାଜିକ ଦାୟିତ୍ୱ ପ୍ରତି ବର୍ଦ୍ଧିତ ଚେତନା ଭାବରେ ଦେଖା ଯିବା ଉଚିତ୍ । ହିନ୍ଦୁ ଜନସଂଖ୍ୟାର ଆଦିବାସୀ ସମାଜକୁ ବର୍ଷ ବର୍ଷ ଧରି ବିଦେଶୀ ଧର୍ମ ପ୍ରଚାରକମାନେ ଦୃଷ୍ଟିରେ ରଖିଛନ୍ତି । କାରଣ ଏହି ଲୋକମାନେ ନିରୀହ ଅଟନ୍ତି ଏବଂ ଧର୍ମ ନାମରେ ମୁଖ୍ୟତଃ ପ୍ରକୃତି ପୂଜା କରନ୍ତି । ତେଣୁ ପ୍ରଥମେ ଏମାନଙ୍କୁ ନିଜର ଧର୍ମ ଠାରୁ ଅଲଗା କରିବା ପାଇଁ ପ୍ରେରିତ କରାଯାଇଥାଏ ଏବଂ ଧୀରେ ଧୀରେ ସେମାନଙ୍କୁ ନିଜ ଧର୍ମରେ ଦୀକ୍ଷିତ କରି ଦିଆଯାଏ । ଏହାଦ୍ୱାରା ଏହାଙ୍କୁ ଅନୁସୂଚିତ ଜାତିରେ ଆରକ୍ଷଣର ଲାଭ ବି ମିଳେ ଏବଂ ଏହା ସୁନିର୍ଦ୍ଦିଷ୍ଟ ଯୋଜନା ମଧ୍ୟ କରା ଯାଇଥାଏ । ତେଣୁ ଏଥିପାଇଁ ଅନେକ ବିଦେଶୀ ଧନ ମଧ୍ୟ ଆମ ଦେଶକୁ ଆସିଥାଏ ଏବଂ ଯୋଜନାବଦ୍ଧ ପ୍ରଣାଳୀରେ କାର୍ଯ୍ୟ ହୋଇଥାଏ ।

ସାନ୍ତାଳର ଅର୍ଥ ହେଉଛି ଶାନ୍ତ ମନୁଷ୍ୟ । କିନ୍ତୁ ସେମାନେ ନିଜର ସମ୍ମାନ ଏବଂ ସ୍ୱାଭିମାନ ପାଇଁ ସବୁକିଛି ବାଜି ଲଗାଇ ପାରନ୍ତି । ସ୍ୱତନ୍ତ୍ରତା ପାଇଁ ୧୯୫୭ ମସିହାରେ ସଂଗ୍ରାମ ଆରମ୍ଭ ହୋଇଥିଲା । କିନ୍ତୁ ଏହି ଲୋକମାନେ ଏହାର ଅନେକ ବର୍ଷ ପୂର୍ବରୁ ଇଂରେଜମାନଙ୍କ ଇଷ୍ଟ ଇଣ୍ଡିଆ କମ୍ପାନୀ ସହିତ ଇଷ୍ଟ ଇଣ୍ଡିଆ କମ୍ପାନୀକୁ ବିରୋଧ କରିବା ଆରମ୍ଭ କରି ଦେଇ ସାରିଥିଲେ । ଏହି ଲୋକମାନେ ଅନେକ ସମୟରେ ଉପେକ୍ଷିତ ହୋଇ ରହିଥିଲେ । ଏବେ ଦ୍ରୌପଦୀ ମୁର୍ମୁଙ୍କ ନିର୍ବାଚନ ଦ୍ୱାରା ଯେଉଁ ନୂଆ ଚେତନା, ନୂଆ ଅଗ୍ନି ସ୍ଫୁଲିଙ୍ଗ ସେମାନଙ୍କ ଭିତରେ ଦେଖା ଯାଇଛି । ଏହାର ସୁଫଳ ନିଶ୍ଚୟ ମିଳିବ ।

ହାଇଦ୍ରାବାଦର ରାଷ୍ଟ୍ରୀୟ କାର୍ଯ୍ୟକରଣୀରେ ଅନେକ ନିଷ୍ପତ୍ତିଗୁଡ଼ିକ ମଧ୍ୟରୁ ଏହା ମଧ୍ୟ ଅନ୍ୟତମ ଥିଲା ଯେ ଦେଶର ଜନଜାତୀୟ କ୍ଷେତ୍ର ଗୁଡ଼ିକରେ ଦ୍ରୌପଦୀ ମୁର୍ମୁଙ୍କ ରାଷ୍ଟ୍ରପତିର ଆଧିକାରିକ ଚିତ୍ର ସଜାଇ ଅନେକ ସଭା ଆୟୋଜନ କରି ଜଣାଇ ଦିଆଯିବ ଯେ ସେମାନଙ୍କ ମଧ୍ୟରୁ ଜଣେ ସୁଶିକ୍ଷିତ ଏବଂ ସଚେତନ ମହିଳା ଏବେ ଦେଶର ସର୍ବୋଚ୍ଚ ପଦବୀରେ ଅଛନ୍ତି । ସେ ଦେଶର ରାଷ୍ଟ୍ରପତି ଅଟନ୍ତି । ଏହା ଦ୍ୱାରା ଅନେକ ଲାଭ ହେବ । ତାତ୍କାଳିକ ଲାଭ ଏହା ହେବ ଯେ ବିଜେପିକୁ ନିର୍ବାଚନରେ ଲାଭ ମିଳିବ । ଯେଉଁ ରାଜ୍ୟ ଯେଉଁଠାରେ ନିର୍ବାଚନ ହେବାକୁ ଯାଉଛି । ସେଥିରେ ଅନୁସୂଚିତ ଜନଜାତି ବା ଏସ୍.ଟି.ଙ୍କ ପାଇଁ ସମୁଦାୟ ୧୨୮ଟି ସିଟ୍ ଆରକ୍ଷିତ ଅଛି । ଗୁଜରାଟରେ ୨୭, ରାଜସ୍ଥାନରେ ୨୫, ଛତିଶଗଡ଼ରେ ୨୯ ଏବଂ ମଧ୍ୟପ୍ରଦେଶରେ ୪୭ । ଗତ ବିଧାନସଭା ନିର୍ବାଚନରେ ବିଜେପି ଏଥିମଧରୁ ମାତ୍ର ୩୫ଟି ସିଟ୍ ଜିତି ପାରିଛି । ଭାଜପା ଆଗାମୀ ବର୍ଷ ରାଜସ୍ଥାନରେ ହେବାକୁ ଯାଉଥିବା ବିଧାନସଭା ନିର୍ବାଚନ ପୂର୍ବରୁ ହିଁ ନିଜର କମର ବାନ୍ଧୁଛି ଏବଂ ମୁର୍ମୁଙ୍କ ଜରିଆରେ ତାହାର ନଜର ପ୍ରାୟ ୭୦ ସିଟ ଉପରେ ରହିଛି ଯେଉଁଠାରେ ଆଦିବାସୀ ସମ୍ପ୍ରଦାୟ ଅଧିକ ରହିଛି । ଅବଶ୍ୟ ୨୫ ସିଟ୍ ଏସ୍.ଟି. ପାଇଁ ଆରକ୍ଷିତ ରହିଛି କିନ୍ତୁ ସମୁଦାୟର ପ୍ରଭାବ ପ୍ରାୟ ୭୦ସିଟ ଉପରେ ଦେଖା ଯାଇ ପାରିବ । ୨୦୧୧ ଜନଗଣନା ଅନୁସାରେ ଆଦିବାସୀ ସ୍ୱମଦାୟ

ରାଜସ୍ଥାନର ଜନସଂଖ୍ୟାର ପ୍ରାୟ ୧୪ ପ୍ରତିଶତ ଅଟନ୍ତି । ଏଥିପାଇଁ ମୁର୍ମୁଙ୍କ ପ୍ରସ୍ତାବ ଉପରେ ସାମିଲ ରାଜସ୍ଥାନର ପାଞ୍ଚ ବିଧାୟକ ଆଦିବାସୀ ଥିଲେ । ସେମାନଙ୍କ ମାଧ୍ୟମରେ ଭାଜପା ଏହି ୭୦ ସିଟ୍ ଉପରେ ଆଦିବାସୀ ଭୋଟ୍ ବ୍ୟାଙ୍କ ପର୍ଯ୍ୟନ୍ତ ପହଞ୍ଚିବା ପାଇଁ ଆଶା କରିଛନ୍ତି । ମୁର୍ମୁଜୀଙ୍କ ରାଷ୍ଟ୍ରପତି ହେବା ପରେ ସବୁ ଗାଁଗୁଡ଼ିକରେ ରାଲି ଆୟୋଜିତ କରାଯିବା । ଆୟୋଜକଙ୍କୁ ରାଷ୍ଟ୍ରପତିଙ୍କ ସେହି ଆଧିକାରିକ ଛବି ଉପଯୋଗ କରିବା ପାଇଁ କୁହାଯାଇଛି । ଯାହା ତାଙ୍କର ଚୟନ ପରେ ଜାରି କରାଯିବା । ଏହି ରାଲିଗୁଡ଼ିକରେ ସମସ୍ତ ଗାଁ ଏବଂ ଗାଁ ପଞ୍ଚାୟତ ସାମିଲ ହେବେ । ବିଜେପି ଏହି ରାଲିଗୁଡ଼ିକ ଦ୍ୱାରା ସମସ୍ତ ଆଦିବାସୀ ଲୋକ ଏବଂ ନେତାମାନଙ୍କୁ ଦେଶର ମୁଖ୍ୟଧାରା ଏବଂ ନିଜର ପାର୍ଟି ସହିତ ଜଡ଼ିବାର ପ୍ରଚେଷ୍ଟା କରିବ ।

ଆଦିବାସୀ ସମାଜର ଜଣେ ବ୍ୟକ୍ତିଙ୍କୁ କିଛି ବିଦ୍ୱାନଙ୍କ ଦ୍ୱାରା ପ୍ରତିକାମ୍ୟକ କୁହାଯାଉଥିବା ପଦବୀ ଦେବାର ପଛରେ କେବଳ ଏତିକି ମନ୍ତବ୍ୟ ନାହିଁ । ଏହା ତ ଆଦିବାସୀ ସମାଜ ପାଇଁ ଧୋକା ହେବ । ବାସ୍ତବରେ ଦେଶ ଏବେ ଏହି ଦିଗରେ ପଦକ୍ଷେପ ବଢ଼ାଉଛି ଯେ ସମସ୍ତଙ୍କର ସାଥ୍ ଏବେ ପୂର୍ଣ୍ଣରୂପରେ ସମସ୍ତଙ୍କର ହେବ । ଏହା କେବଳ ଏକ ନାରା ନୁହେଁ କିମ୍ୱ କୌଣସି ୱାଦା ନୁହେଁ । ତାଙ୍କର ରାଷ୍ଟ୍ରପତି ଭବନରେ ପହଞ୍ଚିଯିବା ଏକ ବିଶ୍ୱବତୀ କ୍ରାନ୍ତିର ଶୁଭାରମ୍ଭ । ଭାରତରେ ଥିବା ଅନେକ ଲୋକଙ୍କର ଏହା ପ୍ରୋଜେକ୍ଟ ଯେ ଆଦିବାସୀ ଏବଂ ଦଲିତ ଲୋକମାନଙ୍କୁ ହିନ୍ଦୁ ଧର୍ମ ଠାରୁ ଅଲଗା କରାଯାଉ । ସେମାନେ ବିଦେଶୀ ଆର୍ଥିକ ସହାୟତାରେ ଏହି କାର୍ଯ୍ୟ କରିଥାଆନ୍ତି । ଏବେ ସରକାର ସେମାନଙ୍କୁ ଏହା କରିବାକୁ ଦେବା ପାଇଁ ରଖୁନାହିଁ । ଧର୍ମ ପରିବର୍ତ୍ତନ ଏବଂ ଜବରଦସ୍ତି ଧର୍ମ ପରିବର୍ତ୍ତନ ପାଇଁ ଆସୁଥିବା ବିଦେଶୀ ଅର୍ଥ ଏବଂ ସହାୟତା ପ୍ରଦାନ କରୁଥିବା ତଥାକଥିତ ସାମାଜିକ କ୍ରିୟାକଲାପର ରାଜନୈତିକ ଲାଭ ଉଠାଉଥିବା ବ୍ୟକ୍ତି ଏବଂ ସଂସ୍ଥାମାନଙ୍କ ଉପରେ ଏବେ ପ୍ରତିବନ୍ଧକ ଲାଗିବ । ଆଦିବାସୀମାନଙ୍କୁ ମୁଖ୍ୟ ଧାରାରେ ଜଡ଼ିବା ପାଇଁ ଏବଂ ଯୋଡ଼ି ରଖିବା ପାଇଁ ଏବଂ ସେମାନଙ୍କର ବହୁମୁଖୀ ଉନ୍ନତି କରିବା ପାଇଁ ରାଷ୍ଟ୍ରପତି ମୁର୍ମୁଙ୍କ ଚୟନ ଏକ ଆଦୋଳନ ଭଳି ଗତିଶୀଳ ହେବ ।

ଆମକୁ ମନେ ରଖିବାକୁ ପଡ଼ିବ ଯେ ନିଜର ଲୋକମାନଙ୍କ ପ୍ରତି ଦ୍ରୌପଦୀ ମୁର୍ମୁଙ୍କ ୩୦ ବର୍ଷର ପ୍ରତିବଦ୍ଧତା ଏବଂ ସେବା ତାଙ୍କୁ ଏକ ପ୍ରତିଫଳ ଦେଇଛି ଏବଂ ଅନପକ୍ଷରେ ସେମାନଙ୍କ ଉତ୍ଥାନ ଏବଂ ପୁନରୁତ୍ଥାନ ପାଇଁ ସଶକ୍ତ ମାଧ୍ୟମ ବି ହୋଇ ପାରିଛି । ଦେଶର ପ୍ରତ୍ୟେକ ଏଗାରତମ ଭାରତୀୟ ଆଦିବାସୀ ସମାଜରୁ ଆସିଥାଆନ୍ତି । ତେଣୁ ଯେତେବେଳେ ସେମାନେ ଦେଖିବେ ଯେ ସେମାନଙ୍କର ନିଜର କୌଣସି ବ୍ୟକ୍ତି ଦେଶର ସର୍ବୋଚ୍ଚ ପଦବୀରେ ବସିଛନ୍ତି ତେବେ ସେମାନେ ନିଶ୍ଚୟ ଗୌରବ ଅନୁଭବ କରିବେ । ଏହି ନିର୍ଣ୍ଣୟ ଦ୍ୱାରା ଖୁସି ହୋଇ ଅନେକ ଆଗାମୀ ନିର୍ବାଚନରେ ନିଜର ଭୋଟ ମଧ୍ୟ ବିଜେପିକୁ ଦେବେ । ସ୍ୱାଭିମାନୀ ସମୁଦାୟ କେବେବି ଝୁଙ୍କିବା ଶିଖିନାହିଁ ଏବଂ ଆପେ ଆପେ ଜଣାପଡ଼ିଯିବ ଯେ ଦେଶର ରାଷ୍ଟ୍ରପତି ପଦର ଗରିମାର ଅର୍ଥ ଏବଂ ନିହିତ ଅର୍ଥ କ'ଣ ହୋଇଥାଏ । ।

ଏବେ ଏହା ଆଶା କରା ଯାଇପାରେ ଯେ ସେହି ରାଜ୍ୟଗୁଡ଼ିକରେ ମଧ୍ୟ ଏବେ ସମସ୍ତ ରାଜନୀତି ଦଳ ଆଦିବାସୀମାନଙ୍କୁ ଏଭଳି ଗୁରୁତ୍ୱ ପ୍ରଦାନ କରିବେ। ଯେଉଁଠାରେ ଆଦିବାସୀ ସମାଜର ବହୁଳତା ରହିଛି। ଯାହାଫଳରେ ସେମାନଙ୍କର ବିକାଶ ସଠିକ୍ ଅର୍ଥରେ ହୋଇ ପାରିବ। କ'ଣ ମୁର୍ମୁଙ୍କ ରାଷ୍ଟ୍ରପତି ହେବା ଫଳରେ ସ୍ଥିତି ବଦଳି ପାରିବ ? ଏହା ଏଭଳି ଏକ ଖୋଲା ପ୍ରଶ୍ନ ଅଟେ। ଯାହା ପ୍ରତ୍ୟେକ ବିରୋଧୀ ପଚାରିବେ। କାରଣ ଦୁଇ ଦୁଇଜଣ ଦଲିତ ରାଷ୍ଟ୍ରପତି ହେବା ପରେ ମଧ୍ୟ ଦଲିତମାନଙ୍କର ସ୍ଥିତିରେ ସେଭଳି କୌଣସି ଆଖିଦୃଶ୍ୟ ପରବର୍ତ୍ତନ ହୋଇନାହିଁ।

ସାନ୍ତାଳୀ ଭାଷା: ଦ୍ରୌପଦୀ ମୁର୍ମୁଙ୍କ ଠାରୁ ଆଶା

ସାନ୍ତାଲ ହିନ୍ଦୀରୁ ଆପଣାଇ ଥିବା ଏକ ଇଂରାଜୀ ରୂପ ଅଟେ ଯାହା ବଙ୍ଗାଳୀଭାଷୀ ଲୋକମାନଙ୍କ ଦ୍ୱାରା ବ୍ୟବହାର ହେଉଥିବା ସୋନ୍ତାର ରୂପ ସହ ମେଳ ଖାଏ। ଅଧିକାଂଶ ମାନବ ବିଜ୍ଞାନୀ ଏହି କଥାରେ ସହମତ ଯେ ସାନ୍ତାଲ ସେମାନଙ୍କୁ ଅଣସାନ୍ତାଲୀମାନଙ୍କ ଦ୍ୱାରା ଦିଆଯାଇଥିବା ଏକ ନାମ ଅଟେ। ବାସ୍ତବରେ ସାନ୍ତାଲ ନିଜ ମଧ୍ୟରେ ହୋର ଶବ୍ଦର ଉପଯୋଗ କରନ୍ତି ଏହାର ଅର୍ଥ ହେଉଛି ମନୁଷ୍ୟ ବା ମାନବ। ବଙ୍ଗାଲା ଏବଂ ଓଡ଼ିଶାରେ ରହୁଥିବା କିଛି ଲୋକ ନିଜର ପରିଚୟ ପାଇ ମାଝି ଶବ୍ଦର ମଧ୍ୟ ବ୍ୟବହାର କରିଥାଆନ୍ତି। ଅଷ୍ଟାଦଶ ଶତାଘ୍ରିରେ ବ୍ରିଟିଶ୍ ଉପନିବେଶବାଦୀ ଏବଂ ପଶ୍ଚିମ ମିସନାରୀମାନଙ୍କ ଭାରତ ଆସିବା ପର୍ଯ୍ୟନ୍ତ ସେମାନଙ୍କର କୌଣସି ଲିଖିତ ଇତିହାସ ନଥିଲା। ଏହା ପୂର୍ବରୁ ସେମାନେ ନିଜର ଇତିହାସ, ରୀତିନୀତି ଏବଂ ପରମ୍ପରାକୁ ନିଜର କାହାଣୀ, ଗୀତ ଏବଂ କିମ୍ଦନ୍ତୀ ମାଧ୍ୟମରେ ମୌଖିକ ରୂପର ପିଢ଼ି ପରେ ପିଢ଼ି ସଞ୍ଚାରିତ କରି ରଖିଥିଲେ। କାରଣ ସେମାନଙ୍କ ନିକଟରେ କୌଣସି ନିଜର ନିଜସ୍ୱ ଲିପି ନଥିଲା। କିନ୍ତୁ ସେମାନେ ନିଜର ଭାଷା ସାନ୍ତାଲୀକୁ ଆଜି ପର୍ଯ୍ୟନ୍ତ ମଧ୍ୟ ଜୀବିତ ରଖିଛନ୍ତି। ଯାହା ସେମାନଙ୍କର ମୂଳ, ପ୍ରବାସ ଏବଂ ପୂର୍ବ ଇତିହାସ ଓ ଗୌରବକୁ ଜାଣିବା ପାଇଁ ଏକ ସ୍ରୋତ ଅଟେ। 'ପୁଥୀ ରୀକ' ସୋରସୋ ଫିର ଖୋନ ଥୁଟୀ ରୀକ୍ 'ସୋରସୋ' ଯାହାର ଅର୍ଥ ହେଉଛି, 'ବହି ପଢ଼ିବା ଠାରୁ ଶୁଣିକରି ଶିଖିବା ଉତ୍ତମ ଅଟେ'। ଏହି ଭାଷା ମଧ୍ୟରେ ଅନେମ ମଧୁର ବାକ୍ୟମାନଙ୍କ ମଧ୍ୟରୁ ଏହା ଏକ ଅଟେ ଯାହା ଯେଉଁଠାରେ ପୁସ୍ତକ ଜ୍ଞାନ ଠାରୁ ଅଧିକ ଉତ୍ତମ ଜ୍ଞାନ ଶୁଣିକରି ଜାଣିବାକୁ କୁହାଯାଇଛି। ତେଣୁ ଶୁଣିକରି ଶିଖାଯାଉ ପଢ଼ିକରି ନୁହେଁ। ଏହି ପୁସ୍ତକ ପଢ଼ି ଦ୍ରୌପଦୀ ମୁର୍ମୁଙ୍କ ବାବଦରେ ଜାଣିବା ଠାରୁ ଉତ୍ତମ ହେଉଛି ତାଙ୍କ ବିଷୟରେ ଶୁଣିକରି ଜାଣନ୍ତୁ।

ମୁର୍ମୁଙ୍କ ମାତୃଭାଷା ସାନ୍ତାଲୀ, ହିନ୍ଦୀ, ବଙ୍ଗାଲୀ, ପଞ୍ଜାବୀ, ରାଜସ୍ଥାନୀ, ଗୁଜରାଟୀ, ସିନ୍ଧୀ, କାଶ୍ମୀ, ମରାଠୀ, ଓଡ଼ିଆ, ସଂସ୍କୃତ, ଅସମିଆ, ଉର୍ଦ୍ଦୁ ଭଳି ଇଣ୍ଡୋ-ଆର୍ଯ୍ୟନ ଭାଷା କିମ୍ବା ତାମିଲ, ତେଲୁଗୁ, କନ୍ନଡ଼ ଏବଂ ମାଲୟାଲମ ଭଳି ଦ୍ରାବିଡ଼ ଭାଷା ନୁହେଁ। ଏହା ଭିଏତନାମ୍ ଏବଂ କାମ୍ବୋଡିଆ ଭଳି ସ୍ଥାନରେ କୁହାଯାଉଥିବା ଅଷ୍ଟିକ୍ ଭାଷା ସମୂହର ଆଷ୍ଟୋ-ଏସିଆଇ

ଉପସମୂହର ଏକ ଅଂଶ। ଦୀର୍ଘ ସମୟ ପର୍ଯ୍ୟନ୍ତ ରୋମାନ, ବଙ୍ଗାଳୀ, ଓଡ଼ିଆ, ଦେବନାଗରୀ, ଆସାମୀ ଏବଂ ନେପାଲୀ ଲିପି ଦ୍ୱାରା ଲେଖାଯିବା ପରେ ସାନ୍ତାଲୀ ଭାଷାକୁ ନିଜର ସ୍ୱଦେଶୀ ଲିପି ମିଳିଲା। ଯେତେବେଳେ ରଘୁନାଥ ମୁର୍ମୁ ଓଲଚିକି ('ଓଲ-ଲେଖନ' ଏବଂ 'ଚିକି-ଶିକ୍ଷା') ଭାଷାର ବିକଶିତ କଲେ। ଯାହାର ସ୍କ୍ରିପ୍ଟର ଆରମ୍ଭ ୧୯୨୫ ମସିହାରେ ହେଲା। ଅବଶ୍ୟ ଏହା ପ୍ରଥମଥର ୧୯୩୬ ମସିହାରେ ମୟୁରଭଞ୍ଜରେ ପ୍ରକାଶିତ କରା ଯାଇଥିବା ଓଲଚିକି ଭାଷାର ପ୍ରଥମ ପୁସ୍ତକ 'ହୋର ସେରେଙ୍' ଆସିଲା। ଓଲଚିକି ଲିପିରେ ଲେଖାଯାଇଥିବା ସାନ୍ତାଲୀ ସମ୍ବିଧାନକୁ ଅଷ୍ଟମ ଅନୁସୂଚୀରେ ଅନୁସୂଚିତ ଭାଷା ମଧ୍ୟରୁ ଗୋଟିଏ ରୂପରେ ମାନ୍ୟତା ପ୍ରାପ୍ତ କରାଗଲା। ଭାଷାକୁ ଆଧିକାରିକ ମାନ୍ୟତା ଦେବାର ଦାବି ନେଇ ସାନ୍ତାଲ ନେତାମାନେ ଅନେକ ଦଶକ ଧରି ସଂଗ୍ରାମ ଲଢ଼ିଲେ। ଏହି ସଂଘର୍ଷ ୨୨ ଡିସେମ୍ବର ୨୦୦୩କୁ ସଫଳ ହେଲା ଯେତେବେଳେ ଭାଷାକୁ ଭାରତୀୟ ସମ୍ବିଧାନର ଅଷ୍ଟମ ଅନୁସୂଚୀରେ ସାମିଲ କରାଗଲା ଏବଂ ଏହା ଦେଶର ଏକ ଆଧିକାରିକ ଭାଷା ହେଲା। ୨୦୧୩ରେ ବିଶ୍ୱବିଦ୍ୟାଳୟ ଅନୁଦାନ ଆୟୋଗ ସାନ୍ତାଲୀ ଭାଷାକୁ ରାଷ୍ଟ୍ରୀୟ ପାତ୍ରତା ପରୀକ୍ଷାରେ ସାମିଲ କଲା। ଯେଉଁଠାରେ ବାଖ୍ୟାତମାନେ କଲେଜ ଏବଂ ବିଶ୍ୱବିଦ୍ୟାଳୟରେ ଭାଷାର ଉପଯୋଗ କରିବା ପାଇଁ ଅନୁମତି ମିଳିଲା। ଏହା ଦେଶର ପ୍ରଥମ ଜନଜାତୀୟ ଭାଷା ଅଟେ ଯାହାର ନିଜର ଉଇ ଉଇକିପିଡ଼ିଆ ସଂସ୍କରଣ ରହିଛି। ୨ ଅଗଷ୍ଟ ୨୦୧୮ରେ ସାନ୍ତାଲୀ ନିଜର ଉଇକିପିଡ଼ିଆ ସଂସ୍କରଣ ପ୍ରାପ୍ତ କରିଥିବା ଭାରତର ପ୍ରଥମ ଆଦିବାସୀ ଭାଷା ହେଲା। ୨୦୧୮ରେ ସାନ୍ତାଲୀକୁ ପ୍ରଥମଥର ପଶ୍ଚିମବଙ୍ଗର ମାଧ୍ୟମିକ ବୋର୍ଡ ପରୀକ୍ଷାରେ ଏକ ମାଧ୍ୟମ ଭାବରେ ବ୍ୟବହାର କରାଗଲା।

ଭାରତର ପ୍ରଥମ ନାଗରିକ ରୂପରେ ଦ୍ରୌପଦୀ ମୁର୍ମୁଙ୍କ ଚୟନ ସାନ୍ତାଲ ଭାଷା କହିବା ଏବଂ ବ୍ୟବହାର କରିବା ଲୋକମାନଙ୍କର ବିଜୟ ଭାବରେ ଦେଖାଯିବ। ପୁରୁଲିଆ(ପଶ୍ଚିମବଙ୍ଗ)ର ସିଧୁ କାନ୍ହୁ ବିରସା ବିଦ୍ୟାଳୟର ସାନ୍ତାଲୀ ବିଭାଗର ଜଣେ ସହାୟକ ପ୍ରଫେସର ଡକ୍ଟର ପଲ୍ଟନ ମୁର୍ମୁ କହନ୍ତି, "ଯଦି ତାଙ୍କର ଚୟନ ହୁଏ ତେବେ ଆମର ପ୍ରାଚୀନ ଭାଷାକୁ ମୁଖ୍ୟ ରୂପରେ ଆର୍ଯ୍ୟ ଏବଂ ଦ୍ରାବିଡ଼ ଦୁଇଟି ପ୍ରାଥମିକ ଭାଷା ସମୂହରେ ବିଭାଜିତ ଭାରତୀୟ ଭାଷାରୁ ବାହାରକୁ ଅଣାଯାଇ ନିଜର ସ୍ୱତନ୍ତ ପରିଚୟ ରଖିବାରେ ସୁଯୋଗ ମିଳିବ।"

ମୁର୍ମୁ ଆଦିବାସୀ ଭାଷା ଏବଂ ସଂସ୍କୃତିରେ ପ୍ରକାଶିତ ସାହିତ୍ୟରେ ଅନୁବାଦ କରିବାର ଆହ୍ୱାନ ମଧ୍ୟ କରିଛନ୍ତି। ଲୋକ ବୋଦରା ଏବଂ ରଘୁନାଥ ମୁର୍ମୁଙ୍କ ଭଳି ମହାନଭୁବଙ୍କ ଯୋଗଦାନ ପ୍ରଶଂସା କରିଛନ୍ତି। ଏହା ମଧ୍ୟ କହିଛନ୍ତି ଯେ 'ହୋ' ଜନଜାତିର 'ବରାନଚିତି ଲିପି' ଏବଂ ସାନ୍ତାଲୀଙ୍କ 'ଓଲଚିକି'ର ନିୟମକଗୁଡ଼ିକୁ ସମୁଚିତ ଆଦର କରାଯିବା ଉଚିତ୍। ତାଙ୍କ ବିରୁଦରେ ଆଦିବାସୀମାନଙ୍କର ଇତିହାସକୁ ସଠିକ୍ ଭାବରେ ପ୍ରସ୍ତୁତ କରାଯାଇନାହିଁ ଏବଂ ଏହାକୁ ପୁନଃସ୍ଥାପିତ ଏବଂ ଏହାର ପୁନର୍ଲିଖନ କରିବାର ଆବଶ୍ୟକତା ରହିଛି।

ନିନ୍ଦୁକ ଉବାଚ

ଦ୍ରୌପଦୀ ମୁର୍ମୁ ହୁଏତ ଏହି ଦୋହା ପଢ଼ିନଥିବେ ଯେଉଁଠାରେ ଲେଖାଯାଇଛି ଯେ ନିନ୍ଦକନୀୟରେ ରଖ ଅର୍ଥାତ୍ ନିନ୍ଦୁକ ଲୋକମାନଙ୍କୁ ପାଖରେ ରଖନ୍ତୁ। କାରଣ ଏହା ଦ୍ୱାରା ଆପଣଙ୍କର ସ୍ୱଭାବ ନିର୍ମଳ ହୋଇପାରିବ। ତାଙ୍କର ଏସବୁ କରିବାର ଆବଶ୍ୟକତା ନଥିଲା। କାରଣ ତାଙ୍କୁ ଦେଖିଲେହିଁ ତାଙ୍କର ସରଳତା ଏବଂ ନମ୍ରତାର ଯେଉଁ ଛାପ ଆମ ହୃଦୟରେ ପଡ଼ିଥାଏ ତାହା କୌଣସି ସାବୁନ କିମ୍ବା ପାଣି ବିନା ଆମର ମନର ମଇଳାକୁ ଧୋଇ ଦେଇଥାଏ। ଏହା ହେଉଛି କହିବାର କଥା କିନ୍ତୁ ଅସଲ ସମସ୍ୟାକୁ ଆଲୋଚନା କରିବା ଏବଂ ଦୁନିଆରେ ଏଭଳି ଲୋକ ଅଛନ୍ତି ଯେଉଁମାନେ ଜୀବନରେ ଅନ୍ୟର ଛିଦ୍ର ଅନ୍ୱେଷଣ କରି ସୁଖ ପାଆନ୍ତି। ତାକୁ ଟ୍ରୋଲ କରି ପ୍ରଶ୍ନ କରିବେ ତେବେ ବହୁତ ଚର୍ବା ଚର୍ବଣ ବାହାରିବ। 'ଦି ୱାର' ନନ୍ଦିନୀ ସୁନ୍ଦର କହନ୍ତି ମହାଭାରତର ଦ୍ରୌପଦୀ ଏକ ନିଷ୍ଠାବାନ ପତ୍ନୀ ଏବଂ କନ୍ୟା ଥିଲା। କିନ୍ତୁ ତାଙ୍କୁ ଯେତେବେଳେ ଅନ୍ୟାୟର ସାମ୍ନା କରିବାକୁ ପଡ଼ିଲା ସେତେବେଳେ ସମସ୍ତଙ୍କୁ ଅସିବଧାଜନକ ପ୍ରଶ୍ନ ପଚାରିବାର ସାହସ ଦେଖାଇଲେ। ତେଣୁ ଆଶା କରିବା ଉଚିତ୍ ଯେ ଆର.ଏସ.ଏସ.ର ଏକ ନିଷ୍ଠାବାନ ଝିଅ ହେବା ସତ୍ତ୍ୱେ ଦ୍ରୌପଦୀ ମୁର୍ମୁ ସମୟ ଆସିବାରେ ନ୍ୟାୟ ପାଇଁ ଠିଆ ହେବେ। ଏଥିରେ ଯେଉଁ ବୀଜ ଶବ୍ଦ ରହିଛି ତାହା ହେଉଛି 'ସତ୍ତ୍ୱେ'। ଏହି ଶବ୍ଦକୁ ଯଦି ହଟାଇଦେବା ତେବେ ଖେଳ ବିଗିଡ଼ି ଯିବ। କ'ଣ ଅନ୍ୟାୟ ହେଉଛି ? ରାମଗୋପାଲ ବର୍ମା ମଧ୍ୟ ପଚାରିଥିଲେ। କିନ୍ତୁ ତାଙ୍କୁ ଉତ୍ତର ମିଳିଲା କି ନାହିଁ ତାହା ଜଣାନାହିଁ।

ଯଶବନ୍ତ ସିନ୍ହା ନିର୍ବାଚନ ପୂର୍ବର ଏକ ସଭାରେ ତର୍କ ପ୍ରଦାନ କରିଥିଲେ ଯେ ସେ ଏବଂ ମୁର୍ମୁ ଭିନ୍ନ ଭିନ୍ନ ବିଚାରଧାରାର ପ୍ରତିନିଧିତ୍ୱ କରାନ୍ତି। କିନ୍ତୁ ମୁର୍ମୁଙ୍କ ଆଦିବାସୀ ପରିଚୟ ଅପ୍ରାସଙ୍ଗିକ ଅଟେ ଏବଂ ବାଜପେୟୀ ସରକାରରେ ଅର୍ଥମନ୍ତ୍ରୀ ଭାବରେ ସେ ଆଦିବାସୀମାନଙ୍କ ପାଇଁ ମୁର୍ମୁଙ୍କ ଅପେକ୍ଷା ଅଧିକ କଲ୍ୟାଣକାରୀ କାର୍ଯ୍ୟ କରିଛନ୍ତି। କିନ୍ତୁ ତାଙ୍କର ଏହି 'କିନ୍ତୁ' ଶବ୍ଦ ରହିଲା ନାହିଁ। ଟ୍ରୋଲ କରିବାରେ ବିଜୟିନୀ ମିଶ୍ରା ଏବଂ ସବିହା ମଜିଦଙ୍କର ତର୍କ ପଢ଼ା ଯାଇପାରିବ। କିନ୍ତୁ ସେମାନେ ମଧ୍ୟ 'କିନ୍ତୁ' କରିବା ଛାଡ଼ିନାହାଁନ୍ତି। ପ୍ରଥମରେ କହନ୍ତି ଯେ ରାଷ୍ଟ୍ରପତି ରୂପରେ ଦ୍ରୌପଦୀ ମୁର୍ମୁଙ୍କ ଚୟନ ଆଦିବାସୀମାନଙ୍କର ବିଜୟ ଅଟେ। କିନ୍ତୁ ଏବେ ତାଙ୍କୁ ଦେଖାଇବାକୁ ପଡ଼ିବ ସେ ଏକ ଟୋକନ ନୁହଁନ୍ତି। ତାଙ୍କର ବିଜୟ ଏକ ପକ୍ଷରେ ଇଶାରା କରେ ଯେ କିପରି ପରିଚୟ ରାଜନୀତିକୁ ଏପରିକି ଦୂରକୁ ଯାଉଥିବା ସାତ ଦଶକ ପରେ ମଧ୍ୟ ଆଧୁନିକ ଭାରତୀୟ ରାଷ୍ଟ୍ର ରାଜ୍ୟର ବାସ୍ତବିକତା ପରି ଲାଗିଥାଏ। 'କିନ୍ତୁ'ର ପ୍ରୟୋଗ ଏଠାରେ ମଧ୍ୟ ରହିଛି।

ଭୂମିକୁ ଅଲଗା କରିବା, ବଣ ଏବଂ ସାମୁଦାୟିକ ସଂସାଧନର ପହଞ୍ଚ ଏବଂ ଅଧିକାରର କ୍ଷତି, ବିକାଶ ପରିଯୋଜନା କାରଣଗୁଡ଼ିକ ଜବରଦସ୍ତ ବେଦଖଲି ଏବଂ ଉଚିତ ପୁନଃର୍ବାସ

ଏବଂ ରଣଗ୍ରହୀତା ଇତ୍ୟାଦି ଅନେକ ସମସ୍ୟା ରହିଛି। ଯେଉଁଥିରେ କିଛି ବି ଯଦି ମୁର୍ମୁ ଦେଖିପାରନ୍ତି ତେବେ ଆଦିବାସୀ ସମାଜର ମଙ୍ଗଳ ହେବ। ଦ୍ରୌପଦୀ ମୁର୍ମୁଙ୍କ ଠାରୁ ଏହା ଆଶା କରାଯିବା ସ୍ୱାଭାବିକ ଯେ ସେ ନିଜ ଲୋକମାନଙ୍କର ଦୁଃଖକଷ୍ଟକୁ ବୁଝି ବିସ୍ଥାପନର ଯନ୍ତ୍ରଣାକୁର ହ୍ରାସ କରିବେ। ଆଶା ମଧ୍ୟ ଏହା ଅଛି ଯେ ସେମାନଙ୍କର ବିରୁଦ୍ଧରେ ଅତ୍ୟାଚାର କମ୍ ହେବ। ରାଷ୍ଟ୍ରପତି ରୂପରେ ତାଙ୍କୁ ଅନୁସୂଚିତ ଜନଜାତି ସମୁଦାୟର ହିତ ରକ୍ଷା ଏବଂ ସୁରକ୍ଷା ପାଇଁ ବିଶେଷ ଶକ୍ତି ପ୍ରାପ୍ତ ହେବ। ଆଶା କରାଯାଉଛି ଯେ ଭାଜପା ଆଦିବାସୀ ସମୁଦାୟ ପ୍ରତି ପ୍ରକୃତ ସହାନୁଭୂତି ଦେଖାଇବେ ଏବଂ ସମ୍ୱିଧାନ ଓ ଆଇନର ସଂରକ୍ଷଣ କରିବା ପାଇଁ ବଚନବଦ୍ଧ ରାଷ୍ଟ୍ରପତି ରୂପରେ ଶ୍ରୀମତୀ ଦ୍ରୌପଦୀ ମୁର୍ମୁଙ୍କ ସହ ମିଳିମିଶି ତାଙ୍କର ବ୍ୟାପକ କଲ୍ୟାଣ ନିମନ୍ତେ ସମ୍ପୂର୍ଣ୍ଣ ଶ୍ରଦ୍ଧା ଏବଂ ନିଷ୍ଠାର ସହିତ କାର୍ଯ୍ୟ କରିବେ।

କ'ଣ ଦ୍ରୌପଦୀ ମୁର୍ମୁ ଚୟନ ହୋଇଯିବା ଦ୍ୱାରା ଦେଶର ପ୍ରାୟ ନଅ ପ୍ରତିଶତ ଆଦିବାସୀମାନଙ୍କ ଉପରେ ଅତ୍ୟାଚାର ଏବଂ ଶୋଷଣ ଶେଷ ହୋଇଯିବ। କ'ଣ ଆଦିବାସୀମାନଙ୍କ ସହିତ ଦଲିତ ଏବଂ ଅତ୍ୟନ୍ତ ପଛୁଆ ବର୍ଗର ଲୋକମାନଙ୍କର ମଙ୍ଗଳ ହେବ ? ଏହିଭଳି ଆହୁରି ଅନେକ ପ୍ରଶ୍ନର ଉତ୍ତର ଅନେକ ରାଷ୍ଟ୍ରପତିଙ୍କ ଆଚରଣ, କାର୍ଯ୍ୟ ଏବଂ ବ୍ୟବହାର ଦ୍ୱାରା ଜାଣିବା କୌଣସି ବଡ଼ କାମ ନୁହେଁ। ସମସ୍ତେ ଜାଣନ୍ତି ଏବଂ ବୁଝନ୍ତି ମଧ୍ୟ। ଦେଶର ବରିଷ୍ଠ ପତ୍ରକାର ଆଲୋକ ମେହେତାଙ୍କ ମତ ହେଉଛି ଯେ ପ୍ରଧାନମନ୍ତ୍ରୀ ନରେନ୍ଦ୍ର ମୋଦୀଙ୍କ ସରକାର ଆସିବା ପରେ ଆଦିବାସୀ ଅଞ୍ଚଳରେ ବଡ଼ ଧରଣର ବିକାଶ ଯୋଜନାଗୁଡ଼ିକର କ୍ରିୟାନ୍ୱିତ କରା ଯାଉଛି। ବିଗତ ବର୍ଷ ମାନଙ୍କରେ ସଂଘ ଏବଂ ଭାଜପା, ବ୍ରାହ୍ମଣ, ବଣିଆ ଏବଂ ସହରୀ ଲୋକମାନଙ୍କର ପାର୍ଟିର ସଂଗଠନର ପୁରୁଣା ଧାରଣାକୁ ବଦଳାଇ ଦେଇ ପାରିଛି। ଗ୍ରାମୀଣ ଏବଂ ଆଦିବାସୀ କ୍ଷେତ୍ରରେ ଏହାର ପ୍ରଭାବ ବଢ଼ି ବଢ଼ି ଚାଲିଛି। ମୋଦୀଙ୍କ ସଶକ୍ତ ନାରୀ ସଶକ୍ତ ଭାରତ ଅଭିଯାନ ଦ୍ୱାରା ମହିଳାମାନଙ୍କୁ ବ୍ୟାପକ ସମର୍ଥନ ମିଳିବାରେ ଲାଗିଛି। ଶ୍ରୀମତୀ ଦ୍ରୌପଦୀ ମୁର୍ମୁଙ୍କ ରାଷ୍ଟ୍ରପତି ହେବା ଦ୍ୱାରା ଆଦିବାସୀ ଏବଂ ମହିଳାମାନଙ୍କ ମଧ୍ୟରେ ମୋଦୀ ସରକାର ଏବଂ ଭାଜପାର ମହତ୍ତ୍ୱ ବଢ଼ିବା ସହିତ ଏହି ଦିଗରେ ଭବିଷ୍ୟତ ପାଇଁ ନୂଆ ଆଶା ଏବଂ ଆତ୍ମବିଶ୍ୱାସର ଭାବନା ବଢ଼ିବା ଦ୍ୱାରା ଲୋକତାନ୍ତ୍ରିକ ଲାଭ ମଧ୍ୟ ମିଳିବ।

ରାଷ୍ଟ୍ରପତି ନିର୍ବାଚନ : ୨୦୨୨

ପୃଷ୍ଠଭୂମି

ଭାରତର ସମ୍ବିଧାନ ଅନୁସାରେ ସର୍ବଦା ଭାରତରେ ଜଣେ ରାଷ୍ଟ୍ରପତି ରହିବେ। ସମ୍ବିଧାନର ଅନୁଚ୍ଛେଦ– ୨୨) ସେ ଦେଶର ସର୍ବୋଚ୍ଚ ନିର୍ବାଚିତ ପଦବୀଧାରୀ ବ୍ୟକ୍ତି ଅଟନ୍ତି ଏବଂ ସମ୍ବିଧାନ ଓ ରାଷ୍ଟ୍ରପତି ଓ ଉପରାଷ୍ଟ୍ରପତିଙ୍କ ନିର୍ବାଚନ ଅଧିନିୟମ, ୧୯୫୨ର ପ୍ରାବଧାନ ଅନୁସାରେ ଚୟନ ହୋଇଥାଆନ୍ତି। ଏହି ଅଧିନିୟମ ରାଷ୍ଟ୍ରପତି ଏବଂ ଉପରାଷ୍ଟ୍ରପତି ନିର୍ବାଚନ ନିୟମ ୧୯୭୪ର ପ୍ରାବଧାନଗୁଡ଼ିକ ଦ୍ୱାରା ପୂରକ ଅଟେ ଏବଂ ନିୟମ ଅନୁସାରେ ଉକ୍ତ ଅଧିନିୟମ ରାଷ୍ଟ୍ରପତିଙ୍କ କାର୍ଯ୍ୟାଳୟର ନିର୍ବାଚନ ସଞ୍ଚାଳନର ସମସ୍ତ ଦିଗକୁ ଅନିୟମିତ କରିବାବାଲା ଏକ ପୂର୍ଣ୍ଣ କୋଡ୍ ବନିଥାଏ। ରାଷ୍ଟ୍ରପତି ନିଜର ପଦ ଗ୍ରହଣ କରିବାର ତାରିଖ ଠାରୁ ୫ ବର୍ଷର ଅବଧି ପର୍ଯ୍ୟନ୍ତ ଅବଧାରଣ କରିଥାଆନ୍ତି। ରାଷ୍ଟ୍ରପତିଙ୍କର ନିର୍ବାଚନ ଏକ ଇଲୋକଟ୍ରାଲ କଲେଜ ଦ୍ୱାରା କରା ଯାଇଥାଏ। ଯେଉଁଥିରେ ସଂସଦର ଦୁଇ ସଦନର ନିର୍ବାଚିତ ସଦସ୍ୟ ତଥା ସମସ୍ତ ରାଜ୍ୟର ବିଧାନସଭାର ନିର୍ବାଚିତ ସଦସ୍ୟ ତଥା ଦିଲ୍ଲୀ ଏନ.ସି.ଟି. ଏବଂ କେନ୍ଦ୍ରଶାସିତ ପ୍ରଦେଶ ପୁଡୁଚେରୀର ସଦସ୍ୟ ମଧ୍ୟ ରହିଥାଆନ୍ତି। (ଭାରତର ସମ୍ବିଧାନ ଅନୁଚ୍ଛେଦ ୫୪)

ଅନୁଚ୍ଛେଦ ୫୮ ଅନୁସାରେ ଜଣେ ପ୍ରାର୍ଥୀ ରାଷ୍ଟ୍ରପତି ପଦର ନିର୍ବାଚନ ଲଢ଼ିବା ପାଇଁ ନିମ୍ନଲିଖିତ ଯୋଗ୍ୟତା ପୂରଣ କରିବା ଆବଶ୍ୟକ। ୧. ସେ ଭାରତର ନାଗରିକ ହୋଇଥିବେ। ୨. ୩୫ବର୍ଷର ବୟସ ପୂରା ହୋଇ ଯାଇଥିବ। ୩. ଲୋକସଭାର ସଦସ୍ୟ ହେବା ପାଇଁ ଯୋଗ୍ୟ ହୋଇଥିବେ। ୪. ଭାରତ ସରକାର କିମ୍ବା କୌଣସି ରାଜ୍ୟ ସରକାରଙ୍କର ଅଧୀନରେ କିମ୍ବା କୌଣସି ସ୍ଥାନୀୟ ଏବଂ ଅନ୍ୟ ପ୍ରାଧିକରଣର ଅଧୀନରେ, କୌଣସି ବି ଉକ୍ତ ସରକାରଙ୍କ ନିୟନ୍ତ୍ରଣ ଅଧୀନରେ ଲାଭର କୌଣସି ପଦ ଧାରଣ କରି ନଥିବେ। ଅବଶ୍ୟ ପ୍ରାର୍ଥୀ କୌଣସି ବି ରାଷ୍ଟ୍ରର ରାଷ୍ଟ୍ରପତି କିମ୍ବା ଉପରାଷ୍ଟ୍ରପତି ଅଥବା ରାଜ୍ୟପାଳ କିମ୍ବା ସଂଘ ଅଥବା କୌଣସି ରାଜ୍ୟର ମନ୍ତ୍ରୀର ପଦ ଧାରଣ କରି ପାରିବେ ଏବଂ ନିବାଚନ ଲଢ଼ିବାର ପାତ୍ର ହୋଇଥିବେ।

ଦ୍ରୌପଦୀ ମୁର୍ମୁଙ୍କ ପୂର୍ବର ରାଷ୍ଟ୍ରପତି

ଏହି ପୁସ୍ତକରେ ଦ୍ରୌପଦୀ ମୁର୍ମୁଙ୍କ ଗାଁ ରାଇରଙ୍ଗପୁରରୁ ରାଇସିନା ହିଲ୍‌ସ ବିସ୍ତୃତ ରାଷ୍ଟ୍ରପତି ପ୍ରାସାଦ ପର୍ଯ୍ୟନ୍ତ ପହଞ୍ଚିବାର କାହାଣୀ ରହିଛି । ୧୦ ଜୁଲାଇ ୨୦୨୨ରେ ପୂର୍ବ ରାଷ୍ଟ୍ରପତି ଶ୍ରୀ ରାମନାଥ କୋବିନ୍ଦ ସଂସ୍କରଣ ପ୍ରସ୍ତୁ କଲେ । ସେ ଦେଶର ୧୪ତମ ରାଷ୍ଟ୍ରପତି ଥିଲେ ଏବଂ ଏବେ ଦେଶ ୧୫ତମ ରାଷ୍ଟ୍ରପତିଙ୍କୁ ଚୟନ କରିଛି । କିନ୍ତୁ ଏଥିପାଇଁ ନିର୍ବାଚନ ହୋଇଛି ୧୬ ଥର । କ'ଣ ଆପଣ ଜାଣିବାକୁ ଚୁହିଁବେ ନାହିଁ ଯେ ନିର୍ବାଚନର ଏହି ପ୍ରକ୍ରିୟାକୁ ଜାଣିବା ସହିତ ଆପଣ ସେହି ରାଷ୍ଟ୍ରପତିମାନଙ୍କ ବାବଦରେ ବି କିଛି କଥା ଜାଣନ୍ତୁ ।

ଡକ୍ଟର ରାଜେନ୍ଦ୍ର ପ୍ରସାଦ ସ୍ଵାଧୀନ ଭାରତର ପ୍ରଥମ ରାଷ୍ଟ୍ରପତି ହେଲେ । ସ୍ଵାଧୀନତରେ ଅଢ଼େଇ ବର୍ଷ ୨୬ ଜାନୁଆରୀକୁ ଭାରତର ସମ୍ବିଧାନ ଆମ୍ଭାର୍ପିତ ଏବଂ ଅଙ୍ଗୀକୃତ କରାଗଲା । ସମ୍ବିଧାନ ସଭା ଡକ୍ଟର ରାଜେନ୍ଦ୍ର ପ୍ରସାଦଙ୍କୁ ପ୍ରଥମ ରାଷ୍ଟ୍ରପତି ଭାବରେ ଚୟନ କଲେ । ଡକ୍ଟର ପ୍ରସାଦ ସମ୍ବିଧାନ ସଭାର ଅଧ୍ୟକ୍ଷ ଥିଲେ । ପ୍ରଥମ ରାଷ୍ଟ୍ରପତି ନିର୍ବାଚନ ୧୯୫୨ରେ ହେଲା । ଏଥିରେ ଡକ୍ଟର ରାଜେନ୍ଦ୍ର ପ୍ରସାଦଙ୍କୁ ବିଜୟ ତ ମିଳିଲା, କିନ୍ତୁ ସମୁଦାୟ ପ୍ରାର୍ଥୀ ଥିଲେ ପାଞ୍ଚ । ସେ ନିଜର ନିକଟତମ ପ୍ରତିଦ୍ଵନ୍ଦୀ ଟି. ସାହାଙ୍କୁ ହରାଇଲେ । ଯାହାଙ୍କୁ ୯୨୮୨୭ ଭୋଟ୍ ମିଳିଥିଲା । ଡକ୍ଟର ରାଜେନ୍ଦ୍ର ପ୍ରସାଦଙ୍କୁ ୬୦୫୩୮୬ ମିଳିଥିଲା । ୧୯୫୭ରେ ଯେତେବେଳେ ପୁଣି ଥରେ ନିର୍ବାଚନ ହେଲେ ସେତେବେଳେ ଡକ୍ଟର ରାଜେନ୍ଦ୍ର ପ୍ରସାଦହିଁ ରାଷ୍ଟ୍ରପତି ନିର୍ବାଚିତ ହେଲେ । ଦ୍ଵିତୀୟ ସ୍ଥାନରେ ହରିରାମ ରହିଲେ ଯାହାଙ୍କୁ କେବଳ ୨୬୭୨ ଭୋଟ୍ ମିଳିଥିଲା । ଡକ୍ଟର ରାଜେନ୍ଦ୍ର ପ୍ରସାଦ ହେଉଛନ୍ତି ଏକମାତ୍ର ରାଷ୍ଟ୍ରପତି ଯାହାଙ୍କୁ ଦୁଇଥର ପାଇଁ ଚୟନ କରା ଯାଇଥିଲା ।

ତୃତୀୟ ରାଷ୍ଟ୍ରପତି ନିର୍ବାଚନ ୧୯୬୨ ମସିହାରେ ହେଲା । ସେତେବେଳେ ସମୁଦାୟ ପ୍ରାର୍ଥୀ ଥିଲେ ୩ । ଏହି ନିର୍ବାଚନରେ ସେହି ହରିରାମ ପୁଣି ଥରେ ହାରିଲେ । କିନ୍ତୁ ଏଥର ଦ୍ଵିତୀୟ ନମ୍ବରରେ ରହିଲେ । ତାଙ୍କୁ ଏଥର ୬୩୪୧ ଭୋଟ୍ ମିଳିଥିଲା । ଡକ୍ଟର ସର୍ବପଲ୍ଲୀ ରାଧାକୃଷ୍ଣାନ ଦେଶର ରାଷ୍ଟ୍ରପତି ଭାବରେ ନିର୍ବାଚିତ ହେଲେ । ଚତୁର୍ଥ ରାଷ୍ଟ୍ରପତି ନିର୍ବାଚନ ୧୯୬୭ରେ ହେଲା । ସମୁଦାୟ ପ୍ରାର୍ଥୀ ଥିଲେ ୧୭ । ଏଥର ସାଂସଦମାନଙ୍କର ଭୋଟ ମୂଲ୍ୟ ବଢ଼ିଲା । କାରଣ ୧୯୬୧ର ଜନଗଣନାକୁ ହିସାବରେ ନିଆ ଯାଇଥିଲା । ସମୁଦାୟ ଭୋଟରଙ୍କ ସଂଖ୍ୟା ମଧ୍ୟ ୪୧୩୧ ହୋଇଯାଇଥିଲା । ଏହି ନିର୍ବାଚନରେ ଡକ୍ଟର ଜାକିର ହୋସେନ ଜିତିଲେ । ନିକଟତମ ପ୍ରତିଦ୍ଵନ୍ଦୀ ଥିଲେ କାକା ସୁବାରାଓ । ଡକ୍ଟର ଜାକିର ହୋସେନ ଭାରତର ପ୍ରଥମ ମୁସଲିମ୍ ରାଷ୍ଟ୍ରପତି ହେଲେ ।

ପଞ୍ଚମ ରାଷ୍ଟ୍ରପତି ନିର୍ବାଚନ ୧୯୬୯ ମସିହାରେ ହେଲା । ଏହି ନିର୍ବାଚନ ଏକ ଅଭୂତପୂର୍ବ ନିର୍ବାଚନ ଥିଲା । ଇନ୍ଦିରାଗାନ୍ଧୀଙ୍କ ଅନ୍ତରାମ୍ବାର ଆଉଜ୍‌ରେ କଂଗ୍ରେସର ନିର୍ଦ୍ଧାରିତ ପ୍ରାର୍ଥୀ ନୀଲମ ସଞ୍ଜୀବ ରେଡ୍‌ଙ୍କୁ ବିରୋଧ କଲେ । ରାଷ୍ଟ୍ରପତି ନିର୍ବାଚନରେ ପ୍ରାଥମିକତା ଭୋଟ ଦ୍ଵାରା ବିଜେତା ଘୋଷିତ କରା ଯାଇ ପାରିଲାନାହିଁ । ଭି.ଭି. ଗିରି ଏବଂ ନୀଲମ ସଞ୍ଜୀବ ରେଡ୍‌ଙ୍କୁ ଛାଡ଼ି ସମସ୍ତ

ପ୍ରାର୍ଥୀ ବାହାରିଗଲେ । ପରେ ନିର୍ଦଳୀୟ ପ୍ରାର୍ଥୀ ଭି.ଭି. ଗିରିଙ୍କୁ ବିଜେତା ଘୋଷିତ କରାଗଲା । ଷଷ୍ଠ ରାଷ୍ଟ୍ରପତି ନିର୍ବାଚନ ୧୯୭୪ ମସିହାରେ ହେଲା । ଏଥର ସମୁଦାୟ ପ୍ରାର୍ଥୀ ଥିଲେ ୨ । କାରଣ ଅନେକ ନନ୍‌ସିରିଆସ୍ ପ୍ରାର୍ଥୀ ଆସିବା କାରଣରୁ ୧୦ ଭୋଟରଙ୍କୁ ପ୍ରସ୍ତାବକ ଏବଂ ୧୦ ଭୋଟରଙ୍କୁ ଅନୁମୋଦକ ହେବାର ସର୍ଭ ଯୋଡ଼ି ଦିଆଗଲା । ସିକ୍ୟୁରିଟି ଡିପୋଜିଟ୍‌କୁ ବି ବଢ଼ାଇ ଅଢ଼େଇ ହଜାର କରି ଦିଆଗଲା । ଏହି ନିର୍ବାଚନରେ ଦ୍ୱିତୀୟ ସ୍ଥାନରେ ରହିଲେ ତ୍ରିଦେବ ଚୌଧୁରୀ ଏବଂ ବିଜୟୀ ଫକିରୁଦ୍ଦିନ ଅଲି ଅହମଦ୍ । ସପ୍ତମ ରାଷ୍ଟ୍ରପତି ନିର୍ବାଚନ ୧୯୭୭ ମସିହାରେ ହେଲା । ଏଥରେ ୩୬ଜଣ ପ୍ରାର୍ଥୀଙ୍କ ନାମାଙ୍କନ ରିଟର୍ନିଙ୍ଗ୍ ଅଫିସରଙ୍କ ଦ୍ୱାରା ଖାରଜ ହୋଇଗଲା । ନିର୍ବାଚନର ଆବଶ୍ୟକତା ପଡ଼ିଲା ନାହିଁ । ନୀଲମ ସଞ୍ଜୀବ ରେଡ୍ଡି ନିର୍ବିରୋଧ ବିଜେତା ଭାବରେ ଘୋଷିତ ହେଲେ । ନୀଲମ ସଞ୍ଜୀବ ରେଡ୍ଡି ଏକମାତ୍ର ରାଷ୍ଟ୍ରପତି ହେଲେ ଯାହାଙ୍କୁ ନିର୍ବିରୋଧରେ ଚୟନ କରାଗଲା । ନୀଲମ ସଞ୍ଜୀବ ରେଡ୍ଡି ୧୯୭୭ ମସିହାରେ ଦେଶର ସପ୍ତମ ରାଷ୍ଟ୍ରପତି ଭାବରେ ନିର୍ବାଚିତ ହେଲେ । ତାଙ୍କ ନାମରେ ମଧ ଦେଶରେ ସବୁଠାରୁ କମ୍ ବୟସରେ ରାଷ୍ଟ୍ରପତି ହେବାର ରେକର୍ଡ ରହିଛି । ସେ ଦେଶର ପ୍ରଥମ ରାଷ୍ଟ୍ରପତି ଅଟନ୍ତି ସେ ଲୋକସଭାର ଅଧ୍ୟକ୍ଷ ଏବଂ ମୁଖ୍ୟମନ୍ତ୍ରୀ ପଦରେ ମଧ ରହିଥିଲେ । ନୀଲମ ସଞ୍ଜୀବ ରେଡ୍ଡିଙ୍କ ବ୍ୟତୀତ ଡକ୍ଟର ରାଜେନ୍ଦ୍ର ପ୍ରସାଦ, ଡକ୍ଟର ରାଧାକୃଷ୍ଣନ ଅଥବା ଡକ୍ଟର ଜାକିର ହୋସେନଙ୍କ ସହିତ କୌଣସି ବି ନେତା ରାଷ୍ଟ୍ରପତି ହେବା ପାଇଁ କୌଣସି ପ୍ରୟାସ କଲେ ନାହିଁ । କିନ୍ତୁ ତାଙ୍କ ପରେ ଚୟନ କରା ଯାଇଥିବା ନେତାମାନଙ୍କ ମଧରୁ କେହିବି ଭାବିନଥିଲେ ଯେ ସେମାନେ ଦେଶର ସର୍ବୋଚ ପଦରେ ଆସୀନ ହୋଇ ପାରିବେ ।

ଅଷ୍ଟମ ରାଷ୍ଟ୍ରପତି ନିର୍ବାଚନ ୧୯୮୨ରେ ହୋଇଥିଲା । ଜ୍ଞାନୀ ଜୈଲ ସିଂ ଏଚ୍.ଆର. ଖାନ୍ନାଙ୍କୁ ହରାଇ ରାଷ୍ଟ୍ରପତି ହେଲେ । ସିଏ ଥିଲେ ପ୍ରଥମ ସିଖ ଯିଏକି ରାଷ୍ଟ୍ରପତି ହୋଇଥିଲେ । ଆର.ଭେଙ୍କଟ ରମନ ୧୯୮୭ରୁ ୧୯୯୨ରେ ସୁପ୍ରିମ୍ କୋର୍ଟରେ ପୂର୍ବଜଜ୍ ଥିଲେ ଏବଂ ସେ ବି.ଆର. କୃଷ୍ଣ ଆଇୟାରଙ୍କୁ ହରାଇ ରାଷ୍ଟ୍ରପତି ହେଲେ । ଜୈଲ ସିଂଙ୍କ କାର୍ଯ୍ୟକାଳ ୧୯୮୨ରୁ ୧୯୮୭ ମଧରେ ଉପରାଷ୍ଟ୍ରପତି ଥିବା ଭେଙ୍କଟ ରମନ ଦେଶର ଜଣେ ପ୍ରତିଷ୍ଠିତ ଉକିଲ ଥିଲେ । ବିଧାୟକ, ସାଂସଦ, କେନ୍ଦ୍ରୀୟ ମନ୍ତ୍ରୀ, ମୁଖ୍ୟମନ୍ତ୍ରୀ, ପାର୍ଟିର ରାଷ୍ଟ୍ରୀୟ ଅଧ୍ୟକ୍ଷ, ରାଜ୍ୟପାଲ, ଉପ ରାଷ୍ଟ୍ରପତି ଏବଂ ପରେ ରାଷ୍ଟ୍ରପତି ହୋଇଥିବା ଡକ୍ଟର ଶଙ୍କରଦୟାଲ ଶର୍ମା ଦେଶର ନବମ ରାଷ୍ଟ୍ରପତି ହେଲେ । ଯିଏ ୧୯୯୭ ପର୍ଯ୍ୟନ୍ତ ନିଜର ପଦବୀରେ ରହିଲେ । ଦେଶର ପ୍ରଥମ ଦଲିତ ରାଷ୍ଟ୍ରପତି କେ.ଆର. ନାରାୟନ କେରଳରୁ ଲଗାତାର ତିନିଥର ସାଂସଦରେ ରହିଥିଲେ । ରାଜୀବ ଗାନ୍ଧୀଙ୍କ ସରକାରରେ ସେ କେବିନେଟ୍ ମନ୍ତ୍ରୀ ଥିଲେ । ପରେ ଉପରାଷ୍ଟ୍ରପତି ହେଲେ । ଏହାପରେ ୧୯୯୭ ମସିହାରେ ଦେଶର ପ୍ରଥମ ଦଲିତ ରାଷ୍ଟ୍ରପତି ହେଲେ । ପଦ୍ମଶ୍ରୀ କ୍ୟାପ୍ଟେନ ଡକ୍ଟର ଲକ୍ଷ୍ମୀ ସହଗଲ ୨୦୦୦ ମସିହାରେ ହୋଇଥିବା ରାଷ୍ଟ୍ରପତି ନିର୍ବାଚନରେ ପୂର୍ବ ରାଷ୍ଟ୍ରପତି ଡକ୍ଟର ଅବଦୁଲ କଲାମଙ୍କ ବିରୋଧରେ ନିର୍ବାଚନ ଲଢ଼ିଥିଲେ । ଏଥରେ ଜୟଯୁକ୍ତ ହୋଇଥିଲେ ଡକ୍ଟର ଏ.ପି.ଜେ. ଅବଦୁଲ କାଲାମ୍ । ସେ

କହୁଥିଲେ, "ମୁଁ ଜଣେ ବୈଜ୍ଞାନିକ ଅଟେ ଏବଂ ସର୍ବଦା ଭାବିଥାଏ ଯେ ମୁଁ ଜଣେ ଶିକ୍ଷକ ରୂପରେ ଲୋକମାନେ ମୋତେ ମନେ ରଖନ୍ତୁ।" ୟୁପିଏ ସରକାର ୨୦୦୭ ମସିହାରେ ପ୍ରତିଭା ଦେବୀ ପାଟିଲଙ୍କୁ ରାଷ୍ଟ୍ରପତି ପଦର ପ୍ରାର୍ଥୀ କଲା। ତାଙ୍କ ବିରୋଧରେ ଭୈରବ ସିଂ ସେଖାଓତ ଥିଲେ ଯାହାଙ୍କୁ ପ୍ରତିଭା ପାଟିଲ ପ୍ରାୟ ୩ ଲକ୍ଷ ଭୋଟରେ ହରାଇଥିଲେ। ୨୫ ଜୁଲାଇ ୨୦୦୭ ମସିହାରେ ପ୍ରତିଭା ଦେବୀ ସିଂ ପାଟିଲ ଦେଶର ପ୍ରଥମ ମହିଳା ରାଷ୍ଟ୍ରପତି ହେଲେ। କଂଗ୍ରେସର ବିଶିଷ୍ଟ ନେତା ଡକ୍ଟର ପ୍ରଣବ ମୁଖାର୍ଜୀଙ୍କ ମନରେ ଆଶା ଥିଲା ଯେ ସେ ଭାରତର ପ୍ରଧାନମନ୍ତ୍ରୀ ହେବେ। ସେ ପ୍ରଧାନମନ୍ତ୍ରୀ ତ ହୋଇ ପାରିଲେ ନାହିଁ କିନ୍ତୁ ୨୦୧୨ ମସିହାରେ ୟୁପିଏ ସରକାର ତାଙ୍କୁ ରାଷ୍ଟ୍ରପତି କଲା। ବିପକ୍ଷୀ ବିରୋଧୀ ଦଳ ପି.ଏ. ସଙ୍ଗମାଙ୍କୁ ପ୍ରାର୍ଥୀ କରିଥିଲା। ଇଲେକ୍ଟୋରାଲ କଲେଜରେ ୭୦ ପ୍ରତିଶତ ଭୋଟ ଡକ୍ଟର ମୁଖାର୍ଜୀଙ୍କୁ ମିଳିଲା ଏବଂ ସେ ହେଲେ ଦେଶର ୧୩ତମ ରାଷ୍ଟ୍ରପତି। ରାମନାଥ କୋବିନ୍ଦ ଭାରତର ୧୪ତମ ରାଷ୍ଟ୍ରପତି ଅଟନ୍ତି। ମୁଁ ତାଙ୍କର ରାଷ୍ଟ୍ରପତି ହେବା ପରେ ଇଂରାଜୀରେ ତାଙ୍କ ଉପରେ ଏକ ପୁସ୍ତକ ଲେଖିଥିଲି। ଏଥିରେ ଉତ୍ସାହିତ ହୋଇ ମୁଁ ଦ୍ରୌପଦୀ ମୁର୍ମୁଙ୍କ ଉପରେ ମଧ ଏହି ପୁସ୍ତକ ଲେଖୁଛି। ଦ୍ରୌପଦୀ ମୁର୍ମୁ ଭାରତର ୧୫ତମ ରାଷ୍ଟ୍ରପତି ଅଟନ୍ତି। ଏହି ନିର୍ବାଚନ ୧୬ତମ ଅଟେ। କାରଣ ଜଣେ ରାଷ୍ଟ୍ରପତି ରାଜେନ୍ଦ୍ର ପ୍ରସାଦ ଦୁଇଥର ଚୟନ ହୋଇଛନ୍ତି। ତେଣୁ ୧୬ଟି ନିର୍ବାଚନ ଏବଂ ୧୫ଜଣ ରାଷ୍ଟ୍ରପତି।

ଏହି କ୍ରମରେ ବର୍ତ୍ତମାନ ପ୍ରଧାନମନ୍ତ୍ରୀ ନରେନ୍ଦ୍ର ମୋଦୀ ରାଷ୍ଟ୍ରପତି ପଦ ପାଇଁ ଦ୍ରୌପଦୀ ମୁର୍ମୁଙ୍କ ନାମ ସାମ୍ନାକୁ ଆଣି ବିରୋଧୀ ଦଳର ଆଶାକୁ ଧୂଳିସାତ୍ କରିଛନ୍ତି। ଝାଡ଼ଖଣ୍ଡର ମୁକ୍ତିମୋର୍ଚ୍ଚା, ଶିବସେନା ଏବଂ ଉଦ୍ଧବ ଠାକରେଙ୍କର ଦୁଇଟି ଦଳ ସହିତ ବିଭିନ୍ନ ରାଜ୍ୟ ଏବଂ କ୍ଷେତ୍ରୀୟ ଦଳର ନେତାମାନେ ମଧ ଆତ୍ମସମର୍ପଣ କରି ଦେଇଛନ୍ତି ଏବଂ ଦ୍ରୌପଦୀ ମୁର୍ମୁଙ୍କ ସପକ୍ଷକୁ ଆସି ଯାଇଛନ୍ତି। ବିପକ୍ଷର ପ୍ରାର୍ଥୀ ଯଶବନ୍ଦ ସିନ୍ହା ଖୁବ୍ ମହତ୍ତ୍ୱାକାଂକ୍ଷୀ ଥିଲେ। ସେ ସରକାରୀ ପ୍ରଶାସନିକ ସେବା ସହିତ ଅନେକ ରାଜନୈତିକ ଦଳ ସହିତ ମଧ ଜଡ଼ିତ ଥିଲେ ଏବଂ ଭି.ପି. ସିଂ, ଚନ୍ଦ୍ରଶେଖର, ରାଜୀବ ଗାନ୍ଧୀ, ନରସିମ୍ହା ରାଓ, ଅଟଲ ବିହାରୀ ବାଜପେୟୀ ଏବଂ ଏଲ.କେ. ଆଦବାନୀଙ୍କ ସହ ସମୟ ସମୟରେ ମନ୍ତ୍ରୀପଦ ଏବଂ ଶାସନ ଭାର ସମ୍ଭାଳିଛନ୍ତି। ବିରୋଧୀମାନଙ୍କର ଏକତା ଏବଂ କ୍ଷେତ୍ରୀୟ ଦଳର କ୍ଷମତା ସାହାରାରେ ଯଶବନ୍ଦ ସିନ୍ହା ଯେନତେନ ପ୍ରକାରେଣ ବିଜୟୀ ହେବା ପାଇଁ ଖୁବ ଚେଷ୍ଟା କରିଥିଲେ। କିନ୍ତୁ ମୋଦୀଜୀ ଦ୍ରୌପଦୀଙ୍କୁ ପ୍ରାର୍ଥୀ ରୂପେ ଘୋଷଣା କରି ସମସ୍ତ ଖେଳ ବଦଳାଇ ଦେଲେ। ବଦଳାଇ କ'ଣ ଦେଲେ ବରଂ ସବୁ ଖେଳ ବିଗାଡ଼ି ଦେଲେ। ତାଙ୍କ ସାମ୍ନାରେ ଯଶବନ୍ତ ସିନ୍ହାଙ୍କ ପ୍ରାର୍ଥିତ୍ୱ ଖୁବ ଦୁର୍ବଳ ପଡ଼ିଗଲା ଏବଂ ଦ୍ରୌପଦୀ ମୁର୍ମୁଙ୍କ ଚମକାର ବିଜୟ ହେଲା।

୧୮ ଜୁଲାଇ ୨୦୨୨ରେ ଭାରତର ରାଷ୍ଟ୍ରପତି ନିର୍ବାଚନ ହେଲା। ଯେଉଁଥିରେ ମତର ଗଣତି ହେଲା ଏବଂ ପରିଣାମ ୨୧ଜୁଲାଇ ୨୦୨୨କୁ ଘୋଷିତ କରାଗଲା। ଆସନ୍ତୁ ଆମେ ଏବ ଏହାକୁ ବିସ୍ତୃତ ରୂପରେ ଜାଣିବା।

ମିଡ଼ିଆର ପ୍ରତିକ୍ରିୟା

ଭାରତର ୧୫ତମ ରାଷ୍ଟ୍ରପତି ରୂପରେ ଦ୍ରୌପଦୀ ମୁର୍ମୁଙ୍କର ଚୟନ ସମଗ୍ର ଦେଶର ମିଡ଼ିଆ ପାଇଁ ଏକ ବହୁତ ବଡ଼ ଖବର, ଆଗ୍ରହର ବିଷୟ ଏବଂ ପ୍ରୋତ୍ସାହନକାରୀ ବିଷୟ ପାଲଟି ଗଲା । ସେମାନେ ସମସ୍ତେ ଏହାକୁ ଉତ୍ସାହର ସହ ସ୍ୱାଗତ କଲେ । ପ୍ରକୃତରେ ତାଙ୍କର ନାମ ଘୋଷଣା ହେବା ପୂର୍ବରୁ ବରିଷ୍ଠ ସ୍ୱୟଂ ଲେଖକ ଏବଂ ସମ୍ପାଦକମାନେ ତାଙ୍କର ନାମ ବିକଳ୍ପ ଭାବରେ ପ୍ରଦାନ କରୁଥିଲେ । ମୁର୍ମୁଙ୍କ ନାମ ସର୍ବସମ୍ମତିକ୍ରମେ ନିର୍ଣ୍ଣୟ ନେବା ପୂର୍ବରୁ ପାର୍ଟି ୨୦ଜଣଙ୍କ ନାମ ଉପରେ ବିଚାର କରୁଥିଲା । ଦ୍ରୌପଦୀ ମୁର୍ମୁଙ୍କୁ ବ୍ୟତୀତ ପାର୍ଟି ବର୍ତ୍ତମାନ ଉପରାଷ୍ଟ୍ରପତି ଭେଙ୍କେୟା ନାଇଡୁଙ୍କ ଭଳି ବରିଷ୍ଠ ନେତାଙ୍କ ନାମ ଉପରେ ମଧ୍ୟ ବିଚାର କରୁଥିଲା । ଛତିଶଗଡ଼ର ରାଜ୍ୟପାଲ ଅନୁସୂଇୟା ଉଇକେ; ହରିୟାଣାର ରାଜ୍ୟପାଲ ବଣ୍ଡାରୁ ଦତ୍ତାତ୍ରୟ; ଏବଂ ତେଲେଙ୍ଗାନାର ରାଜ୍ୟପାଲ ତମିଲିସାଇ ସୁନ୍ଦରରାଜନ ଓ ପୁଡୁଚେରୀର ଲେଫ୍ଟେନେଣ୍ଟ ଗଭର୍ଣ୍ଣର ରାଷ୍ଟ୍ରପତି ପଦ ପାଇଁ ପ୍ରାର୍ଥୀ ଭାବରେ ଚର୍ଚ୍ଚା ମଧ୍ୟକୁ ଆସିଥିଲେ । କିନ୍ତୁ ମୁର୍ମୁଙ୍କୁ ନାମାଙ୍କିତ ଏଥିପାଇଁ କରାଗଲା କାରଣ ସମସ୍ତଙ୍କ ମଧ୍ୟରେ ତାଙ୍କୁ ସବୁଠାରୁ ଅଧିକ ଉପଯୁକ୍ତ ଭାବରେ ବିବେଚନା କରାଗଲା । ଏହା ଏକା ଚଳନୀ ରହିଛି ଯେ ମୋଦୀ ସରକାର ମହିଳା ପ୍ରାର୍ଥୀଙ୍କୁ ରାଜ୍ୟପାଲ ପଦ ପାଇଁ ଯଥେଷ୍ଟ ଅବସର ଦେଇଛନ୍ତି । ମୋଦୀ ସରକାର ୨୦୧୪ରେ ୮ଜଣ ମହିଳା ରାଜ୍ୟପାଲ ଏବଂ ଉପ ରାଜ୍ୟପାଲଙ୍କ ନିଯୁକ୍ତି କରିଥିଲେ । ମୃଦୁଲା ସିନ୍‌ହା, ଦ୍ରୌପଦୀ ମୁର୍ମୁ, ନଜମା ହେପତୁଲ୍ଲା, ଆନନ୍ଦୀବେନ ପଟେଲ, ବେବୀ ରାନୀ ମୌର୍ଯ୍ୟ, ଅନୁସୂଇୟା ଉଇକେ, ତମିଲିସାଇ ସୁନ୍ଦରରାଜନ ଏବଂ କିରଣ ବେଦୀଙ୍କ ଭଳି ମହିଳା ନେତାମାନଙ୍କୁ ନରେନ୍ଦ୍ର ମୋଦୀଙ୍କ ସରକାରଙ୍କ ଦ୍ୱାରା ପଦଭାର ସମ୍ଭାଳିବାର ଦାୟିତ୍ୱ ଦିଆ ଯାଇଥିଲା । ମୋଦୀ ସରକାରଙ୍କ ଦ୍ୱାରା କରାଯାଇଥିବା ଆଠଜଣ ମହିଳା ରାଜ୍ୟପାଲଙ୍କ ନିଯୁକ୍ତିରେ ୫ଜଣ ଅନୁସୂଚିତ ଜାତି, ଅନୁସୂଚିତ ଜନଜାତି ଏବଂ ପଛୁଆ ବର୍ଗ (ଓବିସି) ଏବଂ ଅଳ୍ପ ସଂଖ୍ୟକ ସମ୍ପ୍ରଦାୟ ମଧ୍ୟରୁ ଥିଲେ ।

ଯେପରି ମୁଁ ପୂର୍ବରୁ କହିଛି ଅନେକ ବରିଷ୍ଠ ସ୍ୱୟଂକାର ଏବଂ ସମ୍ପାଦକ ବିକଳ୍ପ ଭାବରେ ମୁର୍ମୁଙ୍କ ନାମ ପରାମର୍ଶ ଦେଉଥିଲେ । ୨୦୨୨ ନିର୍ବାଚନ ପାଇଁ ରାଷ୍ଟ୍ରପତି ନିର୍ବାଚନ କାର୍ଯ୍ୟକ୍ରମ ଘୋଷଣା ହେବାର ପ୍ରାୟ ଏକ ମାସ ପୂର୍ବରୁ ୧୦ ମଇ ୨୦୨୨ରେ 'ପ୍ରଭାତ ଖବର' ନାମକ ଏକ ମିଡ଼ିଆ ହାଉସ୍ ଏହି ଖବର ପ୍ରଦାନ କରିଥିଲେ ।

ସେହି ମିଡ଼ିଆ ହାଉସର ଖବର ନିମ୍ନ ପ୍ରକାର ଥିଲା ।

"ଭାରତର ରାଷ୍ଟ୍ରପତିଙ୍କ ନିର୍ବାଚନ"

ଝାଡ଼ଖଣ୍ଡର ପୂର୍ବ ରାଜ୍ୟପାଲ ଦ୍ରୌପଦୀ ମୁର୍ମୁଙ୍କ ରାଷ୍ଟ୍ରପତି ହେବାର ସମ୍ଭାବନା ରହିଛି । ଭାଜପା ପ୍ରାର୍ଥୀ ଭାବରେ ତାଙ୍କର ନାମ ସାମ୍ନାକୁ ଆସୁଛି । ପାର୍ଟିର ଆଭ୍ୟନ୍ତରୀଣ ସୂତ୍ରରୁ ଏକଥା ଜଣା ପଡ଼ିଛି ଯେ ଏଥର ରାଷ୍ଟ୍ରପତି ଚୟନରେ ଶାସନରେ ଥିବା ଭାଜପା ଅନ୍ୟ ପଛୁଆ ବର୍ଗ

ଓବିସି ସମ୍ପ୍ରଦାୟ ଏବଂ ମହିଳାବର୍ଗଙ୍କୁ ଅଧିକ ଗୁରୁତ୍ୱ ଦେଉଛନ୍ତି । ଏହା ପଛରେ କାରଣ ଏହା କୁହାଯାଉଛି ଯେ ଉତ୍ତର ପ୍ରଦେଶରୁ ଆରମ୍ଭ ହୋଇ ମହାରାଷ୍ଟ୍ର ପର୍ଯ୍ୟନ୍ତ ଏବଂ କାଶ୍ମୀର ଠାରୁ ଆରମ୍ଭ କରି କନ୍ୟାକୁମାରୀ ପର୍ଯ୍ୟନ୍ତ ଓବିସି ସମୁଦାୟ ଲୋକମାନଙ୍କ ସଂଖ୍ୟା ଅଧିକ ମାତ୍ରାରେ ରହିଛି ।

ଭାଜପା ତରଫରୁ ରାଷ୍ଟ୍ରପତି ପଦର ପ୍ରତ୍ୟାଶିତ ଭାବରେ ଦ୍ରୌପଦୀ ମୁର୍ମୁଙ୍କ ସମେତ ଯେଉଁ ୪ଟି ନାମ ଚର୍ଚ୍ଚାକୁ ଆସୁଛି ତାହା ପଛରେ ପାର୍ଟିର ଉଦ୍ଦେଶ୍ୟ ହେଉଛି ରାଷ୍ଟ୍ରପତି ନିର୍ବାଚନ ବାହାନାରେ ୨୦୨୪ ଲୋକସଭା ନିର୍ବାଚନରେ ସାମାଜିକ ଏବଂ ରାଜନୈତିକ ସମୀକରଣକୁ ସାଧନ କରା ଯାଇପାରିବ । ପାର୍ଟିର ସୂତ୍ର ତରଫରୁ ମିଡ଼ିଆରୁ ଆସୁଥିବା ଖବର ଅନୁସାରେ ଏଥର ରାଷ୍ଟ୍ରପତି ନିର୍ବାଚନ ପାଇଁ ଭାଜପାର ଧ୍ୟାନ ଅନୁସୂଚିତ ଜାତିର ପ୍ରତ୍ୟାଶୀ ଉପରେ କେନ୍ଦ୍ରିତ ହେବ ନାହିଁ । ଏହାର କାରଣ ହେଉଛି ଭାରତର ବର୍ତ୍ତମାନ ରାଷ୍ଟ୍ରପତି ରାମନାଥ କୋବିନ୍ଦ ଏହି ସମ୍ପ୍ରଦାୟରୁ ଆସିଛନ୍ତି ।

ଏହାପରେ ଅନେକ ସମାଚାର ପତ୍ର ସମ୍ଭାବିତ ପ୍ରାର୍ଥୀଙ୍କ ପାଇଁ ନିଜର ତାଲିକା ପ୍ରଦାନ କଲେ ଏବଂ ପ୍ରାୟ ସମସ୍ତ ପୂର୍ବାନୁମାନରେ ମୁର୍ମୁଙ୍କ ନାମ ସାମିଲ କରା ଯାଇଥିଲା । ଉଦାହରଣ ସ୍ୱରୂପ ୧୪ ଜୁନ୍‌ରେ ବାଙ୍ଗାଲୋର ସ୍ଥିତ ଖବର କାଗଜ ଲେଖିଥିଲା—

"ଦ୍ରୌପଦୀ ମୁର୍ମୁ ଭାଜପା ପାଇଁ ଆଉ ଏକ ସମ୍ଭାବିତ ପ୍ରାର୍ଥୀ"

ଦ୍ରୌପଦୀ ମୁର୍ମୁ ୫ ବର୍ଷର କାର୍ଯ୍ୟକାଳ ୨୦୧୫ରୁ ୨୦୨୧ରେ ପୁରା କରିଥିବା ଝାଡ଼ଖଣ୍ଡର ଏକମାତ୍ର ରାଜ୍ୟପାଳ ହେବା ସହିତ ସେ ଜଣେ ସକ୍ଷମ ପ୍ରଶାସକ ଭାବରେ ନିଜର ଯୋଗ୍ୟତା ପ୍ରତିପାଦିତ କରିଛନ୍ତି । ଓଡ଼ିଶାର ଏକ ଆଦିବାସୀ ନେତା ଯିଏ ଝାଡ଼ଖଣ୍ଡର ପ୍ରଥମ ମହିଳା ରାଜ୍ୟପାଳ ମଧ୍ୟ ହୋଇଛନ୍ତି । ସେ ଓଡ଼ିଶାର କ୍ୟାବିନେଟ୍‌ରେ ମନ୍ତ୍ରୀ ଏବଂ ରାଇରଙ୍ଗପୁର ବିଧାନସଭା କ୍ଷେତ୍ର ବିଧାୟକ ମଧ୍ୟ ଥିଲେ । ରାଷ୍ଟ୍ରପତି ପ୍ରଣବ ମୁଖାର୍ଜୀଙ୍କ କାର୍ଯ୍ୟକାଳ ପରେ ମଧ୍ୟ ମୁର୍ମୁଙ୍କ ସମ୍ଭାବିତ ପ୍ରାର୍ଥୀତ୍ୱ ସାମ୍ନାକୁ ଆସିଥିଲା । ଏଥର ଖବର ମିଳିଛି ଯେ ଆଦିବାସୀ ଲୋକମାନଙ୍କ ପାଇଁ ଅଧିକ କାର୍ଯ୍ୟ କରୁଥିବା ଏବଂ ନିଜର ଦାବି ପାଇଁ ପୁଷ୍ଟି କରୁଥିବା ବିଜେପି ମୁର୍ମୁଙ୍କ ନାମ ଉପରେ ନିଷ୍ପତ୍ତି ନେଇପାରେ ।

ମଧ୍ୟ ପୂର୍ବର ସମାଚାର ପତ୍ର ମଧ୍ୟ ନିଜର ଜିଜ୍ଞାସୁ ପାଠକମାନଙ୍କ ପାଇଁ ଭବିଷ୍ୟବାଣୀ କରିବାରେ ଉସ୍ୱୁକ ଥିଲେ । 'ଗଲ୍‌ନ୍ୟୁଜ'ରେ ପ୍ରକାଶିତ ହୋଇଥିଲା ଯେ ମୁର୍ମୁଙ୍କୁ ପ୍ରାର୍ଥୀତ୍ୱ ଭାଜପାର ଏହି କଥାରୁ ସ୍ପଷ୍ଟ ଅନୁମାନ କରା ଯାଇପାରେ ଯେ ଭାଜପା ଏକ ଏଭଳି ପ୍ରକାର ପ୍ରାର୍ଥୀ ଅଟେ ଯାହା ଉଚ୍ଚ ଜାତିର ଲୋକମାନଙ୍କ ବ୍ୟତୀତ ଅନ୍ୟ ସମ୍ପ୍ରଦାୟ ପ୍ରତି ମଧ୍ୟ ସମାନ ସଦ୍‌ଭାବ ରଖିଥାଏ ଏବଂ ଅନ୍ୟ ବର୍ଗର ନେତାମାନଙ୍କୁ ଆଗକୁ ବଢ଼ାଇଥାଏ । ମୁର୍ମୁ ଭାଜପାର ଆଦିବାସୀ ସମ୍ପ୍ରଦାୟ ସହିତ ସମ୍ବନ୍ଧିତ ଜଣେ ନେତା ଅଟନ୍ତି । ଯାହାଙ୍କର ବ୍ୟାପକ ରାଜନୈତିକ ଅଭିଜ୍ଞତା ମଧ୍ୟ ରହିଛି ଏବଂ ଯେ ଜଣେ ସୁରକ୍ଷିତ ବିକଳ୍ପ ଭାବରେ ମଧ୍ୟ ଦେଖା ଯାଉଛନ୍ତି ।

ନିର୍ବାଚନ ପ୍ରକ୍ରିୟା-୨୦୨୨

ନିର୍ବାଚନ କାର୍ଯ୍ୟକ୍ରମ ଅନୁସାରେ ରାଷ୍ଟ୍ରପତି ନିର୍ବଚନର ଅଭିସୂଚନା ୧୫ଜୁନ ୨୦୨୨ରେ ଜାରି କରାଗଲା। ରାଷ୍ଟ୍ରପତି ନିର୍ବାଚନ ପାଇଁ ନାମାଙ୍କନ ଦାଖଲ କରିବାର ଶେଷ ତିଥି ୨ ୯ ଜୁନ୍ ଥିଲା। ନାମାଙ୍କନ ପତ୍ରର ଯାଞ୍ଚ ୩୦ ଜୁନରେ ହେଲା ଏବଂ ନାମାଙ୍କନ ପତ୍ର ଫେରସ୍ତ ନେବାର ଶେଷ ତାରିଖ ହେଲା ୨ ଜୁଲାଇ। ରାଷ୍ଟ୍ରପତି ପଦ ପାଇଁ ନିର୍ବାଚନ ୧୮ ଜୁଲାଇରେ ହେଲା ଏବଂ ଭୋଟ ଗଣତି ୨ ୧ ଜୁଲାଇ ୨୦୨୨ରେ ହେଲା। ନୂତନ ରାଷ୍ଟ୍ରପତି ୨୫ ଜୁଲାଇ ୨୦୨୨ରେ ନିଜ ପଦର ଶପଥ ନେଲେ। ରାଷ୍ଟ୍ରପତି ପଦ ପାଇଁ ଇଲେକ୍ଟୋରାଲ କଲେଜ ସାଂସଦ ବିଧାୟକମାନଙ୍କର ନାମାଙ୍କନକୁ କମ୍ କରି ଏହାଙ୍କର ଭୋଟ ମୂଲ୍ୟ ୧୦,୮୬,୪୩୧ ଅଟେ। ଯେଉଁଥିରେ ୫,୪୩,୨୧୫ ଭୋଟ୍ ହେଉଛି ଏହାର ଅଧା। ଇଲେକ୍ଟୋରାଲ କଲେଜରେ ୭୭୬ ସାଂସଦ (ଭୋଟ ମୂଲ୍ୟ ୫,୪୩,୨୦୦) ଏବଂ ୪,୦୩୩ ବିଧାୟକ (ଭୋଟ ମୂଲ୍ୟ ୫,୪୩,୨୩୧) ସାମିଲ ଅଛି। ଜମ୍ମୁ କାଶ୍ମୀରରେ ବିଧାନସଭାର ଅନୁପସ୍ଥିତି କାରଣରୁ ପ୍ରତ୍ୟେକ ସାଂସଦର ଭୋଟ୍ ମୂଲ୍ୟ ୨୦୧୭ ନିର୍ବାଚନ ତୁଲନାରେ ୭୦୮ କମି ଏବେ ୭୦୦ ହୋଇ ଯାଇଥିଲା। ସମୁଦାୟ ସାଂସଦଙ୍କ ସଂଖ୍ୟା ସହିତ ବିଧାୟକମାନଙ୍କ ଭୋଟର ମୂଲ୍ୟ ବିଭାଜିତ କରିବା ପରେ ଏମ୍.ପି. ଭୋଟର ସାମର୍ଥ ଗଣନା କରାଯାଏ। ମତର ମୂଲ୍ୟ ୧ ୯୭୧ ଜନଗଣନା ଅନୁସାରେ ପ୍ରତ୍ୟେକ ରାଜ୍ୟର ଜନସଂଖ୍ୟା ଦ୍ୱାରା ନିର୍ଦ୍ଧାରିତ କରାଯାଏ। ପ୍ରତ୍ୟେକ ବିଧାୟକଙ୍କ ଭୋଟ୍ ମୂଲ୍ୟ ଉତ୍ତର ପ୍ରଦେଶରେ ୨୦୮ ଉଚ୍ଚସ୍ତରରେ ଥିବାବେଲେ ସିକିମ୍‌ରେ ୭ ଭାଗରେ ନିମ୍ନ ସ୍ତରରେ ରହିଥାଏ। ଏହାର ଅର୍ଥ ହେଉଛି ୟୁ.ପି.ରେ ୪୦୩ଜଣ ବିଧାୟକଙ୍କର ନିର୍ବାଚନ ପୁଲରେ ୨୦୮ ଗୁଣନ ୪୦୩ = ୮୩,୮୨୪ ଭୋଟ୍ ଯୋଗଦାନ କରିଥାଆନ୍ତି। ଯେତେବେଲେ କି ସିକିମ୍‌ରେ ୩୨ ବିଧାୟକ ୩୨ ଗୁଣନ ୭=୨୨୪ ଭୋଟରେ ଯୋଗଦାନ କରିଥାଆନ୍ତି। ସମସ୍ତ ବିଧାନସଭାଗୁଡ଼ିକରେ ଭୋଟର ଯୋଗଫଲ ହେଉଛି ୫.୪୩ ଲକ୍ଷ। ପ୍ରକ୍ରିୟା ଅନୁସାରେ ୭୭୬ ସାଂସଦ ଲୋକସଭାର ୫୪୩ ଏବଂ ରାଜ୍ୟସଭାରେ ୨୩୩ଙ୍କୁ ବିଧାୟକମାନଙ୍କର ସମାନ ସମାନ ଭୋଟ ସଂଖ୍ୟା ରହିଛି। ଏହି ପ୍ରକାର ପ୍ରତ୍ୟେକ ସାଂସଦଙ୍କର ଭୋଟ ମୂଲ୍ୟ ୫.୪୩ ଲକ୍ଷ ଅଟେ। ଯେଉଁମାନେ ୭୭୬ରେ ବିଭାଜିତ ଅଟନ୍ତି। ଏଥିରୁ ୭୦୦ ପର୍ଯ୍ୟନ୍ତ ପୂର୍ଣ୍ଣାଙ୍କିତ କରା ଯାଇଥାଏ। ବିଧାନସଭାଗୁଡ଼ିକ ଏବଂ ସାଂସଦର ସଂଯୁକ୍ତ ନିର୍ବାଚନ ପୁଲ ଏହି ଭାବରେ ୧୦.୮୬ ଲକ୍ଷ ପର୍ଯ୍ୟନ୍ତ ମତ ସଂଖ୍ୟା ହୋଇଯାଇଥାଏ।

ନିର୍ବାଚନ ପ୍ରକ୍ଷର-୨୦୨୨

ମୁଁ ଏହି ଖଣ୍ଡର ଆରମ୍ଭରେ ଏକ ଘଟଣା ବାବଦରେ କହିବାକୁ ଯାଉଛି। ୧ ୯୬୭ରେ ଜାକିର ହୋସେନ ଶାସନାଧୀନ କଂଗ୍ରେସ ପାର୍ଟିର ରାଷ୍ଟ୍ରପତି ପଦର ପ୍ରାର୍ଥୀ ଥିଲେ। ସଂଯୁକ୍ତ

ବିରୋଧୀ ଦଳ ଭାରତର ସେବାନିବୃତ ମୁଖ୍ୟନ୍ୟାୟାଧୀଶ କୋକା ସୁବ୍ବା ରାଓଙ୍କୁ ମଇଦାନକୁ ଉତାରିଥିଲା । ଉଭୟଙ୍କ ତରଫରୁ କୌଣସି ନିର୍ବାଚନ ଅଭିଯାନ କରା ଯାଇନଥିଲା । ପ୍ରକୃତରେ ନିର୍ବାଚନ ହେବାର ୩ ଦିନ ପୂର୍ବ ପର୍ଯ୍ୟନ୍ତ ଡକ୍ଟର ଜାକିର ହୋସେନ ମିସିଗାନ ଷ୍ଟେଟ ୟୁନିଭର୍ସିଟିରେ ଦୀକ୍ଷାନ୍ତ ଭାଷଣ ଦେଇଥିଲେ । ଯେତେବେଲେ ତାଙ୍କୁ ଅଭିଯାନ ବାବଦରେ ପଚରା ଗଲା ସେତେବେଲେ ସେ ହସି ହସି କହିଥିଲେ, "ଆମେ ଭାରତରେ ନିର୍ବାଚନରେ ଠିଆ ହୋଇ ପାରୁ । କିନ୍ତୁ ଦୌଡ଼ି ନଥାଉ ।"

୩୪ଟି ପାର୍ଟିର ବିରୋଧୀ ପ୍ରାର୍ଥୀ ଯଶୋବନ୍ତ ସିନ୍ହାଙ୍କ ପାଇଁ ଯେତେବେଲେ କି ୪୪ଟି ପାର୍ଟିର ଦ୍ରୌପଦୀ ମୁର୍ମୁଙ୍କ ପାଇଁ ସମର୍ଥନ ଘୋଷଣା କଲେ । ରାଷ୍ଟ୍ରପତି ପାଇଁ ଏହି ନିର୍ବାଚନରେ ଦ୍ରୌପଦୀ ମୁର୍ମୁଙ୍କ ବିଜୟ ସୁନିର୍ଣ୍ଣିତ ଥିଲା । ତଥାପି ବିରୋଧୀ ପକ୍ଷରୁ ପ୍ରାର୍ଥୀ ଯଶୋବନ୍ତ ସିନ୍ହା ଖୁବ୍ ଜୋରଦାର ପ୍ରୟାସ କଲେ ଭାଷଣ ବି ଦେଲେ । ତେଣୁ ଉଭୟ ପ୍ରାର୍ଥୀ ସାରା ଦେଶ ବୁଲିଲେ ଏବଂ ପ୍ରଚାର କଲେ । ପ୍ରଚାରରେ ଯଶୋବନ୍ତ ସିନ୍ହାଙ୍କୁ ନିଜର ପକ୍ଷ ରଖିବାକୁ ପଡ଼ିଲା । କିନ୍ତୁ ମୁର୍ମୁଜୀ ଶାନ୍ତ ଭାବରେ ପ୍ରଚାର କଲେ । ଯଶୋବନ୍ତ ସିନ୍ହା ଅନେକଥର ଉତ୍ତେଜିତ ମଧ ହୋଇଗଲେ । ଯଶୋବନ୍ତ ସିନ୍ହା ନିର୍ବାଚନ ପ୍ରଚାର ସମୟରେ ଅନେକ କଥା ମଧ ଦେଲେ । ଏବଂ ସେ କହିଲେ, ମୁଁ ମୋର ଶେଷ ନିଃଶ୍ୱାସ ପର୍ଯ୍ୟନ୍ତ ସି.ଏ.ଏ. ଏନ.ଆର.ସି. ନିୟମ ବିରୁଦ୍ଧରେ ଲଢ଼ି କରିବି । ଯଦି ମୁଁ ନିର୍ବାଚନରେ ଜିତେ ତେବେ ଯାଞ୍ଚ ଏଜେନ୍ସିର ଦୁରୁପଯୋଗକୁ ରୋକିବି । ଶପଥ ନେବାର ଦ୍ୱିତୀୟ ଦିନରୁ ହିଁ ଯେଉଁ ସରକାରଙ୍କ ତରଫରୁ ଏହି ଏଜେନ୍ସିଗୁଡ଼ିକର ଦୁରୁପଯୋଗ ହୋଇଛି ସେଗୁଡ଼ିକୁ ମୁଁ ରୋକି ରୋକି ଦେବି । ତେଣୁ ଏହି ଭୟ ମଧ ବ୍ୟକ୍ତ କରାଗଲା ଯେ ହୁଏତ ନିର୍ବାଚନ ପରେ ତାଙ୍କ ଅବସ୍ଥା କ'ଣ ହେବ ତାହା ହୁଏତ ସିଏ ନିଜେ ମଧ ଜାଣନ୍ତି ନାହିଁ ।

ବିରୋଧୀ ଦଳ ତରଫରୁ ସମର୍ଥନ ଜୁଟାଇବା ପାଇଁ ନେତାମାନେ ଆହୁରି ଆଗକୁ ବଢ଼ି କହିଲେ ଯେ ଏନ.ଡି.ଏ.ର ରାଷ୍ଟ୍ରପତି ପଦ ପାଇଁ ପ୍ରାର୍ଥୀ ହୋଇଥିବା ଦ୍ରୌପଦୀ ମୁର୍ମୁ ହେଉଛନ୍ତି 'ଏଭିଲ ଫିଲୋଜୋଫି ଅଫ୍ ଇଣ୍ଡିଆ' ଅର୍ଥାତ୍ 'ଦୁଷ୍ଟ ବିଚରଧାର'ର ପ୍ରତିନିଧିତ୍ୱ କରୁଥିବା ବ୍ୟକ୍ତିତ୍ୱ । ତେଣୁ ତାଙ୍କ ଆଦିବାସୀମାନଙ୍କର ପ୍ରତୀକ ଭାବରେ ପ୍ରସ୍ତୁତ କରାଯିବା ଉଚିତ୍ ନୁହେଁ । ତେଣୁ ସମସ୍ତେ ଜାଣିବା ଉଚିତ୍ ଯେ ଏହା ଏକ ବିଜେପି ତରଫରୁ ମାଷ୍ଟର ଷ୍ଟୋକ୍ ନା ଆଦିବାସୀମାନଙ୍କର ଉନ୍ନାନ ପାଇଁ ବିଜେପି ଦ୍ୱାରା ନିଆଯାଇଥିବା ଏକ ପ୍ରୟାସ । ଏପରିକି ମୁର୍ମୁଙ୍କୁ କେବଳ ଏକ 'ମୂର୍ତ୍ତି'ର ଆଖ୍ୟା ଦିଆଗଲା । କିନ୍ତୁ ନିଜେ ମୁର୍ମୁ ତାଙ୍କର ନିର୍ବାଚନ ଅଭିଯାନ ସମୟରେ ନିଜର ଗରିମା ଏବଂ ମର୍ଯ୍ୟାଦା ଜାରି ରଖିଲେ ।

କଂଗ୍ରେସ ପ୍ରବକ୍ତା ଥିବା ଆଚାର୍ଯ୍ୟ ପ୍ରମୋଦ କୃଷ୍ଣାନ ବିରୋଧୀମାନଙ୍କ ତରଫରୁ ରାଷ୍ଟ୍ରପତି ପଦ ପାଇଁ ପ୍ରାର୍ଥୀ ହୋଇଥିବା ଯଶୋବନ୍ତ ସିନ୍ହାଙ୍କ ଏକ ବୟାନ ଉପରେ ଟ୍ୱିଟ୍ କରି କହିଲେ, "ନା, ନଅ ମହଣ ତେଲ ହେବ, ନା ରାଧା ନାଚିବ ।" ଯଦି ଯଶୋବନ୍ଦ ସିନ୍ହା ରାଷ୍ଟ୍ରପତି ପଦର ନିର୍ବାଚରେ ଜିତନ୍ତି ତେବେ ସେ ସମ୍ୱିଧାନର ରକ୍ଷା କରିବେ ଏବଂ ଲୋକତାନ୍ତ୍ରିକ ମୂଲ୍ୟର ହତ୍ୟା ହେବାକୁ ଦେବେ ନାହିଁ । ତାଙ୍କ ବିଜୟ ହେବାର ଆଶା ଅବଶ୍ୟ ନାହିଁ ।

ଓଡ଼ିଶାର ମୁଖ୍ୟମନ୍ତ୍ରୀ ନବୀନ ପଟ୍ଟନାୟକ ଯେ କେବଳ ଭାରତର ରାଷ୍ଟ୍ରପତି ଭାବରେ ଦ୍ରୌପଦୀ ମୁର୍ମୁଙ୍କ ଚୟନକୁ ଆହୁରି ଶକ୍ତିଶାଳୀ କଲେ ବରଂ ଦେଶର ଅନ୍ୟ ନେତାମାନଙ୍କୁ ମଧ୍ୟ ପୁଣି ଥରେ ଭାବିବା ପାଇଁ ବାଧ୍ୟ କଲେ । ଯେଉଁମାନଙ୍କ ପାଖରେ ଅଧିକ ବିକଳ୍ପ ନଥିଲା । ଏପରିକି ପ୍ରଧାନମନ୍ତ୍ରୀ ନରେନ୍ଦ୍ର ମୋଦୀଙ୍କ ପ୍ରମୁଖ ଆଲୋଚକ ମମତା ବ୍ୟାନାର୍ଜୀଙ୍କୁ ମଧ୍ୟ ବାଧ୍ୟ ହେବାକୁ ପଡ଼ିଲା । ଶିବସେନା ପ୍ରମୁଖ ଉଦ୍ଧବ ଠାକରେ ମଧ୍ୟ ଏହିଭଳି ଦ୍ୱନ୍ଦ୍ୱର ସାମ୍ନା କରୁଥିଲେ ଏବଂ ପରେ ମୁର୍ମୁଙ୍କ ପ୍ରାର୍ଥୀତ୍ୱରେ ସହମତ ହେଲେ ।

ଜେ.ଏନ୍.ୟୁ.ର ପୂର୍ବ ପ୍ରଫେସର ଆନନ୍ଦ କୁମାରଙ୍କ ଅନୁସାରେ, ବିରୋଧୀ ପୋଷ୍ଟିଂକୁ ପରସ୍ପର ଉପରେ ଭରସା ପ୍ରଦର୍ଶନ କରିବା ଉଚିତ୍ ଥିଲା । ସେମାନଙ୍କ ପାଇଁ ରାଷ୍ଟ୍ରପତି ନିର୍ବାଚନ ଏକ ଭଲ ସୁଯୋଗ ଥିଲା । କିନ୍ତୁ ବିରୋଧୀ ପକ୍ଷ ଏହାକୁ ନିଜ ହାତରୁ ଯିବାକୁ ଦେଲେ । ବିରୋଧୀ ପକ୍ଷ ନିଜର କୌଣସି ନିର୍ଦ୍ଦିଷ୍ଟ ସ୍ୱାନ୍ଥରେ ସ୍ଥିର ହୋଇ ରହି ପାରିଲେ ନାହିଁ । ଯେଉଁ ବିରୋଧୀ ଦଳ ରାଷ୍ଟ୍ରପତି ନିର୍ବାଚନରେ ପୂର୍ବ କେନ୍ଦ୍ରୀୟ ମନ୍ତ୍ରୀ ଯଶୋବନ୍ତ ସିନ୍‌ହାଙ୍କୁ ନିଜର ସମର୍ଥନ ଦେବା ପାଇଁ ଘୋଷଣା କଲେ ସେମାନଙ୍କ ମଧ୍ୟରୁ ଅନେକ ଦଳ ମୁର୍ମୁଙ୍କ ପକ୍ଷରେ ସମର୍ଥନ କରି ମତଦାନ କଲେ ।

ହେମନ୍ତ ସୋରେନ, ଚିରାଗ ପାସୱାନ, ଦେବେ ଗୌଡ଼ା, ଚନ୍ଦ୍ର ବାବୁ ନାଇଡୁ, ମାୟାବତୀ, ରାଜଭର, ଜଗନ ମୋହନ ରେଡ୍ଡି ପ୍ରମୁଖଙ୍କ ପାର୍ଟି ସବୁ ଏକାସାଥିରେ ମୁର୍ମୁଙ୍କ ପକ୍ଷରେ ଆସି ଠିଆ ହୋଇଗଲା । ବିଜୁ ଜନତା ଦଳ, ଯୁବାଜନ ଶ୍ରମିକ ରାୟଥୁ-କଂଗ୍ରେସ ପାର୍ଟି, ବହୁଜନ ସମାଜ ପାର୍ଟି, ଅଖ୍ଲ ଭାରତୀୟ ଅନ୍ନା ଦ୍ରାବିଡ଼ ମୁନେତ୍ର କଡ଼ଗମ, ତେଲେଗୁ ଦିଶମ୍ ପାର୍ଟି, ଜନତା ଦଳ ସେକ୍ୟୁଲର, ଶିରୋମଣି ଅକେଲୀ ଦଳ, ଶିବସେନା ଏବଂ ଝାଡ଼ଖଣ୍ଡ ମୁକ୍ତି ମୋର୍ଚା ଭଳି କ୍ଷେତ୍ରୀୟ ଦଳ ମଧ୍ୟ ସମର୍ଥନ ଦ୍ୱାରା ରାଷ୍ଟ୍ରୀୟ ଗଣତାନ୍ତ୍ରିକ ଗଠବନ୍ଧନର ପ୍ରାର୍ଥୀ ଦ୍ରୌପଦୀ ମୁର୍ମୁଙ୍କୁ ୧୮ ଜୁଲାଇରେ ହେବାକୁ ଥିବା ରାଷ୍ଟ୍ରପତି ନିର୍ବାଚନରେ ଭୋଟ୍ ପ୍ରଦାନ କରି ପ୍ରାୟ ଦୁଇ ତୃତୀୟାଂଶ ପର୍ଯ୍ୟନ୍ତ ପହଞ୍ଚାଇ ଦେଲେ ଏବଂ ଆଦିବାସୀ ସମ୍ପ୍ରଦାୟର ପ୍ରଥମ ମହିଳା ରାଷ୍ଟ୍ରପତି ହେଲେ । ଭୋଟ୍ ଦେବାର ନିର୍ଣ୍ଣୟ ତାଙ୍କର ପୃଷ୍ଠଭୂମି ଏବଂ ସେ ଯେଉଁ ସମ୍ପ୍ରଦାୟର ପ୍ରତିନିଧିତ୍ୱ କରନ୍ତି ଏହାକୁ ଦେଖି ନିଆଗଲା । ଏହା ଏହି ପାର୍ଟି କିମ୍ବା ସେହି ପାର୍ଟି ବାବଦରେ ନୁହେଁ । ସମର୍ଥନ ଥିଲା ପ୍ରାର୍ଥୀଙ୍କ ପାଇଁ । ଏହା କହି ଅନେକ ନେତା ବିଜେପିକୁ ନୁହେଁ ଦ୍ରୌପଦୀ ମୁର୍ମୁଙ୍କୁ ସମର୍ଥନ କଲେ । କିନ୍ତୁ ଏହା ତ କେବଳ ତାଙ୍କର ଦୃଷ୍ଟିକୋଣ ଥିଲା । ଜଣେ ବରିଷ୍ଠ ନେତା ଠିକ୍ କହିଲେ ଯେ ଯେତେବେଳେ ପ୍ରଥମଥର ରାଷ୍ଟ୍ରପତି ପଦ ପାଇଁ ଜଣେ ଆଦିବାସୀ ମହିଳାଙ୍କ ପ୍ରାର୍ଥୀତ୍ୱ ପ୍ରସ୍ତୁତ କରାଗଲା ସେତେବେଳେ କାହାକୁ କାହିଁକି କ'ଣ ଆପଉ ହେବ ? ଏବଂ ଏଭଳି ନିଷ୍ଠୁର ବିରୋଧ କରିବା ଦ୍ୱାରା ଆମ ନିଜ ରାଜ୍ୟର ଆଦିବାସୀମାନଙ୍କ ପାଇଁ ମଧ୍ୟ ଭଲ ସନ୍ଦେଶ ଯିବନାହିଁ ।

ଦ୍ରୌପଦୀ ମୁର୍ମୁ ସମ୍ପୂର୍ଷ ଶାଳୀନତାର ସହିତ ନିଜର ପକ୍ଷ ରଖିଲେ । କେଉଁଠି କାହାକୁ ନିଜର ଭାଇ କହିଲେ ତ କେଉଁଠି ଆଉ କାହାକୁ ନିଜର ଜବାନର କଥା ଶୁଣାଇଲେ । ସେ ଜୟପୁରରେ ସାଂସଦ ଏବଂ ବିଧାୟକମାନଙ୍କ ସମ୍ମୁଖରେ ଦେଇଥିବା କିଛି ଭାଷଣର ଅଂଶ ନିମ୍ନରେ ଦିଆଯାଉଛି । ଏଠାରେ ସେହିସବୁ କଥା ରହିଛି ଯାହାକୁ ସେ ଅନ୍ୟ ଜାଗାଗୁଡ଼ିକରେ କହିବା ସମୟରେ କହିଥିଲେ ।

ଗୋଲାପୀ ନଗରୀ ଜୟପୁରକୁ ଆସିବା ମୋ ପାଇଁ ସେତିକି ସୁଖଦ ଯେତେ ମୁଁ ନିଜ ଲୋକମାନଙ୍କ ମଧ୍ୟରେ ନିଜର ମନର କଥା କହୁଛି । ରାଜସ୍ଥାନ ଏବଂ ଓଡ଼ିଶାର ଭୌଗୋଳିକ ପରିସ୍ଥିତି ଭିନ୍ନ ହେଲେ ମଧ୍ୟ ଦୁଇଟି ରାଜ୍ୟର ଅନେକ ସମାନତା ରହିଛି । ଯେଉଁଥିରେ ପ୍ରକୃତି ସାଥିରେ ଜିଇଁବା ରାଜସ୍ଥାନ ଲୋକମାନଙ୍କ ଦ୍ୱାରା ଜଳକୁ ଜୀବନ ଭଳି ସମ୍ଭାଳି ରଖିବା । ସେହି ପ୍ରକାର ଓଡ଼ିଶାର ଲୋକମାନଙ୍କ ଦ୍ୱାରା ଘୂର୍ଣ୍ଣିବାତ୍ୟା ସତ୍ତ୍ୱେ ଜୀବନର ଚକକୁ ନୂଆ ଆଶାର ସହ ଘୁର୍ଣ୍ଣାୟମାନ ରଖିବା ଆସିଥାଏ ।

ଏକ ରାଜସ୍ଥାନୀ ଲୋକୋକ୍ତି ରହିଛି ଯେ, 'ଅମ୍ବର କୋ ତାରୋ-ହାଥ ସେ କୌନୀ ଟୁଟେ' । 'ମୁଁ ଯେଉଁଠାରୁ ଏହି ପର୍ଯ୍ୟନ୍ତ ଆସିଛି' ଏହି ଲୋକୋକ୍ତିର ବ୍ୟବହାରିକତା ବୁଝିଛି । ମୁଁ ଏବେ ପର୍ଯ୍ୟନ୍ତ ମୋ ଜୀବନଯାତ୍ରାର ଅନୁଭବରୁ କହିବି ଯେ ଅନାୟାସ ଭାବରେ କିଛି ହୁଏନାହିଁ । ଆମର ଆଜି ଗତକାଲିର ସମୟର ସଂଘର୍ଷ ସହିତ ଜଡ଼ିତ ଅଛି । ସଂଘର୍ଷ ଆମକୁ ଜୀବନର ଉଦ୍ଦେଶ୍ୟ ଏବଂ ସଂକଳ୍ପ ପ୍ରତି ସଚେତନ ରଖିଥାଏ ।

ଜଳ, ଜଙ୍ଗଲ, ଭୂମି ଏବଂ ଆଦିବାସୀ ଏବେ ସୁରକ୍ଷିତ ଏବଂ ବିକଶିତ ହୋଇଥିବା ବ୍ୟବସ୍ଥାର ମୁଖ୍ୟ ଭାଗୀଦାରୀ ହେଉଛନ୍ତି । ପୂର୍ବ କିଛି ବର୍ଷ ମଧ୍ୟରେ ଅବହେଳିତ, ଶୋଷିତ ଆଦିବାସୀମାନଙ୍କ ଜୀବନରେ ଉନ୍ନତି ସହିତ ବଡ଼ ପରିବର୍ତ୍ତନ ଆସିଛି । ବିକାଶ ଏବେ ଦୂରବର୍ତ୍ତୀ କ୍ଷେତ୍ର ପର୍ଯ୍ୟନ୍ତ ସମାନ ଭାବରେ ପହଞ୍ଚ ପାରୁଛି । ସ୍ୱତନ୍ତ୍ରତା ପରେ ପ୍ରଥମଥର ଆଦିବାସୀ ସମାଜର ଏକ ଝିଅକୁ ରାଷ୍ଟ୍ରପତି ପଦ ପାଇଁ ପ୍ରାର୍ଥୀ କରିବା ଯାହାର ହେଉଛି ସବୁଠାରୁ ବଳି ବଡ଼ ଜୀବନ୍ତ ଉଦାହରଣ ଏବଂ ଯାହା ଦେଶର ସମସ୍ତ ଭାଇ ଭଉଣୀମାନଙ୍କ ପାଇଁ ସମ୍ମାନର ଅଟେ ।

ରାଷ୍ଟ୍ରପତି ପଦ ପ୍ରାପ୍ତ କରିବା ମୋର ବ୍ୟକ୍ତିଗତ ଉପଲବ୍ଧି ହେବନାହିଁ କିମ୍ବା ଏହା କୌଣସି ଏକ ସ୍ଥାନ, ସମୁଦାୟ ବା ସମାଜ ପାଇଁ ଗର୍ବର କଥା ହେବନାହିଁ । ବରଂ ଏହା ସମଗ୍ର ଭାରତର କଥା ପାଇଁ ଗର୍ବର ବିଷୟ । ଏହି ଭାରତୀୟ ସମାଜର ଅନ୍ତ୍ୟୋଦୟ ପ୍ରଭାବ ଦ୍ୱାରା ଉପଜୁଥିବା ସମାବେଶୀ ଏକତାର ଏହା ଏକ ଆଦର୍ଶ ଉଦାହରଣ । ଭୌଗୋଳିକ ସାଂସ୍କୃତିକ ବହୁଳତା ଆମକୁ ବ୍ୟକ୍ତିଗତ ପରିଚୟ ଦେଇଥାଏ । କିନ୍ତୁ ମୂଳତଃ ଆମେ କୋଟି କୋଟି ଭାରତୀୟମାନଙ୍କ ସହିତ ନିଜକୁ ମିଳାଇ ଭାରତୀୟ ଭାବରେ ଆମକୁ ନିଜ ଉପରେ ଗର୍ବ ଅନୁଭବ ହୋଇଥାଏ ।

ଆମେ ସମସ୍ତେ ଅନେକତା ମଧ୍ୟରେ ଏକତାର ପତାକା ଧାରଣ କରି ଭାରତର ମାଆର ସନ୍ତାନ ଅଟୁ । ସେ ଆହୁରି ମଧ୍ୟ କହିଲେ ଯେ ମରୁଧାରାରେ ଆସି ହଲଦୀଘାଟିର ମାଟିକୁ ମାଥାରେ ଲଗାଇବା କାମନା ରହିଥାଏ । ଯେଉଁଠାରେ ସ୍ୱାଭିମାନ ରକ୍ଷାପାଏ । ବୀର ଶିରୋମଣି ମହାରଣା ପ୍ରତାପ ଏବଂ ଆଦିବାସୀ ଜନନାୟକ ରାଣା ପୁଞ୍ଜା ଭାଲ ଗୋଟିଏ ଧ୍ୱଜ ତଳେ ଏକତ୍ରିତ ହୋଇ ତାଙ୍କଠାରୁ ଅଧିକ ବିଶାଳ ସେନା ବିରୁଦ୍ଧରେ ସଂଗ୍ରାମ କରିଥିଲେ ।

ରାଜସ୍ଥାନର ବୀରମାନେ ମାତୃଭୂମିର ରକ୍ଷା ଏବଂ ନାରୀ ସମ୍ମାନର ସୁରକ୍ଷାକୁ ଶାସନ ଓ ସର୍ବୋଚ୍ଚ ପ୍ରାଥମିକତା ଦେଇ ରଖିଛନ୍ତି । ତାଙ୍କୁ କେବଳ ରାଜ୍ୟ ବା ଦେଶ ମଧ୍ୟରେ ନୁହେଁ ବରଂ ବୈଷିକ ରୂପରେ ନାୟକତ୍ୱ ପ୍ରାପ୍ତ ହୋଇଛି । ଏହି କାରଣରୁ ଆମ୍ଭସମ୍ମାନକୁ ଜୀବନରେ ମୂଲ୍ୟବୋଧରେ ଅଗ୍ରଣୀ ରଖୁଥିବା ଏହି ରାଜ୍ୟର ରଣବଙ୍କୁରୋକ୍ ନାମର ମୁଖ୍ୟସୂଚୀର ଅନ୍ତ ନାହିଁ କେବଳ ବିସ୍ତୃତି ହିଁ ବିସ୍ତୃତି ।

ଏନଡିଏ ଏବଂ ସମର୍ଥକ ଦଳଗୁଡ଼ିକ ତରଫରୁ ଯେତେବେଳେ ମୋତେ ରାଷ୍ଟ୍ରପତି ପଦର ପ୍ରତ୍ୟାଶୀ କରାଗଲା ସେତେବେଳେ ମୁଁ ଏହା ପଛରେ ଥିବା ଚିନ୍ତାଧାରାର କାରଣ ବୁଝିଲି। କାରଣ ମୋର ମାନନୀୟ ପ୍ରଧାନମନ୍ତ୍ରୀ ନରେନ୍ଦ୍ର ମୋଦୀଙ୍କ ସମ୍ବେଦନଶୀଳ ଚେତନା ଏବଂ ଦୂରଦର୍ଶୀ ଭାବନାର ସାକ୍ଷାତ୍କାର କଲି। ସେ ମରୁଭୂମିର ମାଆ ଏବଂ ଝିଅମାନଙ୍କ ହାତରେ ବହି ଆଉ କଲମ ରଖିବାକୁ ଚୁହାଁନ୍ତି ଏବଂ ବନଭୂମିର ମାଆ ଝିଅକୁ ମୁଖ୍ୟଧାରାକୁ ଆସିବା ପାଇଁ ପ୍ରତିବନ୍ଧ ଅଟନ୍ତି। ମୋତେ ଏହି କଥାରେ ଅଧିକ ପ୍ରସନ୍ନତା ରହିଛି ଯେ ମୋଦୀ ସରକାରଙ୍କ ଶାସନରେ ନାରୀ ଶକ୍ତି ଭଳି ଘର ଘରକୁ ନଳ ଦ୍ୱାରା ଜଳ ପହଞ୍ଚ ପାରୁଛି। ଏହା ସହିତ ଜନଜାତି ସମାଜର ଝିଅମାନଙ୍କୁ ଶିକ୍ଷା ସହିତ ଯୋଗ କରି ସେମାନଙ୍କୁ ସ୍ୱପ୍ନ ଦେଖିବାର ସ୍ୱତନ୍ତ୍ରତାର ଅଧିକାର ମଧ୍ୟ ପ୍ରଦାନ କରାଯାଉଛି।

ଓଡ଼ିଶାରେ ଛୋଟ ଛୋଟ ସ୍ୱପ୍ନ ସହିତ ବଢ଼ିଥିବା ଜନଜାତି ସମାଜର ଏକ ଝିଅକୁ ରାଷ୍ଟ୍ରପତି ଭବନ ପର୍ଯ୍ୟନ୍ତ ଯିବାର ରାସ୍ତା ପ୍ରଦାନ କରାଗଲା। ଏହା ଏକ ଲୋକତାନ୍ତ୍ରିକ ସ୍ୱପ୍ନ, ଏହାହିଁ ହେଉଛି ଅନ୍ତ୍ୟୋଦୟ। ଏହା ଗାଁ, ଗରୀବ ଏବଂ ଜଙ୍ଗଲର ଝିଅ ଉପରେ ବିଶ୍ୱାସକୁ ଦର୍ଶାଇଥାଏ। ଏଠାରୁ ଉପସ୍ଥିତ ସାଂସଦ ଏବଂ ବିଧାୟକମାନଙ୍କ ମାଧ୍ୟମରେ ମୁଁ ରାଜସ୍ଥାନର ଦେବତୁଲ୍ୟ ଜନତାଙ୍କର ସମର୍ଥନ ମାଗୁଛି। ମୁଁ କେବେବି ରାଷ୍ଟ୍ରପତି ହେବା ବାବଦରେ ଭାବିବି ନଥିଲି। କିନ୍ତୁ ପ୍ରଧାନମନ୍ତ୍ରୀ ନରେନ୍ଦ୍ର ମୋଦୀଙ୍କ ନେତୃତ୍ୱରେ ଏନଡିଏ ଅନେକ ଦୂରରେ ରହିଥିବା ଗାଁଗୁଡ଼ିକୁ ସେଠାକାର ଲୋକମାନଙ୍କୁ ମୁଖ୍ୟଧାରା ସହିତ ଯୋଡ଼ିବା ପାଇଁ ମୋତେ ଏକ ମାଧ୍ୟମ କରିଛନ୍ତି। ଅବହେଳିତ, ବଞ୍ଚିତ, ଆଦିବାସୀ ଏବଂ ଶୋଷିତମାନଙ୍କୁ ମୁଁ ମଧ୍ୟ ସେମାନଙ୍କୁ ନିଜ ଆଖିରେ ଦେଖି ପାରିବି। ଆମ ମତରେ ନା କୌଣସି ପ୍ରଭେଦ ଅଛି ନା ମତଭେଦ। ମୁଁ ବା ଆମ୍ଭେମାନେ ନୂଆ ଭାରତର ନିର୍ମାଣ ପାଇଁ ଆଶାନ୍ବିତ ଅଛନ୍ତି, ଅଗ୍ରସର ଏବଂ ଆଶ୍ୱସ୍ତ ଅଟନ୍ତି।

ରାଷ୍ଟ୍ରପତି ନିର୍ବାଚନ ମତଦାନ– ୨୦୨୨

ରାଷ୍ଟ୍ରପତି ନିର୍ବାଚନ ୨୦୨୨ ପାଇଁ ମତଦାନ ୧୮ ଜୁଲାଇ ସକାଳ ୧୦ଘଟିକାରୁ ଆରମ୍ଭ କରି ସନ୍ଧ୍ୟା ୫ଘଟିକା ମଧ୍ୟରେ ୩୧ଟି ସ୍ଥାନରେ ହୋଇଥିଲା। ଭାରତର ନିର୍ବାଚନ ଆୟୋଗ (ଇସୀଆଇ)ଙ୍କ ଅନୁସାରେ ସମୁଦାୟ ୪୭୯୬ ମତଦାତାଙ୍କଠାରୁ ୯୯ ପ୍ରତିଶତ ଠାରୁ ଅଧିକ ଲୋକ ରାଷ୍ଟ୍ରପତି ନିର୍ବାଚନରେ ନିଜର ଭୋଟ ପ୍ରଦାନ କରିଥିଲେ। ଯେତେବେଳେ ଦଶଟି ରାଜ୍ୟ ଏବଂ କେନ୍ଦ୍ରଶାସିତ ପ୍ରଦେଶ ପୁଡୁଚେରୀ ସହିତ ଶହେ ପ୍ରତିଶତ ମତଦାନ ହେଲା। ଭୋଦ ଦେବା ପାଇଁ ଯୋଗ୍ୟ ସଂସଦମାନଙ୍କ ମଧ୍ୟରୁ ସମୁଦାୟ ୭୭୧ ଜଣଙ୍କ ମଧ୍ୟରୁ ୫ ରିକ୍ତ ଏବଂ ଏଭଳି ଭୋଟର ହକଦାର ବିଧାନସଭାର ସମଗ୍ର ସମୁଦାୟ ୪୦୨୫ ସଦସ୍ୟ (୬ ରିକ୍ତ ଏବଂ ୨ ଅଯୋଗ୍ୟ)ଙ୍କ ମଧ୍ୟରୁ ୯୯% ଠାରୁ ଅଧିକ ଲୋକ ଭୋଟ ପ୍ରଦାନ କଲେ। ଅବଶ୍ୟ ଛତିଶଗଡ଼, ଗୋଆ, ଗୁଜରାଟ, ହିମାଚଳ ପ୍ରଦେଶ, କେରଳ, କର୍ଣ୍ଣାଟକ, ମଧ୍ୟପ୍ରଦେଶ, ମଣିପୁର, ମିଜୋରାମ, ପଣ୍ଡିଚେରୀ, ସିକ୍କିମ ଏବଂ ତାମିଲନାଡୁରେ ବିଧାୟକମାନଙ୍କ ଦ୍ୱାରା ଶହେ ପ୍ରତିଶତ ମତଦାନର ସୂଚନା ମିଳିଛି।

ନିର୍ବାଚନ ପରିଣାମ

ଦ୍ରୌପଦୀ ମୁର୍ମୁଙ୍କ ବିଜୟ ବାବଦରେ କୌଣସି ସନ୍ଦେହ ନଥିଲା । ଯେଭଳି ଏହା ପୂର୍ବ ନିର୍ଦ୍ଧାରିତ ଥିଲା ଓ ପୂର୍ବ ନିୟୋଜିତ ଥିଲା । ସତେ ଯେପରି ରାଇସିନା ହିଲ୍ସ ନିଜର ଆଖି ଅପଲକ ନୟନରେ ତାଙ୍କୁ ପ୍ରତୀକ୍ଷା କରି ରହିଛି । ମିଡ଼ିଆଗୁଡ଼ିକରେ ଅଭୁତ ଅଟକଳ ସତ୍ତ୍ୱେ ରାଷ୍ଟ୍ରପତି ଭବନର ଦୌଡ଼ରେ ପ୍ରତ୍ୟାଶୀ ଶାସନରେ ଥିବା ପାର୍ଟ ଏବଂ ସମର୍ଥକମାନଙ୍କର ପରିଶ୍ରମ ଦ୍ୱାରା ଐତିହାସିକ ଉଦାହରଣ ପାଲଟିଲା । ଅବଶ୍ୟ ସର୍ବଦା ଶାସନାଧୀନ ସରକାରଙ୍କର ପ୍ରାର୍ଥୀ ବିଜୟୀ ହୋଇଥାଆନ୍ତି । ୧୯୬୯ରେ ଏକମାତ୍ର ଅପବାଦ ରହିଛି ଯେତେବେଲେ ଇନ୍ଦିରା ଗାନ୍ଧୀ କଂଗ୍ରେସର ପୁରୁଣା ନେତାମାନଙ୍କୁ ଶିକ୍ଷା ପ୍ରଦାନ କରିବା ପାଇଁ ରାଷ୍ଟ୍ରପତି ନିର୍ବାଚନର ପ୍ରୟୋଗ କରିଥିଲେ । ଭି.ଭି. ଗିରିଙ୍କୁ ସେତେବେଲେ ସାଧାରଣ ସଂଖ୍ୟାରେ ବିଜୟ ମିଲିଥିଲା ଏବଂ ନୀଲମ ସଞ୍ଜୀବ ରେଡ୍ଡିଙ୍କ ପରାଜୟ କେବଳ ଏକ ଉଦାହରଣ ଥିଲା । ଅନ୍ୟଥା ସର୍ବଦା ବିଜୟ ସରକାରଙ୍କର ଦ୍ୱାରା ଘୋଷିତ ପ୍ରାର୍ଥୀଙ୍କର ହିଁ ହୋଇଥାଏ । ଏଥର ମଧ୍ୟ ବିରୋଧୀମାନେ ଏକଜୁଟ୍ ହୋଇ ରହି ପାରିଲେ ନାହିଁ ଏବଂ ହାରିଗଲେ ।

ଏନ୍ଡିଏ ରାଷ୍ଟ୍ରପତି ପଦର ପ୍ରାର୍ଥୀ ଦ୍ରୌପଦୀ ମୁର୍ମୁଙ୍କୁ ଔପଚାରିକ ଭାବରେ ୨୧ ଜୁଲାଇ ୨୦୨୨ରେ ଭୋଟଗୁଡ଼ିକର ଗଣତି ସମାପନ ପରେ ଦେଶଣ ୧୫ତମ ରାଷ୍ଟ୍ରପତି ଭାବରେ ଘୋଷଣା କରାଗଲା । ମୁର୍ମୁଙ୍କୁ ୬,୭୬,୮୦୩ ମୂଲ୍ୟ ସହିତ ୧,୮୨୪ ଭୋଟ ମିଲିଥିଲା । ଯେତେବେଲେ କି ତାଙ୍କର ପ୍ରତିଦ୍ୱନ୍ଦୀ ଯଶବନ୍ତ ସିନ୍ହାଙ୍କୁ ୧,୮୧୭ଟି ଭୋଟ ମିଲିଥିଲା ଯାହାର ମୂଲ୍ୟ ଥିଲା ୩,୮୦,୧୭୭ । ୧୮ ଜୁଲାଇରେ ହୋଇଥିବା ମତଦାନରେ ସମୁଦାୟ ୪,୮୦୯ ସାଂସଦ ଏବଂ ବିଧାୟକମାନେ ଭୋଟ ଦେଇଥିଲେ । ରାଷ୍ଟ୍ରପତି ନିର୍ବାଚନର ପରିଣାମ ଘୋଷଣା ସହିତ ସମ୍ପନ୍ନ ହେଲା । ୪୭୫୪ ଭୋଟ ପଡ଼ିଲା ଯେଉଁଥରୁ ୪୭୦୧ ଭୋଟ ବୈଧ ଥିଲା । ରାଷ୍ଟ୍ରପତି ଭାବରେ ଜିତିବା ପାଇଁ ପ୍ରାର୍ଥୀଙ୍କ ନିମନ୍ତେ କୋଟା ଥିଲା ୫,୨୮,୪୯୧ । ଦ୍ରୌପଦୀ ମୁର୍ମୁଙ୍କୁ ପ୍ରଥମ ସଂଖ୍ୟା ଗରିଷ୍ଠତା ଭାବରେ ୨୮୨୪ ଭୋଟ ମିଲିଲା ଯାହାର ମୂଲ ଥିଲା ୬,୭୬,୮୦୩ । ଯଶବନ୍ତ ସିନ୍ହାଙ୍କୁ ୧୮୧୭ ଭୋଟ ମିଲିଲା ଯାହାର ମୂଲ୍ୟ ଥିଲା ୩,୮୦,୧୭୭ ।

ବିଭିନ୍ନ ରାଜ୍ୟର ଅନେକ ବିଧାୟକ ନିଜ ଦଲର ବିପକ୍ଷରେ ଯାଇ ରାଷ୍ଟ୍ରପତି ପଦର ନିର୍ବାଚନରେ ରାଷ୍ଟ୍ରୀୟ ଜନତାନ୍ତ୍ରିକ ଗଠବନ୍ଧନର ପ୍ରାର୍ଥୀ ଦ୍ରୌପଦୀ ମୁର୍ମୁଙ୍କ ପକ୍ଷରେ ମତଦାନ କଲେ ଏବଂ ତାଙ୍କୁ ବିରୋଧୀ ପକ୍ଷର ପ୍ରତ୍ୟାଶୀ ଯଶବନ୍ତ ସିନ୍ହାଙ୍କୁ ପରାଜିତ କରାଇବାରେ ସହାୟତା କଲା । ଭାରତୀୟ ଜନତା ପାର୍ଟିର ସୂତ୍ର ତରଫରୁ ଦାବି କରାଗଲା ଯେ ୧୨୫ଜଣ ବିଧାୟକ କ୍ରସ ଭୋଟିଂ କରିଛନ୍ତି ।

ଶୁଭକାମନା ବାର୍ତ୍ତା

ଦ୍ରୌପଦୀ ମୁର୍ମୁଙ୍କ ପାଇଁ ପ୍ରଧାନମନ୍ତ୍ରୀ ନିଜେ ଅନେକ ଟ୍ୱିଟ କଲେ । ସେ ଲେଖିଲେ ଭାରତ ଇତିହାସ ରଚନା କଲା । ଏଭଳି ସମୟରେ ଯେତେବେଲେ ୧.୩ ଆରବ ଭାରତୀୟ

ଆଜାଦୀର ଅମୃତ ମହୋସବ ପାଳନ କରୁଛନ୍ତି ସେତେବେଳେ ପୂର୍ବ ଭାରତରେ ଏକ ସୁଦୂର ଅଞ୍ଚଳରେ ଜନ୍ମ ହୋଇଥିବା ଆଦିବାସୀ ସମ୍ପ୍ରଦାୟର ଭାରତ ଝିଅ ଏବେ ଆମର ରାଷ୍ଟ୍ରପତି ଭାବରେ ନିର୍ବାଚିତ ହୋଇଛନ୍ତି । ଶ୍ରୀମତୀ ଦ୍ରୌପଦୀ ମୁର୍ମୁଙ୍କୁ ଏହି ଉପଲକ୍ଷ୍ୟ ପାଇଁ ଅଭିନନ୍ଦନ । ସିଏ ଆହୁରି ମଧ ଲେଖିଲେ ଯେ ଶ୍ରୀମତୀ ଦ୍ରୌପଦୀ ମୁର୍ମୁଙ୍କ ଜୀବନ ତାଙ୍କର ପ୍ରାରମ୍ଭିକ ସଂଘର୍ଷ, ତାଙ୍କର ସମୃଦ୍ଧ ସେବା ଏବଂ ତାଙ୍କର ଅନୁକରଣୀୟ ସଫଳତା ପ୍ରତ୍ୟେକ ଭାରତୀୟମାନଙ୍କୁ ପ୍ରେରଣା ପ୍ରଦାନ କରିଥାଏ । ସେ ଆମର ନାଗରିକମାନଙ୍କ ପାଇଁ ବିଶେଷ ଭାବରେ ଗରୀବ ଏବଂ ସମାଜର ନିମ୍ନସ୍ତରରେ ରହିଥିବା ଦଳିତମାନଙ୍କ ପାଇଁ ଆଶାର ଏକ କିରଣ ହୋଇ ଆସିଛନ୍ତି ।

ଦ୍ରୌପଦୀ ମୁର୍ମୁଙ୍କ ନିର୍ବାଚନ ଜିତିବା ପରେ ସବୁଠାରୁ ପ୍ରଥମେ ଅଭିନନ୍ଦନ ଜଣାଇଥିବା ବିରୋଧୀ ପକ୍ଷର ପ୍ରାର୍ଥୀ ଯଶବନ୍ତ ସିନ୍‌ହା ମଧ ଥିଲେ । ସିଏ ଟ୍ୱିଟର୍ କରି ଲେଖିଲେ ଯେ ରାଷ୍ଟ୍ରପତି ନିର୍ବାଚନ ୨୦୨୨ରେ ବିଜୟୀ ହୋଇଥିବା ଯୋଗୁଁ ଦ୍ରୌପଦୀ ମୁର୍ମୁଙ୍କ ଅଭିନନ୍ଦନ । ପ୍ରତ୍ୟେକ ଭାରତୀୟ ଏହା ଆଶା କରୁଛି ଯେ ଦ୍ରୌପଦୀ ମୁର୍ମୁ ବିନା ଭୟ ଏବଂ ପକ୍ଷପାତରେ ସମ୍ବିଧାନର ସଂରକ୍ଷକ ଭାବରେ କାର୍ଯ୍ୟ କରିବେ । ଭାରତର ଗୃହମନ୍ତ୍ରୀ ଶ୍ରୀ ଅମିତ୍ ସାହା ଶ୍ରୀମତୀ ଦ୍ରୌପଦୀ ମୁର୍ମୁଙ୍କ ବିଜୟ ପରେ ଭାବବିହ୍ବଳ ଏବଂ ପ୍ରସନ୍ନ ହୋଇ ଲେଖିଲେ ଯେ ସେ ଏପରି ଏକ ବ୍ୟକ୍ତି ଅଟନ୍ତି ଯାହାଙ୍କର କିଛି ବିଶେଷ ଆଦର୍ଶ ରହିଛି ଏବଂ ବିଶେଷ ବିଚାରଧାରାର ପୋଷଣ କରନ୍ତି । ଅତି ସାଧାରଣ ଜନଜାତୀୟ ପରିବାରରୁ ଆସିଥିବା ଶ୍ରୀମତୀ ଦ୍ରୌପଦୀ ମୁର୍ମୁଙ୍କ ଭାରତର ରାଷ୍ଟ୍ରପତି ଭାବରେ ଚୟନ ହେବା ସମଗ୍ର ଦେଶ ପାଇଁ ଏକ ଗୌରବର ମୁହୂର୍ତ୍ତ । ମୁଁ ତାଙ୍କୁ ଅଭିନନ୍ଦନ ଜଣାଉଛି । ଏହି ବିଜୟ ଅନ୍ତ୍ୟୋଦୟ ସଂକଳ୍ପକୁ ଚରିତାର୍ଥ କରିବା ଏବଂ ଜନଜାତୀୟ ସମାଜରେ ସଶକ୍ତିକରଣ ଦିଗରେ ଏକ ମାଇଲ ଖୁଣ୍ଟ ଅଟେ ।

ରଷର ରାଷ୍ଟ୍ରପତି ବ୍ଲାଦିମୀର ପୁତିନ ଭାରତର ୧୫ତମ ରାଷ୍ଟ୍ରପତି ହୋଇଥିବା ଦ୍ରୌପଦୀ ମୁର୍ମୁଙ୍କୁ ଅଭିନନ୍ଦନ ଜଣାଇଛନ୍ତି ଏବଂ ତାଙ୍କ ନେତୃତ୍ୱରେ ବିଭିନ୍ନ କ୍ଷେତ୍ରରେ ରଷ ଏବଂ ଭାରତୀୟ ରାଜନୈତିକ ସମ୍ବାଦ ଏବଂ ଉତ୍ପାଦକ ସହଯୋଗ ବିକାଶର ଆଶା ପୋଷଣ କରିଛନ୍ତି । ପୁତିନ କହିଛନ୍ତି, "ଆମେ ଭାରତ ସହିତ ବିଶେଷ ଅଧିକାରପ୍ରାପ୍ତ ରଣନୀତିକ ଅଂଶୀଦାର ସମ୍ବନ୍ଧକୁ ବହୁତ ଅଧିକ ମହତ୍ତ୍ୱ ଦେଇଥାଉ । ମୋର ଆଶା ଯେ ରାଷ୍ଟ୍ରର ପ୍ରମୁଖ ରୂପରେ ଆପଣଙ୍କର ଗତିବିଧି ଆମ ମିତ୍ର ରାଷ୍ଟ୍ରଗୁଡ଼ିକର ଲାଭ ପାଇଁ ବିଭିନ୍ନ କ୍ଷେତ୍ରରେ ରଷ ଏବଂ ଭାରତୀୟ ରାଜନୀତିକ ସମ୍ବାଦ ଓ ଉତ୍ପାଦକ ସହଯୋଗକୁ ଆଗକୁ ବିକାଶ କରାଇବା ପାଇଁ ପ୍ରୋତ୍ସାହନ ପ୍ରଦାନ କରିବ ।" ଆମେରିକାର ରାଷ୍ଟ୍ରପତି ଜୋ ବାଇଡନ ତରଫରୁ ପଠାଯାଇଥିବା ବାର୍ତ୍ତାରେ କୁହାଯାଇଥିଲା ଯେ ଜଣେ ଆଦିବାସୀ ମହିଲାଙ୍କ ରାଷ୍ଟ୍ରପତି ଭଳି ପଦରେ ପହଞ୍ଚିବା ଭାରତୀୟ ଲୋକତନ୍ତ୍ର ଶକ୍ତିର ପ୍ରମାଣ ଅଟେ । ତାଙ୍କର ନିର୍ବାଚନ ଏହା ପ୍ରମାଣ କରୁଛି ଯେ ଜନ୍ମ ନୁହେଁ ବରଂ ବ୍ୟକ୍ତିର ପ୍ରୟାସ ତାଙ୍କର ଭାଗ୍ୟ ନିର୍ଣ୍ଣୟ କରିଥାଏ । ବ୍ରିଟେନର ପ୍ରଧାନମନ୍ତ୍ରୀ ବୋରିସ୍ ଜନସନ କହିଛନ୍ତି, ଦ୍ରୌପଦୀ ମୁର୍ମୁଙ୍କୁ ରାଷ୍ଟ୍ର ପ୍ରମୁଖ ପଦରେ ପହଞ୍ଚିବା ତାଙ୍କର ଉଚ୍ଚ ବ୍ୟକ୍ତିତ୍ୱର ପରିଣାମ ଅଟେ । ରାଷ୍ଟ୍ରପତି ନିର୍ବାଚିତ ହେବା ପରେ ଦ୍ରୌପଦୀ ମୁର୍ମୁଙ୍କୁ ପାକିସ୍ତାନ ମିଡ଼ିଆରେ ମଧ ପ୍ରଶଂସା ମିଳିଛି । ଡନ୍ ଖବର କାଗଜ ତାଙ୍କର

ରାଷ୍ଟ୍ରପତି ହେବାର ଖବରରେ କହିଲା ଯେ ଏହା ଦ୍ୱାରା ୨୦୨୪ ନିର୍ବାଚନରେ ନରେନ୍ଦ୍ର ମୋଦୀଙ୍କର ପ୍ରଧାନମନ୍ତ୍ରୀ ହେବାର ସମ୍ଭାବନାର ଆଧିକ୍ୟ ରହିଛି ।

ବେତନ ଏବଂ ଅନ୍ୟାନ୍ୟ ସୁବିଧା

ରାଷ୍ଟ୍ରପତି ନିର୍ବାଚନରେ ବିଜୟ ପରେ ଦ୍ରୌପଦୀ ମୁର୍ମୁ ଦେଶର ଶୀର୍ଷ ସାମ୍ବିଧାନିକ ପଦରେ ବିରାଜମାନ ହୋଇଥିବା ଆଦିବାସୀ ସମ୍ପ୍ରଦାୟର ପ୍ରଥମ ମହିଳା ହୋଇପାରିଲେ । ତେଣୁ କ'ଣ ଏହା ଜାଣିବା ରୋଚକ ହେବନାହିଁ ଯେ ଭାରତର ରାଷ୍ଟ୍ରପତି ରୂପରେ ଦ୍ରୌପଦୀ ମୁର୍ମୁଙ୍କୁ କେତେ ବେତନ ମିଳିବ, ଅନ୍ୟ ସୁବିଧାଗୁଡ଼ିକ କ'ଣ ମିଳିବ ଏବଂ ଏହି ସାମ୍ବିଧାନିକ ପଦରେ ରହିବା ସମୟରେ ତାଙ୍କୁ ଆଉ କ'ଣ କ'ଣ ଲାଭ ମିଳିବ ? ଭାରତର ନୂଆ ରାଷ୍ଟ୍ରପତି ରୂପରେ ଦ୍ରୌପଦୀ ମୁର୍ମୁଙ୍କ ପାଖରେ ଏବେ ବିଧାୟୀ, କାର୍ଯ୍ୟକାରୀ, ନ୍ୟାୟିକ, ବିତ୍ତୀୟ, ରାଜନୈତିକ ଏବଂ ସୈନ୍ୟ ସହିତ ଅନେକ ଶକ୍ତି ରହିବ । ଭାରତର ରାଷ୍ଟ୍ରପତି ରୂପରେ ମୁର୍ମୁ ଭାରତର ସଶସ୍ତ୍ର ଦଳର କାର୍ଯ୍ୟକାରୀ ଏବଂ କମାଣ୍ଡର ଇନ୍ ଚିଫ୍‌ର ନାମମାତ୍ର ପ୍ରମୁଖ ହେବେ । ଏଠାରେ ଆପଣଙ୍କୁ ଦ୍ରୌପଦୀ ମୁର୍ମୁଙ୍କ ପ୍ରାପ୍ତ କିଛି ସୁବିଧା ଏବଂ ଶକ୍ତିର ସୂଚନା ମିଳିବ । ଭାରତର ରାଷ୍ଟ୍ରପତିଙ୍କୁ ବେତନ ଅତିରିକ୍ତ ଆହୁରି ଅନେକ ଭତ୍ତା ମିଳିଥାଏ ଏବଂ ତାଙ୍କୁ କେତେକ ବିଶେଷ ଅଧିକାର ମଧ୍ୟ ପ୍ରଦାନ କରାଯାଇଛି । ଏହାର ତାଲିକା ନିମ୍ନପ୍ରକାରର । ଭାରତର ରାଷ୍ଟ୍ରପତି ଦେଶର ମୁଖ୍ୟ ହେବା ସହିତ ସେ ଭାରତର ପ୍ରଥମ ନାଗରିକ ମଧ୍ୟ ଅଟନ୍ତି ।

ରାଷ୍ଟ୍ରପତି ହେଉଛନ୍ତି ଭାରତୀୟ ସଶସ୍ତ୍ର ଦଳର କମାଣ୍ଡାର ଇନ୍ ଚିଫ୍ । ଭାରତର ରାଷ୍ଟ୍ରପତିଙ୍କୁ ପ୍ରାୟ ୫ ଲକ୍ଷ ଟଙ୍କାର ମାସକୁ ଦରମା ମିଳିଥାଏ । ଯାହା ଉପରେ କୌଣସି କର ମଧ୍ୟ ଲାଗିନଥାଏ ।

ଏହା ବ୍ୟତୀତ ରାଷ୍ଟ୍ରପତିଙ୍କୁ ଅନେକ ଭତ୍ତାବି ମିଳିଥାଏ । ଆଜୀବନ ଫ୍ରି ମେଡିକାଲ, ଆବାସ ଏବଂ ଚିକିତ୍ସାର ସୁବିଧା ମିଳିଥାଏ । ସାରା ଦୁନିଆରେ କେଉଁଠାକୁ ବି ସିଏ ମାଗଣାରେ ଯାତ୍ରା କରି ପାରିବେ । ପାଞ୍ଜଣ ବ୍ୟକ୍ତିଙ୍କ ବିଶିଷ୍ଟ ସେକ୍ରେଟାରିଆଲ ଷ୍ଟାଫ୍ ମଧ୍ୟ ରହିଥାଏ । ରାଷ୍ଟ୍ରପତି ଭବନର ଦେଖାଶୁଣା କରିବାରେ ପ୍ରାୟ ୨୦୦ ଅନ୍ୟ ଲୋକମାନେ ନିଜର ଦାୟିତ୍ୱ ସମ୍ଭାଳିଥାଆନ୍ତି । ରାଷ୍ଟ୍ରପତିଙ୍କ ନିକଟରେ ଛୁଟି କଟାଇବା ପାଇଁ ଦୁଇଟି ଚମତ୍କାର ହଲିଡେ ରିସୋର୍ଟ ରିଟ୍ରୀଟ ରହିଥାଏ – ଗୋଟିଏ ହାଇଦ୍ରାବାଦରେ ରାଷ୍ଟ୍ରପତି ନିଲୟମ, ଅନ୍ୟଟି ସିମଲାରେ ରିଟ୍ରୀଟ୍ ବିଲଡିଙ୍ଗ୍ । ଏହା ସହିତ କଷ୍ଟମାଇଜ୍ଡ ଗାଡ଼ୀ ମଧ୍ୟ ମିଳିଥାଏ ।

ରାଷ୍ଟ୍ରପତିଙ୍କ ନିକଟରେ ପ୍ରଧାନମନ୍ତ୍ରୀଙ୍କ ଅଧ୍ୟକ୍ଷତାରେ କେନ୍ଦ୍ରୀୟ ମନ୍ତ୍ରୀ ପରିଷଦର ପରାମର୍ଶରେ ଯୁଦ୍ଧ ଘୋଷଣା କରିବାର ଅଧିକାର ମଧ୍ୟ ରହିଛି । ଦେଶର ସମସ୍ତ ଜରୁରୀ ସନ୍ଧି ଅନୁବନ୍ଧଗୁଡ଼ିକ ରାଷ୍ଟ୍ରପତିଙ୍କ ଦ୍ୱାରା କରା ଯାଇଥାଏ । ରାଷ୍ଟ୍ରପତି ଭବନ ଭାରତର ରାଷ୍ଟ୍ରପତିଙ୍କର ଆଧିକାରିକ ନିବାସ ଅଟେ । ଯାହା ନୂଆ ଦିଲ୍ଲୀରେ ଅବସ୍ଥିତ । ରାଷ୍ଟ୍ରପତି ଭବନରେ ସମୁଦାୟ ୩୪୦ଟି କୋଠରୀ ରହିଛି । ଯାହାର ଫ୍ଲୋର ଏରିଆ ଦୁଇ ଲକ୍ଷ ବର୍ଗ ଫୁଟ ଅଟେ ।

ରିଟାୟାର୍ଡମେଣ୍ଟ ପରେ ପେନସନ୍ ଭାବରେ ପ୍ରତି ମାସ ଦେଢ଼ ଲକ୍ଷ ଟଙ୍କା ମିଳିଥାଏ ।

ଏହା ସହିତ ଷ୍ଟାଫଙ୍କ ଖର୍ଚ୍ଚ କରିବା ପାଇଁ ୬୦ ହଜାର ଟଙ୍କା ମାସକୁ ଅଲଗା ଭାବରେ ପ୍ରଦାନ କରା ଯାଇଥାଏ । ସାରା ଜୀବନ ପାଇଁ ଗୋଟିଏ ମାଗଣା ବଙ୍ଗଳା (ଟାଇପ-୮) ମିଳିଥାଏ । ଦୁଇଟି ମାଗଣା ଲ୍ୟାଣ୍ଡଲାଇନ ଏବଂ ଗୋଟିଏ ମୋବାଇଲ ଫୋନ, ଟ୍ରେନ୍ କିମ୍ବା ଉଡ଼ାଜାହାଜରେ ଜଣେ ସାଥୀ ସହ ମାଗଣା ଯାତ୍ରା ଏବଂ ସାରାଜୀବନ ପାଇଁ ମାଗଣା ବାହନର ସୁବିଧା, ଦିଲ୍ଲୀ ପୁଲିସର ସୁରକ୍ଷା ତଥା ଦୁଇଜଣ ସେକ୍ରେଟାରୀ ।

ରାଷ୍ଟ୍ରପତିଙ୍କ ଅତିରିକ୍ତ ଅଧିକାର

ରାଷ୍ଟ୍ରପତି ହେଉଛି ସର୍ବୋଚ୍ଚ ସାମ୍ବିଧାନିକ ପଦ । ରାଷ୍ଟ୍ରପତିଙ୍କୁ ନିଜର ପାୱାର ଏବଂ କର୍ତ୍ତବ୍ୟର ପ୍ରୟୋଗ ଓ ପ୍ରଦର୍ଶନ କରିବା ପାଇଁ କିମ୍ବା ସେହି ଶକ୍ତି ଏବଂ କର୍ତ୍ତବ୍ୟର ଅଭ୍ୟାସ ଓ ପ୍ରଦର୍ଶନରେ ତାଙ୍କ ଦ୍ୱାରା କରାଯାଇଥିବା କୌଣସି ବି କାର୍ଯ୍ୟ ପାଇଁ କୌଣସି ବି ଅଦାଲତକୁ ଜବାବ ଦେବାକୁ ପଡ଼ିନଥାଏ । ଯଦି ଅନୁଚ୍ଛେଦ ୬୧ ଅନୁସାରେ ଆରୋପକୁ ଯାଞ୍ଚ ପାଇଁ ସଂସଦର କୌଣସି ସଦନ ଦ୍ୱାରା ନିଯୁକ୍ତ ବା ନାମିତ କୌଣସି ଅଦାଲତ ନ୍ୟାୟାଧିକରଣ ବା ନିକାୟ ଦ୍ୱାରା ସେମାନଙ୍କର ଆଚରଣର ସମୀକ୍ଷା କରା ଯାଇପାରେ ସେତେବେଲେ ମଧ ଏହି ନିୟମ ଲାଗୁ ହୋଇଥାଏ । ରାଷ୍ଟ୍ରପତିଙ୍କ କାର୍ଯ୍ୟକାଳ ସମୟରେ କୌଣସି ବି ବିଚାରାଲୟ, ଅଦାଲତ ତାଙ୍କ ବିରୁଦ୍ଧରେ କୌଣସି ଅପରାଧମୂଳକ କାର୍ଯ୍ୟ ଆରମ୍ଭ ବା ଜାରି ରଖି ପାରିବନାହିଁ । କେବଳ ଏତିକି ନୁହେଁ ତାଙ୍କର କାର୍ଯ୍ୟକାଳ ସମୟରେ କୌଣସି ବି ଅଦାଲତ ଦ୍ୱାରା ତାଙ୍କର ଗିରଫଦାରୀ ବା କାରାବାସର ପ୍ରକ୍ରିୟା ଜାରି କରାଯାଇ ପାରିବ ନାହିଁ ।

ଶପଥ ଗ୍ରହଣ ସମାରୋହ

ନିର୍ବାଚନ ସମାପ୍ତ ହେଲା । ଏହି ନିର୍ବାଚନରେ ଏନଡିଏର ପ୍ରାର୍ଥୀ ଦ୍ରୌପଦୀ ମୁର୍ମୁ ବିରୋଧୀ ପକ୍ଷର ପ୍ରାର୍ଥୀ ଯଶୋବନ୍ତ ସିନହାଙ୍କୁ ପରାଜିତ କଲେ । ୨୫ ଜୁଲାଇରେ ଦ୍ରୌପଦୀ ମୁର୍ମୁ ଦେଶର ୧୫ତମ ରାଷ୍ଟ୍ରପତି ଭାବରେ ଶପଥ ଗ୍ରହଣ କଲେ । ଭାରତର ସମସ୍ତ ରାଷ୍ଟ୍ରପତି ୨୫ ଜୁଲାଇରେ ଶପଥ ଗ୍ରହଣ କାହିଁକି କରନ୍ତି ? ଏବେ ପର୍ଯ୍ୟନ୍ତ ନଅଜଣ ରାଷ୍ଟ୍ରପତି ହୋଇ ସାରିଛନ୍ତି ଯେଉଁମାନେ ୨୫ ଜୁଲାଇରେ ନିଜର ପଦରେ ଶପଥ ନେଇଛନ୍ତି । ଏଭଳି ରାଷ୍ଟ୍ରପତିଙ୍କ ସଂଖ୍ୟା ପାଞ୍ଚ ଅଟେ ଯେଉଁମାନେ ୨୫ ଜୁଲାଇରେ ଶପଥ ନେଇନାହାଁନ୍ତି । ଡକ୍ଟର ରାଜେନ୍ଦ୍ର ପ୍ରସାଦ ୨୬ ଜାନୁୟାରୀ ୧୯୫୦ରେ ରାଷ୍ଟ୍ରପତି ଶପଥ ନେଇଥିଲେ । ଦେଶର ଦ୍ୱିତୀୟ ରାଷ୍ଟ୍ରପତି ସର୍ବପଲ୍ଲୀ ରାଧାକୃଷ୍ଣାନ ମଧ ୨୫ଜୁଲାଇରେ ଶପଥ ନେଇନଥିଲେ । ସେ ୧୩ ମଇ ୧୯୬୨ରେ ଶପଥ ନେଇଥିଲେ । ଡକ୍ଟର ଜାକିର ହୋସେନ ମଧ ୧୩ ମଇ ୧୯୬୭ରେ ଦେଶର ତୃତୀୟ ରାଷ୍ଟ୍ରପତି ଭାବରେ ଶପଥ ନେଇଥିଲେ ଏବଂ ଦେଶର ଚତୁର୍ଥ ରାଷ୍ଟ୍ରପତି ଭି.ଭି. ଗିରି ୨୪ ଅଗଷ୍ଟ ୧୯୬୯ରେ ରାଷ୍ଟ୍ରପତି ପଦରେ ଶପଥ ନେଇଥିଲେ । ଦେଶର ପଞ୍ଚମ ରାଷ୍ଟ୍ରପତି ଫକିରୁଦ୍ଦିନ ଅଲୀ ଅହମଦ୍ ୨୪ ଅଗଷ୍ଟ ୧୯୭୪ରେ ଶପଥ

ନେଇଥିଲେ । ଦେଶର ଷଷ୍ଠ ରାଷ୍ଟ୍ରପତି ନୀଲମ ସଞ୍ଜୀବ ରେଡ୍ଡି ଯେତେବେଳେ ୨୫ ଜୁଲାଇରେ ରାଷ୍ଟ୍ରପତି ପଦରେ ଶପଥ ନେଲେ ତାଙ୍କ ପରେ ଯେଉଁ ରାଷ୍ଟ୍ରପତିମାନେ ନିଜର କାର୍ଯ୍ୟକଲାପ ପୁରା କଲେ ସେମାନେ ସେହି ତାରିଖରେ ହିଁ ରାଷ୍ଟ୍ରପତି ପଦରେ ଶପଥ ନେଲେ । ୨୪ ଜୁଲାଇରେ ରାମନାଥ କୋବିନ୍ଦଙ୍କ କାର୍ଯ୍ୟକାଳ ପୁରା ହେଲା । ତେଣୁ ସେହି କାରଣରୁ ୨୫ ଜୁଲାଇରେ ଦ୍ରୌପଦୀ ମୁର୍ମୁ ଦେଶର ରାଷ୍ଟ୍ରପତି ଭାବରେ ଶପଥ ନେଲେ ।

ନବ ନିର୍ବାଚିର ରାଷ୍ଟ୍ରପତି ଦ୍ରୌପଦୀ ମୁର୍ମୁ ସୋମବାର ଦିନ ୨୫ ଜୁଲାଇ ୨୦୨୨ରେ ଦେଶର ସର୍ବୋଚ୍ଚ ସାମ୍ବିଧାନିକ ପଦର ଶପଥ ଗ୍ରହଣ କଲେ । ସୁପ୍ରୀମ୍ କୋର୍ଟର ମୁଖ୍ୟ ନ୍ୟାୟାଧୀଶ ଏନ୍.ଭି. ରମଣ ତାଙ୍କ ୧୫ତମ ରାଷ୍ଟ୍ରପତି ପଦରେ ପଦ ଏବଂ ଗୋପନୀୟତାର ଶପଥ ପ୍ରଦାନ କଲେ । ଶପଥ ନେଇ ସେ କହିଲେ, "ମୁଁ ଭାରତର ସମସ୍ତ ନାଗରିକମାନଙ୍କର ଆଶା, ଆକାଂକ୍ଷା ଏବଂ ଅଧିକାରର ପ୍ରତୀକ । ଏହି ପବିତ୍ର ସଂସଦରୁ ସମସ୍ତ ଦେଶବାସୀଙ୍କୁ ସମ୍ପୂର୍ଷ ବିନମ୍ରତା ସହ ଅଭିନନ୍ଦନ ଜଣାଉଛି । ଆପଣମାନଙ୍କର ଆମ୍ଭୀୟତା, ଆପଣମାନଙ୍କର ବିଶ୍ୱାସ ଏବଂ ଆପଣମାନଙ୍କର ସହଯୋଗ ମୋ ପାଇଁ ଏକ ନୂତନ ଦାୟିତ୍ୱ ନିର୍ବାହ କରିବାରେ ବହୁତ ବଡ଼ ସାମର୍ଥ୍ୟ ହେବ ।" ରାଷ୍ଟ୍ରପତି ଦ୍ରୌପଦୀ ମୁର୍ମୁ କହିଲେ, "ରାଷ୍ଟ୍ରପତି ପଦ ପର୍ଯ୍ୟନ୍ତ ପହଞ୍ଚିବା ମୋର ବ୍ୟକ୍ତିଗତ ଉପଲବ୍ଧି ନୁହେଁ । ବରଂ ଏହା ଭାରତର ପ୍ରତ୍ୟେକ ଗରୀବର ଉପଲବ୍ଧି ଅଟେ । ମୋ ପାଇଁ ବହୁତ ସନ୍ତୋଷର କଥା ଏହା ଯେଉଁମାନେ ଯୁଗ ଯୁଗ ଧରି ବଞ୍ଚିତ ରହିଛନ୍ତି, ଯେଉଁମାନେ ବିକାଶର ଲାଭ ଠାରୁ ଦୂରରେ ରହିଛନ୍ତି, ସେହି ଗରୀବ, ଦଲିତ, ପଛୁଆ ତଥା ଆଦିବାସୀମାନେ ମୋ ଭିତରେ ନିଜର ପ୍ରତିବିମ୍ବ ଦେଖୁଛନ୍ତି । ମୁଁ ଆଜି ସମସ୍ତ ଦେଶବାସୀଙ୍କୁ ବିଶେଷଭାବରେ ଭାରତର ଯୁବବର୍ଗଙ୍କୁ ଏବଂ ଭାରତର ମହିଲାମାନଙ୍କୁ ବିଶ୍ୱାସ ପ୍ରଦାନ କରୁଛି ଯେ ଏହି ପଦରେ କାର୍ଯ୍ୟ କରିବା ସମୟରେ ମୋ ପାଇଁ ସେମାନଙ୍କର ହିତ ସର୍ବୋପରି ହେବ । ମୋତେ ଏହି ନିର୍ବାଚନରେ ପୁରୁଣା ପନ୍ଥାରୁ ହଟି ନୂଆ ରାସ୍ତାରେ ଚଲିବା ପାଇଁ ଭାରତର ଆଜିର ଯୁବ ସମାଜଠାରୁ ମିଳୁଥିବା ସାହସ ମଧ୍ୟ ସାମିଲ ଅଟେ । ଏଭଳି ପ୍ରଗତିଶୀଳ ଭାରତର ନେତୃତ୍ୱ କରି ମୁଁ ଆଜି ନିଜକୁ ଗୌରବାନ୍ବିତ ଅନୁଭବ କରୁଛି । ସମସ୍ତ ଗଣ୍ୟମାନ୍ୟ ବ୍ୟକ୍ତିଙ୍କ ଉପସ୍ଥିତିରେ ମହାମହିମ ରାଷ୍ଟ୍ରପତି ଦ୍ରୌପଦୀ ମୁର୍ମୁଙ୍କୁ ୨୧ ତୋପର ସଲାମି ଦିଆଗଲା ।

ବିବିଧ ରେକର୍ଡଧାରୀ

ଦେଶର ୧୫ତମ ରାଷ୍ଟ୍ରପତି ଭାବେ ଦ୍ରୌପଦୀ ମୁର୍ମୁଜୀ ଶପଥ ଗ୍ରହଣ କଲେ । ଏହା ସହିତ ସେ ଦେଶର ପ୍ରଥମ ଆଦିବାସୀ ଏବଂ ଦ୍ୱିତୀୟ ମହିଲା ରାଷ୍ଟ୍ରପତି ହେଲେ । ଶପଥ ଗ୍ରହଣ ସହିତ ତାଙ୍କ ନାମ ସହିତ ଆହୁରି ଅନେକ ରେକର୍ଡ ଯୋଡ଼ି ହୋଇଗଲା ।

୧. ପ୍ରଥମ ଆଦିବାସୀ ରାଷ୍ଟ୍ରପତି : ମୁର୍ମୁ ହେଉଛନ୍ତି ପ୍ରଥମ ଆଦିବାସୀ ରାଷ୍ଟ୍ରପତି ଯିଏ ରାଷ୍ଟ୍ରପତି ପଦ ପର୍ଯ୍ୟନ୍ତ ହପଞ୍ଚିଛନ୍ତି । ଆଜି ପର୍ଯ୍ୟନ୍ତ କୌଣସି ବି ରାଷ୍ଟ୍ରପତି ଆଦିବାସୀ ସମାଜରୁ ଆସିନଥିଲେ ।

୨. କେବଳ ଏତିକି ନୁହେଁ ଦ୍ରୌପଦୀ ମୁର୍ମୁ ଜଣେ ମହିଲା ଅଟନ୍ତି । ତେଣୁ ଏଥିପାଇଁ

ପ୍ରଥମ ମହିଳା ଆଦିବାସୀ ରାଷ୍ଟ୍ରପତି ହେବାର ରେକର୍ଡ ମଧ୍ୟ ଦ୍ରୌପଦୀ ମୁର୍ମୁଙ୍କ ନାମରେ ନାମିତ ହେଲା ।

୩. ସ୍ୱାଧୀନତା ପରେ ଜନ୍ମ ନେଇଥିବା ପ୍ରଥମ ରାଷ୍ଟ୍ରପତି । ଆଜି ପର୍ଯ୍ୟନ୍ତ ହୋଇଥିବା ସମସ୍ତ ରାଷ୍ଟ୍ରପତିଙ୍କର ଜନ୍ମ ସ୍ୱାଧୀନତାର ପୂର୍ବର ଅର୍ଥାତ୍ ୧୯୪୭ ମସିହା ପୂର୍ବରୁ ହୋଇଥିଲା । ଦ୍ରୌପଦୀ ମୁର୍ମୁ ହେଉଛନ୍ତି ପ୍ରଥମ ରାଷ୍ଟ୍ରପତି ଯାହାଙ୍କର ଜନ୍ମ ସ୍ୱତନ୍ତ୍ର ଭାରତରେ ହୋଇଛି । ତାଙ୍କର ଜନ୍ମ ୨୦ଜୁନ୍ ୧୯୪୮ ମସିହାରେ ହୋଇଛି ।

୪. ସବୁଠାରୁ ଯୁବ ରାଷ୍ଟ୍ରପତି : ୬୪ ବର୍ଷ ବୟସ୍କା ଦ୍ରୌପଦୀ ମୁର୍ମୁ ଦେଶର ସବୁଠାରୁ ଯୁବା ରାଷ୍ଟ୍ରପତି ଅଟନ୍ତି । ତାଙ୍କ ପୂର୍ବରୁ ଏହି ରେକର୍ଡ ନୀଲମ ସଞ୍ଜୀବ ରେଡ୍ଡିଙ୍କ ନିକଟରେ ଥିଲା । ରେଡ୍ଡି ଯେତେବେଳେ ରାଷ୍ଟ୍ରପତି ହେଲେ ସେତେବେଳେ ତାଙ୍କର ବୟସ ୬୪ ବର୍ଷ ଦୁଇ ମାସ ହୋଇଥିଲା । କିନ୍ତୁ ମୁର୍ମୁ ୨୫ ଜୁଲାଇ ୨୦୨୨ରେ ଯେତେବେଳେ ତାଙ୍କର ବୟସ ୬୪ ବର୍ଷ ଏକ ମାସ ଏବଂ ପାଞ୍ଚ ଦିନ ଥିଲା ।

୫. ଦ୍ୱିତୀୟ ମହିଳା ରାଷ୍ଟ୍ରପତି : ଦ୍ରୌପଦୀ ମୁର୍ମୁଙ୍କ ନାମରେ ମଧ୍ୟ ଦ୍ୱିତୀୟ ମହିଳା ରାଷ୍ଟ୍ରପତି ହେବାର ରେକର୍ଡ ଦାଖଲ ହେଲା । ମୁର୍ମୁଙ୍କ ପୂର୍ବରୁ ୨୦୦୭ରୁ ୨୦୧୨ ପର୍ଯ୍ୟନ୍ତ ପ୍ରତିଭା ସିଂ ପାଟିଲ ରାଷ୍ଟ୍ରପତି ହୋଇ ସାରିଛନ୍ତି । ଶ୍ରୀମତୀ ପ୍ରତିଭା ଦେବୀ ସିଂ ପାଟିଲ ହେଉଛନ୍ତି ଦେଶର ପ୍ରଥମ ମହିଳା ରାଷ୍ଟ୍ରପତି ।

୬. ଓଡ଼ିଶାରୁ ପ୍ରଥମ ରାଷ୍ଟ୍ରପତି : ଆଜି ପର୍ଯ୍ୟନ୍ତ କୌଣସି ରାଷ୍ଟ୍ରପତି ଓଡ଼ିଶାରୁ ହୋଇନଥିଲେ । ଦ୍ରୌପଦୀ ମୁର୍ମୁ ଓଡ଼ିଶାର ଅଧିବାସୀ । ତାଙ୍କ ପୂର୍ବରୁ ଭି.ଭି. ଗିରି ଏପରି ରାଷ୍ଟ୍ରପତି ଥିଲେ ଯାହାଙ୍କ ସମ୍ବନ୍ଧ ଓଡ଼ିଶା ସହିତ ଥିଲା । ତାଙ୍କର ଜନ୍ମ ମାଡ୍ରାସ୍ ପ୍ରେସିଡେନ୍ସିର ତତ୍କାଳୀନ ଅଞ୍ଚଳ ବହରମପୁର ଅଞ୍ଚଳ ସହିତ ଥିଲା ଯାହା ଏବେ ଓଡ଼ିଶାରେ ଅଛି । ସେ ତେଲୁଗୁ ପରିବାର ସହିତ ସମ୍ବନ୍ଧିତ ଥିଲେ ଏବଂ ତାଙ୍କର କର୍ମଭୂମି ଆନ୍ଧ୍ରପ୍ରଦେଶ ଥିଲା ଯେଉଁଠାରୁ ସେ ସାଂସଦ ହୋଇଥିଲେ ।

୭. ଭା.ଜ.ପା.ର ଦ୍ୱିତୀୟ ରାଷ୍ଟ୍ରପତି : ସେ ଏଭଳି ଦ୍ୱିତୀୟ ରାଷ୍ଟ୍ରପତି ହେଲେ ଯିଏ ଭାରତୀୟ ଜନତା ପାର୍ଟିର ପୃଷ୍ଠଭୂମିରୁ ଆସିଛନ୍ତି । ଏହା ପୂର୍ବରୁ ରାଷ୍ଟ୍ରପତି ରାମନାଥ କୋବିନ୍ଦ ମଧ୍ୟ ଭାରତୀୟ ଜନତା ପାର୍ଟିର ପୃଷ୍ଠଭୂମିରୁ ଆସିଥିବା ରାଷ୍ଟ୍ରପତି ଥିଲେ ।

୮. ରାଷ୍ଟ୍ରପତି ହୋଇଥିବା ପ୍ରଥମ ପାର୍ଷଦ : ଦ୍ରୌପଦୀ ମୁର୍ମୁ ରାଷ୍ଟ୍ରପତି ହୋଇଥିବା ଏଭଳି ମହିଳା ଅଟନ୍ତି ଯିଏ ନଗର ପାର୍ଷଦ ରହିଥିଲେ । ଦ୍ରୌପଦୀ ମୁର୍ମୁ ସର୍ବପ୍ରଥମେ ଜଣେ ଶିକ୍ଷକ ଥିଲେ ଏହା ପରେ ସେ ରାଜନୀତିକୁ ଆସିଏ ଏବଂ ୧୯୯୭ ମସିହାରେ ପାର୍ଷଦ ହେଲେ । ଏହାର ତିନି ବର୍ଷ ପରେ ସେ ବିଧାନସଭାରେ ପହଞ୍ଚିଲେ । ଓଡ଼ିଶାର ଭାଜପା ସଭାରେ ସେ ଦୁଇଥର ମନ୍ତ୍ରୀ ରହିଥିଲେ । କୌଣସି ରାଜ୍ୟର ରାଜ୍ୟପାଳ ହୋଇଥିବା ସେ ହେଉଛନ୍ତି ଦେଶର ପ୍ରଥମ ଆଦିବାସୀ ମହିଳା ।

୯. ରାଜନୀତିରେ ୧୯୯୭ ମସିହାରେ ପାର୍ଷଦ ପଦ ଜରିଆରେ ସେବା ଆରମ୍ଭ କରି ୨୦୨୨ରେ ଦେଶର ସର୍ବୋଚ୍ଚ ପଦ ପର୍ଯ୍ୟନ୍ତ ପହଞ୍ଚିବା ଭଳି ଅଭୁତ କର୍ତ୍ତବ୍ୟ କରିଥିବା ତତ୍ପର ଥିବା କୌଣସି ଦ୍ୱିତୀୟ ଉଦାହରଣ ଭାରତରେ ଏପର୍ଯ୍ୟନ୍ତ ମିଲି ନାହିଁ ।

ପ୍ରଧାନମନ୍ତ୍ରୀ ନରେନ୍ଦ୍ର ମୋଦୀଙ୍କର ନେତୃତ୍ୱରେ ଦେଶ ଦୂରବର୍ତ୍ତୀ ସ୍ଥାନରେ ଥିବା ଗାଁ ଲୋକମାନଙ୍କୁ ମୁଖ୍ୟଧାରା ସହିତ ଯୋଡ଼ିବା ପାଇଁ ଦ୍ରୌପଦୀ ମୁର୍ମୁଙ୍କୁ ମାଧ୍ୟମ ବନାଇଲା। ଡକ୍ଟର ରାଜେଶ ସିନ୍ହା ଏ ବାବଦରେ କହନ୍ତି, "ଦ୍ରୌପଦୀ ମୁର୍ମୁଙ୍କ ଚୟନ ଭାରତର ରାଜନୀତିକ ସଂସ୍କୃତିରେ ଆଭିଜାତ୍ୟ ବର୍ଗର ଧୀରେ ଧୀରେ ଦୁର୍ବଳ ହେବାକୁ ରେଖାଙ୍କିତ କରିଥାଏ। ଏହା ଏପରି ଏକ ସଙ୍କେତ ଯାହାର ଲୋକତନ୍ତ୍ର ୟୁରୋପୀୟ ମଡେଲ ଅନୁସାରେ ବିକଶିତ ହେଉଛି। ଜଣେ ମହିଳା ଏବଂ ଆଦିବାସୀ ନେତା ଉଭୟ ରୂପରେ ମୁର୍ମୁ ନିମ୍ନସ୍ତରର ଜମି ସହିତ ଜଡ଼ିତ, ଭୂମି ସହିତ ଜଡ଼ିତ। ଲୋକତାନ୍ତ୍ରିକ ସଂସ୍ଥାକୁ ବୁଝୁଥିବା ଏବଂ ଅନୁଭବ କରୁଥିବା ଅସାଧାରଣ ବ୍ୟକ୍ତିତ୍ୱ ବିଶିଷ୍ଟ ଅଟନ୍ତି ଯେଉଁଠାରେ ଗଣତନ୍ତ୍ର ଏଭଳି ଅଭୁତ କାର୍ଯ୍ୟ କରି ଦେଖାଇଛି। ରାଷ୍ଟ୍ରପତି ରୂପରେ ଦ୍ରୌପଦୀ ମୁର୍ମୁଙ୍କ ଚୟନ ଭାରତୀୟ ଗଣରାଜ୍ୟ ପାଇଁ ଏକ ଅପୂର୍ଣ୍ଣ କାର୍ଯ୍ୟକୁ ପୂର୍ଣ୍ଣତା ଦିଗରେ ବଢ଼ାଇଥିବା ପଦକ୍ଷେପ ଅଟେ। ଅବହେଳିତ, ବଞ୍ଚିତ, ଆଦିବାସୀ ଏବଂ ଶୋଷିତମାନେ ତାଙ୍କ ମଧ୍ୟରେ ନିଜକୁ ଦେଖି ପାରିବେ। ସମସ୍ତଙ୍କର ବିକାଶର ମନ୍ତ୍ର ନେଇ ମୁର୍ମୁଜୀ ପାରସ୍ପରିକ ଭିନ୍ନତାକୁ, ମତଭେଦକୁ, ଆଶଙ୍କା ଏବଂ ସନ୍ଦେହକୁ ଦୂର କରିବାର ମାଧ୍ୟମ ହୋଇ ରାଷ୍ଟ୍ରପତି ପଦରେ ଆସୀନ ହୋଇଛନ୍ତି। ମହାମହିମ ଦ୍ରୌପଦୀ ମୁର୍ମୁଙ୍କ ରାଷ୍ଟ୍ରପତି ପଦରେ ଆସୀନ ହେବା ଅନ୍ତ୍ୟୋଦୟ ସଂକଳ୍ପର ଚରିତାର୍ଥ କରିବା ଦିଗରେ ନିଆଯାଇଥିବା ଏକ ପଦକ୍ଷେପ ଅଟେ। ଜନଜାତୀୟ ସମାଜର ଆତ୍ମସମ୍ମାନ ଏବଂ ତାର ସଶକ୍ତିକରଣ ପାଇଁ ନିଆଯାଇଥିବା ପ୍ରୟତ୍ନମାନଙ୍କ ମଧ୍ୟରେ ଏହା ଏକ ସୁନ୍ଦର ପ୍ରୟାସ।"

ଏଲ.ବି.ଏସ୍.ଏମ୍. କଲେଜ ଜାମସେଦପୁରର ସାନ୍ତାଳୀ ବିଭାଗର ଡଲଖାଇ ବାସ୍କେଙ୍କ ଶବ୍ଦରେ, "ଏବେ ସାନ୍ତାଳୀ ଆଦିବାସୀ ସମଗ୍ର ରାଷ୍ଟ୍ରରେ ପରିଚୟ ପାଇଁ ଆଉ ସଂଗ୍ରାମ କରିବା ପାଇଁ ପଡ଼ିବ ନାହିଁ। ଦ୍ରୌପଦୀ ମୁର୍ମୁଙ୍କ ଜରିଆରେ ସମାଜରେ ପରିଚୟ ସ୍ଥାପନ କରିବା ପାଇଁ ସେ ଯେଉଁ ଐତିହାସିକ ଯୋଗଦାନ ଦେଇଛନ୍ତି ତାହା ଖୁବ ଗୁରୁତ୍ୱପୂର୍ଣ୍ଣ। ତାଙ୍କର ଏହି ଉପଲବ୍ଧିକୁ ସାନ୍ତାଳ ସମାଜ ନିଜର ଉପଲବ୍ଧି ମାନୁଛି। ଆଶା କରାଯାଉଛି ରାଷ୍ଟ୍ରର ପ୍ରଥମ ନାଗରିକ ଭାବରେ ଦ୍ରୌପଦୀ ମୁର୍ମୁ ସଶକ୍ତ ନେତୃତ୍ୱ ଜରିଆରେ ଦେଶର ହିତ ପାଇଁ ଇତିହାସ ରଚନା କରିବେ।

ଦ୍ରୌପଦୀ ମୁର୍ମୁଙ୍କର ରାଷ୍ଟ୍ରପତି ପଦରେ ଆସୀନ ହେବା ଇଙ୍ଗିତ କରେ ଯେ ବିଜେପି ଏବଂ ତାହାର ଦୃଷ୍ଟିଭଙ୍ଗୀରେ ପରିବର୍ତ୍ତନ ଏବଂ ପରିବର୍ଦ୍ଧନ ହୋଇ ଚାଲିଛି। ଭବିଷ୍ୟତରେ ହିନ୍ଦୁ ରାଷ୍ଟ୍ରବାଦୀ ରାଜନୀତିର ଚରିତ୍ର ଅଧିକ ବିବିଧତାପୂର୍ଣ୍ଣ ଏବଂ ସର୍ବ ସମାବେଶୀ ଏବଂ ସମସ୍ତଙ୍କୁ ପ୍ରତିନିଧିତ୍ୱ ପ୍ରଦାନ କରିବାବାଲା ହେବ। ଝାଡ଼ଖଣ୍ଡର ରାଜ୍ୟପାଳ ଭାବରେ ଛୋଟନାଗପୁର ଏବଂ ସାନ୍ତାଳୀ ପରଗଣାରେ ରହୁଥିବା ବିଧାୟକ ଫେରାଇ ନେବାରେ ତାଙ୍କର ରେକର୍ଡ ଦେଖି ମୁଁ କେବଳ ଏତିକି କହିବାକୁ ଚାହୁଁଛି ଆଗକୁ ଦେଖିବା କ'ଣ ହେଉଛି ଏବଂ ମୁଁ ଅବଶ୍ୟ ଏହା କହିବାକୁ ଚାହିଁବି ଯେ ମୁର୍ମୁ ନା କେବଳ ଜଣେ ଗୁଞ୍ଜୀ ଗୁଡ଼ିଆ ନା ଜଣେ ମୂର୍ଖ। ତାଙ୍କ ପାଇଁ ପିଲାଦିନେ ପଢ଼ିଥିବା ସଂସ୍କୃତର ଏକ ଶ୍ଲୋକ ମୁଁ ଏଠାରେ ଉଦ୍ଧୃତ କରିବାକୁ ଚାହୁଁଛି।

ନାରିକେଳ ସମାକାରା, ଦୃଶ୍ୟନ୍ତେ ଖଲୁ ସଜ୍ଜନାଃ

ଅନ୍ୟେ ବଦରିକାକାରା, ବହିରେବ ମନୋହରାଃ

ଦ୍ରୌପଦୀ ମୁର୍ମୁଙ୍କ ରାଷ୍ଟ୍ରପତି ପଦ ସୁଶୋଭିତ କରିବା ବସ୍ତୁତ ଉତ୍ସାହ, ଉଲ୍ଲାସ ଏବଂ ଉତ୍ସର କାରଣ ଅଟେ। ତାଙ୍କର ଏଭଳି ଭାବରେ ଭୂଇଁରୁ ଶୀର୍ଷସ୍ଥାନ ପର୍ଯ୍ୟନ୍ତ ପହଞ୍ଚିବା କୌଣସି ଆଶ୍ଚର୍ଯ୍ୟଜନକ ଘଟଣାଠାରୁ କମ ନୁହେଁ। ଯାହା ଅନ୍ୟମାନଙ୍କ ପାଇଁ ବର୍ଷ ବର୍ଷ ଚର୍ଚ୍ଚା, ଆଲୋଚନା, ପ୍ରଶଂସା, ନିନ୍ଦା, ବିସ୍ତର ଓ ବିମର୍ଷର ବିଷୟ ହୋଇ ରହିବ। ଏହି ପୁସ୍ତକୁ ଯଦି ଟେକ୍ଅପ୍ ପୟେଣ୍ଟ ଭାବରେ ପ୍ରାରମ୍ଭିକ ଶୈଶବକାଳୀନ ଖନି ଖନି କଥା ଭାବରେ ଭବିଷ୍ୟତରେ ବିବେଚନା କରାଯାଏ ତେବେ ଲେଖକର ଶ୍ରମ ସାର୍ଥକ ହେବ। ଆଦିବାସୀମାନଙ୍କ ସହିତ ଏବଂ ସେମାନଙ୍କ ପାଇଁ କାମ କରୁଥିବା ସମାଜସେବୀ ନିଷ୍ଠିତ ଜନକବି ନାର୍ଗାର୍ଜୁନଙ୍କ ଶିଭ କହିବ।

ନୂତନ ଗଗନେ ଆଜି ନବ ସୂର୍ଯ୍ୟ ପ୍ରଜ୍ଜ୍ୱଳିତ

ବିଶାଳ ଭୂଖଣ୍ଡ ଆଜି ଆଲୋକରେ ଆଲୋକିତ

ନିଜସ୍ୱ ଆଭା ମୋର ଏଥିମଧ୍ୟେ ନିମଜ୍ଜିତ।।

୦୦୦

ନିଜ ପରିବାର ସହିତ ଦ୍ରୌପଦୀ ମୁର୍ମୁ

ଭାରତର ରାଷ୍ଟ୍ରପତି ପଦର କାର୍ଯ୍ୟଭାର ସମ୍ଭାଳିବା ଅବସରରେ

ଶ୍ରୀମତୀ ଦ୍ରୌପଦୀ ମୁର୍ମୁଙ୍କ ସମ୍ବୋଧନ

ନୂଆ ଦିଲ୍ଲୀ, ୨୫ ଜୁଲାଇ, ୨୦୨୨

- ଆଦରଣୀୟ ଶ୍ରୀ ରାମନାଥ କୋବିନ୍ଦ ଜୀ

- ଉପରାଷ୍ଟ୍ରପତି ଶ୍ରୀ ଏମ୍. ଭେଙ୍କେୟା ନାଇଡୁ ଜୀ

- ପ୍ରଧାନମନ୍ତ୍ରୀ ଶ୍ରୀ ନରେନ୍ଦ୍ର ମୋଦୀ ଜୀ

- ଲୋକସଭାର ସ୍ପିକାର ଶ୍ରୀ ଓମ୍ ବିରଲା ଜୀ

- ଚିଫ୍ ଜଷ୍ଟିସ୍ ଏନ୍.ବୀ. ରମଣ ଜୀ

- ସମ୍ମାନିତ ସାଂସଦଗଣ

- ଅନ୍ୟ ମହାନୁଭବ

- ଦେବୀ ଏବଂ ସଜ୍ଜନଗଣ ତଥା

- ମୋର ପ୍ରିୟ ଦେଶବାସୀ

ଜୁହାର ! ନମସ୍କାର !

ଭାରତର ସର୍ବୋଚ୍ଚ ସାମ୍ବିଧାନିକ ପଦରେ ନର୍ବାଚିତ କରିଥିବା ଯୋଗୁଁ ମୁଁ ସମସ୍ତ ସାଂସଦ ଏବଂ ସମସ୍ତ ବିଧାନସଭା ସଦସ୍ୟମାନଙ୍କ ନିକଟରେ ହାର୍ଦିକ କୃତଜ୍ଞତା ବ୍ୟକ୍ତ କରୁଛି। ଆପଣଙ୍କର ମତ ଦେଶର କୋଟି କୋଟି ନାଗରିକମାନଙ୍କର ବିଶ୍ୱାସର ଅଭିବ୍ୟକ୍ତି ଅଟେ। ମୁଁ ଭାରତର ସମସ୍ତ ନାଗରିକମାନଙ୍କର ଆଶା, ଆକାଂକ୍ଷା ଏବଂ ଅଧିକାରର ପ୍ରତୀକ। ଏହି ପବିତ୍ର ସଂସଦରୁ ସମସ୍ତ ଦେଶବାସୀମାନଙ୍କୁ ସମ୍ପୂର୍ଣ୍ଣ ବିନମ୍ରତା ସହିତ ଅଭିନନ୍ଦନ ଜଣାଉଛି।

ଆପଣଙ୍କର ଆମ୍ତୀୟତା, ଆପଣଙ୍କର ବିଶ୍ୱାସ, ଆପଣଙ୍କର ସହଯୋଗ ମୋ ପାଇଁ ଏହି ନୂତନ ଦାୟିତ୍ୱ ନିର୍ବାହ କରିବା ପାଇଁ ବଡ଼ ସାମର୍ଥ୍ୟ ସିଦ୍ଧ ହେବ।

ମୋତେ ରାଷ୍ଟ୍ରପତି ଭାବରେ ଦେଶ ଏଭଳି ଏକ ମହତ୍ତ୍ୱପୂର୍ଣ କାଳଖଣ୍ଡରେ ଚୟନ କରିଛି ଯେତେବେଳେ ଆମେ ନିଜରଆଜାଦୀର ଅମୃତ ମହୋସ୍ବ ପାଳନ କରୁଛନ୍ତି।

ଆଜିଠାରୁ କିଛିଦିନ ପରେ ଦେଶ ନିଜର ସ୍ୱାଧୀନତାର ୭୫ ବର୍ଷ ପୂରା କରିବ। ଏହାବି ଏକ ସଂଯୋଗ ଥିଲା ଯେତେବେଳେ ଦେଶ ସ୍ୱାଧୀନତାର ୫୦ ବର୍ଷ ପର୍ବ ପାଳନ କରୁଥିଲା। ସେହି ସମୟରେ ମୋର ରାଜନୈତିକ ଜୀବନ ଆରମ୍ଭ ହୋଇଥିଲା।

ଆଜି ସ୍ୱାଧୀନତାର ୭୫ ବର୍ଷରେ ମୋତେ ଏକ ନୂଆ ଦାୟିତ୍ୱ ମିଳିଛି।

ଏଭଳି ଐତିହାସିକ ସମୟରେ ଯେତେବେଳେ ଭାରତ ଆଗାମୀ ୨୫ ବର୍ଷର ଭିଜନକୁ ହାସଲ କରିବା ପାଇଁ ସମ୍ପୂର୍ଣ ଶକ୍ତିର ସହିତ ଲାଗିଛି। ମୋତେ ଏଭଳି ପ୍ରକାର ଦାୟିତ୍ୱ ମିଳିବା ମୋ ପାଇଁ ବଡ଼ ସୌଭାଗ୍ୟର କଥା।

ମୁଁ ଦେଶର ଏଭଳି ପ୍ରଥମ ରାଷ୍ଟ୍ରପତି ଅଟେ। ଯାହାର ଜନ୍ମ ସ୍ୱାଧୀନ ଭାରତରେ ହୋଇଛି।

ଆମର ସ୍ୱାଧୀନତା ସେନାମାନେ ସ୍ୱାଧୀନ ହିନ୍ଦୁସ୍ତାନର ଆମ ନାଗରିକମାନଙ୍କର ଯେଉଁ ଆଶା ଥିଲା ତାହାର ପୂର୍ତ୍ତି ପାଇଁ ଏହି ଅମୃତକାଳରେ ଆମକୁ ତୀବ୍ର ଗତିରେ କାମ କରିବାକୁ ହେବ।

ଏହି ୨୫ ବର୍ଷରେ ଅମୃତକାଳର ସିଦ୍ଧିର ରାସ୍ତା ଦୁଇ ପଟ୍ରିରେ ଆଗକୁ ବଢ଼ିବ। ସମସ୍ତଙ୍କର ପ୍ରୟାସ ଏବଂ ସମସ୍ତଙ୍କର କର୍ତ୍ତବ୍ୟ।

ଭାରତର ଉଜ୍ଜ୍ୱଳ ଭବିଷ୍ୟତର ନୂତନ ବିକାଶ ଯାତ୍ରା ଆମ ସମସ୍ତଙ୍କ ପ୍ରୟାସରେ କରିବାକ ହେବ କର୍ତ୍ତବ୍ୟ ପଥରେ ଚଳିବାକୁ ହେବ।

କାଲି ଅର୍ଥାତ୍ ୨୬ ଜୁଲାଇରେ କାର୍ଗିଲ ବିଜୟ ଦିବସ ମଧ ପାଳନ ହେଉଛି।

ଏହିଦିନ ଭାରତର ସେନାନୀମାନଙ୍କର ସୂର୍ଯ୍ୟ, ସଂଯମ ଉଭୟର ପ୍ରତୀକ ଅଟେ। ମୁଁ ଆଜି ଦେଶର ସେନାନୀ ତଥା ଦେଶର ସମସ୍ତ ନାଗରିକମାନଙ୍କୁ କାର୍ଗିଲ ବିଜୟ ଦିବସ ପାଇଁ ଅଗ୍ରୀମ ଶୁଭକାମନା ପ୍ରଦାନ କରୁଛି।

ଦେବୀ ଏବଂ ସଜ୍ଜନଗଣ ମୁଁ ନିଜର ଜୀବନଯାତ୍ରା ପୂର୍ବ ଭାରତରେ ଓଡ଼ିଶାରେ ଏକ ଛୋଟ ଆଦିବାସୀ ଗ୍ରାମରୁ ଆରମ୍ଭ କରିଥିଲି। ମୁଁ ଯେଉଁ ପୃଷ୍ଠଭୂମିରୁ ଆସିଛି ସେଠାରେ ମୋ ପାଇଁ ପ୍ରାରମ୍ଭିକ ଶିକ୍ଷା ପ୍ରାପ୍ତ କରିବା ଏକ ସ୍ୱପ୍ନ ଭଳି ଥିଲା। କିନ୍ତୁ ଅନେକ ପ୍ରତିବନ୍ଧକ ସତ୍ତ୍ୱେ ମୋର ସଂକଳ୍ପ ଦୃଢ଼ ରହିଲା ଏବଂ ମୁଁ କଲେଜକୁ ଯାଇଥିବା ମୋ ଗାଁର ପ୍ରଥମ ଝିଅ ହେଲି। ମୁଁ ଜନଜାତି ସମାଜରୁ ଆସିଛି ଏବଂ ୱାର୍ଡ କାଉନ୍ସିଲ ଠାରୁ ଆରମ୍ଭ କରି ଭାରତର ରାଷ୍ଟ୍ରପତି ହେବାର ଯେଉଁ ସୁଯୋଗ ମୋତେ ମିଳିଛି ଏହା ଲୋକତନ୍ତର ଜନନୀ ଭାରତବର୍ଷର ମହାନତା ଅଟେ।

ଏହା ଆମର ଲୋକତନ୍ତ୍ରର ଶକ୍ତି । ଯେଉଁଠିରେ ଜଣେ ଗରୀବ ଘରେ ଜନ୍ମ ହୋଇଥିବା ଝିଅ ଦୂରବର୍ତ୍ତୀ ଆଦିବାସୀ ଅଞ୍ଚଳରେ ଜନ୍ମ ହୋଇଥିବା ଝିଅ ଭାରତର ସର୍ବୋଚ୍ଚ ସାମ୍ବିଧାନିକ ପଦରେ ପହଞ୍ଚି ପାରିଛି ।

ରାଷ୍ଟ୍ରପତି ପଦ ପର୍ଯ୍ୟନ୍ତ ପହଞ୍ଚିବା ମୋର ବ୍ୟକ୍ତିଗତ ଉପଲବ୍ଧି ନୁହେଁ । ଏହା ହେଉଛି ଭାରତର ପ୍ରତ୍ୟେକ ଗରୀବଙ୍କର ଉପଲବ୍ଧି ।

ମୋର ନିର୍ବାଚନ ଏହି କଥାର ପ୍ରମାଣ ଯେ ଭାରତର ଗରୀବ ସ୍ୱପ୍ନ ମଧ୍ୟ ଦେଖିପାରିବ ଏବଂ ଏହା ପୁରା ମଧ୍ୟ ହୋଇପାରିବ ।

ଏହା ମୋ ପାଇଁ ଅତ୍ୟନ୍ତ ସନ୍ତୋଷଜନକ କଥା ଯେ ଯେଉଁମାନେ ଯୁଗ ଯୁଗ ଧରି ଅବହେଳିତ ରହିଥିଲେ । ଯେଉଁମାନେ ବିକାଶର ଲାଭ ଠାରୁ ଦୂରରେ ରହିଛନ୍ତି, ଯେଉଁ ଗରୀବ, ଦଲିତ, ପଛୁଆ ଏବଂ ଆଦିବାସୀ ସେମାନେ ମୋ ମାଧ୍ୟମରେ ମୋ ଜରିଆରେ ନିଜର ପ୍ରତିବିମ୍ବ ଦେଖୁଛନ୍ତି ।

ମୋର ଏହି ନିର୍ବାଚନରେ ପୁରୁଣା ଚିରାଚରିତ ରାସ୍ତାରୁ ହଟି ନୂଆ ରାସ୍ତାରେ ଚାଲୁଥିବା ଭାରତର ଆଜିର ଯୁବ ସମାଜର ସାହସର ମଧ୍ୟ ସମ୍ମିଳିତ ରହିଛି ।

ଏଭଳି ପ୍ରଗତିଶୀଳ ଭାରତର ନେତୃତ୍ୱ କରି ଆଜି ମୁଁ ନିଜକୁ ଗୌରବାନ୍ୱିତ ଅନୁଭବ କରୁଛି ।

ମୁଁ ଆଜି ସମସ୍ତ ଦେଶବାସୀଙ୍କୁ ବିଶେଷ କରି ଭାରତର ଯୁବକ ତଥା ଭାରତର ମହିଳାମାନଙ୍କୁ ଏହି ବିଶ୍ୱାସ ପ୍ରଦାନ କରୁଛି ଯେ ଏହି ପଦରେ କାର୍ଯ୍ୟ କରିବା ସମୟରେ ମୋ ପାଇଁ ସେମାନଙ୍କର ହିତ ସର୍ବୋପରି ହେବ ।

ଦେବୀ ସଜ୍ଜନଗଣ ମୋ ସାମ୍ନାରେ ଭାରତର ରାଷ୍ଟ୍ରପତି ପଦବୀ ଏଭଳି ଏକ ମହାନ ପରମ୍ପରା ଅଟେ । ଯାହା ବିଶ୍ୱର ଭାରତୀୟ ଲୋକତନ୍ତ୍ର ପ୍ରତିଷ୍ଠାକ ନିରନ୍ତର ଭାବରେ ଶକ୍ତ କରୁଛି, ଦୃଢ଼ କରୁଛି ।

ଦେଶର ପ୍ରଥମ ରାଷ୍ଟ୍ରପତି ଡକ୍ଟର ରାଜେନ୍ଦ୍ର ପ୍ରସାଦଙ୍କ ଠାରୁ ଆରମ୍ଭ କରି ଶ୍ରୀ ରାମନାଥ କୋବିନ୍ଦଜୀଙ୍କ ପର୍ଯ୍ୟନ୍ତ ଅନେକ ବିଭୂତି ଏହି ପଦକୁ ସୁଶୋଭିତ କରିଛନ୍ତି ।

ଏହି ପଦ ସହିତ ଦେଶ ଏହି ମହାନ ପରମ୍ପରାର ପ୍ରତିନିଧିତ୍ୱ କରିବାର ଦାୟିତ୍ୱ ଆଜି ମୋତେ ସମର୍ପିତ କରିଛି ।

ସମ୍ବିଧାନର ଆଲୋକରେ ମୁଁ ସମ୍ପୂର୍ଣ୍ଣ ନିଷ୍ଠା ସହିତ ନିଜର କର୍ତ୍ତବ୍ୟର ନିର୍ବାହନ କରିବି ।

ମୋ ପାଇଁ ଭାରତର ଲୋକତାନ୍ତ୍ରିକ ସାଂସ୍କୃତିକ ଆଦର୍ଶ ଏବଂ ଦେଶବାଦୀ ସର୍ବଦା ମୋ ଶକ୍ତିର ସ୍ରୋତ ହୋଇ ରହିବେ ।

ଦେବୀ ଏବଂ ସଜ୍ଜନଗଣ,

ଆମର ସ୍ୱାଧୀନତା ସଂଗ୍ରାମ ଏକ ରାଷ୍ଟ୍ର ଭାବରେ ଭାରତର ନୂତନ ଯାତ୍ରାର ରୂପରେଖା ପ୍ରସ୍ତୁତ କରିଥିଲା ।

ଆମର ସ୍ୱାଧୀନତା ସେହିସବୁ ସଂଘର୍ଷ ଏବଂ ବଳିଦାନର ଅବିରଳ ଧାରା ଥିଲା ଯାହା ସ୍ୱାଧୀନ ଭାରତ ପାଇଁ ଅନେକ ଆଦର୍ଶ ଏବଂ ସମ୍ଭାବନା ଆଣି ଦେଇଥିଲା ।

ପୂଜ୍ୟ ବାପୁଜୀ ଆମକୁ ସ୍ୱରାଜ, ସ୍ୱଦେଶୀ, ସ୍ୱଚ୍ଛତା ଏବଂ ସତ୍ୟାଗ୍ରହ ଦ୍ୱାରା ଭାରତର ସାଂସ୍କୃତିକ ଆଦର୍ଶର ସ୍ଥାପନାର ମାର୍ଗ ଦେଖାଇଥିଲେ ।

ନେତାଜୀ ସୁଭାଷ ଚନ୍ଦ୍ର ବୋଷ, ନେହେରୁ ଜୀ, ସର୍ଦ୍ଦାର ପଟେଲ, ବାବା ସାହେବ ଆମ୍ବେଦକର, ଭଗତ ସିଂ, ସୁଖଦେବ, ରାଜଗୁରୁ, ଚନ୍ଦ୍ରଶେଖର ଆଜାଦ ଭଳି ଅଗଣିତ ସ୍ୱାଧୀନତା ସେନାନୀମାନେ ଆମକୁ ରାଷ୍ଟ୍ରର ସ୍ୱାଭିମାନକୁ ସର୍ବୋପରି ରଖିବାର ଶିକ୍ଷା ପ୍ରଦାନ କରିଥିଲେ ।

ରାଣୀ ଲକ୍ଷ୍ମୀବାଇ, ରାଣୀ ବେଲୁ ନଚିଆର, ରାଣୀ ଗାଇଦିନ୍ଲ୍ୟୁ ଏବଂ ରାଣୀ ଚେନ୍ନମ୍ମା ଭଳି ଅନେକ ବୀରଙ୍ଗନା ରାଷ୍ଟ୍ର ରକ୍ଷା ଏବଂ ରାଷ୍ଟ୍ର ନିର୍ମାଣରେ ନାରୀ ଶକ୍ତିର ଭୂମିକାକୁ ନୂତନ ଉଚ୍ଚତା ପ୍ରଦାନ କରିଥିଲେ ।

ସାନ୍ତାଲ କ୍ରାନ୍ତି, ପାଇକା କ୍ରାନ୍ତି ଠାରୁ ଆରମ୍ଭ କରି କୋଲ କ୍ରାନ୍ତି ଏବଂ ଭୀଲ କ୍ରାନ୍ତି ଭଳି ଅନେକ କ୍ରାନ୍ତି ସ୍ୱାଧୀନତା ସଂଗ୍ରାମରେ ଆଦିବାସୀ ଯୋଗଦାନକୁ ଆହୁରି ଅଧିକ ସଶକ୍ତ କରିଥିଲା ।

ସାମାଜିକ ଉତ୍ଥାନ ଏବଂ ଦେଶପ୍ରେମ ପାଇଁ 'ଧରତୀ ଆବା' ଭଗବାନ ବିରସା ମୁଣ୍ଡାଙ୍କର ବଳିଦାନରୁ ଆମକୁ ପ୍ରେରଣା ମିଳିଥିଲା ।

ମୋତେ ଖୁସି ଲାଗେ ଯେ ସ୍ୱାଧୀନତାର ଏହି ସଂଗ୍ରାମରେ ଜନଜାତି ସମୁଦାୟଙ୍କର ଯୋଗଦାନରେ ସମର୍ପିତ ଅନେକ ମ୍ୟୁଜିୟମ୍ ସାରା ଦେଶରେ ନିର୍ମାଣ କରାଯାଉଛି ।

ଦେବୀ ଏବଂ ସଜ୍ଜନଗଣ,

ଏକ ସଂସଦୀୟ ଲୋକତନ୍ତ୍ର ରୂପରେ ୭୫ ବର୍ଷରେ ଭାରତର ପ୍ରଗତିର ସଂକଳ୍ପକୁ ସହଭାଗୀତା ଏବଂ ସର୍ବସମ୍ମତି ଆଗକୁ ବଢ଼ାଇଛି ।

ବିବିଧତାରେ ଭରା ନିଜର ଦେଶରେ ଆମେ ଅନେକ ଭାଷା, ଧର୍ମ, ସମ୍ପ୍ରଦାୟ, ଖାଇବା-ପିଇବା, ରହଣୀ, ରୀତି-ନୀତିକୁ ଆପଣାଇ 'ଏକ ଭାରତ ଶ୍ରେଷ୍ଠ ଭାରତ'ର ନିର୍ମାଣରେ ସକ୍ରିୟ ଅଛୁ ।

ଆଜାଦୀର ୭୫ ବର୍ଷ ଅବସରରେ ଅମୃତକାଳ ସମୟରେ ଭାରତ ପାଇଁ ଏହା ଏକ ନୂତନ ସଂକଳ୍ପର କାଳଖଣ୍ଡ ଅଟେ ।

ଆଜି ମୁଁ ଏହି ନୂଆ ଯୁଗର ସ୍ୱାଗତରେ ନିଜ ଦେଶକୁ ନୂତନ ଭାବନା ସହିତ ତତ୍ପର ଏବଂ ପ୍ରସ୍ତୁତ ଦେଖୁଛି ।

ଭାରତ ଆଜି ପ୍ରତ୍ୟେକ କ୍ଷେତ୍ରରେ ବିକାଶର ନୂଆ ଅଧ୍ୟାୟ ଯୋଗ କରୁଛି ।

କରୋନା ମହାମାରୀର ବୈଶ୍ୱିକ ସଙ୍କଟର ସାମ୍ନା କରିବାରେ ଭାରତ ଯେଉଁଭଳି ଭାବରେ ନିଜର ସାମର୍ଥ୍ୟ ପ୍ରଦର୍ଶନ କରିଛି ତାହା ଦ୍ୱାରା ସମଗ୍ର ବିଶ୍ୱରେ ଭାରତର ପ୍ରତିଷ୍ଠା ବଢ଼ିଛି ।

ଆମେ ଭାରତୀୟ ବାସୀ ନିଜର ପ୍ରୟାସ ଦ୍ୱାରା ନା କେବଳ ଏହି ବିଶ୍ୱସ୍ତରୀୟ ସଙ୍କଟର ସାମ୍ନା କଲେ ବରଂ ଦୁନିଆ ସାମ୍ନାରେ ନିଜର ମାନଦଣ୍ଡ ମଧ୍ୟ ସ୍ଥାପିତ କରିଛନ୍ତି ।

କିଛିଦିନ ପୂର୍ବରୁ ଭାରତ କରୋନା ଭ୍ୟାକ୍ସିନର ୨୦୦ କୋଟି ଡୋଜ୍ ଲଗାଇବାର କୀର୍ତ୍ତିମାନ ସ୍ଥାପନା କରିଛି ।

ଏହି ସମ୍ପୂର୍ଣ୍ଣ ସଂଗ୍ରାମରେ ଭାରତର ଲୋକମାନେ ଯେଉଁ ସଂଯମ, ସାହସ ଏବଂ ସହଯୋଗର ପରିଚୟ ପ୍ରଦାନ କରିଛନ୍ତି ତାହା ଗୋଟିଏ ସମାଜ ଭାବରେ ଆମର ବର୍ଦ୍ଧିତ ଶକ୍ତି ଏବଂ ସମ୍ୱେଦନଶୀଳତାର ପ୍ରତୀକ ଅଟେ ।

ଭାରତ ଏଭଳି ସଙ୍କଟପୂର୍ଣ୍ଣ ସମୟରେ କେବଳ ନା ନିଜକୁ ସମ୍ଭାଳିଛି ବରଂ ସାରା ଦୁନିଆର ସହାୟତା ମଧ୍ୟ କରିଛି ।

କରୋନା ମହାମାରୀ ଦ୍ୱାରା ନିର୍ମିତ ପରିସ୍ଥିତିରେ ଆଜି ଦୁନିଆ ଭାରତକୁ ନୂଆ ବିଶ୍ୱାସ ଆଖିରେ ଦେଖୁଛି ।

ଦୁନିଆର ଆର୍ଥିକ ସ୍ଥିରତା ପାଇଁ, ସପ୍ଲାଇ ଚେନ୍‌ର ସୁଗମତା ପାଇଁ ଏବଂ ବିଶ୍ୱସ୍ତରୀୟ ଶାନ୍ତି ପାଇଁ ଦୁନିଆକୁ ଭାରତ ଠାରୁ ବହୁତ ଆଶା ରହିଛି ।

ଆଗାମୀ ମାସଗୁଡ଼ିକରେ ଭାରତ ନିଜର ଅଧ୍ୟକ୍ଷତାରେ ଜି-୨୦ ଗ୍ରୁପ୍‌ର ଆୟୋଜନ କରିବା ପାଇଁ ଯାଉଛି ।

ଏଥିରେ ଦୁନିଆର ୨୦ଟି ବଡ଼ ବଡ଼ ଦେଶ ଭାରତ ଅଧ୍ୟକ୍ଷତାରେ ବିଶ୍ୱସ୍ତରୀୟ ପ୍ରସଙ୍ଗଗୁଡ଼ିକ ଉପରେ ମନ୍ତ୍ରଣ କରିବେ ।

ମୋର ବିଶ୍ୱାସ ଯେ ଭାରତରେ ହେବାକୁ ଯାଉଥିବା ଏହି ମନ୍ତ୍ରଣରେ ଯେଉଁ ନିଷ୍କର୍ଷ ଏବଂ ନୀତି ନିର୍ଦ୍ଧାରିତ ହେବ ତାହା ଆଗାମୀ ଦଶକରେ ଦୁନିଆର ଦିଗ ସ୍ଥିର କରିବ ।

ଦେବୀ ଏବଂ ସଜ୍ଜନଗଣ,

ଦଶନ୍ଧି ପୂର୍ବରୁ ମୋତେ ରାଇରଙ୍ଗପୁରରେ ଶ୍ରୀ ଅରବିନ୍ଦ ଇଣ୍ଟିଗ୍ରେଲ ସ୍କୁଲରେ ଶିକ୍ଷୟତ୍ରୀ ଭାବରେ କାର୍ଯ୍ୟ କରିବାର ଅବସର ମିଳିଥିଲା।

କିଛିଦିନ ପରେ ଶ୍ରୀ ଅରବିନ୍ଦଙ୍କର ୧୫୦ତମ ଜନ୍ମଜୟନ୍ତୀ ପାଳନ କରାଯିବ।

ଶିକ୍ଷା ବାବଦରେ ଶ୍ରୀଅରବିନ୍ଦଙ୍କର ବିଚାରଧାରା ମୋତେ ନିରନ୍ତର ପ୍ରେରିତ କରିଛି।

ଜନପ୍ରତିନିଧି ଉପରେ ବିଭିନ୍ନ ପଦରେ କାର୍ଯ୍ୟ କରି ଏବଂ ପରେ ରାଜ୍ୟପାଳ ଭାବରେ ମୋର ଶିକ୍ଷାସଂସ୍ଥାଗୁଡ଼ିକ ସହ ସକ୍ରିୟ ସଂଯୁକ୍ତି ରହିଛି।

ମୁଁ ଦେଶର ଯୁବକମାନଙ୍କ ଉସ୍ଥାହ ଏବଂ ଆମୃବଳକୁ ଖୁବ ନିକଟରୁ ଦେଖିଛି।

ଆମ ସମସ୍ତଙ୍କ ଆଦରଣୀୟ ଅଟଳଜୀ କହୁଥିଲେ, ଦେଶର ଯୁବସମାଜ ଯେତେବେଳେ ଅଗ୍ରଗତି କରନ୍ତି ସେତେବେଳେ ସେମାନେ କେବଳ ନିଜର ଭାଗ୍ୟ ନୁହେଁ ବରଂ ଦେଶର ଭାଗ୍ୟ ମଧ୍ୟ ବନାଇଥାଆନ୍ତି।

ଆଜି ଆମେ ଏହାକୁ ସତ ହେବାର ଦେଖୁଛୁ।

‘ଭୋକାଲ ଫର ଲୋକାଲ’ ଠାରୁ ଆରମ୍ଭ କରି ‘ଡିଜିଟାଲ ଇଣ୍ଡିଆ’ ପର୍ଯ୍ୟନ୍ତ ପ୍ରତ୍ୟେକ କ୍ଷେତ୍ରରେ ଭାରତ ଆଗକୁ ବଢ଼ି ଚାଲିଛି ଏବଂ ସମଗ୍ର ବିଶ୍ୱ ସହିତ ପାଦକୁ ପାଦ ମିଳାଇ ‘ଉଦ୍ୟୋଗିକ କ୍ରାନ୍ତି ଫର ପଏଣ୍ଟ ୦’ ପାଇଁ ସମ୍ପୂର୍ଣ୍ଣ ଭାବରେ ପ୍ରସ୍ତୁତ ଅଟେ।

ରେକର୍ଡ ସଂଖ୍ୟାରେ ପ୍ରସ୍ତୁତ ହେଉଥିବା ସ୍ଟାର୍ଟ-ଅପ୍‌ସରେ, ନୂଆ ନୂଆ ଇନୋଭେସନରେ, ଦୂର ସୁଦୂର କ୍ଷେତ୍ରର ଡିଜିଟାଲ ଟେକ୍‌ନୋଲୋଜୀର ସ୍ୱୀକାର୍ଯ୍ୟତାରେ ଭାରତର ଯୁବସମାଜର ଖୁବ ଗୁରୁତ୍ୱପୂର୍ଣ୍ଣ ଭୂମିକା ରହିଛି। ବିଗତ ବର୍ଷଗୁଡ଼ିକରେ ଭାରତ ଯେଉଁଭଳି ଭାବରେ ମହିଳା ସଶକ୍ତିକରଣ ପାଇଁ ନିର୍ଣ୍ଣୟ ନେଇଛି, ନୀତି ବନାଇଛି ଏହାଦ୍ୱାରା ମଧ୍ୟ ଦେଶରେ ନୂତନ ଶକ୍ତିର ସଞ୍ଚାର ହୋଇଛି।

ମୁଁ ଚାହେଁ ଯେ ଆମର ସମସ୍ତ ଭଉଣୀ ଏବଂ ଝିଅମାନେ ଅଧିକରୁ ଅଧିକ ସଶକ୍ତ ହୁଅନ୍ତୁ ତଥା ଦେଶର ସମସ୍ତ କ୍ଷେତ୍ରରେ ନିଜର ଯୋଗଦାନ ବଢ଼ାନ୍ତୁ।

ମୁଁ ଦେଶର ଯୁବମାନଙ୍କୁ କହିବାକୁ ଚାହୁଁଛି ଯେ ଆପଣମାନେ ନା କେବଳ ନିଜର ଭବିଷ୍ୟତ ନିର୍ମାଣ କରୁଛନ୍ତି ବରଂ ଭବିଷ୍ୟତ ଭାରତର ମୂଳଦୁଆ ମଧ୍ୟ ରଖୁଛନ୍ତି।

ଦେଶର ରାଷ୍ଟ୍ରପତି ଭାବରେ ମୋ ତରଫରୁ ଆପଣଙ୍କୁ ସମ୍ପୂର୍ଣ୍ଣ ସହଯୋଗ ରହିଛି।

ଦେବୀ ଏବଂ ସଜ୍ଜନଗଣ,

ବିକାଶ ଏବଂ ପ୍ରଗତିଶୀଳତାର ଅର୍ଥ ନିରନ୍ତର ଆଗକୁ ବଢ଼ିବା ହୋଇଥାଏ। କିନ୍ତ ଏହା ସହିତ ଅତୀତର ମଧ୍ୟ ଜ୍ଞାନ ଆହରଣ କରିବା ସେତିକି ଆବଶ୍ୟକ ରହିଥାଏ।

ଆଜି ଯେତେବେଳେ ବିଶ୍ୱ 'ସସ୍ଟେନେବଲ୍ ପ୍ଲାନେଟ'ର କଥା କହୁଛି, ସେତେବେଳେ ସେଥିରେ ଭାରତର ପ୍ରାଚୀନ ପରମ୍ପରା ଆମ ଅତୀତର 'ସସ୍ଟେନେବଲ୍ ଲାଇଫଷ୍ଟାଇଲ'ର ଭୂମିକା ଆହୁରି ମଧ୍ୟ ବଢ଼ି ଯାଇଛି ।

ମୋର ଜନ୍ମ ତ ସେହି ଜନଜାତି ପରମ୍ପରାରେ ହୋଇଛି । ଯେଉଁମାନେ ହଜାର ହଜାର ବର୍ଷ ଧରି ପ୍ରକୃତି ସହିତ ତାଳମେଳ ବନାଇ ଜୀବନକୁ ଆଗକୁ ବଢ଼ାଇଛନ୍ତି ।

ମୁଁ ଜଙ୍ଗଲ ଏବଂ ଜଳାଶୟର ମହତ୍ତ୍ୱକୁ ନିଜ ଜୀବନରେ ଅନୁଭବ କରିଛି ।

ଆମେ ପ୍ରକୃତିଠାରୁ ଆବଶ୍ୟକୀୟ ସଂସାଧନ ନେଇଥାଆନ୍ତି ଏବଂ ସେତିକି ଶ୍ରଦ୍ଧାର ସହ ପ୍ରକୃତିର ସେବା ମଧ୍ୟ କରିଥାଆନ୍ତି ।

ଏହି ସମ୍ୱେଦନଶୀଳତା ଆଜି ବିଶ୍ୱସ୍ତରୀୟ ଅନିବାର୍ଯ୍ୟତା ହୋଇଯାଇଛି ।

ମୋତେ ଏହି କଥାର ପ୍ରସନ୍ନତା ରହିଛି ଯେ ଭାରତ ପର୍ଯ୍ୟାୟବରଣ ସଂରକ୍ଷଣ କ୍ଷେତ୍ରରେ ବିଶ୍ୱର ମାର୍ଗଦର୍ଶନ କରିଛି ।

ଦେବୀ ଏବଂ ସଜ୍ଜନଗଣ,

ମୁଁ ଏପର୍ଯ୍ୟନ୍ତ ମୋ ଜୀବନରେ ଜନସେବାରେ ହିଁ ଜୀବନର ସାର୍ଥକତା ଅନୁଭବ କରିଛି ।

ଶ୍ରୀଜଗନ୍ନାଥ କ୍ଷେତ୍ରର ଜଣେ ପ୍ରଖ୍ୟାତ କବି ଭୀମ ଭୋଇଙ୍କର କବିତାର ଏକ ପଂକ୍ତି ମୁଁ ଏଠାରେ ଉଦ୍ଧୃତ କରୁଛି ଯେ –

"ମୋ ଜୀବନ ପଛେ ନର୍କେ ପଡ଼ିଥାଉ ଜଗତ ଉଦ୍ଧାର ହେଉ ।"

ଅର୍ଥାତ୍ ନିଜ ଜୀବନରେ ହିତ ଅହିତ ଅପେକ୍ଷା ସବୁଠାରୁ ବଡ଼ ହେଉଛି ଜଗତ କଲ୍ୟାଣ ପାଇଁ କାର୍ଯ୍ୟ କରିବା ।

ଜଗତ କଲ୍ୟାଣର ଏହି ଭାବନା ସହିତ ମୁଁ ଆପଣମାନଙ୍କର ସମସ୍ତଙ୍କ ବିଶ୍ୱାସରେ ଉତ୍ତୀର୍ଣ୍ଣ ହେବା ପାଇଁ ସମ୍ପୂର୍ଣ୍ଣ ନିଷ୍ଠା ଏବଂ ପ୍ରୟତ୍ନ ସହ କାର୍ଯ୍ୟ କରିବା ପାଇଁ ସର୍ବଦା ତତ୍ପର ରହିବି ।

ଆସନ୍ତୁ ଆମେ ସମସ୍ତେ ଏକଜୁଟ ହୋଇ ସମର୍ପିତ ଭାବରେ କର୍ତ୍ତବ୍ୟ ପଥରେ ଆଗକୁ ବଢ଼ିବା ତଥା ବୈଭବଶାଳୀ ଏବଂ ଆତ୍ମନିର୍ଭର ଭାରତର ନିର୍ମାଣ କରିବା ।

ଧନ୍ୟବାଦ,

ଜୟହିନ୍ଦ ।

ଶପଥ ଗ୍ରହଣ

ପ୍ରଥମ ସମ୍ବୋଧନ

ପ୍ରଧାନମନ୍ତ୍ରୀ ମୋଦିଙ୍କ ଅଭିବାଦନ

Reference

1. http://webmilap.com/index.php?edn=Hindi%20Milap&date=2022-07-23&edid=HINDIMIL_HIN&pn=4

2. Ram Nath Kovind: Gopal Sharma 2018 P.175

3. https://www.youtube.com/watch?v=eeGLkOLH8cA

4. https://www.theweek.in/theweek/cover/2022/06/24/bjp-ticks-all-the-right-boxes-by-nominating-droupadi-murmu.html

5. https://www.oneindia.com/politicians/droupadi-murmu-39156.html

6. https://www.indiatoday.in/india/story/droupadi-murmu-native-village-in-odisha-rairangpur-1967835-2022-06-28

7. https://www.onmanorama.com/news/india/2022/06/24/droupadi-murmu-president-candidate-teacher-odisha.html

8. https://www.livehindustan.com/national/story-droupadi-murmu-hometown-ready-for-celebration-presidential-election-in-india-htgp-821035.html?utm_source=EditNewsPerpetual

9. https://hindi.oneindia.com/amphtml/news/india/droupadi-murmu-what-did-a-tribal-girl-dream-about-55-years-ago-buddy-of-the-15th-president-told-696512.html

10. https://www.hindustantimes.com/india-news/why-not-how-a-tribal-girl-who-dared-to-dream-became-india-s-15th-president-101658423534538.html

11. https://www.bbc.com/news/world-asia-india-61892776

12. https://theprint.in/opinion/not-a-rubber-stamp-in-droupadi-murmus-backyard-the-hunger-for-development-has-a-got-a-boost/1043665/

13. https://www.theweek.in/theweek/cover/2022/06/24/bjp-ticks-all-the-right-boxes-by-nominating-droupadi-murmu.html

14. https://www.indiatoday.in/india/story/everyone-will-support-if-they-come-to-know-her-droupadi-murmu-s-daughter-1965954-2022-06-23

15. https://www.indiatoday.in/india/story/everyone-will-support-if-they-come-to-know-her-droupadi-murmu-s-daughter-1965954-2022-06-23

16. https://www.thehitavada.com/Encyc/2022/6/24/Draupadi-Murmu-a-tenacious-teacher.html

17. https://www.news18.com/news/politics/draupadi-murmu-maam-ate-at-roadside-stalls-travelled-sans-security-assam-bjp-worker-recounts-2006-meet-5496421.html

18. https://www.jagran.com/jharkhand/jamshedpur-draupadi-murmu-news-the-journey-from-rairangpur-to-raisina-hills-rashtrapati-bhavan-was-not-easy-for-draupadi-murmu-22826268.html

19. Droupadi Murmu overcomes triple tragedy to emerge as President candidate | Bhubaneswar News - Times of India (indiatimes.com)

20. https://openthemagazine.com/cover-stories/draupadi-murmu-rising-from-below/

21. https://www.bbc.com/news/world-asia-india-61892776

22. https://www.newindianexpress.com/nation/2022/jun/23/murmus-spiritual-calling-at-mount-abu-2468663.html

23. https://www.newindianexpress.com/nation/2022/jun/23/murmus-spiritual-calling-at-mount-abu-2468663.html

24. https://www.aajtak.in/lifestyle/women/story/draupadi-murmu-sworn-in-as-first-woman-governor-of-jharkhand-298593-2015-05-18

25. https://indianexpress.com/article/india/jharkhand-recalls-droupadi-murmus-stint-down-to-earth-and-an-accessible-governor-7983168/

26. https://theprint.in/politics/droupadi-murmu-nda-presidential-pick-is-ex-professor-took-bjp-head-on-as-jharkhand-governor/1007966/

27. Droupadi Murmu:A gentle conciliator - The Hindu BusinessLine

28. https://www.shethepeople.tv/news/droupadi-murmu-president-candidate/

29. https://www.bbc.com/news/world-asia-india-61892776

30. https://indianexpress.com/article/india/the-sunday-profile-droupadi-murmu-raisina-calling-8033868/

31. https://timesofindia.indiatimes.com/city/bhubaneswar/moms-hard-work-integrity-have-taken-her-to-where-she-is-today-says-droupadi-murmus-daughter/articleshow/

32. https://www.tv9hindi.com/knowledge/president-draupadi-murmu-interesting-motivational-story-why-she-makes-fish-for-rajnath-singh-but-

33. https://timesofindia.indiatimes.com/city/bhubaneswar/moms-hard-work-integrity-have-taken-her-to-where-she-is-today-says-droupadi-murmus-

34. https://tfipost.com/2022/06/this-is-why-we-need-droupadi-murmu-as-the-president-of-india/

35. https://www.indiatoday.in/india-today-insight/story/how-droupadi-murmu-walked-the-long-path-from-rairangpur-to-the-brink-of-being-elected-to-the-nation-s-highest- -public-office-1966498-2022-06-24&oq=ow-

36. https://rajbhavanjharkhand.nic.in/Speech/sp-050715a.pdf 26https://www.indiaherald.com/Editorial/Read/994511763/Droupadi-

37. https://indianexpress.com/article/india/tribal-at-top-people-will-have-faith-in-system-in-murmus-town-pride-and-hope-7985487/

38. https://www.telegraphindia.com/india/odisha-droupadi-murmus-fight- against-the-odds/cid/1871681

39. https://odishabytes.com/my-mother-will-be-an-inspiration-for-santhals-says-droupadi-murmus-daughter

40. ttps://www.indiatoday.in/india/story/-shared-cordial-relations-with-didi-ex-jmm-droupadi-murmu-1966399-2022-06-24

41. https://www.indiatvnews.com/astrology/draupadi-murmu-kundali-raja-yog-bjp-presidential-candidate-horoscope-will-she-win-prediction-2022-07-01-788896

42. https://twitter.com/narendramodi/status/1539282555198771201

43. 44 Collected Woks, Volume 95 pages 347-348

45. 46"CADIndia". Cadindia.clpr.org.in.Archived from the original on 23 June 2022.

47. https://swarajyamag.com/ideas/the-civilisational-importance-of-draupadi-murmu-becoming-indias-next-president

48. thewire.in

49. https://www.opindia.com/2022/06/indian-left-casts-aspersions-on-credentials-of-tribal-leader-draupadi-murmu/

50. (thewire.in)

51. https://organiser.org/2022/06/23/87576/bharat/vanvasi-kalyan-ashram-endorses-draupadi-murmu-as-bharats-next-president-congratulates-pm-nda-for-historical decision

52. https://www.newslaundry.com/2022/06/23/tribal-ties-east-india-outreach-sulking-allies-why-droupadi-murmu-ticks-all-boxes-for-bjp

53. https://www.thehindu.com/news/national/explained-the-context-and-import-of-mahasweta-devis-draupadi/article36131705.ece

54. https://gulfnews.com/opinion/op-eds/draupadi-murmu-as-president-of-india-much-more-than-identity-politics-1.88883051.

55. https://timesofindia.indiatimes.com/india/india-may-get-its-first-tribal-second-woman-president/articleshow/92370766.cms

56. https://www.sundayguardianlive.com/opinion/pm-modi-naming-murmu-presidents-post-masterstroke

57. https://www.deccanchronicle.com/opinion/dc-comment/230622/dc-edit-murmu-as-prez-will-be-a-matter-of-pride-for-india.html

58. https://indianexpress.com/article/india/opp-leader-told-me-pm-twice-what-more-but-i-cant-rest-narendra-modi-7914493/

59. https://ianslive.in/news prez_poll_draupadi_murmu_s_nomination_tactical_outreach_to_tribals-882590/NATION/1

60. https://www.thequint.com/voices/opinion/the-droupadi-murmu-masterstroke-how-bjp-manages-three-gains-with-one-action-presidential-candidate-yashwant-sinha

61. http://webmilap.com/index.php?edn=Hindi%20Milap&date=2022-07-23&edid=HINDIMIL_HIN&pn=4

62. https://indianexpress.com/article/opinion/ad

63. https://www.bjp.org/interviews-and-articles/daraaupadai-mauramauu-kai-umamaidavaarai-nae-sadabhaava-sahayaoga-va

64. http://164.100.47.194/Loksabha/Debates/Result_Nw_15.aspx?dbsl=144&ser=&smode=

65-66. https://www.news18.com/news/politics/presidential-polls-ktr-compares-draupadi-to-bishma-backs-yashwant-sinha-slams-dictatorial-bjp-5449087.html

67. https://scroll.in/article/1026797/droupadi-murmu-as-president-would-be-a-triumph-for-the-sangh-parivar-but-not-the-adivasi-community?utm_source=rss&utm_medium=janata

68. https://www.outlookindia.com/national/draupadi-murmu-for-president-bjp-s-masterstroke-but-adivasi-women-need-more-than-symbolism—news-204021

69. https://lagatar24.com/droupadi-murmus-nomination-for-presidents-job-not-ornamental-has-civilisational-importance-tribal-affairs-minister-arjun-munda/104074/

70. https://www.deccanchronicle.com/opinion/dc-comment/230622/dc-edit-murmu-as-prez-will-be-a-matter-of-pride-for-india.html

71. https://www.dw.com/en/who-is-draupadi-murmu-indias-likely-next-president/a-62513878

72. https://thewire.in/politics/country-should-not-have-rubber-stamp-president-fight-is-ideological-yashwant-sinha

73. https://www.hindustantimes.com/opinion/distantly-close-a-look-back-at-droupadi-murmu-s-illustrious-predecessors-101656314534662.html

74. https://thediplomat.com/2022/06/india-prepares-to-elect-its-15th-president/

75. https://thesquadron.in/can-murmus-election-emancipate-the-tribals/

76. https://www.dw.com/en/who-is-draupadi-murmu-indias-likely-next-president/a-62513878

77. https://www.dailyo.in/voices/tribal-vote-bank-bjp-rss-hindutva-2019-elections-tribal-tradition-maoists-24788

78. https://theprint.in/opinion/droupadi-murmu-rise-brings-back-tussle-between-santali-scholars-and-ol-chiki-govt-lobby/1030127/

79. https://www.prabhatkhabar.com/national/former-jharkhand-governor-draupadi-murmu-may-be-bjp-candidate-in-presidential-election-in-india-vwt

80. https://www.deccanherald.com/national/presidential-election-2022-who-might-be-a-potential-candidate-1118111.html

81. https://gulfnews.com/opinion/op-eds/who-is-droupadi-murmu—bjps-candidate-for-the-president-of-india-1.88751440

82. https://www.patrika.com/jaipur-news/draupadi-murmu-said-salute-to-the-soil-of-haldighati-gave-speech-in-hindi-7651273/

83. https://indianexpress.com/article/opinion/columns/droupadi-murmu-president-of-india-8049510/